KB236345

W. 허셸 포드의
요한복음 설교

W. 허셸 포드의
요한복음 설교

초판 발행   1986년 9월 10일
개정판 발행 2013년 3월 25일

발행처   **크리스챤 다이제스트**
발행인   박명곤
주소   경기도 고양시 일산동구 정발산동 1193-2
전화   031-911-9864, 070-7538-9864
팩스   031-911-9824
등록   제 396-1999-000038호
판권   ⓒ 크리스챤다이제스트 1986
총판   (주) 기독교출판유통
       전화 031-906-9191~4
       팩스 0505 365 9191

W. 허셸 포드의

요한복음설교

Sermons You Can Preach on John

심이석 옮김

크리스찬
다이제스트

추천의 말

타는 듯한 한여름의 농장에 시원한 물을 한결같이 대줄 수 있는 샘을 가졌다면 얼마나 다행한 일일까. 사방이 암흑에 묻혀 있을 때, 환히 밝혀 줄 수 있는 램프를 갖고 있다면 정말 마음이 놓이는 일이다. 과일이 필요할 때, 해마다 맛좋은 과일을 주렁주렁 결실하는 과수원을 가졌다면 얼마나 좋을까.

포드(Ford) 박사가 강단에서 전하고, 책으로 펴내는 설교들은 위에서 말한 멋진 경우들에 맞대어 볼 만하다. 단순하면서도 의미 깊고 성경적인 그의 요한복음 설교들은 지성과 연민과 구원받지 못한 사람들을 위한 열정으로 가득 차 있다.

내용뿐만 아니라 제목들도 눈을 잡아끈다. 그 제목들 중에 이런 것들이 있다. 마귀와 가룟 유다, 하나님께서 사람이 되셨을 때에, 하나님께서 최종을 위하여 최선을 남겨 두신다, 죽기 위해서 태어나시다, 그리스도의 신성, 그리스도의 십자가를 통해 하나님의 영광 받으심, 그리스도 안의 사랑의 능력의 획득과 성취, 죄로 말미암은 파멸, 그리스도께서 골고다 십자가 위에서 속죄를 위하여 죽으심으로 말미암아 지옥형벌에 얽매인 죄인들에게 성취된 구원 — 이런 진리들을 이 설교들이 강력하게 선포하고 있다.

두운법의 뛰어난 표현과 영감을 주는 예화를 구사하며, 죄인들에게는 그리스도께 나아오라고, 또 그리스도인들에게는 전적으로 그리스도께 헌신하라고 끊임없이 호소하는 이 설교들은 그리스도를 완벽하게 높이면서 우리의 심령을 사로잡는다. 단순하게 그러나 진지하게, 영원한 형벌을 피하여 영생에 이르며 우리가 마지막 날에 이르기 전에 값진 인생을 사는 길을 제시하여 주고 있다. 이 설교집을 산다면 돈을 결코 낭비하지 않을 것이다. 이 설교들과 그 속의 빛나는 예화들을 이용함으로써 시간을 절약하기 때문이다.

로버트 G. 리
(Robert G. Lee, 벨뷰 침례교회 목사)

차례

제

1

장

—

성경 중의 성경

—

"³⁰ 예수께서 제자들 앞에서 이 책에 기록되지 아니한 다른 표적도 많이 행하셨으나 ³¹오직 이것을 기록함은 너희로 예수께서 하나님의 아들 그리스도이심을 믿게 하려 함이요 또 너희로 믿고 그 이름을 힘입어 생명을 얻게 하려 함이니라." —
요 20:30-31

나는 성경이 성령으로 영감된 하나님의 말씀인 것을 믿습니다. 성경은 여러 다른 사람들에 의해 기록되었으나, 이들 각 사람은 성령으로 말미암아 영감을 받았습니다. 성령께서 성경을 구술하셨으며 이 사람들은 "성령에 의해 감동되는" 대로 기록하였습니다. 성경의 각 권은 중요합니다. 낱말마다에는 목적이 있습니다. 하나님께서 들어가서는 안 될 것은 어느 것 하나 성경에 넣지 않으셨습니다. 성경은 모든 시대의 모든 사람에게 필요한 책입니다. 그것은 오래전 촛불 밑에서 그 책을 읽은 우리의 선조들에게 말씀했습니다. 그것은 오늘날 우리들에게 말씀하고 있습니다. 늙은이와 젊은이에게, 죄인과 성현에게 말씀합니다. 성경은 각 심령에게 향하는 메시지입니다.

성경은 하나님의 마음과 그리스도의 심정을 계시합니다. 그 안에 있는 모든 것은 그리스도를 하나님의 아들과 죄인들의 구주로서 보여 주고 있습니다. 우리가 성경을 한 장 한 장 읽어가노라면 죄로부터 하늘나라에 이르는 길을 발견하게 되며, 상한 심령에 향유를, 슬픔 중에 위로를, 방황 중에 안내를 발견하게 됩니다. 우리도 확실히 시편기자와 함께 "주의 말씀은 내 발에 등이요 내 길에 빛이니이다"(시 119:105)라고 말할 수 있게 됩니다.

어떤 사람은 성경이 모든 나라에 깃든 하나님의 축복의 비결이라고도 말하고 있습니다. 세상의 모든 책 중에서 가장 위대한 책의 위대한 진리가 없이는 어떤 나라도, 어떤 가정도, 어떤 개인도 완전할 수가 없습니다.

이제 우리는 네 번째의 복음서인 요한복음에 대하여 생각해 보아야겠습니다. 성령의 도우심을 받아, "평이한 요한복음 설교"라는 제하에서 일련의 설교들을 여러분에게 전하는 것이 나의 목표입니다. 요한복음이 성경 중에서 가장 중요한 책이라고 대부분의 학자들이 의견을 같이 할 것으로 나는 믿습니다.

1. 요한복음의 저자

요한복음을 공부함에 있어, 우선 그 저자에 관하여 간단히 살펴보아야 할 것입니다. 물론 우리는 참된 저자는 성령이시라는 것을 알고 있지만, 그분은 항상 인간이라는 도구를 사용하셔서 그분의 일을 이루십니다. 그러기에 그분은 여기서 요한이라는 사람을 사용하셨습니다.

요한은 세베대와 살로메의 아들로 갈릴리에서 태어났습니다. 그에게는 야고보라는 형이 있었습니다. 그의 집안은 갈릴리 바다에서 어업에 종사했습니다. 그들은 어느 정도 재산이 있는 사람들이었던 것 같습니다. 학자들 중에는 요한이 예루살렘에 있는 랍비 학교에서 수학한 것으로 믿고 있는 사람들도 있습니다. 그가 그곳의 관리들과 저명한 지도자들과 개인적 안면이 있었던 것을 훗날의 어떤 사건들을 통하여 우리가 알 수 있습니다. 성령께서 그에게 전수하신 사상을 뒤에 언어로 표현하는 데 그에게 도움을 준 철저한 교육을 그는 아마 이러한 학교들에서 받았을 것입니다.

이 젊은이가 학교의 수업과정을 마친 후 고향에 돌아와 아버지와 형과 함께 어업 활동에 정열을 쏟는 것을 상상해 봅시다. 그러나 우리는 곧 요한이라 불리는 또 다른 사람이 역사의 지평선 위에 나타나는 것을 어렴풋이 보게 됩니다. 그가 세례 요한이라는, 하나님으로부터 보내심을 받은 사람이었습니다. 그가 "회개하라 천국이 가까웠느니라"고 우레같이 외칠 때에, 틀림없이 젊은 요한은 그 위대한 전파자의 외침을 들었을 것입니다.

어느 날 세례 요한을 따르는 사람들 중의 두 사람이 자기들의 선생의 설교를 경청하고 있었습니다. 그 한 사람이 안드레였으며, 겸손한 요한이 자기가 기록한 책에서 자신의 이름을 결코 밝히지 않았던 점을 생각하면, 또 한 사람은 이 복음서의 저자인 요한이었다고 믿어도 틀림이 없습니다.

갑자기 선생이 메시지를 중단하고 그들 쪽으로 오고 있는 한 사람을 가리키면서 "보라 하나님의 어린양이로다!"라고 외쳤습니다. 요한의 관심이 즉각적으로 옮겨졌습니다. 그는 더 이상 세례 요한을 쳐다보지 않았습니다. 그는 약속된 메시야의 얼굴을 응시했습니다. 그는 세례 요한이 와서 증거한 그분을 곧바로 쳐다보았습니다.

그 두 사람, 요한과 안드레는 돌아서서 그리스도를 따랐습니다. 그날 온종일 그분과 함께 보냈습니다. 예수님의 입술로부터 그들은 얼마나 놀라운 일들을 들었을까! 그날 밤 집으로 돌아가는 길에 그들의 심령은 속에서 얼마나 뜨겁게 불붙고 있었을까! 확실히 요한은 이후 며칠을 두고, 온갖 수단을 동원하여 자기의 형 야고보에게 이 놀라운 사람, 이 하나님의 어린양에 대하여 이야기하였을 것입니다.

어느 날 그들의 배를 선창에 대고 요한과 야고보는 그물을 수선하고 있었습니다. 갑자기 한 그림자가 그들 위에 떨어지자 그들은 얼굴을 들어 그들의 인생과 오고 오는 세기의 헤아릴 수 없이 많은 사람들의 인생을 바꾸어 놓을 그분을 쳐다보았습니다. 그리스도께서 그들을 찾아오신 것이었습니다. 우리는 예수님께서 무어라고 말씀하셨는지는 모르지만 이 사람들이 어떻게 하였는지는 압니다. 그들은 그물과 배와 사업과 가정을 버려두고 떠나, 영구히 그리스도의 제자들이 되었습니다. 이후로부터 그들은 고기를 낚는 어부 대신에 사람을 낚는 어부가 될 것입니다.

요한은 예수님의 전 사역 기간을 통하여 충성스럽게 그분을 따랐습니다. 그는 예수님께서 누구보다도 더 쓰시고 귀중히 여기셨던 핵심부의 일원이 되었습니다. 우리는 "베드로와 야고보와 요한"이라는 기록을 자주 읽게 됩니다. 이 작은 그룹은 예수님의 생애의 가장 중대한 사건들에 있어서 그분의 곁에 있었습니다. 요한은 그분이 심문을 받으실 때에 예수님 가까이에 있었습니다. 그는 운명의 시간에 십자가 곁에 서서, 마리아를 집에 모시고 가 친어머니로서 공경하라는 예수님의 명령을 받들었습니다. 그는 예수님이 부활하신 후 사십일 동안 사귀었습니다. 그분이 하늘에 오르시는 것도 목격하였습니다. 그는 오순절 날 모임에 함께 하여 성령으로 충만하여졌습니다. 요한은 죽는 날까지 그의 구주를 신실하게 섬겼습니다. 그의 생애의 말년에 복음을 전파한다는 죄목으로 밧모 섬에 유배당하였습니다. 그곳에서 하나님께서 영원의 휘장을 걷어 올려 장차 진행될 일을 요한에게 보게 하시고 책에 기록하라 명하셨습니다. 요한은 이 분부대로 성경의 마지막 책인 계시록을 기록하였습니다.

요한은 "사랑의 사도"로 불리어왔습니다. 그러나 그가 처음부터 사랑이 많고 온유한 것은 아니었습니다. 어떤 때에 한 마을이 그리스도와 그분의 제자들을 영접하지 않고 거절하였습니다. 그러자 야고보와 요한은 화가 치밀어 올라 하늘로부터 불을 내려 이 사람들을 불살라버리고 싶어 한 적이 있었습니다. 그러나 예수님께서는 그 제자들을 나무라시고 "우레의 아들들"이라는 별명을 붙이셨습니다.

그러나 몇 년이 지나간 후에 다시 요한을 봅시다. 그리스도와 함께 수년을 동행함으로 해서 그는 온유하고 자애로운 성품으로 변해갔습니다. 그는 단지 한 편의 설교만을 남겼다 하는데 그 제목은 "소자들이어, 서로 사랑하라"였습니다. 이 사람은 예수님과 함께 걸었으며 고난을 당하면서 그분을 섬기고 목숨을 바쳐서 충성을 다했던 놀라운 사람입니다. 이 사람이 책 중에서 아마 가장 위대한 책인 요한복음을 기록한 사람입니다.

2. 요한복음의 목적

이 목적은 요한복음 20장 30-31절에서 발견됩니다. "예수께서 제자들 앞에서 이 책에 기록되지 아니한 다른 표적도 많이 행하셨으나 오직 이것을 기록함은 너희로 예수께서 하나님의 아들 그리스도이심을 믿게 하려 함이요 또 너희로 믿고 그 이름을 힘입어 생명을 얻게 하려 함이니라."

요한은 예수님께서 행하신 일을 많이 말하였지만 그의 복음서가 그분의 하신 모든 일을 전하기에는 너무 짧다고 밝히고 있습니다. 옳은 말이었습니다. 21장(章)으로 된 한 권의 책이 예수님께서 이 세상에 계실 때에 하신 놀라운 일들을 죄다 말한다는 것은 전혀 불가능한 일이었습니다. 그리고서 요한은 말합니다. "이것을 기록함은 너희로 예수께서 하나님의 아들 그리스도이심을 믿게 하려 함이다. 너희가 그분을 믿으면 영생을 얻게 될 줄을 내가 아노라." 그래서 요한은 예수님께서 단순한 사람 이상이라는 것 ― 그분이 하나님의 아들이시라는 것을 입증하기 위하여 복음서를 썼습니다. 네 개의 복음서가 다 같이 예수님의 지상에서의 생애를 말하여 주고 있습니다. 이들 중 두 복음서는 그분이 사역하시는 동안 동행했던 사람들, 즉 마태와 요한에 의하여 기록되었습니다. 다른 두 복음서는 "열두 제자" 속에 속하지 않았던 사람들에 의해 쓰여졌습니다. 이들은 마가와 누가였습니다. 마태는 예수님을 왕으로서, 곧 다윗의 왕위의 후사로서 묘사하였습니다. 마가는, 곳곳에 다니시면서 선을 행하시고 인간들을 섬겨주신 종으로서의 그리스도를 강조하고 있습니다. 그의 기록은 행위의 복음서이지 말의 복음서가 아닙니다. 누가는 의사였습니다. 그는 그리스도의 인간성 (humanity)을 그려내고 있습니다. 그는 그분을 이 세상의 죄인들과 대조하면서 완전한 사람으로서 드러냅니다. 요한은 그분의 신성을 묘사합니다. 그는 그분을 이 세상에 오신 하늘의 지극히 높으신 분으로서, 육체가 되셔서 인간들 가운데 거하시는 성부의 독생자로서 보여줍니다. 바꾸어 말하면, 요한은 "예수는 하나님의 아들이시다. 나는 그것을 증거하기 위하여 이 책을 썼다"는 것입다. 요한은 그것을 어떻게 증거하였을까요? 표적으로 증거하였습니다. 여기서 '표적'은 이적을 의미합니다. 요한은 예수님과 함께 보낸 지난날들로 되돌아갑니다. 일어났던 사건들을 하나하나 기억해냅니다. 그는 이 사건들을 한데 모으고 "이 표적들이 예수께서 그리스도시요 하나님의 아들이심을 증거한다"고 말하였습니다.

요한이 기록하는 첫 이적은 물이 포도주로 변한 사건입니다. 여러분은 이것이 결혼잔치에서 포도주가 바닥났을 때에 일어난 것을 기억하실 것입니다. 예수님께서 이 이적을 행하시자 연회장이 신랑더러 "그대는 지금까지 가장 좋은 포도주를 아껴두었도다"고 하였습니다. 요한이 기록하는 마지막 이적은 나사로를 일으키신 것이었습니다. 예수님의 사랑하시는 친구가, 그분이 멀리 떠나 계신 사이에 죽었습니다. 무덤 앞에서 예수님은 "나사로야 나오라!"라고 말씀하셨습니다. 나사로가 무덤에서 나와 다시 살았습니다. 마술사도 물속에 어떤 물질을 넣음으로써 포도주의 기적을 흉내 낼 수 있었을 것이라고 말하는 사람이 있을지도 모르겠습니다. 그러나 그보다 더 위대한 기적, 죽은 사람을 살리는 기적은 아무도 시도조차도 하지 못할 것입니다. 그러나 요한은 우리들에게 이 두 개의 기적과 그 사이에 일어난 모든 기적들이 예수님께서 하나님의 아들이심을 입증한다고 말합니다.

어느 때에 이사야가 "하나님을 보라"고 외쳤습니다. 이것이 바로 요한이 그의 복음서에서 일관되게 말하는 것입니다. 이것이 바로 모든 복음 전파자들이 말해야 할 바입니다. 그리스도를 높이 쳐드는 것이 우리의 의무입니다. 영원 전부터 성부 하나님과 함께 계셨던 분으로서의 그리스도, 동정녀에게서 태어나시고, 죄 없으신 생애를 사셨으며, 대속의 죽음을 당하신 그리스도, 무덤에서 부활하시고, 하늘에 올라 우리를 위해 중보하시며, 다시 오실 그리스도를 말입니다. 이것이 바로 요한이 그의 책에서 일관하여 한 일입니다. 우리는 모든 장(章) 속에서 예수님을 하나님의 아들로서 보게 됩니다.

요한은 본문에서 이런 일들이 우리들로 믿게 하기 위하여 행해졌다고 말하고 있습니다. 그리고 믿으면 우리가 영생을 얻으리라고 말하고 있습니다. 우리는 여기서 믿음의 두 측면을 볼 수 있습니다. 먼저, 지적 요소가 있습니다. 이것은 지성이, 과연 예수께서 하나님의 아들이시다는 생각에 이르게 되는 것을 말합니다. 다음으로, 단순한 지적 신앙 이상의 것이 있어야 합니다. 마음이 확신하는 바에 대한 신뢰 혹은 맡김(surrender)이 있어야 합니다. 그러므로 구원이란 "나는 예수님께서 하나님의 아들이심을 믿는다. 그리고 나는 여기에 그치지 않고, 그분을 나의 온 마음을 다하여 신뢰해야겠다" ― 이렇게 하는 것을 의미합니다.

그리스도께서 하나님의 아들이심을 입증하기 위하여 요한이 애쓰는 이유를 말해야겠습니다. 복음은 이미 로마제국 전역에 전파되어 있었습니다. 요한을 제외하고는 사도들도 모두 죽었습니다. 예루살렘 도성은 무너지고 성전은 훼파되었습니다. 기독교는 이제 작은 종파가 아니었습니다. 위대한 승리들을 쟁취해 왔던 것입니다. 사도들의 순교는 많은 사람들을 예수님께 이끌었습니다. 물론 사탄은 교회가 번창해 갈 때에 좋아할 리 없습니다. 그래서 그는 기독교의 가르침을 그르치기 위해 애썼습니다. 예수께서 자연적 출생에 의한, 요셉과 마리아의 아들이라고 주장하는 한 무리가 나타났습니다. 그래서 요한은 이 잘못을 논파하기 위하여 복음서를 썼습니다. 그는 하나님의 아들의 거룩한 영광을 강조하였습니다.

오늘날의 세상은 그때의 세상과 많이 다를까요? 나는 그렇지 않다고 생각합니다. 만약 어떤 사람이 세상에 와서 자기가 하나님의 아들이라고 주장한다면 우리는 그를 믿지 않을 것입니다. 그러나 그가 예수님께서 하신 일을 모두 할 수 있다면 우리는 그를 믿지 않을 수 없을 것입니다. 니고데모가 예수님께 "우리가 당신은 하나님께로부터 오신 선생인 줄 아나이다 하나님이 함께 하시지 아니하시면 당신이 행하시는 이 표적을 아무도 할 수 없음이니이다"라고 말한 것은 지당한 것이었습니다.

지금도 예수님께서 기적을 베푸시는 것을 우리가 하나님께 감사할 수 있습니다. 볼티모어의 휘튼(Wharton) 박사가 남부 어느 도시에서 집회를 하고 있었습니다. 그가 설교를 하고서 그리스도를 영접하라는 요청을 했습니다. 남루한 옷을 입은 한 주정뱅이가 앞으로 나와 "예수가 나를 위하여 무언가를 할 수 있습니까?"라고 말했습니다. 휘튼 박사는 예수님께서 그를 구원하실 수 있다고 그에게 확신 있게 말했습니다. 그가 그 사람과 함께 기도한 후에 그 사람은 떠났습니다. 알고 보니 이 사람은 가산을 탕진하여 처자들을 굶주림에 빠뜨려놓고, 이미 버림받은 사람이 된 사나이였습니다. 7년 후에 휘튼 박사가 그 도시에 왔습니다. 어떤 사람이 호텔에 있는 그를 전화로 불러 자기 운전수를 보내겠다고 말하면서 식사를 같이 하자고 그를 자기 집으로 초청했습니다. 휘튼 박사는 그 초대를 수락했습니다. 운전수가 호텔에서 그를 태우고 어느 아름다운 집으로 차를 몰았습니다. 그가 정문에 들어서니 사랑스런 한 부인과 매우 귀엽게 생긴 두 어린이가 마중하였습니다. 잘 차려입은 남자가 아래층으로 내려왔습니다. 이 사람이 전에 주정뱅이로 버림받은 사람이었던 그 남자였습니다. 이제 그는 진실한 그리스도인이요 성공한 실업가였습니다. 그들은 복된 저녁의 한 때를 함께 보내고, 휘튼 박사가 그 집을 떠날 때에 이 사람은 그의 손을 붙잡고 "선생님이 어디에 가시든지 그리스도께서 주정뱅이를 위하여 무엇을 하실 수 있는지 사람들에게 말씀하여 주십시오"라고 말했습니다. 그러나 이런 구원과 변화는 단지 모주꾼들만을 위한 것이 아닙니다. 하나님의 아들을 믿어 그분을 구주로 영접하는 모든 사람들을 위한 것입니다.

여기서, 요한이 그리스도를 믿는 자들은 생명을 얻게 된다고 말한 것에 주목해야겠습니다. 그가 무슨 뜻으로 "생명"이라고 말하고 있을까요? 얼마 동안의 생존경쟁과 그런 후의 죽음과 여섯 자의 흙을 의미하고 있을까요? 아, 생명은 무한히 그 이상의 것입니다! 요한이 이야기한 생명은 끝이 없는 생명이요 그리스도와 구원받은 우리의 사랑하는 사람들과 함께 하는 생명입니다. 그것은 행복과 기쁨과 자유의 생을 의미합니다. 그것은 영원한 천국을 의미합니다.

후일에 요한은 천국을 들여다보았을 때에 이런 말로 기록하였습니다. "하나님은 친히 그들과 함께 계셔서 모든 눈물을 그 눈에서 닦아 주시니 다시는 사망이 없고 애통하는 것이나 곡하는 것이나 아픈 것이 다시 있지 아니하리니 처음 것들이 다 지나갔음이러라"(계 21:4). 눈물, 사망, 슬픔, 애곡, 고통 ― 이런 것들은 여기 이 땅에서 우리를 괴롭히는 것들입니다. 그러나 그런 것들은 어느 하나도 절대로 하늘나라에는 침투해 들어갈 수가 없습니다. 그곳에는 구주 앞에서 기쁨과 행복 외에는 아무것도 없습니다.

생명, 생명, 생명. 그것은 예수님께서 그분을 영접하여 받아들이는 사람들에게 주시는 것입니다. 이 세상에서는 풍성한 생명이요 천국에서는 영원한 생명입니다. 그리스도를 모르고 있는 사람은 생명이 없습니다. 그는 단지 존재하고 있을 뿐입니다. 당신은 수백만의 황금을 갖고 있는지 모르겠습니다. 아주 훌륭한 집을 갖고 있으며 세상이 줄 수 있는 모든 것을 갖고 있는지도 모르겠습니다. 이런 것들은 외면적인 것들이어서 단지 그런 것만을 갖고 있는 사람은 오직 존재하고 있을 뿐입니다. 그는 그리스도를 받아들이고 하나님의 평강이 그의 마음속에 들어가기까지는 참으로 생명을 사는 것을 결코 시작할 수 없습니다.

헨리 4세가 프랑스의 제위에 있을 때였습니다. 어떤 사람이 그에게 와서 스페인 왕의 거대한 소유에 관하여 이야기하였습니다. 그가 이렇게 대꾸하였습니다. "그가 캐스틸의 왕이나 나는 프랑스의 왕이다. 그가 나바르의 왕이나 나는 프랑스의 왕이다. 그가 나폴리의 왕이나 나는 프랑스의 왕이다. 그가 서인도제도의 왕이나 나는 프랑스의 왕이다."

그는 프랑스의 왕국이 다른 모든 나라들의 합쳐진 것보다 더 위대하다고 말할 뿐이었습니다. 그리스도인들이야말로 이렇게 말할 수 있습니다. "다른 사람들이 더 많은 재산을 갖고 있는지 모르겠으나 나는 그리스도를 소유하고 있다. 다른 사람들은 더 유식한지 모르겠으나 나는 그리스도인이다. 다른 사람들은 더 높은 사회적 지위를 소유하고 있는지 모르겠으나 나는 하늘의 왕과 우정을 나누고 있다. 다른 사람들은 뽐내는 호화주택에서 살고 있는지 모르겠으나 나는 하늘나라에 나를 기다리는 맨션을 갖고 있다." 그리스도를 아는 것은 모든 것을 의미한다는 것을 명심하십시오. 요한복음은 우리로 그분을 아는 지식에 이르도록 돕기 위해 쓰였습니다.

3. 요한복음의 중요성

요한복음이 없이는 예수님께 대한 완전한 상(像)을 가질 수 없습니다. 어느 그리스도인이 예수님을 더 잘 알기 원한다면 이 복음을 읽어야 합니다. 아직 회심하지 않은 사람이 이 복음서를 읽는다면 성령께서, 그의 죄를 담당하셔서 영생을 주실 수 있는 분에게로 그를 곧 인도하여 주실 것입니다.

요한복음에서 우리는 그리스도의 전능하신 기적에 대한 기록 이상의 것을 보게 됩니다. 우리는 그분께서 한 잃어버린 사람에게 다시 태어나야만 한다고 말씀하는 것을 들을 수 있습니다. 그분이 죄지은 한 여자를 용서해 주시는 것을 볼 수 있습니다. 우리는 그분이 성만찬석에 앉으셔서, 우리를 위하여 처소를 예비하시러 가셨다가 언젠가 다시 우리를 위하여 오시겠다고 제자들에게 말씀하시는 것을 보게 됩니다. 제17장에서는 그분이 우리를 위하여 기도하시는 것을 들을 수 있습니다. 가시관을 머리에 쓰신 광경을 봅니다. 우리는 그분이 운명하시는 모습을 지켜보고 다시 사시는 것을 목격합니다. 이 복음서는 그리스도께서 제자들과 우리들을 그분께서 죄인들을 위하여 하신 일을 세상에 전하도록 내보내시는 것으로 끝맺습니다.

모든 그리스도인은 요한복음을 읽어야 합니다. 어떤 사람은 이 복음서가 자기의 성경 중에서 가장 때가 많이 묻어 있는 부분이라고 말했습니다. 그가 그것을 가장 많이 읽고 가장 많이 그곳에 손자국을 냈다는 뜻이었습니다. 만일 요한복음 3장 16절을 제외한 모든 성경이 우리들의 손으로부터 뺏겨진다 해도 세상을 구원하기에 충분한 진리와 복음을 거기에서 발견할 수 있을 것입니다.

"영원한 생명"이라는 말이 요한복음에서 자주 사용됩니다. 그 생명은 어떤 사람이 그리스도를 신뢰하는 순간 시작되어 영원히 계속됩니다. 바울은 이렇게 말했습니다. "내가 확신하노니 사망이나 생명이나 천사들이나 권세자들이나 현재 일이나 장래 일이나 능력이나 높음이나 깊음이나 다른 어떤 피조물이라도 우리를 우리 주 그리스도 예수 안에 있는 하나님의 사랑에서 끊을 수 없으리라"(롬 8:38-39). 그리스도께서 우리의 구주가 되시면 세상의 어떤 것도 우리를 하나님으로부터 끊어낼 수 없습니다.

당신은 주 예수 그리스도를 통하여 하나님의 사랑을 알기에 이르렀습니까? 그러하시다면, 간절히 권하노니 매일 그렇게 사십시오. 당신이 아직 그분을 모르고 계시다면 당신은 모든 것을 상실하고 있습니다. 오늘 그분께 나아오기를 권합니다.

한 불신자가 많은 군중에게 강의를 하다가 원하는 사람은 아무나 교단에 나와서 묻고 싶은 것을 그에게 물으라고 말했습니다. 한 때 악명 높은 범죄자였으나 최근에 회개한 한 사람이 교단에 올라왔습니다. 그는 자기 호주머니에서 귤 하나를 꺼내어 껍질을 벗겨 먹으면서도 말 한마디 꺼내지 않았습니다. 불신자가 말을 꺼냈습니다.

"그런데, 당신의 질문이 무엇이요?"

그 사람은 불신자에게 지금 먹고 있는 귤의 맛이 단지 혹은 신지를 물었습니다. 그 불신자가 소리를 질렀습니다.

"내가 그것을 맛보지 않았는데 그것이 신지 단지를 어떻게 안단 말이오?"

이에 그 기독교인이 이렇게 응수했습니다.

"그렇다면, 당신이 그리스도를 시험해 보지도 않고서 그분에 대하여 무엇인들 어떻게 알 수 있겠습니까?"

나는 여러분을 초청합니다. 그분을 맛보십시오. 시험하여 보십시오. 그분을 의지해 보십시오. 여러분은 그분이 이 세상에서와 오는 세상에서 여러분의 영혼에 기쁨이 되시는 것을 체험하게 될 것입니다.

제
2
장

—

세상의 빛

—

"¹태초에 말씀이 계시니라 이 말씀이 하나님과 함께 계셨으니 이 말씀은 곧 하나님이시니라 ²그가 태초에 하나님과 함께 계셨고 ³만물이 그로 말미암아 지은 바 되었으니 지은 것이 하나도 그가 없이는 된 것이 없느니라 ⁴그 안에 생명이 있었으니 이 생명은 사람들의 빛이라 ⁵빛이 어둠에 비치되 어둠이 깨닫지 못하더라."
— 요 1:1-5

저의 첫 설교에서 말씀드린 바와 같이 요한은 자신의 복음서 전체를 통하여 예수님을 하나님의 아들, 그리스도로서 묘사하고 있습니다. 그는 그리스도의 신성에 대해 논쟁하지 않고 곧장 그분은 태초부터 계셨고, 하나님과 함께 계셨으며 그분은 하나님이시라는 선언으로 들어갑니다.

요한복음서의 서두가 다른 세 복음서의 그것과 얼마나 다른가를 생각해 보십시오. 마태는 그리스도의 족보 이야기로 시작하다가 그분의 잉태와 탄생에 관하여 말합니다. 마가는 그리스도께서 30세에 세례 요한에게 세례 받으신 사건부터 시작합니다. 누가는 예수님의 탄생을 알림으로써 그분께 대한 이야기의 시작을 엽니다. 그리하고서 그는 의사처럼 그 탄생의 세부적인 것을 말합니다. 그러나 요한에게 있어서는 그렇지 않습니다. 그는 태초로 거슬러 올라갑니다. 그는 영원한 과거로 들어가 그리스도를 증거합니다. 구유에 누이신 아기로서가 아니고 성부 하나님과 영원히 함께 계시는, 삼위일체의 제2위로서 말입니다.

이제 요한이 그의 복음서를 시작하는 첫 구절들을 생각하여 봅시다.

1. 우리는 태초의 그리스도를 봅시다.

"태초에 말씀이 계시니라 이 말씀이 하나님과 함께 계셨으니 이 말씀은 곧 하나님이시니라 그가 태초에 하나님과 함께 계셨고."

어떤 사람이 다른 사람의 생애에 관하여 쓰려고 할 때에는 그 사람의 생활과 업적을 설명하는 무엇을 발견할 수 있을까 하여 그의 가계(家系)를 들추어 보게 됩니다. 요한도 그렇게 하는 것을 볼 수 있습니다. 그런데, 아 그가 예수님의 배경을 조사하여 가다가 그분께 관하여 발견하는 것은 실로 놀라운 것입니다.

1) 그가 무엇보다도 우선 발견하는 것은 예수님은 영원하시다는 것입니다.

그분은 태초부터 계셨습니다. 이것은 요한이 어떤 책이나 친척으로부터 알게 된 것이 아니고, 성령께서 그것을 계시하여 주셨습니다. "태초에" 이런 동일한 말로 모세는 성령께 이끌리어 창세기를 시작했습니다. 요한은 어느 것, 어느 누구가 존재하기 훨씬 전에 예수님이 존재하셨음을 의미하고 있는 것이 확실합니다. 세상은 얼마나 오래 되었을까요? 시작이래 그것은 얼마나 오랫동안 존속해 왔겠습니까? 우리는 알 수 없습니다. 지질학자들은 지구가 수백만 년 전에 시작되었다고 짐작하고 있습니다. 성경의 첫 구절과 그 다음 구절 사이에 거대한 시간이 흘러갔을지도 모른다는 점을 고려할 때에 우리도 그들과 의견을 같이 할 수 있습니다. 그러므로 여러분의 상상을 시작 이전, 태양이나 달이나 별이나 땅이나 바다나 나무나 산이나 강이나 어떤 것이라도 존재하기 전의 시점까지 뻗쳐 보십시오. 그러면 그 모든 것이 존재하기 전의 그곳에 그리스도께서 계십니다.

예수님이 열두 살 되셨을 때에 마리아는 성전에서 그분이 신령한 지식을 가지고 위대한 종교 지도자들을 깜짝 놀라게 하고 계신 것을 목격했습니다. 여러분은 그분이 모든 질문에 대해서 항상 바른 대답을 하셨던 것을 기억하십니까? 그분은 모든 것을 알고 계셨습니다. 모든 것이 시작되기 전에 계셨기 때문입니다.

2) 요한은 이제 우리들에게 그리스도께서 태초에 하나님과 함께 계셨음을 말합니다.

그분은 성부 하나님과 공존하여 계십니다. 그분은 하나님께서 항상 존재하여 오신 것처럼 항상 살아 계셨습니다. 그리고 하나님과 함께 살아 계셨습니다. 산들이 드러나고 새벽별들이 함께 노래하기 전, 시작이 없는 과거를 상상하여 보십시오. 그러면 하나님을 발견하게 되실 것입니다. 그런데 그곳 그분 곁에서 그분의 아들, 그리스도를 또한 발견하게 되실 것입니다. 우리는 그리스도께서 "하나님과 함께" 계셨다 함을 읽습니다. 이것은 하나님과 그리스도께서 각기 인격을 가지고 계신 것을 입증하고 있습니다. 그런데도 그분들 사이에는 아주 긴밀한 연합이 있었습니다. 그렇기에 예수님께서 "아버지와 나는 하나이니라. 나를 본 자는 아버지를 보았느니라"고 말씀하셨던 것입니다. 어떻게 하나님과 그리스도께서 하나이면서도 각기 다른 인격들이신지를 저에게 설명하도록 요구하지는 마십시오. 세계적 대신학자들이 삼위일체의 신비를 설명하려고 애썼으나 헛수고였을 뿐입니다. 이것은 천국에서 모든 것이 환하게 드러날 때까지 우리가 기다려야 하는 문제들 중의 하나입니다.

아우구스티누스는 태양과 그 광선을 가지고 설명합니다. 그것들은 두 개의 구별된 별개의 물(物)입니다만 분리될 수 없을 만큼 연합되어 있습니다. 또 그는 불과 불의 빛에 관하여 말합니다. 이 둘은 역시 구별되어 있으면서도 하나로 합쳐져 있습니다. 이와 같이 예수님과 하나님은 서로 다른 두 분의 인격자들이신데도 그분들은 영원히 하나이십니다. 우리는 이것을 설명할 수는 없지만 믿을 수 있습니다. 우리에게 하나님과 함께 해온 구주가 있음을 감사드릴 수 있습니다. 그분은 우리들에 대하여 모든 것을 아십니다. 그분은 우리가 어떻게 만들어져 있는지, 우리들의 마음의 비밀과 필요한 것들이 무엇인지 다 아십니다. 우리의 필요한 모든 것을 공급해 주실 수 있습니다.

하나님께서 사람을 만드실 때에 "우리의 형상을 따라 우리의 모양대로 사람을 만들자"(창 1:26)고 말씀하셨습니다. 그분이 '우리의'라는 말을 사용하셨다면 이것은 한 분 이상이 계셨음을 의미합니다. 성부 하나님이 계셨으며 성자 하나님이 계셨고 또 성령 하나님이 계셨습니다. 그렇습니다. 우리는 그리스도께서 태초에 그리고 유구히 흘러온 모든 세대들을 하나님과 함께 계셔 왔음을 압니다.

3) 요한은 그리스도께서 하나님이시라고 말합니다.

이것은 이해하고 설명하기에 가장 어려운 부분입니다. 그리스도인이 "그리스도께서 하나님이시라고 말한다. 성경에 그렇게 되어 있기 때문에 나는 그것을 믿어야 한다"고 말하는 것은 쉬운 일입니다. 저에게도 그것으로 충분합니다만 그렇다고 모든 사람들이 그것으로 만족하는 것은 아닙니다. 그래서 좀 더 깊이 들어가 봅시다.

인간의 마음속에는 항상 하나님을 찾는 위대한 갈망이 있어 왔습니다. 인간은 이렇게 소리칩니다. "오! 내가 그분을 발견하였으면! 우리들에게 하나님 아버지를 보여 달라. 그리하면 우리가 만족하겠노라." 이 사모함이 너무 깊고 집요하므로 하나님께서 그것을 우리 마음속에 넣어 주시고 또 하나님만이 그 소원을 만족시킬 수 있음을 알 수 있습니다. 하나님과 사람은 각기 상대방이 필요하도록 되어 있습니다. 사람의 마음은 하나님 안에서 쉼을 얻을 때까지는 참 평안을 발견할 수 없습니다. 하나님께서 우리의 마음속에 그러한 열망을 만족시켜 주서야 합니다. 그렇지 않다면 그분은 하나님이 아닐 것입니다. 그러므로 그리스도께서 세상에 오셨을 때에 그분은 그 동경에 대한 하나님의 대답이셨습니다. 그래서 우리는 그분이 하나님이심에 틀림없다는 것을 압니다. 예수님께서 인간의 마음에 들어오셔서 우리의 죄를 용서해 주시고 평안과 소망을 주실 때에 우리는 "이분은 하나님이시다. 내가 하나님께 대해 원한 모든 것을 그리스도 안에서 발견하였다"하고 소리치게 됩니다.

요한복음의 첫 구절을 충분히 설명하기가 어렵습니다. 그러나 우리는 믿음으로, 그리스도께서 태초에 계셨으며 하나님과 함께 계셨고 그분은 곧 하나님이시라는 것을 압니다.

2. 창조주이신 그리스도

"만물이 그로 말미암아 지은 바 되었으니 지은 것이 하나도 그가 없이는 된 것이 없느니라."

1) 여기서 우리는 그리스도께서 만물을 창조하셨다는 말씀을 듣습니다.

우리가 태초에로 거슬러 올라가면, 세상을 짓기로 작정되었던 때에 그리스도께서 하나님과 함께 계셨음을 발견하게 됩니다. 하나님은 만물의 기원과 출처이셨습니다. 그리스도는 창조 과정이 전개되는 도구이셨습니다. 그분은 만물 안에서 하나님과 협동하셨습니다.

인간은 큰 소리로 자랑은 잘 하지만 어느 것 하나 무(無)로부터 창조해 낼 수는 없습니다. 인간은 하늘을 찌르는 마천루를 건설할 수 있습니다. 강을 가로 건너는 다리, 지상 위를 나는 비행기, 물 밑을 달려가는 잠수함을 만들 수 있습니다. 사람들은 살찌울 비타민과 양식과 그들을 죽이는 폭탄을 제조할 수 있습니다. 그러나 이 모든 제조하고 제작하는 활동에 있어서 이미 존재하는 재료를 사용해야 합니다. 그러나 그리스도는 한 세상을 무로부터 만들어 내셨습니다. "빛이 있으라"고 그분이 말씀하시니 세상은 빛으로 가득했습니다. "땅과 바다를 만들자" 하시매 그대로 되었습니다. "우리가 사람을 만들자" 하시더니 사람이 그분 앞에 서 있었습니다.

2) 3절은 그분이 없이는 지은 것이 하나도 지어지지 않았다고 말씀하고 있습니다.

저 창공을 창조하신 분이 예수님이십니다. 바다와 강과 호수를 파고 거기에 물로 가득 채운 분이 예수님이셨습니다. 하나님의 영광을 선포하도록 달과 별과 태양을 하늘에 놓으신 분이 예수님이십니다. 꽃과 풀과 나무로 지면을 덮으신 분이 예수님이셨습니다. 물고기는 바다에서 헤엄치고 동물들이 땅 위를 배회하며 새들은 나무에서 노래하도록 만드신 분이 예수님이셨습니다. 작품 중의 작품인 인간을 만드신 분도 예수님이십니다. 이 아름답고 놀라운 세계를 둘러보시고 예수님이 만드신 것을 기억하십시오. 여러분이 소유하신 모든 것을 보고 태초에 예수님께서 그것이나 그것의 재료를 만드신 것을 기억하십시오. 우리들의 한 노래에 이런 가사가 있습니다. "위대하신 창조주께서 우리의 구주가 되셨도다." 그렇습니다. 그분은 동일하신 분입니다. 우리를 구원하신 분이 우리를 창조하신 그분이십니다.

3. 생명이신 그리스도

"그 안에 생명이 있었으니 이 생명은 사람들의 빛이라."

1) 이제 우리는 전보다 그리스도께 더 가까운 곳에 와 있습니다.

우리가 그분을 태초에 하나님과 함께 계신 분으로서 생각할 때에는 그분이 멀리 떨어져 계신 것처럼 느껴질 수 있습니다. 만물을 창조하신 분으로서 그분을 생각할 때에는 멀리 느껴질 수 있습니다. 그러나 생명으로서의 그분은 가까워집니다. 지금 우리가 소유하고 있는 생명은, 중생으로 그분과의 사귐으로 들어갔기 때문에 우리 것이 되었습니다. 물론 그분은 모든 생명과 식물과 동물과 광물의 원천이십니다. 그러나 더 긴밀한 의미에서 영적인 생명의 유일한 원천이십니다.

요한복음 3장 15절을 들어보십시오 — "이는 그를 믿는 자마다 영생을 얻게 하려 하심이니라." 요한복음 3장 16절을 들어보십시오 — "하나님이 세상을 이처럼 사랑하사 독생자를 주셨으니 이는 그를 믿는 자마다 멸망하지 않고 영생을 얻게 하려 하심이라." 요한복음 3장 36절을 들어보십시오 — "아들을 믿는 자에게는 영생이 있고 아들에게 순종하지 아니하는 자는 영생을 보지 못하고 도리어 하나님의 진노가 그 위에 머물러 있느니라."

오, 오늘날 세상에 이 위대한 진리가 얼마나 필요합니까! 사람들은 잃어버린 상태에 있으며 허물과 죄로 죽어 있습니다. 그들이 어떻게 하면 생명을 찾을 수 있겠습니까? 단순히 교인이 되거나 세례나 성례나 선행을 통하여서는 안 됩니다. 그들이 그리스도께 나아올 때에만 생명을 발견하게 됩니다. 사도 요한이 "그 안에 생명이 있느니라"고 말한 것은 이상할 게 하나도 없습니다. 다른 사람은 누구 안에도 생명이 없습니다. 맨 처음에 모든 생명을 창조하신 분이 우리들에게 영적 생명을 주실 수 있는 유일하신 분이십니다. 사도행전 4장 12절을 들어보십시오 — "다른 이로써는 구원을 받을 수 없나니 천하 사람 중에 구원을 받을 만한 다른 이름을 우리에게 주신 일이 없음이라."

2) 생명 그 자체보다 더 놀라운 것은 없습니다.

우리는 꽃이 자라고 아름다운 꽃을 피우는 것을 보기 좋아합니다. 개나 말이 약동하는 것을 보기 좋아합니다. 갓난애가 훌륭하고 쓸모 있는 인물로 자라가는 것을 보기 좋아합니다. 그러나 더 놀라운 다른 하나의 생명이 있습니다. 그것은 우리가 그리스도 안에서 가지고 있는 생명입니다. 그것은 우리가 중생할 때에 갖게 된 생명입니다. 아, 이 새 생명이 얼마나 놀라운지! 이것은 안과 밖의 모든 것을 변화시킵니다.

어떤 사람이 어느 날 밤 부흥집회에서 회심하였습니다. 다음 날 아침 그의 아내가 아침 식사를 준비하는 동안 부엌 창문 곁에 그가 서 있었습니다. 그녀에게 이렇게 말했습니다. "저렇게 신선한 풀과 저토록 아름다운 나무와 꽃을 본 적이 없어." 풀과 나무와 꽃이 변한 것은 아니었습니다. 그러나 새로 남을 통하여 그 사람이 내면에서 변한 것이었습니다. 그래서 생의 모든 것이 그에게 달리 보였습니다.

3) 그리스도 안에 있는 이 새 생명은 이 세상에 영향을 줍니다.

"누구든지 그리스도 안에 있으면 새로운 피조물이라 이전 것은 지나갔으니 보라 새 것이 되었도다"(고후 5:17). 당신이 그리스도 안에 있지 아니하면 단순히 존재할 뿐 살아 있지는 않습니다. "하나님의 아들이 있지 않는 자는 생명이 없느니라." 당신은 많은 뛰어난 자질들을 가질 수 있습니다. 훌륭한 예의와 교양을 소유하고 있는지 모르겠습니다. 재능과 학문이 많으신지도 모르겠습니다. 그러나 당신이 그리스도를 소유하지 않으셨다면 당신에게는 생명이 없습니다.

여러분이 자아와 세상에 대하여 "아니다"라고 말하면 할수록 이 놀라운 생명 안에서 더욱 더 자라게 됩니다. 미켈란젤로가 조각할 때에 조상(彫像) 밑 마룻바닥에 깎아낸 대리석 파편들이 그득히 쌓이곤 하였다고 합니다. 이 대리석 전체를 허비하는 것 같았으나 그는 "대리석이 허비되는 사이에 상(像)은 커가고 있다"라고 말했습니다. 이와 같이 우리가 우리의 생 안에 있어서는 안 될 것들을 깎아 낼 때에 그리스도의 형상이 우리 안에서 자라갑니다. 우리가 그분의 생명을 더 많이 갖게 되고, 그분을 더 많이 닮게 됩니다.

4) 그리스도 안에 있는 이 새로운 생명은 장차 올 세상에서 우리들에게 영향을 줍니다.

당신이 이 새로운 생명을 소유하지 않았다면 장차 올 세상에 대해 절망적입니다. 이 새로운 생명을 소유했다면 하늘의 문이 당신 앞에 열릴 것입니다.

헨리 드러먼드(Henry Drummond)가 에든버러에서 학생들에게 설교하고 있었습니다. 그는 호주머니에서 편지 한 장을 꺼내더니 이렇게 그들에게 말했습니다. "여기, 여러분 중의 어느 한 사람이 내게 보낸 편지를 갖고 있습니다. 이 편지는 그 학생의 수치와 죄악을 하나하나 고백하고 있습니다. 학생은 끝에 가서 '나 같은 죄인도 하나님은 구원하실 수 있을까요?' 하는 질문을 하고 있습니다. 내가 오늘 아침 에든버러에 와서 양털 같은 아름다운 구름이 하늘에서 영광스럽게 떠가는 것을 보았습니다. 내가 말했습니다. '오 구름이여, 너는 어디서 왔느냐?' 구름이 이렇게 대답했습니다. '나는 도시의 빈민굴과 천한 곳에서 왔습니다. 해님이 내려오셔서 나를 들어 올리더니 그의 빛나는 빛으로 내 모습을 변하게 하셨답니다.' 나는 이 편지를 쓴 학생을 모릅니다만 이렇게 꼭 말하고 싶습니다. 나의 구주께서는 한 사람이 가라앉아 있는 가상 낮고 싶은 곳까지 이르러서 그 영혼을 끌어올리시며 그분의 무한하신 능력과 사랑으로 완전히 변화시킬 수 있다고 말입니다."

예, 그렇습니다. 예수님은 생명 — 곧 이 세상과 내세에서의 생명이십니다. 당신은 그분을 아십니까? 그분이 당신 마음속에 살고 계십니까? 그렇지 않다면, 그분은 당신의 생(生) 속에 들어가서서 영광으로 채워 주시기를 오래 참으시며 기다리고 계십니다.

4. 빛이신 그리스도

"빛이 어둠에 비치되 어둠이 깨닫지 못하더라." 이에 대한 두 가지 해석이 있을 수 있습니다. 하나는, 그리스도께서 빛으로 오셨는데 사람들이 그분을 이해하지 못했습니다. 즉 그분께 부응하지 못했습니다. 세상은 어둠에 있었고 빛이 와서 밝게 비쳤으나 사람들은 여전히 어둠에서 행했습니다. 그것은 오늘날도 마찬가지입니다. 오늘날 죄인들에게 있어서 문제는 그들의 길을 비쳐주고 그들을 하나님께로 이끌 빛을 갖고 있지 않다는 점입니다. 빛이 저기에 있으나 그들이 죄악과 어둠을 그리스도와 빛보다 더 사랑하기 때문에 빛 안에서 걸으려고 하지 않습니다. 그렇습니다. 빛이 저기에 있습니다. 그러나 그들은 그 안에서 행하기를 싫어합니다.

또 하나의 해석은 이렇습니다. 빛이 비치니 어둠이 그것을 이길 수 없었습니다. 세상에 있는 모든 어둠도 한 작은 촛불의 빛을 쫓아낼 수 없습니다. 그리고 죄악의 모든 어둠도 예수 그리스도 안에 있는 빛을 끌 수 없습니다. 예수님께서 이 세상에 계실 때에 어떤 힘도 그분의 생(生)을 흑암에 삼켜버릴 수 없었습니다. 그분은 구유에 태어나서서 세상의 조그만 한 구석, 한 목수의 작업장에서 자라나셨습니다. 집을 떠나 먼 곳에 여행해 보시지도 않았습니다. 그분은 로마의 형틀에 못 박히셨습니다. 그러나 그 빛은 인류의 마음에 비친 가장 위대한 빛으로서 그때도 비쳤고 지금도 비치고 있습니다.

그분의 빛은 어느 곳에나 있지만, 사람들은 그 빛 안에서 걷고 있지 않습니다. 여러분이 깊고 어두운 구덩이에 빠졌다고 가정해 보세요. 빠져나오는 길을 발견하지 못하면 곧 끝장이 날 것을 알고 있습니다. 물론 여러분은 힘을 다해 더듬거리며 출구를 찾을 것입니다. 그때 제가 그 함정 속으로 밝은 빛을 비치게 하여 안전히 빠져나올 수 있는 계단을 여러분이 보았다 합시다. 여러분은 어떻게 하시겠습니까? 빛을 따라 걸어서 출구를 찾을 것입니다. 오늘날 죄의 함정들이 많습니다. 이 구덩이 안에 있는 사람들은 잃어버려진 사람들입니다. 절망적입니다. 어둠에서 빠져나오는 길을 더듬어 찾고 있습니다. 그러나 예수님께서 어두움 속에서 비치고 있습니다. 눈을 뜬다면 그들은 그분의 빛에 행하여 영원한 영광에 이르는 길을 발견하게 될 것입니다.

뉴턴은 가끔 태양을 몇 시간이고 응시하곤 하였다 합니다. 그런 후에 그가 방에 들어가면 얼마 동안 눈먼 사람처럼 있어야 했습니다. 눈을 떠도 태양 밖에는 아무것도 보이지 않았습니다. 눈을 감아도 태양이 뚜렷이 보였습니다. 오, 모든 그리스도인들이 그분 밖에는, 오직 그분 외에는 아무도 보이지 않을 만큼 예수님을 우러러봤으면 얼마나 좋겠습니까! 그러면 그들은 그분을 기쁘시게 하는 생활을 하게 될 것입니다.

구원과 소망을 바라고 예수님을 바라본 적이 없는 사람이 여기에 있는지 모르겠습니다. 호소합니다. 죄의 어둠을 떠나 그분의 빛으로 와서 걸으십시오.

어느 날 밤 한 설교자가 설교를 끝마치면서 구원에의 초청을 하였더니 불쾌한 인상을 주는 사람이 나왔습니다. 키가 큰 사람이었으나 죄의 노예였던지라 몹시 구부정해 보였습니다. 그가 설교자에게 "그리스도는 나같은 비참한 사람도 구원하실 수 있습니까?"라고 말했습니다. 설교자는 그에게 그리스도께서는 세상의 어떠한 사람도 구원하실 수 있다고 말했습니다. 그러자 그 사람이 말했습니다. "나를 위하여 무릎을 꿇고 기도해 주시겠습니까?" 설교자는 즉시 그 사람을 팔로 안고 무릎을 꿇어 그를 위하여 간절히 기도했습니다. 설교자의 기도의 끝에 가서 그 사람이 외쳤습니다. "주여, 당신은 어떻게 해야 할지 가장 좋은 것을 알고 있습니다. 불쌍한 죄인인 제가 와서 보잘것없는 나의 믿음을 바칩니다." 6년이란 세월이 흘러 이 사람은 신실하고 활동적인 그리스도인이 되어 있었습니다. 어느 날 그 설교자가 그에게 "당신은 완전히 변한 인물이 되었군요"라고 말했습니다. "예수님께서 나를 과거의 나에서 지금 당신이 말씀하시는 나로 바꿀 수 있다면, 그분은 무슨 일이든지 정말 하실 수 있는 분이지요"라고 그 사람이 대답했습니다.

여러분들이여, 그분은 이러한 일을 당신을 위하여 하실 수 있습니다. 그분은 당신을 바꾸고 고치실 수 있습니다. 오늘 당신의 마음속에 그분이 들어오시도록 하시지 않으렵니까?

제
3
장

—

"하나님께로부터
보내심을 받은 사람이 났으니"

—

"⁶ 하나님께로부터 보내심을 받은 사람이 있으니 그의 이름은 요한이라 ⁷ 그가 증언하러 왔으니 곧 빛에 대하여 증언하고 모든 사람이 자기로 말미암아 믿게 하려 함이라 ⁸ 그는 이 빛이 아니요 이 빛에 대하여 증언하러 온 자라." — 요 1:6-8

"¹⁵ 요한이 그에 대하여 증언하여 외쳐 이르되 내가 전에 말하기를 내 뒤에 오시는 이가 나보다 앞선 것은 나보다 먼저 계심이라 한 것이 이 사람을 가리킴이라 하니라 ¹⁶ 우리가 다 그의 충만한 데서 받으니 은혜 위에 은혜러라 ¹⁷ 율법은 모세로 말미암아 주어진 것이요 은혜와 진리는 예수 그리스도로 말미암아 온 것이라 ¹⁸ 본래 하나님을 본 사람이 없으되 아버지 품 속에 있는 독생하신 하나님이 나타내셨느니라 ¹⁹ 유대인들이 예루살렘에서 제사장들과 레위인들을 요한에게 보내어 네가 누구냐 물을 때에 요한의 증언이 이러하니라 ²⁰ 요한이 드러내어 말하고 숨기지 아니하니 드러내어 하는 말이 나는 그리스도가 아니라 한 대 ²¹또 묻되 그러면 누구냐 네가 엘리야냐 이르되 나는 아니라 또 묻되 네가 그 선지자냐 대답하되 아니라 ²²또 말하되 누구냐 우리를 보낸 이들에게 대답하게 하라 너는 네게 대하여 무엇이라 하느냐 ²³ 이르되 나는 선지자 이사야의 말과 같이 주의 길을 곧게 하라고 광야에서 외치는 자의 소리로라 하니라 ²⁴ 그들은 바리새인들이 보낸 자라 ²⁵ 또 물어 이르되 네가 만일 그리스도도 아니요 엘리야도 아니요 그 선지자도 아닐진대 어찌하여 세례를 베푸느냐 ²⁶ 요한이 대답하되 나는 물로 세례를 베풀거니와 너희 가운데 너희가 알지 못하는 한 사람이 섰으니 ²⁷ 곧 내 뒤에 오시는 그이라 나는 그의 신발끈을 풀기도 감당하지 못하겠노라 하더라 [28] 이 일은 요한이 세례 베풀던 곳 요단 강 건너편 베다니에서 일어난 일이니라 [29] 이튿날 요한이 예수께서 자기에게 나아오심을 보고 이르되 보라 세상 죄를 지고 가는 하나님의 어린양이로다 [30] 내가 전에 말하기를 내 뒤에 오는 사람이 있는데 나보다 앞선 것은 그가 나보다 먼저 계심이라 한 것이 이 사람을 가리킴이라 [31] 나도 그를 알지 못하였으나 내가 와서 물로 세례를 베푸는 것은 그를 이스라엘에 나타내려 함이라 하니라 [32] 요한이 또 증언하여 이르되 내가 보매 성령이 비둘기 같이 하늘로부터 내려와서 그의 위에 머물렀더라 [33] 나도 그를 알지 못하였으나 나를 보내어 물로 세례를 베풀라 하신 그이가 나에게 말씀하시되 성령이 내려서 누구 위에든지 머무는 것을 보거든 그가 곧 성령으로 세례를 베푸는 이인 줄 알라 하셨기에 [34] 내가 보고 그가 하나님의 아들이심을 증언하였노라 하니라." — 요 1:15-34

오늘 저는 여러분과 함께, 하나님의 백성의 역사를 생각할 때에 커다랗게 떠오르는 요단강 강변으로 가보고자 합니다. 거기에 크나큰 군중이 모여 있음을 볼 수 있습니다. 그들은 시골 출신의 완강하고 이상하게 보이는 한 사람의 주위에 운집하여 있습니다. 이 사람이 말하고 있는데, 우레 같은 소리로 사람들에게 회개하라고 외칩니다. 한 국가와 개개인으로서의 그들의 죄를 지적합니다. 그의 메시지는 이렇게 외침으로써 절정에 달합니다. "회개하라. 천국이 가까이 왔느니라."

처음에는 사람들이 경악하였습니다. 그들은 회개의 필요를 전혀 느끼지 않고 있었던 것입니다. 그들은 아브라함의 자손들이 아니었던가? 그들은 하나님의 택하신 백성이 아니었던가? 성전에서 예배하고, 모든 절기들을 지키지 않았던가? 그들에게 회개하라고 말하는 이 사람은 도대체 누구인가? 그러나 그 전파자는 말했습니다. "여러분이 자신들을 가리켜 아브라함의 자손이라 불러도 좋소. 그러나 여러분의 선조들의 신앙이 여러분을 구원하지는 않소." 그리고서 그는 그들의 개인적 죄들을 그들 앞에 드러내기 시작했습니다. 갑자기 그들 중의 많은 사람들이 하나님의 감찰하시는 눈으로 자신들을 바라보게 되었습니다. 그들 자신들이 거룩하신 하나님께 대하여 죄를 범하고 있었습니다. 그들은 그 설교자에게 더 가까이 모여들어 죄를 고백하고 요단강에서 세례를 받았습니다.

굉장한 능력이 있어서 여러 도시들이 시가지를 비우고 설교를 들으려고 몰려들게 한 이 이상하고 능력 있는 설교자는 누구일까요? 제가 말씀드리겠습니다. 이 사람은 위대한 세례 시행자요 예수 그리스도의 전령(傳令)이었던 세례 요한입니다. 그러면 그는 어디에서 왔습니까? 성경에서 그에 대한 소개를 들으시고 어느 문학인들 한 사람에 대한 이 보다 더 강력한 소개를 뽐낼 수 있는지 말해 보십시오. 소개가 이렇습니다.

"하나님께로부터 보내심을 받은 사람이 있으니 이름은 요한이라."

그는 한 설교자의 성공한 아들이었습니다. 그 자신도 힘 있는 설교자였습니다. 그는 억세게 혼자 버티고 서 있는 사람이었습니다. 그는 죄를 공공연히 힐책하면서도 두려움을 몰랐습니다. 그는 엄청난 성공자였습니다. 예, 그는 이 모든 것 그대로였습니다 — 그러나 모든 것 중에서 첫째로, 그리고 무엇보다 더 중요한 것은, 그가 "하나님께로부터 보내심을 받은 사람"이었습니다.

하나님께로부터 보내심을 받은 다른 사람들이 있어 왔습니다. 마르틴 루터는 기독교를 형식주의와 교회 만능주의에서 하나님께 대한 단순한 신앙으로 돌이키기 위하여 확실히 하나님께로부터 보내심을 받은 사람이었습니다. 요한 웨슬리도 분명히 하나님으로부터 보내심을 받은 사람이었습니다. 그는 와서 "이상하게 뜨겁게 느낀" 경험으로부터 출발하여 당신의 신앙에 다닥다닥 얼어붙어 있는 고드름들을 녹였습니다. 드와이트 무디도 분명코 하나님께로부터 보내심을 받은 사람이었습니다. 그는 무학자였으나 가는 곳마다 뭇 심령들이 하나님 앞에 깨뜨려지게 하였으며 교회로 하여금 복음주의와 잃어버린 자에 대한 사랑으로 되돌아가라 촉구하였습니다. 빌 선데이와 빌리 그래함도 확실히 하나님께부터 보내심을 받은 사람들이라 불릴 것입니다. 곳곳에서 새로운 부흥의 불길을 일으키고, 죄인을 회개에로 부르며, 교회를 더 높은 그리스도인의 생활수준에로 촉구하도록 하나님께서는 선데이를 사용하셨고 그래함을 사용하시고 계십니다.

또 한 세기들이 흐르는 동안 하나님께서는 보다 더 작은 인물들을 보내셨으나 경건함에는 동일한 사람들이었습니다. 하나님은 그들을 사용하셔서 어두운 구석구석의 사람들에게 빛과 구원을 전하셨습니다. 예, 하나님께서 많은 사람들을 보내셨습니다만 세례 요한에 필적할만한 사람이 있었습니까? 예수님께서는 이렇게 말씀하셨던 것입니다. "여자가 낳은 자 중에 세례 요한보다 큰 이가 일어남이 없도다"(마 11:11).

1. 세례 요한의 인물

요한복음의 첫 몇 구절은 인간에게 보내어 지신 하나님의 아들에 대하여 말씀하고 있습니다. 이제 정경은 바꾸어져 하나님께로부터 보내심을 받은 한 사람을 보게 됩니다. 그의 배경을 봅시다. 그의 아버지인 사가랴는 제사장이었습니다. 요한의 어머니는 엘리사벳이었고요. 그들은 의로운 사람들이었습니다. 하나님의 모든 법을 지켰습니다. 그러나 그들의 생활에는 하나의 슬픔이 있었습니다. 옥에 티와 같았습니다. 그 두 사람 모두 늙었는데 하나님께서 자녀로 그들을 축복하시지 않았던 것입니다. 어떤 사람들은 이렇게 말하기도 할 것입니다. "그게 좋아. 주위에 자녀들을 거느리고 돌보는 따위는 귀찮은 거야." 그러나 그 당시 사람들에게는 사정이 아주 달랐습니다. 그들은 자녀를 주께서 주신 유업으로 느꼈던 것입니다. 허나 그 두 사람은 불평하지 않았습니다. "주님은 우리를 부당하게 대우해 주신다"고 말하지 않았습니다. 그들은 단지 기도만 계속하였습니다. 오늘날 우리는 어떤 사람들이 이렇게 말하는 것을 듣게 됩니다. "나는 의롭게 살고, 교회에 나가고 돈도 바친다. 그런데 하나님은 왜 나에게 더 많은 것을 해주시지 않는가?" 그것은 그릇된 정신입니다. 우리가 어떤 공리(功利)적인 것을 바라고 하나님을 섬겨서는 안 됩니다. 그분이 우리의 손을 축복으로 채우신다면 우리가 소유한 가장 좋은 것으로 그분을 섬겨야 합니다. 우리의 손들이 비어있다 할지라도 ― 하나님께서 우리가 원하는 모든 것을 주시지 않는다 할지라도 ― 여전히 우리는 가장 좋은 것으로 그분을 섬겨야 합니다.

어느 날 사가랴가 성전에서 자기의 임무를 수행하고 있었습니다. 갑자기 주의 천사가 그의 곁에 나타나 서 있었습니다. 두려움에 그는 떨기 시작하였습니다. 그러나 천사는 이렇게 말했습니다. "두려워 말라 주께서 너의 기도를 들으셨느니라. 주께서 너에게 한 아들을 주실 것이니 그 아들로 말미암아 네가 매우 기뻐하며 많은 사람들이 그의 출생을 보고 즐거워할 것이다. 그는 메시야에 대하여 증거하는 사자(使者)가 될 것이며, 어디로 보나 위대한 인물이 되리라. 그의 이름을 요한이라 하라." 그러자 사가랴가 대답했습니다. "이럴 수 없나이다. 우리는 너무 늙었사옵니다." 그러자 천사는 이렇게 말했습니다. "정말 이대로 행해지리라. 그러나 네가 믿지 않았은즉, 이 일이 이루어질 때까지 너는 벙어리가 되리라." 그 후 사가랴는 성전 밖으로 나와 말을 하려고 헸으니 힌 미디도 할 수 없었습니다. 사람들은 무언가 신비로운 일이 일어난 것을 눈치챘습니다.

하나님은 항상 약속을 지키십니다. 예정된 때에 한 아이가 사가랴와 엘리사벳에게 태어났습니다. 친척들과 이웃들이 들어와서 그 아기를 보고 "이 애는 그들의 첫 아기이니 아버지의 이름을 따라 사가랴라고 불러야 한다"고 말했습니다. 그러나 엘리사벳이 대답하여 말하기를 "아닙니다. 그 애는 요한이라 불러야 합니다" 하였습니다. 그들은 "그러나 당신 집안에 그런 이름을 갖고 있는 사람은 아무도 없습니다"라고 말했습니다. 그러고서 그들은 그 애의 아버지에게 손짓을 하여 아기 이름을 무엇으로 할 것이냐고 물었습니다. 그는 서판을 달라 하여 "애의 이름은 요한입니다"라고 썼습니다. 그가 "요한"이라는 이름을 쓴 순간에 하나님께서 그에게 다시 말할 수 있는 능력을 주셨습니다. 혀가 풀려 그는 하나님을 찬양하고 자기의 갓난 아들에 대한 위대한 일들을 예언하기 시작했습니다.

이 경건한 부모는 요한을 바르게 잘 교육하였습니다. 하나님의 위대한 진리들을 그에게 가르쳤습니다. 성령께서 그에게 그의 생의 사명이 무엇인지를 가르치셨습니다. 그가 청년이 되자 광야에 나가 살았습니다. 그는 거기서 메뚜기와 석청을 먹고 살았습니다. 자기 사명을 시작할 때가 되어 그는 약대 털옷을 입고 허리에 가죽띠를 띠고 광야에서 나왔습니다. 그는 구약의 선지자처럼 옷을 입고 행동했습니다. 사람들이 그를 보고 색다른 설교자가 나타난 것을 한 눈에 알았습니다. 그에게는 이상하고 위대한 무엇이 있었습니다. 사람들이 떼를 지어 나아가 그의 설교들을 들었으며, 그의 초청에 응하여 그들의 죄를 고백하였습니다. 그러자 요한은 그들에게 요단강에서 세례를 베풀었습니다.

옛날 영국의 어떤 사람이 이렇게 말했습니다.

"영국 사람이 세 아들을 갖고 있으면, 제일 용감하고 훌륭한 아들은 해군을 위하여 훈련시키고, 다음으로, 그리 훌륭하지 못한 아들은 육군을 위하여 훈련시킨다. 세 번째로, 미련하고 아무것에도 쓸모없는 아들은 목회를 위하여 교육시킨다."

그러나 하나님의 방법은 정반대였습니다. 그분은 그 시대의 가장 총명하고 훌륭한 사람을 선택하여 그리스도를 위하여 길을 예비시켰습니다. 천사라도 세례 요한에게 주어진 영예를 보고 부러워했을 것입니다.

2. 요한의 사명

세례 요한은 그리스도를 증거하기 위하여 왔음을 우리가 듣습니다. 말라기

3장 1절로 올라가서 읽어봅시다. "만군의 여호와가 이르노라 보라 내가 내 사자를 보내리니 그가 내 앞에서 길을 준비할 것이요 또 너희가 구하는 바 주가 갑자기 그의 성전에 임하시리니 곧 너희가 사모하는 바 언약의 사자가 임하실 것이라." 그리고 이사야 40:3-5로 뒤돌아가서 읽어봅시다. "외치는 자의 소리여 이르되 너희는 광야에서 여호와의 길을 예비하라 사막에서 우리 하나님의 대로를 평탄하게 하라 골짜기마다 돋우어지며 산마다, 언덕마다 낮아지며 고르지 아니한 곳이 평탄하게 되며 험한 곳이 평지가 될 것이요 여호와의 영광이 나타나고 모든 육체가 그것을 함께 보리라 이는 여호와의 입이 말씀하셨느니라."

세례 요한은 이러한 성경들의 한 성취였습니다. 그는 광야에서 외치는 소리로서 왔습니다. 그는 그리스도의 왕림을 알리는 사자(使者)로서 왔습니다. 그는 구세주에 대한 예고자로서 왔습니다. 옛날에는 권력가가 어떤 성읍에 들어가게 되면 어떤 사람이 먼저 가서 나팔을 불고 외치면서 존귀한 분이 온다는 것을 알렸습니다. 그러면 사람들은 그를 환영하고 합당한 예절과 존경을 표시할 준비를 합니다. 이제 하나님의 영존하시는 아들이신 예수님께서 이 세상에 오실 참이었습니다. 요한은 그분의 오심을 앞서 달려와서 알리는 사자였습니다.

요한은 세상의 빛이 아니라는 즉각적인 말씀을 우리가 듣습니다. 그는 믿는 사람들을 구원할 수 있는 사람이 아니었습니다. 그렇습니다. 예수님이 그 빛이셨습니다. 요한은 단순히 그분을 가리키는 신호판이었습니다. 여기서 우리는 이상하고 비극적인 한 사실을 발견하게 됩니다. 예수님께서 세상의 빛으로서 오실 참이었습니다. 그런데 그분에 대하여 가리켜 주는 누군가가 필요하다니요? 태양이 눈부시게 빛나고 있을 때, 그 빛나고 있는 것을 모르는 사람들이 누구겠습니까? 눈먼 사람들입니다. 그들에게는 태양이 빛나고 있음을 말해 주어야 합니다. 그와 같이 예수님께서 오실 때에 사람들이 죄에 눈멀고 불의에 깊이 잠겨 있었기 때문에 빛이 곧 올 것이라고 그들에게 들려줘야 했습니다. 사람의 죄의 상태를 얼마나 잘 드러내고 있는가!

그래서 우리는 요한이 증거자로서 온 것을 깨닫습니다. 증거자는 사색을 일삼지 않습니다. 그는 자신의 견해를 말하지 않습니다. 그가 알고 있는 진리에 대하여 증거합니다. 그가 보고 들은 바를 말합니다. 이것은 진정한 모든 설교자들의 목직이니 곧 청중들로 하여금 그에게서 그리스도에게로 눈을 돌리도록 하는 것입니다. 새 사냥개가 새 떼를 가리켜 사냥꾼이 새들이 있는 곳을 알게 함과 같이 설교자도 사람들에게 그리스도를 가리켜 주는 지적자이어야 합니다.

옛날 어느 부흥집회에서 한 경건한 사람이 공중(公衆)기도를 부탁받곤 하였습니다. 그는 이렇게 기도하기 일쑤였습니다. "하나님이여 설교자를 축복하셔서 자기 자신을 십자가 뒤에 숨기도록 도와주시고 우리는 예수 그리스도와 그분의 십자가에 못 박히신 것 외에는 아무것도 보지 않게 하여 주옵소서." 이거야말로 합당한 기도입니다. 설교자가 어떤 방식으로든지 사람들의 눈길을 그리스도에게서 자신에게로 끈다면 그는 실패자입니다. 강단으로부터의 그의 메시지와 매일의 생활이 이렇게 말해야 합니다. "하나님의 어린양을 보라!"

그러나 설교자들만이 증거자가 아닙니다. 이것은 모든 그리스도인의 의무입니다. 과일 나무가 열매를 맺는 것과 같이 그리스도인은 열매를 맺어야 합니다. 어떤 그리스도인의 열매는 다른 그리스도인입니다. 우리 교회에 참으로 헌신한 멕시코 태생의 한 아가씨가 있습니다. 그녀는 그리스도를 자기의 구주로서 발견하고, 다른 사람들도 그분을 알게 되기를 원하고 있습니다. 그녀는 학교 선생이나 자기에게 할당된 과목을 가르치는 것만으로 만족할 수 없습니다. 자기 학생들에게 개인적으로 조용히 이야기하여 그들을 교회로 데리고 옵니다. 그들 중 상당수가 그리스도를 고백하고 세례 받아 그분을 따르도록 이끌었습니다. 그녀는 요한이 한 것과 똑 같은 일을 하고 있는 것입니다. 그녀는 그리스도를 위하여 증거하고 다른 사람들에게 구주를 가리켜 주어 많은 열매를 맺고 있습니다.

예수님께서 이 세상에 처음 오시게 되어 있었습니다. 그분의 처음 오시는 길을 예비하는 것이 요한의 직무였습니다. 그분의 다시 오심에 다른 사람들을 예비시키는 것은 우리가 맡은 일입니다.

3. 요한의 메시지

사람들이 요한에게 나아와서 무슨 메시지를 들었을까요? 이러했습니다 — 그것은 산의 바위들을 쩌렁쩌렁 울리는 우레와도 같았습니다. "회개하라, 천국이 가까이 왔느니라!" 천국에 들어가는 길이 예수 그리스도를 통하여 열려져 있습니다만 우리의 죄를 회개하지 않고는 그분께 이를 수 없습니다. 회개는 하나님께로 가는 첫걸음입니다. 회개는 사람을 그의 죄에서 하나님께로 방향을 돌리게 만드는, 하나님께 대한 진정한 슬픔을 의미합니다. 바울은 "내가 유대인에게와 또한 헬라인에게 하나님께 대한 회개와 우리 주 예수그리스도께 대한 믿음을 증거하여 왔다”고 말했습니다. 회개 없이 그리스도께 이르려고 하는 것은 손수레를 타고 하늘을 날겠다고 하는 것보다 더 어려운 일입니다. 회개 없이 구원받기보다 로키산맥을 한 구두 상자 안에 쓸어 넣는 것이 더 쉽습니다. 회개 없이 천국에 이르는 것보다 찻잔 속에 대서양을 담는 것이 더 쉽습니다.

오늘날의 비극은 많은 강단으로부터 회개의 도리가 말하여지지 않는다는 점입니다. 사람들은 하나님을 모든 인류의 아버지로서는 이야기합니다. 모든 사람 속에 있는 신성의 광채에 대해서도 말합니다. 육체에 대한 정신의 우위성에 대해서도 이야기합니다. “바르게 생각하라. 그러면 모든 것이 잘 될 것”이라고 말합니다. 그러나 그들은 인간은 죄인이므로 자기 죄를 회개하여 예수 그리스도를 믿음으로 죄로부터 하나님께로 방향을 돌리지 않는 한 그가 하나님께 대하여 결코 올바로 될 수 없다는 사실을 내팽개칩니다. 수천수만의 사람들이 회개의 의미조차 모르고 있는데 그 이유는 강단으로부터 그것에 대하여 아무것도 듣지 못했기 때문입니다. 사람들이 설교자의 웅변에 매혹당하고 그의 이야기를 즐길지 모릅니다만 그들이 죄를 회개하고 예수 그리스도를 개인적 구주로 신뢰하도록 인도되지 않는다면 그런 일들이 그들을 위하여 아무 쓸모없는 일입니다.

설교자가 타인을 그리스도에게 이끌기 위하여는 그 자신이 그리스도와 그리스도께 관한 모든 사실들을 믿는 신앙이 확고해야 합니다. 강단은 술에 물탄 듯 애매하게 의심하는 자가 설 수 있는 곳이 아닙니다. 트럼펫은 불확실한 음정의 소리를 내어서는 안 되는 것입니다. 설교자가 강단에 서서 자기가 동정녀 탄생을 믿지 않는다고 말한다면 그가 우리에게 무슨 도움이 되겠습니까? 그리스도의 십자가상의 죽으심이 한 정치범의 죽음과 다를 바 없으며 그 안에 구원의 능력 같은 것은 없다고 설교자가 말한다면 그가 우리에게 무슨 도움이 되겠습니까? 그가 지옥이나 죄에 대한 아무 형벌도 믿지 않으며 죄가 아무리 많더라도 모든 사람이 다 하나님의 자녀라고 말한다면 우리가 그에게서 무슨 도움을 받을 수 있겠습니까? 예수님이 무덤에서 일어나신 것이 결코 아니고 제자들이 그분의 시체를 훔쳐 갔다고 그가 말한다면 우리가 그에게서 무슨 도움을 받을 수 있겠습니까? 그가 성경의 기적들을 무시하고 자연적 원인을 가지고 그것들을 억지로 설명하려 든다면 우리가 그에게서 무슨 유익을 얻을 수 있겠습니까? 성경은 믿을 만한 책이 못되고 단지 옛 신화와 우화와 전설들을 모은 것에 불과한 것이라고 말한다면 우리가 그에게서 무슨 도움을 얻을 수 있겠습니까?

오, 강조컨대, 메시지는 중요합니다! 하나님과 성경의 위대한 진리들에 의심의 파문을 던지는 자에게는 그가 누구든 귀를 기울이지 마십시오. 예레미야는 오는 세대들을 내려다보고 오늘날에 있어서와 같은 거짓 선지자들에 대하여 이렇게 기록하였습니다. "그들이 여호와를 부인하고 말하기를, 그가 아니라, 재앙이 우리에게 오지 아니하고 칼과 기근도 우리가 보지 아니할 것이라 하리라. 선지자들은 바람과 같아서 그들 속에 말씀이 있지 아니하리라." 그러나 예레미야가 세례 요한에 대하여 이렇게 말한 것은 아니었습니다. 하나님의 호흡이 그에게 불어넣어지자 요한은 나와서 외쳤습니다. "회개하라. 천국이 가까이 왔느니라."

4. 요한의 정신

저는 어떤 사람에게 있어서 가장 중대한 것은 그의 정신이라고 주장하고 싶습니다. 어떤 사람의 태도가 올바를 때에는 그에 관한 여러 가지 일들을 우리가 그냥 넘어가버릴 수 있습니다. 세례 요한은 어떤 정신을 갖고 있었을까요? 그럼, 그의 청중이 사뭇 불어나고 명성이 줄곧 높아가는 것을 우리가 볼 수 있습니다. 종교의 지도자들도 깊은 감명을 받고 그에게 물었습니다. "당신은 누구요? 그 선지자입니까? 당신이 그리스도십니까?" 이에 그가 대답했습니다. "아니오, 아닙니다. 나는 그리스도가 아닙니다. 광야에서 외치는 자의 소리일 뿐입니다. 다른 분이 곧 오실 것입니다. 나는 그분의 신발끈 풀기도 감당하지 못합니다." 이런 일은 주인을 위하여 노예가 할 수 있는 가장 낮고 천한 시중입니다. 그러나 요한은 "나는 그분을 위하여 그런 일도 감당할 수 없다"고 말했습니다. 그것이 요한의 정신이었습니다.

어느 날 예수님께서 강으로 나오셔서 요한에게 세례를 베풀어 주기를 요청하셨습니다. 이것이 요한을 자긍하게 하였습니까? 아닙니다. 우리는 그가 "제가 당신께 세례를 받아야 할 터인데 당신께서 저에게 나아오시나이까?" 하고 말하는 것을 듣습니다. 그리고 사람들이 요한을 우러러 볼 때에 그는 "나를 쳐다보지 마시고, 그분을 쳐다보시오. 세상 죄를 지고 가는 하나님의 어린양을 보십시오"라고 말했습니다. 그런데 어떤 사람이 요한에게 와서 말했습니다. "당신이 세례를 준 예수라는 사람 기억하시지요? 그가 저 너머에서 외치니 모든 사람이 그에게로 들으러 가고 있습니다." 이것이 요한을 시기케 하였습니까? 아닙니다. 그는 차츰 작아지고 있는 자신의 군중을 보면서 정말 겸손한 마음으로 "그분은 흥하여야 하겠고 나는 쇠하여야 합니다"라고 말했습니다. 그것이 요한의 정신이었습니다.

여기에 진정한 기독교와 참된 위대성의 증거가 있습니다. 다른 동료가 앞서 달릴 때 "그로 인해 내가 기쁘다"라고 여러분은 말할 수 있습니까? 그가 여러분보다 더 많은 돈을 벌면 여러분은 "하나님이여 그를 더욱 더 축복하여 주십시오"라고 말할 수 있습니까? 더 큰 명예가 그에게 돌아오면 "그는 그 명예를 받아 마땅하다. 그가 그걸 얻게 되는 것을 보니 내가 기쁘구나"라고 말할 수 있습니까? 하나님께 몸 바친 그리스도인의 가슴 속에 질투 같은 것이 들어설 곳이 있어서는 안 됩니다. "그는 흥하여야 하겠고 나는 쇠하여야 하리라"(요 3:30)는 말씀은 모든 그리스도인들을 위한 좌우명입니다. 매일 우리의 가슴과 생활 속에서 그리스도께서는 더욱 더 커져 가셔야 하며 우리는 작아져가야 합니다. 우리는 사람들이 우리를 보지 않고 우리 속에 살아계시는 그리스도를 보도록 기도해야 합니다.

다빈치가 그의 그림, 최후의 만찬을 완성한 후에 다른 예술가를 불러들여 그 그림을 보게 하였습니다. 이 미술가는 소리쳤습니다. "그리스도의 손에 있는 저 잔이 너무 너무 아름답구나." 다빈치는 재빨리 붓을 들어 색칠하여 뭉개버린 후에 말하기를, "이 그림에 있는 어떤 것도 예수의 얼굴에서 깎아내는 것을 내가 원하지 않습니다"라고 하였습니다. 하나님께서 우리의 생활에서 아무것도 그리스도의 영광을 침해하지 않도록 우리를 도우셔서 세례 요한의 정신을 갖게끔 하십니다.

5. 요한의 상급

헤롯 왕이 동생의 아내를 취하여 함께 사는 죄를 짓고 있었습니다. 요한은 조금도 몸을 사리지 않고 이 위세가 등등한 사람에게 직언하였습니다. "그 여자를 데리고 사는 것은 옳지 못합니다." 헤롯은 그 즉시 그를 죽이고 싶었으나 민중이 겁나 그를 감옥에 가두어 두기만 했습니다. 요한이 더 이상 공적 활동을 할 수 없게 되자 오늘날 많은 사람들이 하나님과 교회를 위하여 활동을 중지할 때에 일어나는 것과 똑같은 사태가 그에게 일어났습니다. 친구 두 사람이 감옥에 있는 그에게 찾아 온 어느 날 그는 그들에게 "가서 예수를 만나 그가 과연 오실 그분인지 아니면 우리가 다른 분을 기다려야 하는지 그에게 물어보라"고 말했습니다. 그런데, 예수님께서는 그 질문에 직접적 대답은 아니 하셨으나 "가서 요한에게 눈먼 자가 보며 앉은뱅이가 걸으며 나병환자가 깨끗함을 받으며 귀머거리가 들으며 죽은 자가 살아나며 가난한 자에게 복음이 전파된다 말하라"고 말씀하셨습니다. 요한이 "당신이 그리스도십니까?"라고 물었을 때 예수님께서 "여기에 그 열매들이 있다"고 대답하신 것이었습니다. 제가 묻습니다. 당신은 그리스도인이십니까? 큰 소리로 그것을 입증하려 애쓰지 마십시오. 오직 그 열매를 보여주십시오.

이 사람들이 요한에게로 떠나간 후에 예수님은 그에게 영광스러운 찬사를 보내셨습니다. "여자가 낳은 자 중에 세례 요한보다 큰 이가 일어남이 없도다"(마 11:11)라고 말씀하심으로써 그분은 최고 찬사를 아끼지 아니하셨습니다. 그는 그리스도의 인정해 주심을 얻었는데 그것이 최고의 상급인 것입니다. 오, 여러분과 제가 언젠가 "잘 하였도다, 착하고 충성된 종아" 하시는 그분의 말씀을 듣는다면 그것은 우리의 최고의 상급이 될 것입니다.

그러나 이제 우리가 이 고결한 생애의 비극적인 마지막을 이야기하게 되었습니다. 헤롯이 생일잔치를 베풀고 헤로디아의 딸이 그를 위하여 춤을 추었습니다. 그는 그 계집애의 춤에 몹시 만족스러워 무엇이든지 요구하는 대로 주겠다는 약속을 토해냈습니다. 계집애는 잽싸게 자기 어머니 곁으로 빠져나가 "내가 아버지한테 무엇을 요구할까요"라고 물었습니다. 어머니는 "소반에 세례 요한의 머리를 담아 달라 하라"고 속삭였습니다. 계집애는 왕에게로 돌아와서 자기 어머니의 지시대로 했습니다. 헤롯은 거래 약속을 지킬 수밖에 없었습니다. 그 위대한 전도자의 머리는 잘리어졌으며 그의 제자들이 그의 시체를 가져다가 묻었습니다.

하나님을 특심하게 섬긴 한 생애의 정당한 보상이 바로 그것일까요? 아마 우리들 눈에는 의아스럽기만 할 것입니다. 그러나 요한에게 있어서 그것은 놀라운 것이었습니다. 그것은 그가 고통의 이 낡은 세상을 떠나 아무런 해함도 접근할 수 없는 곳, 예수님과 곧 만나게 될 것을 기쁘게 기다릴 수 있는 천국으로 올라가는 것을 의미했습니다. 예수께서 승천하셨을 때에 그분들의 만남이 얼마나 벅찬 영광스러운 장면이었을까요! 그 두 분은 또한 여러분과 저를 항상 기다리고 계십니다. 요한에게는 죽음이란 이곳에서의 밤 인사였지만 저 높은 곳에서는 아침 인사를 뜻했습니다.

여러분과 저는 세례 요한처럼 위대해질 수는 결코 없을 것입니다만 우리도 동일한 놀라우신 구주를 모시고 있습니다. 우리가 그분을 신뢰하고 따르면 동일한 천국의 상급이 우리를 기다리고 있습니다.

제1차 세계대전 중에 미군이 프랑스의 한 작은 마을에 진격하여 적을 몰아 냈습니다. 주민들이 그들을 에워싸고 춤추고 외치고 노래했습니다. 한 미군 장교가 말했습니다.

"우리는 당신들을 구해주어서 기쁜데 당신들은 이 일로 왜 이리 미칠 지경인가요?"

한 프랑스인이 대답했습니다.

"오, 선생님, 우리가 어떤 지경에서 구원된 것을 당신이 아신다면 우리를 이해하고도 남을 것입니다!"

오, 친구들이여 우리는 충분히 이해할 수 있습니다. 요한이 소개하는 구주를 우리가 발견한 것입니다. 죄 많은 인생과 무서운 지옥에서 우리가 구원을 받은 것입니다. 언젠가 우리가 하늘나라에서 요한과 나란히 자리하고 그와 함께 하나님의 어린양을 영원히 찬양하고 노래할 것입니다.

제
4
장

—

하나님께서 사람이 되셨을 때에

—

"[6] 하나님께로부터 보내심을 받은 사람이 있으니 그의 이름은 요한이라 [7] 그가 증언하러 왔으니 곧 빛에 대하여 증언하고 모든 사람이 자기로 말미암아 믿게 하려 함이라 [8] 그는 이 빛이 아니요 이 빛에 대하여 증언하러 온 자라 [9] 참 빛 곧 세상에 와서 각 사람에게 비추는 빛이 있었나니 [10] 그가 세상에 계셨으며 세상은 그로 말미암아 지은 바 되었으되 세상이 그를 알지 못하였고 [11] 자기 땅에 오매 자기 백성이 영접하지 아니하였으나 [12] 영접하는 자 곧 그 이름을 믿는 자들에게는 하나님의 자녀가 되는 권세를 주셨으니 [13] 이는 혈통으로나 육정으로나 사람의 뜻으로 나지 아니하고 오직 하나님께로부터 난 자들이니라 [14] 말씀이 육신이 되어 우리 가운데 거하시매 우리가 그의 영광을 보니 아버지의 독생자의 영광이요 은혜와 진리가 충만하더라." — 요 1:6-14

하나님은 언제나 제때에 일을 하십니다. 그분은 너무 이르시지도 빠르시지도 않습니다. 그분이 노아에게 오셔서 세상의 사악에 대하여 말씀하시고 세상을 멸하시겠다고 선언하셨습니다. 노아에게 두 가지 일을 하라고 말씀하셨습니다. 방주를 짓는 일과 회개를 촉구하여 전하는 일이었습니다. 많은 세월이 흐르고 노아는 하나님께 순종하면서 시간을 보냈습니다. 고된 일과가 끝난 후 서늘한 저녁에 쉴 때에 자주 그는 죄로 흥청대는 소리를 들으면서 "하나님께서 말씀하신 바를 언제 행하실 것인가"하며 독백하곤 하였으리라 믿습니다. 그러나 하나님께서는 시간을 재고 계셨습니다. 죄의 잔이 가득 찼을 때 치셨습니다. 세상을 멸하실 홍수를 보내셨습니다. 하나님께서는 언제나 정하신 시간에 행동하십니다.

아브라함과 사라는 늙었습니다. 그들은 아들을 주시라고 자주 기도하였지만 그들의 기도가 영영 응답되지 않을 것만 같았습니다. 그러나 하나님께서 아브라함이 큰 민족의 조상이 될 것이라고 약속하셨던 것입니다. 하나님께서 자기의 약속을 지키실 것인가? 하나님은 기억하고 계실까? 확실히 아브라함과 사라는 자주 "하나님께서 우리에게 언제 아들을 주실까"라고 서로 이야기하셨을 것입니다. 그러나 하나님께서는 때를 정해 두고 계셨습니다. 결국, 아브라함이 100세가 되었을 때에 하나님께서는 약속을 지키셔서 아들을 주셨습니다. 하나님은 언제나 제때에 행동하십니다.

이스라엘 민족이 가나안 땅으로 들어갈 때에 하나님께서 그들에게 경고하시기를 그들이 만일 그분을 저버리고 우상을 섬기면 그들을 벌하시어 포로로 잡혀 가게 하실 것이라고 말씀하셨습니다. 그러나 사람들은 언제나 하나님을 실망시켰습니다. 그들의 마음은 지독히도 사악하고 거짓됩니다. 이스라엘 사람들은 하나님께서 하지 말라 금하신 것을 정확히 했습니다. 하나님의 선지자들이 온 땅을 누비면서 회개하라 외쳤지만 사람들은 거들떠보지도 않았습니다. 오히려 그들은 어떤 선지자들을 돌질하여 죽였습니다. 분명히, 이들 선지자들은 백성의 무서운 죄악을 목도하면서 "얼마나 오랫동안, 오 주여, 얼마나 오랫동안 기다려야 합니까?"라고 탄식하였을 것입니다. 그러나 하나님께서는 무슨 일이 일어날 것인지를 아셨으며 그분이 하실 일을 아셨습니다. 때가 차니 잔인한 한 민족을 일으키시어 이스라엘을 침공하고 그들을 포로로 끌고 가도록 하셨습니다. 하나님께서는 자기의 일을 아십니다. 그분은 정한 때에 정확히 행하십니다.

오늘날 세상을 보십시오. 하나님께서 말씀하시기를 회개와 그리스도께 대한 신앙 없이 사는 사람들 위에 어느 날엔가 심판이 임할 것이라고 말씀하셨습니다. 그러나 사람들은 계속하여 죄 중에 살아갑니다. 그들은 말합니다. "우리들은 만사가 잘 돼가니 하나님이 필요하지 않다. 우리들은 이 세상만을 위하여 살아가고 있을 뿐이다." 그러나 정신 차리세요. 정신 차려요! 어느 날 이 세상 모든 것이 끝날 것입니다. 그리스도를 거절한 사람들이 우레 소리 같은 심판을 들을 것입니다. "바위여 산이여 우리 위에 떨어지리"고 그들이 울부짖을 것이지만 그렇게 되지 않을 것입니다. 하나님께서 그들을 심판대 위로 호명하실 것입니다.

지금은 지체하시는 듯 보이나 그분은 언제나 정하신 때에 어김없이 행하십니다.

여러분에게 하나님께서 언제 가장 위대한 일을 하시기 위하여 움직이셨는지를 말씀드리고자 합니다. 세상은 죄에 잠겨 있었습니다. 사람들이 영원한 사망으로 내리막길을 치닫고 있었습니다. 불의의 잔이 넘치고 있었습니다. 어둠이 개명(開明)을 지워버리려 하고 있었습니다. 전에 하나님께서 한 구세주를 약속하셨습니다. 사람들이 그분을 학수고대하였지만 그분은 오시지 않았습니다. 많은 사람들이 희망을 버렸지만 하나님께서는 자기가 하실 일을 아셨습니다. "때가 차매 하나님께서 자기의 아들을 보내셨습니다." 하나님께서는 그분을 너무 일찍 보내시지 않았습니다. 하나님은 절대로 틀림이 없습니다.

전번의 설교에서는 하나님께로서 보내심을 받은 한 사람에 관해 제가 말씀드렸습니다. 이제 사람에게로 보내심을 받은 하나님의 아들을 생각해 보십시다.

1. 최고의 기적

요 1:14 — "말씀이 육신이 되어 우리 가운데 거하시매 우리가 그의 영광을 보니 아버지의 독생자의 영광이요 은혜와 진리가 충만하더라."

우리가 성경을 통독하여 가면 많은 기적들을 만나게 됩니다. 이런 것들은 하나님만이 하실 수 있는 일들입니다. 우리는 창조의 기적에서 시작하여 하나님의 자녀들을 위하여 준비된 하늘의 본향이라는 기적에 이르기까지 행로를 계속하여 나아갑니다. 하나님은 어떤 한계에 의해 제한을 받으시는 일이 결코 없습니다. 그분이 말씀하시면 그대로 됩니다.

그러나 이 모든 것 중에서 가장 위대한 기적은 이 몇 구절 안에 나타나 있습니다. 태초부터 하나님과 함께 계셨던 그리스도 예수께서 갓난애로 이 세상에 내려오셨습니다. 한 여자에게 태어나셔서 육체가 되셨습니다. 이것이 모든 기적들 중에서 가장 위대한 것입니다.

수없는 세대가 흐르는 동안 내내 사람들은 어둠 속에서 무엇인가를 더듬어 찾아왔었습니다. 그들의 선지자들이 외쳤습니다. "눈을 들어 하나님을 보시오. 그분은 빛이십니다. 우러러 그분을 경배하고 섬기시오." 그러나 그들이 대답했습니다. "하나님은 어디 계시며 어떻게 생기셨습니까? 우리는 그분을 볼 수 없습니다. 우리에게 아버지를 보이시오 그러면 만족하겠습니다." 이제 그 간구가 응답되었습니다. 하나님께서 육체가 되신 것입니다. 하나님께서 눈으로 볼 수 있게 되셨습니다. 그분이 이 땅에 계신 것입니다. 그분이 한 사람으로서 사람들 사이에 걸어 다니실 것입니다. 그분도 인간이 갖는 모든 욕구와 시험과 슬픔을 가지실 것입니다. 오직 한 가지 점에서만 다르실 터인데 — 그분에게는 아무런 죄도 없을 것입니다. 하나님이 이제 여기에 계십니다. 그분을 볼 수도 있고 만질 수도 있습니다. 이제 하나님께서 어떻게 생기셨는지 우리가 알게 되었습니다. 예수님께서 하나님을 나타내 보이셨습니다. 하나님께서 어떻게 느끼시며 사랑하시고 행동하시는지 우리가 압니다. 우리가 예수님을 볼 때에 하나님을 봅니다. 그분이 말씀하셨습니다. "아버지와 나는 하나이니라. 나를 본 자는 아버지를 보았느니라."

그분이 왜 사람이 되셨는지를 알아봅시다.

1) 하나님께서 우리 가까이에 계시기 위하여 그분이 사람이 되셨습니다.

그리스인들은 그들의 신들이 세상 위에 높이 있는 곳 올림프스 산에 살고 있다고 상상했습니다. 그러나(그들의 상상에) 이 신들은 자기들의 마음에 드는 사람들에게 호의를 베풀기 위해서 지상으로 내려온 때들이 있었습니다. 이런 생각들보다 더 놀라운 방법으로, 하나님께서는 높고 높은 곳에 계시되 우리들에게 복을 가져오시기 위하여 천국의 영광으로부터 세상의 치욕에까지 내려오셨습니다. 그분은 우리가 보거나 만질 수 없는 곳에 이제 멀리 떨어져 계시지 않습니다. 그분은 참으로 "임마누엘" 곧 "하나님이 우리와 함께 계심"이십니다.

한 미군이 아름다운 독일 아가씨와 사랑에 빠져 결혼하였습니다. 그는 다시 미국으로 가야했지만 그녀가 따라가는 것은 허용되지 않았습니다. 몇 년이 지났습니다. 아직도 그들은 서로 사랑하고 있었습니다. 자주 편지를 교환하였습니다. 그녀를 미국으로 데려오기 위하여 그는 가능한 모든 것을 해보았지만, 그의 수고가 아무 쓸모없는 것 같았습니다. 그녀는 여전히 멀리 떨어져 있어야 했습니다. 결국, 새로운 조치가 일제히 내려져서 그녀는 미국으로 건너갈 수 있게 되었습니다. 그는 부두에서 그녀를 맞아 끌어안고 그녀가 결국 자기에게 돌아온 것을 기뻐하였습니다.

하나님은 우리의 놀라우신 연인이십니다. 그분은 성경에 연애편지를 쓰셨습니다. 그분은 땅과 바다와 하늘에 그분의 영광을 우리에게 나타내셨습니다. 그러나 그분은 멀리 떨어져 계셨습니다. 결국, 그리스도께서 이 땅에 내려오셨을 때에 우리는 영광으로 가득 찬 말할 수 없는 기쁨으로 기뻐하게 되었습니다. 드디어 하나님께서 아주 가까이에 게시게 되었습니다.

"말씀이 육신이 되어 우리 가운데 거하시매"라는 말씀을 우리가 읽습니다. 이것은 정말 하나님께서 사람들 사이에 "거소를 정하셨음"을 의미합니다. 유대인들은 그 사실을 잘 알았습니다. 그들이 약속의 땅을 향하여 광야를 진행할 때에 하나님께서 상징적으로 성막 안에 거하여 임재해 계셨습니다. 이제 우리는 이 세상을 나그네로서 살아가면서 홀로 걷고 있지 않음을 깨닫습니다. 그분이 우리와 함께 사시기 위하여 내려오셨습니다. 그분이 33년 동안 자기 백성과 함께 육체 안에서 사셨습니다. 지금은 그분이 영을 통하여 우리와 함께 살고 계십니다.

요한은 "우리가 그의 영광을 보니"라고 말하고 있습니다. 그는 이렇게 말할 수 있었습니다. "그것에는 아무런 과오도 없다. 그분이 이 땅에 계셨다. 우리가 그분을 직접 본 것이다. 나의 눈이 지금은 희미하나 이 눈으로 그분의 영광을 목도하였다. 지금은 나의 머리가 수많은 겨울들의 눈으로 희어져 있으나 자주 그분의 가슴에 묻고 쉬었었다. 나의 손이 지금 주름살투성이이나 한 때 이 손들이 그분의 손을 붙잡았었다. 그분이 여기에 계셨던 것을 내가 분명히 안다."

그들이 어떤 영광을 보았을까요? 그들은 완전한 한 생애의 영과 그분의 능하신 행동의 영광과 그분의 놀랍게 말씀하시는 영광을 보았습니다. 변화하신 모습의 영광과 부활의 영광과 승천의 영광을 보았습니다. 그들은 그 모든 것을 목격하였습니다. 요한은 그것이 그분을 통하여 빛나는 하나님의 영광이며, 그분이 은혜와 진리로 충만하였다고 말했습니다.

2) 그분은 우리의 문제들을 이해하시고 우리의 슬픔을 동정하시기 위하여 사람이 되셨습니다.

그런데 하나님께서는 자기의 아들을 이 땅에 성인(成人)의 모습으로 보내실 수 있었을 것입니다. 그러나 대신에 그분을 한 여자에게서 태어나시게 하시고 보통의 어린애로서 양육을 받아 자라나시도록 하였습니다. 하나님의 아들께서 사람들의 모든 경험을 겪어 우리들을 이해하시고 동정하실 수 있기 위하여 사람의 아들이 되셨습니다.

한 교도소 목사가 죄인들이 지나치게 가혹한 대접을 받는다고 생각했습니다. 그래서 그는 아무 범행도 저지르지 않았지만, 교도소에 들어가 그들이 사는 대로 살며 그들이 벌 받는 대로 그도 벌을 받기로 결심하였습니다. 그래서 그는 그들을 완전히 동정할 수 있었습니다. 그것이 예수님께서 하신 것이었습니다.

테일러 스미스 감독이 어느 날 야외에 나가 돌을 옮긴 일을 이야기 하였습니다. 그가 돌을 옮기자 수많은 개미들이 돌 밑에서 달려 나와 안전한 곳을 찾느라 야단이었습니다. 감독은 이렇게 자문했습니다. "내가 개미들을 해칠 마음이 없음을 그것들이 깨닫도록 하자면 어떻게 하면 될까? 내 생각을 그것들에게 어떻게 전달할 수 있을까?" 그렇게 하자면 그의 사랑을 그것들에게 표현하기 위하여 자신이 개미가 되는 수밖에 없다고 그는 결론을 내렸습니다. 그것이 예수님께서 하신 처사였습니다. 우리의 필요한 것들을 이해하시고 우리들에게 향하신 하나님의 위대하신 사랑을 표현하시기 위하여 그분이 우리들 중의 한 사람이 되셨습니다.

3) 그분은 우리를 위하여 모본을 보이시기 위하여 사람이 되셨습니다.

만약 예수님께서 한 천사로서 우리들 가운데서 행하셨다면, 우리는 그분을 모방하여 본받을 수 없었을 것입니다. 그분은, 우리가 그분의 발자취대로 따라 가기 위하여 우리를 위한 모범을 보이시면서 한 인간으로서 이 세상을 걸으셨습니다. 남성의 모든 고상함과 강함이, 여성의 모든 우아함과 상냥함이, 어린이의 모든 애교스러움과 매력이, 모든 사람의 모든 사랑스러움이 예수 그리스도에게서 발견됩니다. 그래서 우리는 그분처럼 되도록 애써야 합니다. 죄가 우리를 지배하도록 해둔다면 우리는 그분처럼 될 수 없습니다. 우리가 이기적이고 야비하고 편협하고 증오하고 세속적이면 그분과 같을 수 없습니다. 오, 우리가 그분과 똑같이 결코 될 수 없음을 알고 있습니다만, 지금보다 더 그분을 닮도록 우리가 힘쓸 수 있습니다. 그렇습니다. 그분은 우리들에게 모범을 보이시기 위하여 사람이 되셨습니다.

4) 그분은 우리를 위하여 죽으시려고 사람이 되셨습니다.

그것이 예수님께서 세상에 오신 주된 이유입니다. 그분이 하나님을 우리 가까이에 계시게 하시기 위하여 세상에 오신 것은 놀라운 일입니다. 그분이 우리의 인간성을 떠맡으시고 우리의 결핍을 공감하시려고 오신 것은 놀라운 일입니다. 그분이 우리들에게 모범을 세워주시려고 오신 것은 놀라운 일입니다. 그러나 이 모든 것도 그분이 가련히 잃어버린 자들이요 지옥행(行)의 죄인들인 우리들을 위하여 죽으시려고 오시지 않았다면 우리들에게 별로 의미 없는 것이 되고 말 것입니다. 여러분은 이 세상에서 여러 장관들을 구경하셨을 것입니다. 캘리포니아의 레드우드나무들의 장관과 그랜드 캐니언, 나이아가라 폭포의 굉장한 광경들을 보셨을 것입니다. 대양 위의 아름다운 해돋이와 산 너머 눈부신 일몰을 보셨을 것입니다. 그러나 가장 위대한 광경은 우리의 죄로부터 눈을 들어 죄에서 우리를 구원하시려고 주 예수께서 십자가에 죽으시는 것을 볼 때에 나타나게 됩니다. 저는 그분을 보고 매우 기뻐합니다. 여러분은 그렇지 않습니까?

"나는 보았네 나무에 달려있는 한 분을
고통으로 피 흘리시는 분
십자가에 가까이 나 섰을 때
고달픈 눈길로 날 응시하신다.

진정, 마지막 숨질 때까지
그 모습 난 잊을 수 없어라
말 한마디 없으시나
내가 그 살해자 같아

마음에 찔려 죄과를 인정하고
절망에 빠졌네
나는 보았도다. 내 죄가 주님을
십자가에 못 박고 창질하는 것을

슬프다, 나의 한 짓을 나도 알 수 없네
눈물인들 이제 무슨 소용이랴.
떨리는 영혼은 어디에 숨을 것인가
주님의 살해자는 나

오, 이럴 수가, 구주께서 나무 위에
나를 위해 죽으실 수가?
내 영혼이 전율하고 가슴이 벅차도다
주께서 나 위해 죽으심이여."

예, 말씀이 육신이 되셨습니다. 하나님께서 사람이 되셨습니다. 가장 놀라운 사람 말입니다. 그리고 오직 한 가지 이유 때문에 그분이 사람이 되시고 죽으셨습니다. 그분이 우리를 사랑하셨습니다! 그분이 우리를 사랑하셨습니다!

2. 가장 밝은 빛

"참 빛 곧 세상에 와서 각 사람에게 비추는 빛이 있었나니"(요 1:9).

밝게 빛나는 여러 위대한 빛들이 세상에 있었습니다. 모세는 하나의 밝은 빛이었습니다. 그 빛으로 한 민족이 어둠 속에서 나와 자유와 새 생활로 들어갔습니다. 다윗도 하나의 밝은 빛이었습니다. 그 빛으로 사람들이 위대하시고 인자하시며 용서하시는 하늘 아버지에 대하여 읽습니다. 세례 요한도 사람들을 하나님의 어린양께로 인도하는 길목에서 빛난 하나의 위대한 빛이었습니다. 그러나 예수 그리스도는 유일한 참 빛이셨으며, 이들도 자기들이 갖고 있는 빛을 그분에게서 받았습니다. 그분은 여기 지상에 계실 때에 참 빛이셨을 뿐 아니라 오늘날도 여전히 유일한 참 빛이십니다. 오늘날 지상 도처에 인간들이 만들어 낸 잘못된 종교들을 우리가 봅니다. 그들은 사람들에게 "나를 따르라"고 말합니다. 그런데 사람을 따르는 이들은 소망 없는 무덤을 향하여 어둠 속을 걸어갑니다. 그러나 예수님께서는 "나를 따르라 그러면 너희가 어둠 속에서 걷지 아니하리라"고 말씀하십니다. 그리고 그분을 따르는 자마다 우리의 영원한 본향으로 인도하는 여행길을 밝혀 주는 빛을 그분 안에서 발견하였습니다.

"왜 사람들이 예수 그리스도를 따르려 하면서도 나를 따르려고는 하지 않는가?"라는 질문을 한 프랑스 사람을 우리가 기억하고 있습니다. 그러자 대답이 왔습니다. "가서 십자가에 죽으시오, 무덤에 묻혔다가 3일 만에 다시 살아나시오. 그러면 사람들이 그리스도를 따르듯이 당신을 따를 것이오." 예, 예수님은 무덤의 어둠을 쫓아내시고 생명과 불멸(不滅)을 밝히신 참 빛이셨으며 참 빛이십니다.

빛은 순수합니다. 어떤 불순한 것도 그것을 더럽힐 수 없습니다. 빛은 병균들 사이를 투과하여도 그 어느 것 하나 달라붙을 수 없습니다. 이와 같이 예수님께서는 순수하시고 더럽혀지지 않으시며 죄가 없으셨습니다. 그분이 33세에 죽으실 때에도 처녀의 몸에서 태어나실 때와 똑같이 죄에서 깨끗하셨습니다. 빛은 또한 부드럽습니다. 그것은 누구에게도 모질게 내리치지 않습니다. 마찬가지로 예수님은 온유하시고 상냥하시며 부드러우셨습니다. 또 빛은 공평합니다. 가난한 사람을 위하여 누옥에도, 부한 사람의 저택에도 빛을 비쳐줍니다. 선한 사람이나 악한 사람이나 다 같이 그 발길들을 비쳐줍니다. 그와 같이 예수님은 공평하십니다. 편애하고 차별대우 하는 분이 아니십니다. 그분에게는 모든 사람이 똑같이 보입니다. 그분은 모든 사람을 사랑하십니다. 그분은 모든 사람을 위하여 죽으셨습니다. 그리고 또 빛은 드러냅니다. 우리가 어두운 방에 들어가면 아무것도 보이지 않습니다. 살짝 스위치를 켜면 방 안에 있는 모든 것이 환히 드러납니다. 그와 같이 그리스도께서는 위대하신 계시자이십니다. 그분은 하나님께 대하여 조명하십니다. 성경을 밝히십니다. 우리의 마음속으로 빛을 던져 우리를 위하여 속죄의 길을 밝혀주십니다. 예, 예수님은 참 빛이십니다. 오늘과 내일과 또 영원을 위한 빛이십니다.

우리는 그 빛의 반사경이 되어야 합니다. 빛은 항상 그 뒤에 반사 물체가 있을 때에 더 멀리 비치는 법입니다. 이것이 예수님께서 "내가 세상의 빛이다. 너희는 세상의 빛이다"라고 말씀하셨을 때에 의미하신 바입니다. 그 위대한 빛을 반사하는 방법은 하나 밖에 없습니다. 사람들이 "나는 예수를 얼굴을 맞대고는 못 보았으나 당신에게서 그분을 본다"고 말할 수 있도록 그렇게 사는 것입니다.

요한은 예수님께서 "세상에 오는 모든 사람에게 비치신다"고 말하고 있습니다. 저는 이 구절이 이제까지의 난문제들 중의 하나를 대답해 준다고 믿습니다. 종종 이런 질문이 우리들에게 던져집니다. "예수께 대하여 한 번도 들어보지 못하고 구원 받을 기회를 한 번도 갖지 못한, 지구 저편에 떨어져 있는 사람은 어떻게 될 것인가? 한 번의 기회도 갖지 못한 그 사람도 멸망할 것인가?" 저는 어떻게든 예수님이 세상에 오는 모든 사람에게 비치신다고 믿습니다. 만약 그 사람이 자신 안에 있는 그 빛을 따라 살면 하나님께서 그것을 그에게 있어 의로 여기시고 그를 구원하실 것입니다. 저는 이 해석이 공의로우시고 거룩하신 하나님의 품성과 합치된다고 믿습니다.

바울은 사도행전 14장 17절에서 "그러나 자기를 증언하지 아니하신 것이 아니니 곧 여러분에게 하늘로부터 비를 내리시며 결실기를 주시는 선한 일을 하사 음식과 기쁨으로 여러분의 마음에 만족하게 하셨느니라"라고 말하고 있습니다. 여기서 우리는 하나님의 빛이 사람들에게 행하신 모든 선을 통하여 그들의 마음 속에 비치셨던 것을 깨닫게 됩니다. 또 로마서 1장 20절에서 하나님의 빛이 자연을 통하여 비쳤기 때문에 사람들이 핑계할 수 없다고 말하고 있습니다. 그분은 또한 사람의 양심에 빛을 비추서서 마음의 내적 음성으로 그분을 느낄 수 있게 하셨습니다. 그리스도께 관하여 한 번도 들어보지 못한 사람들이 저 편에 있습니다. 그 사람들도 하나님 앞에 해명할 의무가 있습니까? 그렇습니다. 하나님께서 그들에게 얼마의 빛을 주셨기 때문입니다. 그들은 자연과 주님의 선행에서 하나님을 보았으며 그들의 양심 속에서 그분을 느꼈습니다. 그 내적인 빛에 바르게 반응하면 하나님께서 그들을 구원하실 것을 저는 확신합니다. 그러나 그들이 빛을 더 분명히 보고 속죄의 길을 깨달을 수 있도록 복음을 그들에게 전하는 것이 우리의 의무입니다.

3. 최대의 비극

"그가 세상에 계셨으며 세상은 그로 말미암아 지은 바 되었으되 세상이 그를 알지 못하였고 자기 땅에 오매 자기 백성이 영접하지 아니하였으나"(요 1:10-11).

이보다 더 큰 비극이 있을 수 있겠습니까? 그리스도께서 세상을 만드셨으니, 세상은 그분에게 속합니다. 그런데도 그분이 세상에 오셨을 때에 영접을 받지 못하셨습니다. 오랫동안 사람들은 그분이 오시기를 동경하고 기도하고 소망하였으며 기다렸습니다. 그분이 정작 오셨으나 그들은 그분을 알지 못했습니다. 그것은 마치 이런 사람과 같습니다. 어떤 사람이 가난하고 도움 없는 사람들을 위하여 수백만 달러를 들여 병원을 지었습니다. 병원을 불쌍한 사람들로 가득 채우고 그들의 지출비를 위해 돈도 남겨 두고서는 그가 얼마동안 길을 떠났습니다. 그가 돌아왔을 때에 사람들이 그를 알아보지 못하고 문에서 그를 되돌려 보냈습니다. 그렇습니다. 예수님은 참으로 환영을 받지 못하신 분이십니다. 그분이 해산되신 날 여관 주인은 그분을 되돌려 보냈습니다. 그는 그분을 원하지 않았던 것입니다. 그것은 그분의 온 생애를 통하여 마찬가지였습니다. 세상이 그분을 원하지 않았으며 끝내 그분을 십자가에 못 박았습니다.

그러면 어째서 사람들이 예수님을 알지 못했을까요? 오늘날 사람들이 왜 그분을 알지 못할까요? 그것은 그들의 마음이 자신들의 일과 이 세상의 일들로 가득 차 있기 때문입니다. 예수님을 받아들일 여지를 갖고 있지 않습니다. 이것은 모든 것 중의 최대의 비극입니다. 하나님께서 우리를 죄에서 구원하셔서 하늘나라로 이끄시기 위하여 사람이 되셨는데도 사람들은 그들의 어리석은 길을 고집하며 "나에게 그 사람에 관하여 관심을 가질 시간이 없다"고들 말합니다. 오, 이 어리석음이여! 덧없는 한 인생, 영원한 세계를 준비하기 위한 잠깐 동안에 불과합니다. 만만세의 세월이 우리 앞에 펼쳐질 터인데 사람들은 예수님을 제쳐놓기 때문에 영원한 사망으로 떨어져 가고 있습니다. 그러나 12절을 보십시오. "영접하는 자 곧 그 이름을 믿는 자들에게는 하나님의 자녀가 되는 권세를 주셨으니." 예수님께서 이 세상에 오신 것으로 충분하지 않습니다. 그분이 이 세상의 빛이신 것으로 충분하지 않습니다. 그분이 당신을 사랑하셔서 당신을 위하여 죽으신 것으로 충분하지 않습니다. 당신 편에서 그 사랑에 대한 어떤 반응이 있어야 합니다. 그렇지 않으면 이생과 저승에서 당신을 위하여 아무런 소망이 없습니다.

한 상인이 책상에 앉아 가득 쌓인 지폐들을 세고 있었습니다. 한 전도인이 들어와서 "당신께 굉장히 중요한 일에 관하여 말씀드리려 왔습니다"라고 말했습니다. 그 상인은 "나를 이해해 주셔야겠는데요. 오늘 너무 바빠 당신과 이야기할 수 없군요"라고 말했습니다. 그러자 전도인이 말했습니다. "언제 또 들릴까요? 하나님께 대한 당신의 관계에 관하여 말씀드리고 싶습니다." "매일 바빠서 언제라고 말할 수 없습니다"라고 그 사람이 대답했습니다. 전도인은 안타까워하며 떠났습니다. 며칠 후에 정말 달갑지 않은 한 손님이 그 사람에게 찾아왔습니다. 이 손님은 상인의 이마에 싸늘한 손을 내밀며 "나와 함께 가자"고 했습니다. 그 사람이 변명을 늘어놓기 시작했으나 손님은 들은 척도 안했습니다. 이 손님의 이름은 '죽음'이었기 때문입니다. 그 사람은 하나님께 대하여 관심을 갖기에는 너무 바빴기 때문에 아무런 준비 없이 떠나야만 했습니다.

나의 친구여, 당신이 하나님께 대한 준비에는 너무 바쁘다 말할 수 있습니다만 죽음에 대하여는 너무 바쁘다 핑계할 수 없습니다. "사람이 만일 온 천하를 얻고 제 목숨을 잃으면 무엇이 유익하리요."

제
5
장

—

하나님의 어린양을 보라

—

"³⁵ 또 이튿날 요한이 자기 제자 중 두 사람과 함께 섰다가 ³⁶ 예수께서 거니심을 보고 말하되 보라 하나님의 어린양이로다 ³⁷ 두 제자가 그의 말을 듣고 예수를 따르거늘 ³⁸ 예수께서 돌이켜 그 따르는 것을 보시고 물어 이르시되 무엇을 구하느냐 이르되 랍비여 어디 계시오니이까 하니 (랍비는 번역하면 선생이라) ³⁹ 예수께서 이르시되 와서 보라 그러므로 그들이 가서 계신 데를 보고 그 날 함께 거하니 때가 열 시쯤 되었더라 ⁴⁰ 요한의 말을 듣고 예수를 따르는 두 사람 중의 하나는 시몬 베드로의 형제 안드레라 ⁴¹그가 먼저 자기의 형제 시몬을 찾아 말하되 우리가 메시야를 만났다 하고 (메시야는 번역하면 그리스도라) ⁴²데리고 예수께로 오니 예수께서 보시고 이르시되 네가 요한의 아들 시몬이니 장차 게바라 하리라 하시니라 (게바는 번역하면 베드로라) ⁴³ 이튿날 예수께서 갈릴리로 나가려 하시다가 빌립을 만나 이르시되 나를 따르라 하시니 ⁴⁴ 빌립은 안드레와 베드로와 한 동네 벳새다 사람이라 ⁴⁵ 빌립이 나다나엘을 찾아 이르되 모세가 율법에 기록하였고 여러 선지자가 기록한 그이를 우리가 만났으니 요셉의 아들 나사렛 예수니라 ⁴⁶ 나다나엘이 이르되 나사렛에서 무슨 선한 것이 날 수 있느냐 빌립이 이르되 와서 보라 하니라 ⁴⁷ 예수께서 나다나엘이 자기에게 오는 것을 보시고 그를 가리켜 이르시되 보라 이는 참으로 이스라엘 사람이라 그 속에 간사한 것이 없도다 ⁴⁸ 나다나엘이 이르되 어떻게 나를 아시나이까 예수께서 대답하여 이르시되 빌립이 너를 부르기 전에 네가 무화과나무 아래에 있을 때에 보았노라 ⁴⁹ 나다나엘이 대답하되 랍비여 당신은 하나님의 아들이시요 당신은 이스라엘의 임금이로소이다 ⁵⁰ 예수께서 대답하여 이르시되 내가 너를 무화과나무 아래에서 보았다 하므로 믿느냐 이보다 더 큰 일을 보리라 ⁵¹또 이르시되 진실로 진실로 너희에게 이르노니

하늘이 열리고 하나님의 사자들이 인자 위에 오르락 내리락 하는 것을 보리라 하
시니라.”— 요 1:35-51

이제까지 놀라운 요한복음서의 공부에서 우리는 시간이라는 무대 위에 3인
의 등장인물들이 지나가는 것을 보아왔습니다. 맨 먼저, 우리는 복음서를 기록
한 사도 요한을 보았습니다. 다음으로, 그리스도의 왕림을 알리기 위하여 온 세
례 요한을 보았습니다. 그 다음에 우리는 주 예수 그리스도의 얼굴을 쳐다보았
습니다. 그분은 태초부터 계신 것을 우리가 보았습니다. 그분이 사람이 되셔서
이 세상의 죄인들 가운데 사신 것을 보았습니다. 세상의 빛이시며 사람들의 빛
이신 것을 보았습니다. 예수님과 같은 분은 한 사람도 존재하지 않았습니다.

지금 우리는 사도 요한이 성령께 감동을 받는 대로 기록을 계속해 가는 것
을 보고 있습니다. 그러나 세례 요한은 배경 속으로 사라져 가고 예수님께서 앞
으로 나오시는 것을 우리가 봅니다. 세례 요한이 “그는 흥하여야 하겠고 나는 쇠
하여야 하리라”고 말한 것이 기억납니다. 여러분과 제가 회심한 그 순간부터 이
것이 우리의 목표이어야 합니다. 우리는 쇠하기를 계속해야 하고 예수님은 흥하
기를 계속해야 합니다. 우리의 생활 속에서 자아는 적어져야 하고 그리스도는
많아져야 합니다. 우리는 점점 더 작아져야 하고 우리 안에서 그리스도는 점점
더 커져야 합니다. 세상이 우리를 쳐다보고서 우리는 더 적게, 예수님은 더 많이
발견할 수 있어야 합니다.

어느 주일 아침 런던에 온 한 방문객이 어떤 유명한 설교자의 설교를 들으
러 갔습니다. 그가 교회에서 나오면서 “오, 참 위대한 설교자로다”라고 감탄하였
습니다. 그날 밤 그가 비견할 수 없는 스펄전의 설교를 듣고 교회 밖으로 나오면
서는 “오, 놀라우신 구주!”라고 외쳤습니다. 차이가 확연합니다. 우리의 의무는
세례 요한이 한 것과 같이 그리스도를 나타내는 것입니다. 그리고서 세례 요한
처럼 무대 밖으로 사라져야 합니다. 오늘의 메시지에서는 다음의 네 가지를 생
각해 보겠습니다.

1. 요한의 증거
2. 시몬 베드로에게 전도함
3. 나다나엘의 매력

4. 예수님께 일어날 놀라운 일들

1. 요한의 증거

여기에 나타난 광경을 주시해 보세요. 세례 요한이 큰 군중에게 외치면서 하나님께서 그에게 주신 메시지를 전하고 있습니다. "회개하라. 천국이 가까이 왔느니라." 우리 시대에는 전도자가 사람들이 있는 곳으로 갑니다. 요한의 시대에는 사람들이 전도자가 있는 곳으로 왔습니다. 그는 얼마나 능력 있는 전도자였던가! 얼마나 능력 있는 하나님의 사람이었던가! 그는 교회서나 강당에서나 시가지에서나 방송망을 통하여 전한 것이 아니었습니다. 광야에서 외쳤습니다. 시내들이 텅텅 비고 사람들이 그의 말을 들으려고 무리를 지어 몰려왔습니다. 지나간 이천 년 동안 많은 위대한 전도자들이 존속해 왔습니다만 요한보다 더 큰 영향을 끼친 전도자는 설사 있었다 하더라도 별로 없었습니다.

요한은 첫날에 "세상 죄를 지고 가는 하나님의 어린양을 보라"고 외쳤습니다. 그 다음날도 그는 똑 같은 말을 했습니다. 군중은 바뀌어도 그의 메시지는 변함이 없었습니다. 오늘날 어떤 사람들은 자기들의 재능과 개성 등을 이용하여 사람들을 자기들 주위에 모읍니다. 세례 요한은 그의 모든 재능을 사용하여 사람들을 그리스도께로 이끌었습니다. 그가 애써 전한 결과가 무엇이었습니까? 처음에는 그가 큰 무리를 거느리고 많은 회심자들을 냈습니다. 나중에 그들을 잃었습니다. 그들이 그를 떠나 예수님을 따른 것입니다. 요한은 자기의 군중이 자기의 전한 것을 믿었기 때문에 그들을 잃어버린 유일한 사람이었습니다. 오늘날은 회중이 설교자와 그의 메시지를 믿으면 그를 따르고 칭찬해줍니다. 청중의 많은 사람들이 요한의 전한 것을 믿었으나 그를 버리고 예수님을 따랐습니다. 그러나 결국 그것이 참된 모든 메시지의 목적이 아닐까요? 우리는 사람들이 예수님을 따르기 원합니다. 누가 칭찬을 받느냐는 중요하지 않습니다. 영혼들이 구원을 받는다면 인간의 관점에서, 이 구원이 꼭 어떤 개인의 노력의 결과인지 저는 의아스럽게 생각합니다. 그리스도를 영접하는 한 사람의 회심에는 여러 사람의 영향이 들어가 있을 것입니다. 바울은 심고 아볼로는 물을 주었으나 자라나게 하시는 분은 언제나 하나님이십니다.

요한의 진도 방법은 진도자들만을 위한 모본이 아니라 모든 그리스도인들을 위한 것이기도 합니다. 사람들에게 그리스도를 알려 주는 것은 모든 신자들의 의무입니다. 우리는 살아가는 생활태도나 전하는 증거나 희사하는 돈으로 그렇게 할 수 있습니다. 공공연히는 그리스도를 증거하지 못하는 많은 소심한 사람들을 제가 알고 있습니다만, 그들은 자기들의 돈을 바칠 수 있습니다. 그렇게 함으로써 다른 사람들이 그리스도를 증거 할 수 있도록 뒷받침해 줍니다. 우리는 자아나 성례나 사람들이나 교회를 높이지 말고 그리스도를 —항상 세계의 소망과 영혼들의 구주로서 그리스도를 높여야 합니다. 그리스도를 위하여 가장 많은 일을 한 사람들은 세례 요한과 같은 사람들이었습니다. 그는 사람들을 그리스도께로 가리켰습니다. 우리가 왜 세상에 살고 있습니까? 우리는 무엇하러 구원을 받았습니까? 확실히 사람들을 그리스도께로 이끌기 위하여 우리가 여기에 살고 있습니다. 여러분의 생활이 사람들에게 예수님을 알려 주고 있습니까? "그는 다르다. 그 차이는 그리스도 때문이다. 나도 그 구주를 알기 원한다"고 사람들이 말할 수 있도록 그렇게 살고 있습니까? 우리가 그리스도를 발견한 후로 세상 사람들이 우리들에게서 차이점을 발견할 수 있어야 합니다.

요한이 "하나님의 어린양을 보라"고 외친 맨 처음에는 눈에 보이는 결과는 아무것도 없었던 것 같습니다. 그리스도를 믿고 그분을 따른 사람에 관하여 아무런 언급이 없습니다. 그러나 그 다음날 그가 전파할 때에 두 사람의 회심자가 있었습니다. 그래서 어떤 사람에게 전도하려는 첫 번째 노력이 실패한다 하더라도 포기해서는 안 된다는 것을 깨닫게 됩니다. 그리스도를 거듭하여 끈기 있게 전해야 합니다. 계속하여 떨어지는 물방울이 돌을 뚫습니다. 하나님께서는 사람들이 복음을 듣는 즉시 그들이 구원받을 것이라고 약속하기 보다 그분의 말씀이 헛되이 그분께로 돌아오지 않을 것이라고 약속하셨습니다. 저는 그리스도의 복음의 능력을 굳게 믿습니다. 바울은 그것을 "구원하시는 하나님의 능력이라"고 말하였습니다. 제가 믿기로는 수백 명의 잃어버린 영혼들이 수십 번 교회에 나와 참된 전도자가 순수한 복음을 증거하는 것을 들으면 대부분이 주님께로 돌아올 것입니다.

여기서 우리는 요한이 그리스도를 하나님의 어린양이라 소개하는 점을 유의합시다. 이 말을 듣고 요한의 청중들은 무엇을 연상했을까요? 초원에서 평화롭게 풀을 뜯고 있는 한 어린양을 생각했겠습니까? 아닙니다. 그들은 희생의 제단에서 죽임을 당하기 위하여 성전으로 끌려가고 있는 어린양을 상상했습니다. 하나님의 어린양들은 그렇게 희생되었으며, 하나님의 위대한 어린양이신 주 예수 그리스도께서 이렇게 죽임을 당하셨습니다. 그분은 "창세로부터 죽임을 당하셨습니다." 하나님의 마음속에 그리스도께서 우리 죄를 위하여 죽으셔야 하는 영원 전부터의 계획이 있었습니다. 그래서 우리가 그리스도를 구주로서 증거할 때에 그분의 생활과 기적과 설교와 그분이 세우신 모범 등을 우선적으로 두고 말하는 것이 아닙니다. 그것은 하나님의 구원하시는 능력으로 드러나는 십자가에 못 박힌 어린양의 사건을 두고 말하는 것입니다. 이것은 세례 요한이 큰 무리에게 마지막으로 증거한 것이었습니다. 그의 사명 수행은 매우 효과적이었기 때문에 군중은 그를 떠나 예수님을 따랐습니다. 오래지 않아 요한은 잡혀 목 베임을 당하였습니다. 그의 영혼은 하늘나라에 올라가 예수님께서 그곳에 오시기를 기다리고 있었습니다. 그러나 분명히, 세례 요한보다 더 능력 있게 그리스도를 증거한 사람들은, 설혹 있다손 치더라도 별로 없었습니다. 오늘날 그와 같은 사람들이 더 많이 나타나면 얼마나 좋겠습니까.

2. 시몬 베드로에게 전도함

이제 우리는 예수님께서 세례 요한과 그와 함께 있는 사람들을 향해 걸어가는 것을 봅니다. 예수님께서 걸어가실 때에 저도 실제로 한번 볼 수 있었으면 얼마나 좋을까 하고 생각해 봅니다. 우리는 어떤 사람이 거리를 걸어가는 것을 보고서 "그는 자기 아버지처럼 걷는다. 행동도 그렇게 하고 그는 영락없이 자기 아버지를 빼닮은 사람이야"라고 말하는 때가 종종 있습니다. 이것은 예수님께도 마찬가지였습니다. 그분은 하늘에 계신 그분의 아버지처럼 걸으셨습니다. 그분은 아버지처럼 행동하셨습니다. 그분은 아버지를 세상에 나타내셨습니다. 하나님의 모습을 세상에 보이셨습니다. 그분은 항상 이렇게 말하실 수 있었습니다. "나를 본 자는 아버지를 보았느니라."

그런데 이날 요한의 제자 중의 두 사람이 그가 "하나님의 어린양을 보라"고 말하는 것을 들었습니다. 그들은 안드레와 요한이었습니다. 그들은 이미 세례 요한을 따르고 있었는데 세례 요한이 이야기해 준 메시야를 기다리고 있던 참이었습니다. 그분이 나타나시자 그들은 모든 것을 버리고 그분을 따랐습니다. 우리의 경험도 또한 그러하였습니다. 우리는 사람들이 그리스도의 위대성을 높이는 것을 들었습니다. 그들이 "오, 그리스도여, 주는 내게 필요한 모든 것이 되십니다"라고 노래하는 것을 들었습니다. 우리는 매우 깊은 인상을 받고 비슷한 경험을 갈망하였습니다. 그러던 어느 날 하나님의 성령께서 우리를 사로잡으셨습니다. 우리는 눈을 들어 예수님께서 우리들에게 손짓하시는 것을 보았습니다. 우리는 마음을 열었고 그분께서 우리의 삶 속에 들어오셔서 하나의 살아 있는 현실이 되어 주셨습니다.

예수님께서 이 두 사람이 따라오는 것을 보시고 "무엇을 찾느냐?"고 그들에게 말씀하셨습니다. 그들을 꾸짖으시는 것이 아니었습니다. 아마 그들의 동기를 살피셨을 것입니다. 어떤 사람들은 빵과 고기를 얻으려 그분을 따랐습니다. 어떤 사람들은 자기들이나 혹은 자기들의 사랑하는 사람들의 병 고침을 받기 위하여 따랐습니다. 친구여, 당신은 무엇을 찾고 있습니까? 돈, 명예, 안락, 향락? 오, 먼저 그분의 나라를 구하라고 강권합니다. 그분께 더 가까이 나아가서서 더 잘 섬기기를 추구하세요. 이 두 사람은 무어라고 대답했습니까? 그들은 반문을 함으로써 그리스도의 물으심에 대답하였습니다. "선생님, 어디에 계시니이까?" 왜 그들이 그 질문을 하였을까요? 틀림없이, 그들은 이미 이 놀라우신 구주에게 마음을 완전히 빼앗기고 있었으므로 그저 그분과 함께 있기를 원하였을 것입니다. 우리가 어떤 사람과 사랑에 빠질 때 항상 그러는 게 아닙니까? 젊은이가 아가씨를 만나 사랑에 빠지면 그가 그녀와 헤어지면서 "내년 언제쯤 또 만납시다"라고 말합니까? 아니지요, "곧 또 만날 수 있어요?"라고 말합니다. 그리고 그녀와의 데이트가 자주 생깁니다. 그러나 이것으로도 충분하지 않습니다. 그는 그녀와 결혼하여 여생을 그녀와 함께 살고 싶어 합니다. 예, 우리가 사람들을 사랑하면 그들과 함께 있고 싶어 합니다. 이 사람들은 예수님을 사랑하였습니다. 그들은 그분과 함께 집에 가서 그분과의 아름다운 교제를 갖기 원했습니다. 우리가 그분을 사랑하면 우리들도 이렇게 될 것입니다. 우리는 교회에서, 기도로, 말씀으로, 봉사로, 멸망해 가는 세상에 전도함으로써 그분과의 교제를 계속하기를 원할 것입니다.

예수님은 어떻게 대답하셨습니까? "와서 보라"고 말씀하셨습니다. 그분은 항상 그렇게 말씀하십니다. 온 성경을 통하여 "내게로 오라"고 말씀하시고 계십니다. 오, 이 세상의 모든 사람들이 그 초청에 응한다면 예수님께서 얼마나 놀라우신 분이신지를 알게 될 것입니다. 우리가 사람들에게 하루 종일 그분께 대하여 이야기할 수 있지만, 그들이 와서 그분을 만나보기까지는 예수님 안에 있는 그 기쁨을 결코 알 수 없을 것입니다. 시편 기자는 "오 여호와의 선하심을 맛보아 알찌어다"라고 하였습니다. 사람들이 주께서 얼마나 좋으신 분이신지를 알기만 하면 그분께 오는 것을 주저하지 않을 것입니다.

어느 날, 저는 교회 어느 집사님과 함께 몇 가정을 심방하고 있는 중이었습니다. 9시가 지났는데도 교통이 혼잡하였습니다. "이 모든 사람들이 저녁 이 시간에 어디에들 가고 있을까"라고 제가 그에게 말했습니다. 그 집사님은 "우리는 어디로 가고 있는지 알고 있어서 기쁩니다"라고 대답하였습니다. 그리스도께서 우리의 구주이시니까 우리는 잃어버린 자들이 아니요 영원한 본향을 향하여 가고 있는 중이라는 뜻이었습니다. 그것을 안다는 것은 하나의 큰 만족을 안겨다 줍니다. 그러나 그것은 예수님께서 그분을 신뢰하고 체험하며 사는 사람들에게 주시는 기쁨들 중의 하나일 뿐입니다.

그런데 이 두 사람은 주님과 함께 가서 그날을 보냈습니다. 로마의 시간에 의해 따져보면, 그들은 오전 10시부터 온 종일 머물러 있었습니다. 이 두 사람에게 얼마나 놀라운 하루였을까! 그들은 왔습니다. 보았습니다. 그분과 함께 지냈습니다. 예수님께 오는 것, 그분의 영광과 아름다우심을 보는 것은 참으로 좋습니다. 그러나 훨씬 더 좋은 것은 그분 안에 거하는 것입니다. 많은 사람들이 구원을 위하여 그분께 오나 그분 안에 거할 수 있는 곳까지에는 이르지 않는 사람들이 너무나 많습니다. "그분 안에 거하는 것"은 그분과 아름다운 교제를 나누고 그분의 가까이에 있어 항상 그분의 임재를 느끼며 가장 좋은 친구로서 그분을 항상 기쁘시게 하는 것을 의미합니다.

안드레와 요한이 예수님 앞에서 떠나 나올 때 어떤 일이 일어났습니까? 안드레는 너무 벅차올라 터질 것만 같았습니다. 그는 메시야를 이제껏 고대하여 왔는데 지금 그분이 여기에 계신 것입니다. 그분을 보았고 들었으며 그분으로부터 축복을 받았습니다. 그는 지금 다른 누구와 같이 나누어야 할 기쁨과 만족을 갖고 있는 것입니다. 그를 주시해 보세요! 그가 무엇을 하려고 합니까? 우리는 항상 새로운 회심자에게 관심을 갖습니다. 그의 다음 동작은 무엇입니까? 그는 집으로 달려가서 형제 시몬을 만나 "우리가 메시아 곧 그리스도를 만났다"고 외쳤습니다.

이것은 구원받은 증거들 중의 하나입니다. 참으로 구원을 받으면 다른 사람도 구원받게 되기를 바라는 법입니다. 우리는 죄가 사함 받고 예수님께서 우리의 구주이신 것을 알며 하늘나라의 소망을 갖는 것이 너무 놀라운 일이므로 이 지식을 다른 사람들과 함께 나누고 싶어 합니다. 그러나 교회의 교인으로 등록되어 있으나 교회에는 출석하지 않는 수많은 사람들을 생각해 보십시오. 그들은 한 영혼의 회심도 증거하지 않습니다. 전도하려고 애쓰지 않습니다. 다른 사람들의 심령에 접촉하기 위하여 선행을 베풀지도 않습니다. 그들은 누가 구원받든 말든 상관 않는 것 같습니다. 우리는 그들이 구원받은 사람들인지 정말 의아스럽습니다. 그리스도께서 우리 마음에 계신다면 다른 사람도 그분을 알게 되기를 바라지 않고 어떻게 우리가 배길 수 있겠습니까?

　시몬 베드로는 기독교의 위대한 전도자와 기둥이 되었습니다. 물론, 안드레는 이것을 예기하지 못했습니다. 그러므로 여러분이 누구를 그리스도께 인도할 때에 빌리 그래함 같은 사람이나 스펄전 같은 사람이나 혹은 한 사람의 위대한 선교사를 얻고 있는 것인지 전혀 알 수 없는 일입니다. 여기에 우리가 주목해야 할 것이 있습니다. 안드레는 이 일을 위하여 특별한 훈련을 받은 사람이 아니었습니다. 신학교에 가본 일도 없었습니다. 그는 개인적으로 전도하는 일에 관한 책도 읽지 않았습니다. 그는 단지 예수님께서 그를 위하여 하신 일을 알고 그의 형제도 그분을 알게 되기를 바랐을 뿐입니다. 시몬은 어떤 위대한 설교를 들은 것이 아니었습니다. 어떤 굉장한 기적도 보지 않았습니다. 어떤 설득력 있는 설명에 설복당한 것도 아니었습니다. 온정을 가진 형제의 단순한 증거가 그 "어부 중의 어부"를 세상으로부터 그리스도께로 이끈 사슬의 첫 고리였습니다. 여러분 중에 "나는 한 사람도 그리스도께 인도할 수 없다"고 말하는 사람이 있습니까? 아예 해보려고 하기나 하였습니까? 당신에게 필요한 모든 것은 당신의 영혼 속에 있는 그리스도께 대한 사랑과 다른 사람이 구원받기를 바라는 마음뿐입니다.

　안드레는 시몬을 데리고 예수님께로 갔더니 시몬은 구주와의 사랑에 빠졌습니다. 그는 수제자들 중의 한 사람이 될 것으로 예정되어 있었습니다. 예수님께서 그에게 말씀하셨습니다. "나는 너에게 새 이름을 주겠다. 이제까지 시몬이라 불리어 왔으나 지금부터는 베드로라 불리어지리라." 여기서 우리는 그리스도께서 이 사람의 생애에서 이룩하실 위대한 변화의 한 그림을 보게 됩니다. 시몬이라는 옛 이름은 무엇인가 요동하고 불안정하다는 것을 의미하는 것이었습니다. 베드로라는 새 이름은 바위 곧 단단하고 안정된 것을 뜻합니다. 베드로는 그의 원래 성격에 있어서 불안정했습니다. 그리스도께서 마무리의 손을 그에게서 떼셨을 때에 그는 지브랄타의 요새처럼 견고해져 있었습니다. 예수님이 십자가에 못 박히시기 전날 밤 그는 예수님을 안다고, 한 계집종에게 말하는 것을 두려워했습니다. 하지만 주의 부활 후에 그는 수천의 사람들 앞에 서서 "너희가 영광의 주를 십자가에 못 박았도다"라고 말할 수 있었습니다.

하나님께서는 우리가 예수님께로 나아올 때에 우리에게 새로운 이름을 주십니다. 우리가 죄인으로 불리어 왔으나 그 후로는 성도라 불리어집니다. 마귀의 자식이라 불리어 왔지만 우리가 하나님의 자녀가 됩니다. 우리가 새 가정으로 들어가면 새 이름이 동시에 주어지지요. 존스 양이 스미드 씨와 결혼하면 그녀는 스미드 부인이라 불리게 됩니다. 그와 같이 우리가 믿음으로 그리스도를 신뢰하면 사탄의 가정을 떠나 하나님의 가정으로 들어가게 됩니다. 우리는 새 이름과 새 성품을 갖게 됩니다. 안드레가 베드로를 그리스도께로 이끈 일로 저는 기뻐합니다. 하마터면 그가 갈릴리 바다에 묶여 어부로 살다 어부로 죽을 뻔하였습니다. 그 대신에 그는 그리스도의 가장 능력 있는 종들 중의 한 사람이 되었습니다. 많은 사람들을 그리스도께로 이끌고, 영광을 향하여 행진하는 행로에서 수없이 사탄과 싸워야 했던 모든 그리스도인들에게 하나의 영감을 불어 넣는 생애를 산 사람이 되었습니다.

3. 나다나엘의 매력

그리스도를 따르는 것을 우리가 보게 되는 그 다음 사람은 빌립입니다. 기록에 의하면, 아무도 그에게 알려주지 않았습니다. 그러나 예수님께서 하셨습니다. 그를 발견하시고 "나를 따르라!"고 말씀하셨습니다. 그리고 빌립은 그분을 끝까지 따랐습니다. 빌립은 "고기잡이 동네"라는 뜻을 지닌 벳새다에서 살았습니다. 예수님은 위대하고 능력 있는 사람들을 찾아내지 않으시고 겸손한 사람들을 찾아 자기를 따르게 하셨습니다. 예수님을 따른다는 것은 그분 뒤에 서서 걸어가는 것 이상을 뜻합니다. 그분은 우리가 그분의 옆에 나란히 걸어가는 것을 원하십니다. 앞서 가거나 뒤에 처지는 것을 원하지 않으십니다. 그분은 인생의 여로에서 우리의 벗이 되어 주시기를 원하십니다.

빌립이 구원받은 즉시로 무엇을 하였습니까? 그도 안드레와 똑같이 하였습니다. 한 사람을 발견하고 예수님께로 그를 데리고 갔던 것입니다. 그는 나다나엘에게 달려가서 말했습니다. "우리가 구약에 예언된 그분을 만났는데 나사렛 예수이시다." 그러자 나다나엘은 "나사렛에서 무슨 선한 것이 날 수 있느냐?"고 물었습니다. 빌립은 따지지 않고 "와서 보라"고 단순하게 말했습니다. 우리는 종교의 문제를 놓고 논쟁할 필요가 없습니다. "나는 놀라우신 구주를 발견했다. 당신도 와서 알아보지 않겠느냐?"고 말하기만 하면 됩니다. 여기서 우리는 "우리가 그분을 만났다"고 빌립이 말한 것을 유의해 봅시다. 결국에 있어 기독교는 하나의 인격자입니다. 교회나 의식을 발견하는 일이 아닙니다. 그것은 전적으로 그리스도를 발견하는 일입니다.

그런데, 나다나엘은 와서 보라는 빌립의 초청을 받아들였습니다. 나다나엘이 예수님께로 나아오고 있을 때, 빌립이 그를 소개하기도 전에 예수님께서 "보라, 이는 참 이스라엘 사람이라. 그 속에 간사한 것이 없도다!"라고 말씀하시는 것을 우리가 듣습니다. 나다나엘이 예수님께 "저를 어떻게 알고 계십니까?"라고 말하였습니다. 그러자 예수님은 "빌립이 너를 부르기 전에 네가 무화과나무 아래 있는 것을 내가 보았다"고 대답하셨습니다. 나다나엘은 깜짝 놀라 "선생님이야말로 하나님의 아들이시며 이스라엘의 왕이신 것을 제가 이제 알겠습니다"라고 대답하였습니다. 나다나엘은 사람들이 하나님과 그분이 주신 율법을 잊고 살아온 시대에 살았습니다. 그러나 나다나엘은 잊고 있지 않았습니다. 그리스도께서는 나다나엘의 마음속을 깊이 들여다보시고 그 속에 있는 은혜와 착함을 발견하셨습니다. 그가 믿음으로 살고 있으며 약속된 메시야를 기다리고 있는 것을 그분이 아셨습니다. 그런 사람은 얼마동안 어둠 속에 살 수 있으나 언젠가 반드시 그리스도의 빛이 그 위에 비쳐 하나님께로 인도하여 갈 것입니다. 오늘날 많은 사람들은 그들이 그리스도께 이르기 전에 극복해야 하는 온갖 것들을 그들의 삶 속에 안고 있습니다. 죄와 세속과 편견 등으로 가득 차 있습니다. 그러나 나다나엘은 그에게 기회가 주어지면 곧 그리스도를 영접하도록 준비되어 있었습니다. 그리고 예수님께서 그를 보시기도 전에 그에 대하여 모든 것을 알고 계셨습니다. 그분은 우리들에 대하여서도 모든 것을 알고 계십니다. 무화과나무가 우리를 예수님으로부터 가릴 수 없습니다. 오, 예수님께서 우리의 마음속을 들여다보시고 "그 속에 간사함이 없구나"라고 말씀하실 수 있으면 얼마나 좋을까요.

이 장절(章節)에서 우리는 다섯 사람이 그리스도께로 오는 것을 봅니다. 그들은 각각 서로 다릅니다. 그들은 각기 다른 길로 그리스도께 왔습니다. 그런데도 그들은 모두 동일한 진리들을 깨닫고 있었습니다. 동일하신 주님을 섬겼습니다. 동일한 본향에 이르렀습니다. 요한은 헌신적이고 애정이 많았습니다. 그는 최후의 만찬석에서 예수님의 가슴에 기대고 있었습니다. 안드레는 실제적인 사람이었습니다. 우리는 복음서들에서 그를 세 번 발견하는데 그때마다 그는 누군가를 예수님께 소개하고 있습니다. 베드로는 성미가 급하고 충동적인 사람이었습니다. 그리스도께서 그를 개조하시기까지는 인간적인 결점 투성이였습니다. 빌립은 소심하여 베드로와 정반대의 인물이었습니다. 나다나엘은 사색적이고 간사함이 없었습니다.

여기서 우리는 그리스도께서 자기의 일을 이루시기 위하여 모든 종류의 사람들을 사용하심을 깨닫게 됩니다. 여러분은 다른 사람들만큼 많은 재능을 갖고 있지 않은지 모르겠습니다만 그런데도 하나님께서 그들보다 여러분을 더 많이 사용하실 수 있습니다. 중요한 점은 우리가 가진 것을 그분께 양도하는 것입니다. 또 한 가지 ― 회심자라 해서 똑같은 사람은 아무도 없지만 진실한 그리스도인들은 모두 한 성령께 인도함을 받으며, 한 피로 씻음을 받고, 한 주를 섬기며, 한 구주를 의지하고, 한 규칙에 의해 인도됩니다. 그리고 감사하게도, 하나님을 신뢰하는 모든 사람은 동일한 천국을 향하여 진행합니다.

4. 예수님께 일어난 놀라운 일들

우리는 지금껏 요한의 증거와 시몬 베드로의 귀의와 나다나엘의 고상한 인품을 보아왔습니다. 이제 예수님의 경이로운 일들을 생각해 봅시다.

예수님은 나다나엘에게 무어라고 말씀하셨습니까? "내가 네게 대하여 모든 것을 알므로 네가 나를 믿는구나. 너희가 이것보다 더 큰 일들을 보리라. 하늘이 열리고 하나님의 천사들이 인자 위에 오르내리는 것을 너희가 볼 것이다"라고 말씀하셨습니다. 이의 해석은 한가지 밖에 없다고 저는 생각합니다. 나다나엘과 다른 제자들도 그들의 생존시에 이러한 사건을 목격하지 못했습니다. 아직 그것이 일어나지 않았습니다. 저 너머 미래에 일어날 것임에 틀림없습니다. 마태복음 26장 64절을 들어보세요. "이 후에 인자가 권능의 우편에 앉아 있는 것과 하늘 구름을 타고 오는 것을 너희가 보리라." 이것은 언젠가 예수님께서 세상에 다시 오신다는 뜻입니다. 그리스도께서 여기에 오실 것이요, 하늘의 천사들이 하늘과 땅 사이를 오가며 그리스도와 모든 성도들을 섬길 것입니다. 예, 우리는 여기 이 땅에 사는 동안 놀라운 일들을 많이 볼 것입니다. 그러나 나다니엘에게 하신 이 약속을 꼭 기억하십시오. 어느 날 우리는 더 큰 일들을 볼 것입니다. 또 우리의 왕이신 구주의 얼굴을 대할 때야말로 가장 위대한 광경을 본 순간이 될 것입니다.

예수님께서 베드로에 대해 말씀하신 바로 되돌아가서 설교의 끝을 맺고자 합니다. "너는 … 이구나. 너는 … 이리라." 우리는 연약하고 비참한 죄인들로서! 그리스도께 나아옵니다. 그러면 그분이 우리를 고쳐주십니다. "너는 … 이구나. 너는 … 이리라." 우리가 이제 과거의 우리가 아닌 것을 하나님께 감사합니다. 또한 우리가 오늘 아직 되지 못한 것에 언젠가 이르게 될 것을 하나님께 감사합니다. 언젠가 우리는 그리스도와 같이 될 것입니다. 오, 이 진리의 놀라움이여! 오, 예수님의 경이여!

어떤 설교자가 자기 청중 가운데 아직 그리스도를 믿지 않는 저명한 인사가 있었습니다. 그는 이 사람을 겨냥하여 지적인 설교를 연이어 했습니다. 후에 그 사람이 그리스도인이 되었습니다. "내 설교의 어느 부분을 통하여 그리스도를 받아들이게 되셨습니까?"라고 그 설교자가 물었습니다. 그러자 그 사람이 대답했습니다. "아, 당신의 설교에는 감동을 받지 못했습니다. 그러나 어느 날 제 곁에 서서 교회 밖으로 나가고 있던 한 가난한 할머니가 그만 발이 걸려 넘어졌습니다. 몸을 내밀어 할머니를 붙들었습니다. 그녀는 저에게 감사하다고 하더니 제 눈을 들여다보면서 '선생님은 나의 은혜로우신 구주를 사랑합니까?'라고 말했습니다. 집에 돌아가서 그 문제에 대해 생각하였습니다. 이제 저는 예수님을 참으로 사랑합니다."

나의 친구들이여, 나는 학적인 설교를 할 수 없습니다. 그러나 요한이 한 것처럼 단순하게 "세상 죄를 지고 가는 하나님의 어린양을 보라"고 말할 수 있습니다. 그리고 "당신은 그분을 사랑하십니까?"라고 묻고 싶습니다.

제
6
장

—

하나님께서 최종을 위하여 최선을 남겨 두신다

—

"[1]사흘째 되던 날 갈릴리 가나에 혼례가 있어 예수의 어머니도 거기 계시고 [2]예수와 그 제자들도 혼례에 청함을 받았더니 [3] 포도주가 떨어진지라 예수의 어머니가 예수에게 이르되 저들에게 포도주가 없다 하니 [4] 예수께서 이르시되 여자여 나와 무슨 상관이 있나이까 내 때가 아직 이르지 아니하였나이다 [5] 그의 어머니가 하인들에게 이르되 너희에게 무슨 말씀을 하시든지 그대로 하라 하니라 [6] 거기에 유대인의 정결 예식을 따라 두세 통 드는 돌항아리 여섯이 놓였는지라 [7] 예수께서 그들에게 이르시되 항아리에 물을 채우라 하신즉 아귀까지 채우니 [8] 이제는 떠서 연회장에게 갖다 주라 하시매 갖다 주었더니 [9] 연회장은 물로 된 포도주를 맛보고도 어디서 났는지 알지 못하되 물 떠온 하인들은 알더라 연회장이 신랑을 불러 [10] 말하되 사람마다 먼저 좋은 포도주를 내고 취한 후에 낮은 것을 내거늘 그대는 지금까지 좋은 포도주를 두었도다 하니라 [11]예수께서 이 첫 표적을 갈릴리 가나에서 행하여 그의 영광을 나타내시매 제자들이 그를 믿으니라 [12] 그 후에 예수께서 그 어머니와 형제들과 제자들과 함께 가버나움으로 내려가셨으나 거기에 여러 날 계시지는 아니하시니라." — 요 2:1-12

하나님과 사탄은 정반대입니다. 하나님께서는 거룩하시되 사탄은 거룩하지 않습니다. 하나님께서는 선하시되 사탄은 악합니다. 하나님은 사랑이십니다. 그러나 사탄은 증오로 가득 차 있습니다. 하나님은 높으시고 사탄은 낮습니다. 하나님께서는 사람들을 구원하시기를 원하시나 사탄은 그들이 멸망하는 것을 보고 싶어합니다. 하나님은 사람들을 천국으로 데려가시기를 바라십니다. 반대로 사탄은 그들이 지옥 가는 것을 원합니다. 하나님께서는 화평과 조화를 사랑하시지만 사탄은 분쟁을 사랑합니다. 그리스도의 기록된 첫 기적 곧 물을 포도주로 변하게 하신 기적에 있어서 동일한 원리가 작용하고 있음을 보게 됩니다. 하나님과 사탄 사이의 극과 극의 대조를 다시 보는 것입니다. 사탄은 처음에 자기의 가장 좋은 것을 사람들에게 주나 끝에 가서는 비참과 지옥만을 그들에게 안겨준다는 것을 우리가 깨닫습니다. 그러나 하나님의 일들은 매일 더 좋고 아름다워지며 마지막에 그분은 그들에게 영원한 기쁨이 있는 하늘나라를 주십니다.

먼저 우리 앞에 벌어진 광경을 그려봅시다. 다음에, 성령의 도우심을 받아 이 이야기로부터 어떤 교훈을 배우도록 합시다. 가나에서 남녀 한 쌍이 결혼 날짜를 정하고 결혼식과 잔치에 와 달라는 초대를 하였습니다. 예수님과 그분의 어머니와 제자들도 초청을 받았습니다. 정한 시간에 그들은 결혼예식에 참여하였다가 잔치로 들어갔습니다. 아마 이것이 참석한 많은 사람들에게 있어서 정말 흥이 있는 일이었을 것입니다. 주요 식탁에 이제 막 결혼이라는 신성한 끈으로 하나로 맺어진 행복한 부부가 앉아 있는 것이 그려집니다. 그들의 친구 한 사람이 연회장으로서 활동하고 있습니다. 그런데 식사가 한창 진행되는 도중에 포도주가 떨어졌습니다. 예상했던 것보다 더 많은 손님이 온 모양입니다. 혹시 한 종이 충분한 술을 구입하지 못했는지도 모르겠습니다. 손님들이 술잔을 비우고 술이 곧 나오기를 기다리고 있었습니다. 그러나 두리번거려 봐도 아무도 대주는 사람이 없었습니다.

이때 예수님의 모친, 마리아가 곤경을 눈치 채고 예수님께로 와서 그 사정을 말씀드렸습니다. 마리아는 예수님께서 어떻게 하여 주실 것이라고 생각했던 게 분명합니다. 그녀가 종들에게 "그분이 너희들에게 무슨 말씀을 하시든지 그대로 하라"고 일렀으니 말입니다. 예수님은 둘러보시고 돌로 된 물 항아리 여섯 개가 있는 것을 발견하셨습니다. 이 항아리들을 물로 채우라고 종들에게 말씀하시자 그들은 순종했습니다. "이제 그것들을 연회석으로 옮기라"고 예수님께서 말씀하셨습니다. 그들이 항아리 안을 들여다보니 이게 웬일일까요, 물이 아니라 술로 가득 차 있었습니다. 놀란 종들은 그 술을 안으로 옮겨 왔습니다. 첫 잔이 연회장에게 주어졌습니다. 그는 쩍쩍 입맛을 다시더니 신랑에게 말하였습니다.

"누구나 처음에는 좋은 포도주를 대접하고 손님들이 취한 뒤에는 그보다 못한 것을 대접하는데 당신은 지금껏 좋은 포도주를 두고 있었군요."

성경은 이것이 예수님께서 행하신 기적들의 시작이었다고 말하고 있습니다. 어떤 사람들은 예수님께서 어린 시절에도 기적들을 많이 행하셨다고 말합니다. 어느 날 그분이 다른 어린이들과 함께 놀면서 진흙으로 새를 만들고 있었는데 예수님께서 진흙을 만지셨을 때에 새들이 살아나서 날아갔다는 것입니다. 그러나 이것은 성경에 맞지 않습니다. 우리는 예수님께서 정상의 어린이로서 자라나셨으며 가나에서의 기적이 그분의 첫 기적이었던 것을 믿습니다. 그분이 하나님의 아들이시라는 신호를 세상에 표하신 것이었습니다.

이제부터 다음의 다섯 가지 요점을 숙고해 봅시다.

1. 상황
2. 구주
3. 종들
4. 해결
5. 만족

1. 상황

우리는 여기서 예수님께서 결혼제도를 시인하심을 봅니다. 만약 주님이 결혼을 좋게 여기시지 않았다면 결혼식에 가시지 않았을 것입니다. 에덴 동산으로 우리가 되돌아 가 하나님께서 최초의 여자를 창조하신 것을 기억합니다. 주께서 그녀를 최초의 남자에게로 이끄셔서 그녀는 그의 아내가 되었습니다. 그때 하나님께서 남자와 여자가 부모를 떠나 서로 연합하여 한 몸을 이루라고 말씀하셨습니다. 그래서 그 후 장구한 세월을 이어 남자들과 여자들이 신성한 결혼으로 함께 연합되어 왔습니다.

결혼이 경시되는 사회는 결코 건강한 상태에 있을 수 없음을 밝혀두고 싶습니다. 어떤 난봉꾼이 열한 번 결혼했다고 신문에 보도됩니다. 배우자를 다반사로 바꾸는 할리우드 배우들에 관해서 우리가 듣습니다. 결혼이란 것이 그들에겐 아무런 의미가 없습니다. 그들에 관한 한 결혼에 무슨 신성할 게 아무것도 없습니다. 덜 유명한 사람들 사이에서도 결혼의 신성함을 경시하는 동일한 풍소를 발견하게 됩니다. 젊은 사람들이 "오, 우리 결혼하자. 뭐, 잘 안 되면 헤어지면 그만이야"라고 말하는 것을 자주 듣습니다. 이것은 결혼에 대한 바른 태도가 아닙니다. 이것은 구원을 빼놓고는 누구에게나 가장 중요한 행동입니다. 모든 젊은 이는 이 문제에 관해 하나님의 인도하심을 위해 간절히 기도해야 합니다.

행복한 결혼생활을 하기 위하여서는 부부가 모든 것을 공동으로 가져야 하며 이것은 특히 영적인 관계에서 그러합니다. 하나님께서는 "안 믿는 자와 멍에를 함께 하지 말라"고 말씀하십니다. 믿지 않는 자와 결혼하는 그리스도인은 최고의 행복을 기대할 수 없습니다. 부부는 동일한 수준에서 영적인 생활을 하여야 합니다. 어떤 가톨릭 신부도 "가톨릭 신자와 신교 신자가 함께 결혼해서는 안 된다"고 말하는 바를 저도 그렇게 말합니다. 그들이 만약 별개의 신앙에 충실하자면 가정에 시비와 충돌이 일게 됩니다. 반면에, 그들이 원만한 관계를 유지하기 위하여 신앙적 확신을 포기할지도 모릅니다.

저는 모든 결혼식에 그리스도께서 임재해야 한다고 믿습니다. 신랑과 신부의 마음속에 주님이 계셔야 합니다. 그들 두 사람이 제단에 나아가 그들의 생애를 주님께 헌신하고 주님의 영광을 위하여 살기로 서약해야 합니다. 그리스도를 모시지 않은 결혼은 번창하기를 바로 기대할 수 없습니다. "함께 기도하는 가정은 함께 지속되어 갑니다." 만약 모든 쌍들이 그리스도 안에서 결혼하여 가정 제단을 쌓는다면, 만약 그들 모두가 하나님을 사랑하고 주님의 교회와 그리스도인의 생활에 충실하다면, 이혼율이 최소한도로 줄어들 것입니다.

가나의 이 결혼식은 예수님께서 참여하실 다른 하나의 결혼식을 우리에게 상기시켜 줍니다. 그것을 "공중 혼인"이라 부른 사람도 있습니다. 데살로니가 전서는 어느 날 예수님께서 다시 오셔서 그분을 공중에서 맞이하도록 생존한 모든 성도들을 올리우실 것이라고 말하고 있습니다. 주께서 친히 신랑이 되시고 속죄함을 받은 모든 성도들의 무리가 신부가 될 것입니다. 그 후 주님과 함께 행복하게 살기 위하여 그들은 올라 갈 것입니다.

여기서 우리는 또한 예수님께서 정당한 사회적 즐거움을 시인하신 것을 발견할 수 있습니다. 주님은 결혼을 인정하셨기에 결혼식에 참석하셨습니다. 그분은 하나의 사회적 존재이셨기 때문에 잔치에 참석하셨습니다. 주님은 은둔자가 아니셨습니다. 진정한 기독교는 사람을 음울하게 만드는 것으로 결코 이해될 수 없습니다. 사람들과의 사귐을 스스로 기피하고 시체 같은 얼굴을 하고 다니는 사람은 그리스도의 대의에 해를 입힙니다. 세상에서 참으로 유쾌해야 할 사람이 있다면 주님의 피로 속죄함을 받았으며 천국을 향하여 가고 있는 그리스도인이 그에게 해당될 것입니다.

그러나 세상이 쾌락이라 부르고 있는 모든 것이 그리스도인에게 합당한 것은 아닙니다. 죄와 영력의 감소로 이끄는 것들도 있습니다. 진정한 그리스도인은 그가 어디로 가야하며 무엇을 해야 하는지를 충분히 식별할 만큼 영적으로 민감해야 합니다. 어떤 젊은 부인이 한 전도자에게 "댄스파티에 가는 것은 저에게 해를 끼치지 않습니다"라고 말했습니다. "당신은 그리스도인입니까?"라고 그 전도자가 물었습니다. "오, 예, 그렇습니다" 그녀가 대답했습니다. "당신은 댄스장에서 그리스도를 증거할 수 있다고 생각합니까?"라고 또 묻자 그녀는 "오, 저는 할 수 있다고 확신합니다. 춤추는 것은 그리스도인의 증거에 아무렇지도 않습니다. 저는 그것을 실증하겠습니다"라고 말했습니다. 다음날 밤 그녀는 한 젊은 남자와 춤을 추고 있었습니다. 한참 추다가 그녀가 "당신은 그리스도인입니까?"라고 물었습니다. "아니오, 당신은?" 그 남자가 말했습니다. "예, 나는 그리스도인이에요." 그녀가 대답했습니다. 그러자 그 젊은 남자가 "그러면, 도대체 당신은 여기서 무엇을 하고 있습니까?"라고 말했습니다. 이 젊은 여자는 자기가 할 수 없는 것과 자기의 그리스도인으로서의 영향력을 막는 일들이 있다는 것을 깨달았습니다. 그리스도께서는 우리가 좋은 것은 어느 것 하나 포기하는 것을 원하지 않으십니다. 그러나 해로운 것은 어떤 것에라도 우리가 빠져드는 것을 주님은 원하지 않으십니다. 중요한 것은 이것 — 그리스도께서 잔치에 참석하셨다는 것입니다. 우리와 함께 가시도록 주님을 초청할 수 없는 곳이라면 어디든 가서는 안 됩니다.

다음으로, 포도주가 떨어진 사실을 우리가 주목해 봅시다. 성경에서 포도주는 기쁨의 상징입니다. 이 상황이 당시의 종교적 실태를 상징해 주고 있습니다. 당시의 종교는 형식으로 전락해 있었습니다. 모든 기쁨은 사라져 버렸습니다. 오늘날 우리들도 그렇게 될 수 있습니다. 형식에 있어서는 뻔질나지만 심령으로는 무감각할 수 있습니다. 그러면 모든 기쁨이 사라져 버립니다. 이것은 심령의 신앙을 배격한 의식주의 종교가 안고 있는 위험입니다. 같은 형식이 되풀이되는 동안 급기야는 그 안에 아무런 기쁨이나 만족이 없는 말들만의 행사가 되고 마는 수가 있습니다. 죄도 또한 우리의 신앙에서 기쁨을 앗아 갈 수 있습니다. 나윗은 구원의 기쁨으로 넘쳐 있었습니다. 그러나 그가 죄를 지었을 때에 그 기쁨을 잃어버렸습니다. 여전히 그가 구원은 소유하고 있었지만 그의 기쁨은 달아났습니다. 그가 하나님께로 돌아와 그의 기쁨이 소생되기까지는 비참하였습니다. 자, 상황을 들여다봅시다. 예수님께서 그 결혼잔치에 계셨습니다. 모든 사람들이 흥겨워 하는 판국에 포도주가 떨어졌습니다. 그들은 주님이 필요했습니다. 우리들도 주님이 필요한 것은 이 세상의 기쁨이 사라져 가고 위기가 일어나고 있을 때입니다.

2. 구주

먼저 우리가 마리아의 부탁을 생각해 봅시다. 포도주가 떨어졌을 때에 마리아는 주님께 와서 그들에게 포도주가 없다고 아뢰었습니다. 그녀는 젊은 부부를 동정하여 그들이 난처하게 되는 것을 면해 주고 싶었을 것입니다. 그러나 그 문제를 깊이 들여다보면 그녀의 말 속에 훨씬 더 깊은 의미가 들어 있음을 발견할 수 있습니다. 어떤 사람들은 그녀가 단지 부모의 권위를 행사하는 것을 꾀했다고 말합니다만 그 이상의 것이 여기에 들어 있습니다. 그녀가 단지 주님께서 신적 권위를 보여 주시기를 원했다고 말하는 사람들도 있습니다. 그러나 문제는 그보다 더 깊습니다. 천사가 예수님의 탄생을 예고하는 때로 올라가 봅시다. 이 천사는 그녀에게, 그녀가 처녀의 몸이지만 위대하고 놀라운 일들을 하실 한 아들을 낳을 것이라고 말했습니다. 그것과 관련하여 파다한 수치가 있을 것을 알면서도 그녀는 겸손히 자기의 분깃을 받아들였습니다. 그녀는 "주의 여종이오니 주의 말씀대로 되어지기를 바랍니다"라고 말했습니다. 예수님께서는 혈육의 아버지가 없이 태어나셨지만, 사람들은 그것을 믿어 주지 않았습니다. 그녀가 죄를 저질렀었다고 생각했습니다. 그녀는 평생 이 그늘 속에서 살았습니다. 그녀는 "이것은 하나님의 일입니다. 이 애는 하나님의 아들이십니다. 어떤 사람도 그 일에 관계되어 있지 않았습니다"라고 말할 수 있었습니다. 그러나 믿으려고 하는 사람들이 별로 없었습니다. 마리아는 자기가 타락한 여자가 아니며 예수님께서 참으로 하나님의 아들이시라는 사실을 세상에 입증할 모종의 증거를 30여 년 동안 희구해 왔습니다. 그녀는 스스로에게 이렇게 말했을 것임에 틀림없습니다. "지금이 그분의 기회다. 나는 천사가 말한 것을 한 번도 잊어버리지 않았다. 그러나 예수님께서는 자기가 하나님께로부터 오셨다는 아무런 표적도 나타내시지 않았다. 그분이 지금 어떤 기적만 행하신다면 사람들은 그분이 하나님의 아들이신 것을 알게 될 것이며 나의 혐의도 그늘도 내게서 벗겨질 것이다.”

그러나 그리스도의 부드러운 꾸지람을 주목하십시오. “여인이여 나와 무슨 상관이 있나이까? 내 때가 아직 이르지 아니하였나이다.” 주님께서 말씀하십니다. 주님께서 모친을 “여인이여”라고 부르신 것은 노하셔서가 아닙니다. 이것은 주님께서 십자가 위에서, 마리아를 요한의 봉양에 맡기실 때에 사용하신 것과 동일한 말입니다. 그 당시의 ‘여인’이라는 말은 최고의 존경으로 사용되었습니다.

“내가 당신에게 무슨 상관이 있습니까?”라고 주님께서 말씀하신 것은 글자 그대로는 “내가 당신과 무엇을 공동으로 갖고 있습니까?”라는 뜻입니다. 그분은 지금 자신의 독립을 주장하고 계신 것이었습니다. 주께서는 하나님이 자기를 세상으로 보내셔서 수행하게 하신 일을 시작하고 계셨습니다. 이때까지는 그분이 어머니로서의 마리아에게 예속되어 계셨습니다. 그러나 이제 더 이상 단순히 어머니와 아들 사이의 관계가 아니었습니다. 그분은 세상의 구주이시고 마리아는 그저 그분을 따르는 사람들 중의 하나일 뿐입니다. 주께서는 오늘날 어떤 사람들이 하는 것처럼 마리아를 “천국의 여왕”이나 “하나님의 어머니”로서 결코 떠받드시지 않았습니다.

“나의 때가 이르지 아니하였다”는 말씀은 주님의 생애의 표어가 되었습니다. 많은 경우에 사람들이 그에게 달려들려고 애썼습니다. 주님은 고난과 굴욕의 자기의 때가 올 것이나 하나님께서 그때를 정하여 두셨기 때문에 아무것도 자기를 하나님의 계획을 앞질러 가게 할 수 없음을 아셨습니다. 여기에 우리의 가장 큰 실수의 하나가 있으니 — 곧 우리가 하나님보다 앞서서 달리는 것입니다. 한 선택이 우리 앞에 놓여 있다고 가정합시다. 지금은 우리가 주님을 기다리고 주님의 뜻을 찾는 시간입니다. 그러나 우리는 무엇을 합니까? 우리는 친구의 말을 듣고 환경의 압력에 굴복합니다. 하나님을 따르는 대신에 우리에게 가장 좋게 생각되는 것을 합니다. 일상생활을 어떻게 해야 할지를 결정해야 할 때에 우리는 자주 그렇게 합니다. 결혼이나 직업을 바꾸는 일이나 집이나 차를 사는 것에 대해 우리가 그렇게 할 수 있습니다. 문제들을 우리 스스로 생각하고 하나님은 제쳐 놓습니다. 그 결과 후에, 우리가 굉장한 실수를 저지른 것을 발견할 뿐입니다.

제 경험담의 한 토막을 들려 드리겠습니다. 저는 행복한 목회생활을 하고 있었는데 옮겨 와 달라는 딴 교회로부터의 청을 받았습니다. 그곳으로 옮겨 가는 것이 제일 좋게 생각되었습니다. 득실을 따져 보았으나 확실히 기도는 충분히 하지 않았습니다. 어느 날 밤 저는 기드온 식으로 하나님의 뜻을 시험하여 알아보는 기도를 하였습니다. 가지 말라는 하나님의 뜻이 분명하였으나 모든 것이 잘 되어 갈 것 같은 내심의 생각에 눌러버렸습니다. 여기에 나의 큰 과오가 있었습니다. 저는 그곳에서 행복하지 못했습니다. 한 달도 채 못 되어 잘못 왔다는 것을 깨닫게 되었던 것입니다. 하나님께서 그 곤경에서 저를 벗어나게 해 주셨지만 그 일을 회상할 때마다 제 마음에 슬픔을 가져옵니다. 하나님 보다 앞서 달리는 것은 일을 그르치는 행동입니다.

얼마 전 한 저명한 인사가 그를 비방하여 명예를 훼손시키는 어떤 사람이 있다는 것을 들었습니다. 그는 자기도 그 사람이 한 대로 보복을 해야겠다고 느꼈습니다. 그러나 그때 그가 지혜 있는 그리스도인으로부터 편지를 받았습니다. 이 사람은 그에게 이렇게 말하고 있었습니다. "그 문제를 그저 주님께 맡기십시오. 주님께 맡기시면 그분이 해결해 주실 것입니다. 선생님 스스로 그 문제를 떠맡으려 하시면 하나님께서 물러나시고 그 짐을 모두 선생님께 지워 주실지 모릅니다." 그것은 훌륭한 조언이었습니다. 주님을 기다리는 것이 문제해결의 첫걸음입니다. 예수님께서 그렇게 하셨으며 우리도 그렇게 하여야 합니다.

3. 종들

지체 없이 마리아는 "그분이 너희에게 무슨 말씀을 하시든지 그대로 하라"고 말합니다. 마리아는 예수님께서 그 난경을 해결하도록 무엇인가를 해 주실 것을 알았습니다. 마리아의 이 말은 "처녀 마리아의 복음"이라 불리어 왔습니다. 이것은 모든 그리스도인들의 좌우명이어야 합니다. 우리는 "그분이 말씀하시는 것은 무엇이든지 내가 하겠다"고 해야 합니다. '무엇이든지'의 이 말은 중요한 말이며 모든 일에 있어서의 순종을 의미합니다. 어떤 사람들은 예수님께서 말씀하시는 것을 모든 일에 있어서가 아니라 어떤 일에 있어서만 순종합니다. 그들은 구원 받는 일에 있어서는 그분의 말씀대로 해야 한다고 믿습니다. 주님께서 세례 받으라고 말씀하시는 대로 세례 받아야 한다고 믿습니다. 그러나 그들은 구제와 봉사와 성실한 교회 출석과 복음증거에 대하여 주님께서 말씀하시는 것은 행하지 않습니다. 그 종들은 아무런 질문도 하지 않았습니다. 따지지도 않았습니다. 그들은 예수님께서 말씀하시는 대로 그대로 했습니다. 모든 그리스도인에게 있어서 그래야 합니다.

여섯 개의 물 항아리가 아주 가까운 곳에 놓여 있었습니다. 유대인들은 의식상의 청결을 매우 중요시했습니다. 그래서 그들은 종교적 의식에 사용하기 위하여 많은 물을 손이 미칠 수 있는 곳에 준비해 두었습니다. 그러나 이때의 물 항아리들은 분명히 비어 있었습니다. 이것은 당시의 종교의 정확한 상태였습니다. 내용이 없는 종교였습니다. 그 안에 만족과 기쁨과 소망이 없었습니다. 그래서 예수님께서는 그 항아리들을 물로 채우라 종들에게 말씀하셨으며, 그들은 가득히 채웠습니다.

4. 해결

예수님께서 종들에게 떠다 갖다 주라고 말씀하셨습니다. 그들이 물을 항아리에서 떴을 때 놀랍게도 그것은 물이 아니라 술이었습니다. 무슨 주문을 왼다든지 요술 지팡이를 사용한다든지 하시지도 않고, 어느새 주님께서는 물을 술로 만드셨습니다. 이제 충분하고도 남게 되었습니다. 이 항아리들은 23말과 34말 사이를 담는다고 합니다. 잔치가 며칠씩 계속되는 것이 일쑤여서 많은 술이 소요되었음을 기억해야 할 것입니다. 그러나 예수님은 항상 풍족히 주시지 않습니까? 그분은 별 하나를 주신 것이 아니라 수백만 개를 주셨습니다 — 꽃 한 송이가 아니라 온 들판의 꽃을 — 단순히 한 작은 하늘을 주신 것이 아니라 기쁨과 아름다움과 영광과 행복의 영생을 우리에게 주셨습니다.

저는 이 술이 독하게 취하게 하는 독주가 아니라고 확신합니다. 온 성경을 통하여 하나님께서는 독주에 대하여 우리를 경고하고 계십니다. 그 위험을 우리에게 말씀하시고 오늘날 보는 바와 같이 수많은 사람들을 상하게 하였음을 보이십니다. 성경의 모든 가르침에 반하여 그리스도께서 행하셨을 이유가 전혀 없다고 저는 생각합니다. 음주를 해도 괜찮다는 근거를 이 이야기에 두는 사람들도 있지만, 오늘날의 독주와 당시 예수님께서 만드신 술 사이에는 크나 큰 차이가 있다고 저는 믿습니다. 그분은 사람들을 사랑하시기 때문에 그들을 해하는 어떤 것에도 인가하시는 날인을 결코 하시지 않았을 것입니다.

우리는 여기서 그리스도께서 인간을 그분의 일을 이루시기 위한 도구로서 사용하신 것을 주목하게 됩니다. 주님은 물 한 방울도 떠내지 않으셨으며 물을 항아리에 붓지도 않으셨습니다. 술을 식탁으로 옮기시지도 않았습니다. 주님께서는 아마 자기의 좌석에서 움직이시지 않았을 것입니다. 주님은 인간을 사용하셨지만 그 결과는 신적이었습니다. 주께서는 오늘날도 도구로서 인간을 사용하십니다. 주님께 우리 자신을 바치기만 하면 주께서 우리를 사용하실 것입니다. 구원 문제 자체를 예로 들어 봅시다. 겉으로 보기에는 하나님께서는 그 문제와 하등의 관련이 없는 듯 싶습니다. 사람의 눈으로 봐서는 그 모든 것은 사람이 하는 것 같습니다. 사람이 전도하고 사람이 호소합니다. 사람이 신앙고백을 받고 사람이 세례를 줍니다. 그러나 속죄의 사역을 하시는 분은 하나님이십니다. 주님은 나팔을 불지 않으시고 사람의 마음속에서 조용히 그리고 보이지 않게 일하십니다. 예, 주께서는 우리를 사용하시지만 인간의 마음속에 신적인 결과를 낳으십니다. 우리는 말씀의 물을 붓습니다. 그러나 그 물을 향긋한 술로 변하게 하시는 분은 주님이십니다.

후일에 천국에서 그리스도를 알도록 여러분이 도운 사람들을 만나게 될 것입니다. 그들이 여기 본국에서 여러분이 전도한 사람들일 수 있습니다. 여러분이 바친 헌금을 통하여 외국에서 그리스도께 인도된 사람들일지도 모릅니다. 그들을 천국으로 이끄신 분은 하나님이시라는 것을 여러분이 알게 될 것입니다만 그들을 얻기 위하여 주님께서 여러분을 사용하신 것을 알고 끝없는 할렐루야로 화답하며 기뻐할 것입니다.

5. 만족

종들이 새로 된 술을 연회장에게 갖다 주는 것을 봅니다. 술이 물항아리 속에 들어있는 것만으론 충분하지 않았습니다. 그것이 식탁에 옮겨져야 했습니다. 항아리 속에 그대로 둬둘 수 있었을 것이고 그랬다면 아무의 갈증도 해갈시킬 수 없었을 것입니다. 그 술을 목마른 사람들에게 갖다 주어야 했습니다. 복음에 있어서도 그와 같습니다. 우리가 복음을 갖고 있는 것만으로 충분하지 않습니다. 그리스도께서 죽으셨다가 다시 살아나셨으며 주님께 나아오는 모든 사람들을 구원하실 수 있음을 우리가 아는 것으로 충분하지 않습니다. 세상은 영적인 갈증으로 죽어가고 있는 사람들로 가득 차 있습니다. 복음을 그들에게 옮겨다 주는 것이 우리의 의무입니다. 예수님께서 "아버지께서 나를 보내심 같이 나도 너희를 보낸다"고 말씀하셨습니다.

　　연회장이 이 술을 맛보고서 신랑을 칭찬하며 말하였습니다. "당신은 다른 사람들과는 다르게 했군요. 마지막까지 가장 좋은 것을 두었으니 말이오." 여기서 우리는 세상과 하나님 사이의 차이를 알 수 있습니다. 세상은 지금 가장 좋은 것을 주지만 끝에 가서는 가장 나쁜 것을 줍니다. 세상을 오래 섬기면 섬길수록 그것이 더 많은 실망과 불만족을 주는 것을 발견하게 됩니다. 지금은 죄의 쾌락을 맛볼 수 있지만 끝내 죄의 삯을 받고 맙니다. 죄인이 이 세상을 사랑하고 따르면서 행복하다고 생각하지만 그 결국에 그를 기다리고 있는 것은 지옥밖엔 없습니다. 오 죄인이여, 그대가 그리스도를 거절할 바엔 지금 이 세상으로부터 얻고 있는 것을 최대로 즐기는 것이 좋을지라. 이것이 그대가 맛볼 수 있는 최대한의 것이로다!

　　그러나 하나님께 있어선 얼마나 다른가. 주님은 지금 가장 나쁜 것을 주실지 모르나 나중에 가장 좋은 것을 주십니다. 지금은 여러분이 십자가를 지나 다음에 면류관을 쓸 것입니다. 지금은 선한 싸움을 인내하나 다음에 영광을 얻을 것입니다. 지금은 여러분이 고난과 슬픔과 고통에 처하나 영광과 기쁨과 할렐루야가 기다리고 있습니다. 지금 괴로움을 당하고 있습니까? 어느 날 하나님께서 하늘의 천사들에게 명하여 세상이 줄 수 없는 기쁨을 여러분 앞에 진설토록 하실 것입니다. 하나님의 자녀로서 당신의 길 위에 주님의 정하신 때에 모든 좋은 것이 다가올 것입니다.

　　이 기적이 제자들에게는 어떤 결과를 끼쳤습니까? 예수님이 "그 영광을 나타내시매 제자들이 그를 믿으니라" 한 성경의 기록을 읽습니다. 이것은 30년만의 이 첫 기적으로 주께서 자기의 신성을 가린 베일을 벗기시고 자기의 전능한 능력이 어떤 것을 보이셨음을 뜻합니다. 이것으로 제자들이 주님을 더욱 더 믿게 되었습니다. 그들이 전에도 믿었지만 지금 그들의 믿음이 이전보다 더 확고하게 되었습니다. 그들은 예수님이 단순한 사람 이상이시라는 것을 알았습니다. 오늘날 우리도 우리의 주위에서 그리스도께서 일하고 계신 것을 깨닫게 됩니다. 그리고 또 주님께서 우리를 도우셨던 지난날들을 기억해 냅니다. 분명히 우리는 "지금 나는 이전보다 더욱 더 확실히 믿습니다"라고 말하지 않을 수 없습니다.

　　이 기적에서 이용된 물질이 포도주였음을 생각해 봅니다. 포도주는 그리스도의 흘리신 피의 상징입니다. 주님께서 우리를 위하여 갈보리에서 그 피를 흘리셨습니다. 우리는 "하나님의 아들 예수 그리스도의 피가 우리를 모든 죄에서 깨끗하게 하는 것"을 알고 있습니다. 당신은 그 피 아래로 나오셨습니까? 당신의 모든 죄가 가리어졌습니까? 주님께서 당신의 구주가 되셨습니까? 그리스도께서는 오늘도 당신의 인생의 흙탕물을 극상의 감미로운 포도주로 변하게 하시기를 고대하시고 계십니다.

　　최근의 총선거 기간 동안 많은 사람들이 "나는 책에 기록되어 있다"라는 말이 새겨진 작은 단추들을 달고 다녔습니다. 이것은 그들의 이름이 선거인단의 책에 등재되어 있다는 뜻이었습니다. 저는 다른 하나의 책에 대하여 말씀드리겠습니다. 그것은 『어린양의 생명책』이라고 불리어집니다. 당신의 이름은 거기에 기록되어 있습니까? 그렇지 않다면, 결국에 가서 당신은 불못에 던지어질 것이라고 성경이 말하고 있습니다. 당신의 이름이 『어린양의 책』에 올라가 있으면 하나님께서 당신을 위하여 좋은 모든 것을 준비해 두시고 계십니다. 지금 주님을 의뢰하십시오. 그러면 당신의 인생이 점점 더 행복해 질 것입니다. 그리고 이 세상 너머 하나님의 완전한 영원 세계에서 그 즐거움은 최고 절정에 다다르게 될 것입니다.

제
7
장
—

하나님의 강건하신 아들

"¹³ 유대인의 유월절이 가까운지라 예수께서 예루살렘으로 올라가셨더니 ¹⁴ 성전 안에서 소와 양과 비둘기 파는 사람들과 돈 바꾸는 사람들이 앉아 있는 것을 보시고 ¹⁵ 노끈으로 채찍을 만드사 양이나 소를 다 성전에서 내쫓으시고 돈 바꾸는 사람들의 돈을 쏟으시며 상을 엎으시고 ¹⁶ 비둘기 파는 사람들에게 이르시되 이것을 여기서 가져가라 내 아버지의 집으로 장사하는 집을 만들지 말라 하시니 ¹⁷ 제자들이 성경 말씀에 주의 전을 사모하는 열심이 나를 삼키리라 한 것을 기억하더라 ¹⁸ 이에 유대인들이 대답하여 예수께 말하기를 네가 이런 일을 행하니 무슨 표적을 우리에게 보이겠느냐 ¹⁹ 예수께서 대답하여 이르시되 너희가 이 성전을 헐라 내가 사흘 동안에 일으키리라 ²⁰ 유대인들이 이르되 이 성전은 사십육 년 동안에 지었거늘 네가 삼 일 동안에 일으키겠느냐 하더라 ²¹그러나 예수는 성전된 자기 육체를 가리켜 말씀하신 것이라 ²²죽은 자 가운데서 살아나신 후에야 제자들이 이 말씀하신 것을 기억하고 성경과 예수께서 하신 말씀을 믿었더라 ²³ 유월절에 예수께서 예루살렘에 계시니 많은 사람이 그의 행하시는 표적을 보고 그의 이름을 믿었으나 ²⁴ 예수는 그의 몸을 그들에게 의탁하지 아니하셨으니 이는 친히 모든 사람을 아심이요 ²⁵ 또 사람에 대하여 누구의 증언도 받으실 필요가 없었으니 이는 그가 친히 사람의 속에 있는 것을 아셨음이니라."— 요 2:13-25

여러분이 만일 예수 그리스도께서 어떤 옛 예술가들이 묘사한 것처럼 연약하고 여자 같이 가냘픈 인물이셨다 생각한다면 크게 잘못 알고 있는 것입니다. 그분은 원기 왕성하고 붉은 혈색의 건강미를 지닌 분이셨습니다. 주님은 사람을 허물어뜨리는 것 곧 죄 없이 태어나셨습니다. 청결하고 건전한 삶을 사셨습니다. 그 생활에는 육체를 허약하게 할 방탕이 없었습니다. 그분은 성품에 있어 여자처럼 부드러우셨을지라도 가장 남성다운 분이셨습니다. 시인이 갈라하드 경(Sir Galahad)에 대하여 "그의 마음이 순수했기 때문에 그의 힘이 열 사람의 힘만하였다"고 말한 것처럼 주님께 대하여 그렇게 말할 수 있을 것입니다.

오늘의 성경공부에서 우리는 주님의 힘과 용기와 용맹에 대한 충분한 증거를 보게 됩니다. 주님께서 맨손으로 일단의 사악한 사람들을 성전에서 쫓아내시는 것을 보는 것입니다. 그들이 주님의 타는 듯한 눈을 들여다보고 주님의 의분에 의한 열화와 같은 분노를 감지했을 때 아무도 감히 항거하거나 대들지 못했습니다.

예수님은 가장 조용한 영혼을 지니셨습니다. 왕들 앞에서도 조금의 동요 없이 서실 수 있었습니다. 주님은 가장 쓰라린 모욕들을 말씀 한마디 없이 참으실 수 있었습니다. 그러나 주님께서 아버지의 집과 아버지의 명예를 수호하실 때가 이르렀을 때에는 그 고요하시던 성품을 제치고 분을 발하셨습니다. 어떤 것에 대해서도 화를 내지 않는 사람은 아무것도 위하는 것이 없는 사람입니다. 그는 소극적 인물입니다. 그러나 예수님께서 어느 입장에 서 계셨는지 여러분은 항상 분명히 알 수 있을 것입니다. "당신이 확실하게 무엇을 알고 있습니까?"라는 질문을 끊임없이 하는 어떤 사람이 있었습니다. 그의 한 친구가 이 질문에 싫증이 나서 "내가 확실히 알고 있는 것이 하나 있다. 뱀은 통나무 위에 두 다리를 벌리고 앉을 수 없는 것 말야"하고 대답해 버렸습니다. 저는 통나무 위에 걸터앉을 수 있는 두 다리 달린 어떤 뱀들을 알고 있습니다만, 예수님은 생애에서 경계선에 걸터앉아 기회를 엿보신 일은 한 번도 없었습니다. 주님은 완전한 것을 위해 싸우셨으며 자기의 확신들을 표현하시는 데도 주저함이 결코 없으셨습니다.

오늘은 다음의 네 가지로 교훈들을 살펴보고자 합니다.

1. 돈에 미친 사람들
2. 능하신 주
3. 경이로운 메시지
4. 쫓겨난 무리

1. 돈에 미친 사람들
"유대인의 유월절이 가까운지라"라고 기록되어 있습니다. 전에는 이 절기가

"주의 유월절"로 알려져 왔었습니다. 그러나 이 종교 지도자들이 하나님의 대의식 중의 하나를 가로채 자신들의 목적과 이익에 알맞도록 만들었습니다. 이것은 그 당시의 종교가 타락해 있었음을 보여 줍니다. 그 절기는 그 의미를 잃고 있었습니다. 유대인들이 그 의식을 따르나 그들의 마음이 그 안에 있지 않았습니다. 그와 같이 오늘날 우리들도 교회에 나와 종교적 형식들을 이행해 가면서도 마음은 하나님으로부터 멀리 떨어져 있을 수 있습니다. "경건의 모양"은 있으나 그 능력은 하나도 없을 수 있습니다. 이사야서 1장에서 하나님께서는 이스라엘에게 그들이 죄로 가득 차 있으며 등을 하나님께 돌리고 마음이 그분으로부터 멀리 떠나 있음을 말씀하시고 있습니다. 그들은 여전히 제사를 드립니다만 하나님은 말씀하십니다. "내가 너희의 모든 제물에 진저리를 낸다. 너희의 마음을 보니 죄가 가득하다. 너희의 종교적 행사들을 내가 가증히 여긴다." 이와 같이 오늘날도 우리의 생활이 깨끗하며 우리의 마음을 온전히 기울인 것이 아니라면, 우리의 찬송과 기도와 봉사와 전도에서 하나님께서 아무런 기쁨도 취하시지 않습니다.

유월절의 기원을 돌이켜 봅시다. 하나님의 백성이 애굽에서 노예의 질곡에 고생할 때에 하나님께서 그들을 끌어내시기로 작정하셨습니다. 그들에게 이렇게 말씀하셨습니다. "흠이 없는 어린양을 취하여 죽이고 그 피를 대야에 받아, 우슬초로 문 좌우 설주와 인방에 그 피를 바르라 오늘밤 내가 애굽을 심판할 때에 너희 집의 그 피를 보면 그대로 넘어가리라." 이 큰 구원을 기념하기 위하여 이스라엘 사람들에게 해마다 유월절을 지키라고 하나님께서 말씀하셨습니다. 어린이들이 왜 그것을 지키느냐고 물으면 그 부모들은 "주께서 우리를 애굽에서 구해내신 것을 기념하여 우리가 이렇게 한다"고 일러주게 되어 있었습니다. 그러나 지금 유대인들이 하나님의 선하심과 구원해 주심을 생각하지 않고 있습니다. 그들의 축제는 하나의 형식으로 전락해 버렸습니다. 그들의 종교에서 마음 같은 것은 사라져 버렸습니다.

오늘날은 우리가 유월절을 기념하지 않습니다만 그리스도께서 우리에게 교회에서 지키도록 성찬식을 명하셨습니다. 우리가 왜 이 성찬식을 행합니까? 주님께서 "나를 기념하여 이를 행하라" 하셨기 때문입니다. 주님의 성찬의 목적은 우리로 갈보리에서 그리스도의 흘리신 피와 찢기신 몸을 기념하도록 하는 데 있습니다. 우리가 그 목적을 망각한다면, 성찬식을 단순히 하나의 의식으로 전락시킨다면, 다른 목적을 위하여 성찬식을 지킨다면, 우리는 그 의미와 축복을 상실하게 될 것입니다.

그런데 예수님께서 성전에 오셨을 때에 무엇을 발견하셨습니까? 일단의 돈에 환장한 사람들에 의해 성전이 더럽혀지고 있는 것을 목격하셨습니다. 어떤 사람들은 소와 양과 비둘기를 팔고 있었고 어떤 사람들은 로마 화폐를 성전의 돈으로 바꾸는 책상들 사이를 분주히 뛰어다니고 있었습니다. 우리는 여기에서 이 사람들이 필요에 의해서 돈을 바꾼 것을 유의하게 됩니다. 사람들이 전국 각처에서 예루살렘으로 오고 있었습니다. 예배할 곳, 곧 성전이 하나밖에 없었습니다. 그들은 제물로 사용할 소와 양과 비둘기가 필요했습니다. 틀림없이 많은 사람들이 로마 화폐를 갖고 있었을 것입니다. 그러나 황제의 화상이 들어 있는 화폐는 성전에서 사용될 수 없었습니다. 그래서 그들은 로마 화폐를 바꾸어야 했습니다. 이 유대인들은 자기들이 파는 동물들과 교환해 주는 돈에서 상당한 수익을 얻고 있었음에 틀림없습니다. 이런 일은 오늘날도 행해집니다. 어떤 사람이 교회에서 나와 길 건너 약방으로 들어갔습니다. 약사에게 10센트 짜리 동전을 바꾸어 달라고 했습니다. 그 약사는 그에게 5센트 2개를 내주면서 "설교를 재미있게 듣기 바랍니다"라고 따끔하게 말했습니다.

유월절에 한 가지 예비해야 할 사항은 모든 누룩을 집에서 제하는 것이었습니다. 식구들은 각기 집안을 샅샅이 더럽힐 만한 모든 것을 없애야 했습니다. 그런데 성전이 의식상의 청결의 중심이었습니다. 성전은 하나님의 전이었습니다. 이스라엘 사람들은 이 사실을 자랑스럽게 여겼습니다. 그들 가운데 거한다고 다른 신에 대하여 아무도 말할 수 없었습니다. 그런데 예수님께서는 그곳에서 무엇을 목격하셨습니까? 파는 물건들을 놓고 와자지껄하게 떠들어 대는 소리들을 발견하셨습니다. 탁자 위에 돈을 쏟으며 야단들인 소란을 보셨습니다. 당연히 예수님은 즉각적으로 분개가 치밀어 왔습니다.

우리는 여기서 공허한 종교는 공공연한 죄악으로 치닫는 사실을 살피게 됩니다. 이 사람들의 종교는 단순히 하나의 형식으로 변화되었습니다. 그 안에 마음이 없었습니다. 그들은 그 안에서 하나님과의 접촉을 느끼지 못했습니다. 그러더니 이제 그들은 더 발전해 갔습니다. 거룩하신 하나님의 성전을 더럽히는 것이었습니다. 삶을 변화시키지 않는 종교는 예수 그리스도의 참된 종교가 아닙니다. 주님께서 심령 속에 들어오시면 그분이 악한 것에 대한 혐오를 일으키실 뿐 아니라 하나님의 모든 일들을 존숭하는 심정을 주십니다. 아름다운 우리 교회당의 현관홀에서 햄버거와 청량음료를 판다 하면 우리 교회의 어떤 교인들은 기겁을 하듯 반대할 것입니다. 그러나 다른 어떤 사람들은 그들에게 양해를 구하고 그로 인해 어떤 이익을 얻도록 해 준다면 그렇게 하는 것을 좋아할 것입니다. 하나님의 음성에 귀를 기울이는 사람들이 있습니다. 반면에 오로지 만능이라는 돈의 소리만을 경청하는 사람들이 있습니다.

여러 번 들어본 것은 더 잘 들립니다. 두 사람이 뉴욕 시의 브로드웨이 거리를 걷고 있었습니다. 수천의 인파가 혼잡하게 오르내리고 있었습니다. 이 두 사람 중의 하나가 모든 생물을 사랑하는 사람, 박물학자였습니다. "잠깐만, 귀뚜라미 소리가 들린다"라고 그가 자기 동료에게 말했습니다. 그 동료는 "난 들리지 않는데"라고 말했습니다. 그러자 박물학자는 화초 가꾸는 집의 문쪽으로 뚜벅뚜벅 걸어가더니 거기 숲에서 한 귀뚜라미를 찾아냈습니다. "자, 이 소리를 사람들이 듣는가 보자"라고 그가 시끄러운 군중 가운데서 한 동전을 떨어뜨렸습니다. 적어도 50명이 몸을 들어 뒤돌아봤습니다. 우리는 세상의 소리나 하나님의 음성에 귀를 기울이는 훈련을 할 수 있습니다. 저는 그의 아내가 우리 교회의 교인이었던 어떤 한 사람을 생각하고 있습니다. 그는 그리스도인이 아니었습니다. 술장사를 하여 큰돈을 벌었습니다. 저는 그에게 하나님과의 관계를 이야기하여 권면했습니다. 그는 그리스도인이 되고 싶었지만 천국에 가기 위하여 자기의 돈을 포기하고 싶지는 않았습니다. 오늘날 많은 사람들이 물질적 부요에 대한 사랑이 자기들을 지옥으로 끌고 가도록 내버려 둡니다.

그래서 우리는 맨 먼저 돈을 벌기 위하여는 하나님의 성전마저도 더럽히는 돈에 환장한 이 사람들을 살펴보았습니다.

2. 능하신 주

예수님께서는 성전이 더럽혀지고 있는 것을 보시고 어떻게 하셨습니까? 즉시 주님은 끈으로 채찍을 만드셨습니다. 아마 소를 매는 데 사용된 끈이었을 것입니다. 그러고서 그 부산을 떠는 군중에게로 달려가서는 사람들과 양과 소를 성전에서 몰아내셨습니다. 주님은 상을 엎으시고 돈을 바닥에 쏟으셨습니다. 비둘기를 파는 사람들에게 그것들을 갖고 성전 밖으로 나가라고 명하셨습니다. 그리스도 외에 누가 감히 이런 일을 하였겠습니까? 주님은 사람들이 돈을 사랑하는 것을 아셨습니다. 소와 양을 파는 사람들이 완강한 자들임을 아셨습니다. 환전장이들의 탐심이 대단한 걸 아셨습니다. 그러나 주님은 두려워하시지 않았습니다. 주님은 각 사람의 마음속에 두려움을 던지셨으며 곧 온 무리는 성전에서 도망치듯 쫓겨났습니다. 하나님의 공포가 그들 위에 떨어졌습니다.

여기서 우리는 그리스도의 성품의 다른 면을 봅니다. 우리는 주님께서 온화하시고 동정이 많으시다고 생각하는데, 과연 그러하십니다. "수고하고 무거운 짐 진 자들아 다 내게로 오라 내가 너희를 쉬게 하리라"고 말씀하시고 계십니다. 그러나 주님은 은혜롭기만 하신 게 아닙니다. 또한 의로우십니다. 자비하시면서도 또한 거룩하십니다. 주님은 자기에게 나아오는 모든 사람을 받아주십니다만 그분을 짓밟고 하나님께 등을 돌리는 자들에게는 진노를 발하십니다. 주님은 의를 상 주실 뿐 아니라 죄를 벌하십니다. 조나단 에드워즈(Jonathan Edwards)는 "노하신 하나님의 손 안에 든 죄인"이라는 제목 하에 그의 유명한 설교를 하였습니다. 이것은 그리 유쾌한 생각이 못됩니다만 그리스도를 거절하는 모든 자들의 운명을 바로 말해 주고 있습니다.

예수님께서 "내 아버지의 집을 장사하는 집으로 만들지 말라!"고 외치십니다. 이것은 그리스도께서 하나님의 아들이심을 드러내 보입니다. 어느 선지자나 제사장인들 하나님을 감히 자기 아버지라 부르지 못했으며 아무도 성전을 자기 아버지의 집이라 말한 적이 없었습니다.

오늘날 하나님의 집을 장사하는 집으로 만드는 교회들이 있습니다. 그리 오래지 않은 어느 여름밤 저는 모든 창문들이 열려져 있는 한 교회 앞을 지나가게 되었습니다. 남녀들이 예배당 안의 책상에 둘러앉아서 빙고 놀이를 하고 있었습니다. 이것은 그들의 교회활동의 재정을 충당하는 방법이었습니다. 그들은 아버지의 집을 장사하는 집으로 만들고 있었습니다.

어떤 사람이 현대교회의 세 가지 특징을 지적한 바 있습니다. 첫째, 교회가 영혼구원에서 사회봉사로 전향하고 있다는 것입니다. 많은 교회들이 세상의 사회적 불편을 해결하려고 노력하고 있습니다. 사람들을 그리스도께로 인도하려고 애쓰는 대신에 인간의 육체적 생활의 이익을 추구하고 있는 것입니다. 둘째, 교회들이 기도에서 먹는 것으로 방향을 틀고 있습니다. 어떤 교회들에 있어서 기도집회 같은 건 무시되고 교회 식당이 인기가 높습니다. 셋째, 많은 교회들이 십일조에서 테이블로 옮겨가고 있습니다. 하나님께서는 그분의 사역을 수행해

가기 위하여 우리들이 십일조를 바쳐야 함을 가르치고 계십니다. 그러나 많은 교회들이 그들의 경비를 매매와 회식을 통하여 마련합니다. 우리는 모든 교회가 이 세 가지 풍조 속에 다는 휩쓸리고 있지 않음을 감사합니다. 오늘날도 많은 교역자들이 헌금에 대한 성경의 교훈을 가르치고 있습니다. 전 교인들이 십일조 바치기를 시작할 때에는 모든 교회들과 세계선교계획에 새 날이 터올 것입니다.

예수님께서 여기 거센 의로운 분노에서 행동하고 계실지라도 분별을 잃지 않고 계십니다. 이사야 52장 13절을 들어보십시오. "보라 내 종이 지혜롭게 행하리니"(형통하리니 — 개역개정). 이 경우에 주님은 신중하게 행동하셨습니다. 주님께서 양과 소들을 몰아내셨습니다. 소유자들이 그것들 중 하나라도 잃어버릴 위험은 없었습니다. 그러나 우리는 주님이 비둘기 소유자들에게 그것들을 가지고 나가라고 명하신 것을 봅니다. 비둘기 상자가 엎어져 풀려났더라면 멀리 날아 가버려 소유자들이 그것들을 잃어버렸을 것입니다. 주님께서 돈을 바닥에 팽개치셨으나 그 주인들이 주어 모을 수 있었습니다. 이와 같이 우리는 예수님께서 지혜를 열정과 결합시키신 것을 깨닫습니다. 어떤 사람들은 열정이 끓어오른 나머지 그들의 주장하는 바를 위해서는 교회의 친교를 깨뜨리는 것도 사양하지 않습니다. 열정을 지니십시다. 그러나 동시에 사리를 분별할 시간을 갖고 우리의 결정에 지혜롭게 행합시다.

오늘날 예수님께서 교회들에 찾아오신다고 가정해 보십시오. 다시 채찍을 드시고 거기서 발견되는 사악한 것들을 내쫓지 않으실까 생각해 봅니다. 확실히, 주님은 성경이 성령으로 영감된 하나님의 말씀인 것을 믿지 않는 그 지도자들을 가차 없이 몰아내실 것입니다. 복음을 등한시하는 사람들과 하나님의 전 계획을 선포하여 가르치지 않는 자들을 몰아내실 것입니다. 자기 자신들의 영광을 전하고 가르치며 노래하는 자들을 몰아내실 것입니다. 한 주간 내내 사탄을 위하여 살면서 주일에 예배의 거룩한 곳에 서 있는 사람들을 주님께서 내쫓으실 것입니다. 보이지 않는 하나님을 사랑한다고 고백하면서도 보이는 사람들을 사랑하지 않는, 그들의 영이 잘못된 자들을 내쫓으실 것입니다. 물론, 예수님께서 우리의 현대 교회들에 오신다면 대부분의 교회에서 말도 못하게 바쁘실 것이라 생각됩니다. 주님께서 우리의 교회들에 육체적으로는 안 오실지 모르겠으나, 그 분의 영께서 오늘 우리 각 사람을 쓸어 모든 불의에서 우리를 깨끗하게 소제해 주셨으면! 그리스도는 하나님과 선을 위하여 큰 능력을 발휘하도록 교회를 세상에 세우셨습니다. 만일 교회가 그렇지 못하다면 그것은 여러분과 제가 마땅히 되어야 할 사람들이 되어 있지 않기 때문일 것입니다. 여러분과 제가 교회를 약하게도 하고 강하게도 합니다.

17절에서 우리는 제자들이 "주의 집을 위하는 열성이 나를 삼키리라"한 시편 69장 9절의 말씀을 기억하고 있는 것을 발견합니다. 예수님은 하나님의 전과 하나님의 일에 뜨거우셨습니다. 주님은 늘 "내가 아버지의 일을 하여야 하리라"고 말씀하셨습니다. 이것은 우리 각 사람의 표어가 되어야 합니다. 우리는 물론 다른 관심을 갖고 있습니다. 생계를 꾸려가야 하고 가족들을 책임져야 합니다. 장래의 안전도 준비해야 합니다. 그러나 하나님의 교회와 하나님의 일이 우리의 마음과 생활에서 항상 최대사가 되면 이 모든 것들은 우리에게 더하여질 것입니다.

오늘날 하나님의 나라는 열정의 사람들을 필요로 합니다. 이교국의 사람들이 우리의 대외선교회에 "뜨거운 마음을 소유한 선교사들을 우리들에게 보내 달라"고 말합니다. 드와이트 무디 선생은 이렇게 말했습니다. "큰 열정과 적은 지식을 소유한 사람과 많은 지식과 작은 열정을 지닌 두 사람 중에서 하나를 선택해야 한다면 나는 언제나 '열정의 사람을 나에게 달라'고 말하겠다."

3. 경이로운 메시지

예수님께서 이 사람들을 내쫓으실 때에 유대 지도자들이 놀라면서 옆에 서 있었습니다. 그들은 자기들이 인가해 준 그 매매행위가 부정한 것임을 잘 알고 있었습니다. 그들은 변명할 여지가 없었습니다. 사람들은 자기 자신들을 방어할 방법이 없으면 자기들을 고발하는 사람들에게 달려들기 일쑤입니다. 이와 같이 이 사람들도 그리스도에게 공격하기 시작했습니다. 그들은 몇 분 동안 자신들을 진정시키더니 이윽고 주님께 입을 열었습니다. "네가 이런 일을 행하니 무슨 표적을 우리에게 보이겠느뇨?" 이것은 그들이 영적으로 완전히 맹인인 것을 내보였습니다. 그들의 구약 예언들이 그들의 눈앞에서 이루어지고 있었는데도 그들은 그 모든 것에 깜깜이었습니다. "우리가 오실 메시아에 대하여 성경을 읽어왔는데 확실히 이분이 그분이시다"라고 말하는 사람이 그들 가운데 하나도 없었습니다. 아닙니다. "그가 자기 땅에 오매 자기 백성이 영접하지 아니하였다"고 성경이 기록하고 있습니다. 그들의 한 짓처럼 하나님의 전을 더럽힐 만큼 그렇게 사악한 사람들은 영적인 것에는 완전히 맹인일 수밖에 없습니다.

"이 성전을 헐라 내가 사흘 동안에 일으키리라"고 예수님께서 대답하십니다. 그들이 그분을 이해했습니까? 아닙니다. 그들은 비웃었습니다. "이 성전은 사십육 년 동안에 지었거늘 네가 삼일 동안에 일으키겠느냐"고 말했습니다. 그들은 주님께서 말씀하시는 바를 이해하지 못했으며 또 주님의 제자들도 그러하지 못했습니다. 제자들이 주님의 뜻하시는 바를 깨달을 수 있었던 것은 몇 년 후였습니다. 오랜 세월이 지나서 요한은 이렇게 기록했습니다. "예수는 성전된 자기 육체를 가리켜 말씀하신 것이라 죽은 자 가운데서 살아나신 후에야 제자들이 이 말씀하신 것을 기억하고 성경과 예수께서 하신 말씀을 믿었더라." 예수님께서는 이렇게 말씀하시고 계신 것이었습니다. "이것은 나의 권위이다. 이것이 내가 하나님으로부터 내려온 증거다. 나를 죽이라. 그리고 내가 다시 살아날 때에, 아무도 그러한 사람이 없기 때문에, 내가 육신이 된 하나님임을 너희가 알리라." 예수님은 자기의 완전한 생활이나 큰 기적들이나 비교할 수 없는 설교로서 자신의 신성을 입증하시지 않았습니다. 부활로서 그것을 증명하셨습니다. 주님은 자기가 하신 모든 말씀과 표명하신 모든 주장이 참되고 유효하다는 것을 입증하셨습니다.

요한이 말하고 있습니다. "우리는 주님이 그때 말씀하시는 의미를 이해하지 못하였습니다. 그러나 주님께서 무덤에서 일어나셨을 때에, 주님을 우리가 얼굴을 맞대고 만났을 때에 비로소 우리가 기억하고 우리의 믿음이 그 전보다 더 강해졌습니다." 우리가 성경의 모든 것을 이해하지 못할 수도 있습니다만 살아나신 속죄주를 구원의 생생한 체험에서 대면하게 되면 그분이 하나님의 아들이심을 알게 되고 오직 그분만이 우리를 구원하시어 천국의 본향으로 인도하실 능력을 소유하신 것을 깨닫게 됩니다. 당신은 오늘 이렇게 말할 수 있습니까? "나는 그분이 나를 위하여 죽으신 것을 안다. 그분이 무덤에서 일어나신 것을 안다. 그분이 하나님의 아들이시며 나의 개인적 구주이심을 내가 안다." 당신이 그렇게 말할 수 있다면 당신은 최고의 지식을 얻은 것이며 당신의 기쁨은 온 세상에서 가장 큰 것입니다.

4. 쫓겨난 무리

유월절 기간에 많은 사람들이 예수님의 이름을 믿게 된 것을 우리가 성경에서 읽을 수 있습니다. 그들은 주님의 기적들을 보았기 때문에 믿었습니다. 주님께서 돈에 미친 사람들을 성전에서 쫓아내신 것을 그들이 보았으며 또 다른 이적들을 행하시는 것도 분명히 보았습니다. 아마 그들이 주님께서 맹인의 눈을 뜨게 하시는 걸 보았을 것입니다. 절뚝발이를 걷게 하시는 것도 보았을 것입니다. 나병환자를 깨끗이 낫게 하시는 것도 그들이 보았을 것입니다. 예수님께서 하신 모든 큰 일들이 복음서에 다 언급되어 있지는 않습니다. "보는 것이 믿는 것이다"라는 말을 우리가 합니다. 우리는 하나님의 영광을 보아왔습니다. 주님께서 다른 사람들의 생애를 변화시키신 것을 보아왔으며 다른 사람들 속에서 기적을 행하시는 것을 보아왔습니다. 그런데 당신은 주님을 믿고 있습니까?

다음으로 우리는 예수님께서 "그의 몸을 그들에게 의탁하지 아니하셨으니"라는 성경을 읽습니다. 주님은 사람이란 신뢰할 수 없는 존재들이라고 느끼셨을까요? 하나님은 에덴 동산에서의 사람을 신뢰하셨는데 사람은 그분을 저버렸습니다. 그 후 내내 인간은 주님을 실망시켜왔습니다. 우리는 타락하고 죄인된 피조자들인 것을 인정해야 합니다. 하나님의 신뢰를 받을 자격이 우리에게 없습니다. 그러나 바로 거기에 은혜가 들어설 수 있는 자리가 있습니다. 우리는 하나님께서 우리에게 주실 수 있는 모든 도움을 필요로 하고 있습니다. 그러나 우리가 그것을 받을 자격이 있는 것은 아닙니다. 그런데도 주님께서는 은혜로 우리를 구원하시고 매일 축복해 주십니다.

로버트 리(Robert E. Lee)는 아주 친한 한 친구가 있었다는데 그가 바로 하나님이셨습니다. 사실은 그분은 우리에게도 가장 좋은 친구가 되십니다. 우리에겐 그분의 친구가 될 자격이 조금도 없습니다만 사랑으로 자신을 주십니다.

요한복음 3장의 마지막 구절은 아무도 예수님께 사람 속에 무엇이 들어 있는지를 말할 필요가 전혀 없었음을 우리에게 지적해 주고 있습니다. 아, 주님은 우리들에 대하여 모든 것을 아십니다. 주님은 완전한 지식을 가지셨습니다. 우리 마음속에 죄악이 있으면 다른 사람들은 그것을 모를지 모르나 주님은 그것을 아십니다. 우리의 가슴속에 슬픔이 있으면 주님께서는 아시고 돌보십니다. 인생의 짐이 무거워 내리누를 때 주님은 아시고 우리가 주님께 의탁하기를 바라십니다. 우리들에 대하여 모든 것을 아시는 구주로 말미암아 우리가 하나님께 감사할 수 있습니다. "그의 마음을 감찰하시느니라."

돈에 미친 사람들이 성전에서 쫓아내신 이 능력 있으신 그리스도는 지금도 그 능력 있는 팔로 우리를 도우십니다. 우리가 주님께 부르짖기만 하면 말입니다. 웨더헤드(Weatherhead) 박사는 영국의 어느 교회의 목사였습니다. 그가 말하기를 짐이라는 한 청년이 매일 교회에 와서 5분씩 조용히 앉았다가 가곤 했다합니다. 어느 날 그 목사가 그에게 왜 그렇게 하느냐고 물으니 짐이 대답했습니다. "세상은 나를 지치게 만듭니다. 그래서 교회에 앉아서 '예수님, 짐이 왔습니다. 저는 오늘도 주님의 도움이 필요합니다'라고 말씀드립니다. 그러면 주님께서는 언제나 주님의 힘을 저에게 부어주십니다." 어느 날 목사가 병원으로 불리어졌습니다. 짐이 죽어가고 있었습니다. 그가 병실에 들어가자 짐이 자기 목사님과만 함께 있고 싶다고 청했습니다. 그래서 다른 사람들이 밖으로 나갔을 때에 짐이 이렇게 말했습니다. "목사님, 그들이 저를 병원으로 운반해 올 때에 제가 의식이 없는 줄 생각하고 제가 죽어가고 있다고 그들이 말하는 것을 들었습니다. 그들이 몇 분 동안 저 혼자 남겨두었습니다. 그때 문이 열리는 것을 들었습니다. 제가 눈을 떠보았으나 아무도 없었습니다. 그때 어떤 손이 저의 어깨 위에 놓이는 것을 제가 느꼈으며 한 음성이 '짐아, 나는 예수이다. 너를 본향으로 데리고 가기 위하여 왔다. 짐아, 두려워 말라. 내가 너와 함께 어두운 계곡을 지나가겠다'라고 말씀하시는 것을 들었습니다. 목사님, 저는 무섭지 않습니다. 예수님과 함께 본향에 갈 준비가 되어 있으니까요."

오, 친구들이여, 우리도 "예수님, 짐이 혹은 존이 혹은 메리가 왔습니다. 주님의 도움이 필요합니다"라고 말씀드립시다. 주님께서는 우리에게 필요한 도움을 주실 것이요 인생의 여로가 끝나는 날 이렇게 말씀하실 것입니다. "나는 예수이다 너를 본향으로 데려가기 위하여 왔다. 두려워 말라. 내가 길을 아니 너를 안전하게 인도하겠다."

제
8
장

—

인간에게 가장 필요한 것

—

"¹그런데 바리새인 중에 니고데모라 하는 사람이 있으니 유대인의 지도자라 ²그가 밤에 예수께 와서 이르되 랍비여 우리가 당신은 하나님께로부터 오신 선생인 줄 아나이다 하나님이 함께 하시지 아니하시면 당신이 행하시는 이 표적을 아무도 할 수 없음이니이다 ³ 예수께서 대답하여 이르시되 진실로 진실로 네게 이르노니 사람이 거듭나지 아니하면 하나님의 나라를 볼 수 없느니라 ⁴ 니고데모가 이르되 사람이 늙으면 어떻게 날 수 있사옵나이까 두 번째 모태에 들어갔다가 날 수 있사옵나이까 ⁵ 예수께서 대답하시되 진실로 진실로 네게 이르노니 사람이 물과 성령으로 나지 아니하면 하나님의 나라에 들어갈 수 없느니라 ⁶ 육으로 난 것은 육이요 영으로 난 것은 영이니 ⁷ 내가 네게 거듭나야 하겠다 하는 말을 놀랍게 여기지 말라 ⁸ 바람이 임의로 불매 네가 그 소리는 들어도 어디서 와서 어디로 가는지 알지 못하나니 성령으로 난 사람도 다 그러하니라 ⁹ 니고데모가 대답하여 이르되 어찌 그러한 일이 있을 수 있나이까 ¹⁰ 예수께서 그에게 대답하여 이르시되 너는 이스라엘의 선생으로서 이러한 것들을 알지 못하느냐 ¹¹진실로 진실로 네게 이르노니 우리는 아는 것을 말하고 본 것을 증언하노라 그러나 너희가 우리의 증언을 받지 아니하는도다 ¹²내가 땅의 일을 말하여도 너희가 믿지 아니하거든 하물며 하늘의 일을 말하면 어떻게 믿겠느냐 ¹³ 하늘에서 내려온 자 곧 인자 외에는 하늘에 올라간 자가 없느니라 ¹⁴ 모세가 광야에서 뱀을 든 것 같이 인자도 들려야 하리니 ¹⁵ 이는 그를 믿는 자마다 영생을 얻게 하려 하심이니라." — 요 3:1-15

도대체 인간에게 가장 필요한 것이 무엇일까요? 그것은 돈도 건강도 교육도 아닙니다. 늘그막의 안전도 아닙니다. 이런 것들은 현세에서만 소용되는 것으로 잠깐 후면 없어지고 맙니다. 그러나 다른 하나의 생이, 이생보다는 비교할 수 없이 더 길고 더 중요한 다른 하나의 생이 있습니다. 사람은 그 내세의 생에 대하여 무언가 준비해야 할 필요가 있습니다. 그의 자연 상태로는, 즉 그가 태어난 상태로는 그 생에 들어갈 준비가 되어 있지 않습니다. 어떤 준비가 반드시 있어야 합니다. 무언가 위대하고 신적인 것이 그의 생 속에 들어와야 합니다. 사람이 영원한 생에 준비되려면 그 전에 그 속에서 또 그를 위하여 어떤 일을 하나님께서 하셔야 합니다.

그 내세의 생은 얼마나 길까요? 어느 설교자가 이런 예화를 듭니다. 새 한 마리가 대서양에서 한 물방울을 부리에 쪼아 머금고 미국을 건너 태평양에 그 물방울을 떨어뜨린다고 생각해 봅시다. 그 새가 이런 과정을 되풀이하여 대서양의 물이 태평양으로 죄다 옮겨졌다 가정합시다. 그때에도 영원은 막 시작된 것에 불과할 것입니다. 영원이 그렇게 길다면 우리는 그것을 위하여 준비해야 합니다.

우리는 요한복음의 본 3장에서 인간에게 최고로 필요한 것에 관하여 말씀을 듣고 있습니다. 인간은 하나님, 즉 이생을 주관하시고 영생에의 문을 여시는 하나님과의 바른 관계에 들어가야 합니다. 본 장에서 예수님께서 어떤 사람에게 그가 "다시 나야 한다"고 말씀하시는 것을 우리가 듣게 됩니다. 사람은 다음에 올 세계에서의 삶을 위한 준비가 필요할 뿐 아니라 이 세상에서 최선의 삶을 살기 위한 준비도 필요합니다. 현세의 생을 살아가는 만찬의 준비를 갖추고 앞으로 올 생에 적합하게 되기 위하여 사람이 다시 태어나야 합니다. 신생(新生)은 사람에게 현재의 생을 바르게 살아갈 수 있도록 해 주는 새로운 본성을 주며 이 새로운 본성이 아니면 천국에 들어갈 수 없습니다.

요한복음 3장은 성경에서 가장 중대한 장이라고 많은 사람들이 믿고 있습니다. 분명히 그 장은 가장 낯익은 한 장일 것입니다. 요한복음 3장 16절만 빼놓고 모든 성경을 우리에게서 뺏어간다 해도 이 세상을 구원할 충분한 진리를 그 장절에서 우리가 발견할 수 있을 것입니다. 1~15절에서 세 가지 사항을 발견하게 되는데 탐구자와 구주와 구원이 그것들입니다.

1. 탐구자를 살펴봅시다.

예루살렘에 니고데모라는 한 바리새인이 살았는데 유대 의회원이었습니다. 그는 어떤 종류의 인간이었을까요? 그는 당대에 가장 훌륭한 사람들 중의 하나였습니다. 아주 종교적인 사람이었습니다. 그는 구약성서를 잘 알고 있었습니다. 율법을 지켰습니다. 모든 절기들을 준수했습니다. 그는 종교적 지식과 엄격하고 종교인 삶을 사는 데 있어서 아주 높은 수준에 이르렀기 때문에 산헤드린이라고 불리는 소수인의 선택된 집단의 일원이 되었습니다. 이 집단은 최고신분의 71명으로 구성되어 있었습니다. 산헤드린은 사실상 하나의 최고 종교 재판소였습니다. 산헤드린의 의회원이 되기 위하여는 도덕적으로 깨끗한 생활을 해야 했으며 최고의 종교법전에 따라 살아야 했습니다. 그래서 우리는 니고데모가 밑바닥으로 타락한 죄인이 아니었던 것을 알게 됩니다. 그는 배교자도 아니었습니다. 그는 말하자면 아무렇지도 않은 듯한 죄인이었습니다. 그는 인격이 훌륭했습니다. 헌신적인 사람이었습니다. 종교적인 열심을 품고 있었습니다. 그러나 그는 그 이상의 것이 필요했습니다. 그는 예수 그리스도가 필요했던 것입니다. 오늘날로 말하면 니고데모는 지역사회의 지도자로, 어느 도시도 자랑스럽게 여길 시민으로 존경을 받을 것입니다. 그런데도 그의 채워져야 할 결핍성은 예루살렘에서 가장 나쁜 사람의 그것만큼이나 심각했습니다.

오늘날도 니고데모와 같은 사람들이 많습니다. 그들은 훌륭하고 깨끗한 생활을 합니다. 시민생활에서 봉사를 잘 하고 사업에 있어 정직합니다. 그들은 교회에까지 나가며 가치 있는 일에 기부도 합니다. 그러나 솔직히 말씀드려 이것으로는 충분하지 못합니다. 천국에의 기대를 당신 자신의 선함이나 선행에다 둘 수 없습니다. 다른 어떤 사람들과 비교할 때에 이러한 도덕적인 사람들은 훨씬 앞서 있는 것은 사실이나 하나님의 표준에는 이르지 못합니다.

빌리 그래함이 뉴욕시에서 집회를 열 때에 참석한 군중에 대하여 기사를 취재했던 한 민완 기자가 이렇게 말했습니다. "첫 집회에 모인 대부분의 사람들이 근사하게 차린 사람들이지 전도자가 진짜로 개심시키러 온 천한 빈민굴 지역의 버림받은 사람들이 아니더군요." 그가 말하는 바를 여러분은 알 수 있지요? 이런 옷 잘 입은 사람들은 회개가 필요 없고 밑바닥의 부랑자들만이 회개가 필요하다는 것이었습니다. 그러나 우리가 누구이든, 세상의 신분이나 부에 있어 어떤 높이에 있든 그것은 상관없는 일입니다. 우리는 모두 예수님이 필요합니다. 우리가 다시 태어나야 한다 말입니다. 이것은 니고데모라는 이 훌륭한 사람에게 있어서도 마찬가지였습니다. 이것은 세상에서 가장 비천한 사람에게도 동일하게 해당됩니다. 그것은 우리 각 사람에게 해당됩니다.

니고데모가 밤에 예수님께 찾아왔다고 기록되어 있습니다. 그는 산헤드린에서 영향력 있는 사람이었고 예수님은 미움 받는 갈릴리의 촌사람이셨습니다. 니고데모는 사람들이 자기를 유대 율법과 그것의 모든 관련사의 통달자로 여기고 있었기 때문에 종교적 문제로 이 미천한 촌사람에게 자문을 구하는 것을 누구에게도 보이고 싶지 않았습니다. 그의 이유야 어떻든 그가 방문했던 사실로 저는 기쁘게 생각합니다. 예수님께서 중생에 대하여 니고데모에게 말씀하실 때에 가장 영적인 진리들의 얼마가 주님의 입술로부터 떨어지는 것을 우리가 들을 수 있도록 그의 방문이 기회를 제공해 주었기 때문입니다.

그가 예수님께로 와서 무어라고 말했을까요? "랍비여 우리가 당신은 하나님께로서 오신 선생인줄 아나이다. 하나님이 함께 계시지 아니하시면 당신의 행하시는 이 표적을 아무라도 할 수 없음이니이다." 그것은 니고데모가 미칠 수 있는 최대한의 것이었습니다. 그는 예수님을 하나의 위대한 선생과 선한 사람으로 인정하였습니다. 그러나 그게 전부였습니다. 그는 그분을 하나님의 거룩하신 아들로 보지 못했습니다. 오늘날도 유대인들과 다른 많은 사람들이 그리스도께 대하여 그런 식으로 생각하고 있습니다. 그들은 말합니다. "그렇다. 우리들은 너희들이 말하는 예수께 대하여 읽었다. 그는 훌륭한 사람이었다. 그는 도처에 다니면서 선을 행하고 많은 사람들을 도왔으며 큰 기적들을 행했다. 그는 진화의 가장 아름다운 꽃봉오리였다. 이제껏 가장 선한 사람들 중의 하나였다." 그러나 그것으로 충분하지 않습니다. 우리가 그분을 참으로 사실대로 알고 그분의 한 가족으로 입적될 수 있으려면 그분을 하나님의 거룩하신 아들과 긍휼하신 구주로 알아야만 합니다.

니고데모가 예수님께 오고 있는 것을 볼 때에 우리는 전 인류에 대한 하나의 그림을 보게 됩니다. 그는 밤에 찾아왔습니다. 이것은 죄인들이 죄의 어둠에 속해 있음을 우리에게 말하여 줍니다. 그는 영적 분별력이 결여되어 있었습니다. 이것은 우리에게 회심하지 않은 죄인은 하나님의 일들을 이해할 수 없음을 가르쳐 주고 있습니다. 종교적 지식을 갖고 있다 하더라도 그는 허물과 죄로 잃어져 있습니다. 그것은 오늘날도 니고데모의 시대와 꼭 마찬가지였습니다. 그 그림을 머릿속에 그려봅시다. 종교적인 지도자, 니고데모가 예수님을 만나러 어

둠으로 가리고 빠져나가고 있습니다. 그는 그분의 행하신 일로 예수님을 칭찬함
으로 말문을 엽니다. 그러나 그의 기다란 예복 밑에 그가 갖고 있는 것보다 무언
가 더 나은 것을 애틋이 갈망하는 가슴이 숨 쉬고 있었다고 저는 믿습니다. 니고
데모는 하나의 죽은 종교적 질서의 예식과 의례에 만족하지 못하고 있었음이 확
실합니다. 그가 하나님의 실존에 대한 산 경험을 갖고 싶었다고 저는 믿습니다.

2. 구주를 생각해 봅시다.

예수님은 니고데모를 어떻게 맞이하셨을까요? 아마 주님은 그날도 고된 하
루를 보내시고 피곤하셨겠지만 사절하지 않으셨습니다. 예수님은 언제라도 가
까이 할 수 있습니다. 주님은 죄인이 부를 때에 그를 구원해 주실 준비를 항상 하
고 계십니다. 주님은 자기 자녀들의 하나하나의 부르짖음에 언제나 귀를 기울이
십니다. 오늘날 우리가 어떤 사람들을 만나려고 들어가려 하면 그들이 호위들과
비서들로 둘러 싸여 있는 것을 경험하게 됩니다. 그러나 예수님은 언제나 접근
할 수 있었습니다. 우리들의 죄 외에는 우리들과 주님 사이를 세상의 어떤 것도
막아 설 수 없습니다.

예수님은 니고데모의 찬사를 지나쳐버리셨습니다. 주님은 그의 맘속 깊숙
이 꿰뚫어 보시고 거기에 배고파함과 갈망이 있는 것을 아셨습니다. 니고데모의
모든 권력과 위치와 경건이 그 자신을 만족시키지 못한 것을 아셨습니다. 주님
은 대번에 대답하셨습니다. "니고데모야, 너는 종교와 높은 위치와 권력을 갖고
있다. 그러나 네가 거듭나지 아니하면 결코 하나님 나라에 들어갈 수 없다." 우
리가 이 세상의 장관들을 구경할 수 있습니다. 창공을 찌르고 있는 장엄한 산들
도 구경할 수 있습니다. 대양이 드나들고 포효하듯 격동하는 것을 우리가 볼 수
있습니다. 바다를 향하여 유유히 나아가는 강들을 볼 수 있습니다. 강국들과 번
화한 도시들과 인파들을 볼 수 있습니다. 그러나 우리가 거듭나지 않았다면 하
나님 나라를 볼 수 없으며 거기에 들어가 즐길 수는 더더욱 없습니다. 예수님은
어떤 나라에 대하여 말씀하시고 계셨습니까? 모든 종류의 암석들과 보석들을 발
견할 수 있는 광물계가 있습니다. 그러나 하나님의 나라는 그보다 더 높습니다.
나무들과 풀들과 꽃들을 발견할 수 있는 식물계가 있습니다만 하나님의 나라는
그보다 더 위대합니다. 인간을 비롯하여 모든 살아 움직이는 것을 포함하고 있
는 동물의 나라가 있습니다만 하나님의 나라는 그보다 더 위대합니다. 마음과

정신의 왕국이 있습니다. 이 왕국은 이성과 양심과 기억과 사랑과 소망을 감싸고 있습니다만 하나님의 나라는 그보다 더 위대합니다. 어느 일정한 국토들을 가진 왕국들이 있습니다만 하나님의 왕국은 이 모든 왕국들보다 더 위대합니다. 이 모든 왕국들 위에 영적이고 영원한 왕국이 있습니다. 그 왕국에서는 하나님께서 통치하시며 모든 것들은 그분께 순복합니다. 그것은 영원히 쇠하지 않을 왕국입니다. 기쁨과 평화와 행복의 왕국입니다. 그래서 예수님께서 결과적으로 이렇게 말씀하신 것이었습니다. "니고데모야, 나는 너의 마음을 안다. 너는 하나님의 왕국에서만 발견될 수 있는 영원한 기쁨들을 갈급하고 있구나. 네가 다시 나지 아니하면 그 어느 것 하나도 결코 보지 못할 것이다."

니고데모는 전에 이와 같은 것은 아무것도 들어본 적이 없었습니다. 예수님께서 "태어나다"는 단어를 사용하실 때에 니고데모는 육체적 출생 외에는 아무것도 생각할 수 없었습니다. 그래서 그는 이렇게 말합니다. "사람이 늙으면 어떻게 날 수 있사옵나이까 두 번째 모태에 들어갔다가 날 수 있사옵나이까" 그의 모든 종교적인 배경에도 불구하고 니고데모가 영적 진리들을 이해하지 못했음을 우리가 알 수 있습니다. 그는 육체적인 것만을 이해할 수 있었는데 예수님은 영적인 것을 말씀하시고 계셨습니다. 성경은 우리에게 영적인 일들은 영적으로 분변해야 한다고 가르치고 있습니다. 우리가 구원을 받아 성령의 인도하심을 받기까지는 하나님의 일들을 결코 이해하지 못합니다. 구원받지 못한 사람에게 성령께 대하여 이야기해 보세요. 그는 여러분이 무엇에 관하여 이야기하고 있는지 깨닫지 못합니다. 그에게 성령의 인도하심을 받는 것, 하나님의 뜻을 행하는 것, 칭의, 회개, 헌신 등에 관하여 이야기해 보세요. 알아듣지 못하는 외국말로 이야기하는 거와 같을 것입니다. 그가 영적이 아니기 때문에 영적인 일들은 이해할 수 없습니다. 니고데모도 영적이지 못했습니다. 그래서 그가 이해할 수 없었던 것입니다.

그때 예수님께서, 이제껏 많은 사람들이 그릇되이 해석해온 어떤 말씀을 하셨습니다. "사람이 물과 성령으로 나지 아니하면 하나님의 나라에 들어갈 수 없느니라." 예수님께서 구원에는 세례가 꼭 필요하다고 말씀하시고 계시지 않은 것이 확실합니다. 세례는 외면적인 것이지만 회심은 내적인 마음의 일입니다. 사람이 새까만 마음을 가질 수 있습니다만 세례가 그것을 변하게 할 수 없습니다. 세례는 받고 또 받아도 그 물이 한 죄도 씻어내지 못할 것이요 그를 하늘나라에 받아들이게 하지도 못할 것입니다. 만일 세례가 구원에 필수적인 것이라면 세례 요한 전에는 아무도 구원받지 못했을 것입니다. 세례가 구약에는 언급되어 있지 않기 때문입니다. 세례가 과연 구원에 없어서는 안 될 것이라면 십자가 오른편 강도와 구원받은 다른 많은 사람들이 지금 지옥에 있어야 할 것입니다. 세례 받을 기회가 없이 죽은 그리스도인들이 많습니다. 세례가 구원의 필수사항이라면 구원을 믿음을 통하여 은혜로 말미암는다는 성경의 모든 구절들을 우리가 무시해야 합니다.

제가 지금 세례의 중요성을 깎아내리고 있습니까? 조금도 그렇지 않습니다. 저는 단지 세례가 구원에 아무 관계가 없음을 말씀드리고 있을 뿐입니다. 그러나 세례가 순종과 전적인 관계를 갖고 있습니다. 우리는 세례를 받지 않고도 그리스도인이 될 수 있습니다만 순종하는 그리스도인은 될 수 없습니다. 제가 진정으로 믿는 바로는, 어떤 사람이 구원을 받았다면, 그가 은혜의 참된 경험을 가졌다면 자기를 구원해 주신 분께 대한 순종의 표시로서 세례를 받기 원할 것입니다. 어느 누가 그리스도와 함께 모든 행로를, 구원에서부터 순종과 유용하고 헌신하는 그리스도인의 생활까지의 모든 과정을 꺼려 걸어가지 않는다면 그의 구원을 의심해 볼 수 있습니다.

그러면 예수님께서 '물로' 난다고 말씀하신 것은 무슨 뜻이었을까요? 두 가지의 의미가 가능합니다. 첫째로 주님께서 육체적 출생에 대하여 말씀하셨는지 모릅니다. 니고데모가 그런 출생을 말했기 때문에 예수님께서 이렇게 말씀하셨는지 모릅니다. "니고데모야, 육적 출생만으로는 충분하지 않다. 네가 하나님 나라에 들어가기 전에 물로 태어나야 다시 말하면 육체적으로 태어나야 하지만 또 역시 성령으로 태어나야 한다." 다음의 성구에 우리의 두 가지 성질이 대조되어 있습니다. "육으로 난 것은 육이요 영으로 난 것은 영이니." 그러므로 예수님께서 '물'에 대하여 말씀하실 때에 육체적 출생을 말씀하시고 계셨는지 모릅니다. 주님은 이렇게 말씀하시고 계셨는지 모릅니다. "천국에 들어가려면 두 개의 출생이 필요하다. 육체적 출생은 육적 생명을 가져오고 영적 출생은 영적 생명을 가져온다."

그러나 많은 학자들이 제시한 다른 하나의 해석이 있습니다. 성경의 여러 곳에서 '물'이라는 단어는 하나님의 말씀 곧 성경의 상징으로 사용되고 있습니다. 예수님께서 "내가 주는 물을 마시는 자마다 목마르지 아니하리라"고 말씀하섰습니다. 우리가 하나님의 진리를 우리의 마음속에 받아들이면 우리의 갈증이 만족을 얻게 될 것이라는 말씀이었습니다. 베드로전서 1장 23절에는 우리가 거듭난 것이 하나님의 살아 있고 항상 있는 말씀으로 되었다고 기록되어 있습니다. 그래서 예수님은 두 개를 합쳐 이런 뜻으로 말씀하셨습니다. "네가 하나님의 나라에 들어가려면 하나님의 말씀과 하나님의 영으로 나야 한다."

그런데, 나의 친구들이여, 다른 방법으론 아무도 구원받지 못했습니다. 당신은 구원받았습니까? 우리들 자신의 회심을 되살펴 봅시다. 첫째로 하나님의 진리의 말씀이 우리를 붙잡았습니다. 우리가 성경을 많이 알지 못하고 있었는지 모릅니다. 요한복음 3장 16절도 인용할 수 없었는지도 모릅니다. 그러나 우리가 잃어버린 바 되어 그리스도가 필요했음을 알기에는 충분할 만큼 성경을 알고 있었습니다. 그때에 성령께서 죄의 가책과 회개와 믿음을 가져오셨습니다. 성령과 성경이 우리 마음속에서 역사하심이 그러하였으며 그 과정을 통하여 우리의 구원이 왔습니다. 천국에 들어가는 방법을 다시 한 번 우리에게 말씀해 주시도록 예수님께 부탁을 드려봅시다. 그러면 주님께서 "하나님의 진리와 하나님의 영이 너희의 심경 속에서 역사하면 그 결과가 너희 영혼의 구원이 된다"고 대답하시는 것을 우리가 들을 수 있을 것입니다.

하나님께서 세상을 창조하셨거니와 그것이 첫 창조였습니다. 주님께서 어느 사람을 구원하시면 그 사람은 그리스도 예수 안에서 새로운 창조물이 됩니다. 그리고 하나님께서는 이 두 창조를 똑 같은 방법으로 하십니다. 세계의 창조로 되돌아가 그 과정을 생각해 보세요. 첫째, 암흑이 있었습니다. 둘째, 하나님의 신이 전 지면 위에 운행하셨습니다. 셋째, 하나님의 말씀이 발하여졌습니다. 넷째, 빛이 있었습니다. 이제 죄인과 그의 회심을 보십시다. 첫째, 그가 죄와 죽음의 어둠 속에 있었습니다. 둘째, 성령께서 그를 촉구하십니다. 셋째, 주님께서 하나님의 말씀을 통하여 말씀하십니다. 넷째, 죄인이 어둠에서 빛으로 옮겨집니다.

예수님은 니고데모가 이해할 수 있도록 예화를 사용하십니다. 아마 바람이 불고 있었을 것입니다. 주님은 이렇게 말씀하셨습니다. "니고데모야, 바람은 그 불고 싶은 곳으로 분다. 그 소리를 사람이 듣지만 어디에서 불어오는지 또 어디로 불어 가는지 알 수 없다. 성령으로 난 사람도 모두 그와 같다." 주님은 단순히 이렇게 말씀하시는 것이었습니다. "니고데모야, 너는 이스라엘의 선생이지만,

모든 것을 알고 있는 것은 아니다. 너는 하나님께 신비를 남겨둘 수 없느냐? 너는 땅의 일을 이해하지 못해도 받아들인다. 그러면 납득이 가지 않는다 해서 왜 하늘의 일은 받아들일 수 없느냐?' 또 주님은 말씀을 이으십니다. "하늘에 있다가 이 땅에 내려온 분이 있다. 내가 그이다. 나는 하늘의 진리들을 아나 너희들은 모른다. 너희들은 그것을 믿음으로 받아들여야 한다." 이것은 오늘날도 마찬가지입니다. 우리들은 이 땅의 갖가지 신비로운 일들을 반문하지 않고 받아들입니다. 하늘의 진리들은 왜 믿음으로 받아들일 수 없습니까?

저는 우리의 거실에 텔레비전 한 세트를 갖고 있습니다. 어떤 사람이 뉴욕시나 로스앤젤레스에서 말을 하거나 노래를 하면 그의 모습과 목소리가 약한 선을 통하여 저의 방까지 전송됩니다. 저는 그와 같은 신비를 이해할 수 없으며 여러분도 그러하실 것입니다만 그것에 대해 모든 것을 이해하지 못한다 하여 텔레비전 세트를 창문 밖으로 던져 버리려고 하지 않습니다.

한 젊은이가 그리스도인인 어느 농부에게 "나는 중생을 믿지 않아요. 합리적으로 이해되지 않는 것은 아무것도 믿지 않습니다"라고 말했습니다. 그러자 농부가 말했습니다. "그러면, 내 농장에는 거위와 양과 돼지와 소가 각각 몇 마리씩 있어요. 이 동물들은 똑같은 풀들을 먹습니다. 똑같은 풀이 어떻게 해서 깃털이 나고 양털과 뻣뻣한 털이 되고 또 부드러운 털이 되고 하는지 나에게 설명해 줄 수 있습니까?' 그 청년이 "아닙니다. 그런 건 이해할 수 없습니다. 그러나 그것이 사실인 것을 알기 때문에 믿어야 할 것이라 생각합니다"라고 대답했습니다. 이에 농부가 대꾸했습니다. "나도 예수 그리스도를 믿지 않을 수 없어요. 주님께서 나를 변화시키셨고 다른 사람들도 변화시키셨습니다. 그것을 이해할 수 없습니다만 그것이 사실이라는 것을 압니다." 지혜로운 사람은 죄다 이해하지 못한다 하더라도 하나님의 일들을 믿음으로 받아들이는 사람입니다.

사람이 거듭난 후에 그를 달라지게 만드는 것은 무엇입니까? 그는 전과 동일한 몸과 기질을 갖고 있습니다. 그러나 여기에 차이가 있으니 — 그가 새로운 본성을 갖게 되었다는 점입니다. 몇 년 전에 한 석유회사가 이와 같은 말을 슬로건으로 사용했습니다. "새로운 것이 첨가되었다." 그것은 그리스도인에게 들어맞는 말입니다 — 새로운 본성이 덧입혀진 것입니다. 사람이 육적으로 태어날 때에 그의 부모의 본성을 이어받습니다. 사람이 성령으로 태어나면 하나님으로부터 새로운 본성이 그에게 주어지는데 그것이 모든 것을 변화시킵니다. 하나님의 나라는 여기 사람이 거듭날 때부터 시작됩니다. 그것은 영원히 계속됩니다. 아직 새로운 성품이 주어지지 않은 사람은 누구나가 무릎을 꿇고 기도하는 기도집회에 참석했다면 난감해져 비참할 정도일 것입니다. 마찬가지로 어떤 사람이 영적인 일들에 대해 즐거움을 느끼지 못한다면, 복음에 대해 싫증을 느낀다면, 그가 성경을 사랑하지 않고 기도 같은 것과는 벽을 쌓았다면, 그가 천국에 가더라도 비참한 꼴이 되고 말 것입니다. 상상해 보세요. 물고기를 물에서 꺼내 금접시 위에 올려놓고, 가장 아름다운 꽃들로 그 주위를 두르고 값나는 향수를 그 고기에 뿌려주며 아름다운 선율로 분위기를 황홀하게 돋군다 한들 그 물고기가 행복하고 만족해하겠습니까? 아닙니다. 그 고기는 그 환경에 조화하지 못하고 죽고 말 것입니다. 그와 같이 거듭나지 못한 사람은 하늘나라에 적응하지 못할 것입니다.

3. 구원

니고데모는 구원받았겠습니까? 그날 밤 밖으로의 표현은 아무것도 없었다 하더라도 그가 구원받았다고 저는 확신합니다. 그가 주님을 떠날 때에 주님께 무슨 말씀을 드렸는지 알 수 없습니다만 그는 변화된 사람이 되었다고 저는 믿습니다. 그가 주님께 왔을 때에 갈급한 심정을 안고 왔었습니다. 그가 만족을 얻지 못하고 돌아갔다는 것은 저로서는 믿을 수 없습니다. 니고데모의 생애에서 그 후에 일어난 두 사건을 보십시오. 산헤드린에서 예수님이 논란의 대상이 되신 때가 있었습니다. 그때 니고데모는 감연히 주님을 변호했습니다. 로마서 10장 11절은 우리가 그리스도를 믿으면 주님을 부끄러워하지 않을 것이라고 말합니다. 니고데모가 가장 큰 용기가 있어야 하는 곳에서 그리스도를 변호했던 것입니다. 그 후 예수님이 십자가에서 죽으셨습니다. 주님을 내려 매장의 준비를 시키고 무덤에 안치하러 누가 왔었습니까? 두 사람이었습니다. 한 사람은 부자 아리마대 요셉이었는데, 다른 한 사람이 누구였습니까? 그를 가까이 보세요. 아, 그가 니고데모입니다. 그는 거듭나 있었어요! 하나님의 말씀과 하나님의 영이 그 일을 해냈습니다. 제가 믿기로는 니고데모는 지금 예수님과 함께 천국에 있습니다.

중생이 사람을 위해 어떤 일을 하는지 여러분에게 말씀드릴 시간이 있었으면 합니다만 그러자면 많은 시간이 소요될 것입니다. 사람이 거듭나게 됐으면 그의 전 인생이 변화를 받게 되고, 지옥 대신에 하늘나라로 가는 길을 걸어가게 된다고 말하는 것으로 충분합니다.

그러면 니고데모는 어떻게 구원을 받았을까요? 예수님은 그 길을 그에게 보여주시려고 한 구약 이야기를 말씀하십니다. "모세가 광야에서 뱀을 든 것 같이 인자도 들려야 하리니 이는 그를 믿는 자마다 영생을 얻게 하려 하심이니라." 여러분은 이스라엘 자손들이 불뱀에 물려 죽어 가고 있었던 사실을 기억하실 것입니다. 하나님께서는 모세에게 놋뱀을 만들어 장대 위에 높이 달아 두라고 말씀하셨습니다. 그때 그 놋뱀을 쳐다보는 사람은 모두 고침을 받았습니다. 이 사람들이 해야 했던 것에 유의하십시오. 그들이 고약을 상처 위에 문지르지 않았습니다. 물려 신음하는 다른 사람들에게 서비스한 것이 아니었습니다. 그들이 뱀과 싸운 것도 아니었습니다. 장대 위의 놋뱀에게 제물을 바치지도, 기도를 하지도 않았습니다. 그들이 모세를 쳐다본 것도 아니었습니다. 그들은 단지 믿음으로 그 놋뱀과, 그 너머 하나님만을 쳐다보았습니다. 그래서 예수님께서 "내가 높이 들릴 것이다. 나를 쳐다보고 구원을 받으라"고 말씀하셨습니다. 그것이 구원의 단순한 방법입니다. 예수님께서 십자가 위에 들리셨습니다. 여러분과 제가 그분을 믿음으로 바라보면 구원을 받게 됩니다. 들림과 봄, 그러면 우리가 거듭납니다. 우리가 구원받아 천국으로 향하여 걸어가게 됩니다. 예수님께서 들리셨습니다. 바라보는 것은 우리에게 달렸습니다.

채프만 박사(Dr. J. Willbur Chapman)가 어느 날 애틀랜타 출발의 한 기차를 탄 이야기를 들려줍니다. 통로 건너편에 매우 흥분하여 가만히 있지를 못해 보이는 한 사람이 있었습니다. 한동안 창문 밖으로 내다보다가는 차 안을 이쪽으로 가보고 저쪽으로 가보곤 하더니만 마침 제 자리에 와 앉았습니다. 채프만 박사가 그에게 "매우 흥분하신 것 같습니다. 무슨 일이라도 있습니까?"하고 말했습니다. 이에 그 사람이 대답했습니다. "손님, 저는 평생을 맹인으로 지내왔습니다. 애틀랜타에 갔다 오는데 의사가 저를 수술하여 지금 제가 볼 수 있습니다. 이 시가들과 나무들과 아름다운 꽃들을 보기는 지금이 처음입니다. 제 아내와 애들이 역에 마중 나올 거예요. 그들을 한 번도 눈으로 보지 못했어요. 전 지금 흥분 안할 수가 없습니다." 이윽고 기차는 한 작은 역으로 끌리듯이 미끄러들었습니다. 그 사람이 기차에서 내려 걸어가자 그의 아내와 애들이 그의 품속으로 달려들었습니다. 그들은 그를 껴안고 입맞춤으로 그의 얼굴을 덮었습니다. 갑자가 그 사람이 하늘로 높이 그의 양 손을 쳐들고 소리쳤습니다. "영광! 영광! 내가 볼 수 있습니다! 내가 볼 수 있습니다!" 당신은 눈을 뜨셨습니까? 그리스도를 보고 당신의 구주로 영접하셨습니까? 그러면 와서 당신의 가진 가장 좋은 것을 주님께 드리세요. 여러분 중에 아직도 영적인 어둠에 처해 있는 사람이 있습니까? 예수님께서 오늘 당신을 부르고 계십니다. 주님은 당신을 구원하시고 축복하시기를 바라십니다. 주님께 나아오세요. 그러면 인생 최고의 기쁨을 경험하시게 될 터이니 ─ 당신이 거듭났음을 알게 되는 그 기쁨 말입니다.

제

9

장

—

인생의 행로

—

“¹⁶ 하나님이 세상을 이처럼 사랑하사 독생자를 주셨으니 이는 그를 믿는 자마다 멸망하지 않고 영생을 얻게 하려 하심이라 ¹⁷ 하나님이 그 아들을 세상에 보내신 것은 세상을 심판하려 하심이 아니요 그로 말미암아 세상이 구원을 받게 하려 하심이라 ¹⁸ 그를 믿는 자는 심판을 받지 아니하는 것이요 믿지 아니하는 자는 하나님의 독생자의 이름을 믿지 아니하므로 벌써 심판을 받은 것이니라 ¹⁹ 그 정죄는 이것이니 곧 빛이 세상에 왔으되 사람들이 자기 행위가 악하므로 빛보다 어둠을 더 사랑한 것이니라 ²⁰ 악을 행하는 자마다 빛을 미워하여 빛으로 오지 아니하나니 이는 그 행위가 드러날까 함이요 ²¹진리를 따르는 자는 빛으로 오나니 이는 그 행위가 하나님 안에서 행한 것임을 나타내려 함이라 하시니라 ²²그 후에 예수께서 제자들과 유대 땅으로 가서 거기 함께 유하시며 세례를 베푸시더라 ²³ 요한도 살렘 가까운 애논에서 세례를 베푸니 거기 물이 많음이라 그러므로 사람들이 와서 세례를 받더라 ²⁴ 요한이 아직 옥에 갇히지 아니하였더라 ²⁵ 이에 요한의 제자 중에서 한 유대인과 더불어 정결예식에 대하여 변론이 되었더니 ²⁶ 그들이 요한에게 가서 이르되 랍비여 선생님과 함께 요단 강 저편에 있던 이 곧 선생님이 증언하시던 이가 세례를 베풀매 사람이 다 그에게로 가더이다 ²⁷ 요한이 대답하여 이르되 만일 하늘에서 주신 바 아니면 사람이 아무 것도 받을 수 없느니라 ²⁸ 내가 말한 바 나는 그리스도가 아니요 그의 앞에 보내심을 받은 자라고 한 것을 증언할 자는 너희니라 ²⁹ 신부를 취하는 자는 신랑이나 서서 신랑의 음성을 듣는 친구가 크게 기뻐하나니 나는 이러한 기쁨으로 충만하였노라 ³⁰ 그는 흥하여야 하겠고 나는 쇠하여야 하리라 하니라 ³¹ 위로부터 오시는 이는 만물 위에 계시고 땅에서 난 이는 땅에 속하여 땅에 속한 것을 말하느니라 하늘로부터 오시는 이는 만물 위에 계시나니 [32]그가 친히 보고 들은 것을 증언하되 그의 증언을 받는 자가 없도다 [33] 그의 증언을 받는 자는 하나님이 참되시다는 것을 인쳤느니라 [34] 하나님이 보내신 이는 하나님의 말씀을 하나니 이는 하나님이 성령을 한량 없이 주심이니라 [35] 아버지께서 아들을 사랑하사 만물을 다 그의 손에 주셨으니 [36] 아들을 믿는 자에게는 영생이 있고 아들에게 순종하지 아니하는 자는 영생을 보지 못하고 도리어 하나님의 진노가 그 위에 머물러 있느니라." — 요 3:16-36

길에는 높은 길도 있고 낮은 길도 있습니다. 좋은 길도 있고 나쁜 길도 있습니다. 봉사하는 길도 있고 죄를 짓는 길도 있습니다. 천국으로 인도하는 길과 지옥으로 인도하는 길이 있습니다. 생명의 길과 사망의 길이 있습니다. 모든 사람은 이 길 중의 어느 하나 위에서 걸어가고 있습니다. 많은 사람들이 죄와 불신앙을 버리고 그리스도를 그들의 구주로 영접하여, 결국 천국에 이르는 봉사의 선한 길을 걸어가고 있습니다. 그러나 아직도 죄악 중에 있는 수많은 사람들을 생각하면 슬퍼집니다. 그들은 그리스도를 거절하는 생을 살고 있습니다. 마침내 영원한 사망에 이를 죄의 길을 걷고 있는 것입니다.

그러나 오늘은 생명의 길에 대하여 여러분께 말씀드리고 싶습니다. 사람이 그리스도를 자기의 개인적 구주로 신뢰하는 순간 그는 그 길에 들어서게 됩니다. 그는 새로운 피조물이 된 것입니다. 또 새 친구를 맞아 옆에 나란히 걸어가게 됩니다. 그는 최후에 있어 영원한 행복과 기쁨의 땅에 이릅니다. 이것이 생명에의 유일한 길입니다. 다른 모든 길들은 사망에의 길입니다. 우리가 그리스도를 발견하고 우리의 죄가 씻기어지며 하늘의 소망이 우리의 가슴 속에 깃들기까지는 참으로 살고 있다고 말할 수 없습니다. 성경은 그리스도 없는 사람은 죽은 사람이라고 밝히 말해 주고 있습니다. 그는 "허물과 죄로 죽어" 있습니다. 그는 행복에 대해 죽어 있습니다. 소망과 최선의 삶에 대해 죽어 있습니다. 봉사에 대해 죽었고 하나님과 하늘나라에 대해 죽어 있습니다. 당신은 죽어 있습니까? 살아 있습니까? 당신은 사망의 길에 놓여 있습니까? 생명의 길에 놓여 있습니까?

우리는 지금 가장 위대한 성구 요한복음 3장 16절부터 시작하여 요한복음 3장의 끝 부분의 스물한 절을 생각해 보려 합니다. 미시시피 강을 하나의 통 속에 혹은 일곱 개의 바다를 하나의 찻잔 안에 담을 수 없듯이 이 구절들 안에서 발견되는 모든 위대한 진리들을 하나의 설교 안에 담을 수 없습니다. 그러나 다음의 몇 가지를 살펴봅시다.

    1. 하나님의 사랑

    2. 사람들의 빛

    3. 사랑과 충성

    4. 위로부터의 생명

1. 하나님의 사랑

요한복음 3장 16절로부터 상고하겠습니다. "하나님이 세상을 이처럼 사랑하사 독생자를 주셨으니 이는 그를 믿는 자마다 멸망하지 않고 영생을 얻게 하려 하심이라." 여기에는 천만의 설교들을 채우기에 충분한 진리가 있습니다. 과연 이것은 기록된 글 중의 가장 위대한 구절입니다. 온 세상의 시인과 현인들의 위대한 모든 글들도 이 한 문장 안에 담겨져 장엄한 복스러움에는 미치지 못합니다. 이 구절은 "요약된 복음"이라고 불리어왔습니다. "세상에서 가장 위대한 사랑의 이야기"라고도 불리어왔습니다. "한 문장으로 된 그리스도의 복음"이라고도 말해왔습니다. 주일학교의 모든 어린이들이 이 성구를 암송하며 만약 세상의 모든 사람들이 이 진리에 행동한다면 세상이 변화될 것이며 사람마다 하늘나라 가는 길을 밝게 될 것입니다.

하나님의 사랑이 "하나님이 … 이처럼 사랑하사"라는 구절 속에 나타나 있습니다. 죄 많은 세상은 "하나님이 세상을 이처럼 사랑하사"라는 구절에 나타나 있습니다. 가장 위대한 선물이 이 구절 — "독생자를 주셨으니"에 나타나 있습니다. 최대의 특권이 이 구절 —"믿는 자마다"에 드러나 있습니다. 최대의 약속이 "멸망하지 않고 영생을 얻으리라"는 구절에 드러나 있습니다.

일반적으로 죄인들이 하나님을 어떤 분으로 생각합니까? 우리가 그들에게 "하나님"이라는 단어를 말하면 그들은 인자하신 위대한 분으로 생각하지 않고 하늘에 앉아 기분 나쁘게 행동하는 사람을 거누고 있다가 갑자기 덮치듯이 재앙을 내리는 잔인한 괴물쯤으로 생각합니다. 미개한 이교도들은 성난 신을 달래느라 많은 시간을 씁니다. 그 신 앞에서 춤을 춥니다. 자기들의 자녀들을 제물로 바치기까지도 합니다. 인도에서는 자녀들을 제물로 성스런 갠지스 강에 던집니다. 그들이 왜 이런 일들을 할까요? 그들이 범죄하여 벌을 받아 마땅하다고 느끼기 때문입니다. 그들은 사랑의 하나님에 관해서는 아무것도 생각하지 못하고 진노의 신을 두려워합니다. 앞에 말한 그런 행동들에 의하여 자기들의 신의 인정을 얻어 재앙을 저지시킬 수 있으리라 기대합니다.

오늘날 어떤 기독교 강단에 있어서조차 주일마다 하나님이 진노의 하나님으로 묘사됩니다. 확실히 하나님의 진노의 사실을 극소화해서는 안 됩니다. 우리가 하나님의 아들을 발아래 짓밟고 죄 가운데서 여전히 행한다면 결국에 가서 그 진노를 피하지 못할 것입니다. 그러므로 하나님은 분을 발하신다는 사실을, 그분은 공의로우신 하나님이시라는 사실을, 그분은 죄를 벌하신다는 사실을 인정합시다. 그러나 하나님의 진노 곁에 그리고 그것보다 더 높이 드러나게 "하나님은 사랑이시다"는 말을 써 놓읍시다. 그분은 이해해 주시고 사랑하시며 용서하시는 하나님이십니다.

제가 여러분에게 드와이트 무디를 평범한 전도자로부터 세계에서 가장 위대한 전도자들 중의 하나로 변화시킨 한 사건을 소개해 드리겠습니다. 저 영국에 헨리 무어하우스라는 이름을 가진 사람이 있었습니다. 그가 18살이 되었을 때에는 반탐급의 권투선수에다 지독하게 술을 마시는 것으로 대소동을 피우는 개망나니가 되어 있었습니다. 19살 때에 그의 링 생활이 끝나고 갈 길이 없었습니다. 어느 날 밤 권총을 만지작거리면서 자살을 생각하고 있었습니다. 위층에서 전도집회를 하고 있는 것이 그에게 들려와서 그는 이상하게 거기에 끌렸습니다. 그는 자살을 잠시 미루어 두고 자기의 구원문제에 관심을 갖게 되었는데 몇 주 후에 한 소방수가 그를 그리스도께 인도했습니다. 그는 성경을 구입하여 공부하기 시작했습니다. 그는 학교에 갈 기회가 한 번도 없었습니다. 그저 하나님의 말씀과 하나님의 사랑에만 젖게 되었습니다. 곧 그는 복음을 전파하기 시작하여 수년 내에 큰 청중이 모여들었습니다. 무디는 그가 수락하지 않을 것이라 느끼면서도 그를 시카고로 와달라고 초빙했습니다.

어느 날 무디가 무어하우스로부터 한 편지를 받았는데 그가 시카고로 길을 떠났다는 사연이었습니다. 무디는 교회 직원들을 한 자리에 불러 그들에게 말했습니다. "지금 한 사람이 시카고로 오고 있습니다. 그가 설교하기를 원할 것입니다. 나는 며칠 동안 떠나 있겠습니다. 그가 내 강단에서 설교하도록 허용해도 탈 될 것이 있으리라 생각지 않습니다." 무디 선생이 여행에서 돌아오니 무디 여사가 그에게 말하기를 "우리는 지금 굉장한 집회를 갖고 있어요. 사람들이 이 사람을 좋아하고요, 이 사람은 당신과 다르게 설교해요. 그는 사람들에게 하나님께서 그들을 사랑하신다고 말합니다. 당신도 그를 좋아하게 될 거예요" 했습니다.

그날 밤 무디 선생은 집회에 참석하여 무어하우스가 말하는 것을 들었습니다. "저는 이레 밤을 연속하여 요한복음 3장 16절로 여러분에게 설교하여 왔습니다. 하나님께서 여러분을 사랑하시는 것을 여러분에게 말하려고 애써 왔습니다만 안타깝게도 저의 둔한 혀가 너무나 적당하지 않습니다. 그러나 하나님께서 천사 가브리엘을 내려 보내셔서 우리들에게 하나님의 사랑에 관해 말하게 하신다 하더라도 가브리엘이 말할 수 있는 것은 '하나님이 세상을 이처럼 사랑하사 독생자를 주셨으니 이는 그를 믿는 자마다 멸망하지 않고 영생을 얻게 하려 하심이라'는 말씀뿐일 것입니다." 후에 무디는 "나는 그 설교들을 잊을 수 없었다. 그 후 다르게 나는 복음을 전파하였으며 하나님께 있어서나 사람에게 있어서 더 큰 능력이 있었다"라고 술회하였습니다.

이 구절은 "하나님께서 사랑하셨다"라고 말하지 않고 "하나님께서 매우 사랑하셨다"라고 말하고 있습니다. 사랑은 한도를 모릅니다. 물이 그것을 끌 수 없으며 어느 필설로도 그것을 설명할 수 없습니다. 어떤 사람이 한 여인에게 "나는 당신을 사랑합니다"라고 말하면 그것은 잘한 일입니다. 그러나 그가 "나는 당신을 매우 많이 사랑합니다"라고 말한다면 문제는 달라집니다. 그것을 예수님께서 여기서 말씀하시고 계시는 것입니다. 하나님께서 우리를 매우 많이 사랑하신다고 우리에게 말씀하시고 계십니다.

그러나 하나님의 사랑은 단순한 표시로 끝나지 않았습니다. 하나님께서 사랑하셨습니다. 그러나 그 이상의 것을 하셨으니 — 하나님은 주셨습니다. 우리가 자신을 주지 않고 다른 누구를 사랑할 수는 없습니다. 그래서 하나님께서 사랑하셨기 때문에 주셨습니다. 그분이 주신 것은 수천의 산록에서 풀을 뜯는 가축이 아니었습니다. 금과 은과 세상의 값진 보석들도 아니었습니다. 집과 땅, 주식과 증권들도 아니었습니다. 하나님께 있어서나 세상에 있어서 이 모든 것들보다 무한히 더 값진 어떤 것이었습니다. 하나님은 외아들이 있으셨는데 그 외아들을 우리 모두를 위하여 버리셨습니다.

여러분이 아들 하나 밖에 없는데 그 아들을 마음을 다해 사랑한다고 가정합니다. 그리고 한 떼거리의 사람들이 여러분을 해롭게 하고 파멸시키기 위해 세상의 온갖 일을 감행한다고 합시다. 그런데 그들의 죽음만이 그들을 구원할 수 있다고 가정해 보세요. 그들을 위하여 여러분은 아들을 내놓겠습니까? 여러분이 그리하지 못하리라고 저는 생각합니다. 여러분이 이렇게 말씀하실 것이라 예상됩니다. "그는 내 외아들이요. 나는 그를 사랑해요. 나를 미워하는 사람들을 나는 사랑하지 않습니다. 그들을 죽게 내버려 두세요. 내 아들을 내줄 수 없습니다." 그러나 하나님께서는 어떻게 생각하셨습니까? 그분께서는 천만 중에서 빼어나신 한 아들이 계셨습니다. 정말 사랑스러운 아들이셨습니다. 하나님은 그 아들을 극도로 마음을 쏟아 사랑하셨습니다. 그러나 세상 사람들이 하나님을 배반하여 죄를 지었습니다. 하나님의 아들의 죽음이 그들을 구원할 수 있는 때가 닥쳐왔습니다. 하나님께서 무슨 말씀을 하셨습니까? "그들을 죄 중에 죽어 지옥에 가도록 내버려 두라"고 말씀하셨습니까? 아닙니다. 천만 번, 그렇지 않습니다. 여기에 하나님께서 말씀하신 것이 있습니다. "나는 세상을 매우 많이 사랑하므로 그들의 죄를 위해 죽어 그들을 천국으로 이끌도록 내 외아들을 내주어야겠다." 이보다 더 큰 사랑을 여러분은 말할 수 있겠습니까?

하나님의 사랑과 구원을 제시하신 하나님의 행위에 포함된 내용들을 음미해 보십시오. "… 하는 자마다 …". "… 하는 자마다"라는 말은 당신과 나와 모든 사람을 의미한다고 어린 소녀가 말한 것은 옳았습니다. "내 아들을 줄만큼 유럽을 사랑한다"고 하나님께서 말씀하셨다 해도 놀라운 일이었을 것입니다. "그들을 위해 내 아들을 줄만큼 아시아를 내가 사랑한다"고 하나님께서 말씀하셨다 해도 놀라운 일이었을 것입니다. "그들을 위해 내 아들을 줄 만큼 아프리카를 내가 사랑한다"고 말씀하셨다 해도 놀라운 일이었을 것입니다. 그러나 하나님께서는 이 모든 것 이상의 것을 말씀하셨습니다. "내가 세상을 매우 사랑하므로 모든 사람을 위해 내 아들을 주겠다. 어느 곳에 살든, 누구든, 그에게로 와서 그를 구주로서 신뢰하면 영원한 생명을 그 사람에게 주겠다"고 말씀하신 것입니다.

모든 대양들이 채워진다 해도, 세상의 나무줄기마다 펜이 된다 하더라도, 모든 사람이 필생이 된다 하더라도 하나님의 사랑의 그 충만과 깊이를 다 묘사할 수 있기 전에 대양의 바닥이 드러나 마르게 될 것입니다. 그는 주는 사랑입니다. 구원하는 사랑입니다. 여러분과 제가 천국에 이르러서 영영세세토록 우리는 이렇게 말할 수밖에 없을 것입니다. "나의 선함 때문에 내가 여기에 있는 것이 아니라 하나님이 나를 사랑하셨기 때문에 내가 여기에 있도다."

2. 사람들의 빛

예수님께서 니고데모에게 말씀하시고 계셨던 것을 우리가 기억합니다. 하나님께서 독생자를 세상에 보내신 것은 세상을 심판하시기 위하여서가 아니라고 주님께서 그에게 말씀하셨습니다. 하나님께서 심판을 하셨다 해도 그것은 당연하고 자연스런 일이었을 것입니다. 세상이 심판을 받아 마땅하기 때문입니다. 우상과 부도덕이 나라마다 만연되어 있었습니다. 대부분의 지역에서 하나님을 잊고 사람들이 육욕을 따라 생활하고 있었습니다. 유대인들마저도 현실적 종교를 의식주의의 종교로 변질시켜 버렸습니다. 그들에게는 종교가 공허한 것이 되어 있었습니다. 그러나 하나님은 정죄하시기 위하여 아들을 보내시는 것 대신에 구원하시기 위하여 아들을 보내셨습니다. 바울이 아무도 하나님의 사랑의 높이와 깊이와 넓이와 길이를 측량할 수 없다고 말한 것은 놀라운 일이 아닙니다. 하나님의 사랑은 모든 헤아림을 뛰어넘습니다.

이제 다시 신앙과 불신앙의 대조를 봅시다. 이미 우리는 믿는 자는 멸망하지 않되 믿지 않는 자는 멸망할 것임을 알았습니다. 18절에서 어떤 이들은 정죄받고 어떤 이들은 정죄 받지 않을 것이라고 말하고 있습니다. 정죄 받을 사람들은 누구일까요? 그들은 그리스도를 그들의 개인적 구주로서 거절하는 사람들입니다. 상상해 보세요. 여러분이 교도소를 방문합니다. 간수장이 여러분을 복도를 따라 안내하며 처형의 순서를 기다리는 감방들을 통과합니다. 그때 그가 여러분에게 "6호실의 사람이 다음 목요일 아침에 전기의자에서 처형됩니다"라고 말합니다. 여러분은 그 사람을 쳐다보면서 전율합니다. 며칠 지나면 스위치가 켜지고 그의 목숨이 호흡과 함께 끊겨질 것을 생생하게 느껴봅니다.

그러나 저는 그것보다 더 불행한 것을 말씀드려야겠습니다. 거리를 걸어보십시오. 사무실이나 상점이나 주택으로 들어가 보십시오. 그리스도를 영접하지 않은 사람들의 얼굴을 들여다보십시오. 육안으로는 보이지 않지만 그들의 얼굴에 "정죄"라는 말이 새겨져 있습니다. 그들은 전기의자에서 죽도록 정죄된 것이 아니라 지옥에서 영원한 죽음을 죽도록 정죄되어 있습니다. 왜일까요? 그들의 죄목이 무엇입니까? 그들은 그리스도를 구주로서 거절하였습니다.

그런데 주님은 이들이 장래 어느 날 정죄 받을 것이라고 말씀하시지 않습니다. 그들이 "이미 정죄되었다"고 말씀하십니다. 그들이 지금 유죄판결을 받아 단지 그 선고대로 집행되기만을 기다리고 있을 뿐입니다. 오, 죄인 친구여, 당신은 지금 정죄되어 있습니다! 당신을 이 정죄로부터 구출해 낼 수 있는 오직 한 분이 있으니 그분의 이름이 예수입니다. 그분께로 나아오세요. 당신을 용서해 주시고 자유롭게 해 주실 것입니다.

정죄 받지 않은 사람들은 누구입니까? 로마서 8장 1절은 "그러므로 이제 그리스도 예수 안에 있는 자에게는 결코 정죄함이 없나니"라고 말씀하고 있습니다. 그리스도 안에 있는 사람들은 정죄의 감방에 앉아 있지 않습니다. 그들은 왕의 식탁에서 음식을 먹습니다. 그들은 하늘의 본향을 향하여 가고 있습니다.

왜 사람들이 믿지 않는지, 왜 그들이 정죄를 받는지, 그 이유가 우리에게 밝혀져 있습니다. 그것은 빛이 세상에 왔으되 세상이 그 안에서 걷기를 거절하기 때문입니다. 그들은 빛보다 어둠을 사랑합니다. 사람들이 죄라는 어둠 속에 있었습니다. 그리스도께서 빛으로 오셨으나 그들은 여전히 어둠 속에 머물러 있었습니다. 왜일까요? 그들이 어둠을 사랑했기 때문입니다. 그들이 어둠 속에 있을 뿐만 아니라 어둠을 사랑했습니다. 어둠과 죄는 동의어입니다. 왜 사람들이 죄를 버리려 하지 않습니까? 그들이 그것을 사랑하기 때문입니다. 수많은 사람들이 자기들의 죄를 가슴에 달고 지옥에까지 가려고 합니다. 이것 때문에 지옥의 불기운은 더욱 뜨거워질 것입니다.

니고데모와 유다를 대조하여 보세요. 니고데모는 밤에 예수님께 찾아왔습니다. 그가 밖으로 나갈 때에 모든 것이 밝아졌습니다. 예수님께서 그의 마음속에 들어가셨기 때문입니다. 유다는 밤에 예수님을 떠났습니다. 그는 그의 영혼에 어둠을 안고 나가서 자살을 했습니다. 거기에서 대조됩니다. 두 가지 길이 있습니다. 어둠의 길은 정죄와 죽음과 지옥으로 인도합니다. 빛의 길은 구원과 생명과 천국으로 인도합니다. 예수님께서 여러분의 마음을 밝히셨습니다. 주님께서 하나님과 천국으로 가는 길을 보이셨습니다. 여러분은 그 빛 속에서 걸으시렵니까, 그 빛에 등을 돌리시렵니까?

한 갓난 여아가 큰 단추를 입 속에 넣었습니다. 곧 어머니가 숨 막혀 하는 소리를 들었습니다. 그녀가 갓난애에게로 달려가 보니 그 단추가 애의 숨통을 막고 있었습니다. 그녀는 두 사람의 의사를 부르고 그들은 몇 분 내로 달려왔습니다. 그들이 손을 쓰기 시작할 때에 어머니는 그 애가 숨이 막혀 죽어가고 있는 것을 느꼈습니다. 그녀는 소리쳤습니다. "당신들이 그 애를 살려주면 천 달러를 드리겠습니다. 5천 달러를 드리겠습니다. 내 애를 살리면 만 달러를 드리겠어요."

그러나 의사들은 슬픈 기색으로 물러나면서 어머니의 비통함에 연민하며 풀이 죽은 나직한 소리로 말했습니다. "너무 늦었습니다." 돈이 생명을 사지 못했습니다. 돈도 인격도 선행도 영원한 생명을 살 수 없습니다. 그러나 예수님은 어둠을 떠나 세상의 빛이신 그분께 나아오는 모든 사람에게 생명을 값없이 주십니다.

3. 사랑과 충성

이제 니고데모는 물러가고 스포트라이트가 다시 한 번 세례 요한에게 돌려집니다. 요한이 애논에서 전파하며 세례를 베풀고 있었습니다. 그가 왜 거기에 있었는지 그 이유가 알려지고 있습니다. "거기 물들이 많음이라." 요한이 거기 있을 때에 제자들 중의 몇 사람이 그에게 왔습니다. 그들은 약간 동요를 느끼고 있었습니다. 그들이 말했습니다. "선생님이 큰 군중을 갖고 계셨습니다. 지금은 예수라는 분이 큰 군중을 얻고 있습니다. 그의 제자들이 수많은 사람들에게 세례를 주고 있습니다." 이 사람들은 분명히 예수님을 시기하고 있었습니다. 세상의 아무것도 시기만큼 우정을 파괴하는 것은 없습니다. 아무것도 이보다 더 유해하고 파괴적인 정념이 인간의 가슴속에 타지 않습니다. 기독교 지도자들 가운데서도 많은 시기가 발견됩니다. 오래 전에 저는 이런 방침을 결정했습니다. 어떤 사람이 굉장한 성공을 거두고 있는 것을 보면 나는 그를 시기하느라고 내 정력을 낭비하지 않겠다. 그의 방법을 연구하고 그 사람으로부터 어떤 것을 배울 수 없는지를 조사해 보겠다고 말입니다.

위대한 세례 요한은 어떻게 이 상황을 헤쳐 나갔습니까? 그는 이런 뜻으로 말했습니다. "하나님께서 나에게보다 예수님께 더 큰 능력을 주셨다. 나는 하나님의 뜻에 머리를 조아린다. 나는 단지 하나의 목소리라고 내가 말한 것을 너희들이 기억할 것이다. 그분이 주인공이시다. 그분이 그리스도이시다. 그분이 나보다 더 높임을 받으시는 것은 너무도 당연하다." 그리고서 그는 예를 들어 설명합니다. "어떤 사람이 결혼을 할 때에 그의 친구가 크게 활약을 하지만 신랑이 결혼식의 주인공이다. 신부를 맞는 사람은 그이다. 그의 친구는 옆에 서서 신랑의 목소리를 듣고 그의 행복을 목격하는 것을 기뻐한다." 요한이 의미하는 바는 무엇이었습니까? 예수님이 신랑이시며 구원 받은 사람들이 그분의 신부라는 뜻이었습니다. 요한은 단지 옆에 서서 예수님께 닥치는 복된 일들을 보고 기뻐하는 좋은 친구였습니다. 그런 후 그는 겸손의 놀라운 고전적인 발언을 합니다.

"그는 흥하여여 하겠고 나는 쇠하여야 하리라."

저는 누구에게 있든 충성심을 매우 존중합니다. 여러분이 어떤 사람을 위하여 일하려거든 그에게 충성하십시오. 여러분이 모시는 목사님이 있으면 그에게 충성하십시오. 여러분이 구주를 모시고 있으면 그분께 충성하세요. 예수님은 세례 요한을 세계에서 가장 위대한 인물로 묘사하셨는데 충성심이 그의 위대한 특성들 중의 하나였습니다.

요한은 예수님이 중대한 위치를 차지하시는 것을 보고 "나의 기쁨이 충만하노라"고 말했습니다. 예수님께 우리 생의 첫 자리를 드리고 주님께서 다른 사람들을 위하여 위대한 일을 하시는 것을 우리가 볼 때에 우리의 기쁨도 충만하여집니다. 그리고 어느 날 하늘의 신랑께서 자기의 신부인 교회를 맞이하시러 오실 때에 예수님의 친구들인 우리들은 충만 이상의 기쁨을 누리게 될 것입니다. 그분의 목소리를 듣는 그날 우리의 가슴은 기쁨으로 마구 뛸 것입니다.

4. 위로부터의 생명

3장의 마지막 절들에서 요한이 예수 그리스도의 위대성을 최종적으로 증언하고 있는 것을 우리가 들을 수 있습니다. 요단강 가에 서서 "세상 죄를 지고 가는 어린 하나님의 양을 보라"고 말할 때부터 지금까지 그는 하나님께서 그를 보내시어 하게 하신 일에 충성하여 왔습니다. 그는 그리스도의 영광을 증거하여 왔습니다. 여기서 그는 땅에 속한 것에 대조시키고 있습니다. 그는 솔직하게 자기는 땅에서 난 사람이나 예수님은 위로부터 오신 분임을 증언합니다. 한 증거는 하나님께서 예수님께 성령을 한량없이 주신 것입니다. 교회에서 그리스도 대신에 자아(自我)를 높이는 증인들을 들을 때가 있습니다. 어떤 사람들은 "나는 그리스도를 부끄러워하지 않습니다"라고 말하고는 자기 자신들에 대하여 이야기 합니다. 요한의 증언은 오직 그리스도를 위한 것이었습니다. 그는 자기 자신을 하나의 목소리로 자처했습니다.

여러분과 저는 요한처럼 증거하는 것 이상으로 더 훌륭한 일을 할 수 없습니다. 우리는 하나님께 바친 그리스도인의 생활을 함으로써 그리스도를 위하여 증거할 수 있습니다. 주님의 교회에 충성함으로써 주님을 위하여 증거할 수 있습니다. 주님께 대하여 다른 사람들에게 말해 줌으로써 주님을 위하여 증거할 수 있습니다. 다른 사람들이 주님을 알게 하기 위하여 우리의 것을 내어줌으로써 주님을 위하여 증거할 수 있습니다.

요한은 우리들을 두 개의 길 곧 생명의 길과 사망의 길에 마주치게 함으로써 그의 증언을 끝마칩니다. 그의 말을 들어보세요. "아들을 믿는 자에게는 영생이 있고 아들에게 순종하지 아니하는 자는 영생을 보지 못하고 도리어 하나님의 진노가 그 위에 머물러 있느니라." 이 동사들이 현재형의 시제로 되어 있는 것을 유의하십시오. 우리가 그리스도를 믿으면 미래의 어느 날 영원한 생명을 얻을 것이 아니라 ― 바로 지금 영생을 소유합니다. 저는 어떤 이들이 "마침내 천국에서 우리를 구하소서"라고 기도하는 것을 종종 들었습니다. 이런 기도는 틀립니다. 구원은 현재의 소유입니다. 그것은 장래에 저 너머에서 기쁨으로 충만하여 집니다만 바로 지금 그 기쁨을 많이 누릴 수 있습니다. 오, 바로 지금, 우리가 구원받은 것을, 우리가 하나님께 속한 것을, 우리가 천국을 향하고 있음을 아는 것을 정말 복된 일입니다. 의심이 엄습할 수 있습니다. 죄가 우리를 덮칠 수 있습니다. 우리가 뒤로 미끄러질 수 있습니다. 그러나 그리스도께서 한 번 우리를 수렁에서 건져 올리셨으면 다시 마귀가 우리를 집어넣을 수 없습니다. 예, 우리는 주의 것입니다. 우리는 주의 것입니다! 그리스도를 믿는 자는 바로 바로 영원한 생명을 가졌습니다. 성경이 그렇게 말하고 있습니다.

반면에 당신이 그리스도인이 아니라면 바로 지금 하나님의 진노가 당신 위에 머물러 있습니다. 다모클레스의 칼처럼, 지금 하나님의 진노가 당신의 머리 위에 매달려 있습니다. 최후의 심판날 그 진노가 지축을 진동하듯 우주가 무너지듯 당신에게 떨어질 것입니다. 그러나 나의 형제여, 당신에게 희망이 있습니다. 하나님의 진노는 죄인을 치든가 아니면 죄인의 대리자를 때립니다. 그 대리자가 누구일까요? 그가 바로 의로우신 예수 그리스도이십니다. 우리의 죄로 인한 하나님의 진노가 갈보리에서 그분께 떨어졌습니다. 만약 당신이 그분을 당신의 구주로서 신뢰하면 하나님의 진노가 영원히 당신으로부터 그냥 지나가 버릴 것입니다. 생명이 당신의 것이 될 것입니다. 그리스도 안에 있는 생명, 영원한 생명 말입니다.

요한복음 3장에서 가장 위대한 것은 니고데모나 세례 요한이 아니고 그리스도 안에 있는 하나님의 사랑입니다. 오, 이 세상의 모든 영혼이 그 사랑으로 감싸였으면 오죽이나 좋으리오!

복음전도자 부스(Booth)가 사람들로 가득 메워진 파리의 어느 홀에서 그 도시의 가장 비천한 사람들, 도덕상의 하수구에서 떠도는 인간 찌꺼기로 취급받는 사람들에게 매일 밤 복음을 전하고 있었습니다. 그 반응으로 그들은 그녀를 야유하고 모욕하여 그녀의 마음을 아프게 했습니다. 그러던 어느 날 밤 그녀가 연단에서 벗어나 시 — 시— 하며 조롱하는 군중 속을 헤치면서 뒷좌석에 쓰러져 있는 불쌍한 어느 소녀에게 다가갔습니다. 그녀는 두 팔로 이 소녀를 안고 입맞추며 "애야, 내가 그리스도를 알려줄 만큼 너를 사랑할 수 있으면 얼마나 좋으랴"하고 말했습니다. 이와 같은 순전한 입술이 그 애의 뺨에 닿아본 적이 없었습니다. 그 소녀는 울기 시작했습니다. 잠시 후 그 소녀는 앞으로 나와 자신을 그리스도께 드렸는데, 후에 구세군의 한 사역자가 되었습니다.

오, 친구들이여, 그것이 예수님께서 우리를 위하여 하시는 일입니다! 그러기 위하여는 그분이 십자가로 나아가야만 했을지라도 우리를 사랑하셔서 우리의 죄에서 영원한 생명으로 이끄십니다. "하나님이 세상을 이처럼 사랑하사 독생자를 주셨으니 이는 그를 믿는 자마다 멸망하지 않고 영생을 얻게 하려 하심이라."

제
10
장

—

목마름을 채워주는 생수

—

"¹예수께서 제자를 삼고 세례를 베푸시는 것이 요한보다 많다 하는 말을 바리새인들이 들은 줄을 주께서 아신지라 ²(예수께서 친히 세례를 베푸신 것이 아니요 제자들이 베푼 것이라) ³ 유대를 떠나사 다시 갈릴리로 가실새 ⁴ 사마리아를 통과하여야 하겠는지라 ⁵ 사마리아에 있는 수가라 하는 동네에 이르시니 야곱이 그 아들 요셉에게 준 땅이 가깝고 ⁶ 거기 또 야곱의 우물이 있더라 예수께서 길 가시다가 피곤하여 우물 곁에 그대로 앉으시니 때가 여섯 시쯤 되었더라 ⁷ 사마리아 여자 한 사람이 물을 길으러 왔으매 예수께서 물을 좀 달라 하시니 ⁸ 이는 제자들이 먹을 것을 사러 그 동네에 들어갔음이러라 ⁹ 사마리아 여자가 이르되 당신은 유대인으로서 어찌하여 사마리아 여자인 나에게 물을 달라 하나이까 하니 이는 유대인이 사마리아인과 상종하지 아니함이러라 ¹⁰ 예수께서 대답하여 이르시되 네가 만일 하나님의 선물과 또 네게 물 좀 달라 하는 이가 누구인 줄 알았더라면 네가 그에게 구하였을 것이요 그가 생수를 네게 주었으리라 ¹¹여자가 이르되 주여 물길을 그릇도 없고 이 우물은 깊은데 어디서 당신이 그 생수를 얻겠사옵나이까 ¹² 우리 조상 야곱이 이 우물을 우리에게 주셨고 또 여기서 자기와 자기 아들들과 짐승이 다 마셨는데 당신이 야곱보다 더 크니이까 ¹³ 예수께서 대답하여 이르시되 이 물을 마시는 자마다 다시 목마르려니와 ¹⁴ 내가 주는 물을 마시는 자는 영원히 목마르지 아니하리니 내가 주는 물은 그 속에서 영생하도록 솟아나는 샘물이 되리라 ¹⁵ 여자가 이르되 주여 그런 물을 내게 주사 목마르지도 않고 또 여기 물 길으러 오지도 않게 하옵소서 ¹⁶ 이르시되 가서 네 남편을 불러 오라 ¹⁷ 여자가 대답하여 이르되 나는 남편이 없나이다 예수께서 이르시되 네가 남편이 없다 하는 말이 옳도다 ¹⁸ 너에게 남편 다섯이 있었고 지금 있는 자도 네 남편이 아니니 네 말이 참되도다 [19] 여자가 이르되 주여 내가 보니 선지자로소이다 [20] 우리 조상들은 이 산에서 예배하였는데 당신들의 말은 예배할 곳이 예루살렘에 있다 하더이다 [21] 예수께서 이르시되 여자여 내 말을 믿으라 이 산에서도 말고 예루살렘에서도 말고 너희가 아버지께 예배할 때가 이르리라 [22] 너희는 알지 못하는 것을 예배하고 우리는 아는 것을 예배하노니 이는 구원이 유대인에게서 남이라 [23] 아버지께 참되게 예배하는 자들은 영과 진리로 예배할 때가 오나니 곧 이 때라 아버지께서는 자기에게 이렇게 예배하는 자들을 찾으시느니라 [24] 하나님은 영이시니 예배하는 자가 영과 진리로 예배할지니라 [25] 여자가 이르되 메시야 곧 그리스도라 하는 이가 오실 줄을 내가 아노니 그가 오시면 모든 것을 우리에게 알려 주시리이다 [26] 예수께서 이르시되 네게 말하는 내가 그라 하시니라.” — 요 4:1-26

이 세상 것으로 만족을 얻은 사람은 하나도 없습니다. 아담과 하와가 세상을 맛보았으나 그것이 만족을 주지 못한다는 것을 발견할 뿐이었습니다. 수백 세대를 지나면서 사람들은 지상의 모든 쾌락의 술잔을 홀짝거렸지만 그것들 안에 영원한 만족이 없다는 것을 발견했습니다. 성경은 “죄악의 즐거움”에 관해서 말합니다. 세속적인 사람에게는 죄악에 어떤 즐거움이 있습니다. 그러나 동일한 성구가 그것들을 “단지 잠깐 동안”이라고 우리에게 말합니다. 그것은 사실입니다 — 세상의 쾌락은 지속하지 않습니다. 지상의 즐거움의 꽃들은 오늘 피었다가 내일 시들어 죽습니다.

위대한 많은 사람들이 뛰어난 성과를 이룩했습니다. 부와 명성과 권력을 손에 넣었습니다. 그러나 그들 중의 많은 사람들이 이런 것들이 만족을 주지 못한다는 사실을 고백했습니다. 세계대전 중에 우리 측의 많은 사람들이 고무 튜브에 매달려 망망한 바다에 표류하고 있었습니다. 그들의 주위에는 온통 물이었습니다. 그러나 바다의 소금물은 해갈시켜주지 못했습니다. 그것을 마시면 갈증은 더욱 심해져 그들 중에서 어떤 사람들은 바닷물을 마시고 죽었습니다. 오늘날 많은 사람들이 행복과 만족을 찾고 있습니다. 그들은 세상의 쾌락들로 둘러싸여 있습니다. 그들은 이것들을 마십니다. 세상적인 추구에 모든 시간을 쓰지만 그들이 세상을 얻었을 때에 그것이 만족을 주지 못한다는 것을 깨달을 따름입니다.

그러면 사람에게 참된 만족이 없을까요? 사람이 영원히 세상을 헤매며 도깨비불을 뒤쫓다가 실망만을 영원히 되씹어야 합니까? 아닙니다. 인간의 마음을 참으로 만족시킬 수 있는 한 분이 계십니다. 결코 실망시키지 않는 분이 계십니다. "오른 손에 영원한 즐거움이 있는"분이 계십니다. 여러분에게 생명의 물을 주실 수 있는 분이 계시는데 그 물을 마시면 다시 목마름이 결코 없을 것입니다. 그분은 예수라는 이름을 지니셨습니다. 복된 예수, 하나님의 아들, 그는 사람들의 구주시며 인간의 마음을 만족시키시는 분이십니다.

오늘은 우리가 한 죄 많은 여인을 주님께서 어떻게 취급하여 주시는지 그 모습을 지켜볼 것입니다. 저는 다음의 소제목들에 관해 여러분께 말씀드리고자 합니다.

1. 생명의 물
2. 사악한 여자를 구원하시다

1. 생명의 물

장면이 시작되면서 예수님께서 유대를 떠나 갈릴리로 향해 가시고 있는 것이 보입니다. 그분이 "사마리아를 통과하여야 하겠다"고 기록되어 있습니다. 이 세 나라의 지리적 위치를 회상해보도록 하십시오. 갈릴리는 북쪽에, 유대는 남쪽에 위치하고 있었으며 사마리아는 그 나라의 사이에 바로 끼어 있었습니다. 갈릴리에 가려면 사마리아를 통과하여 가는 것이 매우 자연스런 일이었습니다. 그러나 유대인들은 그런 곧은길을 피했습니다. 그들은 동쪽으로 요단강을 건넌 다음 북쪽으로 올라가 다시 요단강을 건넌 후에 서쪽으로 갈릴리에 이르렀습니다. 이것은 많은 거리를 돌아가야 함을 뜻했습니다. 그들이 왜 그렇게 했습니까? 그들의 자존심과 편견 때문에 그랬습니다. 그들은 사마리아인과 상종하지 않았습니다. 사마리아인들을 이방인이요 부정한 사람들이라 생각했습니다. 그들은 그 나라에 접촉함으로써 자신들을 더럽히는 것을 원하지 않았습니다. 이것은 오늘날 퍼져 있는 인종적 편견을 우리에게 상기시켜줍니다. 그러나 자신이 유대인이셨던 예수 그리스도께서는 그러한 편견을 갖지 않으셨습니다. 그분은 곧바로 사마리아를 통과하려고 발길을 재촉하셨습니다. 왜 주님께서 그냥 사마리아를 통과하여야겠다고 느끼셨을까요? 첫째, 주님께서 유대인들에게 "너희 유대인들은 편견에 가득 차 있다. 내게는 편견이 없다. 나는 사람을 편애하지 않는다. 내가 너희들을 사랑하는 것과 똑같이 사마리아인들을 사랑한다"고 말씀하십니다. 예, 예수님은 모든 사람을 사랑하십니다. 그분에게는 모든 사람이 똑같습니다. 주님은 자신과 세상의 어떤 영혼 사이에 편견이 개입되는 것을 용납하시지 않습니다. 다음으로, 주님께서 사마리아를 통과하여 가심으로 주님의 사명의 보편성을 나타내주시고 있습니다. 그분이 오신 것은 어느 한 민족이나 일단의 사람들만을 구원하시기 위하여서가 아니라 모든 사람들을 위하여 죽으시고 모든 사람에게 구원을 주시려고 오셨습니다. 그래서 주님은 이렇게 말씀하시고 계십니다. "인자가 유대인들을 위한 것과 꼭 마찬가지로 사마리아인들을 찾아 구하려고 왔다. 내가 그들에게도 메시지를 전해야겠다." 이 진리에 조화되게 나는 영원 전부터 예수님께서 사마리아에 대한 예정을 갖고 계셨다고 믿습니다. 그곳의 죄 많은 한 여인이 용서와 깨끗하게 하심을 받을 필요가 있었습니다. 그곳의 한 도시가 구원이 필요했습니다. 예수님의 생애에 우연한 사건이 없습니다. 하나님께서는 가장 세밀한 데까지 주님의 생애를 계획하셨습니다. 이 여자가 이 계획에 대하여 아무것도 몰랐지만 주님께서 죄 많은 그 여자를 만나서서 그녀의 생애를 바꾸시도록 하나님께서 계획하셨습니다. 예수님의 계획 속에서 그분이 당신의 길목에 오셔서 당신에게 구원과 소망을 주셨으니 기쁘지 않습니까? 그것은 당신 생애의 최고의, 가장 행복한 날이며 예수님께서 당신의 죄를 깨끗이 씻어주신 날입니다.

　　이제 이 여행에서 주님은 수가에 이르러 동구 밖 야곱의 우물가에 멈추셨습니다. 야곱이 이때로부터 1700년 전에 자기 아들 요셉에게 이 우물을 주었습니다. 수세기를 내려오면서 이 우물은 천만인의 갈증을 그 물로 해갈시켜주었습니다. 오늘날에 있어서와 같이 유대인들은 가는 곳마다 그들 고유의 문화적 흔적을 새겨두었던 것을 우리가 알 수 있습니다. 예수님은 여행으로 피곤하여 그곳에 앉으셨습니다. 이것은 우리에게 예수님의 인성에 관해 말해 주고 있습니다. 그분은 하나님께로부터 오신 거룩한 분이셨으나 우리와 같은 몸을 갖고 계셨습니다. 우리가 느끼는 배고픔과 목마름과 피곤 등을 느끼셨습니다. 주님은 물 위로 걸으시고 말씀 한 마디로 폭풍을 잠잠하게 하실 수 있었습니다. 맹인에게 시력을 주시며 죽은 자를 다시 살리실 수 있었습니다. 그런데도 주님은 사마리아의 먼지 이는 길을 걸으실 때에 피곤하고 배고프시게 되었습니다. 그분의 인성에 대한 이 증거는 그분을 우리에게 친근하게 밀착시켜 줍니다. 주님은 우리들처럼 고난을 겪으셨으며 필요한 때에 우리를 도우실 수 있음을 우리가 압니다. 우리가 어떤 괴로운 경험을 당하였으면 같은 경험으로 시달리는 다른 사람들을 도울 수 있습니다. 예수님께서는 한 사람으로 사셨으며 인생의 모든 슬픔과 고통을 경험하시어서 우리에게 도움이 필요할 때에 우리를 어떻게 도우실지 알고 계십니다. 몇 분이 지나서 주님은 홀로 계셨습니다. 제자들이 음식을 사러 시내로 들어갔기 때문입니다. 그들은 여러 명이었습니다. 그런데 왜 한두 명 주님과 함께 남아 있지 않았을까요? 다시 우리는 하나님의 목적이 일하고 있는 것을 깨닫게 됩니다. 주님을 필요로 하는 한 가련한 죄인에게 마음을 온전히 쏟기 위해 주님은 홀로 계실 필요가 있었습니다.

멀찌가니 시내로부터 한 여자가 다가오고 있었습니다. 그녀가 누구였을까요? 그녀는 어떤 유의 여자였을까요? 다른 여자들은 아침이나 저녁에 물 길러 오는데 그녀는 왜 대낮에 우물로 나오고 있었겠습니까? 그 여자의 이름은 나타나 있지 않습니다. 그녀는 죄가 많은 여자였습니다. 그녀는 전에 다섯 남편과 살아왔으나 지금 함께 살고 있는 남자는 그녀의 남편이 아니었습니다. 그녀는 그 시간에 우물에 아무도 없을 것으로 생각했기 때문에 낮에 왔습니다. 정상의 시간에 그 도시의 선량한 여인들과 함께 감히 나올 수 없었습니다. 그녀는 한 목적을 위해 왔습니다 — 물을 긷는 것이었습니다. 그밖에 아무것도 생각하지 않았습니다. 예수님을 만나고, 회개하게 되리라는 것은 조금도 생각지 못했습니다. 아마 그녀는 물동이를 들면서 '가서 물을 좀 길러와야겠다. 지금쯤 우물에 아무도 없을거야'하고 생각했을 것입니다. 그러나 거기에 한 분이 계셨습니다 — 그녀를 기다리고 계시는 분, 그녀에 대하여 모든 것을 알고 계신 분, 그녀의 깊은 갈증을 알고 계신 분, 그녀를 구원하시며 변화시키고 영혼의 평화와 마음의 희망을 그녀에게 부어주실 수 있는 분이 거기 계셨습니다.

그 여자가 우물에 도착하였을 때에 예수님은 유대인들의 관례를 깨셨습니다. 유대인들은 사마리아인들에게 말을 거는 법이 없었습니다만 예수님은 그녀를 한 잃어진 영혼이요 심령이 굶주린 한 사람으로 보셨습니다. 주님은 그녀에게 말을 거셨을 뿐 아니라 도움까지 청하셨습니다. "내게 물을 좀 달라"고 하신 것입니다. 그 여자는 처음에는 놀랐습니다. 그녀는 "당신은 유대인이며 저는 사마리아인입니다. 당신네들은 우리들과 다른 것으로 자처합니다. 우리들과는 상관하려 하지 않습니다. 그런데 당신은 왜 저에게 물을 좀 달라 하십니까?"라고 말했습니다. 예수님은 화가 나지 않으셨습니다. "격노하지" 않으셨습니다. 인종적 편견에 대한 그녀의 푸념을 무시하셨습니다. 주님은 조용히 이렇게 말씀하셨습니다. "네가 만일 네게 물 좀 달라 하는 이가 누구인 줄 알았더라면 네가 그에게 구하였을 것이요 그가 생수를 네게 주었으리라."

예수님은 "네가 알았다면"하고 말씀하셨습니다. 오, 그것은 오늘날 사람들에게 있어서의 문제입니다 — 그들은 모릅니다! 그들은 예수님이 얼마나 놀라운 분이신지를 모릅니다. 그들이 갈망하며 찾는 평화와 행복을 그분께서 그들에게 주실 수 있는 것을 모릅니다. 만약 사람들이 영원한 사망으로 달려가고 있음을 안다면, 만약 그들이 예수 밖에는 아무런 소망이 없음을 안다면 확실히 그들이 죄를 버리고 주님께 나아올 것입니다. 예, 사람들이 알기만 한다면 — 그리고 세상의 어떤 설교자도 예수님께서 당신을 위하여 하실 수 있는 모든 것을 당신에게 다 말해 줄 수 없습니다. 당신 스스로 그것을 경험해야 합니다.

어느 민간인 클럽 정찬회에서 백 년 동안 운영되어 온 한 기업의 경영자를 회장이 알아차렸습니다. 그가 "한 세기는 긴 시간입니다. 우리가 알기로는 이 회사가 아주 훌륭한 원칙 위에 설립되었음에 틀림없습니다. 그렇지 않았다면 그렇게 오래 지속되지 못했을 것입니다"라면서 소개했습니다. 그러고서 그는 식탁 주위를 둘러보며 "백년 이상의 역사를 가진 회사를 대표하는 사람이 여기에 있습니까?"라고 말했습니다. 한 목사가 조용히 일어나서 "제가 그 영예를 갖고 있습니다. 기독교는 1900년 동안 사업을 계속하여 왔습니다"라고 말했습니다. 그의 말에 박수와 환성이 답해 주었습니다. 예, 1900년 동안 예수님은 자기에게 나아오는 모든 사람들을 구원하시고 축복하시는 일을 계속하여 오셨습니다. 그리고 만약 사람들이 주님께서 그들을 위하여 무엇을 하실 수 있는지를 알기만 하면 모든 사람이 주님께로 나아올 것입니다.

예수님께서는 자신이 이 여인에게 주실 수 있는 "생수"에 관하여 말씀하셨습니다. 주님께서 무엇을 의미하셨습니까? 구원 안에 포괄된 모든 것을 의미하셨습니다. 용서와 평화, 긍휼과 은혜, 칭의와 영화를 의미하셨습니다. 한 영혼이 필요로 하는 모든 것이 이 생수 안에 포괄되어 있습니다. "생수"라는 말은 신선하며 계속 솟아나는 물이라는 뜻인데, 그것은 예수님께로 나갈 때에 우리가 얻게 되는 것입니다. 이 세상의 물은 괴어 있는 물이요 흙탕물이되 주님은 생수를 주십니다. 세상을 시험해 보세요. 그것이 여러분에게 만족을 주지 못합니다. 예수님을 맛보세요. 그분은 영원히 만족시켜 주실 것입니다.

그 여자가 지금 놀라고 있습니다. "물 길을 그릇도 없고 이 우물은 깊은데 어디서 당신이 그 생수를 얻겠사옵나이까"라고 그녀가 말했습니다. 우리는 여기서 니고데모가 그랬던 것처럼 그녀가 영적인 대화를 전혀 이해하지 못하는 것을 보게 됩니다. 예수님께서 "네가 거듭나야 한다"고 말씀하실 때에 니고데모는 육체적으로 태어나는 것을 생각하였습니다. 여자도 주님께서 영적으로 새롭게 되는 것을 말씀하실 때에 우물물을 생각하고 있었습니다. 그녀의 마음은 우물과 양동이로 가득 차 있었습니다. 물질적인 것만을 생각하고 있었습니다. 오늘날도 사람들의 마음이 물질적인 것으로 혼잡하여서 예수 그리스도를 볼 수 없습니다. 그녀는 우물이 깊다고 말했습니다. 예, 구원의 우물이 너무 깊어서 우리의 손이 거기에 미칠 수 없습니다. 우리가 율법을 지킴으로나, 의식으로나, 선행으로나, 정결한 성품으로 영원한 생명을 얻을 수 없습니다. 그 우물은 그런 것들보다 더 깊습니다. 예수님은 우리를 얻으실 수 있기 전에 갈보리의 그 무서운 깊이에까지 내려가셔야 했습니다.

지금 그 여자가 약간 비꼬는 것 같습니다. "우리의 조상 야곱이 이 우물을 팠습니다. 우리는 오늘까지 여기에서 많은 물을 구해 왔습니다. 당신은 이보다 더 나은 우물을 알고 계신가요? 당신은 우리의 가장 큰 존경을 받는 한 사람, 야곱보다 더 위대하다는 말입니까?" 그녀가 말했습니다. 그러나 예수님은 그녀의 질문에 대답을 아니 하시고 우물을 가리키시면서 이렇게 말씀하셨습니다. "이 물을 마시는 자마다 다시 목마르려니와 내가 주는 물을 마시는 자는 영원히 목마르지 아니하리니 내가 주는 물은 그 속에서 영생하도록 솟아나는 샘물이 되리라." 여기서 예수님께서 무엇을 말씀하고 계십니까? 주님은 이런 뜻으로 말씀하시고 계십니다. "가서 세상을 위하여 살아보라. 세상이 너를 만족하게 해주지 못할 것이다. 여전히 행복을 찾아 헤매게 될 것이다. 그러나 나에게 너의 마음을 주고 나를 위하여 살라. 그리하면 참된 행복을 발견하게 될 것이다."

로이 앤절 박사(Dr. Roy Angell)가 어느 레스토랑에 간 일을 이야기했습니다. 여급사가 그에게 요리를 가져오자 그는 그녀에게 미소를 보내면서 "주인이 나를 당신의 테이블로 보내주어서 기쁩니다. 아가씨를 우리 교회에서 본 적이 있어요"라고 말했습니다. 그녀가 "예, 나간다면 목사님의 교회에 갑니다"라고 말했습니다. "아가씨는 무슨 교회에 소속되어 있습니까?" 앤절 박사가 물었습니다.

"박사님, 저는 어느 교회에도 속해 있지 않습니다. 제가 오늘 죽는다면 천국에 가지 못할 것입니다." 여급사가 대답했습니다. "확실히 이 중대한 문제를 아가씨가 뒤로 제쳐놓지 않으리라고 생각해요. 오늘 오후 함께 이야기할 수 있겠습니까?"라고 그가 말했습니다. "아닙니다, 오늘 밤 늦게까지 근무입니다. 그녀가 대답했습니다. "내일은 어떨까요?" "안 됩니다. 내일 아침 휴가차 일찍 떠날 거예요." 그녀가 말했습니다. 그러자 그가 말했습니다. "아가씨의 이름이 어린양의 생명책에 기록되어 있지 않으면 휴가도 그렇게 맘껏 행복하지 못할 것입니다." 그녀의 눈이 눈물로 젖으며 그녀는 "사람이 구원을 받지 않았으면 어디를 가든 행복하지 않습니다"라고 말했습니다. 이건 얼마나 진실한 말입니까. 이 세상의 물은 우리를 결코 행복하게 만들 수 없습니다. 당신이 진정한 행복을 알려면 반드시 예수님을 알아야 합니다.

예수님은 여기에서 간단하게 말씀하시고 계십니다. "네가 이 물을 마시면 또 물을 길러 다시 와야 할 것이다. 내가 주려고 갖고 있는 것을 네가 취하면 항상 여한 없는 만족함을 얻는 것이다." 믿는 자는 그 안에서 영원토록 솟아나는 생수를 갖게 된다고 주님께서 말씀하셨습니다. 우물과 샘은 차이가 있습니다. 제가 어릴 적에 집에서 약 반 마일 떨어진 곳에 있는 아주 좋은 샘에 가서 거의 얼음처럼 차가우면서 순수하게 깨끗하고 맛이 좋은 샘물을 유리 항아리에 가득 담아 오곤 하였습니다. 40년 후에 제가 다시 그곳에 가보았더니 그 샘은 여전히 그 훌륭한 물을 솟아내고 있었습니다. 여기서 예수님께서 말씀하시고 있는 바는 주님께서 주시려고 하는 것을 우리가 취하면 그리스도인의 기쁨과 평화와 소망의 내적인 샘 ― 마르는 법이 없는 샘 ― 즉 우리들 자신과 다른 사람들에게 축복의 근원이 되는 샘을 갖게 될 것이라는 사실이 아니겠습니까?

2. 사악한 여자를 구원하시다.

이제 그 여자에게 관심을 가져봅시다. 그녀는 겉으로는 빈정거리는 말투를 사용하면서도 주님께 경의를 표하여 "주여"라고 부릅니다. 그녀가 이렇게 말하고 있는 것을 우리가 들을 수 있습니다. "주여 그런 물을 내게 주사 목마르지도 않고 또 여기 물 길으러 오지도 않게 하옵소서." 그녀는 아직도 이해하지 못하고 있습니다. 물질적이고 땅의 것을 생각하고 있습니다. 그러나 그녀는 하나의 바른 생각을 갖고 있습니다. 보통의 죄인이라면 하나님께 무엇인가를 드려서 자기가 구원받을 수 있다고 생각하기 일쑤입니다. 훌륭한 생활이나 선행이나 물질적 희사로서 천국과 맞바꾸려고 생각하는 것이 보통입니다. 우리가 무엇을 하나님께 드림으로써 구원받는 것이 아니라 하나님으로부터 어떤 것을 받음으로써 구원을 받습니다. 우리의 맘을 활짝 열고 그리스도와 그분이 주시는 모든 것을 받아들일 때에 구원을 얻게 됩니다. 영국의 한 여왕이 죽어가면서 촌각의 시간에 "수백만 금을"이라고 소리쳤습니다. 그러나 사람이 이 생명을 살 수 없습니다. 아무리 부자라 하더라도 영생을 살 수 없습니다. 하나님은 천국을 파시지 않습니다. 주님은 그것을 거저 주십니다. 당신이 죄의 생활에서 돌아서는 순간, 당신의 마음을 예수 그리스도께 드리는 순간, 영원한 생명이라는 하나님의 선물이 당신 것이 됩니다. "죄의 삯은 사망이요 하나님의 은사는 그리스도 예수 우리 주 안에 있는 영생이니라"(롬 6:23).

이제 대화가 이상한 회전을 합니다. 여자가 "이런 물을 나에게 주소서"라고 말합니다. 그러나 예수님은 "가서 네 남편을 불러 오라"고 대답하십니다. 그녀는 죄책을 느끼며 거기에 서 있습니다. 자기의 죄가 빛에 드러난 것입니다. 그녀는 이해하지 못하고 있습니다만 오늘날 우리는 확실히 이해하고 있습니다. 우리가 생명의 물을 마실 수 있기 전에, 하나님의 축복을 받을 수 있기 전에, 우리의 죄가 드러나고 뿌리 뽑혀야만 합니다. 이제 겸손히 그녀가 "나는 남편이 없나이다"라고 말하는 것을 우리가 들을 수 있습니다. 그때 예수님이 " 내가 알고 있다. 너는 남편이 다섯이나 있었고 지금 네가 같이 살고 있는 자도 네 남편이 아니다"라고 말씀하셨습니다. 여기서 우리는 예수님의 진지하심을 보게 됩니다. 주님은 전에 그 여자와 한 번도 대화해 보신 적이 없었을지라도 그녀에 대하여 모든 것을 알고 계십니다. 그분은 또한 우리들에 대하여도 모든 것을 아시고 계십니다. 세상의 어떤 것도 주님의 눈으로부터 숨겨질 수 없습니다.

하나님은 우리의 사람됨과 행하는 일을 모두 보시고 계십니다. 당신이 저지른 죄가 기억나십니까? 당신을 본 사람이 아무도 없다고 당신이 생각했습니다. 그러나 하나님이 당신을 보셨습니다. 당신의 마음속을 잠깐 있다가 지나간 악한 생각이 기억나십니까? 당신이 그것을 알고 있는 유일한 사람이 아닙니다. 하나님께서 그것을 아셨습니다.

그러나 예수님께서 이 여자를 얼마나 친절하고 온화하게 다루고 계신지를 보십시오. 위선적이고 스스로 의로운 바리새인들이 주님 앞에 섰을 때 주님은 그들의 검은 마음을 보시고 그들에게 격노하셨습니다. 그들을 "회칠한 무덤"이라고 꾸짖으셨습니다. 주님은 오늘날도 겉으로는 훌륭하게 보이려고 애쓰면서도 속으로 푹 썩어 있는 사람들에게 똑같이 느끼시리라고 저는 확신합니다. 오늘날 아주 경건하게 말하고 느긋하게 성경 구절을 인용하지만 기회가 주어지면 배후에서 등을 찌르는 사람들이 있습니다. 그러나 예수님께서 이 여자와 이야기하실 때 깊은 동정으로 가득 차 계셨습니다. 그녀는 위선자가 아니었습니다. 그녀는 가련하고 배고픈 마음을 가진 여자요 자기가 죄인이라고 고백하는 죄인이었습니다.

그래서 예수님은 그녀를 온화하게 대하셨습니다. 주님은 "너 사악한 여자야! 간음한 여자야! 회개하지 않으면 지옥에 갈 것이다!'라고 소리쳐 꾸짖지 않으셨습니다. 이것은 사실이지만, 그녀의 마음을 녹이는 대신에 꽁꽁 얼어붙게 하였을 것입니다. 그래서 주님은 그녀에 대한 좋은 방법을 찾아 발견하셨습니다. 그녀가 자신에 대하여 바른 말을 하여 예수님은 그녀를 칭찬하였습니다.

이 지점에서 그녀는 스포트라이트를 그녀 자신으로부터 옮겨 그 외의 다른 어떤 것 위에 놓기를 바랐습니다. 그래서 그녀는 주제를 바꾸었습니다. "내가 보니 당신은 선지자로소이다. 우리 조상들은 이 산에서 예배하였는데 당신들의 말은 예배할 곳이 예루살렘에 있다 하더이다"라고 그녀가 말했습니다.

오늘날도 꼭 그와 같이 죄의 문제를 가지고 죄인을 대면하면 그는 종교적 토론을 일으키기 시작합니다. "구원받으려면 뭐 꼭 교회에 나가야만 하나요? 천국 가려면 꼭 세례를 받아야 하는 것은 아닙니다. 교회에는 위선자가 너무 많아요"라고 그가 말합니다. 아시다시피 그는 자기 자신의 죄와 중생의 필요성을 인정하려 하지 않습니다. 그저 외면적 일에 관하여만 얘기하려 합니다. 그러나 죄인이 자기 자신을 잃어버려진 영혼으로 보고 "하나님이여 이 죄인을 불쌍히 여기소서"라고 부르짖기까지는 그는 결코 구원을 받지 못합니다.

예수님은 그 여자에게 이렇게 말씀하셨습니다. "참 종교는 예배의 어떤 장소나 어떤 의식에 있는 것이 아니다. 중요한 것은 마음의 태도이다." 오늘날도 그것이 마찬가지인 것을 우리가 압니다. 교회나 의식이나 형식이 구원할 수 없습니다. 회개하는 심정이 있어야 합니다. 그 다음에 믿음으로 그리스도를 단순히 바라뵈야 합니다. 그리히면 세상에서 가장 위대한 일이 이루어집니다. 한 사람이 완전히 변화됩니다. 그가 구원을 받은 것입니다. 그의 죄는 용서받습니다.

새로운 본성이 주어지고 그의 이름이 어린양의 생명책에 기록됩니다.

위대하신 의사께서 준비 작업을 하셨습니다. 환자를 진찰하시고 환부를 면밀히 조사하셨습니다. 그리고서 그 여자에게 영적 대수술의 필요성을 보이셨습니다. 상한 심령으로부터 갈망하는 그녀의 울부짖음을 우리가 들을 수 있습니다. 이런 뜻으로 그녀가 말합니다. "예, 저는 죄인입니다. 그러나 저의 맘 깊은 곳에서 저는 메시야를 찾고 있습니다. 그분이 오시면 모든 것을 저에게 말씀해 주실 것입니다. 그분이 저에게 내 죄를 없애는 방법과 하나님께 가는 길을 발견하는 방법을 가르쳐 주실 것입니다." 이제는 그녀는 확실히 올바른 길 위에 들어서 있습니다. 그녀가 어떤 종교적 기관이나 형식을 바라보고 있지 않습니다. 그녀는 홀로 구원하실 수 있는 하나님께서 세우신 분을 찾고 있습니다.

그러면 예수님께서는 무어라고 말씀하십니까? 오, 놀라우신 분! 주님은 이 불쌍한 죄인의 얼굴을 들여다보십니다. 그녀의 갈망을 보시며 그녀의 가난한 심령을 느끼십니다. 그때에 주님은 자신을 나타내시어 말씀하십니다. "여자여, 네가 너를 도울 수 있는 분을 찾고 있구나. 내가 그분이다. 메시야다. 내가 구세주다. 내가 너를 도우며 구원하겠다. 너를 죄의 수렁에서 건져 올려 너의 인생을 변화시키겠다. 너의 절망적인 것을 제하고 영원한 생명을 너에게 주겠다." 예수님은 실패하시는 법이 없으십니다! 누구든지 바른 정신에서 주님께 나오시오. 주님은 너무 바쁘시다 하여 손을 내밀어 도우시고 축복하시며 구원하시는 일을 피하시는 법이 절대로 없으십니다. 이 여자는 구원을 받았습니다. 또 많은 다른 사람들을 전도해 냈습니다. 매춘부가 전도자로 변했습니다. 유혹자가 복음의 사자로 변했습니다. 외로운 영혼이 충성스러운 종으로 변했습니다. 저의 다음의 설교에서 후년의 그녀 생애에 대하여 더 말씀드리겠습니다.

우리는 다시 본 장(本章)에서 "오직 예수"를 봅니다. 우물가에서 펼쳐진 드라마의 주인공은 남편 다섯을 가졌던 그 여자가 아니라 전능하신 구주이며 영혼의 획득자이신 예수 그리스도이십니다. 그분은 위대한 자들 중에서 가장 위대하시며 다른 모든 사람들 위에 계신 분이십니다. 당신에게 예수님은 무엇을 의미하고 있습니까? 여러 문학의 대가들이 런던의 어느 회합에 모였습니다. 그들은 과거의 위인들에 대하여 토론하고 있었습니다. 그들 중의 한 사람이 "만약 셰익스피어가 방으로 들어온다면 우리 모두 일어나 그를 맞이할 것입니다"하고 말했습니다. 그때에 어떤 사람이 질문을 던졌습니다. "만약 예수 그리스도가 이 방에 들어온다면 어떻게 하겠습니까?' 그것을 받아 찰스 램(Charles Lamb)이 말했습니다. "나는 그분의 발에 엎디어 그분의 옷 가에 입을 맞추겠습니다." 예수님이 당신에게도 그렇게 중한 의미를 지니고 있습니까?

진정한 만족을 주는 유일한 것으로서 생명의 물에 관하여 여러분에게 말씀드렸습니다. 그리스도는 현세와 내세에서 만족을 주십니다. 사탄은 단지 잠시 동안 사람을 즐겁게 해 줍니다. 사탄은 이생에서도 내세에서도 실망을 안겨 줍니다. 한 주정꾼이 술집에서 그의 여러 친구들과 함께 테이블에 앉아 있었습니다. 이윽고 그의 아내가 들어와서 보로 씌운 접시를 그의 앞에 내려놓았습니다. 그녀가 말했습니다. "잭, 당신이 너무 바빠 저녁 식사하러 집에 못 오실 것 같기에 저녁밥을 당신께 가져왔습니다." 그러더니 그녀는 모든 사람들이 웃는 가운데 술집을 떠났습니다. 잭은 친구들과 식사를 함께 하려고 그들을 청했습니다. 그가 보를 들추었더니 접시가 비어 있었습니다. 대신에 접시 속에서 아내가 쓴 짧은 편지를 발견했습니다. 사연은 이러했습니다. "오늘 저녁식사를 잘 드시기 바랍니다. 이것이 바로 당신의 아내와 애들이 집에서 먹는 그대로입니다."

예, 사탄의 접시들은 끝에 가서 항상 비게 됩니다. 그러나 예수님께로 오면 그분의 모든 접시들이 이 세상과 오는 세상에서 내내 좋은 것으로 가득 차 있는 것을 발견하게 될 것입니다.

제
11
장

—

"이는 그리스도가 아니냐?"

—

"²⁷ 이 때에 제자들이 돌아와서 예수께서 여자와 말씀하시는 것을 이상히 여겼으나 무엇을 구하시나이까 어찌하여 그와 말씀하시나이까 묻는 자가 없더라 ²⁸ 여자가 물동이를 버려 두고 동네로 들어가서 사람들에게 이르되 ²⁹ 내가 행한 모든 일을 내게 말한 사람을 와서 보라 이는 그리스도가 아니냐 하니 ³⁰ 그들이 동네에서 나와 예수께로 오더라 ³¹ 그 사이에 제자들이 청하여 이르되 랍비여 잡수소서 ³² 이르시되 내게는 너희가 알지 못하는 먹을 양식이 있느니라 ³³ 제자들이 서로 말하되 누가 잡수실 것을 갖다 드렸는가 하니 ³⁴ 예수께서 이르시되 나의 양식은 나를 보내신 이의 뜻을 행하며 그의 일을 온전히 이루는 이것이니라 ³⁵ 너희는 넉 달이 지나야 추수할 때가 이르겠다 하지 아니하느냐 그러나 나는 너희에게 이르노니 너희 눈을 들어 밭을 보라 희어져 추수하게 되었도다 ³⁶ 거두는 자가 이미 삯도 받고 영생에 이르는 열매를 모으나니 이는 뿌리는 자와 거두는 자가 함께 즐거워하게 하려 함이라 ³⁷ 그런즉 한 사람이 심고 다른 사람이 거둔다 하는 말이 옳도다 ³⁸ 내가 너희로 노력하지 아니한 것을 거두러 보내었노니 다른 사람들은 노력하였고 너희는 그들이 노력한 것에 참여하였느니라 ³⁹ 여자의 말이 내가 행한 모든 것을 그가 내게 말하였다 증언하므로 그 동네 중에 많은 사마리아인이 예수를 믿는지라 ⁴⁰ 사마리아인들이 예수께 와서 자기들과 함께 유하시기를 청하니 거기서 이틀을 유하시매 ⁴¹ 예수의 말씀으로 말미암아 믿는 자가 더욱 많아 ⁴² 그 여자에게 말하되 이제 우리가 믿는 것은 네 말로 인함이 아니니 이는 우리가 친히 듣고 그가 참으로 세상의 구주신 줄 앎이라 하였더라 ⁴³ 이틀이 지나매 예수께서 거기를 떠나 갈릴리로 가시며 ⁴⁴ 친히 증언하시기를 선지자가 고향에서는 높임을 받지 못한다 하시고 ⁴⁵ 갈릴리에 이르시매 갈릴리인들이 그를 영접하니 이는 자기들도 명절에 갔다가 예수께서 명절중 예루살렘에서 하신 모든 일을 보았음이더라 [46] 예수께서 다시 갈릴리 가나에 이르시니 전에 물로 포도주를 만드신 곳이라 왕의 신하가 있어 그의 아들이 가버나움에서 병들었더니 [47] 그가 예수께서 유대로부터 갈릴리로 오셨다는 것을 듣고 가서 청하되 내려오셔서 내 아들의 병을 고쳐 주소서 하니 그가 거의 죽게 되었음이라 [48] 예수께서 이르시되 너희는 표적과 기사를 보지 못하면 도무지 믿지 아니하리라 [49] 신하가 이르되 주여 내 아이가 죽기 전에 내려오소서 [50] 예수께서 이르시되 가라 네 아들이 살아 있다 하시니 그 사람이 예수께서 하신 말씀을 믿고 가더니 [51] 내려가는 길에서 그 종들이 오다가 만나서 아이가 살아 있다 하거늘 [52] 그 낫기 시작한 때를 물은즉 어제 일곱 시에 열기가 떨어졌나이다 하는지라 [53] 그의 아버지가 예수께서 네 아들이 살아 있다 말씀하신 그 때인 줄 알고 자기와 그 온 집안이 다 믿으니라 [54] 이것은 예수께서 유대에서 갈릴리로 오신 후에 행하신 두 번째 표적이니라." — 요 4:27-54

지난 메시지에서, 우물가에서 한 여인에게 말씀하시는 예수님을 우리가 살펴보았습니다. 그분과 제자들이 갈릴리로 가시고 있는 도중이었습니다. 유대인들이 몹시 싫어하는 사람들이 살고 있는 땅, 사마리아를 통과하시고 계셨습니다. 그러나 예수님은 증오를 품지 않으셨습니다. 그분의 마음은 모든 인간에 대한 사랑으로 충만하였습니다. 그러므로 사마리아를 통과하여 가는 것을 주저하지 않으셨습니다. 영원 전부터 주님은 그곳에서의 한 계획을 갖고 계셨습니다. 한 불쌍한 죄인, 타락한 여인을 만나서서 그녀의 인생과 그녀가 속한 마을 주민들의 인생을 변화시킬 계획을 가지셨습니다. 그래서 주님께서 수가라는 마을의 바로 외곽에 있는 야곱의 우물가에 앉아계신 것을 우리가 봅니다. 때는 정오였습니다. 주님은 피곤하고 배고프셔서 제자들이 음식을 사러 시내로 들어간 새에 쉬시려고 앉아 계시는 것입니다. 조금 지나 한 외로운 여인이 물을 길러 나옵니다. 우리가 그녀를 자세히 묘사할 필요는 없습니다. 아마 그녀에 대하여 최소한으로 이야기하는 것이 그만큼 더 좋은 일일 것입니다. 그러나 우리가 이것을 알고 있습니다. 그녀가 다섯 남편을 전에 갖고 있었고 지금은 자기 남편이 아닌 사람과 불륜의 관계를 맺어 살고 있었습니다.

예수님은 그분만이 하실 수 있는 방식으로 이 여자를 다루십니다. 주님은 그녀를 대화로 이끄십니다. 그녀에게 그녀의 죄를 보이십니다. 그녀의 잃어진 상태를 그녀에게 열어 보이십니다. 그런 후에 주님은 자신을 메시야로서 그녀에게 계시하십니다. 그녀의 가슴 속에서 희망이 솟고 그녀 마음에 믿음이 싹텄습니다. 곧 그녀는 그녀의 구원자와 주로서 그리스도를 즐거워하고 있습니다. 능하신 영혼의 획득자께서 자기의 일을 이루신 것이었습니다. 한 여자가 새로 태어났습니다. 한 죄인이 사망에서 생명으로 옮겨져 왔습니다. 한 새 이름이 영광스럽게 기록되었습니다.

이제 우리가 이야기를 계속해 가면서 4장에 있는 다음의 주제들을 생각해 볼 것입니다.

1. 믿음의 증거
2. 하나님의 뜻
3. 추수를 기다리는 무르익은 곡식
4. 위대한 의사의 사역

1. 믿음의 증거

그런데 이 여자가 구원받았음을 우리가 어떻게 알 수 있을까요? 그 증거가 어디에 있습니까? 예수님과 이야기를 끝낸 즉시 그녀는 물동이를 그대로 놔두고 흔쾌한 발걸음으로 튀어 오르듯 빨리 시내로 들어가 모든 사람들에게 큰 소리로 말했습니다. "내 모든 과거를 알아맞히는 한 분을 내가 만났습니다. 이분이 우리가 고대하여온 그리스도임에 틀림없습니다. 와서 나와 함께 그분에게 가 봅시다." 그녀가 매우 진지하고 그녀의 목소리가 아주 간곡했기 때문에, 또 그녀에게서 사람들이 크나큰 변화를 발견했기 때문에 그들이 나가서 예수님을 뵙지 않을 수 없게끔 되었습니다.

이 여자는 "나 같은 건 그리스도께 무슨 봉사할 염치가 없어요. 난 너무도 큰 죄인이었어요" 하지 않았습니다. 그리하지 않았습니다. 어떤 일이 그녀에게 일어났습니다. 혼자만 알고 있을 수 없는 어떤 일이 그리스도에 의해 그녀가 완전히 딴 사람이 되어 있었습니다. 새 사람이 되어 하나님의 평화가 그녀의 영혼에 넘쳤습니다. 예수님은 "집으로 가서 이웃들에게 증거하라"고 말씀하실 필요가 없었습니다. 그녀에게 일어난 일이 너무 컸으므로 온 세상에 그것을 알리고자 했습니다. 진정한 그리스도인, 하나님의 평화가 그의 영혼 속에서 물결치는 그리스도의 능력을 느끼는 사람은 자기 외의 어떤 사람도 그의 구주를 알게 되기를 원하는 법입니다. 우리가 교회에서 여러 가지 일들을 합니다만 우리의 모든 활동의 목적은 사람들을 그리스도께로 인도하여 내는 것입니다. 다른 사람들이 그리스도를 알게 하기 위하여 우리가 설교하고 가르치며 노래도 하고 헌금도 합니다. 당신도 이 모든 일에 한 몫을 담당해야 합니다. 영혼을 이끌어내는 것이 모든 그리스도인의 의무입니다.

우리는 여기서 하나님께서는 미천한 사람들을 사용하셔서 주님을 위하여 일하게 하시는 것을 발견합니다. 주님은 힘센 장수 골리앗을 깨뜨리시기 위하여 한 목동, 다윗을 사용하셨습니다. 주님은 한 히브리 노예인 다니엘을 사용하셔서 바빌론의 조정에서 주님을 증거하게 하셨습니다. 주님은 하나님의 능력을 권세가 높은 나아만에게 알리시려 한 어린 소녀를 사용하셨습니다. 주님은 자기의 독생자를 세상에 들여보내시기 위하여 한 시골 여자를 사용하셨습니다. 하나님은 그리스도의 사건을 왕후장상들에게 전하도록 비천한 어부들을 사용하셨습니다. 그와 같이 수가 시에서는 기쁜 소식을 그 도시에 알리도록 전에 창부였던 여자를 사용하십니다. "나는 아무것도 아니다. 하나님이 나를 사용하실 수 없다"고 말하지 마세요. 주님은 자기에게 완전히 굴복당한 사람이면 누구든 사용하실 것입니다.

스카보로우 박사(Dr. L. R. Scarborough)가 텍사스의 한 작은 읍에서 어느 집회에 참석했던 것을 말합니다. 어떤 아침 집회 시간에 그가 사람들에게 말하기를 그들에게 가장 은혜를 끼친 사람 곁에 가서 서라고 말했습니다. 18명의 젊은 여자들이 회색 머리칼의 왜소한 어느 여자에게로 가서 곁에 섰습니다. 사람들은 그녀가 공중 앞에서 말하는 것을 보지 못했습니다. 그녀의 공중 기도하는 것도 듣지 못했습니다. 그렇지만 조용한 태도로, 그녀는 이 젊은 여성들의 삶에 감화를 주어 그 사람들을 하나하나 그리스도께로 인도해낼 수 있었습니다. 그 회색머리칼의 작은 여성은 위대한 전도자, 조지 트루에트 박사(Dr. George W. Truett)의 어머니였습니다. 사람들을 그리스도께 이끌기 위하여 우리에게 무엇이 필요합니까? 웅변이 아닙니다. 논리적 힘도 아닙니다. 오직 구주를 개인적으로 친밀히 아는 것과 그분을 위하는 뜨거운 마음이 필요합니다.

우리가 사건의 줄거리를 더 따라가면 사마리아인의 상당수가 이 여자의 증언 때문에 그리스도를 믿게 되는 것을 알 수 있습니다. 당신은 그리스도께 대한 증언을 지니고 계십니까? 제가 지금 당신이 궁중 앞에서 말할 수 있는지를 묻고 있는 것이 아닙니다. 당신의 삶이 예수님을 향해 가리키고 있는지를 묻고 있습니다. 도로상에 "○○시로 가는 길"이라고 쓰어 있는 표지판이 어느 시를 가리키며 서 있습니다. 그러나 어떤 사람이 와서 이 표지판의 방향을 바꾸어 버립니다. 이제 그것이 시골을 가리키고 있는데도 "○○시로 가는 길"이라고 여전히 쓰여져 있습니다. 만약 우리가 그 표지판을 따라가면 엉뚱한 데로 가버리게 될 것입니다. 그리스도인의 삶은 항상 그리스도를 향하여 가리켜야 합니다. 만약 죄와 세상이 들어오도록 용납한다면 우리의 삶은 다른 방향을 가리키게 될 것입니다. 오늘날 많은 사람들이 지옥을 향해 방황하고 있으며 다른 어떤 사람들은 딴 길을 가리키고 있는 그리스도인들을 따라가는 것으로 해서 그 무서운 곳으로 빠져들고 있습니다.

수가의 여인이 주민들에게 "와서 보세요"라고 말했습니다. "오라"는 말은 하나님께서 늘 사용하시는 말입니다. 그분은 잃어버려진 불쌍한 죄인들에게 "오라"고 항상 말씀하시고 계십니다. "오라 우리가 서로 변론하자 너희의 죄가 주홍 같을지라도 눈과 같이 희어질 것이요 진홍 같이 붉을지라도 양털 같이 희게 되리라"(사 1:18). "수고하고 무거운 짐 진 자들아 다 내게로 오라 내가 너희를 쉬게 하리라"(마 11:28). "내게 오는 자는 내가 결코 내쫓지 아니하리라"(요 6:37). 하나님께서는 우리들에게, 가서 사람들을 청하여 오라고 말씀하십니다. 우리는 그들이 있는 곳으로 가야 합니다. 우리는 그들의 뒤를 쫓아가 하나님의 집으로 오라고 그들에게 강권해야 합니다. 이것이 우리가 할 수 있는 가장 작은 것입니다. 여러분께 친구들과 이웃들과 사랑하는 사람들이 없습니까? 그들을 하나님의 전으로 청하십시오. 강단에 충성스러운 설교자가 있으면 그가 그들을 그리스도께로 안내해 줄 것입니다.

그 여자가 주민들을 데리고 예수님을 만나러 나오고 있는 것을 우리가 봅니다. 그녀가 다음과 같이 말할 때에 그녀의 눈이 빛나고 목소리에 기쁨이 뛰노는 것을 저는 역력히 볼 수 있습니다. "예수님, 주님께서 저를 위하여 너무 많은 것을 해 주셨으므로 저의 친구들이 주님을 알게 되기를 원합니다. 이 사람은 요한이고, 이 사람은 마리아에요. 이 사람은 시몬, 이 사람은 한나랍니다." 그녀는 이렇게 소개를 다 하고 나서는 "오, 예수님, 저는 이들도 구원받기를 원해요"라고 말합니다. 예수님은 그녀의 정성스러움에 감동되셨음에 틀림없습니다. 주님께서 그들에게 무어라고 말씀하셨는지는 제가 모르겠습니다. 아마 그들에게 동일한 이야기를 말씀하셨을 것입니다. 그들이 주님을 신뢰하면 영생의 물을 그들에게 주시겠다고 말씀하셨을 것입니다. 그들은 믿어 구원을 받았습니다. 그런 후에 그들이 그녀에게 감사하며 "우리가 당신의 말하는 것을 믿었으나 이제 우리가 예수님을 직접 보고 그분이 그리스도 곧 세상의 구주이신 것을 안다"고 말했습니다.

이번이 그리스도께서 "세상의 구주"라고 불리어지기로는 처음입니다. 그들이 무어라고 했습니까? "그분은 제한된 몇 천 명의, 유대인의 구주일뿐 아니라 우리의 구주시며 그분께 신뢰를 두는 모든 사람들의 구주이시다"라고 그들이 말했던 것입니다. 예수님께서 "내게 오는 자는 누구든지"라고 말씀하셨을 때에 동일한 취지를 나타내시고 계셨습니다. 그분은 자기 자신이 세상의 구주시라고 선언하시고 계셨습니다.

이 여자의 구원과 증거의 영향을 계측하기란 불가능합니다. 온 마을이 그리스도께 나오게 된 것을 우리가 압니다. 확실히 그들의 수고에 의해서 다른 많은 사람들이 또 복음을 받아들이게 되었을 것입니다. 완전히 그리스도께 바쳐진 한 사람의 삶을 통하여 얼마나 많은 일들이 이루어지는지 참으로 놀라운 일입니다. 한번은 어떤 사람이 드와이트 무디에게 "하나님께 전적으로 헌신한 한 사람을 가지고 하나님께서 무슨 일을 하실 수 있는지를 세상이 여전히 보아야 합니다"라고 말했습니다. "내가 그 사람이 되겠습니다"라고 무디가 말했습니다. 그는 수많은 사람들을 그리스도께로 인도했을 뿐만 아니라 그가 세상을 떠난 후에도 그의 영향력이 살아 다른 많은 사람들을 구원에로 인도해냈습니다.

두 사람의 가계를 말씀드리겠습니다. 1677년에 방탕한 한 남자가 방탕한 어느 여자와 결혼했습니다. 그 결합으로부터 1,900명의 자손들이 퍼져 나갔습니다. 이 자손들 중에서 771명이 범죄자였으며 39명이 살인자였습니다. 단지 10명만이 생업을 익혔는데 그것을 감옥에서 배웠습니다. 그들은 통산 1300년을 감옥에서 지냈으며 뉴욕 주 재정의 거의 300만 달러를 축냈습니다. 그것이 방종한 두 사람이 결혼하여 미국을 위하여 한 것이었습니다. 그러나 에드워즈의 가계, 위대한 전도자인 조나단 에드워즈 가계의 기록을 보십시오. 한 경건한 남자가 한 경건한 여인에게 장가들었습니다. 그들은 1344명의 자손들이 있었습니다. 이들 중에서 295명이 대학졸업자, 13명이 대학교수, 65명이 대학 총학장, 186명이 성직자, 101명이 변호사, 86명이 주상원의원, 그리고 3명이 하원의원이었습니다. 또 30명의 판사와 한 명의 부통령이 있었습니다. 이 자손들 중에서 한 사람도 범죄로 기소된 적이 없었습니다. 그것이 결혼한 두 경건한 사람이 세계를 위하여 한 일이었습니다. 그와 같이 수가 시의 여인도 마음을 그리스도께 바쳤을 때 간단없는 영향의 사슬을 이어져 나가게 했습니다.

수가 시로부터 떼를 지어 사람들이 그리스도께 나오고 있는 것을 볼 때에 예루살렘에서 일어났던 것과는 사뭇 대조적인 것을 알 수 있습니다. 예루살렘에서 주님은 많은 기적을 행하셨지만, 믿는 사람이 조금 밖에 없었습니다. 사마리아에서는 그렇지 않았습니다. 사마리아인들은 가장 기대할 수 없는 사람들이었습니다. 주님은 그곳에서 한 기적도 행하지 않으셨는데도 많은 사람들이 그리스도를 받아들였습니다. 오늘날도 그렇습니다. 우리의 생각에 복음에 관심을 가져야 할 사람들은 전혀 무관심하고 반면에 절망적이다 싶어 거의 제쳐놓은 사람들이 그리스도를 갈망하고 있는 것을 경험하는 경우가 많습니다. 그러므로 우리가 때를 얻든지 못 얻든지, 온 세상에 씨앗을 뿌리듯 모든 사람에게 그리스도를 전해야 합니다.

예수님은 니고데모와 이 여자를 구원하셨습니다. 한 사람은 도덕적으로 깨끗하였으나 다른 한 사람은 간음한 여인이었습니다. 한 사람은 고상한 죄인이었으나 다른 한 사람은 밑바닥에 타락한 죄인이었습니다. 니고데모가 더 많은 영혼을 구했을 것으로 보입니다. 그는 유식하고 많은 재능과 큰 능력을 갖고 있었습니다. 애처로운 여인은 자기의 죄밖에 가진 것이 없었습니다. 그런데도 니고데모가 어떤 사람을 구했다는 기록을 우리가 읽을 수 없습니다. 반면에 그녀는 한 마을을 구했습니다. 영혼을 얻을 수 있는 것은 위대하고 능력 있고 재주 많은 사람만이 아닙니다. 당신도 그것을 할 수 있습니다. 당신이 어떤 사람이든지 간에, 그리스도를 사랑하고 당신 주위의 많은 사람들의 잃어버려진 상태를 깨닫는다면 말입니다. 그녀가 우물을 떠날 때 물동이를 그대로 놔두었던 사실을 유의하십시오. 그녀는 물 같은 것은 잊어버렸습니다. 그보다 더 좋은 것을 발견한 것이었습니다. 그리스도는 그녀에게 세상에서 그 밖의 모든 것보다 더 가치가 있었습니다. 그때부터 주님은 그녀의 주인이 되셨으며 가장 좋은 친구가 되셨습니다. 우리가 그리스도께로 갈 때에는 우리를 방해하는 모든 것을 뒤로 물려놓을 필요가 있습니다. 모든 죄악과 세속적인 집착을 집어치우고 그리스도와 그분의 교회가 영원히 으뜸이 되도록 해야 합니다. 우리가 자신들을 주님께 전폭적으로 드리면 주님께서 우리를 수가 시의 여인처럼 사용하실 수 있습니다.

2. 하나님의 뜻

여인이 예수님을 떠나기 바로 전에 제자들이 돌아왔습니다. 그들이 그 여자를 보고 깜짝 놀랐습니다. 그러나 아무 말도 묻지 않았습니다. 그 여자에게 하시는 주님의 마지막 말씀을 그들이 들었습니다. 주님께서 자기가 그리스도이심을 선언하시어 "내가 그로라"는 위대한 말씀을 하시는 것을 그들이 들었습니다. 이 사건은 그들을 편견에서 깨어나게 했습니다. 예수님께서 멸시받는 민족에 속한 사람과 대화하시는 것이었습니다. 주님께서 편견을 갖지 않으시고 오직 은혜와 긍휼만을 갖고 계신 것을 그들이 보았습니다. 그 여자가 물동이를 그대로 놔두고 떠나는 것을 보았습니다. 그녀의 얼굴에 그려진 행복도 그들이 볼 수 있었습니다. 그들은 지금 위대한 교훈을 배우고 있는 중이었습니다. 그리스도의 위대한 마음을 배우고 있었습니다.

결국 어느 제자가 예수님께 "우리가 음식을 구해 왔습니다. 잡수십시오"라고 말했습니다. 그러나 주님은 배고프시지 않았습니다. 그들은 놀랐습니다. 보다 전에 그들이 음식을 사러 떠날 때에 주님께서 매우 피곤하시고 배고프신 것을 그들이 알고 있었던 것입니다. 지금 어찌된 일인지 주님은 음식 같은 건 잡수시지도 않고 새 힘에 넘치고 만족스러워 하시고 계신 것입니다. 사실 이런 것은 자주 일어나는 일입니다.

우리가 감정적으로 크게 고조되는 어떤 경험을 하게 되면 먹을 수도 없고 잠잘 수도 없게 됩니다. 슬픔 경험일 수도 있고 기쁜 경험일 수도 있으나 무엇을 먹고 싶은 욕망이 사라져 버립니다. 예수님은 그때에 우리가 가질 수 있는 최고의 경험을 하고 계셨습니다. 한 영혼이 구원을 받아 천국시민이 되었습니다. 음식 따위는 그분께 아무것도 아니었습니다. 주님께서 대답하십니다. "나는 배고프지 않다. 내게는 너희들이 알지 못하는 먹을 것이 있다." 제자들이 영문을 몰라 하며 "우리가 떠난 사이에 누가 음식을 갖다 드렸을까?"라고 자기들끼리 물었습니다. "아니다. 내 음식은 나를 보내신 이의 뜻을 행하고 그분의 일을 이루는 것이다"라고 예수님은 말씀하셨습니다. 이 구절의 말씀은 제기 결코 잊을 수 없을 것입니다. 조지아의 조용한 곳에서 제가 전도자가 되기로 하나님의 부르심에 헌신한 동틀 녘의 집회에서 설교자가 사용한 성경 말씀이 그 구절이었기 때문입니다.

예수님께서 "음식"이라는 말로써 의미하신 바는 '완전히 만족시키는 것'이었습니다. 이러므로 주님께서 "내 마음을 즐겁게 하는 것은 먹고 마시는 것이 아니라 하나님의 뜻을 행하고 그분의 일을 이루는 것이다"라고 말씀하시고 계신 것이었습니다. 우리의 생활을 즐겁게 하는 것들이 이 세상에 많이 있습니다. 하나님께서 그것들 — 집, 가정, 사랑하는 사람들, 친구들, 먹을 것, 마실 것 등등 — 을 마련해 주셨습니다. 그러나 진정한 그리스도인은 하나님께서 시키시는 일을 그가 하고 있음을 알 때에 가장 큰 기쁨을 느낍니다. 저의 목회생활 중에 제가 하나님의 뜻을 벗어나 그분보다 앞서서 달린 때가 많이 있었습니다. 그때마다 저는 행복하지 못했습니다. 제 마음속에 평화가 없었습니다. 가장 행복한 시간들은 제가 하나님의 뜻 안에 있으며 그분이 원하시는 일을 하고 있음을 제가 알 때에 찾아왔습니다.

예수님은 "나는 그분의 일을 마쳐야 한다"고 말씀하셨습니다. 저는 많은 사람들이 대단한 열심으로 하나님을 섬기기 시작하는 것을 보아왔습니다. 조금 지나서 그들의 열정이 싸늘하게 식고 주님을 위한 일을 그들이 포기해 버렸습니다. 그러나 예수님께 있어서는 그렇지 않았습니다. 그분은 끝까지 달리셨습니다. 그분은 "완성자"이셨습니다. 주님은 하나님의 일을 이루시려 달리고 있다고 선언하셨습니다. 그 여자를 구원하셨을 때에도 주님은 그 일을 하시고 계셨습니다. 십자가 위의 그날까지 주님께서는 그렇게 하여 가실 것이었습니다. 세상의 죄를 위하여 죽으실 때에 그 일을 이루실 것이었습니다.

저는 젊은이들이 그리스도께 온전히 헌신하여 값진 그리스도인의 삶의 목표를 향하여 줄기차게 전진하는 것을 많이 보아왔습니다. 그들이 학창시절에 그렇게 투쟁하는 것을 제가 목격해왔습니다. 그들이 작은 부분에서 일을 시작하였으나 하나님의 은혜와 능력으로 자라 광활한 곳에서 주를 섬기는 것을 제가 보아왔습니다. 막대한 부를 누리는 것보다 그리스도 섬기기를 더 기쁘게 여기는 사람들이 아직도 있는 것을 우리가 하나님께 감사해야겠습니다. 그들의 음식은 그리스도의 뜻을 행하는 것입니다. 더 많은 젊은이들이 "저의 모든 것을 주님께 바칩니다"라고 말하는 것을 우리가 들을 수 있기를 기원합니다.

3. 추수를 기다리는 무르익은 곡식

예수님은 이렇게 말씀하십니다. "너희는 넉 달이 지나야 추수할 때가 이르겠다 하지 아니하느냐 그러나 나는 너희에게 이르노니 너희 눈을 들어 밭을 보라 희어져 추수하게 되었도다." 아마 시내로부터 나오고 있는 사람들이 흰 옷들을 입고 있었으며 그들이 추수할 때가 다 찬 들판의 곡식처럼 보였기 때문에 예수님께서 그런 비유로써 설명을 하셨을 것입니다. 정말 그러하셨는지 확실히 제가 모르겠습니다만 이것은 확실히 알 수 있습니다. 예수님께서 그 도시의 잃어버린 영혼들을 보셨습니다. 그들을 구하려고 힘쓰기 전에 넉 달을 기다릴 필요가 없다는 것을 주님께서 아셨습니다. 그들 중에는 그 기간에 죽을 사람들도 있을 것입니다. 지금의 기회를 놓치면 그들을 구할 기간이 따로 없었습니다. 그런고로 예수님께서는 그 도시에 이틀을 머무시면서 천국으로 들일 큰 추수를 거두셨습니다. 오늘날 우리의 밭은 어디에 있습니까? "밭은 세상입니다." 세상에는 수많은 잃어진 죄인들이 있습니다. 우리는 우리의 문에서부터 시작하여 지구 끝에까지 가야 합니다. 우리가 너무 오래 지체하면 추수기가 끝나고 말 것입니다. 여름이 지나가 버리고 그들이 구원 받을 수 없게 될 것입니다. 여기에서 예수님은 우리에게 이렇게 말씀하시고 계십니다. "부지런하고 힘써 이들을 구하여 너희가 결국 내 발 앞에 그들을 우승의 상품으로서 놓도록 하라."

오늘날 사람들을 그리스도께로 이끌어 내는 한 가지 방법은 우리의 물질을 바치는 것을 통해 달성됩니다. 주님을 위하여 쓸 수 있도록 제게 수십억 달러가 있었으면 하고 생각해 봅니다. 우리의 복음전선에서 싸우고 있는 수많은 교회들과 교역자들을 돕고 싶습니다. 세계 도처에 선교 센터며 학교며 병원이며 고아원들을 세우고 싶습니다. 구름떼 같은 복음 전도자들을 모으고 그들에게 복음의 메시지를 지우고 내보내고 싶습니다. 저는 수십억 달러가 없습니다. 그러나 저는 십일조와 감사의 헌금을 하나님께 바쳐 영혼들을 구원하는 데에 사용되게 할 수 있습니다. 그리고 우리의 모든 성도들이 그와 같이 한다면 우리가 수십억 원을 얻게 되고 우리의 꿈을 실현할 수 있을 것입니다.

그런데 예수님께서 약속을 하십니다. "너희가 어떤 사람을 영원한 생명으로 이끌어 낸다면, 상을 받을 것이며 천국에서 두 사람이 함께 기뻐하리라"고 주님께서 말씀하셨습니다. 에, 이것은 앞에 말한 방법을 통하여 일어날 것입니다. 여러분이 선교 단체들에 돈을 바치고 계속하여 그들을 위하여 기도합니다. 그 헌금 때문에 어느 선교사가 이역의 들에까지 나가 복음을 뿌립니다. 어느 날 천국에서 어떤 이가 영광스러운 거리에서 여러분을 맞이하여 "당신이 저에게 복음을 보내주셨기 때문에 제가 지금 여기에 와 있습니다"라고 말할 것입니다. "온 하나님 나라에 메아리치는 환성"에 대하여 이야기해 보십시오. 확실히 영광스러운 저택들의 모든 창문들을 우리가 진동시킬 것입니다.

4. 위대한 의사의 사역

선지자가 자기 고향에서는 존경을 받지 못한다고 말씀하시고서도 예수님은 자기의 고향 땅 갈릴리로 들어가시고 계신 것을 우리가 봅니다. 그러면 주님께서 왜 갈릴리에 가셨을까요? 주님은 다른 하나의 거룩한 예정을 갖고 계셨습니다. 그곳의 어떤 사람이 주님의 도우심을 필요로 하고 있었습니다. 주님은 물을 포도주로 변하게 하셨던 곳, 가나에 도착하셨습니다. 약 20마일 떨어진 가버나움에서 살고 있는 한 지체 높은 사람이 그곳에서 주님을 만났습니다. 이 사람의 아들이 병들어 있었습니다.

질병은 사람을 가리지 않습니다. 그것은 판잣집 뿐 아니라 궁전에도 쑥쑥 들어갑니다. 악한 사람뿐만 아니라 선량한 사람도 구별을 두지 않고 칩니다. 이 사람은 큰 도움이 필요했습니다. 아마 의사들도 그 소년을 포기했을 것입니다. 그 아들이 지금 죽어가고 있었습니다. 그러나 그 귀인은 예수님께 대한 어떤 믿음이 있었습니다. 그는 주님께서 자기를 도우실 수 있는 유일한 분이심을 믿었습니다. 그가 예수님께 오셔서 자기의 아들을 고쳐 주시라고 간청할 때에 그는 예수님께 단지 기적을 행하시는 사람쯤으로 기대를 걸고 있었습니다. 예수님은 "너희가 기적을 보지 않으면 전혀 나를 믿으려 하지 않는다" 하시며 그를 꾸짖으셨습니다. 그러나 가련한 아버지는 필사적이었습니다. "주님, 제 아이가 죽기 전에 내려와 주십시오." 분명히 그의 마음속에 믿음이 생겨나고 있었습니다. 예수님께서 부드럽게 "집으로 돌아가라. 네 아들이 살리라"고 말씀하셨습니다. 그리고 그 사람은 그리스도의 말씀을 믿었습니다.

그 사람이 곧장 집으로 달려갔을 것이라 여러분이 생각하실 것입니다. 그는 몇 시간 내에 자기 집에 도착할 수 있었습니다. 그러나 그날 밤 가나에서 보내고 다음 날 집으로 갔습니다. 그는 예수님을 완전히 믿고 있었습니다. 자기의 아들이 이미 나은 것을 믿고 있었습니다.

다음 날 그가 집에 가까이 이르렀을 때에 한 종이,
"주인님의 아들이 살아났습니다"라는 보고를 갖고 달려 나왔습니다.
"몇 시에 그 애가 낫기 시작했느냐?"라고 주인이 물었습니다.
"어제 일곱 시에 열기가 떨어졌습니다." 그러자 주인이 소리쳤습니다.
"하나님을 찬양하리로다! 그때가 바로 그 애가 살리라고 예수께서 말씀하신 시간이었다."

그 귀인과 또한 그의 온 집안이 예수님을 믿게 된 것을 우리가 성경에서 읽습니다. 아마 그 귀인이 잠깐 동안 전도자가 되었을 것입니다. 그가 예수님께 대하여 증거하여 모든 식구들이 구원을 받았습니다.

우리는 예수님께서 그 귀인의 집으로 가시지도, 그의 아들의 손으로 잡아 일으키시지도 않으셨음을 주목하게 됩니다. 주님은 20마일 떨어진 곳에서 말씀한 마디로 그 애를 고치셨습니다. 그리스도께서 20마일의 먼 거리에서 죽어가고 있는 소년을 고치실 수 있다면, 오늘날도, 저 높은 천국에 계신다 할지라도, 당신에게 영원한 생명을 주실 수 있습니다. 예수님께서는 떨어져 있는 거리가 문제되지 않습니다. 주님은 "손과 발보다 더 밀접하시며 호흡보다 더 가까이" 계십니다. 그 사람이 자기 집으로 가면서 행복해 하고 기뻐하는 모습을 상상해 보십시오. 한 친구가 그를 만나 "당신은 왜 그리 행복해 합니까?"라고 말합니다. "내 아이가 죽어가고 있었는데 지금 살아났습니다"라고 그 귀인이 대답합니다. "이것을 어떻게 알고 있습니까?" "그러하리라는 그리스도의 말씀을 내가 받았기 때문이지요. 더 이상 무엇이 필요하겠습니까?" 오, 우리들도 오늘 행복해 할 수 있습니다! 왜? 우리들은 구원을 받았고 천국을 향하고 가고 있기 때문입니다. 우리가 이것을 어떻게 압니까? 그렇다는 그리스도의 말씀을 우리가 소유하고 있기 때문입니다. 우리가 주님께로 나오면 영생을 주시겠다고 주님께서 말씀하셨습니다. 세상의 어떤 권세도 주님의 손에서 우리를 빼앗을 수 없습니다. 할렐루야! 놀라우신 우리 구주!

요한복음 4장에서 크나큰 대조를 눈여겨봅시다. 예수님은 피곤하셨습니다. 그런데도 주님은 무거운 짐진 자에게 쉼을 주시겠다고 약속하십니다. 주님은 모든 갈증을 풀어주는 생수를 우리에게 주시겠다고 제의하십니다. 주님께서는 배고프셨습니다. 그런데도 주님은 우리에게 생명의 떡을 주십니다. 주님께서 한 잔의 물을 청하셨습니다. 그런데도 주님은 우리에게 온 하늘과 땅을 주실 수 있습니다. 주님은 낯선 나그네이셨습니다. 그런데도 그분의 이름은 세상의 어떤 사람의 이름보다 더 잘 알려져 있습니다. 얼마나 위대하신 구주이신가! 혀로서 그분을 묘사할 길 없습니다. 어느 책인들 주님께 대하여 다 말할 수 있겠습니까. 어떤 노래도 그분을 만족스럽게 찬양할 수 없습니다. 그러나 우리가 죄를 회개하고 우리의 마음을 그분께 열어드리지 않는다면 이 모든 것 — 주님을 칭찬하고 노래하는 것 등등 —은 우리에게 아무 의미도 없는 일입니다.

이 우화를 들어보세요. 어느 날 한 마리 학이 물가에 나와 달팽이를 찾고 있었습니다. 그때 크고 아름답고 하얀 백조 한 마리가 하늘 높이에서 쏜살같이 내려왔습니다. "넌 어디서 왔니?" 학이 물었습니다. "하늘에서"라고 백조가 대답했습니다. "난 한 번도 들어보지 못했는데 먼 곳이니?"라고 학이 말했습니다. "오, 그래." "그곳은 좋은 나라니?"라고 물었습니다. "오, 그래." 백조가 대답했습니다. "이 나라보다 더 좋은 데야?"라고 학이 물었습니다. "그래, 훨씬 좋아"라고 백조가 대답했습니다. 백조는 열을 올려 하늘의 모든 아름다운 것들을 설명했습니다. 이야기를 다 듣고선 늙은 학이 물었습니다. "거기에 달팽이들이 있니?" "오, 아니야. 하늘나라에서는 그런 것들을 먹으려하지 않아"라고 백조가 대답했습니다. "그러면, 너의 하늘나라는 너나 가져라. 내겐 그런 곳 필요하지 않아. 난 단지 달팽이들을 원할 뿐이야"라고 학이 말했습니다.

이것은 오늘날 많은 사람들의 실상을 말해주는 우화입니다. 사람들이 하나님의 영광스러운 것들 대신에 이 세상의 추악한 것들은 더 좋아합니다. 오, 달팽이 먹는 짓을 그치고 오서서 예수님께서 그분을 사랑하며 신뢰하는 모든 사람들에게 주시는 하늘나라의 음식을 잡수십시오!

제
12
장

—

천사들보다 위대하시다

—

[1] 그 후에 유대인의 명절이 되어 예수께서 예루살렘에 올라가시니라 [2] 예루살렘에 있는 양문 곁에 히브리 말로 베데스다라 하는 못이 있는데 거기 행각 다섯이 있고 [3] 그 안에 많은 병자, 맹인, 다리 저는 사람, 혈기 마른 사람들이 누워 [물의 움직임을 기다리니 [4] 이는 천사가 가끔 못에 내려와 물을 움직이게 하는데 움직인 후에 먼저 들어가는 자는 어떤 병에 걸렸든지 낫게 됨이러라] [5] 거기 서른여덟 해 된 병자가 있더라 [6] 예수께서 그 누운 것을 보시고 병이 벌써 오래된 줄 아시고 이르시되 네가 낫고자 하느냐 [7] 병자가 대답하되 주여 물이 움직일 때에 나를 못에 넣어 주는 사람이 없어 내가 가는 동안에 다른 사람이 먼저 내려가나이다 [8] 예수께서 이르시되 일어나 네 자리를 들고 걸어가라 하시니 [9] 그 사람이 곧 나아서 자리를 들고 걸어가니라 이 날은 안식일이니 [10] 유대인들이 병 나은 사람에게 이르되 안식일인데 네가 자리를 들고 가는 것이 옳지 아니하니라 [11] 대답하되 나를 낫게 한 그가 자리를 들고 걸어가라 하더라 하니 [12] 그들이 묻되 너에게 자리를 들고 걸어가라 한 사람이 누구냐 하되 [13] 고침을 받은 사람은 그가 누구인지 알지 못하니 이는 거기 사람이 많으므로 예수께서 이미 피하셨음이라 [14] 그 후에 예수께서 성전에서 그 사람을 만나 이르시되 보라 네가 나았으니 더 심한 것이 생기지 않게 다시는 죄를 범하지 말라 하시니 [15] 그 사람이 유대인들에게 가서 자기를 고친 이는 예수라 하니라 [16] 그러므로 안식일에 이러한 일을 행하신다 하여 유대인들이 예수를 박해하게 된지라 [17] 예수께서 그들에게 이르시되 내 아버지께서 이제까지 일하시니 나도 일한다 하시매 [18] 유대인들이 이로 말미암아 더욱 예수를 죽이고자 하니 이는 안식일을 범할 뿐만 아니라 하나님을 자기의 친 아버지라 하여 자기를 하나님과 동등으로 삼으심이러라 [19] 그러므로 예수께서 그들에게 이르시되 내가

진실로 진실로 너희에게 이르노니 아들이 아버지께서 하시는 일을 보지 않고는 아무 것도 스스로 할 수 없나니 아버지께서 행하시는 그것을 아들도 그와 같이 행하느니라 [20] 아버지께서 아들을 사랑하사 자기가 행하시는 것을 다 아들에게 보이시고 또 그보다 더 큰 일을 보이사 너희로 놀랍게 여기게 하시리라 [21] 아버지께서 죽은 자들을 일으켜 살리심 같이 아들도 자기가 원하는 자들을 살리느니라 [22] 아버지께서 아무도 심판하지 아니하시고 심판을 다 아들에게 맡기셨으니 [23] 이는 모든 사람으로 아버지를 공경하는 것 같이 아들을 공경하게 하려 하심이라 아들을 공경하지 아니하는 자는 그를 보내신 아버지도 공경하지 아니하느니라 [24] 내가 진실로 진실로 너희에게 이르노니 내 말을 듣고 또 나 보내신 이를 믿는 자는 영생을 얻었고 심판에 이르지 아니하나니 사망에서 생명으로 옮겼느니라 [25] 진실로 진실로 너희에게 이르노니 죽은 자들이 하나님의 아들의 음성을 들을 때가 오나니 곧 이 때라 듣는 자는 살아나리라 [26] 아버지께서 자기 속에 생명이 있음 같이 아들에게도 생명을 주어 그 속에 있게 하셨고 [27] 또 인자됨으로 말미암아 심판하는 권한을 주셨느니라 [28] 이를 놀랍게 여기지 말라 무덤 속에 있는 자가 다 그의 음성을 들을 때가 오나니 [29] 선한 일을 행한 자는 생명의 부활로, 악한 일을 행한 자는 심판의 부활로 나오리라 [30] 내가 아무 것도 스스로 할 수 없노라 듣는 대로 심판하노니 나는 나의 뜻대로 하려 하지 않고 나를 보내신 이의 뜻대로 하려 하므로 내 심판은 의로우니라 [31] 내가 만일 나를 위하여 증언하면 내 증언은 참되지 아니하되 [32] 나를 위하여 증언하시는 이가 따로 있으니 나를 위하여 증언하시는 그 증언이 참인 줄 아노라 [33] 너희가 요한에게 사람을 보내매 요한이 진리에 대하여 증언하였느니라 [34] 그러나 나는 사람에게서 증언을 취하지 아니하노라 다만 이 말을 하는 것은 너희로 구원을 받게 하려 함이니라 [35] 요한은 켜서 비추이는 등불이라 너희가 한때 그 빛에 즐거이 있기를 원하였거니와 [36] 내게는 요한의 증거보다 더 큰 증거가 있으니 아버지께서 내게 주사 이루게 하시는 역사 곧 내가 하는 그 역사가 아버지께서 나를 보내신 것을 나를 위하여 증언하는 것이요 [37] 또한 나를 보내신 아버지께서 친히 나를 위하여 증언하셨느니라 너희는 아무 때에도 그 음성을 듣지 못하였고 그 형상을 보지 못하였으며 [38] 그 말씀이 너희 속에 거하지 아니하니 이는 그가 보내신 이를 믿지 아니함이라 [39] 너희가 성경에서 영생을 얻는 줄 생각하고 성경을 연구하거니와 이 성경이 곧 내게 대하여 증언하는 것이니라 [40] 그러나 너희가 영생을 얻기 위하여 내게 오기를 원하지 아니하는도다 [41] 나는 사람에게서 영광을 취하지 아니하노라 [42] 다만 하나님을 사랑하는 것이 너희 속에 없음을 알았노라 [43] 나는 내 아버지의 이름으로 왔으매 너희가 영접하지 아니하나

만일 다른 사람이 자기 이름으로 오면 영접하리라 [44] 너희가 서로 영광을 취하고 유일하신 하나님께로부터 오는 영광은 구하지 아니하니 어찌 나를 믿을 수 있느냐 [45] 내가 너희를 아버지께 고발할까 생각하지 말라 너희를 고발하는 이가 있으니 곧 너희가 바라는 자 모세니라 [46] 모세를 믿었더라면 또 나를 믿었으리니 이는 그가 내게 대하여 기록하였음이라 [47] 그러나 그의 글도 믿지 아니하거든 어찌 내 말을 믿겠느냐 하시니라." — 요 5:1-47

히브리서의 열쇠가 되는 말씀은 "더 나은"이라는 말입니다. 예수님께서는 천사들보다 나으시며, 선지자들보다 나으시며, 족장들과 그분 앞에 온 사람들보다 나으시며, 족장들과 그분 앞에 온 모든 사람들보다 나으시며 그분 뒤에 있는 모든 사람들보다 나으십니다. 그분은 오늘날 세상을 통치한 모든 왕들보다, 이제까지의 모든 정치가들 보다, 명시를 남긴 모든 시인들 보다, 명의의 이름을 날린 모든 의사들보다, 청중을 사로잡은 모든 설교자들보다 나으십니다. 현재 생존해 있건 과거에 생존했건 간에 그의 덕과 위대성이 수억의 사람들에 의해 배가되고 있는 가장 위대한 인물을 꼽아보십시오. 여전히 우리는 그 모든 사람들보다 예수님께서 훨씬 더 위대하시다는 것을 시인하지 않을 수 없습니다.

우리가 요한복음을 공부해 가면서 어느덧 제5장에 이르렀습니다. 여기에서 예수님을 사역과 말씀과 증거하심에 있어서 우리의 무대에 나타나는 다른 모든 사람들보다 위대하심을 보게 됩니다. 그러므로 오늘은 다음 세 가지의 요건을 살펴봅시다.

1. 못에 내려온 천사
2. 유대인들의 분노
3. 부활 교리의 선포

1. 못에 내려온 천사

오늘은 우리가 예수님의 다른 여행을 따라가 봅시다. 주님께서 예루살렘으로 가시고 계십니다. 그 도시에서 유대인들이 한 절기를 맞고 있었습니다. 저의 상상으로는 예수님께서 시내의 곳곳을 걸어 다니시면서 도움이 필요한 사람을 찾고 계셨다고 여겨집니다. "두루 다니시며 선행을 행하셨다"고 그분께 대하여 기록되어 있기 때문입니다. 그러시던 중 주님은 베데스다라 불리는 못 아주 가까이에 있는 양을 잡는 시장에 당도하셨습니다.

이 못 주위에는 다섯 개의 행각 혹은 아케이드가 있었습니다. 이 행각들 안에는 수많은 병자들과 맹인들 절뚝발이들과 혈기 마른 자들이 있었습니다. 우리는 그들이 매일 그곳에 모여들었는지 혹은 이 특별한 절기에 특별한 축복을 기대하여 모였는지 알지 못합니다. 하여튼 거기에 그들이 모여 있었으니 대단한 광경입니다! 현대식 병원에서처럼 그들이 질서 있게 자리 잡고 있는 것이 아니고 각 사람은 각각 다른 침대나 누울 자리를 갖고 있습니다. 그들 중 많은 사람들이 낡아빠진 요나 홑이불 위에 그대로 누워 있습니다. 우리가 그 광경을 목격했어도 불쌍하다는 생각에 목메었을 터인데 동정 많으신 예수님의 심정이 연민의 정으로 꽉 찼을 게 분명합니다.

"베데스다"라는 말은 "긍휼" 혹은 "은혜"를 의미합니다. 성전에서의 제사를 위하여 어린양을 잡아 죽이는 양 시장이 매우 가까웠습니다. 긍휼의 장소가 어린양들이 죽임을 당하는 곳에 가까웠던 것입니다. 그러나 지금 우리는 더 위대한 어린양, 예수 그리스도 곧 하나님의 어린양을 보고 있는 것입니다. 어느 날 그분이 십자가 위에서 죽임을 당하실 것이며 바로 거기에서 우리가 긍휼과 은혜를 발견하게 될 것입니다. 우리가 세례의 물이나 교회에 출석하는 것이나 혹은 선량한 생활에서 죄의 용서를 발견하는 것이 아니라 갈보리의 어린양에게로 나아갈 때에 회개와 믿음에서 죄의 용서를 발견할 수 있습니다.

> "자비가 크고 거기 값없는 은혜
> 거기에 나를 위해 용서가 뻗쳤으니
> 무거운 내 영혼 자유를 찾았도다
> 그곳 갈보리에서"

이 병든 사람들에 대하여 다섯 가지의 사실을 지적해 주고 있습니다. 그것들은 당시의 이스라엘과 오늘날의 죄인의 전형적 특징들입니다.

첫째, 그들은 '무기력'했습니다. 그들이 힘이 없었단 말입니다. 이스라엘은 율법을 갖고 있었습니다만 그것을 지킬 힘이 없었습니다. 죄인은 무엇이 옳은 것인지는 압니다만 옳게 살 수 있는 힘이 없습니다.

둘째, 그들은 "맹인"이었습니다. 그들이 눈이 멀었기 때문에 메시야를 알아보지 못했습니다. 오늘날도 죄인들이 자신의 죄와 구주의 필요성을 보지 못하고 있습니다.

셋째, 그들은 "절름발이"였습니다. 이 사람들은 걸을 수 없었습니다. 이스라엘 또한 절름거렸으며 하나님의 길 걷기를 원하지 않았습니다. 오늘날 죄인도 도덕적인 절름발이입니다. 그는 하나님과 함께 걸을 수 없습니다.

넷째, 그들은 "혈기 마른"자들이었습니다. 그들의 손이 마비되어 있었습니다. 그들은 하나님을 위하여 일할 능력이 없었습니다. 오늘날의 죄인도 손이 말라붙은 사람입니다. 주님을 위하여 아무것도 하지 않습니다.

다섯째, 그들은 '기다리고' 있었습니다. 그들은 약속된 메시야를 기다리고 있었습니다. 그러나 그분이 바로 거기 그들 가운데 계셨습니다. 오늘날도 죄인이 기다리고 있습니다. 밖으로 나와 그리스도께로 오는 대신에 그는 사망이 자기 위에 불현듯 찾아와 그리스도 없는 영원으로 끌고 가기를 기다리고 있습니다.

이제 이해하기 까다로운 부분을 만나게 되었습니다. 킹 제임스판 번역 성경은 어떤 때에 천사가 못에 내려와 물을 휘저어놓곤 했다고 말하고 있습니다. 그때 제일 먼저 그 못에 들어가는 사람은 무슨 병을 가졌든지 나았습니다. 성경의 많은 번역판들이 천사의 이야기를 아예 빠뜨리고 있습니다. 그러나 그것은 사실일 수 있을 것입니다. 구약과 신약을 통하여 우리는 시중드는 영들인 천사들이 여기저기 다니면서 일하는 것을 봅니다. 이것도 그런 한 경우였는지 모릅니다. 여기에 그 가능성이 있습니다. 오랫동안 하나님께서 침묵하시고 계셨습니다. 말라기 시대로부터 세례 요한의 때까지 아무 선지자도 하나님의 사자로서 나타나지 않았습니다. 그래서 유대인의 마음속에 보이지 않는 하늘의 일에 대한 믿음을 붙들어 두시기 위하여는 어쩌다 한 번씩 이와 같은 기적을 행하시는 것이 최선의 방법이라고 하나님께서 느끼셨는지 모릅니다.

하나님께서는 천사를 보내셔서 사가랴에게 세례 요한의 출생을 알리셨습니다. 마리아에게 예수님의 탄생을 알리시기 위하여 그분은 천사를 보내셨습니다. 그분이 베드로를 감옥에서 이끌어내실 때에도 천사를 보내셨습니다. 왜 하나님께서 베데스다 못에 가끔 천사를 보내실 수 없었겠습니까?

못 가에 있는 사람들 중에 38년 동안 병고에 시달려온 한 사람이 있었습니다. 그의 병이 어떠한 것이었는지는 우리가 알 수 없습니다. 그가 38년 동안 얼마나 많은 고통을 겪었는지는 우리가 쉽게 상상해 볼 수 있습니다. 처음 몇 달, 몇 년 동안에는 그가 낫게 되리라는 큰 희망을 갖고 있었겠지요. 한 해가 끝나고 있을 때에 "다음의 해가 끝날 즈음에 내가 완쾌되어 건강하게 되겠지"라고 그가 스스로에게 말했을지 모릅니다. 그러나 수년이 부질없이 왔다 가버리고 오래지 않아 그는 모든 희망을 거의 포기하게 되었습니다. 희망이 없는 인생 만큼 황량한 인생이 세상에 달리 없습니다. 그러나 놀라운 일이 이 사람에게 일어나려 하고 있습니다. 예수님께서 그를 보시고 그에 대해 모든 것을 아셨습니다. 주님은 그에게 이름이나 병명이나 혹은 얼마나 오랫동안 거기에 있었는지를 묻지 않으셨습니다. 예수님은 모든 것을 아십니다. 구약성경에서 "주 여호와께서 나를 보시나이다"라는 말씀을 발견합니다. 예, 하나님은 한밤중의 흑암 속에서 대낮의 광명 속에서 우리들을 보고 계십니다. 당신이 모든 사람들의 눈으로부터 숨기려고 하는 어떤 일을 자행하고 있는지 모르겠습니다. 그러나 이것을 기억하십시오. 하나님께서 당신을 보고 계십니다. 이것은 진실로 자세를 가다듬게 하는 생각입니다.

그러나 여기에 위로를 주는 생각이 있습니다. 여러분이 슬픔이나 역경에 처해 있을 때에, 하나님께서는 그때에도 여러분을 보고 계십니다. 나 같은 건 수억의 사람들 중의 하나에 불과하고 내가 무슨 가치가 있는가 하고 여러분이 스스로 생각하고 계신지 모르겠어요. 그러나 여러분은 가치 있는 존재입니다. 참새의 떨어짐도 하나하나 주목하시는 그분께서 여러분의 고통을 보시고 구하시려 긴급 출동하실 준비를 항상 하고 계십니다.

예수님께서 이 사람에게 말씀하십니다. 주님이 사마리아 여인에게 하신 것처럼 먼저 말을 걸으셨습니다. 주님은 항상 사람이 주님께 대해 시작하기 전에 그 사람의 마음속에 일을 시작하십니다. 주님께서는 항상 사람이 "주여 나를 도우소서" 하기 전에 "내가 너를 돕기를 원한다"고 그 사람에게 말씀하십니다. 그래서 그분께서 그에게 "네가 낫고자 하느냐?"라고 말씀하셨습니다. 이것이 어리석은 질문이라 생각하지 마십시오. 어떤 병자들은 낫기를 원하지 않습니다. 그들은 동정 받고 있는 것을 좋아합니다. 시중 받는 것을 좋아합니다. 사람들 중에는 몸이 약한 것을 즐기는 사람들도 더러 있습니다. 그들에게 몸이 어떠냐고 물어보십시오. 그러면 그들은 지난 목요일부터 시작하여 그때부터 겪은 아픔과 고통을 낱낱이 여러분에게 말해줍니다. 그리고 그들은 그 이야기를 하면서 유쾌한 시간을 즐깁니다. 그러나 예수님께서 그 사람에게 이런 질문을 하신 것은 아마 또 하나의 목적이 있었을 것입니다. 그 사람의 마음속에 약간의 희망과 기대와 믿음을 불러일으키기를 원하셨을 것입니다.

그 사람의 대답을 들어보세요. "주여, 천사가 물을 움직일 때에 저를 갖다 넣어 줄 사람이 없습니다. 누가 저를 물 속에 재빨리 넣어주면 나을 터인데, 그러나 몇 년이 지나가도 저는 이 상태로 있습니다." 여기에 세상을 창조하신 분, 사람을 만드신 분, 이 불쌍한 사람을 위하여 무슨 일이든지 하실 수 있는 분, 예수님께서 계십니다. 그런데도 그 사람은 그리스도를 바라보는 대신에 못을 바라보며 도움을 구하고 있습니다. 이것이 바로 오늘날 종교적 세계가 갈라지는 길목입니다. 어떤 사람들은 구원을 위하여 그리스도만을 바라봅니다. 그들은 "천하 사람 중에 구원을 받을 만한 다른 이름을 우리에게 주신 일이 없음"(행 4:12)을 깨닫고 있습니다. 다른 사람들은 구원을 위하여 자기 자신들과 자신들의 행위를 바라봅니다. 어떤 사람들이 "그분이 그 모든 것을 이루셨다"고 말합니다. 다른 사람들은 "내가 무엇인가를 해야 한다"고 말합니다. 어떤 사람들은 "예수님께서 그 모든 것을 지불하셨다"고 말합니다. 다른 사람들은 "내가 천국에 가는 삯을 지불해야 한다"고 말합니다.

그런데 그 사람이 예수님에게서 뜻밖의 깜짝 놀랄 말씀을 듣습니다. 구주께서 "내가 너를 못에 넣어주겠다"고 말씀하시지 않고 "일어나 네 자리를 들고 걸어가라"고 말씀하셨습니다. 그리스도는 병 고칠 세상의 모든 권능을 갖고 계십니다만 사람의 편에 어떤 믿음이 있어야 합니다. 그래서 주님은 그에게 그 믿음을 행사할 수 있는 기회를 주셨습니다. 주님은 그에게 세 가지의 일을 하라고 말씀하셨습니다. "일어나, 네 자리를 들고, 걸어가라." 그 후에 예수님께서 나머지를 행하실 것이었습니다. 사람 편에서의 아무런 반응도 없이 자동적으로 예수님께서 사람을 구하실까요? 아닙니다. 그러나 사람이 자기 자신을 잃어진 죄인으로 보는 순간, 그가 죄를 회개하고 그리스도께 신뢰를 두는 순간, 그 순간에 예수님은 그를 구원하십니다.

그런데, 그 사람은 어떻게 했습니까? 그는 즉각적으로 일어나서 자기의 자리를 들고 걸었습니다. 예수님은 살짝 빠져 행방을 감추셨습니다. 그 사람이 병 고침에 대한 감사를 주님께 할 수 있는 기회가 있었는지 우리가 알 수 없습니다.

우리는 그가 즉시로 병 고침 받은 것을 주목합니다. 그가 어떤 치료법이나 처방을 받을 필요가 없었습니다. 예수님께서 어떤 사람을 고쳐주실 때에는 바로 그 때 그 고침은 완전하였습니다. 구원에 있어서도 그렇습니다. 우리가 그리스도께로 나오면 그 구원이 "아마 그러할 것이다"하는 구원이 아닙니다. 우리가 시험대 위에 놓여지는 것이 아닙니다. 바로 그때 우리의 죄는 깨끗이 씻겨집니다. 바로 그때 우리가 하나님의 자녀가 됩니다. 예수님께서 그에게 그의 자리를 들라고 말씀하신 것도 또한 우리가 주목하게 됩니다. 주님은 다시 타락할 여건을 만들어 놓으시지 않습니다. 주님께서 오늘 사람들을 구원하실 때에는 그들이 다시 구원받지 못한 상태로 빠질 여지가 없습니다. 그분은 전체를 구해주십니다. 영원한 구원으로 구해주십니다.

어떤 사람들은 그리스도께서 오늘 사람들을 구원해 주시고 내일 그들을 잃어버릴지도 모른다고 가르치고 있습니다. 그러나 성경은 영원한 구원에 대하여서만 알고 있습니다. 우리가 그리스도에게 가는 순간 구원은 우리들의 것이며 그것은 영원히 지속됩니다.

2. 유대인들의 분노

그 사람이 서른여덟 해 만에 처음으로 자기의 자리를 등에 지고 걸어서 저 쪽으로 갑니다. 유대인의 종교 지도자 몇 사람이 그를 보고 갑작스레 다가서며 "안식일에 짐을 들고 가는 것이 옳지 않다"고 그에게 말했습니다. 확실히 그들은 이 사람을 알고 있었을 것입니다. 그는 서른여덟 해 동안 병자로서 그들 가운데 있었습니다. 그러나 그렇게 오랜 세월의 절망적 괴로움을 겪은 후에 그가 그렇게 온전한 사람으로 고침을 받은 것을 보고도 그들은 기뻐하지 않았습니다. 그들은 단지 그가 안식일에 요를 옮기고 있는 것만을 보았습니다. 그들은 극단적이고 가혹하며 관대하지 못하였습니다. 그들은 "당나귀는 걸러내고 낙타는 삼키었습니다." 그 사람은 유대인들에게 대답하면서 "나를 고쳐주신 분이 내 자리를 들고 걸으라고 내게 말하였습니다"라고 말했습니다. 그는 율법을 가지고 논쟁하지 않았습니다. 그는 단지 그리스도를 가리켰습니다. "그 사람이 나를 걷게 할 수 있는 능력을 갖고 계시다면 내 자리를 들고 걸으라고 말씀하실 권리가 그분께 있을 것임에 틀림없습니다"라고 그는 말할 수 있었습니다.

"이 일을 행한 사람의 이름이 무엇이냐?"라고 유대인들이 물었습니다. 그 사람이 대답했습니다. "나는 그의 이름을 모릅니다. 내가 알고 있는 것은 이것입니다 ― 서른여덟 해 동안 내가 절름발이였는데 그가 나를 고치셨다는 것입니다." 오늘날도 새로 회심한 사람에게 그리스도께 대하여 물어보십시오. 그가 그분의 영광에 대하여 모든 것을 우리에게 말할 수 없습니다마는, 그는 이렇게 말할 수 있습니다. "내가 전에는 잃어진 상태에 있었습니다. 그러나 이제 나는 구해진 사람입니다. 전에는 내가 맹인이었으나 이제 보게 되었습니다." 은혜 안에서 자라 모든 것의 대답을 알자면 시간이 걸립니다.

조금 후에 예수님이 그 사람을 성전에서 발견하셨습니다. 얼마나 반가운 순간이었을까요! 그는 감사하는 마음을 표하고 있었습니다. 그가 서른여덟 해 동안 걷지 못했었으나 그가 고침을 받은 직후에 하나님의 집으로 들어갔습니다. 당신이 교회에 나가지 않는다면 구원을 받았으며 하나님을 사랑한다고 저에게 말하지 마십시오. 저는 그런 것은 믿지 않습니다. 며칠 전에 병원에 입원해 있는 한 사람을 찾아갔습니다. 그리스도인이냐고 그에게 물었더니 그러하다고 저에게 그가 대답했습니다. 그래서 어느 교회에 나가고 있느냐고 물었습니다. 퉁명스러운 목소리로 그가 "교회에 나가고 있지 않습니다. 구원 받기 위해 어느 교회에 소속되어 있을 필요가 없습니다"고 말했습니다. 그것은 맞는 말입니다. 그러나 우리가 참으로 구원을 받았다면, 그리스도와의 실제적인 체험을 갖고 있다면 우리는 이렇게 말하게 될 것입니다. "그분은 나의 구주이시다. 주님은 내가 그 안에 살고 그것을 통하여 봉사하도록 교회를 세우셨다. 아무것도 나를 하나님의 집으로부터 떼어놓을 수 없을 것이다."

제가 경험했던 가장 하기 어려운 일 중의 하나가 이것이었습니다. 제가 어느 노인의 장례식을 거행해달라는 청을 받았습니다. 그가 소년이었을 때에 교회에 출석하기 시작했던 것을 제가 알았습니다. 그러나 25년 동안 교회에 한 번도 나오지 않고 있었습니다. 그의 생명에 대하여 이야기하여 그의 유족들을 위로하기란 너무나도 어려운 일이었습니다. 오, 당신이 구원을 받았다면 거기에서 중지하지 마십시오! 이 고침을 받은 절름발이는 예수님을 만난 순간부터 교회에 나갔습니다. 한 젊은 여인이 중국의 어느 선교회관에서 구원을 받았습니다. 다음 주일에 그녀는 불구의 어머니를 등에 업고 18마일을 걸어 예수님에 대한 말씀을 듣기 위하여 교회에 갔습니다. 그녀의 구원은 그녀에게 있어서 대단한 것을 의미했습니다. 당신의 구원도 그렇습니까?

예수님은 이 사람을 후에 성전에서 발견하셨습니다. 주님께서 그에게 "가서 다시는 죄를 짓지 말라. 그렇지 않으면 더 심한 병으로 고생할지도 모른다"고 말씀하셨습니다. 어떤 사람이 구원을 받았다 하더라도 그가 여전히 하나님의 관할 하에 있습니다. 그리스도인이 죄를 지으면 하나님께서 그를 징계하실 것입니다. 이 사람의 전의 병은 죄로 말미암아 초래되었던 모양입니다. 그가 다시 죄에 빠지면 더 심한 것이 발생할 것이라고 주님께서 지금 경고하시고 계십니다. 이제 그 사람이 성전에서 나와 유대인들에게 "예수님이 나를 고치신 분이십니다"라고 말합니다. 그가 신앙을 공적으로 선언하는 것을 주저하지 않았습니다. 우리는 여기서 그가 성전을 떠났을 때에 나가서 증거하였던 점을 유의해야겠습니다.

우리는 그리스도를 통하여 구원을 발견합니다. 그러나 거기에서 멈추어서는 안 됩니다. 나가서 이야기를 전해야 합니다. 교회 밖에서 예수님께 대하여 전하는 것을 취미 없는 일로 생각하는 사람들이 더러 있습니다만 그리스도를 부끄러워해서는 안 됩니다. 어느 예쁜 아가씨와 막 결혼한 사람을 상상해 보십시오. 그는 그녀를 매우 자랑스럽게 생각하는 것 같아 보입니다.

그러나 그가 교회 밖으로 나오면서 "이제 당신은 내 뒤에 열 걸음쯤 처져 걸어오세요. 난 당신이 창피스러우니까요"라고 그녀에게 말합니까? 확실히 그와 같은 상황에서는 사랑이란 있지 않을 것입니다. 우리는 예수님을 사랑합니까? 그러면 주님으로 부끄러워하지 맙시다. 그분을 어디에나 모시고 갑시다.

유대인들은 안식일에 병 고쳤다 하여 예수님을 핍박하기 시작했습니다. 그들은 심지어 주님을 죽이려고까지 했습니다. 오, 이 얼마나 모순된 일인가! 안식일에 병 고치는 것은 나쁜 짓이나 하나님의 아들을 죽이는 것은 옳은 일이었습니다. 다른 복음서에서 예수님께서 말씀하시기를 안식일에 주인이 소에게 물을 먹이기 위하여 여물통으로 끌고 간다고 말씀하십니다. 한 짐승에게 자비를 베푸십니다. 그런데 사람에게 자비를 베푸는 것이 옳지 않겠습니까?

주님께서 "나의 아버지께서 지금까지 일하시니 나도 일한다"고 말씀하십니다. 세상을 창조하신 후에 하나님께서 일곱째 되는 날 쉬셨음은 사실입니다. 실상 그분은 쉬실 필요가 없으셨습니다. 피곤해지시는 법이 없으니까요. 하나님은 단순히 사람들을 위한 한 규범을 세우셨을 뿐입니다.

장구한 세월을 따라 하나님께서는 안식일에 자비하심으로 없어서는 안 될 일을 하여 오셨습니다. 해를 뜨고 지게 하십니다. 바닷물의 간조와 만조를 주관하십니다. 비를 오게 하시고 초목을 자라게 하십니다. 하나님은 인간의 편익을 위하여 이렇게 하십니다. 그러므로 예수님께서도 인간의 이익을 위하여 안식일에 일하실 수 있는 권리가 있으셨습니다.

다음으로, 그리스도께서 자기 자신을 모든 일에 있어서 하나님 아버지와 동일하시는 것을 보게 됩니다. 요한복음 5장 24절에서 우리가 놀라운 구절을 만나게 됩니다. "내가 진실로 진실로 너희에게 이르노니 내 말을 듣고 또 나 보내신 이를 믿는 자는 영생을 얻었고 심판에 이르지 아니하나니 사망에서 생명으로 옮겼느니라." 이 구절은 많은 영혼들에게 하나님의 평화와 확신을 주기 위하여 사용되어 왔습니다. 그것은 영생을 현재의 소유로서 설명하고 있습니다. 우리가 장래에 영생을 소유하게 될 뿐 아니라 지금 그것을 소유하고 있습니다.

그러면 언제 우리가 영생을 받습니까? 귀로 들어 마음으로 믿을 때입니다. 그것은 구원 받는 방법과 동일한 것이니 — 귀로 복음을 듣고 온 마음으로 그리스도를 믿을 때에 구원을 받습니다. 여기 "심판에 이르지 아니한다"는 위대한 약속이 있습니다. 많은 사람들이 전전긍긍하며 다닙니다. 그들은 어느 날 하나님께서 그들을 모아 심판하시고 지옥에 보내실 것을 두려워합니다. 사실 하나님이 그분의 아들을 거절한 모든 사람들을 그렇게 하실 것입니다. 그러나 당신이 그리스도를 신뢰하셨다면, 당신이 거듭나셨다면, 바로 그곳에서 안심하실 수 있습니다. 예수님께서 말씀하셨습니다. 당신이 그분을 믿으면 결코, 절대로 심판에 이르지 아니하리라고 말씀하셨습니다.

3. 부활 교리의 선포

여기에서 우리가 한 종류보다 더 많은 부활이 있을 것을 알아야겠습니다. 구원받은 사람들과 잃어진 사람들의 부활이 각각 있을 것입니다. 예수님께서는 무덤에 있는 모든 사람들이 하나님의 음성을 듣고 주님을 맞으며 일어날 때가 올 것이라고 말씀하셨습니다. 저주의 부활로 오는 사람들도 있을 것이며 생명의 부활로 오는 사람들도 있을 것입니다. 저는 이 모든 것이 일시에 일어나리라고 믿지 않습니다.

바울은 데살로니가 사람들에게 보내는 편지에서 예수님께서 오실 때에 그리스도 안에서 죽은 자들이 먼저 일어날 것이라고 말하고 있습니다. 잃어진 사람들의 부활은 뒤에 옵니다. 그때에 그리스도를 거절했던 사람들이 일어나 영화로운 백보좌의 심판석에 앉아 계신 그분을 대면할 것이며 그들을 기다리는 영원한 멸망에 처하게 될 것입니다. 이것은 진지한 생각입니다.

하나님은 두 종류의 부활을 계획하시고 계십니다. 첫째 부활에 참여하는 자들은 천국에 올라갈 것입니다. 그리스도를 거절하여 둘째 부활에 일어나는 사람들은 지옥으로 내려갈 것입니다. 여기에 모든 사람들이 길이 생각해 보아야 할 문제가 있습니다. 모든 사람은 각자가 자신의 부활과 운명을 선택한다는 점입니다. "내가 너희 앞에 생명과 사망, 천국과 지옥을 놓았다"고 하나님께서 말씀하십니다. 당신은 "저는 그리스도를 거절하고 사망과 지옥을 택하겠습니다"라고 말할 수도 있습니다.

어느 주일 아침 한 사람이 워싱턴 시에 있는 교회에 갔습니다. 교회는 사람들로 가득 차 있었습니다. 그 사람은 비어 있는 좌석이 하나도 보이지 않아 그냥 조용히 빠져 나갈까 생각하였습니다. 그러나 그때 떠나지 않기로 작정하였는데, 하나님과 깊이 접촉해 볼 필요성을 느꼈기 때문이었습니다. 그는 앉을 좌석이 있지나 않을까 하고 샛길을 조심조심 더듬어 가기 시작했습니다. 그때 강하나 부드러운 손이 그의 팔 위에 놓이더니 조용한 목소리가 속삭여 왔습니다. "여보세요, 이리 들어오세요. 여기에 앉을 곳이 있습니다." 그 사람은 얼른 그 자리에 들어가 앉으며 "감사합니다. 감사해요" 하였습니다. 그러고서 그는 얼굴을 들어, 같이 앉자고 좌석을 내어준 그 사람을 쳐다보았습니다. 그는 깜짝 놀랐습니다. 그 사람이 바로 미합중국 대통령 아브라함 링컨이었습니다.

아, 그러나 들어보십시오. 어느 대통령보다 더 크신 분이 그분 곁으로 오라고 여러분을 부르십니다. 그분이 말씀하십니다. "내 아버지 집에 있을 곳이 있다. 들어와 영원한 생명을 누려라." 당신은 그분의 초청을 받아들였습니까?

예수님께서 생명의 부활과 저주의 부활을 말씀하심으로써, 주님은 오늘 날의 어떤 이설들을 깨뜨리십니다. 어떤 사람들은 이 세상이 전부이며, 천국과 지옥의 모든 것을 바로 여기 지상에서 갖고 있다고 말합니다. 그들은 무덤이 모든 것의 종말이라고 말하나 예수님은 여기에서 모든 사람에게 부활이 있다고 말씀하십니다. 이생이 모든 것이라 생각지 마십시오. 언젠가 우리는 반드시 하나님의 얼굴을 마주대하게 됩니다.

또 어떤 사람들은 장래의 형벌이 없다고 말합니다. 하나님은 매우 자비하시고 동정심이 크시기 때문에 아무도 형벌하시지 않는다는 것입니다. 저는 하나님께서 자비로우시며 동정심이 많으셔서 우리를 위하여 죽으시도록 그분의 아들을 주신 것을 시인합니다. 그러나 당신이 그 아들을 짓밟는다면, 당신이 벌을 받아야 함은 너무도 당연합니다. 이 성경 구절은 저주의 부활이 있음을 말합니다.

또 그리스도인들은 올리어갈 것이지만 사악한 자들은 멸절하여 없어지는 것으로 형벌을 대신하게 될 것이라고 말하는 사람들도 있습니다. 그러나 성경의 여기와 다른 여러 곳에서 선인이든 악인이든 모두 부활하여 심판석 앞에 서게 될 것이라고 말하고 있습니다. 선악 간의 그들 모두가 다시 어떤 이들은 부족함이 없는 아버지의 집에서, 어떤 사람들은 불못 속에서 살게 될 것입니다.

예수님은 지금 이 종교 지도자들의 심령을 꿰뚫어 보십니다. 그들이 주님을 하나님의 아들로 믿지 않는 것을 주님께서 아셨으나 자기가 하나님의 아들이심을 입증하시기 위하여 네 가지의 증거를 드셨습니다.

첫째, 세례 요한을 드십니다. 아마 그때쯤에는 그가 죽었겠지만 한동안 그는 대단히 인기 있는 사람이었습니다. 사람들이 그를 믿었습니다. 그가 요단강에 서서 "세상 죄를 지고 가는 하나님의 어린양을 보라"고 외쳤습니다. 예수님께서 하나님의 아들이심을 그가 증거하였습니다. 예수님은 그를 "타올라 빛나는 별"이라 부르셨습니다. 타지 않으면 빛날 수 없습니다. 하나님을 위하여 빛나기를 원하는 사람은 기도며 성경공부며 증거며 봉사에 열심으로 타올라야 합니다. 그는 하나님께 완전히 헌신하며 성령께서 그 안에서 타고 그를 통하여 빛나도록 기도해야 합니다.

다음으로, 그분은 자기 자신의 행하시는 일이 증거하고 있다고 말씀하셨습니다. "너희가 나의 행한 바를 이미 보았다. 이런 일들을 얼버무려 지나쳐 버릴 수 없다. 이 사람은 38년 동안 병자였었다. 그러나 지금은 그가 건강하며 자유롭게 활동한다. 이 기적이 내가 하나님께로서 왔음을 입증하고 있다"고 주님은 말씀하셨습니다. "하나님께서 같이 하시지 않으면 아무도 당신께서 행하시는 이런 일들을 할 수 없습니다"고 말한 니고데모의 말이 기억납니다. 그런데 예수님은 이렇게 말씀하십니다. "나는 이것들 보다 더 큰 증거가 있다. 하나님께서 나를 증거하셨다." 아마 주님은 그들 중에서 몇몇이 그분의 세례 받으실 때에 "이는 내 사랑하는 아들이라"하신 하나님의 음성을 들었던 것을 의중에 두시고 말씀하신 것 같습니다. 또 구약성경 전체를 통하여 하나님께서 자기를 증거하셨음을 주님께서 의미하고 말씀한 것입니다. 얼마 전에 "가서 성경을 상고하여 보라. 성경이 나에 대하여 증거하고 있는 것을 발견하게 될 것이다"라고 주님이 말씀하셨습니다. 이것은 얼마나 참말입니까. 예수님은 성경의 중심이십니다. 그분을 빼놓아 보세요. 전혀 딴 책이 되어 버리고 맙니다. 그분을 넣어 보세요. 그것은 세상에서 가장 위대한 책이 됩니다.

마지막으로, 예수님은 그들에게 이렇게 말씀하셨습니다. "너희가 모세를 믿는다고 주장한다. 모세는 나에 대하여 썼다. 너희가 진정으로 모세를 믿는다면 너희가 나를 믿을 것이다." 여기에서 이 사람들이 모세에게서도 이탈하였다는 증거를 발견할 수 있습니다. 그들의 종교는 빈껍데기에 불과했습니다. 매우 경건하다고 자처하는 바로 그들이 주님을 알아보지 못함은 얼마나 비극적인가요. "그가 자기 땅에 오매 자기 백성이 영접하지 아니하였느니라." 주님께서 그때처럼 오늘 오신다면 얼마만한 사람들이 주님을 영접할지 의심스럽습니다.

그 병약한 사람에게로 다시 돌아갑시다. 예수님께서 못으로 오셔서 그에게 "네가 낫기를 원하느냐?"고 말씀하셨습니다. 그리고 그 사람은 그날로 완쾌되었습니다. 주님께서는 오늘도 우리들의 교회에 오십니다. 주님은 통로길을 걸으십니다. 주님은 당신의 자리에서 멈춰서십니다. 하나님의 아들을 당신이 어떻게 예우해야 할지 마음을 쓰십시오. 오늘날도 주님은 이러한 질문들을 당신에게 하십니다. "내가 온전하게 되기를 원하느냐? 가치 있는 삶을 살며 하늘 가는 길을 걷고 있음을 네가 알기 원하느냐?" 당신은 어떻게 대답하시렵니까? 예수님께서 지나가시고 계십니다. 그분이 다시는 되돌아오시지 않을지도 모릅니다. 오, 여러분의 대답이 영원한 "예"가 되도록 하십시오!

어느 이교 국가의 어떤 사람이 자기의 죄짐이 감당하기에 너무 무겁다고 느꼈습니다. 그는 어떻게 하면 자기의 죄를 속량할 수 있는지 여러 사람들에게 물어보았습니다. 어떤 사람은 그에게 신발에 못들을 박아 그 신발을 신고 480마일을 걸으라고 말했습니다. 세상이 우리들에게 제시해 주는 구원의 방법은 그러한 것들입니다. 그들의 지시하는 방법이 항상 그렇게 심한 것은 아니지만, 구원을 받을 만한 어떤 공적을 우리가 행해야 한다고 역설합니다. 그래서 이 사람은 도보여행을 시작했습니다. 그는 자주 중단하여 원기가 회복되고 상처가 낫기를 기다려야 했습니다. 어느 날 그가 잠깐 쉬기 위하여 큰 그늘을 드리우고 있는 나무 아래에 멈췄습니다. 가까이에서 마침 한 선교사가 복음을 전파하고 있었습니다. "하나님의 아들, 예수 그리스도의 피가 모든 죄로부터 깨끗하게 하여 줍니다"라고 선교사가 말하는 것을 그 불쌍한 사람이 들었습니다. 이 메시지가 직통으로 그 사람의 마음에 부딪쳤습니다. 그는 찌르는 신발을 벗어 던지고 "그것이 바로 내가 찾고 있는 것이오! 그것이 바로 내가 찾고 있는 것이오!"라고 외치면서 앞으로 나왔습니다. 그는 구원을 받았으며 옛 그리스도의 신실한 증인이 되었습니다.

그리스도의 피가 모든 죄에서 깨끗하게 합니다. 그 피가 당신을 깨끗하게 하였습니까?

제

13

장

—

인생의 폭풍우와 피난처

—

"[1]그 후에 예수께서 디베랴의 갈릴리 바다 건너편으로 가시매 [2]큰 무리가 따르니 이는 병자들에게 행하시는 표적을 보았음이러라 [3] 예수께서 산에 오르사 제자들과 함께 거기 앉으시니 [4] 마침 유대인의 명절인 유월절이 가까운지라 [5] 예수께서 눈을 들어 큰 무리가 자기에게로 오는 것을 보시고 빌립에게 이르시되 우리가 어디서 떡을 사서 이 사람들을 먹이겠느냐 하시니 [6] 이렇게 말씀하심은 친히 어떻게 하실지를 아시고 빌립을 시험하고자 하심이라 [7] 빌립이 대답하되 각 사람으로 조금씩 받게 할지라도 이백 데나리온의 떡이 부족하리이다 [8] 제자 중 하나 곧 시몬 베드로의 형제 안드레가 예수께 여짜오되 [9] 여기 한 아이가 있어 보리떡 다섯 개와 물고기 두 마리를 가지고 있나이다 그러나 그것이 이 많은 사람에게 얼마나 되겠사옵나이까 [10] 예수께서 이르시되 이 사람들로 앉게 하라 하시니 그 곳에 잔디가 많은지라 사람들이 앉으니 수가 오천 명쯤 되더라 [11]예수께서 떡을 가져 축사하신 후에 앉아 있는 자들에게 나눠 주시고 물고기도 그렇게 그들의 원대로 주시니라 [12]그들이 배부른 후에 예수께서 제자들에게 이르시되 남은 조각을 거두고 버리는 것이 없게 하라 하시므로 [13] 이에 거두니 보리떡 다섯 개로 먹고 남은 조각이 열두 바구니에 찼더라 [14] 그 사람들이 예수께서 행하신 이 표적을 보고 말하되 이는 참으로 세상에 오실 그 선지자라 하더라 [15] 그러므로 예수께서 그들이 와서 자기를 억지로 붙들어 임금으로 삼으려는 줄 아시고 다시 혼자 산으로 떠나 가시니라 [16] 저물매 제자들이 바다에 내려가서 [17] 배를 타고 바다를 건너 가버나움으로 가는데 이미 어두웠고 예수는 아직 그들에게 오시지 아니하셨더니 [18] 큰 바람이 불어 파도가 일어나더라 [19] 제자들이 노를 저어 십여 리쯤 가다가 예수께서 바다 위로 걸어 배에 가까이 오심을 보고 두려워하거늘 [20] 이르시되 내니 두려워하지

말라 하신대 ²¹이에 기뻐서 배로 영접하니 배는 곧 그들이 가려던 땅에 이르렀더
라.” ― 요 6:1-21

어린이들은 숨바꼭질 놀이를 즐겨 합니다. 확실히 여러분은 그것을 어떻게
하고 놀았는지 기억하실 것입니다. 한 아이가 “술래”로 뽑힙니다. 그 애는 일정
한 장소에 서서 눈을 자기 손으로 가리고 미리 정해진 수까지 수를 셉니다. 그 애
가 수를 세고 있는 동안 다른 애들은 달려가서 숨습니다. 숫자 세기가 끝나면 술
래는 숨은 애들을 찾아내어 본거지로 불러들입니다. 이 놀이를 하면서 애들이
숨을 곳이 필요한 것처럼 모든 사람은 자기의 영혼을 위하여 숨을 곳이 필요합
니다. 자기의 죄와 양심과 쓰라린 기억으로부터 숨을 곳이 필요합니다.

사람에게 이 피할 곳이 있으면 모든 것이 형통합니다. 만약 그에게 피할 곳
이 없으면 모든 것이 탈입니다. 이 세상을 사는 동안 이러한 피난처가 필요하며
또한 확실히 인생의 종막이 드리워지는 날에도 피난처가 필요할 것입니다. 옛날
의 유명한 한 화가가 폭풍이 무섭게 휘몰아치는 광경을 그렸습니다. 여러분은
바람에 나무들이 휘는 것을 보셨을 것입니다. 번개가 치고 천둥의 포효하는 장
면을 목격하셨을 것입니다. 그런데 그 그림에서 사람들과 동물들이 폭풍우를 피
할 곳을 찾느라고 전속력으로 도망치고 있었습니다. 이것은 모든 사람의 실제의
상입니다. 세상이 우리를 강타하며, 심판이 우리를 기다리고 있습니다. 우리들
은 숨을 곳이 필요합니다. 그러면, 요한복음 전체를 통하여 우리가 이러한 만세
반석 같은 피난처를 보게 되는데, 곧 하나님의 아들 예수 그리스도이십니다. 우
리가 와서 그분 앞에 숨으면 이 세상과 오는 세상을 무서워할 필요가 없다고 분
명하게 들려주고 있습니다.

집시 스미스가 자기 아버지와 함께 해변을 거닐던 일을 이야기 합니다. 갑
자기 그의 아버지가 병을 꺼내 물에 담그고 아귀까지 채웠습니다. 그러더니 그
병을 멀리 바다 속으로 던지면서 그가 말했습니다. “이제, 대양이 병 속에 있고,
병이 대양 속에 있다.” 그와 같이 그리스도께서 우리 안에 계시고 우리가 그리스
도 안에 있으면 우리가 항상 그리고 영원히 안전한 피난처를 갖게 됩니다.

저는 요한복음 6장에서 다음의 두 가지 점을 여러분에게 보여드리고 싶습니
다.

> 1. 큰 무리들을 먹이심
> 2. 제자들의 공포

1. 큰 무리들을 먹이심

우리는 지금 그리스도께서 행하신 가장 중요한 기적들 중의 하나를 살피게 되었습니다. 보리떡 다섯 개와 물고기 두 마리로 약 2만 명에 이르는 사람들을 배불리 먹이신 기적입니다. 네 복음서 기자들 모두가 그것에 관하여 말하고 있는 만큼 그 기적은 중요합니다. 그것은 그렇게 큰 군중들 앞에서 행하여진 것이기 때문에 중요합니다.

예수님과 제자들이 여러 날을 쉴 겨를이 없이 힘써 일하셨으므로 몹시 피곤해 있었습니다. 그래서 그들이 군중들을 떠나 바다를 건너 광야에서 쉬고 계셨습니다. 그러나 그들은 한적한 곳에서 쉴 수 있도록 되어 있지 않았습니다. 큰 무리가 그들을 뒤쫓아 온 것이었습니다. 그들은 조용한 개인생활을 가질 수 없었습니다.

외롭게 지내는 것은 달가운 일이 못됩니다. 그러나 너무 많은 사람들이 따라다녀 자신의 개인생활을 가질 수 없게 되는 것은 더 나쁜 일입니다. 그 당시 예수님의 형편이 그러하였습니다. 주님께서 매우 많은 기적과 기이한 일들을 행하셨기 때문에 주님께서 어디에 가시든지 군중들이 따랐습니다. 그러나 그들이 주님을 어떤 눈으로 보고 있었을까요? 그들은 단지 기적을 행할 수 있는 굉장한 마법사와 병자를 고칠 수 있는 뛰어난 의사쯤으로 보고 있었습니다. 그들은 그분께서 죄인들의 구주시며 하나님의 아들이신 것을 깨닫지 못했습니다. 그들은 그분의 거룩한 영광 앞에서 맹인이었습니다. 사정은 오늘날도 마찬가지입니다.

많은 사람들이 예수님을 하나의 훌륭한 선생이나 아름다운 모범자로 여기고 그 이상은 아무것도 아니라 생각합니다. 우리가 그리스도를 구주로 보고 또 그러한 분으로서 신뢰하지 않는다면 그 모든 것은 우리에게 무의미하다는 것을 제가 분명히 말씀드립니다. 오늘날 소위 "믿음으로 병 고치는 자"가 온다고 광고가 나면 많은 사람들이 그를 시청하려고 모여듭니다. 그들은 매우 기적을 보고 싶어 합니다. 그들은 그들 자신이나 사랑하는 사람들의 육체적 구제를 갈망합니다. 그러나 그들 중에 영혼의 치유를 찾는 사람은 별로 없습니다. 그곳에서 그리스도를 뵙기를 생각하는 사람들은 별로 없습니다. 그분은 저 뒤편으로 물러나 계십니다.

예수님은 큰 무리가 오고 있는 것을 눈을 들어 보셨습니다. 주님은 모든 사람에 대하여 모든 것을 아시기 때문에 그들이 배고파하는 것을 아셨습니다. 빌립에게 얼굴을 돌리시며 "이 모든 사람들을 먹일 만한 충분한 떡을 어디서 구할 것인가?"라고 말씀하셨습니다. 예수님께서는 자기가 어떻게 하실 것인가를 다 알고 계셨지만 빌립의 믿음을 시험하시기 위하여 이런 질문을 하셨습니다. 그러나 빌립은 그 시험에 낙제하고 말았습니다. "주여, 주는 하나님의 아들이십니다. 모든 것을 하실 수 있습니다. 물을 포도주로 변하게 하셨습니다. 주님께서는 서른여덟 해 된 병자를 고치셨습니다. 확실히 주께서는 이 모든 사람들에게 떡을 공급해 주실 수 있습니다"라고 예수님을 바라보며 말하여야 했을 터인데 그가 무어라고 말했습니까? "주여, 각 사람으로 조금씩 받게 할지라도 이백 데나리온의 떡이 부족하리이다." 그가 본 것은 군중이었습니다. 어려움을 보았습니다. 문제만을 보았지 주 예수를 보지 못했습니다.

우리도 매일 그렇게 행동합니다. 하나님은 무한한 보고를 갖고 계십니다. 그분의 은혜가 우리들의 모든 필요에 충분하다고 선언하시는 데도 필요가 발생하면 우리가 어떻게 합니까? 우리가 구속주를 향하여 눈을 들지 않고 우리들 자신의 자원을 바라봅니다. 과거에 하나님께서 우리를 보살펴 주시고 많은 어려운 처지에서 끌어내주신 것을 우리가 경험하여 왔습니다. 변함없이 그렇게 계속하여 주실 것을 그분이 약속하시는 것을 우리가 알고 있습니다. 그런데 우리는 왜 인생 문제들의 해결을 찾으려 바득바득 애쓰며 스스로 고통을 당하고 있습니까? 왜 곧바로 예수님을 바라보지 않습니까? 그분은 지금도 항상 동정으로 넘치십니다. 지금도 우리를 돕고 싶어 하십니다. 그리스도인들은 어려움을 당할 때에 맨 먼저 하나님께로 나아가는 교훈을 익혀야 합니다. 주님의 능력에 비하여 우리는 얼마나 연약합니까? 그분의 충만에 비하여 우리는 얼마나 공허합니까?

이제, 안드레가 다가오고 있었습니다. 그는 베드로의 형제였습니다. 신약성경에서 그가 세 번 활동하고 있는 것을 볼 수 있습니다. 그때마다 그는 누군가를 예수님께 소개하고 있습니다. 복스러운 사람이었습니다! 그가 한 소년을 구주께 데리고 와서 말하였습니다.

"예수님, 여기 이 아이가 점심을 싸가지고 왔어요. 보리떡 다섯 개와 물고기 두 마리입니다. 그러나 사람들이 이렇게 많은데 이것으로 무엇 하겠습니까?"

상황은 절망적으로 보였습니다. 여자들과 어린이들을 빼놓고도 오천 명이나 모여 있었습니다. 모두 합치면 2만 명쯤 되었음에 틀림없습니다. 그러나 그 소년이 가진 것에 예수님이 합쳐지니 모든 사람들이 배불리 먹을 풍성한 양이 생겨났습니다. "하나 더하기 하나님은 항상 거대한 수가 됩니다."

당신의 필요는 굉장하지만 당신의 자원은 보잘것없습니까? 그렇다면 하나님께서는 풍부한 자원을 갖고 계신 것을 기억하세요. 그분을 줄곧 쳐다보세요. 당신이 그분 편에 서 있는 것을 확인하십시오. 그분께서 당신의 심령을 꿰뚫어 보실 것입니다.

하루는 어떤 사람이 아브라함 링컨에게 "하나님은 우리 편이십니까?"라고 물었습니다. 그러자 그 위대한 사람이 대답하기를 "나는 그런 식으로 많은 관심을 갖는 것이 아니고 우리가 하나님 편에 서 있는가에 관심을 갖습니다"라고 말했습니다.

여러분은 그분 편에 서서 정성스럽게 그분을 신뢰하고 사랑하며 충성스럽게 섬기십시오. 그러면 여러분이 그분을 필요로 할 때에 하나님께서 그곳에 와 계실 것입니다.

체스터 스위 박사(Dr. Chester Swor)는 조그만 체구의 불구자였으나 굉장한 사람이었습니다. 그는 전국을 누비면서 주를 위하여 힘 있게 복음을 전했습니다. 젊은 시절부터 전폭적으로 헌신하여 쓰임이 있고 활기에 찬 그리스도인의 삶을 살아왔습니다. 그는 아마 미국의 어떤 사람보다도 더 많은 젊은이들에게 영향을 끼쳤을 것입니다. 그는 종종 "나는 내가 가진 최선으로 하나님을 섬기겠다. 그리고 내가 그분을 필요로 할 때에는 그분이 바로 그곳에 와 계실 것을 알고 있다"고 말하였다.

어느 날, 그는 조지아주 아덴스 가까이에서 무서운 자동차 고장을 당하였습니다. 그는 차에서 튕겨져 나와 길가에 의식을 잃은 채 쓰러져 있었습니다. 출혈로 죽을 아주 위험한 고비에 처해 있었습니다. 그러나 여러분은 그것을 믿으시겠습니까? 맨 처음 지나간 차는 의사가 몰고 가는 차였으며 간호사도 동승해 있었습니다. 그들은 쉬 박사에게 급히 손을 써서 병원으로 운송했습니다. 그는 목숨을 구했습니다. 그가 퇴원하였을 때 그의 수족은 이전보다 훨씬 더 좋은 상태로 변해 있었습니다. 오, 친구여, 마음을 다하여 하나님을 위하여 살며 섬기십시오! 그러면 당신이 그분을 필요로 할 때에 그분이 바로 그곳에 와 계실 것입니다.

이제, 예수님께서 제자들에게 "그들을 앉게 하라"고 말씀하셨습니다. 사람들은 줄을 지어 100명씩 50명씩 앉았습니다. 하나님께서 어떤 상황에 관계하실 때에는 언제나 질서를 좇아 그렇게 하십니다. 그분은 무질서한 방법을 사용하지 않으십니다. 바울이 "모든 것을 적당하게 하고 질서대로 하라"고 말한 것은 교회에서의 활동에 관하여서였습니다. 하나님께서는 우리가 혼돈이 아니라 질서를 만들어 내는 일들을 하기 원하십니다.

사람들이 다 자리를 잡고 앉았을 때 예수님께서 떡을 취하셨습니다. 소년은 점심으로 가져온 떡을 주님께 바치는 것을 아주 기뻐하는 것 같았습니다. 우리가 우리의 최선을 예수님께 기꺼이 드릴 때에 그것을 그분 자신의 영광을 위하여 사용하시며 바치는 우리들을 축복하여 주실 것입니다.

저는 이 교회에 그들이 예수님께 바치려 하지 않으므로 허실되고 말 재능들을 갖고 있는 사람들이 있음을 알고 있습니다. 어떤 사람들은 노래하는 재능을 갖고 있습니다만 그것을 주를 위하여 사용하려 하지 않습니다. 어떤 사람들은 가르치는 재능을 갖고 있습니다만 그들은 가르치려 하지 않습니다. 어떤 사람들은 젊은이들을 지도할 재능을 갖고 있습니다만 책임을 회피합니다. 어떤 사람들은 주님을 위하여 증거 할 수 있는 재능을 갖고 있습니다만 그들은 너무 바쁘다고 말합니다. 이런 재능들은 말라붙게 될 것이며 그들 자신들은 빈손으로 나아가 주님을 만나게 될 것입니다. 그러나 그 재능을 주님께 드리세요. 그러면 그분이 당신과 다른 사람들을 축복하실 것이며 천국에서 당신을 기다리는 상급이 있을 것입니다.

자, 예수님을 보십시오. 손에 떡을 갖고 서 계십니다. 무엇을 하시려고 하시는 것일까요? 그분은 하나님을 향하여 눈을 들어 음식을 인하여 감사를 드리셨습니다. 많은 그리스도인들이 겁이 많아 다른 사람들이 모인 식당 같은 데서는 감사기도를 드리기 위하여 고개를 숙이지 못합니다. 우리가 감사기도를 드릴 때에 그것은 무슨 말을 하느냐의 문제가 아니고 음식을 주신 것에 대하여 하나님께 은혜를 입고 있음을 인정하는 일이며, 그 때문에 그분께 감사를 드리는 것입니다.

그런데 주님께서 사람들에게 직접적으로 떡을 나누어 주시지 않는 것을 주목하게 됩니다. 그것을 제자들에게 주시고 그들이 다시 그것을 사람들에게 나누어 주었습니다. 항상 일이 이런 방식으로 되어져야 합니다. 우리가 복음의 축복들을 다른 사람들에게 나누어줄 수 있기 전에 우리가 자신들을 위하여 주님으로부터 그것들을 받아야 합니다. 우리가 받기 까지는 줄 수 없으며, 받는 유일한 곳은 그리스도의 손으로부터입니다.

하나님으로부터의 계시에 의하여 직접으로 그리스도를 알게 될 유일한 사람에 대한 기록이 있습니다. 그는 바울이었습니다. 다메섹으로 가는 길에 그리스도께서 그에게 나타나셔서 말씀하셨습니다. 그러나 우리들 모두는 그리스도의 어떤 제자로부터 생명의 떡을 받았습니다. 어떤 사람이 우리에게 말로 전해 주었습니다 — 어떤 사람이 전도자를 우리 손에 쥐어 주거나 성구를 인용해 주었습니다 — 어떤 사람이 설교나 노래로써 우리에게 전해 주었습니다. 어떤 어머니나 아버지가 우리에게 그 생명의 길을 가르쳐 주었습니다.

하나님은 사람들을 그리스도께 이끌기 위하여 성령으로 말미암아 능력을 힘입은 인간의 도구들을 사용하십니다. 이것은 세상의 어떤 사람이 그리스도에 대하여 모른다면 그것은 우리의 잘못이라는 것을 의미합니다. 우리가 그에게 복음의 메시지를 전하지 않고 막았기 때문입니다. 우리의 지역사회에 한 사람이라도 예수님께 대하여 모르는 사람이 있다면 이것은 우리가 그들을 교회에 초대하지 않았기 때문이며 구주에 대하여 그들에게 전하지 않았기 때문입니다. 지구의 반대편에 예수님께 대하여 모르는 사람이 있다면 그것은 그에게 복음을 전하는 데에 사용될 돈을 우리가 인색하게 움켜쥐고 있었기 때문입니다. 오, 그리스도인이 된다는 것은 얼마나 중대한 책임을 뜻합니까!

하나님께서 저에게 여러 권의 설교집을 내도록 허락해 주셨습니다. 이 설교들이 전파되거나 읽혀질 때에 영혼들이 구원함을 받은 사연을 싣고 있는 편지들을 제가 많이 받았습니다.

제가 받은 가장 흡족한 편지들 중의 하나는 플로리다주의 템파에 사는 한 부인으로부터 온 것이었습니다. 그녀의 남편은 그리스도인으로서 일본에 거주하고 있었으나 그녀는 그리스도를 받아들이지 못하고 있었다고 말했습니다. 그녀의 시어머니가 그리스도의 재림에 대한 저의 설교집을 그녀에게 주었습니다. 그 책을 읽고 그리스도를 영접하였으며 교회에 나가 세례를 받았습니다. 그녀의 편지는 "저는 이제 일본으로 가겠어요. 저의 남편은 결국 그리스도를 믿는 이내를 갖게 되었으니 아주 행복해 할 것입니다"라고 쓰여져 있었습니다. 하나님께서 복음을 전하도록 저를 부르신 것을 기뻐합니다. 주께서 복음을 저에게 위탁

하신 것을 기뻐합니다. 주께서 저에게 설교하고 글을 쓰는 약간의 조그만 재능을 주신 것을 기뻐합니다.

하나님은 모든 죄인들을 위한 부요한 은혜를 가지셨습니다. 그러나 그리스도의 부요와 배고픈 사람들 사이에는 깊은 심연이 놓여 있습니다. 여러분과 제가 오직 헌신적 봉사와 충성스런 증거함에 의하여서만 이 심연 위에 다리를 놓을 수 있습니다. 이것은 설교자들만의 의무가 아닙니다. 그것은 하나님의 모든 자녀들의 의무입니다. 하나님께서 우리들에게 주신 것을 다른 사람들에게 전달해 주어야 합니다. 우리가 구원을 받았다면 그 기쁨을 안으로 억누를 수 없을 것입니다. 다른 사람들과 함께 우리의 기쁨을 나누고 싶어 할 것입니다.

몇 주 전에 우리 교회의 교인인 한 부부가 다른 한 부부를 저에게 이야기하러 데리고 왔습니다. 그 아내는 아일랜드 출신이었는데 미국인과 결혼했습니다. 두 사람 다 그리스도인이 아니었습니다. 그들은 저에게, 이 도시에 오게 된 후 교인인 부부의 집에 체류하였으며 그들과 함께 교회에 나가게 된 동기를 말했습니다. 그들은 이들, 교인인 부부의 생활 속에서 무언가 전에 보지 못한 것을 발견하였습니다 ―그들은 그곳에서 그리스도를 보았습니다. 그 후 그들은 캘리포니아로 갔습니다. 그들은 다른 사람들의 생활모습을 지켜보고 엘파소에서 본 그리스도인 부부와 다른 사람들 사이에는 엄청난 차이가 있다는 것을 깨닫게 되었습니다. 그들은 그들의 생활에 어떤 것이 결여되어 있음을 인식했습니다. 어쩐 일인지 엘파소로 돌아가고 싶은 충동을 느꼈습니다. 그래서 그들은 돌아왔습니다.

우리는 이야기 하고서 함께 기도하였습니다. 다음 주일에는 그들이 마음을 그리스도께 드리고 교회에 등록하여 세례를 받았습니다. 그런데 무엇이 그렇게 했습니까? 먼저 그리스도인이 된 이들 부부의 빛된 생활과 충성스런 증거가 그 일을 해냈습니다. 그것이 우리의 최대의 업무입니다. 미국에 사는 수많은 진정한 그리스도인들이 마땅한 바대로 생활하고 증거한다면 다른 수많은 사람들에게 얼마나 놀라운 일들이 일어나겠습니까!

그런데, 그날 단순히 사람들이 간단하게 요기를 한 것이 아니었습니다. 그것은 풍성한 잔치였습니다. 하나님은 결코 인색하시지 않습니다. 그분께로 나오십시오. 그러면 그분이 당신께 하찮은 복을 주실 것이 아니라 축복으로 충만한 생명과 영원을 주실 것입니다.

우리는 주님께서 풍성한 중에도 낭비하시지 않으신 것을 주목합니다. 군중이 양껏 먹은 후에 주님께서 제자들에게 남은 조각들을 모으라고 명하셨습니다. 모아놓고 보니 남은 조각들이 12바구니나 되었습니다. 오, 기적입니다! 떡 다섯 덩이와 물고기 두 마리를 취하셔서 오천 명의 사람들을 배불리 먹이시고도 끝에 가서 처음보다 더 많은 것을 남기신 것입니다. 그런데, 하나님께서 우리들에게 주님을 위하여 사용하도록 생명을 주셨습니다. 우리가 주의 깊게 관심을 돌려야 할 부스러기는 우리의 시간이라는 부스러기입니다. 허실한 잠깐 동안의 시간들과 게으름 피우는 정력과 식어져 있는 애정과 내버려둔 의무들을 모으십시다. 그것들 모두를 모아 주님의 영광을 위하여 사용합시다.

오늘의 현대주의자들이 이 기적을 억지로 설명해 내느라고 쓸모없이 애쓰는 것을 보노라면 오히려 웃음이 흘러나옵니다. 현대주의자란 성경을 그대로 받아들일 것을 믿지 않는 사람입니다. 그는 모든 기적들을 자연적 원인으로 돌립니다.

예컨대, 이스라엘 사람들이 홍해에 이르렀을 때에 하나님께서 물을 가르셔서 300만에 가까운 백성이 무사히 건넜습니다. 우리는 하나님께서 이렇게 하셨다고 믿지만 현대주의자는 바다가 그 지점에서 매우 얕은데다 강한 동풍이 불어와 물을 뒤로 밀치므로 사람들이 건너갈 수 있었다고 말합니다. 그런데, 이스라엘 사람들이 건너자마자 애굽 사람들이 바다 속으로 추격하며 뛰어들었으나 그들은 말과 함께 익사하고 말았습니다. 이것은 참으로 남의 사정을 잘 봐주는 바람인 것 같습니다. 때를 정확하게 맞추어 이스라엘 사람들을 위해서는 이렇게 애굽 사람들에게는 저렇게 불었으니 말입니다.

그러나 하나님께서 그 바람을 조정하시고 계셨습니다. 그리고 또 물이 그렇게 얕았다면 어째서 그렇게 많은 바로의 전사들이 물속에서 죽었겠습니까? 하나님께서 조정의 키를 잡고 계셨습니다. 저는 능히 기적을 행하실 수 있는 위대하신 하나님을 소유하지 못한 사람들을 불쌍하게 느낍니다.

어떤 현대주의자들은 이 수천의 사람들을 먹이신 것을 이런 식으로 설명합니다. 그들은 그곳에 모인 거의 모든 사람들이 도시락을 갖고 왔다고 말합니다. 그래서 어린 소녀이 자기의 도시락을 바치는 것을 보고 예수님의 따뜻한 말씀을 듣고서 그들이 매우 감동을 받아 자기들의 도시락을 꺼내 나눠 먹은 결과 모든 사람들이 배부르게 먹었다는 것입니다. 이 설명은 그렇게 비극적이지만 않다면 재미있을 것입니다. 저는 그 사람들이 배고팠으며 먹을 것이 아무것도 없었다고 믿습니다. 저는 위대하신 하늘의 주께서 모든 남자와 여자와 아이들이 양껏 먹을 수 있을 때까지 떡덩이와 물고기를 계속하여 늘리셨다고 믿습니다.

그러면 이 기적이 사람들의 생각에 어떤 결과를 가져왔습니까? "이는 참으로 세상에 오실 그 선지자이다"고 그들이 말했습니다. 메시야가 오실 때에는 그분이 많은 기적을 행하실 것을 그들이 배워 알고 있었습니다. 그래서 그들이 "이분이 그 사람임에 틀림없다"고 말한 것이었습니다. 그러나 그들 중에서 많은 사람들이 그분을 하나님의 아들로 믿었다는 기록을 읽을 수 없습니다.

2. 제자들의 공포

이 기적에 대한 군중의 반응을 주목하여 봅시다. 그들은 글자 그대로 발판을 잃고 휩쓸리었습니다. 예수님을 하나의 영웅으로 여겼습니다. 그들은 그분께 세차게 몰려들어 왕으로 삼으려 하였습니다. 그리고 제자들도 그들과 뜻이 통했습니다. 그러나 예수님은 그들의 마음을 아셨습니다. 그들이 왜 자기를 왕으로 삼으려 하는지 그는 아셨습니다. 그들은 무엇인가 대가 없는 것을 바라고 있었습니다. 그날은 그들이 그분 편에 들어 있었습니다. 그러나 어떤 다른 사람이 와서 냄비마다 두 마리의 닭고기와 차고마다 두 대의 차를 주겠다고 한다면 그들은 재빨리 예수님을 버리고 약속된 땅으로 마지막 모세를 따라 나섰을 것입니다. 옆 친구가 제안하는 것보다 더 많은 것을 값없이 주겠다고 사람들에게 제안하면 언제나 큰 군중을 얻을 수 있는 법입니다. 그런 이유로 해서 오늘날 공산주의가 퍼져나가고 있습니다.

세계는 배고픈 사람으로 가득 차 있으며 공산주의는 그들을 돌보고 먹이겠다고 제안합니다. 그리고 수많은 사람들이 이 제안을, 그것이 의미하는 바가 그들이 얻는 것보다 한없이 더 많은 것을 잃는 것일지라도, 받아들이고 있습니다.

그 군중은 예수님의 사명을 오해했습니다. 그분은 사람들의 육체를 먹이시려 오신 것이 아니라 그들의 영혼을 구하시려 오셨습니다. 사람에게는 먹을 것이 필요하며 그리스도인들이 이 음식을 제공해야 함을 우리가 인정합니다. 그러나 사람들에 대한 우리의 으뜸가는 의무는 그들을 그리스도께 인도하는 일입니다. 우리가 제공하는 모든 식량과 의류는 단지 잠시 동안 그들을 도울 것입니다. 그들에게 가장 필요한 것은 예수 그리스도이십니다.

이제 모였던 사람들이 흩어지는 것을 보게 됩니다. 군중이 해산되었습니다.

예수님께서 제자들에게 배를 타고 건너편으로 가라고 말씀하십니다. 그러고서 그분은 기도하시러 산에 가십니다. 한번 상상으로 그려보세요. 사람들은 집으로 걸음을 재촉하고 있습니다. 제자들은 해변으로부터 멀리 떨어져 열심히 노를 젓고 있는데 예수님은 산 위에서 하늘에 계신 아버지께 이야기 하시고 계십니다. 사람이 크게 성공하여 영예스러운 때에는 사람들이 있는 곳으로 나아가서 자신을 그들 앞에 나타내는 법입니다. 예수님은 최고의 승리에 이른 때에 고요하게 기도하시러 물러나셨습니다.

갑자기 바다에 무슨 일이 일어났습니다. 거센 폭풍이 들이닥쳐 제자들이 곤경에 빠졌습니다. 그들 모두는 배를 수평으로 유지하기 위해 있는 힘을 다하기 시작했습니다. 어느 순간에 휘감겨 수장될지 몰라 무서웠습니다. 아마 그들은 예수님께서 지금 저 위에서 그들을 위하여 기도하시고 계신 것을 몰랐을 것입니다. 그들이 알았다 하더라도 무서운 나머지 그 사실을 까맣게 잊고 있었을 것입니다. 이것이 바로 여기 지상에서의 인생의 실상입니다. 우리는 어려운 문제들의 성난 바다 위에서 이리저리 갈팡질팡 합니다. 그러나 높이 하늘나라에서 예수님이 우리를 위하여 기도하시고 계십니다. 우리를 위하여 주님께서 "말할 수 없는 탄식으로" 간구하신다고 성경이 말하고 있습니다. 훌륭한 그리스도인들이 우리를 위하여 기도해 준다는 것은 복된 일입니다. 예수님께서 우리를 위하여 기도하시고 계신 것을 안다는 것은 정말 최고로 복된 일입니다. 확실히 그분은 아버지의 관심을 얻으시겠기 때문입니다.

어느 선량한 여인이 결혼생활 초기에 자기 남편을 잃었습니다. 후에 그녀의 두 아들이 우등생으로 대학을 졸업했습니다. 몇 년 후에 한 아들은 열병으로 죽고 다른 아들은 자살하였습니다. 새벽 두시에 사람들이 그녀를 깨워 그 소식을 그녀에게 전해 주었습니다. 며칠 지나서는 그녀의 사업상의 이익을 잃었습니다. 조금 후에 그녀가 건강한 몸으로 잠자리에 들었는데 깨어나 보니 완전히 맹인이 되어 있었습니다. 그러나 그녀는 한 마디도 불평의 말도 하지 않았습니다. 그 모든 것을 겪으면서 그녀는 하나님을 붙들었습니다. "내가 그리스도와 소망을 갖지 않았다면 인생이란 하나의 비극적인 광대극에 불과했을 것이다"라고 그녀가 말했습니다. 우리가 하나님을 소유하고 있으며 또 "하나님을 사랑하는 자들에게는 모든 것이 협력하여 선을 이루는 것"을 주님께 우리가 감사할 수 있습니다.

그런데, 제자들이 배와 투쟁하고 있을 때에 그들 중의 한 사람이 "보라!"라고 소리쳤습니다. 그들 모두가 눈을 들어 예수님께서 물 위로 걸어오시는 것을 보았습니다. 예, 그게 사실이었습니다. 그분이 물 위로 걸어오시고 계셨습니다. 그들은 그것이 유령이라고 생각하였습니다. 그러나 예수님을 폭풍을 뚫고 큰 소리로 말씀하셨습니다. "내니 두려워하지 말라." 그리고 그분이 배에 오르시니 곧 배가 건너 편 해변에 당도하였습니다. 예수님께서 배에 타셨을 때에 그들은 폭풍을 안전하게 이겨 나아갔습니다. 여러분, 유사성을 느끼지 않습니까? 여러분과 저는 인생의 폭풍들과 싸우고 있습니다. 그러나 우리는 그것들과 홀로 싸울 필요가 없습니다. 예수님을 배로 모셔 들이십시오. 그분이 내내 우리들을 돌보아 주실 것이며 언젠가 놀랍게도 저편의 본향에 무사히 우리가 안착해 있을 것입니다. 천국의 포구에 닻을 내리고 우리가 예수님과 영원히 본향에서 살게 될 것입니다.

중병을 앓고 있는 저희 교회의 한 교인을 문병하기 위하여 병원으로 제가 가야 했습니다. 서둘러서 걸어가고 있는 도중에 한 친구를 만났는데 그가 이 젊은 부인이 방금 운명하였다고 말했습니다. 이틀 후에 저는 장례가 행해질 작은 공동묘지로 친구들과 유족들과 함께 가기 위하여 그 집으로 갔습니다. 응접실에 있는 관과 꽃들을 지났습니다. 발을 멈춰 많은 친구들에게는 말을 하지 않고, 죽은 젊은 부인의 어머니에게 이야기하기 위하여 침실로 갔습니다. 제가 그녀의 손을 제 손에 쥐고 위로하기 위하여 몇 마디의 말을 시작할 때에 그녀는 양 손으로 제 손을 감싸 쥐고 "목사님, 예수 그리스도가 없으시다면 제가 어떻게 하고 있을까요?"라고 말하였습니다.

친구여, 세상의 고통스러운 일들이 올 때에 당신은 예수님을 필요로 하게 될 것입니다. 죽음이 올 때에 당신은 예수님이 필요하게 될 것입니다. 심판의 법정에 설 때에 예수님을 필요로 할 것입니다. 당신은 오늘 그분을 모셔 들이고 당신의 가장 좋은 것을 그분께 드리지 않겠습니까? 당신이 그렇게 하면 그분이 가장 좋은 것을 당신에게 주실 것입니다.

제
14
장

—

"주여, 우리가 누구에게로 가오리까?"

—

"[22]이튿날 바다 건너편에 서 있던 무리가 배 한 척 외에 다른 배가 거기 없는 것과 또 어제 예수께서 제자들과 함께 그 배에 오르지 아니하시고 제자들만 가는 것을 보았더니 [23] (그러나 디베랴에서 배들이 주께서 축사하신 후 여럿이 떡 먹던 그 곳에 가까이 왔더라) [24] 무리가 거기에 예수도 안 계시고 제자들도 없음을 보고 곧 배들을 타고 예수를 찾으러 가버나움으로 가서 [25] 바다 건너편에서 만나 랍비여 언제 여기 오셨나이까 하니 [26] 예수께서 대답하여 이르시되 내가 진실로 진실로 너희에게 이르노니 너희가 나를 찾는 것은 표적을 본 까닭이 아니요 떡을 먹고 배부른 까닭이로다 [27] 썩을 양식을 위하여 일하지 말고 영생하도록 있는 양식을 위하여 하라 이 양식은 인자가 너희에게 주리니 인자는 아버지 하나님께서 인치신 자니라 [28] 그들이 묻되 우리가 어떻게 하여야 하나님의 일을 하오리이까 [29] 예수께서 대답하여 이르시되 하나님께서 보내신 이를 믿는 것이 하나님의 일이니라 하시니 [30] 그들이 묻되 그러면 우리가 보고 당신을 믿도록 행하시는 표적이 무엇이니이까, 하시는 일이 무엇이니이까 [31]기록된 바 하늘에서 그들에게 떡을 주어 먹게 하였다 함과 같이 우리 조상들은 광야에서 만나를 먹었나이다 [32]예수께서 이르시되 내가 진실로 진실로 너희에게 이르노니 모세가 너희에게 하늘로부터 떡을 준 것이 아니라 내 아버지께서 너희에게 하늘로부터 참 떡을 주시나니 [33] 하나님의 떡은 하늘에서 내려 세상에 생명을 주는 것이니라 [34] 그들이 이르되 주여 이 떡을 항상 우리에게 주소서 [35] 예수께서 이르시되 나는 생명의 떡이니 내게 오는 자는 결코 주리지 아니할 터이요 나를 믿는 자는 영원히 목마르지 아니하리라 [36]

그러나 내가 너희에게 이르기를 너희는 나를 보고도 믿지 아니하는도다 하였느니라 37 아버지께서 내게 주시는 자는 다 내게로 올 것이요 내게 오는 자는 내가 결코 내쫓지 아니하리라 38 내가 하늘에서 내려온 것은 내 뜻을 행하려 함이 아니요 나를 보내신 이의 뜻을 행하려 함이니라 39 나를 보내신 이의 뜻은 내게 주신 자 중에 내가 하나도 잃어버리지 아니하고 마지막 날에 다시 살리는 이것이니라 40 내 아버지의 뜻은 아들을 보고 믿는 자마다 영생을 얻는 이것이니 마지막 날에 내가 이를 다시 살리리라 하시니라 41 자기가 하늘에서 내려온 떡이라 하시므로 유대인들이 예수에 대하여 수군거려 42 이르되 이는 요셉의 아들 예수가 아니냐 그 부모를 우리가 아는데 자기가 지금 어찌하여 하늘에서 내려왔다 하느냐 43 예수께서 대답하여 이르시되 너희는 서로 수군거리지 말라 44 나를 보내신 아버지께서 이끌지 아니하시면 아무도 내게 올 수 없으니 오는 그를 내가 마지막 날에 다시 살리리라 45 선지자의 글에 그들이 다 하나님의 가르치심을 받으리라 기록되었은즉 아버지께 듣고 배운 사람마다 내게로 오느니라 46 이는 아버지를 본 자가 있다는 것이 아니니라 오직 하나님에게서 온 자만 아버지를 보았느니라 47 진실로 진실로 너희에게 이르노니 믿는 자는 영생을 가졌나니 48 내가 곧 생명의 떡이니라 49 너희 조상들은 광야에서 만나를 먹었어도 죽었거니와 50 이는 하늘에서 내려오는 떡이니 사람으로 하여금 먹고 죽지 아니하게 하는 것이니라 51 나는 하늘에서 내려온 살아 있는 떡이니 사람이 이 떡을 먹으면 영생하리라 내가 줄 떡은 곧 세상의 생명을 위한 내 살이니라 하시니라 52 그러므로 유대인들이 서로 다투어 이르되 이 사람이 어찌 능히 자기 살을 우리에게 주어 먹게 하겠느냐 53 예수께서 이르시되 내가 진실로 진실로 너희에게 이르노니 인자의 살을 먹지 아니하고 인자의 피를 마시지 아니하면 너희 속에 생명이 없느니라 54 내 살을 먹고 내 피를 마시는 자는 영생을 가졌고 마지막 날에 내가 그를 다시 살리리니 55 내 살은 참된 양식이요 내 피는 참된 음료로다 56 내 살을 먹고 내 피를 마시는 자는 내 안에 거하고 나도 그의 안에 거하나니 57 살아 계신 아버지께서 나를 보내시매 내가 아버지로 말미암아 사는 것 같이 나를 먹는 그 사람도 나로 말미암아 살리라 58 이것은 하늘에서 내려온 떡이니 조상들이 먹고도 죽은 그것과 같지 아니하여 이 떡을 먹는 자는 영원히 살리라 59 이 말씀은 예수께서 가버나움 회당에서 가르치실 때에 하셨느니라 60 제자 중 여럿이 듣고 말하되 이 말씀은 어렵도다 누가 들을 수 있느냐 한 대 61 예수께서 스스로 제자들이 이 말씀에 대하여 수군거리는 줄 아시고 이르시되 이 말이 너희에게 걸림이 되느냐 62 그러면 너희는 인자가 이전에 있던 곳으로 올라가는 것을 본다면 어떻게 하겠느냐 63 살리는 것은 영이니 육은 무익하니

라 내가 너희에게 이른 말은 영이요 생명이라 [64] 그러나 너희 중에 믿지 아니하는
자들이 있느니라 하시니 이는 예수께서 믿지 아니하는 자들이 누구며 자기를 팔
자가 누구인지 처음부터 아심이러라 [65] 또 이르시되 그러므로 전에 너희에게 말하
기를 내 아버지께서 오게 하여 주지 아니하시면 누구든지 내게 올 수 없다 하였
노라 하시니라 [66] 그 때부터 그의 제자 중에서 많은 사람이 떠나가고 다시 그와 함
께 다니지 아니하더라 [67] 예수께서 열두 제자에게 이르시되 너희도 가려느냐 [68] 시
몬 베드로가 대답하되 주여 영생의 말씀이 주께 있사오니 우리가 누구에게로 가
오리이까 [69] 우리가 주는 하나님의 거룩하신 자이신 줄 믿고 알았사옵나이다 [70] 예
수께서 대답하시되 내가 너희 열둘을 택하지 아니하였느냐 그러나 너희 중의 한
사람은 마귀니라 하시니 [71]이 말씀은 가룟 시몬의 아들 유다를 가리키심이라 그는
열둘 중의 하나로 예수를 팔 자러라." — 요 6:22-71

부딪쳐오는 인생의 위기 속에서는 사람들이 누군가 혹은 무엇인가에로 돌
아서서 위로와 힘을 구하기 마련입니다. 어떤 사람들은 자기들의 친구에게로 가
서 도움을 찾습니다. 어떤 사람들은 술을 찾아가서 알코올 속에 그들의 슬픔을
빠트리려고 합니다. 어떤 사람들은 사람이 만들어낸 그릇된 종교에로 달려가서
그곳에서 공허와 실패만을 발견합니다. 어떤 사람들은 세상의 쾌락에로 몸을 던
지나 거기에서 위로를 찾지 못합니다. 그러나 지혜로운 사람은 예수 그리스도께
로 향하여 그분에게서 세상이 뺏을 수 없는 것을 발견합니다. 그분은 우리의 모
든 슬픔에 대한 위로가 되십니다. 우리의 모든 연약함에 대한 힘이시며, 우리의
모든 의문에 대한 질문이시고, 우리의 모든 문제들의 해결이 되십니다.

옛날, 예수님께서 슬픈 얼굴로 제자들에게 향하여 "너희도 가려느냐?"고 물
으셨습니다. 그러자 베드로가 여러 번 말을 잘못하였지만, 이번에는 지혜롭게
말하였습니다. "주여 영생의 말씀이 주께 있사오니 우리가 누구에게로 가오리이
까." 오, 그 대답이 얼마나 옳은 말입니까! 우리는 매우 연약하고 죄 많은 피조자
들입니다만 그분은 아주 강하시며 놀라우십니다. 도움이 필요할 때에 우리가 그
분에게로 갈 수 있다는 것은 복된 일이 아닙니까? 그래서 제가 사는 동안 그분에
게로 가서 저의 짐을 능히 감당할 수 있도록 그분께 도움을 구하겠습니다. 제가
죽을 때에도 그분께로 가서 저와 함께 어둠의 골짜기를 통과하여 걸으실 것을

신뢰하겠습니다. 심판의 법정에서도 그분께로 가서 그곳에서 저를 대신하여 서 주실 것을 신뢰하겠습니다.

저는 이런 오래된 노래의 가사를 좋아합니다.

"나 일어나 예수께로 가리
주님은 나를 그 팔에 안으시리
나의 사랑하는 구주의 팔에는
영원한 능력이 깃들어 있네."

우리가 요한복음 6장을 연구해 가면서 다음의 세 가지를 살피게 될 것입니다.

1. 믿음
2. 잔치
3. 저버림

1. 믿음

우리는 예수님께서 수천의 사람들을 방금 먹이셨던 것을 기억합니다. 그들이 그분에게서 아니라 그분이 행하신 일 자체에서 깊은 인상을 받아 그분을 왕으로 삼고자 하였습니다. 그러자 주님께서는 슬쩍 한적한 곳으로 빠져나가시고 사람들은 밤이 되어 흩어졌습니다. 그러나 그들은 예수님께서 그들을 배불리 먹이신 것을 잊지 못하여 그러한 기적을 더욱 더 바랐습니다. 그들은 그분이 생활에 필요한 것들을 항상 대주실 것이라 생각하고 왕으로 삼기를 원했습니다.

오늘날 사람들에게 허울 좋게 내거는 약속들이 꼭 이런 식입니다. 한 무신론 국가가 "우리의 계열에 서시오. 그러면 당신들이 풍요를 맞을 수 있도록 우리가 돌보아 주겠소"라고 말합니다. 그러나 그것은 공허할 뿐입니다. 얻는 것은 잠깐이요 잃은 것은 엄청납니다. 그런데, 다음날 아침 군중이 그분을 찾으러 왔습니다. 그분을 찾을 수 없어서 그들은 아연해 했습니다. 제자들이 바다를 횡단해 가면서 자기들의 선생을 뒤에 남겨둔 것을 그들이 알고 있었는데, 지금 그분이 어디에 있단 말입니까? 밤사이에 주님께서 물 위를 걸으셔서 제자들의 배에 오르시고 바다 건너편에 가신 것을 그들이 모르고 있었습니다.

그러나 군중이 물을 건너서 가버나움에서 예수님을 발견합니다. 그들이 주님께로 가서 그분께 "랍비여, 어느 때에 여기에 오셨나이까?"라고 물었습니다. 그러나 예수님은 그 질문에 대답을 하지 않았습니다. 그분이 오신 때를 말씀하시는 대신에 그들이 거기에 온 이유를 그들에게 들춰 말씀하셨습니다. 주님은 그들의 마음을 읽으실 수 있으셨습니다. 왜 그들이 자기를 따르고 있는지를 아셨습니다. 그들은 그리스도로부터 무엇인가를 얻기를 바랐습니다. 그들이 한번 배불리 먹여주심을 받았는데, 다시 배부르게 먹여 주시기를 원했습니다. 그들은 양껏 먹는 기적이 되풀이 되는 것을 희구했습니다. 이제 주님께서 이렇게 말씀하십니다. "나는 너희들에게 나의 신성의 표징을 보였다. 그것으로 인해 너희들이 나를 찾고 있는 것이 아니다. 너희들은 하늘의 일이나 영적 진리들에는 아무런 관심도 없다. 그저 떡덩이와 고기를 너희에게 공급해 주기를 바라고 너희가 나를 찾고 있다."

여러분이 알고 있는 바와 같이 예수님은 사람의 깊은 마음속을 들여다보실 수 있습니다. 그래서 주님은 그들의 속마음의 모습을 그들 앞에 내보이셨습니다. 어떤 비밀도 그리스도로부터 숨겨질 수 없습니다. 그분은 우리의 밖에 드러난 행동을 보실 뿐 아니라 내부에 깊이 잠겨 있는 동기들까지 보십니다.

오늘날도 여전히 떡과 고기에만 관심을 갖고 있는 사람들이 많이 있습니다. 이런 것들은 기독교의 부산물들입니다. 그들은 구주로서의 예수님께는 흥미를 갖지 않습니다. 기독교의 영향으로 자유롭고 편안하게 변화된 땅에서 살기를 좋아하나, 죄를 버리고 이 모든 것을 가능하게 하신 그리스도를 위하여 살기는 좋아하지 않습니다. 미국의 어느 도시든 그 재산이 수많은 달러로 환산될 것이나 그리스도와 기독교의 영향을 빼버린다면 이런 가치들은 24시간 내에 밑바닥에 굴러 떨어지고 말 것입니다.

사람들이 기독교가 불러온 축복들을 즐기기를 좋아하지만 그 모든 것의 원천이 되시는 그리스도를 위하여 살기는 바라지 않습니다. 그들의 자녀들이 주일학교에 나가 가능한 모든 도덕적이고 종교적 교훈을 얻게 되기를 원하나 그들 자신들은 주님의 일에 관심을 갖지 않습니다. 예, 그들은 기독교의 모든 부산물로부터 이익을 얻기를 원합니다. 그리스도께서 주시는 것을 바라지만 그리스도 자신은 그들이 바라지 않습니다. 그리스도 자신을 원하는 것은 그들에게 죄와 자존심을 포기하는 것을 의미할 것입니다. 그들이 떡을 원하나 주님은 원하지 않습니다. 고기를 구하나 하나님 아버지를 구하지 않습니다.

예수님께서 말씀하십니다. "썩는 양식을 위하여 일하지 말고 영생하도록 있는 양식을 위하여 하라." 다른 말로 바꾸어 보면, 주님은 이렇게 말씀하시고 계십니다. "너희는 이 세상의 일에 너희의 시간을 써도 좋다. 그러나 그것들은 쉬이 지나가고 만다. 끝이 없는 생명에 대하여 생각하고 그것을 위하여 준비하는 것이 더 좋은 일이다."

오늘의 이 세계의 큰 죄가 무엇입니까? 그것은 바로 이것입니다. 사람들이 영혼에 필요한 것들보다 육체의 욕구들을 공급하는 데 더 열을 올리고 있는 것입니다. 물질적 만족을 구하느라고는 돈과 시간을 끝없이 쓰면서도 영원한 생명에 이르는 일에 대해서는 별로 신경을 쓰지 않습니다. 그들은 온갖 종류의 오락을 만들어서 텔레비전 망을 통하여 사람들에게 쏟아놓습니다. 그것들을 전파로 퍼뜨리고 스크린과 무대 위에 상연합니다. 스킨 다이빙으로부터 개구리의 높이 뛰기 시합에 이르기까지 재미있을 법한 것은 모조리 계획하여 봅니다. 즐기고 흥청대기 위해 그들은 하나 같이 찾아 나섭니다. 그들의 육체는 포식시키나 그들의 영혼은 굶겨 죽이고 있습니다.

여기에서 예수님은 영적인 것이 물질적인 것보다 앞서야 한다고 말씀하시고 계십니다. 영혼의 성장이 육체의 쾌락보다 더 중요합니다. 바울은 "육체의 연단은 약간의 유익이 있으나 경건은 범사에 유익하니 금생과 내생에 약속이 있느니라"(딤전 4:8)고 말했습니다. 물론, 예수님은 사람이 세상의 책임들을 무시해야 한다고 말씀하시지 않으셨습니다. 단지 올바른 질서를 설정하셨을 뿐입니다. 영적인 것이 먼저요 물질적인 것은 나중이며, 영혼이 앞서고 육체가 뒤따릅니다. "난 주를 위하여 이곳저곳으로 싸다니겠다. 그러면 주님께서 나와 내 가정과 내 책무를 돌보아 주실 것이다"라고 말하는 사람들을 저는 보아왔습니다. 그들은 패가망신 외에 아무것도 아니었습니다.

예수님은 우리가 많은 것을 필요로 하는 것을 아시고 이러한 필요한 것들을 공급해 주시겠다고 약속하십니다. 그러나 여기에 바른 순서가 있습니다. "너희는 먼저 그의 나라와 그의 의를 구하라 그리하면 이 모든 것을 너희에게 더하시리라"(마 6:33). 주님께 첫 자리를 내어드리십시오. 세상의 모든 관심들 위에 그분을 받드세요. 그러면 모든 좋은 일에 아무런 부족도 없을 것입니다. 여기에서 우리가 또한 주의해야 할 것은 영생에 이르도록 지속되는 양식을 위하여 일하라고 예수님께서 말씀하실 때에 우리가 구원을 받기 위하여 어떤 선행을 행해야 한다는 뜻으로 말씀하시는 것이 아니라는 사실입니다. 우리의 모든 선행도 우리를 구원할 수 없습니다. 주님은 구원을 위하여 그분께로 그저 오라고 초청하시며 재촉하십니다. 우리는 영혼의 구원을 우선적으로 생각해야 합니다. 그러므로 영혼의 건강과 성장을 꾀하기 위하여 모든 가능한 수단을 사용해야 합니다.

이런 수단들은 기도, 성경공부, 교회출석, 봉사, 헌금과 증거 등을 의미합니다. 그래서 나의 친구들이여, 나는 당신들에게 말합니다. 당신들의 영혼의 복지를 그 외의 모든 것 위에 놓으세요. 그리고 나머지는 하나님께 맡기십시오. 그분은 결코 당신들을 실패시키지 않으실 것입니다.

이제, 군중이 "무슨 일을 하여야 하나님의 인정을 받을 수 있습니까?"라는 질문을 진지하게 물었습니다. 사람들의 경향은 항상 이렇습니다. 예수님께서 이미 모든 것을 이루어 놓으셨는데도, 사람들은 천국에 들어가려면 스스로 무언가를 이루어야 한다고 생각합니다. 오늘날 길을 잘못 가고 있다고 깨닫는 사람들이 많습니다. 자기들이 죄를 지었으면 잃어버려진 상태에 놓여 있음을 그들이 알고 있습니다. 구원받기를 원합니다. 그러나 그들을 구원하실 수 있는 유일하신 분을 의지하지는 않고, "내가 구원을 얻으려면 어떤 큰일을 성취해야 한다"고 그들은 말합니다.

많은 사람들이 그들의 죄를 이렇게 하면 속량할 수 있으려니 하고 빌딩이나 거액의 수표를 교회에 바쳤다고 저는 확신합니다. 그러나 구원은 우리가 무엇을 하느냐의 문제가 아닙니다. 그것은 그리스도께서 이미 완성해 놓으신 것을 받아들이는 문제입니다. 그분이 값을 치르셨습니다. 속량을 다 하셨습니다. 그분께서 대가를 지불하시고 우리의 구속을 이루셨습니다. 우리가 하여야 할 것은 그분과의 올바른 관계에 들어가서 그것을 받는 것 뿐입니다. 예수님의 대답은 이 진리를 증거합니다. "하나님의 호의를 얻으려면 무슨 종류의 일을 하여야 하느냐고 너희가 묻는다. 그것은 이러하다. 하나님께서 세상에 보내신 자를 너희가 믿어야 한다"고 그분이 말씀하셨습니다. 바울도 같은 뜻의 말을 빌립보의 간수에게 말했습니다. "주 예수 그리스도를 믿으라. 그리하면 네가 구원을 받으리라."

평생토록 죄를 지으면서 살아온 사람이 그저 믿기만 하면 구원을 받을 수 있습니까? 그 밖에 해야 할 것이 아무것도 없습니까? 예, 그 밖에 어떤 것이 행해

저야 합니다. 그것은 행해졌습니다. 예수님께서 십자가상에서 죽으셨을 때에, 그분이 오래 전에 그것을 행하셨습니다. "구원은 주님께 속한 일입니다." 그분이 그것을 계획하셨고 집행하셨습니다. 우리들에게 남아 있는 유일한 일은 그리스도를 믿는 것입니다. 세상은 이것이 너무 간단하다고 말합니다. 구원 속에 포함된 모든 것을 그들이 이해하지 못하기 때문에 그렇게 말합니다. 우리가 그리스도를 믿을 때에 그분이 십자가 위에서 하신 모든 것이 우리의 것으로 옮겨지며 우리가 변화를 받는 사실을 그들은 이해하지 못하고 있습니다.

빌리 그래함이 뉴욕시에서 3개월 동안의 연속집회를 하였습니다. 수많은 사람들이 그의 메시지를 듣고 구원을 받았습니다. 최근에 제가 한 신문에서, 사람이 그리스도에 대한 단순한 믿음을 통하여 은혜로 구원을 받을 수 있다는 진리를 전파한 사실을 두고 빌리 그래함을 호되게 꾸짖는 기사를 읽었습니다. 그러나 요한복음 3장을 보면 거기에서 사람들이 그리스도에 대한 믿음으로 구원을 받는다고 우리에게 명백하게 알려주는 네 구절을 발견할 수 있습니다. 15절 말씀: "이는 그를 믿는 자마다 영생을 얻게 하려 하심이니라." 16절 말씀: "그를 믿는 자마다 멸망하지 않고 영생을 얻게 하려 하심이라." 18절은 "그를 믿는 자는 심판을 받지 아니하는 것이요"라고 말하고 있습니다. 36절 말씀: "아들을 믿는 자는 영생이 있고." 이것은 단순한 지적 믿음이 아니라는 것을 인정합니다. 이것은 성령으로 말미암아 일어나는 심령상의 믿음입니다. 그러나 우리는 우리의 믿음을 통하여 하나님의 은혜로 구원을 받습니다.

구원을 받는 것은 아무런 지불도 우리에게 명하지 않습니다. 그것은 우리를 구원하기에 필요한 모든 것을 그리스도에게 요구합니다. 제가 마천루 빌딩에 들어가서 엘리베이터에 몸을 싣습니다. 그러면 저는 50층까지 옮겨집니다. 그것은 저에게 아무것도 지불시키지 않습니다. 나 외의 어떤 사람이 그것을 건설하느라 거액의 달러를 지불했습니다. 또 그 빌딩을 소유하고 있는 사람이 그 값을 지불합니다. 저는 제 자신을 그 엘리베이터에 맡기지만 1센트도 물을 필요가 없습니다. 그리스도께서 골고다의 십자가 위에서 죽으셨을 때에 천국에 가는 제 표를 그분께서 사셨습니다. 제가 하여야 할 것은 죄와 불신앙에 등을 돌리고 그분을 신뢰하는 것뿐입니다. 그러면 돈과 값이 없이도 그분이 저를 천국으로 데려다 주십니다.

2. 잔치

　예수님은 그들에게 자신을 하늘에서 보내심을 받은 자로서 그들이 받아들여야 한다고 방금 말씀하셨습니다. 그러나 그들은 "당신의 신성을 증거하는 어떤 표적을 우리에게 보이시오"라고 소리쳤습니다. 그런데, 전날 주님께서 그것을 보이셨던 것입니다. 몇 개의 떡덩이와 물고기로 수천 명의 배고픈 사람들을 배부르게 먹이셨습니다. 그런데도 그들은 그분을 믿지 않았습니다. 오늘날도 사람들이 하나님의 살아 계신 수많은 증거들로써 싸여져 있습니다. 그들 자신의 몸속에 그분의 존재하심에 대한 백 가지의 논증들을 지니고 다닙니다. 그런데도 그들은 "하나님이 존재한다고 말할 만한 무슨 증거라도 있느냐?"고 말합니다. 그리스도인들은 셀 수 없는 축복들을 하나님으로부터 받아 누립니다. 그들은 어려움에서 건짐을 받은 많은 경험을 갖고 있습니다. 그러면서도 어떤 새로운 문제가 발생하면, "하나님께서 해결해 주실까?" 하는 의문을 스스로에게 합니다. 우리는 옛날의 이 유대인들과 너무나도 많이 닮았습니다. 주님을 완전히 신뢰하지 않습니다. 우리는 표적을 보고자 구합니다.

　그런 후에 이 사람들은 예수님을 부추기려고 애를 썼습니다. 그들이 이렇게 말했습니다. "모세는 광야에서 우리의 조상들에게 40년 동안 먹였습니다. 그러나 당신은 사람들을 꼭 한번만 먹였습니다. 모세는 우리가 자랑하는 지도자입니다." 예수님께서 그들에게 대답하셨습니다. "너희들에게 떡을 준 것은 모세가 아니었다. 그것은 하나님께로서 온 것이었다. 그분이 하루에 한 번씩 너희의 목숨을 유지시켜 줄 떡을 보내셨다. 이제 그분이 하늘로부터 참된 떡을 보내 주시고 계시는데 그 떡은 영원히 만족하게 하며 영원한 생명을 주는 떡이다." 바꾸어 말하면, 예수님은 이렇게 말씀하시고 계셨습니다. "사람은 물질적 빵 이상의 것을 필요로 한다. 그에게는 영적 생명을 유지시킬 어떤 것이 필요하다." 그렇기 때문에 주님께서 세상에 오셨습니다. 사람들을 그들의 죄에서 구하시며 그들에게 영생을 주시려고 그분이 오셨습니다.

　예수님은 이제 자기가 생명의 떡이라고 선언하십니다. 떡은 없어서는 안 될 꼭 필요한 음식을 의미합니다. 주가 되는 음식을 뜻합니다. 그와 같이 그리스도께서는 없어서는 안 될 꼭 필요한 분이십니다. 그분이 없이는 우리가 망합니다. 그분이 없이는 영적 생명도, 희망도 없습니다. 주식은 모든 사람에게 맞습니다. 설탕을 못 먹는 사람도 있고 고기를 못 먹는 사람도 있지만 주식은 모든 사람이 먹을 수 있습니다. 그와 같이 예수님은 모든 사람에게 맞습니다. 그분은 높은 사람과 낮은 사람, 부자와 가난한 자, 선한 사람과 악한 사람을 모두 만족시키실 수 있습니다. 여든 살의 노인과 여덟 살의 소년을 예수님께 오게 하십시오. 그러면 그분은 그 두 사람 모두를 만족하게 하실 수 있습니다. 큰 저택에 사는 사람과 판잣집에 사는 사람을 주님께 오게 하십시오. 그분이 두 사람을 모두 만족하게 하실 수 있습니다. 도덕적으로 깨끗한 사람과 깊이 물든 죄인을 그리스도께 오게 하십시오. 그 두 사람을 위한 만족이 그분께 소유되어 있습니다.

주식은 일상의 음식입니다. 음식에 따라서는 특별한 어느 한 때에만 먹는 것들이 있습니다만 우리는 매일 주식을 필요로 합니다. 예수님께 관하여서도 마찬가지입니다. 우리에게 그분이 필요하지 않는 날이 하루도 없습니다. 오늘날 매일 그리스도로 먹고 살지 않기 때문에 나약하고 힘이 없는 그리스도인들이 너무 많습니다.

예수님께서 그분의 살을 먹으며 그분의 피를 마시라 말씀하신 때에 이런 표현들을 문자 그대로 우리가 받아들일 것을 그분이 뜻하시지 않으셨습니다. "나는 문이다"라고 그분이 말씀하셨습니다만, 돌쩌귀에 매달려 열리고 닫히는 나무판을 의미하시지 않으셨습니다. "나는 포도나무이다"라고 주님이 말씀하셨으나 그분이 포도밭의 격자 시렁에 매달려 있는 포도나무라는 뜻으로 말씀하신 것이 아니었습니다. 이것은 상징적 말씀입니다. "나는 떡이다"라고 주님께서 말씀하셨을 때에 식품점에서 살 수 있는 그러한 떡덩이를 뜻하시지 않으셨습니다.

주님이 십자가 위에서 죽으셨을 때에 그분의 몸이 깨지고 피가 흘렀습니다. 그래서 여기서 먹고 마신다는 것은 우리의 죄에 대한 속량물로서의 그분의 희생을 우리가 받아들여야 함을 의미할 뿐입니다. 우리가 이렇게 말할 수 있습니다. "주여, 당신께서 저를 위하여 값을 치르셨습니다. 저는 이제 이 지불을 인정하고 주님을 저의 구주로서 기쁘게 받아들입니다." 사람이 자기의 죄를 깨달아 그리스도를 붙잡고 그분의 속죄의 죽으심을 신뢰할 때에는 언제나 그가 주님의 살을 먹으며 그분의 피를 마시고 있는 것입니다. 물질적 음식을 먹고 마시는 것은 우리에게 육체적 생명을 줍니다. 영적 음식을 먹고 마시는 것은 우리에게 영원한 생명을 줍니다. 그리고 우리가 예수님을 마음속에 영접할 때에 우리가 그러한 음식을 먹고 마시는 것입니다.

"내게 오는 자는 내가 결코 내쫓지 아니하리라"는 구절에서 주님께서 말씀하시는 바를 생각해 봅시다. 무슨 뜻으로 그렇게 말씀하셨을까요? 그분께 오는 어떤 사람도, 지금까지 그가 어떤 유의 사람이었든지 주님께서 결코 거절하시지 않겠다는 뜻이었습니다. 당신은 "난 죄가 너무 많아"하고 말합니다. 그러나 그분은 당신을 받아들이시고 결코 내쫓지 않으실 것입니다. 당신은 "난 너무 연약해"하고 말합니다. 그러나 그분이 당신을 받아들이시고 결코 내쫓지 않으실 것입니다.

콜로라도 주에서 스페인어로 하는 한 전도집회에서 어느 여자가 앞으로 나와 그리스도를 영접했습니다. 집회가 끝난 후에도 그녀가 계속하여 울고 있어서 선교사가 그녀에게 아픈 데가 있느냐고 물었습니다. 그녀가 말했습니다.

"선생님, 저는 매우 행복해요. 그러나 저는 예순여덟 살 먹었는데, 당신이 와서 저에게 그리스도께 대하여 말씀해 주지 않았다면 영원히 구원받지 못한 채로 내가 죽었을 것을 지금 생각하고 있었습니다."

그러나 하나님께 감사합니다. 그녀가 구원을 받았던 것입니다. 예수님께서는 약속을 지키십니다. 그리스도께 오는 자는 누구든지 구원을 받으며, 내쫓기지 않을 것입니다. 우리 시에서 가장 흉악한 죄인일지라도 걸어 나와 죄를 진정으로 회개하고 그리스도를 신뢰하면 그 죄인이 구원을 받을 것입니다. 그리스도께서 그를 눈과 같이 희게 씻어주실 것이며 어느 날엔가 그를 보좌 앞에 흠 없이 내보이실 것입니다.

우리의 영원한 안전에 대한 확증을 여기서 더 제시해 드리겠습니다. 세 번이나 예수님께서 말씀하시기를 우리가 그분을 믿으면 마지막 날에 우리를 살리시겠다고 하셨습니다. 오, 어느 날 죽음이 우리를 덮칠 것입니다만 그것이 우리를 삼키지 못할 것입니다. 예수님은 죽음보다 더 강하십니다. 마지막 날에 주님께서 우리를 살리실 것이며 우리가 주님과 함께 더 이상 방랑할 필요가 없는 본향으로 갈 것입니다. 그러나 여기 이 세상에서도 잔치가 있습니다. 예수님께서 자신을 우리들에게 내어 주십니다. 우리는 그분으로 먹고 마십니다. 주님은 우리를 그분 자신의 것으로 받아 주시고 매일 우리를 붙들어 주시며 인생의 나그네 길이 끝날 때에 우리들을 천국으로 올리실 것입니다.

3. 저버림

이제 시험의 때가 왔습니다. 예수님께서 그들을 먹이셨고 그들은 기쁘게 그분을 따랐습니다. 그러나 지금은 그분의 연회는 끝이 났으니 그들이 영적인 일들을 생각해야 한다고 말씀하십니다. 그들에게 죄를 회개하고 그분을 따라야 한다고 말씀하십니다. 무언가를 얻고 있을 때에는 그분을 따르기 쉽습니다. 그러나 달라고 요구받을 땐 사람들이 흥미를 잃습니다. 군중이 떠난 후에 예수님의 입술로부터 이런 서글픈 말씀을 우리가 듣습니다. 주님께서 제자들에게 돌이켜 “너희도 가겠느냐?”고 말씀하십니다. 베드로가 대답합니다. “주께 영생의 말씀이 있는데 주여, 우리가 누구에게로 가겠습니까? 주는 그리스도시오 하나님의 아들이심을 우리가 확실히 믿습니다.” 군중이 주님을 저버리나 몇 사람의 무리가 그분께 여전히 머물러 있으니 하나님께 감사한 일입니다. 그리고 한 사람을 제외하고는 그들 모두는 끝까지 떠나지 아니하였습니다. 예수님은 유다가 마귀의 자식으로서 그분을 팔리라고 말씀하셨습니다.

어떤 사람들은 기도하는 일에 있어서 주님을 저버립니다. 한 때는 그들도 기도로 그분과 친밀하게 살았습니다. 그러나 지금은 너무 바쁩니다. 이 세상의 일에 얽매어 있습니다. 한 수위가 전도자에게 “최근에 하나님으로부터 어떤 말씀을 받으셨습니까?”라고 물었습니다. 여러분 중에 수년 전에는 주님으로부터 들려주시는 말씀을 받은 사람들이 있습니다. 그땐 그분께 매우 가까이 지냈을 것입니다. 그러나 요 사이도 그분과 영적 교제를 나누고 있습니까?

주님께 봉사하는 생활을 내버린 사람들도 있습니다. 한 때는 주님을 위하여 바빴으나 지금은 세상이 그들의 시간과 힘을 차지하고 있습니다. 어느 저술가가 등불 켜는 노인에 대한 이야기를 우리에게 해줍니다. 이 저술가는 어릴 적에 어둑해지는 무렵이면 그 노인이 거리를 따라 내려가는 것을 지켜보았습니다. 그 노인은 램프기둥이 있는 곳에서 멈추어 가스불을 켜놓고는 다른 기둥이 있는 곳으로 갑니다. 이윽고 그 노인이 시야에서 사라졌습니다만 그가 지나간 곳마다에 등불을 남겨두었습니다. 노인이 집에 가서 잠자리에 든 후에도 그가 뒤에 남겨놓은 불빛 때문에 다른 사람들이 집으로 가는 길을 쉽게 발견합니다. 오, 저도 본향으로 가면서 다른 사람들이 길을 찾을 수 있도록 제 뒤에 불빛을 남겨놓고 싶습니다. 제가 그렇게 할 수 있는 유일한 방법은 그리스도를 위하여 사는 것입니다.

어떤 사람들은 하나님의 성전과 역사하심을 팽개칩니다. 한 때는 하나님과 교회 앞에서 신성한 결심을 하고서는 지금은 교회에 발도 들여놓지 않는 사람들이 주위에 많습니다. 그들이 구원받았는지 의심스럽습니다. 주일 대예배에는 출석하나 주일밤 예배나 수요예배에는 전혀 참석하지 않는 사람들도 있습니다. 그들이 예수님을 사랑하는지 의심스럽습니다.

어떤 사람들은 하나님의 은혜에 배은망덕으로 보답합니다. 그분의 모든 축복에 대하여 그들이 잠깐 멈추어 하나님께 감사하는 법이 없습니다. 한 사람이 충성스러운 아내와 42년 동안 결혼생활을 하였습니다. 그녀가 갑자기 죽자 이 사람이 무덤 옆에 서서 친구에게 이렇게 말했습니다.

"자네도 알다시피 나는 저 가여운 여자를 정성을 다해서 사랑했지. 우리의 결혼생활에서 대여섯 번 그녀에게 그렇게 말하고 싶었지."

하나님께 대하여서도 그런 식으로 대접하는 사람들이 많습니다. 저는 감사하는 것을 항상 잊지 않기를 바랍니다. 제가 어떤 사람들과 함께 기도하고 그들을 그리스도께로 인도했습니다.

"당신은 내게 어떤 사람보다 뜻 깊은 분입니다"라고 그들이 저에게 말했습니다.

그런데 나중에는 그들이 공공연한 적이 되었습니다. 제가 어떤 사람들의 곁에 가서 병든 그들을 위하여 기도했습니다. 그들은 저에게 감사하다고 했습니다만 후에 그들이 회복되고 나서는 저에 대하여 거짓말을 했습니다.

"당신은 나에게 굉장한 영향을 주었습니다. 당신 때문에 내가 천국을 향하여 가고 있습니다. 항상 당신을 지원해 드리겠습니다"라고 저에게 말하는 사람들이 있었습니다. 그런데 이 사람들이 제게 등을 돌리고 저를 파멸시키려고 애썼습니다. 목회자라면 누구나 그러한 경험들을 했을 것이라 믿습니다. 저는 특히 하나님께 항상 감사할 줄 아는 사람이 되기를 소원합니다.

어떤 사람들은 헌금하는 일에 있어 하나님을 저버립니다. 그들이 십일조를 바치기를 시작했으나 개인적 어려움이 생기면 주님을 신뢰하지는 않고 그분을 옆으로 밀어젖혀 놓으며 돈을 그들 자신을 위하여 사용해 버립니다. 하지만 하나님께서는 "나를 첫째로 놓으라. 그리하면 너희가 어떤 것에도 부족함이 없으리라"고 항상 말씀하시고 계십니다.

그러므로 다시 여러분께 묻겠습니다. 당신은 지금 하나님을 따르고 있습니까. 저버리고 있습니까? 저는 여러분의 각 사람이 "나와 내 집은 주님을 섬기겠다"고 마음속 깊은 곳으로부터 말할 수 있기를 원합니다.

세계 제2차 대전 중에 한 벨기에 낙하산병이 비밀공작원들과 함께 작전을 수행하기 위해 독일군 전선의 후방에 투하되었습니다. 그러나 그는 독일군들에게 붙잡혀 독방에 감금되었습니다. 그의 옆방에 한 벨기에 목사가 갇혀 있었습니다. 그들 사이는 벽으로 막혀 있었으나 벽에 모스(Morse) 부호를 두드려서 서로 의사소통을 할 수 있음을 그들이 곧 알게 되었습니다. 그 병사가 "자기 자신과 홀로 있는 것은 지옥과 같습니다"라는 말을 암호로 두들겼습니다. 그러자 목사가 대답을 보냈습니다. "홀로 주님과 함께 있는 것은 천국입니다." 목사는 병사가 영적으로 비참한 것을 알고 어떻게 하여 밖에 있는 한 친구로 하여금 병사에게 성경을 전달해 주도록 했습니다. 오래 가지 않아 그 군인은 그리스도를 발견하게 되었습니다. 그가 벽을 암호로 두드려 그 사실을 목사에게 알렸습니다. 그 군인이 사형당하는 날이 와서 그가 감방에서 끌려 나가기 전에 이런 말을 두들겼습니다. "저는 생명으로 나가고 있습니다. 죽음으로가 아닙니다."

아, 당신이 그리스도를 알게 되면 그렇게 됩니다! "우리가 누구에게로 가오리까?" 우리가 과학자에게로 갈까요? 혹은 불가지론에게로? 의식주의에게로? 세상으로 갈까요? 아닙니다. 천만 번도 아닙니다. 그리스도께로 갑시다. 그분께는 영생의 말씀이 있습니다.

제
15
장

—

모든 사람의 화젯거리

—

"¹그 후에 예수께서 갈릴리에서 다니시고 유대에서 다니려 아니하심은 유대인들이 죽이려 함이러라 ²유대인의 명절인 초막절이 가까운지라 ³ 그 형제들이 예수께 이르되 당신이 행하는 일을 제자들도 보게 여기를 떠나 유대로 가소서 ⁴ 스스로 나타나기를 구하면서 묻혀서 일하는 사람이 없나니 이 일을 행하려 하거든 자신을 세상에 나타내소서 하니 ⁵ 이는 그 형제들까지도 예수를 믿지 아니함이러라 ⁶ 예수께서 이르시되 내 때는 아직 이르지 아니하였거니와 너희 때는 늘 준비되어 있느니라 ⁷ 세상이 너희를 미워하지 아니하되 나를 미워하나니 이는 내가 세상의 일들을 악하다고 증언함이라 ⁸ 너희는 명절에 올라가라 내 때가 아직 차지 못하였으니 나는 이 명절에 아직 올라가지 아니하노라 ⁹ 이 말씀을 하시고 갈릴리에 머물러 계시니라 ¹⁰ 그 형제들이 명절에 올라간 후에 자기도 올라가시되 나타내지 않고 은밀히 가시니라 ¹¹명절중에 유대인들이 예수를 찾으면서 그가 어디 있느냐 하고 ¹²예수에 대하여 무리 중에서 수군거림이 많아 어떤 사람은 좋은 사람이라 하며 어떤 사람은 아니라 무리를 미혹한다 하나 ¹³ 그러나 유대인들을 두려워하므로 드러나게 그에 대하여 말하는 자가 없더라 ¹⁴ 이미 명절의 중간이 되어 예수께서 성전에 올라가사 가르치시니 ¹⁵ 유대인들이 놀랍게 여겨 이르되 이 사람은 배우지 아니하였거늘 어떻게 글을 아느냐 하니 ¹⁶ 예수께서 대답하여 이르시되 내 교훈은 내 것이 아니요 나를 보내신 이의 것이니라 ¹⁷ 사람이 하나님의 뜻을 행하려 하면 이 교훈이 하나님께로부터 왔는지 내가 스스로 말함인지 알리라 ¹⁸ 스스로 말하는 자는 자기 영광만 구하되 보내신 이의 영광을 구하는 자는 **참되니** 그 속에 불의가 없느니라 ¹⁹ 모세가 너희에게 율법을 주지 아니하였느냐 너희 중에 율법을 지키는 자가 없도다 너희가 어찌하여 나를 죽이려 하느냐 ²⁰ 무리가 대답하되 당신은 귀신이 들렸도다 누가 당신을 죽이려 하나이까 [21]예수께서 대답하여 이르시되 내가 한 가지 일을 행하매 너희가 다 이로 말미암아 이상히 여기는도다 [22]모세가 너희에게 할례를 행했으니 (그러나 할례는 모세에게서 난 것이 아니요 조상들에게서 난 것이라) 그러므로 너희가 안식일에도 사람에게 할례를 행하느니라 [23] 모세의 율법을 범하지 아니하려고 사람이 안식일에도 할례를 받는 일이 있거든 내가 안식일에 사람의 전신을 건전하게 한 것으로 너희가 내게 노여워하느냐 [24] 외모로 판단하지 말고 공의롭게 판단하라 하시니라 [25] 예루살렘 사람 중에서 어떤 사람이 말하되 이는 그들이 죽이고자 하는 그 사람이 아니냐 [26] 보라 드러나게 말하되 그들이 아무 말도 아니하는도다 당국자들은 이 사람을 참으로 그리스도인 줄 알았는가 [27] 그러나 우리는 이 사람이 어디서 왔는지 아노라 그리스도께서 오실 때에는 어디서 오시는지 아는 자가 없으리라 하는지라 [28] 예수께서 성전에서 가르치시며 외쳐 이르시되 너희가 나를 알고 내가 어디서 온 것도 알거니와 내가 스스로 온 것이 아니니라 나를 보내신 이는 참되시니 너희는 그를 알지 못하나 [29] 나는 아노니 이는 내가 그에게서 났고 그가 나를 보내셨음이라 하시니 [30] 그들이 예수를 잡고자 하나 손을 대는 자가 없으니 이는 그의 때가 아직 이르지 아니하였음이러라 [31]무리 중의 많은 사람이 예수를 믿고 말하되 그리스도께서 오실지라도 그 행하실 표적이 이 사람이 행한 것보다 더 많으랴 하니 [32]예수에 대하여 무리가 수군거리는 것이 바리새인들에게 들린지라 대제사장들과 바리새인들이 그를 잡으려고 아랫사람들을 보내니 [33] 예수께서 이르시되 내가 너희와 함께 조금 더 있다가 나를 보내신 이에게로 돌아가겠노라 [34] 너희가 나를 찾아도 만나지 못할 터이요 나 있는 곳에 오지도 못하리라 하시니 [35] 이에 유대인들이 서로 묻되 이 사람이 어디로 가기에 우리가 그를 만나지 못하리요 헬라인 중에 흩어져 사는 자들에게로 가서 헬라인을 가르칠 터인가 [36] 나를 찾아도 만나지 못할 터이요 나 있는 곳에 오지도 못하리라 한 이 말이 무슨 말이냐 하니라 [37] 명절 끝날 곧 큰 날에 예수께서 서서 외쳐 이르시되 누구든지 목마르거든 내게로 와서 마시라 [38] 나를 믿는 자는 성경에 이름과 같이 그 배에서 생수의 강이 흘러나오리라 하시니 [39] 이는 그를 믿는 자들이 받을 성령을 가리켜 말씀하신 것이라 (예수께서 아직 영광을 받지 않으셨으므로 성령이 아직 그들에게 계시지 아니하시더라) [40] 이 말씀을 들은 무리 중에서 어떤 사람은 이 사람이 참으로 그 선지자라 하며 [41]어떤 사람은 그리스도라 하며 어떤 이들은 그리스도가 어찌 갈릴리에서 나오겠느냐 [42]성경에 이르기를 그리스도는 다윗의 씨로 또 다윗이 살던 마을 베들레헴에서 나오리라 하지 아니하였느냐 하며 [43] 예수로 말미암아 무리 중에서 쟁론이 되니 [44] 그 중에는 그를 잡고자 하는 자들도 있으나 손을 대는 자가 없었더라 [45] 아랫사람들이 대제사장들과 바리새인들에게로 오니 그들이 묻되 어찌하여 잡아오지 아니하였느냐 [46] 아랫사람들이 대답하되 그 사람이 말하는 것처럼 말한 사람은 이 때까지 없었나이다 하니 [47] 바리새인들이 대답하되 너희도 미혹되었느냐 [48] 당국자들이나 바리새인 중에 그를 믿는 자가 있느냐 [49] 율법을 알지 못하는 이 무리는 저주를 받은 자로다 [50] 그 중의 한 사람 곧 전에 예수께 왔던 니고데모가 그들에게 말하되 [51] 우리 율법은 사람의 말을 듣고 그 행한 것을 알기 전에 심판하느냐 [52] 그들이 대답하여 이르되 너도 갈릴리에서 왔느냐 찾아 보라 갈릴리에서는 선지자가 나지 못하느니라 하였더라 [53] [다 각각 집으로 돌아가고." — 요 7:1-53

세상에 태어나서 세계적 명성을 얻은 사람이 많았습니다. 모든 세상이 시저와 나폴레옹과 알렉산더 대왕에 대하여 압니다. 소크라테스와 플라톤과 아리스토텔레스에 관하여 알고 있습니다. 세상이 워싱턴과 제퍼슨과 링컨에 대하여 압니다. 그러나 아무도 예수 그리스도만큼 널리 알려지지 않았습니다. 그분은 베들레헴이라는 작은 고을에서 태어나셨습니다. 그리고 갈릴리의 한 목수의 집에서 자라나셨습니다. 그분은 고향에서 100마일 이상 멀리까지 여행하신 적이 없었습니다. 자동차도 타보시지 않았습니다. 라디오 망을 통해 말씀하시지도 않았습니다. 텔레비전의 화면에 나타나신 적도 없었습니다. 그런데도 하나님은 그분의 이름을 모든 세대의 사람들 중에서 가장 유명한 이름이 되게 하셨습니다. 하나님께서 그분께 "모든 이름 위에 뛰어난 이름"을 주신 것은 사실입니다. 수많은 사람들이 그분을 하나님의 아들로 인정하지 않았으며 그들의 구주로서 신뢰하지 않았다 할지라도 온 세계가 예수라는 이름을 알고 있습니다.

요한복음 7장에서 우리는 그분이 "모든 사람들의 화젯거리"이셨던 것을 알 수 있습니다. 친척들이 그분께 대하여 이야기하였습니다. 바리새인들이 그분께 대하여 서로 이야기 하였습니다. 일반 사람들이 그분을 두고 이야기를 주고받았습니다. 모든 이야기가 칭찬하는 말만은 아니었습니다만 적어도 그들의 주의가 그분께 쏠렸습니다. 예수님은 결코 무시되어질 수 없으십니다. 뒷전으로 밀쳐질 수 없으십니다. 오늘날 사람들이 "나는 예수를 무시하겠다. 그를 완전히 관심 밖으로 내버려 두겠다"고 말합니다. 그러나 그렇게 하는 것은 불가능합니다. 사람은 이생에서 그분을 고려에 넣어야 하며, 내세에서 그분께 대답을 하여야만 합니다. 크나 큰 놀람이 많은 사람들을 기다리고 있습니다. 그들은 예수님을 그들의 생활권 밖으로 내버려 둡니다만 어느 날 심판의 법정에서 그분 앞에 서야합니다. 그들은 예수님께서 그들 앞에 좌정하시고 계신 것을 발견하게 될 것입니다. 아무도 그분을 뒷전으로 밀쳐 놔둘 수는 없습니다.

이제 우리가 예수님을 따르면서 요한복음 7장을 통과해 가면 다음의 세 가지를 목격하게 될 것입니다.

1. 초막절 때의 예수님
2. 성전에서의 그리스도
3. 그리스도와 바리새인들

1. 초막절 때의 예수님

우리는 먼저 갈릴리에서 예수님을 발견합니다. 유대인들이 주님을 죽이려고 하였으므로 그분이 유대에서 다니려 아니하셨다고 기록되어 있습니다. 오늘날 우리들에게는 그 사실이 이상하게 들립니다. 그렇지 않습니까? 그들이 필요로 하거나 욕구하는 모든 것을 그들에게 해주실 수 있는 분이 여기에 계십니다. 그런데도 그들은 그분을 죽이려 하였습니다. 그분은 육체를 입으신 진리이셨습니다. 그분은 하나님의 진리를 그들에게 가져 오셨으나 그들은 그분께 화를 냈습니다. 옛날 아주 많은 사람들이 행하던 방식대로 그들도 행했습니다. 진리를 듣기 싫어했습니다. 그래서 그들이 진리를 가져온 자를 죽이려고 애썼습니다.

"유대인의 명절인 초막절이 가까운지라"라는 기록이 보입니다. 이것은 성대한 추수축제였으며 사람들이 모여 그들의 물질적 축복에 대하여 하나님께 감사하는 절기였습니다. 일 년 중 가장 흥겨운 잔치였습니다. 그것은 여드레 동안 계속되었습니다. 이 잔치의 의미를 이해하려면 유대인의 역사를 되돌아 봐야 합니다. 이스라엘이 노예생활의 애굽을 떠나 약속된 땅에 들어가는 데에는 40년의 세월이 걸렸습니다. 그 기간에는 그들이 좋은 집에서 살지 못하고 허술한 오두막이나 천막에서 살았습니다. 그들이 약속의 땅에 정착하게 되었을 때에 하나님께서 그들에게 매년 한 번씩 그들의 집을 떠나 7일 동안 천막에 기거하라고 명령하셨습니다. 이것은 그들이 약속의 땅을 향하여 여행하는 동안에 어떻게 살았는지를 그들로 기억하도록 하기 위한 것이었습니다. 그러다가 8일째 되는 날 천막에서 떠나 그들의 집으로 돌아가는 것이었습니다. 이렇게 그들은 하나님께서 그들을 광야에서 건져내셔서 약속의 땅에 정착시키신 섭리를 기념하였습니다. 요한복음 7장의 막이 열리면 수많은 사람들이 수백 년 동안 행해져 내려오던 대로 그 축제를 경축하려고 예루살렘으로 모여들고 있는 장면이 보입니다. 요세푸스는 초막절을 "유대인의 가장 거룩하고 성대한 축제"라고 불렀습니다. 유대의 랍비들은 "이 축제를 보지 못한 사람은 명절이 무엇인지를 알지 못한다"고 늘 말하였습니다.

이제 예수님의 친척들이 그분께 이렇게 말하였습니다. "절기에 사람들이 많이 모여들 것이다. 거기에 가서 그들 앞에서 너의 몇 가지 기적을 행해보라." 그들이 말하고 있는 것은 이런 거와 같았습니다. "네가 조그만 도시나 시골에 묻혀 시간을 낭비해봐야 아무 쓸모없다. 대도시로 올라가라. 네가 할 수 있는 것들을 그들로 보게 하라. 그러면 너는 유명한 사람이 되고 커다란 명예가 너에게 쌓일 것이다." 물론 그들은 이것이 일어나기를 바랐습니다. 그렇게 되면 가까운 친척으로서 그들도 명예와 보상을 같이 나눌 것이기 때문이었습니다. 이것은 지언스런 일이며 오늘날도 종종 생깁니다. 저는 전에 로버트 리(Robert E. Lee)의 친척이라고 주장하는 한 사람을 알고 있었습니다. 그는 낯선 사람에게 소개될 때에는 "나는 로버트 리 장군의 친척이에요"라고 말하고 했습니다.

이 사람들은 예수님의 친척이었을지라도 그리스도를 하나님의 아들로 믿지 않았습니다. 그들은 오직 물질적 관점에서만 사물을 보았습니다. 오늘날도 많은 사람들이 그들과 같습니다. 한 젊은이가 한번은 노상에서 5달러 지폐를 발견하였습니다. 그 후로 그는 걸어 다닐 때에 땅만 내려다보았습니다. 일생 동안 그는 29,519개의 단추, 54,172개의 핀, 22센트 등을 주워 모으고 그 위에 굽은 등과 비천한 성향을 얻었습니다. 그는 그를 둘러싸고 있는 땅과 하늘의 모든 영광을 잃어버렸습니다. 많은 사람들이 물질적인 것만을 바라봄으로써 어떤 놀라운 것들을 잃고 있습니다.

여기에서 우리는 또 다른 하나의 교훈을 배울 수 있습니다. 주위의 친척들이 회심하지 않은 채 남아 있을지라도 사람이 참으로 훌륭한 그리스도인이 될 수 있음은 사실입니다. 아무도 자신의 가족들에게 은혜를 줄 수 없습니다. 그러나 확실한 것은 우리가 그들을 위하여 기도하고 그들에게 증거할 수 있다는 것입니다. 어느 교회에 다니는 한 사람이 자기 목사에게 자기 아들을 방문하여 달라는 부탁을 하였습니다. 그의 아들은 병들어 죽게 되었습니다. 그는 자기 목사를 문간에서 맞이하면서 말했습니다. "목사님, 저의 아들이 죽어가고 있습니다. 그 애에게 구원에 대하여 말씀하여 주시기 바랍니다." 그 전도자는 침실로 들어가 청년에게 이야기하기 시작하였으나 그 청년은 전혀 무관심하였습니다. 결국 목사가 "오, 젊은이, 당신의 아버지께서는 당신이 구원받는 일에 매우 관심을 갖고 있어요"라고 말했습니다. 청년이 쳐다보면서 "무어라고 말씀하셨습니까?"라고 대꾸하였습니다. 그러자 목사는 "젊은이, 당신의 아버님은 당신의 구원에 깊은 관심을 갖고 있어요"라고 되풀이해 주었습니다. 아들이 이렇게 말했습니다. "그거 이상합니다. 저의 나이는 21살입니다. 저는 지금까지 쭉 집에서 살아왔습니다. 저의 아버지는 교회의 교인이십니다. 그러나 하나님과 구원에 대하여 한마디도 저에게 해주시지 않았습니다." 오, 친구들이여, 그렇게 되어서는 안 됩니다. 우리의 사랑하는 잃어진 사람들이 우리가 그들에게 관심을 갖고 그들을 위해 기도하고 있다는 것을 알아야 합니다.

예수님은 친척들에게 어떤 대답을 하셨습니까? "내 때는 아직 이르지 아니하였거니와 너희 때는 늘 준비되어 있느니라"라고 말씀하셨습니다. 주님께서는 이런 뜻으로 말씀하신 것이었습니다. "너희가 스스로를 세상 앞에 나타내고 그 미소를 구해도 좋다. 그러나 나의 때는 아직 이르지 아니하였다." 그분은 스스로를 선전하시지도, 주의를 자신에게로 끌으시지도 아니하셨습니다. 그분은 십자가에 달리실 때를 기다리고 계셨습니다. 그때에 자신에게로 "모든 사람을 끄실" 것이었습니다. 저는 예수님께서 예정된 계획에 따라서 모든 것을 하셨다고 믿습니다. 걸으신 한 발자국 한 발자국이 그 계획과 조화되었습니다. 하나님께서는 그분의 일생에 대한 청사진을 갖고 계셨으며, 예수님은 그 청사진에 따라 걸으셨습니다. 언젠가 그분의 발자국이 십자가로 향하실 것이었습니다만 그때가 되기 전에 하셔야 할 일이 많이 있었습니다. 그래서 주님께서는 "내 때가 아직 이르지 아니하였다"고 말씀하신 것이었습니다.

주님은 친척들에게 그들이 세상에 아직 속하여 있기 때문에 세상이 그들을 미워하지 않는다고 말씀하셨습니다. 그들은 아직도 회심하지 않았습니다. 어떤 사람이 목사에게 "저는 그리스도인과 교인이 되고 싶습니다만 저는 세상의 패거리들과 어울려 다닙니다. 제가 그리스도인이 된다면 그들에 대해 어떻게 해야 할까요?"라고 말했습니다. 그 목사가 대답했습니다. "그들에 대해 아무것도 하실 필요가 없을 것입니다. 당신이 그리스도인이 된다면 그들은 당신을 곧 버릴 것입니다." 그것은 옳습니다. 당신이 그리스도와 함께 걸으면 세상과 그 속인들은 결코 당신의 친구들이 되지 않을 것입니다. 세상이 예수님을 미워하였습니다. 단순히 주님께서 하나님의 아들이심을 주장하셨기 때문이 아니었습니다. 그것이 유대인의 지도자들이 그분을 미워한 하나의 큰 이유가 되긴 하였습니다만 세상이 예수님을 미워한 까닭은 세상의 일들이 악하다고 그분이 증거하신 것이었습니다. 우리가 어떤 사람에게 그가 굉장히 훌륭하다고 말하면 그가 여러분을 좋아할 것입니다. 그러나 그가 죄인이라고 말해보세요. 그가 여러분을 싫어할 것입니다. 오늘날 설교자가 강단에 서서 사람들에게 그들이 선하다고 말하기는 쉽습니다. 그들이 그들 안에 신성의 섬광을 갖고 있다고 그들에게 말하기는 쉽습니다. 그들이 어떻게 살든 하나님의 자녀라고, 그들이 실수를 범할지라도 근본적으로는 선하다고 그들에게 말하기 쉽습니다. 그리고 군중이 그 설교자의 교회를 메울 것입니다. 그러나 설교자가 온전한 복음을 전파하면 — 사람들이 죄 많고 잃어버린 상태에 있으며 지옥으로 향하고 있다고 그들에게 말하면 그들 중의 많은 사람들이 흥미를 잃을 것입니다.

　나중에 예수님께서 은밀히 명절에 가시는 것을 우리가 봅니다. 주님은 친척들이 그분을 굉장한 구경거리로 만들고 싶어했기 때문에 그들과 함께 가시지 않았으나 주님은 참된 율법의 아들이셨기 때문에 올라가셨습니다. 주님께서는 하나님이 그분께 하라고 말씀하신 모든 것을 행하셨습니다. 신명기에 모든 남자들은 명절에 가라는 명령이 기록되었습니다. 예수님은 이 명령에 순종하여 명절에 참석하셨습니다. 그분이 예루살렘에 도착하시어 보니 그분이 "모든 사람들의 화젯거리"가 되어 있었습니다. "그가 어디에 있느냐?"고 유대인들이 말하고 있었습니다. 어떤 사람들은 "그가 선한 사람이다"라고 말하고 있었습니다. 또 어떤 사람들은 "그는 속이는 사람이다"라고 말하고 있었습니다. "유대인들을 두려워하므로 드러나게 그를 말하는 자가 없더라"라는 기록을 우리가 봅니다. 확실히 이 사람들 중에 그분을 믿는 사람들이 있었습니다. 그러나 그들은 공중의 여론이 무서워서 떳떳하게 말하지 못했습니다. 오, 예수님을 부끄럽게 여기는 수많은 사람들의 비극이여.

　"차라리 저녁으로, 하나님의 영광을 반짝이는

별을 인정하면서 낯을 붉히게 하라
차라리 아침으로, 밤을 낮으로 바꾸는
태양을 인정하면서 낯을 붉히게 하라
구주께서 나의 밤을 낮으로 바꾸셨으니
난 수치로 낯 붉혀야 하리라
그처럼 그분의 이름을 주저할 바엔
고귀하고 고귀하신 그 이름을."

2. 성전에서의 그리스도

예수님께서는 조용히 예루살렘에서 입성하셔서 정체를 알리시지 않고 걸어 다니셨습니다. 그러던 중 어느 날 주께서 성전에 들어가셔서 성경을 드시고 가르치시기 시작하였습니다. 예수님은 종교 지도자들이 자신을 죽이고 싶어 견딜 수 없어 하는 사실을 완전히 무시하셨습니다. 주님께서 가르치신 내용이 기록되어 있습니다만 확실히 구약의 위대한 진리들을 가르치셨음에 틀림없습니다. 유대인들은 듣고 놀랐습니다. 신학교 같은 곳엔 가본 일도 없는데도 성경에 완전히 정통하고 말에 큰 능이 있는 한 사람이 그들 앞에 있었습니다. 유대인이 놀라워하며 무어라고 말하자 예수님은 그 대답으로 "내가 너희에게 말하고 있는 것은 책이나 학교에서 나온 것이 아니고 하나님께로서 나온 것이다"라고 말씀하셨습니다. 설교자들이 흔히 바로 여기에서 유혹을 받습니다. 누군가가 어느 설교에 대해 설교자에게 칭찬을 하면 그는 그 설교가 자기의 학식과 웅변에 의한 것으로 느끼는 유혹을 받습니다. 좋은 결과가 있었다면 참으로 그렇게 하신 분은 하나님이시거늘 말입니다. 우리는 모든 칭송을 그분께 돌려야 합니다.

예수님께서 계속하여 말씀하셨습니다. "사람이 하나님의 뜻을 행하려면 이 교훈이 하나님께로서 왔는지 내가 스스로 말함인지 알리라." 같은 원리가 오늘날도 통용됩니다. 우리가 하나님의 뜻을 행하려고 애쓰면, 매사에 있어 그분을 기쁘시게 하려고 애쓰면, 그분과 그분의 말씀에 대하여 더욱 더 많은 것을 깨닫게 될 것입니다. 그리스도인이 다시 타락한 생활을 하면서 하나님의 뜻을 행하려고 힘쓰지 아니하면 그가 하나님께 대하여 더 많이 알게 되기를 기대할 수 없습니다. 분명한 지식은 정직한 순종에 좌우됩니다.

한 젊은 부인이 부흥집회를 열고 있는 스카보로우 박사에게 찾아와서 "영적으로 잃어져 있는 저의 아버지를 위하여 기도해 주시기 바랍니다. 그가 구원받지 아니하면 제가 죽을 것만 같습니다"라고 말했습니다. 스카보로우 박사가 그녀에게 "하나님께서 어떤 명백한 봉사로 당신을 부르시고 계시지 않습니까?"하고 말했습니다. 그러자 그 젊은 부인은 선교사로 하나님께서 부르시는 것을 느꼈으나 그 부르심을 거절하여 왔다고 고백하였습니다. 하나님의 축복이 여러분에게 임하기를 기대하려면 여러분의 일생을 위한 하나님의 뜻을 발견하여 그 길로 힘써 걸어가야 합니다.

유대인들은 모세의 율법을 극진히 존경하였습니다. 그래서 예수님은 이렇게 말씀하셨습니다. "너희들은 모세의 율법을 지킨다고 공언한다. 그러면서도 너희가 제6계명을 범하려고 하고 있다 — 너희가 나를 죽이려 한다." 무리가 대답하되 "당신은 귀신이 들렸도다. 누가 당신을 죽이려 하나이까?" 이들은 대변자들일 뿐이었으나 종교 지도자들은 정말로 주님을 제거하기를 원했습니다. 이제 주님께서 그분을 비판하는 자들에게 대답하셨습니다. "너희가 모세의 율법에 따라서 8일째 되는 날이면 안식일에도 사내아이에게 할례를 행한다. 그런데도 안식일에 한 사람을 온전하게 하는 나에게 너희가 화를 낸다."

인간은 항상 모순되어 왔습니다. 다른 사람들에게는 잘못을 잘 발견해내지만 자기들 자신에서는 그렇지 못합니다. 한 여자가 정신병 의사의 사무실로 들어 왔습니다. 그녀는 머리에 프라이 한 달걀을 얹고 귀에 기다란 베이컨 조각을 걸고 있었습니다. 그녀는 의사에게 "난 자신의 일로 당신을 만나러 온 게 아닙니다. 내 남동생 때문에 당신을 만나러 왔습니다. 어딘가 그가 잘못되어 있거든요"하고 말했습니다. 예, 다른 사람의 잘못을 보기는 아주 쉬우나 자기 자신의 잘못을 보기는 매우 어렵습니다.

이어 예수님은 우리 모두에게 유익한 약간의 충고를 해주셨습니다. 외모로 판단하지 말라는 말씀이었습니다. 주님께서 이런 뜻으로 그렇게 말씀하신 것이었습니다. "나는 겉으로 봐선 잘못된 것처럼 보이는 일을 안식일에 하였다. 그러나 좀 더 깊이 살펴보아라. 38년 동안 불구였던 이 사람을 생각해 보라. 그의 비참한 상태를 생각해 보라. 자신들을 그 사람의 입장에 놓으라. 그러므로 그의 고침을 긍휼한 행위였다. 안식일에 그를 고쳐준 것은 하나님의 보시기에 잘못일 수 없었다." 우리가 판단할 때에 너무 비판적이며 몰인정한 것이 보통입니다. 우리가 사정을 잘 알지 못하면서도 비판하는 일이 종종 있습니다. 아주 오랜 이야기 하나를 하겠습니다. 어느 날 밤 침대 객차에서 끊임없이 보채며 우는 어린애를 달래느라 한 사람이 고심하고 있었습니다. 객차 안의 사람들이 방해를 받아 잠을 청할 수 없었습니다. 조금 있다가 한 사람이 침대에서 고개를 불쑥 내밀고 "그 애를 엄마에게 주지 그래요? 우리 잠 좀 잡시다"하고 투덜댔습니다. 난처한 아버지가 대답했습니다. "그렇게 할 수 있으면 얼마나 좋겠습니까. 애 엄마가 어제 죽었어요. 시체가 앞 화물차에 있어요. 묻으러 고향으로 가는 길입니다." 물론 곧 그 불만을 토하던 사람이 자기 침대에서 나와 아기를 받들며 피곤한 아버지더러 잠 좀 붙이라고 권했습니다. 오, 우리는 이해하지 못하고 있기 때문에 비판하는 경우가 너무 많습니다! 그러나 예수님은 "겉모양으로 판단하지 말라"고 말씀하셨습니다.

이제 사람들의 혼동된 대화를 들어봅시다. 그들 중의 어떤 사람들은 "이 사람을 우리가 알고 있다. 그는 우리들과 다를 것이 없다. 그는 메시야가 아니다"라고 말했습니다. 그들은 메시야가 굉장한 장관과 영광 중에 오실 것으로 기대했지 가난한 갈릴리인으로는 생각지도 못했습니다. 그러자 다른 사람들이 "이 사람이 한 모든 것을 보라. 메시아가 오시면 이보다 더 많은 것을 행하시겠느냐?"라고 말했습니다. 그들은 그분이 하나님의 아들이심을 반쯤은 믿는 것을 우리가 알 수 있습니다. 하지만 참으로 그리고 진심으로 하나님의 독생자를 믿기까지는 아무도 하나님의 자녀가 될 수 없습니다. 이렇게 의견이 분분함에도 불구하고 유대인들은 예수님을 죽이려고 잡기를 꾀했습니다. 그러나 무언가 그들을 제지하는 것이 있었습니다. 그것이 하나님의 손이었음은 말할 것도 없습니다. 그분의 하실 일이 아직 끝나지 않았습니다. 아직 죽으실 때가 아니었습니다. 주님께서 십자가 위에 달리실 때에는 "다 이루었다"고 외치실 것입니다. 그때에는 하나님께서 주님을 세상에 보내시어 하게 하실 모든 일을 주님께서 다 하신 것을 우리가 확신해도 좋습니다. 여러분과 저에게는 하나님께로부터 온 사명이 각각 있습니다. 어느 날 우리가 인생의 여로를 끝마치게 될 것입니다. 그때에 "다 마쳤다"라고 말할 수 있겠습니까? 아니면 우리의 시간과 정력을 세속적인 것에 낭비하고 있습니까?

3. 그리스도와 바리새인들

바리새인들은 용기를 얻었습니다. 지금까지 그들이 예수님을 잡기를 두려위했던 것은 백성들로부터의 그분의 인기 때문이었습니다. 이제 백성들이 그분에 대해 어떤 의문을 표시하므로 그들은 훨씬 담대해졌습니다. 예수님을 체포하려고 그들이 성전 경호원들을 보냈습니다. 이 경호원들이 예수님께서 계신 곳에 도착했으나 감히 손을 대지는 못했습니다. 그분께서 너무도 놀라운 말씀을 하시고 계셨기 때문에 그들은 할 말을 잊고 듣고만 서 있었습니다.

예수님께서 하신 위대한 말씀을 들어 보십시오. "누구든지 목마르거든 내게로 와서 마시라." 그분은 여기에서 영적 목마름에 관하여 말씀하시고 계셨습니다. 그분은 "누구든지 더 나은 인생을 원하거든, 누구든지 하나님을 알기 원하거든, 누구든지 양심의 자유와 마음의 평화를 원하거든, 누구든지 죄의 용서를 원하거든, 내게로 오라"고 말씀하시고 계셨습니다. 그리스도가 "오라"는 낱말을 얼마나 자주 사용하셨는지 우리가 놀라지 않을 수 없습니다. 그분은 지금도 항상 그분께 오라고 우리에게 말씀하시고 계십니다. 그분은 우리가 필요한 모든 것을 갖고 계신 분이십니다. 그분이 우리더러 그분께 오라고 초청하는 것은 조금도 이상하지 않습니다. 그늘진 나무는 "내게로 와서 그늘을 찾으세요"라고 말합니다. 샘은 "내게로 와서 마시세요"라고 말합니다. 침대는 "내게로 와서 푹 쉬십시오" 합니다. 잔뜩 차려진 식탁은 "내게로 와서 잡수세요" 합니다. 그와 같이 예수님께서는 "너희에게 필요한 모든 것을 위하여 내게 오라 — 이생과 내세를 위하여, 지금 그리고 영원히"라고 말씀하십니다. "나의 하나님이 그리스도 예수 안에서 영광 가운데 그 풍성한 대로 너희 모든 쓸 것을 채우시리라"고 사도 바울이 말한 것은 정말 옳습니다.

그러나 그것이 주님께서 약속하시는 전부가 아닙니다. 우리가 그분께 오면 생수의 강이 우리 속에서 흘러넘치리라고 말씀하십니다. 이것은 우리가 그분 안에서 만족을 발견할 뿐 아니라 우리가 다른 사람들에게 축복의 샘이 되어줄 것을 의미합니다. 우리가 흘러넘치기 전에 가득 채워져야 합니다. 그리고 우리가 다른 사람들의 축복이 될 수 있는 것은 여러분과 제가 그리스도로 충만할 때입니다. 넘침을 예수님으로부터 받은 사람들 외에는 이 세상의 아무도 진정으로 유용하지 못했습니다. 주님은 여기에서 모든 믿는 자들이 받을 성령에 대하여 말씀하시고 계시다고 우리에게 말씀하십니다. 모든 믿는 사람들이 성령을 받습니다. 그런데 왜 그들이 흘러넘치는 그리스도인들이 아닐까요? 그것은 그들의 마음의 그렇게 좁은 자리를 성령께 드리기 때문입니다. 그들이 그 공간을 세상의 일들로 가득 채웁니다. 오, 우리가 자신들로부터 죄와 세속을 비우기만 하면 성령께서 우리의 마음을 가득히 채우실 수 있을 것이며 우리가 넘쳐흘러 수많은 사람들을 복되게 할 것입니다.

다시 사람들이 그리스도에 대하여 논란하기 시작했습니다. 어떤 사람들은 그분이 그리스도시라고 말했으며 어떤 사람들은 그분이 갈릴리 출신이기 때문에 그리스도가 될 수 없다고 말했습니다. 예언을 따라 예수님께서 베들레헴에서 태어나신 사실을 그들은 모르고 있었습니다. 그와 같이 그분 때문에 그들이 양분되어 있었음을 성경이 기록하고 있습니다. 오늘날도 마찬가지입니다. 그분은 위대한 분수령이십니다. 가족들을 갈라놓으시며 친구들을 분리시킵니다. 어떤 사람들은 그분을 사랑하고 어떤 사람들은 그분을 미워합니다. 어떤 사람들은 그분의 편에 들고 어떤 사람들은 그분께 대항합니다. 당신은 반드시 옳은 편에 들도록 하십시오. 세계가 이 구분을 더 분명하게 볼 날이 올 것입니다. 지금은 우리가 모두 함께 살고 있으나 어느 날엔가는 그분이 모든 사람들을 분리해 놓으실 것입니다. 양과 염소를, 구원받은 사람과 구원받지 못한 사람을 갈라놓으실 것입니다. 한 무리는 천국으로 올라갈 것이며, 다른 무리는 지옥의 구덩이로 내려갈 것입니다. 당신은 이미 당신의 운명을 선택하여 놓으셨습니까?

성전 경호원들이 바리새인들에게 돌아왔으나 빈손으로 왔습니다. 그들이 예수님을 체포하지 못했습니다. 바리새인들이 그들에게 그분을 잡아 오지 못한 이유를 묻자 그들은 이렇게 대답했습니다. "그 사람의 말하는 방식과 그가 한 일 때문에 그랬습니다. 이때까지 그처럼 말하는 사람이 아직 없었습니다." 이 말을 듣고 바리새인들이 노발대발했습니다. 그들은 그리스도를 비방하고 정죄하기 시작했습니다. 전에 야음을 타서 예수님을 찾아왔던 니고데모가 갑자기 일어섰습니다. "잠깐만"하고 그가 말했습니다. "당사자의 말을 들어보기 전에는 우리가 그를 판결할 수 없습니다." 다른 바리새인들은 니고데모에게 욕을 하면서 "너도 그의 종자들 중의 하나임에 틀림없다"고 말하였습니다. 마음 깊은 곳에서 그는 그리스도를 따르는 한 사람이었습니다. 주님께서 거듭남에 대하여 그에게 말씀하여 주셨으며 그는 경청했습니다. 그는 그분을 믿을 수밖에 없었습니다. 오늘날 세상이 필요로 하는 것은 그것입니다. 세상이 예수님의 말씀을 들어야 합니다. 그분은 우리의 모든 질병을 고치는 치료법을 갖고 계십니다. 우리의 영혼을 위한 유일한 소망이 그분께만 있습니다.

　　일단의 선교사들이 아프리카의 가장 깊은 오지 속으로 들어갔습니다. 그들은 높은 언덕에 올라 백인이라고는 한 사람도 발을 디뎌 놓은 적이 없는 한 마을을 내려다보았습니다. 하나님의 인도와 도우심을 위하여 기도한 후에 그 마을로 걸어 내려갔습니다. 처음 보는 이 하얀 사람들을 구경하기 위하여 그들 주위에 군중이 모여들기 시작하였습니다. 한 선교사가 그들의 토착어로 그들에게 이야기하기 시작했습니다. 어린 한 소년이 사람들의 모인 틈에서 나와 선교사들 중의 한 사람에게로 다가갔습니다. 그 애가 그 선교사의 손을 잡고 말했습니다. "선생님, 선생님의 손을 그렇게 깨끗하게 씻은 강의 이름을 저에게 말해 줄 수 있어요?" 친구들이여, 여러분의 죄가 어디에서 깨끗하게 씻길 수 있는지 제가 여러분에게 말해 드릴 수 있습니다.

> "피로 가득한 샘이 있네
> 임마누엘의 핏줄에서 떨어진 피
> 그 피에 감기우는 모든 죄인은
> 죄의 얼룩이 씻기어지네."

　　그 샘으로 오십시오. 당신이 눈 같이 희게 씻길 뿐 아니라 당신의 모든 필요가 충족되고 축복이 당신에게서 흘러 다른 사람들에게까지 미칠 것입니다.

제
16
장

—

세상에서 가장 해묵은 죄

—

"¹예수는 감람 산으로 가시니라 ²아침에 다시 성전으로 들어오시니 백성이 다 나아오는지라 앉으사 그들을 가르치시더니 ³ 서기관들과 바리새인들이 음행중에 잡힌 여자를 끌고 와서 가운데 세우고 ⁴ 예수께 말하되 선생이여 이 여자가 간음하다가 현장에서 잡혔나이다 ⁵ 모세는 율법에 이러한 여자를 돌로 치라 명하였거니와 선생은 어떻게 말하겠나이까 ⁶ 그들이 이렇게 말함은 고발할 조건을 얻고자 하여 예수를 시험함이러라 예수께서 몸을 굽히사 손가락으로 땅에 쓰시니 ⁷ 그들이 묻기를 마지 아니하는지라 이에 일어나 이르시되 너희 중에 죄 없는 자가 먼저 돌로 치라 하시고 ⁸ 다시 몸을 굽혀 손가락으로 땅에 쓰시니 ⁹ 그들이 이 말씀을 듣고 양심에 가책을 느껴 어른으로 시작하여 젊은이까지 하나씩 하나씩 나가고 오직 예수와 그 가운데 섰는 여자만 남았더라 ¹⁰ 예수께서 일어나사 여자 외에 아무도 없는 것을 보시고 이르시되 여자여 너를 고발하던 그들이 어디 있느냐 너를 정죄한 자가 없느냐 ¹¹대답하되 주여 없나이다 예수께서 이르시되 나도 너를 정죄하지 아니하노니 가서 다시는 죄를 범하지 말라 하시니라]."— 요 8:1-11

우리가 요한복음 8장의 공부를 시작하면 세상에서 가장 통탄할 죄들 중의 하나인 간음죄와 대뜸 대면하게 됩니다. 역사의 페이지들은 제7계명을 어긴 사건들로 물들어져 있습니다. 오늘의 신문들은 이 죄 때문에 파멸한 인생들과 붕괴된 가정들의 이야기로 가득 차 있습니다. 몇 년 전에 할리우드의 우상과 같은 한 스타가 의사와 결혼했었는데 영화를 만들러 이탈리아에 갔습니다. 거기에 있는 동안 그녀는 감독과 로맨스에 빠지게 되었습니다. 이 사람으로 말미암아 그녀가 아이를 낳을 것이라는 소문이 곧 세상에 야단스럽게 알려졌습니다. 그녀의 남편은 그녀와 이혼하였고, 가톨릭교회는 그녀를 인허했습니다. 이 애의 아버지와 그녀는 즉각 결혼했습니다. 여러분은 온 세상이 부끄러워 고개를 들지 못했을 것이라 생각하실 것입니다. 그러나 신문들마다 이 사건을 가지고 야단들이었습니다. 많은 저명인사들이 이 행동을 인정해 주면서 이 한 쌍이 한 일에 대해 그들이 완전한 권리를 갖고 있다고 말했습니다.

근래에 사람들이 죄의 죄성을 완화시켰습니다. 50년 전에는 극악한 죄로 생각되던 것이 오늘에는 완전히 허용됩니다. 사람들은 죄에 관하여 그들의 생각을 바꿀 수 있습니다. 그러나 하나님께서는 바꾸지 않으셨습니다. 그분께는 죄는 여전히 죄입니다. 그분은 여전히 "죄의 삯은 사망이다." "죄 지은 영혼은 죽는다." "죄의 결국은 사망이라"고 경고하십니다. 오늘날은 더 영리하게 죄가 범해질지 모릅니다만 여전히 그 죄가 사람들을 뒤따라 잡습니다. 그것은 여전히 슬픔과 상심의 화폐로 지불하고 맙니다.

이제 우리는 1절에서 11절까지를 공부하면서 다음의 세 가지를 보게 될 것입니다.

1. 죄 지은 여자
2. 조소하는 무리
3. 동정이 많으신 구주

1. 죄 지은 여자

7장 끝에서 모든 사람이 제각기 집으로 돌아갔다는 기록을 읽습니다. 8장을 열면 예수님께서 감람산으로 가신 기록이 나옵니다. 그런 기록들 속에서 여러분은 대조적 사실을 보십니까? 사람들은 각기 제 집이 있었으나 하늘과 땅을 만드셨고 소유하신 예수 그리스도께서는 머리 둘 곳도 없으셨으며 자기의 사람들을 청할 집도 없으셨습니다. 여기서 우리가 예수님의 가난을 봅니다. 하늘에서 그분은 부요자 중의 부요자이셨습니다. 세계가 모두 그분 것이었으니까요. 높고 낮은 수많은 언덕에서 꼴을 뜯는 생축이 모두 그분 것이었습니다. 루비와 다이아몬드, 은과 금, 그것들이 모두 그분 것이었습니다. 그러나 주님께서 이 세상에 오셨을 때에는 아무것도 주장하지 않으셨습니다. 우리를 위하여 가난하게 되셨습니다. 우리를 위하여, 우리가 참된 부요를 소유하도록 주님은 하늘의 모든 부요를 버리셨습니다. 만약 그리스도께서 당신을 위하여 하신 모든 일이 그분을 사랑하고 섬기며, 당신의 가진 것을 그분과 그분의 나라를 위하여 사용하도록 당신을 움직이지 않는다면 무언가 당신이 잘못되어 있습니다.

예수님은 그날 밤 감람산이나 혹은 그 산 기슭에 있는 겟세마네에서 지내셨을 것입니다. 물론, 주로 기도하면서 지내셨음에 틀림없습니다. 다음 날 아침 일찍 주님께서 성전에 오셨습니다. 사람들이 주위에 모여들자 주님은 앉으셔서 그들을 가르치셨습니다. 이것은 주님께서 성전의 바깥뜰에 오셨다는 것을 말합니다. 그곳에서 사람들이 모여 종교상의 선생들의 가르침을 듣는 것이 관습이었습니다. 그때에는 인쇄물이나 읽을 책들이 없었으므로 그렇게 하는 것이 사람들이 배우는 대중적 방법이었습니다. 예수님께서 아침에 일찍 하나님의 전에 오신 것을 우리가 주목합시다.

여기서 우리가 배울 실제적 교훈이 담겨져 있습니다. 우리는 하루를 하나님의 얼굴을 찾음으로써 시작해야 합니다. 저는 그리스도인마다 기도로써 그날을 시작해야 한다고 믿습니다. 우리는 그날에 필요한 은혜와 힘을 공급받아야 합니다. 그것을 공급하실 수 있는 유일한 분은 그분이십니다. 은밀히 혼자서 기도할 수 있는 장소를 찾아 낼 시간이 없다고 당신은 느끼십니까? 그러면 당신에게 제가 조언을 해드리겠는데, 좀 더 일찍 일어나십시오. 잠의 손실은 당신이 받을 영적 축복에 의해 보상 이상의 것을 보상받을 것입니다.

예수님께서 한참 가르치시고 계시는데, 갑자가 군중의 바깥 주변에서 동요가 일어납니다. 서기관들과 바리새인들의 성난 큰 소리가 들립니다. 군중이 갈라서고 이 자칭 의인들이 한 비참한 여자를 예수님께로 끌고 와서 "가운데 세웠습니다." 그러더니 그들이 크게 말했습니다.

"선생이여 이 여자가 간음하다가 현장에서 잡혔나이다 모세는 율법에 이러한 여자를 돌로 치라 명하였거니와 선생은 어떻게 말하겠나이까."

자, 그것을 머릿속에 그려봅시다. 하늘에서 오신 분, 절대적으로 죄 없으신 분이신 예수님께서 여기에 서 계십니다. 그분 앞에 십계명 중의 하나를 깨뜨린 여자가 있습니다. 이 여자처럼 죄가 있는, 어쩌면 더 많이 있는 종교상의 지도자들이 여기에 있습니다. 그녀의 죄에는 단지 두 사람만이 관련되어 있는 반면에 이 사람들의 죄는 바로 하나님의 아들 자신에게 대한 것이었습니다. 그리고 되어가는 모양을 구경하고 듣고 있는 군중이 여기에 있습니다. 그들은 예수님께서 무엇을 하시고 어떻게 말씀하시려는지를 알고 싶은 호기심에 잔뜩 부풀어 있습니다.

그녀의 죄가 비판되지도, 그렇다고 무시되지도 않고 있음을 유의합시다. 오늘날 이렇게 말하는 사람들이 있습니다.

"우리는 이제 새로운 기준을 갖고 있다. 우리가 옛날의 요조숙녀나 청교도들이 아니다. 옛 율법은 구식이 되어버렸다. 우리는 섹스의 자유를 신봉한다."

제가 거듭하여 말하거니와 사람이 자기의 견해들을 바꿀 수는 있으나 하나님의 율법을 변경시킬 수는 없습니다.

멀리 런던에서 어느 목사가 교회로 가게주인을 청하려고 구둣가게에 들어갔습니다. 목사의 청하는 말에 그 가게주인이 이렇게 말했습니다. "아닙니다. 나는 당신이 십계명에 대하여 이야기 하는 것을 가서 듣고 싶지 않습니다. 지금은 그런 것들은 시대에 뒤진 것이 되었지요. 비평가들은 성경이 아무런 권위도 없는 것을 우리에게 보여주었거든요." "그러면" 하고 목사가 말했습니다. "좋습니다. 구두 한 켤레가 필요한데, 이것이 내 발의 사이즈에 꼭 맞겠군요." 그러더니 목사는 그 신발을 꺼내 신고 걸어 나왔습니다. 십계명이 시대에 뒤져 현대에는 쓸모없는 것이 되었다면, "너희는 도둑질하지 말라"고 하나님께서 말씀하시지 않으셨다면 그가 왜 그렇게 할 수 없었겠습니까?

그러나 그 여자의 죄에 대하여 좀 더 생각해 봅시다. 오늘날 음란을 부채질하는 것들이 많이 있습니다. 춤, 외설문학, 단정하지 못한 옷차림, 충동적 여성의 매무새 등이 그렇습니다. 음란한 농담과 이야기들도 그렇습니다. 주차한 자동차 안에서 남녀의 성교가 발각될 때가 있습니다. 부모들은 결혼서약에 무관심하고 무시합니다. 죄를 피하는 가장 좋은 방법은 그것에 가까이 가지 않는 것입니다. 오늘의 젊은 사람들이 자기들이 지혜롭다고들 생각하고 있습니다. 그들은 자기들이 얼마나 갈 것인지를 잘 헤아려 알기 때문에 죄에 대한 값을 지불하게끔 되지는 결코 않을 것이라고 말합니다. 그러나 당신이 사탄과 희롱하고 있을 때 벌써 위험한 지경에 놓여 있습니다. 모든 면에서 유혹으로부터 달아나십시오.

어떤 여행자들이 어느 날 아침 탄광 속으로 내려갈 참이었습니다. 그들 중의 한 젊은 부인이 하얀 드레스를 입고 보양을 내고 있었습니다. 그녀의 친구들이 이 옷을 입지 말라고 타이르자 그녀는 그들을 안내할 광부에게 하소연을 했습니다. "왜 이 흰 드레스를 입고 탄광으로 들어갈 수 없습니까?"라고 그녀가 물으니 그가 대답했습니다. "탄광 속으로 들어갈 때에는 당신이 흰 옷을 입는 것을 막을 것이 아무것도 없습니다. 그러나 나올 때에는 당신이 흰 옷을 입고 있는 것을 방해할 것이 굉장히 많습니다." 그리스도인으로서 어디고 마음대로 갈 수 있다고 말들 합니다. 예, 갈 수 있습니다. 그러나 십중팔구 그들의 영혼은 더럽혀질 것입니다. 그 무분별한 행동이 이 여자가 지은 죄에 이르고 말지 모릅니다.

이 죄가 로마와 다른 시대의 많은 강대국들을 멸망시켰습니다. 그것이 미국을 파멸시킬지도 모릅니다. 그것은 어떤 개인도 파산시켜버릴 것입니다. 당신이 이 죄를 범하고 있거든 당신이 해야 할 것은 한 가지 뿐입니다. 그 죄로부터 발길을 돌려 깨끗이 씻음과 용서를 위하여 그리스도께로 오십시오. 요한일서 1장 9절에 그분은 두 가지를 약속하시고 계십니다. "만일 우리가 우리 죄를 자백하면 그는 미쁘시고 의로우사 우리 죄를 사하시며 우리를 모든 불의에서 깨끗하게 하실 것이요."

채프맨 박사(J. Wilbur Chapman)가 호텔에 비틀거리며 들어가 접수대로 접근하는 한 사람에 대하여 이야기 합니다. "방 하나 주시오"라고 그가 소리쳤습니다. "미안하지만 당신이 있을 방은 없어요"라고 사무원이 대답했습니다. "내가 누군지 당신은 모르고 있어. 내가 이 도시에 올 때마다 악단이 역으로 마중 나오고 호텔의 최고급 방으로 모셨단 말이야"라고 그 사람이 말했습니다. "예, 당신이 누구인지 내가 알아요. 그러나 당신은 과거의 그 사람이 아니란 말입니다"라고 사무원이 말했습니다. 혹시 당신이 죄를 범해왔는지 모릅니다. 당신은 이미 과거의 당신이 아닌지 모르겠습니다. 그러나 당신이 이 죄에서 발길을 돌리고 죄를 고백하면 예수님께서는 그 죄를 사하여 주시려고 기다리고 계십니다.

여기에서 또 한 가지 이상한 것이 발견됩니다. 이 죄로 끌려와 고발당하고 있는 사람은 이 여자뿐이었습니다. 남자는 아무렇지도 않았습니다. 이런 것은 자주 있는 일입니다. 여자는 파멸 당하는데 남자는 모든 수치로부터 면제받고 순조롭게 나아갑니다. 종종 그녀는 밑바닥에 떨어져 짓밟히는 반면에 그는 사회의 존경받는 자리에 올라앉습니다. 그러나 하나님께서는 두 개의 기준을 사용하시지 않습니다. 그분의 눈에는 두 사람이 다 죄가 있으며 똑같이 구주가 필요합니다.

2. 조소하는 무리

왜 서기관들과 바리새인들이 이 여자를 예수님께로 끌고 왔습니까? 그들이 그 여자의 죄에 관심을 가져서가 아니었습니다. 그들이 예수님을 미워하여 그분을 함정에 빠뜨리기 위하여서였습니다. 전날 그분을 체포하여 고소하려고 노렸으나 그들의 노력이 실패했었습니다. 지금은 그들이 다른 계략을 획책하고 있는 것입니다. 백성들 앞에서 예수님의 위신을 깎아버리고 싶었습니다. 그분은 군중들에게서 인기가 높았습니다. 그들은 그분의 말씀과 하신 큰일을 보고 그분을 따랐습니다. 종교 지도자들은 자기들이 무리들을 그분에게서 빼돌릴 수 있으면 그분을 잡아 죽일 수 있으리라고 궁리했습니다. 이 여자에 대해서 그들은 관심이 없었습니다. 민중 속에 예수님께 대한 증오심을 불러일으키는 것이 유일한 목적이었습니다.

이 일이 일어난 것은 이른 아침이었기 때문에 이 사람들이 간밤에 더러운 오물을 파느라고 바빴을 것이라 추정함은 사리에 맞는 일일 것입니다. 우리 시대에는 강단에 서서 능히 죄에 대한 박멸운동을 하기 위하여 죄의 소굴로 들어가는 것을 습관화 해 온 교역자들이 있습니다. 그러나 사악과 부정의 증거를 얻기 위하여 한 도시를 뒤지고 유흥가에 가보는 것은 그리스도의 사역자들이 할 일이 아닙니다. 보통의 사역자라면 죄악을 발견하려고 그 소굴로 들어가지 않아도 바로 자기 주변에서 생생하게 설교하기에 충분한 죄악들을 발견할 수 있습니다. 설교자는 복음의 사역자이어야 합니다.

그러면 복음이란 무엇입니까? 그것은 구원하시려고 오신 그리스도에 대한 좋은 소식입니다. 설교자가 죄가 많은 장소에 드나듦으로써 죄 안에 있는 사람을 결코 구해내지 못할 것입니다. 그는 홀로 영혼들을 구원하실 수 있으시며 생활들을 변화시킬 수 있는 구주에 대한 복음을 전파해야 합니다.

그들이 예수님을 함정에 빠뜨리려는 술책은 이렇습니다. "간음죄를 지은 어인이 여기 있습니다"라고 그들이 말했습니다. "모세는 그런 여자는 돌로 치라고 명령했습니다. 선생은 뭐라고 하시겠습니까." 만약 예수님께서 돌로 치지 말라 하시면 그들이 그분을 율법에 경멸을 퍼부은 자로 몰 것이었습니다. "그가 메시야라고 주장하나 정말 메시야라면 모세의 율법을 그렇게 무시하지는 않을 것이다"라고 그들이 말할 것입니다. "그 여자를 돌로 쳐야 한다"고 그분이 말씀하셨다면 그분께서 죄인들의 친구이신 사실을 속임수라 비웃었을 것입니다. 그 고소를 무시하셨다면 죄와 타협하고 있다고 그분을 힐책했을 것입니다.

그러면 주님께서 어떻게 하셔야 했을까요? 주님은 몸을 굽혀 땅바닥에 무엇인가를 쓰셨습니다. 그 고발은 전혀 듣지 않으신 것처럼 행동하셨습니다. 주님께서 왜 이렇게 하셨겠습니까? 아마 이 문제에 대하여 그들이 말할 자격이 없다는 것을 보이시고 계셨을 것입니다. 아마 그 여자를 안심시키시기 위하여 이렇게 하셨을 것입니다. 아마 그 비참한 존재의 눈을 쳐다봄으로써 더한 굴욕감을 그녀에게 일으킬까봐 땅을 쳐다보셨을 것입니다. 이렇게 짧은 묘사가 무엇인가를 쓰시고 계신 예수님께 대하여 우리가 갖고 있는 유일한 기록입니다. 그런데도 이 지구의 땅거죽을 밟고 다닐 어떤 사람보다도 더 많이 그분께 대하여 글이 쓰여져 왔습니다.

그러나 이 사람들은 그분의 침묵에 만족할 수 없었습니다. 그들은 그 질문으로 다그치며 대답을 요구했습니다. 이제 그가 확실히 구석에 몰려 할 말을 모르고 있다고 그들은 생각했습니다. 그러나 그때 그분이 일어나서서 주위를 둘러보시며 말씀하셨습니다. "너희 중에 죄 없는 자가 먼저 돌로 치라." 틀림없이 그들은 깜짝 놀랐을 것입니다. 그들은 패배를 느꼈습니다. 모세의 율법은 이 법을 어긴 자에게 돌질을 하려면 증인들이 필요하다고 규정하였습니다. 그래서 예수님께서 그들에게 이렇게 말씀하십니다.

"너희가 이 여자를 기소하는 자들이다. 너희들은 그녀에게 돌을 던지기에 합당하느냐? 이 죄에 관하여 너희들의 양심은 깨끗하냐? 너희들이 이 죄를 범한 일이 있으면 그녀에게 돌을 던질 권리가 없다. 그러면 어떠냐?"

이제 이 유대인들이 정죄를 받아 할 말이 없었습니다. 다시 예수님께서는 몸을 굽혀 모래에 무엇인가를 쓰셨습니다. 그분은 자기의 행동으로 이렇게 말씀하시고 계셨습니다. "내 의견을 말하였다. 이제 너희들은 어떻게 하려느냐?" 그들은 어떻게 하였습니까? 그들의 양심이 그들을 치기 시작했습니다. 죄의 자각이 또렷또렷 했습니다. 예수님께서 그들의 죄악을 다 알고 계신 것을 그들이 느꼈습니다. 그래서 그들은 얻어맞은 개처럼 슬며시 빠져나가기 시작했습니다. 사람이 자기의 죄를 바로 보게 될 때에는 하나님으로부터 숨고 싶어집니다. 아담과 하와가 어느 날 범죄하고 하나님께서 서늘한 오후에 내려오셨을 때에 그들은 그분을 피해 숨어버렸습니다.

"이 땅에 숨을 곳이 없다"라는 제목의 오랜 신앙서적이 있습니다. 이것은 사실입니다. 사람이 죄를 지으면 그 죄로부터 숨을 수 있는 곳이 세상에 없습니다.

갈 곳은 오직 하나가 있습니다 — 그리스도만이 그 죄를 덮어 가려주실 수 있는 유일한 분이십니다. 골고다에서 흘리신 피로 그 죄를 가려주십니다. 당신은 죄를 지었습니까? 그러면 해결이 여기에 있습니다.

> "만세 반석 열리니
> 내가 들어갑니다
> 창에 허리 상하여
> 물과 피를 흘린 것
> 내게 효험 되어서
> 정결하게 합소서."

이 장면에서 오늘날과 매우 공통적인 어떤 것을 발견할 수 있습니다. 죄인들의 한 무리가 그들만치 죄가 많을 것 같지 않은 사람을 고소하고 있습니다. 그 모여 있는 사람들 중에서 누가 가장 큰 죄인입니까? 그것은 그 여자가 아니고 천박하며 위선적이고 의로움을 자처하는 종교 지도자들입니다. 기질상의 죄가 육체상의 죄보다 더 나쁩니다. 육체상의 죄를 짓는 사람들은 곧잘 그 죄를 회개하고 돌아와 착하고 유익한 생활을 삽니다. 그러나 기질상의 죄를 짓는 사람들은 좀처럼 회개하지 않습니다. 마음이 질투, 증오, 악의, 불쾌감 등으로 가득 찬 사람들은 다른 사람들의 감정을 해치지만 그들은 더욱 더 속을 썩입니다. 얼마 전에 제가 익명의 편지들을 연속적으로 받았습니다. 이 편지들은 저를 하나도 해치지 못했으나 그 편지들을 쓴 사람은 마음이 매우 편하지 않을 것입니다.

저는 제가 알고 있는 어떤 교인들의 손에 떨어지기보다 자비로우신 하나님의 손에 떨어지기를 만 번도 더 택할 것입니다. 서기관들과 바리새인들은 매우 종교적인 사람들이었습니다. 그들은 당대의 누구보다 공중 앞에서 처신을 잘 하였지만 다른 사람들의 죄를 들춰내는 데에 남다른 즐거움을 느꼈습니다. 성경은 "너희의 허물을 서로에게 고하라"고 말합니다. 오늘날 어떤 사람들은 "서로의 허물을 고하라"고 말합니다. 성경은 "서로 사랑하라"고 말하지, "서로 라벨(딱지)을 붙이라"고 말하지 않습니다. 다른 사람들의 죄만을 보고 우리 자신의 죄에는 맹인이 되기가 쉬운 것을 깨닫게 됩니다. 우리들의 형제의 눈 속에 있는 티끌을 찾아내면서도 우리들 자신의 눈 속에 있는 들보는 눈감아 버리기가 매우 쉽습니다. 하나님께서 우리들을 도우셔서 그리스도인으로서 더욱 인정이 많으며, 예수님을 더욱 닮게 그리고 바리새인들을 더욱 덜 닮게 하여 주시기를 바랍니다.

3. 동정이 많으신 구주

예수님께서 땅에 얼마나 길게 쓰셨는지, 또 무엇을 쓰셨는지 우리는 모릅니다. 어떤 사람은 그분이 이 사람들의 이름을 쓰시고 그 옆에 그들의 죄들을 열거하셨다고 말했습니다. 가능한 일입니다. 그분께서는 모든 것을 아셨으니 그들의 이름과 죄를 다 아셨습니다. 그들이 자기들의 죄와 마주칠 때에 "하나씩 하나씩 나갔습니다." 그런 후 예수님께서 일어서서 둘러보셨습니다. 이 여자만 남아 있었습니다. 수가의 우물 곁에서 주님께서 유사한 성격의 한 여자와 호젓이 남아 계셨던 것을 우리가 기억합니다. 그분께서 그 여자의 인생을 새롭게 바꾸어 놓으시더니, 이제도 이 여자를 위하여 같은 일을 해주시려고 하십니다.

처음으로 예수님께서 그 여자에게 말을 걸으셨습니다. 그분이 그녀를 쳐다보시고 다른 사람들이 보지 못한 무엇을 보셨음에 틀림없었습니다. 붉게 타고 있는 뺨 뒤로 통회하는 심령을 간파하셨습니다. 그리스도 앞에서 그녀는 커다란 죄의식을 느꼈을 것임에 틀림없습니다. 이제 주님께서 물으셨습니다. "너를 고소하던 자들이 어디 있느냐? 너를 정죄하는 자가 있느냐?" 그녀는 그분을 주라 부르면서 대답했습니다. "주여, 없습니다." 저는 그녀가 그분을 주님으로 고백하며 자기의 죄를 인정하고 있었다고 믿습니다. 예수님께서 그녀에게 "나도 너를 정죄하지 않는다. 가서 이제부터 다시는 죄를 짓지 말라"고 말씀하셨으니 말입니다.

이것이 그러면 예수님께서 그녀의 죄를 너그럽게 보아주었다는 것을 뜻합니까? 아닙니다. 그분은 죄를 그냥 보아 넘기시거나 인정하시는 법이 없습니다. 그러나 주님은 통회가 있는 그녀의 마음을 보시고 그녀의 죄를 용서하셨습니다. 그것이 항상 예수님께서 하시는 방식입니다. 교회가 죄를 용서할 수 없습니다. 설교자가 죄를 용서할 수 없습니다. 그러나 예수님은 죄를 용서하실 수 있으시며 용서하십니다.

그러면 어떤 근거에서 그분이 죄를 용서하시며 정죄를 제거하십니까? 두 가지 사실위에 이 용서를 기초하십니다. 그 한 사실은 예수님께서 우리의 정죄를 담당하시어 십자가에서 죽으심이요 다른 하나의 사실은 우리의 회개와 그분께 대한 우리의 믿음입니다. 오늘날의 어떤 설교자들은 사람이 적극적 사고의 능력을 행사하기만 하면, 그가 모든 사람과의 관계를 바르게 조정할 수 있으면, 그가 일정한 의식을 준행하여 가면 그에게 아무런 탈도 없다고 가르칩니다. 그러나 제가 여러분에게 분명히 말씀드리는 것은 사람이 자신을 죄인으로 보고 회개하며 그리스도께로 와서 완전히 그분을 신뢰하지 아니하면 그에게 아무런 소망도 없다는 것입니다.

스튜어트 햄블린(Stuart Hamblen)의 노래에서 이런 말을 발견할 수 있습니다. "그분이 다른 사람들을 위하여 하신 것을 나를 위하여도 하실 수 있네." 그것이 얼마나 옳은 말입니까! 아주 오래 전에 이 죄 많은 여자에게 생명과 빛을 주신 동일하신 그리스도께서 오늘도 당신에게 그것을 주시려고 하십니다.

무디의 어느 전도집회에서 버크라는 이름을 가진 거지 한 사람이 영광스럽게 구원을 받았습니다. 그런데 그는 일자리를 얻기가 힘들었습니다. 험한 세월을 살았던고로 그의 죄로 일그러진 용모가 그를 방해했습니다. 그래서 그는 직장을 얻을 수 있을 만큼 좋은 인상을 소유하게 해주시라고 하나님께 기도했습니다. 그는 여러 도시들을 전전하면서 일하였지만 그리스도께 대한 진실한 믿음을 저버리지 않았습니다.

어느 날 치안판사가 사무실로 오라는 전갈을 그에게 보내왔습니다. 버크의 가슴이 내려앉았습니다. 그는 스스로에게 말했습니다. "내게 대한 오랜 사건이 그들에게 있지. 그러나 내가 죄가 있다면 그들에게 솔직하게 말해야겠다. 더 이상 거짓말은 않겠다." 그가 사무실에 들어갔을 때에 치안판사가 그에게 말했습니다.

"버크, 자네 그동안 어떻게 지냈나? 자네가 말한 그 종교를 지금도 붙들고 있나?

"(치안) 판사님"하고 버크가 말했습니다. "어려운 나날이었습니다만 지금도 그리스도께 대한 신앙을 갖고 있습니다." 그러자 그 판사가 말했습니다.

"버크, 어떤 사람으로 그동안 자네를 감시하게 했지. 자네의 신앙이 속임수가 아닌가 하고 의심했었어. 그러나 이제 자네는 정직한 그리스도인의 생활을 하고 있는 것을 내가 알았다고 말하고 싶네. 내 부관으로 일 해주도록 제의하기 위해 자네를 오라 했네."

버크는 그 자리를 수락하여 열심히 일하면서 각층의 사람들로부터 존경을 샀습니다. 어느 날 무디가 판사의 사무실에 있는 그를 방문하였습니다. 버크는 6만 달러의 보석자루를 그의 무릎에 올려놓고 있었습니다. "무디 선생님"라고 그가 말했습니다. "하나님의 은혜가 거지를 위하여 무엇을 할 수 있는지를 지금 선생님이 보고 계십니다. 이 보석들은 도둑맞았던 것들인데 치안판사가 찾아서 저더러 지키게 하였습니다." 그러더니 무디에게 보이려고 그 보석들을 들어 올리면서 그는 어린 아이 같이 소리쳐 울었습니다. 예, 예수님은 그분께 기회를 드리는 어떤 사람의 생애도 바꾸실 수 있습니다.

제
17
장

—

하나님을 항상 기쁘시게 한 사람

—

"[12]예수께서 또 말씀하여 이르시되 나는 세상의 빛이니 나를 따르는 자는 어둠에 다니지 아니하고 생명의 빛을 얻으리라 [13] 바리새인들이 이르되 네가 너를 위하여 증언하니 네 증언은 참되지 아니하도다 [14] 예수께서 대답하여 이르시되 내가 나를 위하여 증언하여도 내 증언이 참되니 나는 내가 어디서 오며 어디로 가는 것을 알거니와 너희는 내가 어디서 오며 어디로 가는 것을 알지 못하느니라 [15] 너희는 육체를 따라 판단하나 나는 아무도 판단하지 아니하노라 [16] 만일 내가 판단하여도 내 판단이 참되니 이는 내가 혼자 있는 것이 아니요 나를 보내신 이가 나와 함께 계심이라 [17] 너희 율법에도 두 사람의 증언이 참되다 기록되었으니 [18] 내가 나를 위하여 증언하는 자가 되고 나를 보내신 아버지도 나를 위하여 증언하시느니라 [19] 이에 그들이 묻되 네 아버지가 어디 있느냐 예수께서 대답하시되 너희는 나를 알지 못하고 내 아버지도 알지 못하는도다 나를 알았더라면 내 아버지도 알았으리라 [20] 이 말씀은 성전에서 가르치실 때에 헌금함 앞에서 하셨으나 잡는 사람이 없으니 이는 그의 때가 아직 이르지 아니하였음이러라 [21]다시 이르시되 내가 가리니 너희가 나를 찾다가 너희 죄 가운데서 죽겠고 내가 가는 곳에는 너희가 오지 못하리라 [22]유대인들이 이르되 그가 말하기를 내가 가는 곳에는 너희가 오지 못하리라 하니 그가 자결하려는가 [23] 예수께서 이르시되 너희는 아래에서 났고 나는 위에서 났으며 너희는 이 세상에 속하였고 나는 이 세상에 속하지 아니하였느니라 [24] 그러므로 내가 너희에게 말하기를 너희가 너희 죄 가운데서 죽으리라 하였노라 너희가 만일 내가 그인 줄 믿지 아니하면 너희 죄 가운데서 죽으리라 [25] 그들이 말하되 네가 누구냐 예수께서 이르시되 나는 처음부터 너희에게 말하여 온 자니라 [26] 내가 너희에게 대하여 말하고 판단할 것이 많으나 나를 보내신 이가 참되시매 내가 그에게 들은 그것을 세상에 말하노라 하시되 27 그들은 아버지를 가리켜 말씀하신 줄을 깨닫지 못하더라 28 이에 예수께서 이르시되 너희가 인자를 든 후에 내가 그인 줄을 알고 또 내가 스스로 아무 것도 하지 아니하고 오직 아버지께서 가르치신 대로 이런 것을 말하는 줄도 알리라 29 나를 보내신 이가 나와 함께 하시도다 나는 항상 그가 기뻐하시는 일을 행하므로 나를 혼자 두지 아니하셨느니라 30 이 말씀을 하시매 많은 사람이 믿더라 31 그러므로 예수께서 자기를 믿은 유대인들에게 이르시되 너희가 내 말에 거하면 참으로 내 제자가 되고 32진리를 알지니 진리가 너희를 자유롭게 하리라 33 그들이 대답하되 우리가 아브라함의 자손이라 남의 종이 된 적이 없거늘 어찌하여 우리가 자유롭게 되리라 하느냐 34 예수께서 대답하시되 진실로 진실로 너희에게 이르노니 죄를 범하는 자마다 죄의 종이라 35 종은 영원히 집에 거하지 못하되 아들은 영원히 거하나니 36 그러므로 아들이 너희를 자유롭게 하면 너희가 참으로 자유로우리라 37 나도 너희가 아브라함의 자손인 줄 아노라 그러나 내 말이 너희 안에 있을 곳이 없으므로 나를 죽이려 하는도다 38 나는 내 아버지에게서 본 것을 말하고 너희는 너희 아비에게서 들은 것을 행하느니라 39 대답하여 이르되 우리 아버지는 아브라함이라 하니 예수께서 이르시되 너희가 아브라함의 자손이면 아브라함이 행한 일들을 할 것이거늘 40 지금 하나님께 들은 진리를 너희에게 말한 사람인 나를 죽이려 하는도다 아브라함은 이렇게 하지 아니하였느니라 41너희는 너희 아비가 행한 일들을 하는도다 대답하되 우리가 음란한 데서 나지 아니하였고 아버지는 한 분뿐이시니 곧 하나님이시로다 42예수께서 이르시되 하나님이 너희 아버지였으면 너희가 나를 사랑하였으리니 이는 내가 하나님께로부터 나와서 왔음이라 나는 스스로 온 것이 아니요 아버지께서 나를 보내신 것이니라 43 어찌하여 내 말을 깨닫지 못하느냐 이는 내 말을 들을 줄 알지 못함이로다 44 너희는 너희 아비 마귀에게서 났으니 너희 아비의 욕심대로 너희도 행하고자 하느니라 그는 처음부터 살인한 자요 진리가 그 속에 없으므로 진리에 서지 못하고 거짓을 말할 때마다 제 것으로 말하나니 이는 그가 거짓말쟁이요 거짓의 아비가 되었음이라 45 내가 진리를 말하므로 너희가 나를 믿지 아니하는도다 46 너희 중에 누가 나를 죄로 책잡겠느냐 내가 진리를 말하는데도 어찌하여 나를 믿지 아니하느냐 47 하나님께 속한 자는 하나님의 말씀을 듣나니 너희가 듣지 아니함은 하나님께 속하지 아니하였음이로다 48 유대인들이 대답하여 이르되 우리가 너를 사마리아 사람이라 또는 귀신이 들렸다 하는 말이 옳지 아니하냐 49 예수께서 대답하시되 나는 귀신 들린 것이 아니라 오직 내 아버지를 공경함이거늘 너희가 나를 무시하는도다 50 나는 내 영광을 구하지 아니하나 구하고 판단하시는 이가 계시니라 [51]진실로 진실로 너희에게 이르노니 사람이 내 말을 지키면 영원히 죽음을 보지 아니하리라 [52]유대인들이 이르되 지금 네가 귀신 들린 줄을 아노라 아브라함과 선지자들도 죽었거늘 네 말은 사람이 내 말을 지키면 영원히 죽음을 맛보지 아니하리라 하니 [53] 너는 이미 죽은 우리 조상 아브라함보다 크냐 또 선지자들도 죽었거늘 너는 너를 누구라 하느냐 [54] 예수께서 대답하시되 내가 내게 영광을 돌리면 내 영광이 아무 것도 아니거니와 내게 영광을 돌리시는 이는 내 아버지시니 곧 너희가 너희 하나님이라 칭하는 그이시라 [55] 너희는 그를 알지 못하되 나는 아노니 만일 내가 알지 못한다 하면 나도 너희 같이 거짓말쟁이가 되리라 나는 그를 알고 또 그의 말씀을 지키노라 [56] 너희 조상 아브라함은 나의 때 볼 것을 즐거워하다가 보고 기뻐하였느니라 [57] 유대인들이 이르되 네가 아직 오십 세도 못되었는데 아브라함을 보았느냐 [58] 예수께서 이르시되 진실로 진실로 너희에게 이르노니 아브라함이 나기 전부터 내가 있느니라 하시니 [59] 그들이 돌을 들어 치려 하거늘 예수께서 숨어 성전에서 나가시니라." — 요 8:12-59

저의 소년시절을 돌이켜 보면 어느 슬픈 아침이 저의 기억 속에 뚜렷이 떠오릅니다. 저의 아버님을 크게 노하시게 할 일을 제가 저질렀었습니다. 아침에 우리는 부엌의 낡은 난롯가에 서 있었고 아버님은 저에 대해 너무도 실망하셨다고 말씀하셨습니다. 그가 저에게 말씀하실 때에 뜨거운 눈물이 저의 뺨을 타고 흘러 내렸습니다.

제가 부엌에서 나올 때에 마음이 얼마나 무거웠는지 모릅니다. 저는 저의 육신의 아버지를 노하게 했었습니다. 그가 이제 천국에 가 계시고 이 땅에 계시지 않습니다. 모든 마음 아픈 것들은 사라지고 눈물을 씻기어졌을 것을 저는 확신합니다. 그러나 이 기억은 저를 떠나지 않습니다. 아버지께 아무런 심려도 끼치지 않았던들 얼마나 좋을까 하고 후회도 해봅니다.

그러나 더 심각한 것을 여러분께 말씀드리겠습니다. 여러분과 저는 매일 하늘에 계신 우리 아버지를 노엽게 합니다. 죄와 불순종과 무관심과 세속으로 우리가 그분을 노엽게 합니다. 그렇지 않다면 얼마나 좋겠습니까. 우리가 하나님을 불쾌하시게 하는 일은 아무것도 하거나 말하거나 생각하지 않는다면 얼마나 좋겠습니까. "너의 모든 생활이 나를 기쁘게 한다"고 그분께서 항상 우리에 대해 말씀하실 수 있다면 얼마나 좋겠습니까. 그러나 우리는 인간입니다. 죄인입니다. 하나님의 은혜와 용서의 하나님이 아니시라면 우리는 절대적으로 소망이 없을 것입니다.

그러나 요한복음 8장 29절에서 하나님을 항상 기쁘시게 한 한 사람을 발견할 수 있습니다. 물론 제가 하나님이시며 동시에 사람이신 그리스도 예수에 대하여 말하고 있는 것을 여러분이 아실 것입니다. 베들레헴의 작은 고을에서 동정녀 처녀에게 나신 그 순간부터 감람산에서 하늘로 올라가실 때까지 그분은 하늘의 아버지를 기쁘시게 할 일을 행하시고 생각하시며 말씀하셨습니다. 엄마 아빠를 기쁘게 하는 어떤 일을 하고 있는 자녀들을 지켜보면서 빙그레 미소 짓는 부모들을 저는 보아왔습니다. 하나님 아버지를 기쁘시게 하는 일을 이 땅에서 항상 하시는 자기의 아들을 지켜보신 하나님의 미소와 기쁨이 얼마나 더 컸었겠습니까.

요한복음 8장의 이 부분에 와서 우리가 이 세 가지를 볼 수 있습니다.

 1. 위대한 빛
 2. 위대한 교훈들
 3. 위대하신 주님

1. 위대한 빛

예수님께서 성전에서 가르치시고 계셨음을 우리가 기억하고 있습니다. 그때에 바리새인들과 서기관들이 간음하다 잡힌 한 여자를 끌고 그분께 가까이 왔습니다. 주님께서는 이 여자를 용서하시고 새로운 삶을 살라고 당부하시면서 그녀를 보냈습니다. 그분은 다시 사람들을 가르치시기 시작하셨습니다. 제일 먼저 하신 말씀은 "나는 세상의 빛이다"였습니다. 상상을 해봅시다. 성전에 두 개의 큰 촛대가 있었습니다. 촛대에 불이 켜질 때에 금을 입힌 성전의 지붕이 반사하면서 사방으로 두루 빛을 던졌습니다. 주님께서 세상의 빛이라고 말씀하실 때에 그 촛대 밑에 계셨을 것입니다. 그분은 자기가 빛을 소개하기 위해 오셨다고 말씀하시지 않았습니다. 그분은 자신은 단순히 사람들의 마음과 정신을 깨우치는 다른 교사들과 동일한 위치에 놓으시지 않았습니다. 그분 자신이 바로 빛이라고 말씀하셨습니다.

그분은 마구간에서 태어나셔서 한 목수의 작업장에서 성장하셨습니다. 전

문학교나 대학에 가신 일이 없었습니다. 고향 밖으로 100마일 이상을 여행해 보
시지도 않았습니다. 단지 몇 개의 마을들과 도시들에 가보셨을 뿐입니다. 그러
함에도 그분은 빛이시라고, 그것도 작은 지역이 아니라 온 세상의 빛이시라고
주장하셨습니다. 참으로 우리는 오늘날 빛이 필요합니다. 인공적인 빛은 우리가
많이 갖고 있습니다. 어두운 한밤중에는 넓은 지역을 밝혀줄 수 있습니다. 그러
나 도덕적이고 영적인 관점에서 볼 때에는 세상이 암흑에 잠겨 있습니다. 사악
한 자들이 번창하고 부정과 부패가 만연하여 있습니다. 범죄는 증가일로에 있습
니다. 보다 작은 나라들은 무자비한 이웃들의 발밑에서 신음하고 있습니다. 우
리의 미래를 내다볼 때에 당혹하지 않을 수 없습니다. 세상이 언제 우리들에게
무너져 내려올지 모릅니다. 전방에 우리들을 평화와 번영으로 지시해 주는 불빛
이 보이지 않습니다.

그러나 이 모든 암담 속에서도 그리스도인은 마음 든든한 확신 속에 거합니
다. 그는 예수 그리스도를 압니다. 온 세상이 그의 발밑에서 내려앉는다 할지라
도 그의 길을 영광에 이르도록 비쳐주실 구주께서 계시는 것을 그가 알고 있습
니다. "하나님을 사랑하는 자들에게는 모든 일이 협력하여 선을 이루는 것"을 그
가 압니다.

저의 비서가 최근에 휴가로 플로리다에 갔었습니다. 두 사람의 여자, 19살
아가씨와 그녀의 어머니가 판사콜라에서 비행기에 탑승했습니다. 저의 비서가
그 어머니와 이야기하는 중에 19살의 그 아가씨가 어느 해군과 갓 결혼한 것을
알았습니다. 그들은 서로 매우 사랑했습니다. 어느 날 몇 사람의 해군들이 수영
을 즐기고 수영장에서 나와 음료수 전기냉각기로 달려들었습니다. 제일 먼저 그
청년이 냉각기 꼭지를 틀었습니다. 그의 손이 냉각기에 닿는 순간 그가 한 덩어
리로 달라붙어 버렸습니다. 그가 순간적인 감전으로 죽은 것이었습니다.

지금 그들은 그 청년의 시체를 매장하러 버지니아로 옮겨가고 있었습니다.
젊은 미망인이 제 비서에게로 와서 "그이의 사진을 보시겠습니까?"라고 말했습
니다. 그들이 함께 사진을 볼 때에 젊은 여자는 자기의 남편에 대하여 이야기 했
습니다. 저의 비서가 "그는 예수 믿는 사람이었지요? 그리고 당신도 예수 믿고
있지요?"라고 말하였습니다. 그러자 젊은 여자가 대답했습니다. "예, 그것이 내
게 있는 유일한 위로며 희망입니다." 오늘도 세상은 매우 많은 사람들을 굴러 떨
어지게 합니다. 오, 우리들에게는 예수님만이 주실 수 있는 희망과 빛이 필요합

니다.

오늘날 왜 그렇게 좌절하고 불행한 사람들이 많은지 아십니까? 그들이 가짜 빛을 따라가고 있기 때문입니다. 사방에서 세상이 "내게로 오라 그러면 행복을 발견할 것이라"고 부릅니다. 그러나 세상이 이 주장대로 해줄 수 없습니다. 죄악의 쾌락은 잠깐일 뿐입니다. 사람의 마음을 만족시키실 수 있는 분은 그리스도뿐이십니다. 그분만이 우리의 가슴을 소망으로 채우실 수 있습니다. 그러므로 그분은 "수고하고 무거운 짐진 자들아 다 내게로 오라 내가 너희를 쉬게 하리라"고 말씀하십니다. 옆길로 빗나가는 사람들을 저는 많이 보아왔습니다.

그들은 잠시 그리스도를 따랐으나 천박한 생각에 만족스럽지 못했습니다. 그들이 교회에 잠시 충성했으나 곧 싫증을 느꼈습니다. 그러자 그들은 세상을 따라갔습니다. 그들은 세상으로 나가 갖가지의 세속적 조직에 가입하여 땅에 속한 일에 그들의 시간과 재능을 탕진했습니다. 인생의 여정이 끝나게 되어 그들의 생애를 뒤돌아 볼 때에 이 모든 것의 허무를 느끼고 이렇게 울부짖을 것은 뻔합니다. "오, 인생을 다시 산다면 지난 생활과는 같지 않을 터인데. 그리스도의 일에 더 많은 시간을, 세상의 일에 더 적은 시간을 바칠터인데."

예수님께서는 "나를 따르는 사람은 어둠 속에 다니지 않을 것이다"라고 말씀하십니다. 그분을 따른다는 것은 무엇보다도 우선 그분을 우리의 개인적 구주로 받아들이는 것이며 그런 후 주로서 그분께 순종하여 매일 그분처럼 살려고 힘쓰는 것입니다. 오늘날 너무 많은 사람들이 그리스도를 화재비상구로 이용하고 있습니다. 그들은 그분이 지옥으로부터 자기들을 구해내시어 천국으로 이끄시기를 원하면서도 그들 마음의 으뜸자리를 그분께 바치기를 원하지 않습니다. 회개하지 않은 죄인은 어둠 속에 걷습니다. 결정이 내려져야 할 때에 그를 지도해 줄 사람이 아무도 없습니다. 슬픔을 만나도 그를 위로해 줄 사람이 아무도 그에게 없습니다. 죽음이 올 때에 그와 함께 걸어갈 사람이 아무도 그에게 없습니다. 그렇지만 예수님은 끊임없이 "내게로 오라 그리하면 모든 것이 빛과 영광이 될 것이다"라고 말씀하시고 계십니다. 우리가 결정하는 선택에 의해서 이생의 모든 것과 영원한 세계의 모든 것이 결정됩니다.

뉴욕의 공원 벤치에 두 사람이 앉아 있었습니다. 한 사람이 "틀림없이 될 것으로 믿는다"고 말했습니다. 그는 가장 가까운 술집에 들어가 술을 마시고 포커 놀이에 끼어들었습니다. 모든 돈을 잃고 그는 채 아침도 되기 전에 총싸움에서 죽고 말았습니다. 그는 그 선택을 스스로 했습니다. 다른 한 사람도 같은 장소에서 출발했습니다. 그도 역시 "난 틀림없이 될 거야"라고 말했습니다. 그는 교회 예배에 참석하여 자신을 하나님께 바쳤습니다. 며칠 후에 의학을 공부하러 대학에 입학했습니다. 그는 훌륭한 전문의와 크게 유익을 끼치는 그리스도인이 되었습니다. 그 두 사람에 있어서의 차이는 그들의 선택의 차이였습니다. 그리스도께서는 모든 사람에게 선택의 기회를 주십니다. 어둠 속에 걸을 수도 있으며, 빛 속에 다닐 수도 있습니다. 사람이 성자가 될 수도 있고 죄인도 될 수 있습니다. 천국에 갈 수도 있고 지옥에 갈 수도 있습니다.

2. 위대한 교훈들

예수님은 모든 시대의 위대하신 스승이십니다. 그분은 이 경우에도 위대한 몇 개의 교훈들을 가르치셨습니다.

1) 첫 번째의 교훈은 이것 이었습니다: 그분께 오지 않는 사람들은 그들의 죄 가운데 죽는다.

주님은 이 진리를 명백하게 공언하셨습니다. 이 진리가 지금까지 변경된 적이 없었습니다. 요한복음 8장 24절에서 "그러므로 내가 너희에게 말하기를 너희가 너희 죄 가운데서 죽으리라 하였노라 너희가 만일 내가 그인 줄 믿지 아니하면 너희 죄 가운데서 죽으리라"라는 말씀을 우리가 읽습니다.

이것은 신약성경의 모든 교훈들과 일치합니다.

요한복음 3장 36절 ― "아들을 믿는 자에게는 영생이 있고 아들에게 순종하지 아니하는 자는 영생을 보지 못하고 도리어 하나님의 진노가 그 위에 머물러 있느니라."

요한복음 3장 18절 ― "… 믿지 아니하는 자는 하나님의 독생자의 이름을 믿지 아니하므로 벌써 심판을 받은 것이니라."

계시록 20장 15절 ― "누구든지 생명책에 기록되지 못한 자는 불못에 던져지더라."

사람들이 그들의 죄 가운데서 죽으리라고 누가 말했습니까? 다른 사람이 아니라, 우리를 위하여 자기의 생명을 버리신 바로 그분, 사랑이 많으시고 긍휼하시며 동정이 많으신 죄인들의 친구가 되시는 분이셨습니다. 그분이 지옥과 형벌에 대하여 말씀하신 것이 가혹한 일이었습니까? 시속 60마일로 절벽으로 향하여 달리고 있는 당신을 보고 제가 위험을 당신께 소리쳐 알린다면 그것이 가혹한 일이겠습니까? 커피가 들어 있는 줄로 알고 독약이 든 잔을 당신이 입술로 옮기고 있는 것을 제가 보고 당신의 손에서 그 잔을 제가 내친다면 그것이 가혹한 일이겠습니까? 사람들이 그분을 믿는 신앙이 없이는 죄 가운데 죽어 비참한 운명에 떨어질 것을 위대하신 구주께서 경고하신 것은 가혹한 처사가 결코 아니었습니다. 사람들에게 위험을 분명하게 경고하여 다가올 진노에서 피하도록 호소한 것은 최고의 사랑입니다. 오직 사탄만이 속여 이렇게 말합니다. "죄 가운데 나아가라. 무서운 것 하나도 없다."

2) 그 다음의 교훈은 이것이었습니다: 아들이 사람들을 자유하게 하리라.

유대인들은 아무에게도 자기들이 속박되어 있지 않다고 예수님께 자랑스럽게 말했습니다. 그들의 교만을 그들로 사실에 대하여 눈감게 하였습니다. 모세 시대에는 그들이 애굽 사람들에게 예속되어 있었습니다. 바벨론 사람들에게 포로로 끌려가기도 했습니다. 그들은 당시에도 로마의 압제 아래에 있었습니다. 그러나 지금 예수님은 더 형편없는 노예상태에 관하여 말씀하십니다. "죄를 범하는 자마다 죄의 종이라." 술을 스스로 끊을 수 없는 도박꾼을 보십시오. 그도 하나의 노예입니다. 얼마든지 죄의 노예들을 열거할 수 있을 것입니다. 사람들이 손과 발에 죄의 쇠고랑으로 묶이고 있으니 얼마나 불쌍한 노예들입니까. 그것이 생의 비참과 실망을 가져오며 결국 지옥으로 사람들을 끌고 갑니다.

이제 우리가 전지하신 스승의 지혜를 봅시다. 그분은 사람들이 노예인 것을 그들에게 말해 주실 뿐 아니라 그들이 어떻게 자유로워질 수 있는지를 그들에게 말씀하십니다. 그분은 병을 묘사하실 뿐 아니라 그 치료법도 처방해 주십니다. 주님께서 말씀하십니다. "아들이 너희를 자유하게 하면 너희가 참으로 자유하리라." 그렇게 할 수 있는 사람이 달리 누가 있습니까? 그 밖에 어느 누가 죄의 차꼬를 부술 수 있겠습니까? 아닙니다. 오직 예수님만이 우리들을 죄에서 구원해 주실 수 있습니다.

"나의 죄를 씻기는
예수의 피 밖에 없네

다시 정케 하기도
예수의 피 밖에 없네."

토레이 박사가 시카고의 어떤 사람에 관하여 말합니다. 그가 만취하여 자기의 아내를 죽이려고 했습니다. 이 여자의 목숨이 위험한 것을 알고 토레이 박사와 몇몇의 그리스도인 친구들이 남편으로부터 피해 살 수 있는 처소를 그녀에게 마련하여 주었습니다. 그 사람이 박사에게 와서 "내 아내가 있는 곳을 당신은 아시지요?"하고 말했습니다. "예", 토레이 박사가 대답했습니다. "그녀가 있는 곳을 나에게 말해 주겠소?" "아니오", 전도자가 대답했습니다. "당신이 가서 죽일까 봐 가르쳐 줄 수 없어요." 그러자 그 사람이 "당신이 나에게 그녀가 있는 곳을 말씀해 주지 않으면 난 죽어버리겠어요"라고 말했습니다. "마음대로 하시오"라고 토레이 박사가 말했습니다. 그런 유의 인물은 그 협박대로 실행하지 않을 것을 박사는 알고 있었습니다. 그 사람은 계속 취하여 악화되어 가고 있었습니다. 그는 그렇게 안 할 수가 없었습니다. 그는 죄의 종이었습니다. 자기가 곧 직장을 얻겠다고 약속하며 그는 돈을 구걸하곤 했습니다. 그러나 그 돈은 항상 위스키를 사는 데 쓰여졌습니다. 사람들이 그를 꾸짖고 경고하며 그에게 말했으나 아무 소용이 없었습니다. 어느 날 토레이 박사가 기도 중에 "주여, 주께서 바로 그 사람을 구원하여 내시면 저는 평생 다른 사람에 대해서도 결코 실망하지 않겠습니다"라고 아뢰었습니다. 그 며칠 후에 그 절망적인 사람이 만세반석 위에 발을 딛고 구원을 받았습니다. 그는 훌륭한 그리스도인으로서 교회의 존경받는 교인이 되었습니다. 후에 토레이 박사가 그를 방문하여 보니 그 아내가 그의 품으로 돌아와 그와 함께 그리스도인의 행복한 가정생활을 영위하고 있었습니다. 세상의 모든 유명한 말도 예수님께서 하실 수 있는 만큼 죄인을 위하여 큰일을 할 수 없습니다. 죄가 당신을 사로잡고 있습니까? 당신은 죄의 종입니까? 그러면 그리스도께로 오십시오. 그분이 당신을 자유롭게 해방시키도록 하십시오.

3) 그 다음의 교훈은 이것입니다: 의로운 조상들로 말미암아 우리가 구원받지 못한다.

유대인들은 자기들이 아브라함의 자손들인 것을 자랑했습니다. 그들은 이것이 부족을 덮어줄 것으로 생각한 것 같습니다. 하나님께서 아브라함을 한 민족의 머리로서 택하셨습니다. 그러나 아브라함의 자손들이 아브라함의 하나님께 대한 신앙을 갖지 않더라도 그들에게 구원을 주실 것으로 하나님께서 의도하시지 않았습니다.

오늘에도 그와 같은 종류의 사람들이 있습니다. 우리가 그리스도와 그들의 관계에 대하여 그들에게 이야기하면 그들은 "내 할아버지는 목사였습니다." 혹은 "내 아버지는 집사였습니다." 혹은 "내 어머니는 굉장한 크리스찬이었어요"라고 말합니다. 이 모든 것은 훌륭한 일입니다만 당신이 그리스도를 위하여 살지 아니하면 그것이 당신에게 아무 쓸모가 없습니다. 문제는 당신과 하나님 사이의 일입니다. 당신은 자신에 관하여 하나님 앞에서 책임을 져야 합니다. 당신의 사랑하는 사람들의 신앙이 당신을 구할 수 없습니다. 우리의 선조들이 훌륭한 그리스도인들이었다면 하나님께 감사합니다. 그러나 우리가 그치지 않는 생명을 원한다면 우리 자신들이 그리스도께 연합되어 있어야 함을 기억합시다.

4) 네 번째의 교훈은 이것이었습니다: 모든 사람들이 하나님의 자녀인 것은 아니다.

이것은 오늘날 널리 가르쳐지고 있는 하나의 잘못입니다. 만인의 형제됨과 만인에 대한 하나님의 아버지되심에 대하여 그럴듯하게 이야기 하는 것을 우리가 많이 듣습니다. 우리 모두에게는 신성의 번쩍이는 섬광이 깃들어 있다 ― 우리들은 모두 하나님께 속해 있다 ― 우리들은 모두 그분의 자녀들이라고 사람들이 말합니다. 이렇다면 그리스도께 헌신한 어느 어머니가 회개하지 않은 살인자와 영적인 차원에서 똑같게 될 것입니다. 이렇다면 빌리 그래함과 알 카포네 사이에 아무런 차이도 없게 될 것입니다. 이렇다면 또한 그리스도의 죽음이 하나의 광대극에 불과하게 될 것입니다. 우리가 모두 자연적으로 하나님의 자녀라면, 우리가 모두 그대로 천국으로 갈 것이면 그리스도께서 하늘의 영광을 버리고 십자가 위에서 죽으실 필요가 없었을 것입니다.

예수님께서는 이 모든 것을 일축하시어 이렇게 말씀하셨습니다. "하나님이 너희 아버지였으면 너희가 나를 사랑하였으리라." 그리스도께 대한 사랑은 하나님의 자녀라는 틀림없는 표시입니다. 당신이 구원받았는지 안 받았는지를 알고 싶습니까? 이것으로 알 수 있습니다: 당신이 그리스도를 사랑하십니까? 그렇지 않다면 당신은 하나님의 자녀가 아닙니다. 그리스도께 대한 사랑은 하나님의 자녀됨을 뜻합니다!

예수님은 이 사람들이 누구의 자녀들인지를 그들에게 서슴지 않으시고 말씀하셨습니다. "너희는 너희 아비 마귀에게서 났으니 너희 아비의 욕심대로 너희도 행하고자 하느니라." 우리들은 사탄의 자녀이든지 아니면 하나님의 자녀들입니다. 그 차이는 그리스도를 우리가 믿음에 의하여 결정됩니다. 요한복음 1장 12절을 들어보십시오 — "영접하는 자 곧 그 이름을 믿는 자들에게는 하나님의 자녀가 되는 권세를 주셨으니."

우리는 무엇이 우리를 하나님의 자녀가 되게 하는지를 알고 있습니다. 그러나 우리가 그분의 자녀답게 행동하고 있습니까? 세상이 우리들과 그들 사이에 어떤 차이를 발견할 수 있습니까? 기독교를 연구한 어느 젊은 불교도가 "당신들의 그리스도는 놀라운 분입니다. 그러나 당신들 그리스도인들은 그와 같지 않습니다"라고 어느 그리스도인에게 말했습니다. 이 말은 종종 사실일 것입니다. 이것은 세상이 우리들에 대하여 제기할 수 있는 가장 심각한 기소입니다.

3. 위대하신 주님

예수님께서 이 교훈들을 가르치시는 것을 들은 후에 유대인들은 그분을 욕하기 시작했습니다. 그들은 이성을 잃고 그분께 막말로 욕설을 퍼붓기 시작했습니다. 심지어 그분을 "마귀"라고까지 불렀습니다. 사탄은 가끔 사람들을 부추거서 혀로 다른 사람들을 치게 합니다. 진실한 그리스도인들이 때때로 중상으로 괴로움을 당합니다. 우리가 죄의 넓은 길에서 살고 다니는 한 우리들을 비방하는 말은 나오지 않을 것입니다. 그러나 우리가 그리스도를 위하여 살려고 애쓸 때에 거짓말과 헐뜯는 이야기들이 재빠르게 돌아다녀 심지어 우리 주님께 대하여까지 비화할지 모릅니다.

다음으로 예수님께서 말씀하십니다. "사람이 내 말을 지키면 죽음을 영원히 보지 아니하리라." 물론, 우리가 육체적 죽음을 죽지 않는다는 뜻은 아닙니다. 그분께서 의미하신 바는 둘째 사망 — 지옥에서의 전인적(全人的)인 파멸이 우리를 결코 덮치지 못하리라는 것입니다. 그리스도인은 "우리 주 예수 그리스도를 통하여 우리에게 승리를 주시는 하나님께 감사하리로다"라고 외칠 수 있습니다.

아브라함에 대하여 다른 논의가 이어집니다. 예수님께서 아브라함이 그분의 때를 보고 기뻐했다고 말씀하셨습니다. 아브라함은 거의 2천 년 전의 사람이었습니다. 그런데도 그는 사는 동안 믿음으로 오실 구속주를 바라보며 그분께 그의 모든 신뢰를 두었습니다. "십자가 위에서의 그리스도의 죽으심 이전에는 사람들이 어떻게 구원받았느냐?"는 질문을 가끔 듣습니다. 그들도 오늘날 사람들이 구원받는 것과 똑같은 방법으로, 사람들의 죄 때문에 죽으신 구주께 대한 그들의 믿음으로 구원을 얻었습니다. 그들은 믿음으로 그분을 고대하였습니다. 우리는 믿음으로 그분을 뒤로 바라봅니다. 그리고 여러분과 제가 하나님의 도성에서 아브라함과 모세와 다윗과 함께 앉아 있을 장래의 그날에 우리는 모두 목소리를 합하여 "창세 때부터 죽임을 당하신 어린양"을 찬양할 것입니다.

예수님께서 말씀을 이으십니다. "아브라함이 나기 전부터 내가 있었다." 그분이 세상에 오시기 전에 존재하여 계셨음을 우리에게 가르쳐 주시고 있습니다. 그분께서는 아브라함 전에, 세상이 창조되기 전에, 사람이 만들어지기 전에 계셨습니다. 바꾸어 말하면 그분은 단순히 사람만이 아니셨습니다. "어제나 오늘이나 영원토록" 동일하게, 영원 전부터 살아 계신 하나님과 하나이셨습니다. 예. 그분은 스스로 게시는 위대하신 지존자이셨습니다. 그러나 그분께서 사람이 되셨을 때에 우리와 같은 죄인들을 도우시며 위로하시고 구원하시려고 낮게 굽히셨습니다. 오, 예수님의 겸손에 관하여 하나님께 감사합시다.

예수님께서 얼마나 놀라우신 분이신지를 온 세상에 알릴 수 있다면 오죽 좋겠습니까. 세상의 각 사람이 그분을 개인적 구주로 알고 매일 그분과 함께 행한다면 얼마나 좋을까요. 찰리라는 어린 소년은 맹인으로 태어났습니다. 어느 날 그 애의 아버지가 유명한 전문의에게 그 애를 데리고 가서 철저한 검사를 받게 했습니다. 의사가 이렇게 말했습니다. "당신의 아들이 보게 될 수 있다고 믿습니다. 내일 다시 그 애를 데려 오십시오. 10시에 내가 수술하겠습니다." 다음 날 수술이 시행되어 붕대로 찰리의 눈이 감기어 있었습니다. 찰리가 깨어나더니 "어머니, 여전히 어두워요. 난 볼 수 없습니다"라고 말했습니다. 어머니는 붕대를 몇 주 동안 그 애의 눈에 감아 두어야 한다고 설명했습니다. 부모들은 애를 집으로 옮긴 후 이 기간 동안 정성을 다하여 간호했습니다. 그들이 기다리고 기다리던 날이 드디어 왔습니다. 그들은 집 뒤에 있는 아름다운 화원으로 찰리를 이끌고 나갔습니다. 의사가 와서 붕대를 잘라내었습니다. 마지막 붕대가 떨어지자 찰리는 둘러보며 "오, 어머니, 이게 하늘이야?"라고 말했습니다. 그러자 어머니가 "아니야, 애야, 이것은 너의 집이란다"라고 대답했습니다. 그때에 찰리가 소리쳤습니다. "오! 엄마, 이렇게 아름다운 걸 왜 나에게 말하지 않았어." 이 말을 듣고 어머니가 대답했습니다. "애야, 너에게 말해 주려고 했단다. 그러나 네가 알게 어떻게 할 수 없었어."

오늘 제가 그리스도의 모든 놀라운 일들을 당신에게 말할 수 있다 해도 당신이 그분을 당신의 구주로서 영접하여 매일 그분과 함께 걷기까지는 전혀 이해할 수 없을 것입니다. 오늘 당신 자신을 그분께 바치시지 않겠습니까?

제
18
장

—

"내가 맹인이었으나 지금 보고 있습니다."

—

"¹예수께서 길을 가실 때에 날 때부터 맹인 된 사람을 보신지라 ²제자들이 물어 이르되 랍비여 이 사람이 맹인으로 난 것이 누구의 죄로 인함이니이까 자기니이까 그의 부모니이까 ³ 예수께서 대답하시되 이 사람이나 그 부모의 죄로 인한 것이 아니라 그에게서 하나님이 하시는 일을 나타내고자 하심이라 ⁴ 때가 아직 낮이매 나를 보내신 이의 일을 우리가 하여야 하리라 밤이 오리니 그 때는 아무도 일할 수 없느니라 ⁵ 내가 세상에 있는 동안에는 세상의 빛이로라 ⁶ 이 말씀을 하시고 땅에 침을 뱉어 진흙을 이겨 그의 눈에 바르시고 ⁷ 이르시되 실로암 못에 가서 씻으라 하시니 (실로암은 번역하면 보냄을 받았다는 뜻이라) 이에 가서 씻고 밝은 눈으로 왔더라 ⁸ 이웃 사람들과 전에 그가 걸인인 것을 보았던 사람들이 이르되 이는 앉아서 구걸하던 자가 아니냐 ⁹ 어떤 사람은 그 사람이라 하며 어떤 사람은 아니라 그와 비슷하다 하거늘 자기 말은 내가 그라 하니 ¹⁰ 그들이 묻되 그러면 네 눈이 어떻게 떠졌느냐 ¹¹대답하되 예수라 하는 그 사람이 진흙을 이겨 내 눈에 바르고 나더러 실로암에 가서 씻으라 하기에 가서 씻었더니 보게 되었노라 ¹²그들이 이르되 그가 어디 있느냐 이르되 알지 못하노라 하니라 ¹³ 그들이 전에 맹인이었던 사람을 데리고 바리새인들에게 갔더라 ¹⁴ 예수께서 진흙을 이겨 눈을 뜨게 하신 날은 안식일이라 ¹⁵ 그러므로 바리새인들도 그가 어떻게 보게 되었는지를 물으니 이르되 그 사람이 진흙을 내 눈에 바르매 내가 씻고 보나이다 하니 ¹⁶ 바리새인 중에 어떤 사람은 말하되 이 사람이 안식일을 지키지 아니하니 하나님께로부터 온 자가 아니라 하며 어떤 사람은 말하되 죄인으로서 어떻게 이러한 표적을 행하겠느냐 하여 그들 중에 분쟁이 있었더니 [17] 이에 맹인되었던 자에게 다시 묻되 그 사람이 네 눈을 뜨게 하였으니 너는 그를 어떠한 사람이라 하느냐 대답하되 선지자니이다 하니 [18] 유대인들이 그가 맹인으로 있다가 보게 된 것을 믿지 아니하고 그 부모를 불러 묻되 [19] 이는 너희 말에 맹인으로 났다 하는 너희 아들이냐 그러면 지금은 어떻게 해서 보느냐 [20] 그 부모가 대답하여 이르되 이 사람이 우리 아들인 것과 맹인으로 난 것을 아나이다 [21]그러나 지금 어떻게 해서 보는지 또는 누가 그 눈을 뜨게 하였는지 우리는 알지 못하나이다 그에게 물어 보소서 그가 장성하였으니 자기 일을 말하리이다 [22]그 부모가 이렇게 말한 것은 이미 유대인들이 누구든지 예수를 그리스도로 시인하는 자는 출교하기로 결의하였으므로 그들을 무서워함이러라 [23] 이러므로 그 부모가 말하기를 그가 장성하였으니 그에게 물어 보소서 하였더라 [24] 이에 그들이 맹인이었던 사람을 두 번째 불러 이르되 너는 하나님께 영광을 돌리라 우리는 이 사람이 죄인인 줄 아노라 [25] 대답하되 그가 죄인인지 내가 알지 못하나 한 가지 아는 것은 내가 맹인으로 있다가 지금 보는 그것이니이다 [26] 그들이 이르되 그 사람이 네게 무엇을 하였느냐 어떻게 네 눈을 뜨게 하였느냐 [27] 대답하되 내가 이미 일렀어도 듣지 아니하고 어찌하여 다시 듣고자 하나이까 당신들도 그의 제자가 되려 하나이까 [28] 그들이 욕하여 이르되 너는 그의 제자이나 우리는 모세의 제자라 [29] 하나님이 모세에게는 말씀하신 줄을 우리가 알거니와 이 사람은 어디서 왔는지 알지 못하노라 [30] 그 사람이 대답하여 이르되 이상하다 이 사람이 내 눈을 뜨게 하였으되 당신들은 그가 어디서 왔는지 알지 못하는도다 [31]하나님이 죄인의 말을 듣지 아니하시고 경건하여 그의 뜻대로 행하는 자의 말은 들으시는 줄을 우리가 아나이다 [32]창세 이후로 맹인으로 난 자의 눈을 뜨게 하였다 함을 듣지 못하였으니 [33] 이 사람이 하나님께로부터 오지 아니하였으면 아무 일도 할 수 없으리이다 [34] 그들이 대답하여 이르되 네가 온전히 죄 가운데서 나서 우리를 가르치느냐 하고 이에 쫓아내어 보내니라 [35] 예수께서 그들이 그 사람을 쫓아냈다 하는 말을 들으셨더니 그를 만나사 이르시되 네가 인자를 믿느냐 [36] 대답하여 이르되 주여 그가 누구시오니이까 내가 믿고자 하나이다 [37] 예수께서 이르시되 네가 그를 보았거니와 지금 너와 말하는 자가 그이니라 [38] 이르되 주여 내가 믿나이다 하고 절하는지라 [39] 예수께서 이르시되 내가 심판하러 이 세상에 왔으니 보지 못하는 자들은 보게 하고 보는 자들은 맹인이 되게 하려 함이라 하시니 [40] 바리새인 중에 예수와 함께 있던 자들이 이 말씀을 듣고 이르되 우리도 맹인인가 [41]예수께서 이르시되 너희가 맹인이 되었더라면 죄가 없으려니와 본다고 하니 너희 죄가 그대로 있느니라." — 요 9:1-41

어느 유명한 그리스도인이 "당신이 구원받은 걸 어떻게 당신은 알고 있습니까?"라는 질문을 받은 적이 있었습니다. 그는 "그 일이 일어날 때에 내가 거기에 있었습니다"라고 대답했습니다. 우리는 모두 변화 받은 생애의 간증을 듣기 좋아합니다. "나는 한 때 잃어진 죄인으로서 지옥으로 향하고 있었으나 주님께서 나를 위하여 하신 것을 여러분에게 말씀드리고자 합니다"라고 어느 사람이 말하면 우리는 두 귀를 세우고 듣습니다. 요한복음 9장에서 어떤 사람이 그러한 간증을 하고 있는 것을 우리가 들을 수 있습니다. 그는 평생 맹인으로 보냈으나 어느 날 예수님께서 오셔서 그를 볼 수 있게 해 주셨습니다. 그가 그 기적에 관해 질문을 받고 "저는 예수님께 대해선 잘 모릅니다. 그러나 이것은 알고 있습니다. 전에는 맹인이었으나 지금은 제가 보고 있습니다"고 대답했습니다.

우리들 중의 많은 사람들도 그와 같이 말할 수 있습니다. 전에는 우리가 하나님의 모든 영광에 대해 눈멀어 있었으나 예수님께서 우리 마음에 오심으로 지금은 볼 수 있습니다. 어느 누구에게 있어서든지 경험할 수 있는 가장 근본적 변화는 신생(중생)으로 말미암아 일어나는 변화입니다. 사람이 그리스도께로 올 때에 모든 것이 새로워집니다. 그는 사망에서 생명으로, 눈먼 상태에서 영광스러운 광경을 볼 수 있는 상태로, 지옥에서 천국으로 옮겨옵니다. 이 경험은 회심이라 불리어집니다. 그것은 사람에 따라 각각 다른 방법으로 일어납니다. 바울에게 있어선 그리스도의 능력이 그를 땅바닥에 쓰러뜨릴 때에 시력을 잃게 할 정도의 밝은 빛과 함께 회심이 왔습니다. 루디아에게는 강가의 조용한 기도모임에서 회심이 일어났습니다. 여러분에게 그것이 어떻게 일어났는지 제가 알지 못합니다만 "나는 그 경험을 체험했습니다. 예수님께서 저를 만지셨어요. 인생이 이제 바뀌고 마음에는 소망으로 가득 차 있습니다"라고 말할 수 있다면 더없이 복된 일입니다.

요한복음 9장에 이르면 다음의 세 가지를 보게 됩니다.

　1. 기적
　2. 간섭하는 자들
　3. 주님

1. 기적

"예수께서 길을 가실 때에 날 때부터 맹인 된 사람을 보신지라"라고 기록되어 있습니다. 그는 예수님만이 주실 수 있는 도움을 필요로 하고 있었습니다. 그런데 예수님께서 무관심하시지 않음을 우리가 보게 됩니다. 길을 따라 그냥 지나가 버리시지 않습니다. 이 사람을 도우시려고 멈추십니다. 예수님처럼 동정어린 마음을 가진 사람이 하나도 없었습니다. 여러분과 저는 어려움에 처한 사람을 보고서도 가던 길을 재촉하며 그것을 잊어버릴 수 있습니다. 그러나 예수님은 그렇지 않으셨습니다. 도움이 필요한 사람은 항상 그분의 마음을 움직이게 했습니다. 지금 이 사람은 무거운 신체적 십자가를 지고 있었습니다. 맹인이었습니다. 빛을 본적이 없었습니다. 그는 인생의 최고 즐거움들 중의 몇 가지에서 제외되어 있었습니다. 사랑하는 사람들의 얼굴을 들여다본 일도 없었습니다. 꽃이나 나무도 보지 못했습니다. 산이나 강도 보지 못했습니다. 하늘의 별도 쳐다본 적이 없었습니다. 다른 것으로 괴로움을 당하고 있는 사람들도 보지 못하는 사람들처럼 절망적인 경우는 드물 것입니다. 이전에 저는 뉴욕시의 일단의 사람들에 대한 이야기를 읽었습니다. 그들은 어떤 가정의 세 자녀가 모두 맹인들이기 때문에 그 가정을 위하여 집을 지어주려고 하고 있었습니다. 나면서부터 맹인이었던 이 사람에게로 우리의 마음이 움직여 갑니다. 그러나 그에 대한 우리의 동정심은 그리스도의 불쌍히 여겨지는 심정에 비하면 아무것도 아닙니다.

이때에 제자들이 신학적 질문을 내어놓습니다. "선생님, 이 사람이 맹인으로 태어난 것이 누구의 죄입니까?" 여기서 우리는 성경의 한 원리, 즉 세상의 모든 고통은 죄에서 났다는 원리를 알아볼 수 있습니다. 에덴 동산에는 죄가 없었습니다. 그러므로 거기에는 고통이 없었습니다. 아담과 하와는 처음에 질병과 슬픔에 죽음에 대하여 아무것도 몰랐습니다. 그 후에 죄가 동산과 그들의 마음에 들어왔습니다. 그렇게 되자 고통과 질병과 죽음이 인간 위에 떨어졌습니다. 그러므로 우리가 이런 일들을 경험하게 될 때에는 이것이 죄 때문에 세상에 엄습해 온 저주의 일부인 것을 꼭 기억해야 합니다. 천국에는 질병이나 죽음이나 고통이 없습니다. 왜? 그곳에는 죄가 없으며 죄 없으신 분이신 그리스도께서 충만히 계시기 때문입니다.

이 사람이 나면서부터 맹인이었습니다 — 이것은 죄인에 대한 하나의 상징적 그림입니다. 죄인은 자기의 위험을 보지 못합니다. 그는 구주를 꼭 필요로 하는 자기의 비참한 상태를 보지 못합니다. 이 세상 것만을 생각합니다. 모든 영적인 필요와 축복에 대하여 눈이 멀어 있습니다. 이 사람은 무엇이 가장 필요했습니까? 새 옷도, 몇 푼의 돈도, 더 좋은 집도 아니었습니다. 그는 무엇보다도 시력이 필요했습니다. 그런데 죄인도 더 좋은 환경, 더 높은 문화, 개선된 생활조건, 이런 것들 이상의 것이 필요합니다. 그는 영적인 시력이 필요합니다. 그리스도께서 그의 눈을 뜨게 하여 그로 하나님의 영광을 처다보게 하실 수 있는 유일하신 분이십니다.

이 사람은 또한 거지였습니다. 이것이 그가 생계를 유지할 수 있는 유일한 방법이었습니다. 우리 시대에는 맹인들이 직책을 맡아 감당할 수 있는 훈련을 받게 된 것을 우리가 하나님께 감사합니다. 그 시대에는 맹인은 거지가 되는 것으로 운명지어져 있었습니다. 그가 매일 아침 몸을 이끌고 다니는 것, 하루 종일 어떤 바닥에 앉아 있는 것, 하루가 끝나면 소량의 음식을 구하기에 충분한 돈을 가질 수 있도록 그날도 사람들이 관대하게 손을 내밀기를 바라고 또 바라면서 황혼의 어스름에 웅크리고 있는 것을 저는 상상해 볼 수 있습니다. 오, 그러나 사건이 터진 그날에는 모든 것이 달라질 것입니다. 이 사람은 단순히 몇 푼의 동전만을 기대하고 있었습니다. 그러나 그 대신에 하늘에서 오신 메시야께서 그에게 볼 수 있는 시력을 주시고 그 위에 영원한 생명까지 주셨습니다! 그날은 이 불쌍한 사람에게 얼마나 영광스러운 날이었겠습니까! 그리고 그분께서 우리의 죄를 씻어내시고 우리에게 영생을 주신 그날은 우리들에게 영광스러운 날이 아니었습니까? 그날을 결코 잊지 맙시다. 그분께서 우리를 위하여 하신 일을 기억하고 바로 우리의 가장 좋은 것을 그리스도께 드리면서 매일 기쁨 속에 삽시다. 그런 후에 확실히 천국에서, 그분이 우리를 팔에 안으시고 자신의 백성이라 주장하신 그 놀라운 날로 인해 우리가 항상 하나님께 감사할 것입니다.

예수님께서는 제자들의 질문에 어떻게 대답하셨습니까? 주님은 이렇게 말씀하셨습니다. "이 사람이나 그의 부모가 죄를 지어서가 아니다. 다만 하나님의 하시는 일이 그에게서 나타나기 위한 것이다." 그의 부모가 그의 죄를 짓지 않았다는 뜻으로 그렇게 말씀하신 것은 아니었습니다. 또한 그분께서 부모들의 죄가 종종 그들의 자녀들 위에 찾아온다는 사실은 부인하시지도 않았습니다. 단순히 어느 특정한 죄가 이 사람을 맹인으로 만들지 않았다고 말씀하시고 계셨습니다. 때때로 어떤 사람이 고통을 당하고 있는 것을 우리가 보고 "그는 자기의 죗값을 받고 있다"고 말합니다. 그러나 이런 식으로 판단할 권리가 우리에게 없습니다. 이것은 때때로 맞습니다만 모든 경우에 맞는 것은 아닙니다.

그러면 예수님께서는 무엇을 의미하셨습니까? 그분이 뜻하신 바는 하나님의 자비와 은혜를 사람들에게 보이실 기회를 하나님께 드리기 위하여 그 사람이 맹인으로 태어났다는 것이었습니다. 예수님은 그에게 볼 수 있는 시력을 주시려고 하십니다. 대조적인 그의 생애 때문에 이 사람은 하나님의 고치시며 구원하시는 은혜의 살아 있는 본보기가 될 것입니다. 다른 한 사람, 후에 바울이 되었던 사울을 보십시오. 그는 죄인의 괴수였습니다. 하나님께서는 그가 제 길을 멋대로 달려 최악을 행하도록 내버려 두셨습니다. 그러던 어느 날 그가 영광스럽게 회심하였습니다. 그때부터 바울은 이렇게 말할 수 있었습니다. "나를 보라. 나는 죄인의 괴수였다. 그러나 하나님께서 나를 구원해 주셨다. 나는 그분의 구원해 주시는 은혜의 기념물이다. 그리고 나를 위하여 해 주신 것을 그분께서 당신을 위하여도 해 주실 수 있다." 그래서 이제, 이 눈먼 사람이 고침과 구원을 받은 후에, 하나님의 자비와 은혜 뿐 아니라 주 예수 그리스도의 구원하시는 능력에 대하여 증거하는 하나의 살아 있는 기념비가 되었습니다.

예수님께서 자기의 사역이 이 사람의 경우에 자기를 위하여 적합하게 준비된 것을 보시고 이렇게 말씀하셨습니다. "나는 나를 보내신 이의 일을 낮에 해야 한다. 밤이 오면 아무도 일할 수 없다." 그분이 세상에 계신 동안은 낮이었습니다. 죽음의 밤이 다가오고 있었습니다. 그분의 일 하실 기간은 짧았습니다. 그분은 아버지의 일을 하여야 함을 느끼셨습니다. 낭비할 시간이 없었습니다. 확실히 그것은 우리들에게도 마찬가지입니다. 하나님과 동료 인간을 섬기기 위하여 여기 우리에게 수년이 주어져 있습니다. 휘장이 곧 내려와 우리의 기회들은 영원히 사라지고 말 것입니다.

미켈란젤로에 관하여 이런 이야기가 있습니다. 그가 그의 유명한 다비드 상을 조각하고 있을 때에 그는 옷을 입은 채로 잠자며 약간의 음식을 두고 간간이 한입씩 베어 먹었습니다. 존 밀턴은 정신이 맑을 때에 시를 쓰기 위하여 아침 4시에 일어났다 합니다. 교회들이 존 웨슬레에게 폐쇄령을 내렸을 때에 그는 공동묘지로 가서 자기 아버지의 비석판을 강단으로 사용했습니다. 오, 우리들도 주님의 일에 꼭 그렇게 열심이었으면! 이제 수 년 뿐입니다. 그 후엔 우리가 더 이상 일할 수 없는 밤이 찾아올 것입니다.

드와이트 무디가 런던에서 복음을 전파할 때에 윌프레드 그렌펠이라는 이름을 가진 한 젊은 의사가 구원을 받았습니다. 그는 후에 얼어붙은 라브라도르

해안으로 가서 그의 선교사역으로 유명하게 되었습니다. 14년 후에 그가 보스턴에서 무디를 만나 "제가 그리스도를 알도록 이끌어 주셔서 감사드리고 싶습니다"라고 말했습니다. "그것은 14년 전의 일이오. 그 이후로 무엇을 하여왔소?"라고 무디가 말했습니다. "다른 사람들도 그리스도를 알도록 일하며 살아왔습니다", 그렌펠이 대답했습니다. "지금 당신은 후회하고 있소?", 무디 선생이 물었습니다. "아닙니다. 제가 한 가지 유감스럽게 생각하고 있는 것은 '당신이 구원 받은 이후 무엇을 해왔느냐'는 질문에 부끄러워 고개를 떨구어야 하는 사람에 대한 것뿐입니다"라고 그렌펠이 대답했습니다. 저도 여러분의 각 사람에게 동일한 질문을 하고 싶습니다. "당신이 그리스도를 발견한 이후 무엇을 하여왔습니까?" 당신은 그분을 위하여 바쁘게 일하여 왔다고 말할 수 있습니까? 지금 그분을 위하여 살고 있다고 당신은 말할 수 있습니까? 아니면 부끄러움에 고개를 떨구어야 합니까?

그리고, 예수님은 다음으로 땅에 침을 뱉어 진흙을 이겨 그 사람의 눈에 바르셨습니다. 그러신 후에 "실로암 못에 가서 씻으라"라고 그에게 말씀하셨습니다. 그 사람은 확실히 믿고 못으로 달려가 눈을 씻었더니 갑자기 볼 수 있게 되었습니다. 아, 예수님과의 그 만남에서 얼마나 복된 일이 일어났습니까! 예수님은 왜 침과 진흙을 사용하셨을까요? 손가락으로 그 사람을 만질 수도 있으셨는데 말입니다. 혹은 말씀 한 마디만 하셨어도 그 사람이 볼 수 있었을 것입니다. 그러나 그리스도께서는 어느 한 수단이나 방법에 자기가 매어 있지 않으심을 우리들에게 보여 주시고 계셨습니다. 회심에 있어서도 그러합니다. 다른 어떤 사람이 단순히 우리와 똑같은 경험을 갖지 않았다 해서 그가 구원을 받지 않았다고 우리가 말해서는 안 됩니다. 하나님은 우리들을 그리스도께 이끄시는 데에 다른 방법들을 사용하십니다.

2. 간섭하는 자들

이제 그 사람이 집으로 간 것 같습니다. 이웃들이 "이 사람이 그 구걸하던 맹인이 아니냐?"라고 말했습니다. 어떤 사람들은 그렇다고 말하고 다른 사람들은 그를 닮았다고 말했습니다. 그의 뜨여진 눈이 자연히 그의 모습을 변하게 했습니다. 그 사람이 크게 말했습니다. "예 내가 그 사람입니다. 나는 일생 동안 맹인이었으나 예수라는 분이 내 눈에 뭘 바르시며 나더러 실로암 못에 가서 씻으라고 말씀하셨습니다. 그분이 말씀하신대로 했더니 이렇게 볼 수 있게 되었습니다." 그러자 그들이 "그가 어디에 있소?"라고 물었습니다. 그 사람이 "모르겠습니다"라고 대답했습니다. 그러다가 그들은 그를 바리새인들에게 데리고 갔습니다. 그런 경이로운 사건은 실제로 조사되어야 한다고 그들이 느꼈습니다. 물론, 바리새인들은 예수님을 미워하여 그분을 책잡을 만한 어떤 것을 찾고 싶었습니다. 그 사람이 시력을 얻게 된 것을 기뻐하기는 커녕 그분께서 안식일에 이 기적을 행하셨다는 사실에 그들이 달려들어 꼬투리를 찾았습니다. 그래서 그들은 그 사람에게 "이 위인은 하나님께로부터 오지 않았소. 그는 안식일을 지키지 않소"라고 말했습니다. 그러나 다른 사람들은 지혜롭게도 "그가 죄인이라면 어떻게 그런 기적들을 행할 수 있겠습니까?"라고 말했습니다. 그 사람이 말했습니다. "나는 그분이 선지자이시라고 믿습니다." 구약의 선지자들이 기적들을 많이 행하였던 것을 그가 알고 있어서 예수님께서 선지자시라고 그가 믿은 것은 아주 자연스러운 일이었습니다.

바리새인들은 과연 그 사람이 맹인이었다가 보게 되었는지조차 믿을 수 없었습니다. 그들은 자기 자신들의 죄와 불신앙으로 눈이 멀어 예수님께서 그러한 일을 능히 하실 수 있음을 믿을 수 없었습니다. 오늘날의 중생하지 못한 사람도 꼭 그와 같이 그리스도께서 그분을 신뢰하는 사람을 위하여 하실 수 있는 일에 대하여 눈이 멀어 있습니다.

존 페이튼(John G. Paton)은 세련된 그의 부인과 함께 선교사로서 뉴 헤브리데스 열도에 갔습니다. 일 년 후에 어린애가 그들에게 태어났으나 페이튼 부인의 목숨을 희생시켰습니다. 외로운 선교사는 혼자서 무덤을 파고 찢어지는 가슴으로 그녀의 시신을 안장하였습니다. 이틀 후에 어린애가 죽어 그는 그 애를 엄마 곁에 나란히 묻었습니다. 후에 그가 이렇게 말했습니다. "그 황량한 땅에서 나는 정말 완전히 절망감에 휩싸였다. 내가 그 무덤가에 무릎을 꿇을 때에 그리스도의 위로가 없었던들 나 자신도 죽고 말았을 것이라고 생각한다." 그리스도 없는 사람은 이렇게 묻습니다. "당신에게 일어나는 그 모든 것을 당신은 어떻게 견딜 수 있습니까?" 그리스도께서 그분을 신뢰하는 사람들을 위하여 하실 수 있는 모든 것을 모르고 있습니다.

바리새인들은 그 젊은 사람의 부모들을 찾아가서 그 일에 대하여 그들에게 물었습니다. 그 부모들이 대답했습니다. "예, 그는 우리 아들입니다. 그가 나면서부터 맹인이었던 것과 지금은 볼 수 있다는 것을 알고 있습니다. 그러나 그것이 어떻게 해서 일어났는지 또 누가 그렇게 했는지는 우리도 모르고 있습니다." 그들은 두려운 중에 이야기 하였습니다. 그들은 예수님의 이름을 꺼내지 못했습니다. 유대의 지도자들은 이미 누구든지 그리스도를 고백하면 그를 출교할 것이라고 말했었습니다. 이것은 유대인에게 있어선 굉장한 타격이 될 것입니다. 다른 유대인들과의 교제가 끊기고 끝없는 핍박이 밀어닥칠 것입니다. 오늘날도 여전히 어느 유대인이 그리스도를 받아들이면 그는 사랑하는 사람들에게서 끊기고 신앙 때문에 핍박을 받게 됩니다. 그래서 그의 부모들은 문제를 피하여 "우리 아들은 나이가 들었으니 그에게 물어보세요"라고 말했습니다. 바리새인들은 그 사람을 그들 앞에 불러 세웠습니다. 그들이 그에게 말했습니다. "당신은 칭송을 엉뚱한 사람에게 주고 있소. 당신의 눈에 진흙을 바른 이 사람이 당신을 보게 한 사람이 아니오. 하나님께서 그렇게 하셨소. 그분께 찬양을 드리시오. 이 예수라는 사람은 죄인이요." 이 말을 듣고 그 사람이 대답했습니다. "그분이 죄인인지 아닌지는 나는 모르고 있습니다. 그러나 내가 알고 있는 한 가지는 내가 맹인이었으나 이제 본다는 그것입니다." 사실은 부인할 수 없었습니다. 사람들이 우리의 생활 속에서 구원의 증거를 발견할 수 있다면 그들도 우리의 구원의 현실을 부인할 수 없을 것입니다.

어느 겨울 아침 트럭 운전사가 자기의 트럭을 후퇴시키다가 그만 새로 세탁한 옷들이 길게 걸려 있는 곳으로 들어갔습니다. 그는 옷들이 더럽혀지고 있는 것을 보고 깜짝 놀랐습니다. 과연 방금 옷을 걸어둔 부인이 문간에 나타났습니다. 그는 큰 난리가 쏟아질 것이라고 생각했습니다. 그러나 그녀는 미소를 지으면서 "오, 괜찮습니다. 다시 빨면 됩니다"라고 말했습니다. 그 사람은 어찌된 영문인지 알 수 없었습니다. 그는 결국 그녀에게 어느 교회에 나가고 있느냐고 묻자 그녀가 말해 주었습니다. 이 사람은 아주 큰 감명을 받아 그녀의 교회에 찾아가서 구원을 받았습니다. 후에 그는 목사가 되었습니다. 정녕 이 여자의 생활의 중심은 예수 그리스도이었습니다. 그래서 한 영혼이 구원을 받았습니다. 그리고 우리가 생활 속에서 구원의 더 많은 증거를 보인다면, 우리가 더 인내하고 그리스도를 더 닮는다면 확실히 더 많은 사람들이 그리스도를 발견하게 될 것입니다.

바리새인들이 그 사람과 논란하기 시작했으나 그는 자기의 입장을 고수했습니다. 그가 이렇게 말했습니다. "이 사람은 죄인이 아닙니다. 하나님께서는 죄인의 말을 들으시지 않기 때문입니다. 그런데도 하나님께서 그분의 말을 들으신 것을 우리가 압니다. 창세 후의 역사에서 나면서부터 맹인인 사람의 눈을 뜨게 한 사람은 아무도 없었습니다. 그러므로 예수라는 이 사람이 하나님께로서 왔음을 우리가 알 수 있습니다." 그가 이렇게 말하자 그들은 크게 화가 났습니다. 그들은 그에게 "당신이 누구길래, 하나님께 대하여 우리들을 가르치려고 하오?"라고 말했습니다. 이어 그들은 그를 회당에서 추방하였습니다. 그러나 그날 그가 얻은 것은 잃은 것보다 훨씬 더 위대했습니다. 그는 회당에서의 자기 자리를 잃었습니다만 그리스도를 발견하였습니다 ― 그가 시력을 받았습니다 ― 그가 영원한 생명을 상속받았습니다. 쓸데없이 참견하는 사람들에 대해서는 이쯤 해 두겠습니다.

3. 주님

여기에서 우리는 하나의 아름다운 만남을 봅니다. 예수님께서는 그 사람이 쫓겨났다는 것을 들으시고 그를 찾으시러 나섰습니다. 세상이 우리를 패배시켜 문제들이 몰려오고 친구가 필요할 때에 바로 거기에서 항상 예수님께서 우리를 기다리시고 계시는 것을 발견하게 될 것입니다. 어떤 어머니가 자기의 어린 딸을 집으로 데려오기 위하여 오후마다 학교에 갔습니다. 어느 날 찻길이 얼음으로 덮여 차를 도저히 몰고 갈 수가 없었습니다. 어머니는 학교에 전화를 걸어 선생에게 부탁하기를 그 어린 소녀에게 집에 걸어오도록, 그리고 얼음 위를 걸으면서 매우 조심하도록 일러 달라고 했습니다. 근심스럽게 어머니는 기다렸습니다. 드디어 그 어린 것이 보도를 걸어오고 있었습니다. 그런데 어떤 다른 사람의 손을 붙잡고 오는 것처럼 그 애의 한쪽 손을 올리고 있었습니다만 딸의 옆에는 아무도 없었습니다. 계단 있는 곳에 와서는 애가 돌아서서 인사를 하며 미소를 짓고서 문을 열었습니다. 어머니는 그 애에게 왜 손을 공중에 쳐들고 왔느냐고 물었습니다. 그 애는 놀란듯하더니 이렇게 말했습니다. "응, 엄마, 하나님이 오늘 나와 함께 걸어오면서 얼음 위에서 넘어지지 않도록 나를 지켜주셨어." 예, 그분은 항상 당신이 그분을 필요로 하는 바로 그곳에 계십니다.

예수님은 그 젊은 사람을 찾으셔서 "네가 하나님의 아들을 믿느냐?"라고 말씀하셨습니다. 그가 대답했습니다. "주님, 제가 그분을 믿으려고 합니다만 그분이 누구십니까?" 이 즉각적 신앙의 고백이 그가 그의 시력을 받은 때부터 성령에 의해 그 사람의 마음에 준비되어 있었음을 나타내 줍니다. 그에게 일어났던 그 놀라운 일을 그가 생각하면 할수록 자기를 고쳐주신 분이 메시야이실 것이라는 생각이 더욱 확실해졌습니다.

저는 다음의 묘사를 사랑합니다. "믿나이다 하고 절하는지라." 예수님께 고침을 받은 사람들 중에서 돌아와 감사하며 경배한 사람이 별로 없었습니다. 이 사람은 그가 참으로 회심했음을 충분하게 입증했습니다. 오늘날도 참으로 회심한 사람은 하나님을 경배함으로써 그 증거를 보일 것입니다. 몇 년 전에 교회에 나왔던 어떤 교인들은 이제 주의 전에 발도 들여놓지 않습니다. 헌금도 하는 일 없습니다. 관심도 보이지 않습니다. 그들이 구원을 받았을까요? 아니면 그들이 단지 교회에 참석만 하였을까요? 사람이 진정으로 구원을 받으면 확실히 하나님을 경배하고 싶은 어떤 욕구와 교회를 통하여 그분을 섬기고 싶은 무엇을 갖기 마련입니다.

그날 이른 아침에는 그 거지 맹인은 구걸하며 길가에 앉아 있었습니다. 이 세상의 빛을 보게 될 것이라는 희망 같은 것은 갖지 않았습니다. 영광의 문들을 보게 되리라는 희망도 없었습니다. 그때에 예수님께서 오셨습니다. 그것은 세상의 모든 것을 변하게 했습니다. 그의 밤은 낮으로 변했습니다. 그의 절망은 소망으로 바뀌었습니다. 그의 운명은 천국으로 변했습니다. 오, 예수님께서 우리를 만지실 때 얼마나 놀라운 변화가 일어납니까!

멀리 우루과이에서 한 어린 불구소년이 선교사에 의해 그리스도께 인도되었습니다. 그 애가 구원을 받은 후 성경을 읽으려고 노력하나 그 애의 어머니가 성경을 뺏어버리고 읽지 못하도록 금하곤 하였습니다. 자주 소년은 몰래 숲 속으로 들어가 기도하곤 했습니다. 소년은 자기 어머니의 구원에 마음을 기울였습니다. 몇 번이나 소년은 "오, 어머니, 꼭 해야 할 말이 있어요!"라고 말했습니다. 그러나 그녀는 아들을 욕하며 말을 못하게 했습니다. 3년이 지나갔습니다. 어느날 소년은 어머니에게 와서 "어머니, 저는 어머니와 꼭 이야기를 해야 만 하겠어요"라고 말했습니다. 그녀는 화를 바락 내며 사정없이 그 애를 두들겨서 저녁밥도 주지 않고 잠자리로 보냈습니다. 소년은 뜬 눈으로 누워 어머니를 위하여 울면서 기도하였습니다. 성령께서 그녀로 자기 방에서 죄를 자각하도록 역사하셨습니다. 새벽 4시에 그녀는 아들의 방에 들어가 말했습니다. "애야, 너를 때린 것이 매우 가책이 된다. 너 나를 용서해 주겠니?" "물론입니다. 어머니"하고 소년이 말했습니다. 그러자 어머니가 "그런데 애야, 나에게 무슨 이야기를 하고 싶으냐?"라고 말했습니다. 아침 이른 시간에 소년은 어머니에게 예수님과 그분의 사랑에 대한 아름답고 오랜 이야기를 들려주었으며 구주께서 그녀의 마음속에도 들어오셨습니다.

당신은 "전에 나는 맹인이었으나 이제 볼 수 있다"고 말할 수 있습니까? 그렇지 않다면 오늘 주님께 나오시지 않겠습니까? 당신이 이미 그분의 소유가 되셨다면 당신이 예수님과 함께 살아오는 것을 세상이 알 수 있도록 살지 않겠습니까?

제
19
장

선한 목자

"¹내가 진실로 진실로 너희에게 이르노니 문을 통하여 양의 우리에 들어가지 아니하고 다른 데로 넘어가는 자는 절도며 강도요 ²문으로 들어가는 이는 양의 목자라 ³ 문지기는 그를 위하여 문을 열고 양은 그의 음성을 듣나니 그가 자기 양의 이름을 각각 불러 인도하여 내느니라 ⁴ 자기 양을 다 내놓은 후에 앞서 가면 양들이 그의 음성을 아는 고로 따라오되 ⁵ 타인의 음성은 알지 못하는 고로 타인을 따르지 아니하고 도리어 도망하느니라 ⁶ 예수께서 이 비유로 그들에게 말씀하셨으나 그들은 그가 하신 말씀이 무엇인지 알지 못하니라 ⁷ 그러므로 예수께서 다시 이르시되 내가 진실로 진실로 너희에게 말하노니 나는 양의 문이라 ⁸ 나보다 먼저 온 자는 다 절도요 강도니 양들이 듣지 아니하였느니라 ⁹ 내가 문이니 누구든지 나로 말미암아 들어가면 구원을 받고 또는 들어가며 나오며 꼴을 얻으리라 ¹⁰ 도둑이 오는 것은 도둑질하고 죽이고 멸망시키려는 것뿐이요 내가 온 것은 양으로 생명을 얻게 하고 더 풍성히 얻게 하려는 것이라 ¹¹나는 선한 목자라 선한 목자는 양들을 위하여 목숨을 버리거니와 ¹²삯꾼은 목자가 아니요 양도 제 양이 아니라 이리가 오는 것을 보면 양을 버리고 달아나나니 이리가 양을 물어 가고 또 헤치느니라 ¹³ 달아나는 것은 그가 삯꾼인 까닭에 양을 돌보지 아니함이나 ¹⁴ 나는 선한 목자라 나는 내 양을 알고 양도 나를 아는 것이 ¹⁵ 아버지께서 나를 아시고 내가 아버지를 아는 것 같으니 나는 양을 위하여 목숨을 버리노라 ¹⁶ 또 이 우리에 들지 아니한 다른 양들이 내게 있어 내가 인도하여야 할 터이니 그들도 내 음성을 듣고 한 무리가 되어 한 목자에게 있으리라 ¹⁷ 내가 내 목숨을 버리는 것은 그것을 내가 다시 얻기 위함이니 이로 말미암아 아버지께서 나를 사랑하시느니라 ¹⁸ 이를 내게서 빼앗는 자가 있는 것이 아니라 내가 스스로 버리노라 나는 버릴 권세도

있고 다시 얻을 권세도 있으니 이 계명은 내 아버지에게서 받았노라 하시니라 [19]
이 말씀으로 말미암아 유대인 중에 다시 분쟁이 일어나니 [20] 그 중에 많은 사람이
말하되 그가 귀신 들려 미쳤거늘 어찌하여 그 말을 듣느냐 하며 [21]어떤 사람은 말
하되 이 말은 귀신 들린 자의 말이 아니라 귀신이 맹인의 눈을 뜨게 할 수 있느냐
하더라 [22]예루살렘에 수전절이 이르니 때는 겨울이라 [23] 예수께서 성전 안 솔로몬
행각에서 거니시니 [24] 유대인들이 에워싸고 이르되 당신이 언제까지나 우리 마음
을 의혹하게 하려 하나이까 그리스도이면 밝히 말씀하소서 하니 [25] 예수께서 대답
하시되 내가 너희에게 말하였으되 믿지 아니하는도다 내가 내 아버지의 이름으
로 행하는 일들이 나를 증거하는 것이거늘 [26] 너희가 내 양이 아니므로 믿지 아니
하는도다 [27] 내 양은 내 음성을 들으며 나는 그들을 알며 그들은 나를 따르느니라
[28] 내가 그들에게 영생을 주노니 영원히 멸망하지 아니할 것이요 또 그들을 내 손
에서 빼앗을 자가 없느니라 [29] 그들을 주신 내 아버지는 만물보다 크시매 아무도
아버지 손에서 빼앗을 수 없느니라 [30] 나와 아버지는 하나이니라 하신대 [31]유대인
들이 다시 돌을 들어 치려 하거늘 [32]예수께서 대답하시되 내가 아버지로 말미암아
여러 가지 선한 일로 너희에게 보였거늘 그 중에 어떤 일로 나를 돌로 치려 하느
냐 [33] 유대인들이 대답하되 선한 일로 말미암아 우리가 너를 돌로 치려는 것이 아
니라 신성모독으로 인함이니 네가 사람이 되어 자칭 하나님이라 함이로라 [34] 예수
께서 이르시되 너희 율법에 기록된 바 내가 너희를 신이라 하였노라 하지 아니하
였느냐 [35] 성경은 폐하지 못하나니 하나님의 말씀을 받은 사람들을 신이라 하셨거
든 [36] 하물며 아버지께서 거룩하게 하사 세상에 보내신 자가 나는 하나님의 아들
이라 하는 것으로 너희가 어찌 신성모독이라 하느냐 [37] 만일 내가 내 아버지의 일
을 행하지 아니하거든 나를 믿지 말려니와 [38] 내가 행하거든 나를 믿지 아니할지
라도 그 일은 믿으라 그러면 너희가 아버지께서 내 안에 계시고 내가 아버지 안
에 있음을 깨달아 알리라 하시니 [39] 그들이 다시 예수를 잡고자 하였으나 그 손에
서 벗어나 나가시니라 [40] 다시 요단 강 저편 요한이 처음으로 세례 베풀던 곳에 가
사 거기 거하시니 [41]많은 사람이 왔다가 말하되 요한은 아무 표적도 행하지 아니
하였으나 요한이 이 사람을 가리켜 말한 것은 다 참이라 하더라 [42]그리하여 거기
서 많은 사람이 예수를 믿으니라." — 요 10:1-42

예수님께서 사셨던 땅은 "목자들의 땅"이라고 곧잘 불리어져 왔습니다. 그
곳에 산 사람들의 역사를 돌이켜 볼 때에는 위대한 왕이 된 목동, 다윗을 생각하

지 않을 수 없습니다. 그가 한 목자로서 자기의 양 떼를 잘 돌봐 줌과 같이 주님께서 자기 백성의 목자가 되심을 어느 누구보다도 분명하게 깨달아 알고 있었습니다. 다윗이 이렇게 말하고 있는 것을 우리가 들을 수 있습니다. "여호와는 나의 목자시니 내게 부족함이 없으리로다 그가 나를 푸른 풀밭에 누이시며 쉴 만한 물 가로 인도하시는도다"(시 23:1).

오늘 요한복음 10장을 공부하면서 우리는 선한 목자이신 주 예수 그리스도를 얼굴을 맞대어 뵙게 될 것입니다. 본 장 전체를 통하여 주님께서는 자신을 자기의 양들을 사랑하는, 자기의 양들을 위하여 목숨까지 내주는, 자기의 양들을 구원하는, 자기의 양들을 영원히 지켜 주는 목자에 비유하시고 계십니다. 예, 예수님은 위대한 선한 목자이시며 그분을 신뢰하여 따르는 우리는 그분의 양들입니다.

우리가 본장을 공부하여 가면서 다음의 몇 가지 소주제들을 살피게 될 것입니다.

1. 선한 목자는 자기의 양들을 위하여 죽습니다.
2. 선한 목자는 자기의 양들을 구해 줍니다.
3. 선한 목자는 자기의 양들을 압니다.
4. 선한 목자는 자기의 양들을 보살핍니다.
5. 선한 목자는 자기의 양들을 부릅니다.
6. 선한 목자는 자기의 양들을 영원히 지킵니다.

1. 선한 목자는 자기의 양들을 위하여 죽습니다.

11절: "나는 선한 목자라 선한 목자는 양들을 위하여 목숨을 버리거니와."

15절: "… 나는 양을 위하여 목숨을 버리노라."

단순히 우리 인간 중의 어느 목자가 자기의 양들에게 매우 헌신적인 나머지 그것들을 위하여 죽을 것이라고 우리가 상상인들 할 수 있겠습니까? 상상도 할 수 없습니다. 그러나 그런 사랑을 보려거든 하나님의 사랑의 영역으로 넘어가면 됩니다. 갈보리라는 곳으로 가면 됩니다. 그곳에서 한 분이 자기 자신의 죄 때문에가 아니라 다른 사람들의 죄 때문에 죽고 있는 것을 볼 수 있습니다. 그리고 십자가 주위의 잡음과 소요 너머에서 "사람이 친구를 위하여 자기 목숨을 버리면 이에서 더 큰 사랑이 없느니라"는 말씀을 우리가 들을 수 있습니다.

본 장은 이리가 양떼를 뒤쫓아 올 때에 거짓 목자는 양떼를 버리고 달아난다고 우리에게 들려줍니다. 그는 양떼의 일을 마음에 두지 않습니다. 그러나 예수님은 그러하시지 않습니다. 사탄이 우리를 지옥으로 끌고 가려고 뒤쫓아 올 때에 선한 목자이신 예수 그리스도께서는 사탄이 우리를 움켜쥐기 전에 자기의 목숨을 내놓으십니다. 어떤 사람들은 그리스도께서 어떤 원리를 위하여 혹은 어떤 위대한 진리들을 위한 하나의 순교자로서 혹은 자기희생의 모본으로서 죽으셨다고 생각합니다. 아닙니다. 그분은 사람들을 위하여 잃어버린 사람들, 멸망할 운명의 사람들, 모든 사람들을 위하여 죽으셨습니다. "우리가 아직 죄인 되었을 때에 그리스도께서 우리를 위하여 죽으심으로…"(롬 5:8). 여기의 "그리스도께서 우리를 위하여 죽으심"이라는 말은 그분께서 우리의 유익을 위하여 죽으셨음을 뜻할 뿐 아니라 우리들 대신에 죽으셨음을 뜻합니다. 우리는 영원히 죽어야 하는 운명에 처해 있었으나 그분이 우리의 입장에 서서 죽으셨습니다. 우리가 영원히 살 수 있도록 그분이 죽으신 것입니다. 한 선교사가 어느 추장에게 십자가의 이야기를 읽어 주고 있었습니다. 그리스도께서 우리의 죄로 인해 어떻게 십자가 위에서 죽으셨는지를 설명했습니다. 늙은 추장은 그 이야기에 크게 감동되어 소리쳤습니다. "그분을 내리라! 그분을 십자가에서 내리라! 내가 거기에 달릴 사람이다." 늙은 추장이 옳았습니다. 우리의 죄 때문에 우리가 죽어야 합니다. 그러나 선한 목자의 사랑 때문에 우리 대신에 그분이 죽으셨습니다. 오, 하늘과 땅에 그와 같은 일은 아무것도 없습니다!

서부의 개척시대에 어떤 사람이 혼자서 곰의 공격을 받았습니다. 생사의 싸움이 벌어졌습니다. 그 사람은 차고 있던 긴 칼로 곰의 심장으로 찔러 넣었습니다. 그는 곰을 죽였습니다. 그러나 그는 너무 심한 상처를 받았기 때문에 살 수 없으리라는 것을 알았습니다. 그는 짧은 사연을 적어 그것을 옆에 남겼습니다. 사람들이 그의 시체를 발견하였을 때에 "곰이 나를 죽였다. 그러나 나도 그 곰을 죽였다"라고 적힌 메모를 읽었습니다. 오, 우리의 죄가 예수님을 죽이고 그분을 십자가에 못 박았으나 그분도 역시 우리의 적을 죽이셨습니다! 이제 지옥이 우리를 손도 댈 수 없습니다.

예수님은 18절에서 아무도 그분에게서 목숨을 빼앗아 갈 수 없으며 스스로 목숨을 내놓으신다고 말씀하십니다. 그 말씀이 얼마나 옳은 말씀이었습니까. 그분이 십자가로 끌려가실 때에도 모든 천군천사들을 불러 내 원수들을 당장 멸하실 수 있었습니다. 그러나 그분은 자신의 뜻에 의해 죽음으로 나아가셨습니다. 그러면 왜 그렇게 하셨습니까? 무슨 힘이 그분을 몰아붙였을까요? 분명히 그것은 우리의 가치는 아니었습니다. 우리들은 반역한 죄인들일 뿐이기 때문입니다. 그분께서 우리를 너무도 많이 사랑하셨기 때문에 십자가로 나아가셨습니다. 우리가 그분의 법을 어기고 그분의 계명들을 불순종한 후에도 그분께서 어떻게 우리를 사랑하실 수 있었는지는 저에게 묻지 마십시오. 저는 단지 그분이 끝없는 사랑으로 우리들을 사랑하신 것을 알고 하나님께 그것을 감사할 뿐입니다. 우리를 구원하시기 위하여 그분으로 자기 자신의 목숨을 내어주시게 한 것은 사랑이었습니다.

예, 선하신 목자는 죽으셨습니다. 그러나 그것이 이야기의 끝은 아닙니다. 그분께는 목숨을 버리실 권세도 있고 다시 얻으실 권세도 있다고 말씀하셨습니다. 그리고 그분은 그렇게 하셨습니다. 사망과 무덤의 결박을 깨뜨리시고 다시 살아나셨습니다. 그래서 지금 살아 계십니다. 우리들에게는 모든 권세를 지니신 분, 모든 죄에서 구원해 주실 수 있는 분, 모든 짐을 능히 감당할 수 있도록 우리를 도우시는 분, 우리의 나그네 길이 끝나면 영광의 본향으로 우리를 인도하실 분, 곧 살아 계신 구주가 계십니다.

2. 선한 목자는 자기의 양들을 구해 줍니다.

9절 — "내가 문이니 누구든지 나로 말미암아 들어가면 구원을 받고." 어떻게 하면 사람이 하나님의 양우리 속으로 들어갈 수 있습니까? 세례를 받았다 하여 들어갈 수는 없습니다. 물이 사람을 결코 구원할 수 없기 때문입니다. 구원은 내면적 일인 반면에 세례는 외면적입니다. 세례는 순종의 한 행위입니다. 출생권에 의해서도 그 우리에 들어갈 수 없습니다. 어떤 교회들은 부모들이 교인들이라 하여 그 자녀들을 교인으로 인정합니다. 예수님을 믿는 부모를 갖는 것은 복된 일입니다만 그것이 어린이를 구원하기에 충분한 것은 아닙니다. 문제는 각 영혼과 하나님 사이에 있습니다. 각 사람은 자기 자신에 관하여 하나님 앞에서 책임을 져야 합니다. 기독교 신앙을 가진 부모를 가졌다 할지라도 "사람이 거듭나지 아니하면 하나님 나라를 볼 수 없습니다."

교회의 한 교인이 된 것으로 그 우리에 들어갈 수 없습니다. 사람이 보이시지 않는 그리스도를 믿음으로 구원 받은 후에야 보이는 교회에서 공적 신앙고백을 할 권리가 생기는 것입니다. 마음속에 그리스도를 모시고 있지 않으면 교회의 교인이 되는 것은 아무 쓸모없습니다. 선행을 통하여서도 하나님의 우리에 들어갈 수 없습니다. 세상의 수많은 사람들이 하나님의 인정을 얻으려고 노력하고 있습니다. 그들의 선행과 지칠 줄 모르는 봉사와 천부적 재질들을 통하여 천국에의 입장권을 획득하려고 그들은 힘쓰고 있습니다. 그러나 그것은 하나님과 천국에 가는 길이 못됩니다. 그 나라에 갈 수 있는 길은 살 수 없습니다. 천국은 파는 것이 아니니까요. 당신이 구원을 위하여 일하여 심판의 법정에 이르러서는 "주여, 저는 주를 위하여 큰일들을 많이 행하였습니다"라고 말할지 모릅니다. 그러나 그것이 당신이 내놓을 수 있는 전부라면 "내게서 떠나가라. 내가 너를 도무지 알지 못한다"고 주님께서 당신에게 말씀하시는 것을 듣게 될 것입니다.

하나님의 우리 속으로 들어갈 수 있는 꼭 한 가지 방법이 있습니다. 예수님께서는 "나는 문이다"라고 말씀하셨습니다. 당신은 그분을 통하여서 들어가야 합니다. 다른 길은 없습니다. 당신은 회개와 신앙으로 십자가 밑으로 와야 합니다. 당신은 예수님을, 구원을 위하여 그분만을 바라봐야 합니다. "세계의 끝에 사는 너희여 나를 바라보고 모두 구원을 받으라"고 그분께서 말씀하셨습니다.

> "나 십자가의 길을 통해 본향에 가야 하네
> 이 외에 다른 길 없으니
> 불빛 비치는 문 어디서도 찾지 못하리라
> 십자가의 그 길 놓친다면."

문은 담벼락과 가장 대조적입니다. 담벼락을 기어오르는 것은 어려운 일입니다. 문을 통하여 들어가는 것은 쉽습니다. 하나님께 이르고자 하는 사람은 누구든지 기어오를 필요가 없습니다. 몇 발자국만 내딛으면 됩니다. "내게 오는 자는 내가 결코 내쫓지 아니하리라"는 성경 본문으로 한 설교자가 설교를 했습니다. 예배가 끝난 후에 어느 젊은 여자가 그에게 이렇게 말했습니다.

"제가 해야 하는 것은 그저 그리스도를 통하여 하나님께 오는 것 그것뿐입니까? 이 모습 그대로 — 지금 즉시 그저 오기만 하면 됩니까?"

"예"라고 그 전도자가 대답했습니다. 그 젊은 여자는 무릎을 꿇고 "주여, 제가 옵니다. 저를 받아 주신다는 주님의 약속을 믿습니다." 구원의 즐거움이 그녀의 영혼에 넘쳤으며 후에 이렇게 말했습니다. "그 방법이 그렇게 간단한지를 몰라 나는 수 년을 고심했었습니다. 우리가 그리스도를 통하여 하나님께 오기만 하면 된다는 것을 몰랐습니다."

제가 만일 캘리포니아에 가려고 한다며 뉴욕으로 향하는 기차를 타지 않을 것입니다. 바른 차편을 골라 탈 것입니다. 하나님께 길은 오직 하나 뿐입니다. 그리스도께서 그 길이십니다. 또한 기억하십시오. 그분이 유일한 길이신 것을 노아의 방주 안으로 들어가는 문은 하나뿐이었습니다. 노아와 그의 가족들이 안으로 들어가지 않았다면 홍수에 목숨을 잃고 말았을 것입니다. 하나님의 우리 안으로 들어가는 문도 오직 하나 뿐이며 그 문은 예수 그리스도이십니다. "다른 이로써는 구원을 받을 수 없나니 천하 사람 중에 구원을 받을 만한 다른 이름을 우리에게 주신 일이 없음이라"(행 4:12). "예수께서 이르시되 내가 곧 길이요 진리요 생명이니 나로 말미암지 않고는 아버지께로 올 자가 없느니라"(요 14:6).

당신은 그 문을, 그 유일한 문을 통해 들어오셨습니까? 문이란 보거나 칭찬되어질 것이 아니라 이용되어져야 합니다. 당신은 이 문을 두드릴 필요도 없습니다. 자기의 죄에 등을 돌리고 걸어 들어가고자 하는 어느 누구에게든지 그 문이 열려져 있을 테니까요. 오, 그리고 그 문 안쪽에서는 얼마나 경이로운 일들이 당신을 기다리고 있습니까. "그리스도는 나의 구주이시라"고 당신은 말할 수 있습니까? "나의"라는 말은 아름다운 관계를 표현해 주고 있습니다. "나의 누이"라는 말은 그녀를 다른 모든 소녀들로부터 구별하여 놓습니다. "나의 어머니"라는 말이 그녀를 다른 모든 여자들로부터 구별하여 놓습니다. "나의 형제"라는 말은 놀라운 어구입니다. "나의 아이"라는 말은 오, 그 어구 안에 꿈결 같은 사랑스러움을 감싸고 있습니다. 그러나 "나의 구주"라고 말할 수 있는 것은 모든 것 중에서 가장 아름다운 최고의 표현입니다. 그분이 당신의 구주이십니까?

3. 선한 목자는 자기의 양들을 압니다.

14절 : "내가 내 양을 알고." 그것은 놀라운 진리가 아닙니까? 그분께는 수많은 양들이 딸려 있습니다만 그분은 그들 하나하나에 대하여 모든 것을 알고 계십니다. 그분은 우리의 시련과 유혹을 알고 계십니다. 그분은 우리의 연약을 알고 계십니다. 우리의 슬픔을 알고 계십니다. 그분은 매일의 우리의 필요를 알고 계십니다. 만약 미국의 대통령이 우리에 관하여 말하기를 "나는 그를 알고 있소.

그는 나의 친구이지요" 할 수 있다면 그것은 놀라운 일일 것입니다. 그러나 예수님께서 "내가 그를 알고 있다. 그는 내게 속해 있는 한 사람이다"라고 말씀하실 수 있는 것은 무한히 더 놀라운 일입니다. 제가 시무하던 교회의 교인이던 한 사람을 만나러 몇 년 전에 주물 공장에 갔습니다. 그의 이름을 대면서 사무실에서 그 사람에 대하여 물었습니다. 그들은 고용인들을 이름으로 아는 것이 아니라 단지 번호로만 알고 있을 뿐이라고 저에게 이야기 했습니다. 그는 수년 동안을 거기에서 일했으나 그들에게는 장부에 적힌 하나의 번호에 불과했습니다. 우리가 그리스도에게 있어서 그 이상인 것을 하나님께 감사합니다. 우리는 그분의 우리 안에 있는 양들입니다. 그분은 우리들을 이름으로 아시며 자기의 눈동자로서 우리들을 사랑하십니다.

4. 선한 목자는 자기의 양들을 보살핍니다.

우리는 이야기의 전체를 통하여 이 사실을 발견할 수 있습니다. 이것은 보호를 의미합니다. 그리스도 당시에는 양을 목축하는 대부분의 땅이 이리와 다른 야수들이 배회하는 황야와 바로 인접해 있었습니다. 양들은 보호가 필요했습니다. 목자는 정신을 차려 자기 양들을 지키며 해외 위험으로부터 안전하게 보호했습니다. 조지 아담스 스미스 경이 팔레스타인으로 여행했습니다. 어느 날 그가 한 사람의 목자와 그의 양떼를 만났습니다. 그 목자와 깊은 대화를 나누게 되었습니다. 그 사람은 밤에 양들을 보호하고 있는 양우리를 그에게 보여 주었습니다. 그 양 우리는 4개의 담벼락과 한 군데의 터져 있는 곳으로 구성되어 있었습니다. 조지 경이 그에게 "양들이 저기에서 밤에 안전합니까?"라고 물었습니다. "예"라고 목자가 대답했습니다. "그러나 문이 없습니다. 내가 문입니다. 양들을 안에 넣고 불을 끄면 나는 저 터져 있는 곳에 눕습니다. 내 몸을 넘어가지 않고는 아무 양도 나갈 수 없으며 이리 같은 야수도 내 몸을 넘지 않고는 들어갈 수 없습니다." 우리도 그와 같은 보호를 받고 있습니다. 예수님께서 우리들과 모든 세상의 사이에 서서서 "내가 너를 결코 떠나지 아니하며 너를 버리지 않겠다"고 말씀하십니다. 주님께서 우리들을 돌보시고 계신 것을 우리가 아는 한, 마음에 평안을 갖고 우리가 살 수 있습니다. 그분은 우리들과 과거의 모든 쓰라린 상처, 현재의 모든 위험, 미래의 모든 두려움 등과 사이에 서 계십니다.

이것은 또한 특권을 의미합니다. 그리스도인은 참으로 자유롭습니다. 그는

죄의 차꼬에 매어 있지 않습니다. 그리스도 안에는 세상과 죄에서 발견될 수 없
는 자유가 있습니다. 주정뱅이와 노름꾼과 방탕자를 보십시오. 그들은 자유롭지
않습니다. 그들은 노예들입니다. 그리스도인은 과연 자유롭습니다.

이것은 또한 필요한 것들을 공급해 주는 것을 의미합니다. 목자는 양떼가
좋은 풀밭과 풍성한 꼴을 얻도록 하여 줍니다. 여러분은 가뭄으로 말라붙은 목
초지에서 풀을 찾느라 허덕이는 가축들을 본 적이 있지요? 그것이 그리스도 없
는 인생의 모습입니다. 그러나 당신이 그분을 안다면 그분이 당신을 푸른 초장
과 잔잔한 물가로 인도하여 주실 것입니다.

5. 목자는 자기 양들을 부릅니다.

27절 — "내 양은 내 음성을 들으며 나는 그들을 알며 그들은 나를 따르느니
라."

5절 — "타인의 음성은 알지 못하는 고로 타인을 따르지 아니하고 도리어 도
망하느니라."

성지의 한 여행자가 어느 날 물 먹이는 장소에 멈추어 구경하던 일을 이야
기 합니다. 그는 세 명의 목자들이 전부 합쳐 100마리쯤 되는 양떼들을 데리고
물로 내려가는 것을 보았습니다. 곧 세 떼의 양들은 섞여졌습니다. 외부에서 온
다른 사람은 어느 양이 어느 목자에 속하는지 도저히 구별할 수 없었습니다. 그
러나 이윽고 한 목자가 약간 걸어 나가 불렀습니다. 그의 양떼는 저마다 다른 양
들로부터 빠져 나와 그를 따랐습니다. 양들은 자기들의 목자의 음성을 따랐으나
다른 사람은 따르려 하지 않았습니다. 진정한 그리스도인도 그와 같습니다. 그
는 주님의 음성과 세상의 음성 간의 차이를 알고 있습니다. 그는 세상에 등을 돌
리고 그리스도를 따릅니다.

양은 어떤 점에서는 우둔합니다. 그러나 양은 한 가지를 알고 있습니다. 목
자의 음성을 압니다. 그와 같이 우리 그리스도인들도 마땅히 갖추고 있어야 할
모든 것을 갖추고 있지 못할지라도 우리가 거듭났다면 주님의 음성과 진리를 알
아차립니다. 세상에 속한 사람으로 하여금, 하나는 참된 복음을 전하고 다른 하
나는 잘못된 것을 전하는 두 설교자의 메시지를 듣게 하여 보십시오. 두 설교자
간의 차이를 그가 식별할 수 없습니다. 그러나 성경을 부지런히 공부하는 하나
님의 자녀는 듣는 즉시 이단을 찾아낼 수 있습니다. 성령께서 그에게 참과 거짓

을 구별할 수 있는 능력을 주십니다.

왜 양들이 자기 목자의 음성을 알아들을 수 있다고 생각하십니까? 양들은 태어난 때부터 목자와 가까이 지내왔습니다. 그들은 그의 음성에 매우 친숙해져 있기 때문에 그의 음성을 다른 모든 음성들로부터 분별할 수 있습니다. 오, 우리가 거듭나는 날로부터 구주와 가까이 산다면 결코 이 세상의 음성을 잘못 듣고 악한 길에서 방황하지 않을 것입니다.

6. 선한 목자는 자기의 양들을 영원히 지킵니다.

이것은 성경에서 가장 위대한 진리들 중의 하나입니다. 어떤 사람들은 우리가 오늘 구원 받고 내일 다시 잃어질 수 있다고 생각합니다. 그들은 그리스도께서 오늘 우리를 구하셨으나 사탄이 내일 우리들을 주님으로부터 뺏어갈 수 있다고 생각합니다. 그러나 요한복음 10장 28~29절을 들어보십시오 ― "내가 그들에게 영생을 주노니 영원히 멸망하지 아니할 것이요 또 그들을 내 손에서 빼앗을 자가 없느니라 그들을 주신 내 아버지는 만물보다 크시매 아무도 아버지 손에서 빼앗을 수 없느니라."

예수님께서 여기에서 말씀하시고 계신 바를 여러분은 이해하십니까? 그분께서 자기의 손을 믿는 자 위에 펴셔서 그를 영원토록 안전하게 해 주신다고 말씀하시고 계십니다. 그러나 그것이 전부가 아닙니다. 그러나 또 하나님께서 자기의 전능하신 손을 그리스도와 믿는 자 위에 펴십니다. 그러면 실로 온 세상의 어떠한 힘도 연약한 믿는 자를 그의 구주 예수 그리스도로부터 취하여 갈 수 없습니다. 우리들 자신의 노력에 의하여 우리가 구원 받아 보호되는 것이 아닌 것을 하나님께 감사하지 않을 수 없습니다. 우리의 영원한 안전이 우리들 자신에 의존되어 있는 것이 아니라 예수님께 의존되어 있습니다.

"견고한 반석, 그리스도 위에 내가 서니,
다른 모든 터는 무너지는 모래일 뿐."

요한복음 10장 28~29절을 하나님의 자녀의 절대 안전을 보장하는 가장 강력한 성경구절입니다. 아더 핑크는 우리들을 하나님께 결속시키는 끈에는 일곱 가닥이 있다고 말합니다.

⑴ 우리는 그리스도의 양들입니다.

그분은 그분 자신의 것들을 돌보실 것이며 마귀로 하여금 그들을 취하도록 허용하시지 않습니다.

⑵ 양들은 그리스도를 따릅니다.

그들은 천국에 이를 것입니다. 거기가 그분이 계신 곳이기 때문입니다.

⑶ 그분은 자기의 양들에게 영생을 주십니다.

영원한 것은 어떤 것이든 결코 끝이 없습니다.

⑷ 영생이 그들에게 주어집니다.

영생을 얻기 위해 그리스도를 그들의 구주로서 영접하는 것 외에 그들이 아무것도 없습니다. 한번 영생을 얻으면 그것을 잃을 수 없습니다.

⑸ 그들이 결코 멸망하지 않으리라고 예수님께서 말씀하십니다.

하나님의 자녀가 지옥에 갈 수 있다고 우리가 말한다면 우리가 예수님을 거짓말쟁이로 부르고 있는 셈입니다.

⑹ 예수님은 아무것도 그분의 손에서 그들을 빼앗아 갈 수 없다고 말씀하십니다.

마귀가 그리스도인을 괴롭힐지는 모릅니다만 그를 사로잡을 수는 없습니다.

⑺ 예수님은 아무것도 하나님의 손에서 그들을 빼앗아 갈 수 없다고 말씀하십니다.

그리스도인이 다시 잃어질 수 있다고 우리가 말한다면 하나님보다 더 강한 어떤 힘이 존재한다고 우리가 말하고 있는 셈입니다. 말할 것도 없이 그것은 틀립니다.

그러므로 오늘, 우리들을 위하여 죽으셨으며 우리들을 구원하시고 우리를 돌보시며 나그네 길이 끝날 때 본향으로 데려가실 목자 되시는 구주를 소유한 것을 기뻐합시다.

바다 건너 스코틀랜드에서 한 소녀가 집을 나와 방황하며 죄와 수치의 생활로 빠져들었습니다. 도시에서 어느 날 밤 그녀는 자살을 하기로 마음먹었으나 죽기 전에 한 번 더 가서 자기가 태어나고 어린 시절을 보낸 자기 집을 봐야겠다고 결정했습니다. 그녀가 그녀의 집에 도착하였을 때는 한밤중이었습니다. 대문에 걸린 빗장을 들어 올리고 집에 이르는 통로를 걸어갔습니다. 밤은 그녀가 항상 사랑했던 옛 모습 그대로의 꽃들의 향기로 자욱했습니다. 그녀가 문에 이르러서 그것이 열려 있는 것을 보고 깜짝 놀랐습니다. 어떤 재난이 늙으신 어머니에게 미쳤는가 하여 버럭 겁이 나 그녀는,

"어머니, 문이 열려있어요"라고 소리쳤습니다. 어머니가 일어나 문간으로 와서 말했습니다.

"매기야, 네가 나간 지 오랜 세월이 흘렀구나, 그러나 내 마음속에 항상 끊이지 않는 기도는 주님께서 너를 집으로 보내 주시기를 비는 것이었다. 나는 혼자서 이렇게 생각했다. 그 애가 낮에 오건 밤에 오건, 문이 열려 있는 것을 보고 자기를 기다리고 있는 것을 그 애가 알도록 해야겠다 하고 말이야."

그날 밤 그 소녀는 포옹하는 어머니의 따뜻한 품속에서 용서와 새 삶을 껴안았습니다.

하나의 다른 문이 항상 열려 있습니다 — 하나님께로 들어가는 문입니다. 다른 한 사람의 팔이 항상 내밀어져 있습니다 — 예수님의 팔입니다. 선하신 목자께로 와서 그분으로 하여금 풍성한 삶과 영원한 생명을 당신에게 주시도록 하십시오.

제
20
장

—

"나는 부활이요 생명이니"

—

[1]어떤 병자가 있으니 이는 마리아와 그 자매 마르다의 마을 베다니에 사는 나사로라 [2]이 마리아는 향유를 주께 붓고 머리털로 주의 발을 닦던 자요 병든 나사로는 그의 오라버니더라 [3] 이에 그 누이들이 예수께 사람을 보내어 이르되 주여 보시옵소서 사랑하시는 자가 병들었나이다 하니 [4] 예수께서 들으시고 이르시되 이 병은 죽을 병이 아니라 하나님의 영광을 위함이요 하나님의 아들이 이로 말미암아 영광을 받게 하려 함이라 하시더라 [5] 예수께서 본래 마르다와 그 동생과 나사로를 사랑하시더니 [6] 나사로가 병들었다 함을 들으시고 그 계시던 곳에 이틀을 더 유하시고 [7] 그 후에 제자들에게 이르시되 유대로 다시 가자 하시니 [8] 제자들이 말하되 랍비여 방금도 유대인들이 돌로 치려 하였는데 또 그리로 가시려 하나이까 [9] 예수께서 대답하시되 낮이 열두 시간이 아니냐 사람이 낮에 다니면 이 세상의 빛을 보므로 실족하지 아니하고 [10] 밤에 다니면 빛이 그 사람 안에 없는 고로 실족하느니라 [11]이 말씀을 하신 후에 또 이르시되 우리 친구 나사로가 잠들었도다 그러나 내가 깨우러 가노라 [12]제자들이 이르되 주여 잠들었으면 낫겠나이다 하더라 [13] 예수는 그의 죽음을 가리켜 말씀하신 것이나 그들은 잠들어 쉬는 것을 가리켜 말씀하심인 줄 생각하는지라 [14] 이에 예수께서 밝히 이르시되 나사로가 죽었느니라 [15] 내가 거기 있지 아니한 것을 너희를 위하여 기뻐하노니 이는 너희로 믿게 하려 함이라 그러나 그에게로 가자 하시니 [16] 디두모라고도 하는 도마가 다른 제자들에게 말하되 우리도 주와 함께 죽으러 가자 하니라 [17] 예수께서 와서 보시니 나사로가 무덤에 있은 지 이미 나흘이라 [18] 베다니는 예루살렘에서 가깝기가 한 오 리쯤 되매 [19] 많은 유대인이 마르다와 마리아에게 그 오라비의 일로 위문하러 왔더니 [20] 마르다는 예수께서 오신다는 말을 듣고 곧 나가 맞이하되 마리아는 집에 앉았더

라 ²¹마르다가 예수께 여짜오되 주께서 여기 계셨더라면 내 오라버니가 죽지 아니하였겠나이다 ²²그러나 나는 이제라도 주께서 무엇이든지 하나님께 구하시는 것을 하나님이 주실 줄을 아나이다 ²³ 예수께서 이르시되 네 오라비가 다시 살아나리라 ²⁴ 마르다가 이르되 마지막 날 부활 때에는 다시 살아날 줄을 내가 아나이다 ²⁵ 예수께서 이르시되 나는 부활이요 생명이니 나를 믿는 자는 죽어도 살겠고 ²⁶ 무릇 살아서 나를 믿는 자는 영원히 죽지 아니하리니 이것을 네가 믿느냐 ²⁷ 이르되 주여 그러하외다 주는 그리스도시요 세상에 오시는 하나님의 아들이신 줄 내가 믿나이다 ²⁸ 이 말을 하고 돌아가서 가만히 그 자매 마리아를 불러 말하되 선생님이 오셔서 너를 부르신다 하니 ²⁹ 마리아가 이 말을 듣고 급히 일어나 예수께 나아가매 ³⁰ 예수는 아직 마을로 들어오지 아니하시고 마르다가 맞이했던 곳에 그대로 계시더라 ³¹마리아와 함께 집에 있어 위로하던 유대인들은 그가 급히 일어나 나가는 것을 보고 곡하러 무덤에 가는 줄로 생각하고 따라가더니 ³²마리아가 예수 계신 곳에 가서 뵈옵고 그 발 앞에 엎드리어 이르되 주께서 여기 계셨더라면 내 오라버니가 죽지 아니하였겠나이다 하더라 ³³ 예수께서 그가 우는 것과 또 함께 온 유대인들이 우는 것을 보시고 심령에 비통히 여기시고 불쌍히 여기사 ³⁴ 이르시되 그를 어디 두었느냐 이르되 주여 와서 보옵소서 하니 ³⁵ 예수께서 눈물을 흘리시더라 ³⁶ 이에 유대인들이 말하되 보라 그를 얼마나 사랑하셨는가 하며 ³⁷ 그 중 어떤 이는 말하되 맹인의 눈을 뜨게 한 이 사람이 그 사람은 죽지 않게 할 수 없었더냐 하더라 ³⁸ 이에 예수께서 다시 속으로 비통히 여기시며 무덤에 가시니 무덤이 굴이라 돌로 막았거늘 ³⁹ 예수께서 이르시되 돌을 옮겨 놓으라 하시니 그 죽은 자의 누이 마르다가 이르되 주여 죽은 지가 나흘이 되었으매 벌써 냄새가 나나이다 ⁴⁰ 예수께서 이르시되 내 말이 네가 믿으면 하나님의 영광을 보리라 하지 아니하였느냐 하시니 ⁴¹돌을 옮겨 놓으니 예수께서 눈을 들어 우러러 보시고 이르시되 아버지여 내 말을 들으신 것을 감사하나이다 ⁴²항상 내 말을 들으시는 줄을 내가 알았나이다 그러나 이 말씀 하옵는 것은 둘러선 무리를 위함이니 곧 아버지께서 나를 보내신 것을 그들로 믿게 하려 함이니이다 ⁴³ 이 말씀을 하시고 큰 소리로 나사로야 나오라 부르시니 ⁴⁴ 죽은 자가 수족을 베로 동인 채로 나오는데 그 얼굴은 수건에 싸였더라 예수께서 이르시되 풀어 놓아 다니게 하라 하시니라 ⁴⁵ 마리아에게 와서 예수께서 하신 일을 본 많은 유대인이 그를 믿었으나 ⁴⁶ 그 중에 어떤 자는 바리새인들에게 가서 예수께서 하신 일을 알리니라 ⁴⁷ 이에 대제사장들과 바리새인들이 공회를 모으고 이르되 이 사람이 많은 표적을 행하니 우리가 어떻게 하겠느냐 ⁴⁸ 만일 그를 이대로 두면 모든 사람이 그를 믿을 것이요 그리고 로마인들이 와서 우리 땅과 민족을 빼앗아 가리라 하니 [49] 그 중의 한 사람 그 해의 대제사장인 가야바가 그들에게 말하되 너희가 아무 것도 알지 못하는도 다 [50] 한 사람이 백성을 위하여 죽어서 온 민족이 망하지 않게 되는 것이 너희에게 유익한 줄을 생각하지 아니하는도다 하였으니 [51] 이 말은 스스로 함이 아니요 그 해의 대제사장이므로 예수께서 그 민족을 위하시고 [52] 또 그 민족만 위할 뿐 아니 라 흩어진 하나님의 자녀를 모아 하나가 되게 하기 위하여 죽으실 것을 미리 말 함이러라 [53] 이 날부터는 그들이 예수를 죽이려고 모의하니라 [54] 그러므로 예수께 서 다시 유대인 가운데 드러나게 다니지 아니하시고 거기를 떠나 빈 들 가까운 곳인 에브라임이라는 동네에 가서 제자들과 함께 거기 머무르시니라 [55] 유대인의 유월절이 가까우매 많은 사람이 자기를 성결하게 하기 위하여 유월절 전에 시골 에서 예루살렘으로 올라갔더니 [56] 그들이 예수를 찾으며 성전에 서서 서로 말하되 너희 생각에는 어떠하냐 그가 명절에 오지 아니하겠느냐 하니 [57] 이는 대제사장들 과 바리새인들이 누구든지 예수 있는 곳을 알거든 신고하여 잡게 하라 명령하였 음이러라." — 요 11:1-57

요한복음 연구의 앞부분에 예수님께서 물을 포도주로 변하게 하신 첫 기적 을 행하시는 것을 우리가 지켜보았습니다. 우리가 그분을 따라 이어지는 장(章) 들을 지나오면서 그분께서 다른 기적들을 행하시는 것을 보아왔습니다. 38년 동 안 절망적인 불구였던 사람을 고치셨습니다. 몇 개의 떡덩이와 물고기 토막으로 수천 명의 사람들을 배불리 먹이셨습니다. 나면서부터 맹인인 사람을 고쳐 보게 하여 주셨습니다. 이것들은 요한복음에 기록되어 있는 기적들입니다.

다른 기적들도 다른 세 복음서에 많이 기록되어 있습니다만 어느 복음서에 도 기록되지 않은 기적들이 물론 많이 있었습니다. 예수님께서 행하신 모든 일 들이 낱낱이 다 기록된다면 이 세상이라도 이 기록된 책을 두기에 부족할 것이 라고 요한은 말합니다. 그러나 우리가 요한복음 제11장에 이르러서는 모든 것 중에서 가장 위대한 기적 — 나사로를 죽은 데에서 살려 일으키시는 기적을 목 도하게 됩니다. 주님께서 야이로의 딸을 살리신 것은 사실입니다만 그녀가 방금 죽었었습니다. 그분이 과부의 아들을 일으키신 것도 사실입니다만 그가 묻어지 기 까지는 아니했었습니다.

나사로는 죽은 지 나흘이 되어 매장되어 있었습니다. 그런데도 예수님은 여러분과 제가 그분의 이름을 말할 수 있는 거와 같이 쉽게 그를 일으켜 살리셨습니다. 우리는 이 기적에서 그리스도의 무한한 능력에 대한 가장 큰 증거를 봅니다. 머지않아 그분이 십자가 위에 못 박히실 것입니다만 그분이 하나님의 아들이시라는 틀림없는 증거로써 적들에게 맞서신 후에야 그렇게 하실 것입니다.

이 이야기에서 우리는 그리스도의 인격의 양면성을 봅니다. 그분은 하나님이셨으며 그러면서도 그분은 사람이셨습니다. 그분은 인성을 지니시고 계셨는데도 또한 신성을 소유하시고 계셨습니다. 한 인간으로서 그분이 친구의 죽음을 보고 우시고 계시는 것을 우리가 봅니다. 하나님으로서 그분은 자기의 친구를 죽음에서 일으키셨습니다. 하나님의 아들이심과 동시에 사람의 아들이시며 위대하시고 자애하시며 동정이 넘치시는 구주 예수님과 같은 분은 없었습니다.

본 장에서 다음의 네 소제목을 따라 공부를 진행해야겠습니다.

1. 질병
2. 슬픔
3. 구주
4. 음모자들

1. 질병

막이 열리면 베다니의 경건한 한 가정을 들여다보게 됩니다. 이 작은 읍은 예루살렘에서 2마일쯤 떨어져 있습니다. 저는 베다니라는 이름만 들어도 아름다움을 느낄 수 있습니다. 예수님께서 사랑하신 세 사람 — 마리아와 마르다와 그들의 오라비인 나사로가 거기에 살았습니다. 주님께서는 고된 하루의 일과를 마치신 후에 거기에 가서서 휴식을 취하시면서 이 친구들과 아름다운 교제를 나누시는 것을 아주 귀하게 여기셨습니다.

예수님께서 여러분의 도시에 오신다면 여러분의 가정으로 들어가시고 싶어하실지 의아스럽습니다. 주님을 손님으로 모시려면 먼저 집 청소를 해야 할 사람들이 있을 것입니다. 주님께서 우리들 집에 들어오셔서 위스키 병을 발견하신데도 우리 마음이 평안할까요? — 혹은 카드나 외설적 책들을 발견하신다면? 그분이 먼지 낀 당신의 성경을 발견하시지 않으실까요? 합당하지 못한 대화를 그분이 듣게 되시지는 않으실까요? 그분께 바치지 않고 빼돌린 십일조로 사 놓은 이 세상의 안락과 편의로 당신의 집이 가득 차 있는 것을 주님께서 발견하시지는 않으실까요? 예수님께서 우리들의 집에서 편안함을 느끼실까요? 집에 들어오시는 그분을 맞고 우리가 당혹과 낭패를 느끼지는 않을까요? 베다니의 그 집은 정말 좋은 가정이었으며 주님께서 거기 가시기 좋아하셨습니다.

예수님께서 전도여행으로 멀리 떨어져 계시는 동안 나사로가 병이 들었습니다. 그는 두 사람의 훌륭한 누이들이 있었지만 그들도 그의 병을 어쩌지 못했습니다. 질병은 사람들의 일반적 경험입니다. 오늘날에는 질병이란 인간의 마음의 고장에서 생기는 것이라고 말하는 사람들이 있습니다. 그러나 이 사람의 마음은 병들어 있지 않았습니다. 병든 곳은 그의 육체였습니다. 구약성경에서 욥이라는 한 의인이 발견되는데 그는 지긋지긋한 병으로 괴로움을 당하고 있었습니다. 세 친구가 그를 보러 찾아왔으나 그는 그들을 "번뇌하게 하는 안위자"라고 불렀습니다. 그들의 각 사람은 욥이 죄를 지었기 때문에 병들게 되었음을 입증하려고 애썼습니다. 모든 질병이 죄의 결과라고 말할 권리가 우리에게 없습니다. 세상에서 가장 훌륭한 그리스도인들 중에 병자들도 있었습니다. 가장 사악한 사람들 중의 어떤 자들은 굉장한 건강을 누렸습니다. 물론 우리는 원래 질병은, 다른 모든 나쁜 일들처럼, 죄로 인해 세상에 들어왔음을 알고 있습니다. 아담과 하와가 범죄하기까지는 질병이 없었습니다. 천국에는 질병과 고통과 슬픔이 없을 것입니다.

질병은 그렇게 변장된 축복일 때가 종종 있습니다. 자기의 서약을 망각하여 버린 한 그리스도인이 있다 합시다. 그는 다시 타락한 생활을 하며 세상이 그를 손아귀에 쥐고 있습니다. 그럴 때에 하나님께서 그를 질병의 침대 위에 눕히십니다. 이제 그가 볼 수 있는 방향은 하나뿐입니다. 위로 보는 것입니다. 세상이 모두 닫힌 병실의 고요 속에서 그는 하나님의 얼굴을 쳐다봅니다. 그는 자신이 하나님 앞에 있는 것을 발견하고 용서해 주시기를 하나님께 부르짖습니다. 그가 다시 온전하게 되면 더 나은 삶을 살겠다고 하나님께 약속합니다. 우리는 곧 그가 하나님의 집으로 돌아와서 올바르게 그분을 섬기고 있는 것을 보게 됩니다.

처음에는 그 병이 지독스러워 보이나 후에는 그를 다시 주님의 곁으로 잡아이끈 병을 인하여 하나님께 감사합니다. 그러므로 질병이 우리의 유익을 위하여 종종 보내어지는 것을 알아야 합니다. 질병은 우리의 애정을 세상으로부터 신령한 것으로 끄는 경향이 있습니다. 그것은 우리들을 우리의 성경에로 보내는 경우가 많습니다. 저는 성경을 전혀 읽지 않는 사람들을 보아왔는데, 그러나 병에 걸릴 때에는 그들이 매일 성경 읽는 습관을 붙이는 것이었습니다. 질병은 또한 신앙의 가치를 우리에게 보여 주기도 합니다. 그것은 하나님께서 우리의 기도를 들으시고 그분의 능력을 보여 주실 기회가 됩니다. 그리고 그것은 우리가 항상 살아 있을 것이 아니라 언젠가는 끝내 일어나지 못할 병으로 몸져 눕게 될 것을 우리에게 일깨워 주기도 합니다. 죽음이라는 대모험을 위하여 우리가 준비하고 있지 않으면 안 됩니다.

나사로가 병들었을 때에 그 자매들은 어떻게 하였습니까? 그들은 예수님을 부르러 보냈습니다. 모든 그리스도인이 어려움을 당할 때에 이렇게 해야 합니다. 우리는 기도를 통하여 바로 이렇게 할 수 있습니다. 역경이 닥쳐오면 제일 먼저 하나님께 부르짖어야 합니다. 우리가 의사와 의약이 있는 것을 하나님께 감사하지만, 그분의 손 안에 있는 도구에 불과합니다. 우리가 참으로 필요로 하는 것은 바로 주님이십니다.

어느 날 밤 어린 소년이 천둥과 번개로 질겁하였습니다. 그 애는 침대에서 빠져나와 자기 아버지의 침대로 기어들었습니다. 폭풍우는 미친 듯 더 거세지며 천둥은 집터를 흔들었습니다. 어린 소년은 잠을 잘 수 없었습니다. 끝내는 자기 아빠에게 "아빠, 얼굴을 내게로 하고 있지?"라고 말했습니다. 그러자 아버지가 "애야 그렇단다"라고 말했습니다. 그때에 어린 소년이 "아빠, 내 손을 아빠 손 안에 넣어도 돼?"라고 말했습니다. 물론, 아버지는 그렇게 하라고 말했습니다.

이윽고 그 어린 아이는 잠이 들었습니다. 자기의 아버지가 자기를 굽어보고 있는 것을 그 애는 알고 있었습니다. 어려움이 닥치면, 하늘에 계신 우리 아버지께서 얼굴을 우리에게 돌리시고 계신 것과 우리의 손을 그분의 손 안에 넣을 수 있음을 기억하시고 평안하십시오. 마리아와 마르다에게서 우리가 큰 교훈을 배울 수 있습니다. 질병과 슬픔이 밀어닥칠 때에는 우리가 특별하게 그리스도께로 향해야 합니다.

그 자매들이 예수님께 어떤 전갈을 보냈습니까? "주여 보시옵소서. 사랑하시는 자가 병들었나이다." 그들은 나사로라는 이름을 밝히지 않았습니다. "우리의 남동생이 앓고 있습니다"라고도 그들이 말하지 않았습니다. 그들은 예수님께서 다 아실 것을 알았습니다. 그분은 우리 각 사람을 아시며 우리들에 대해 모든 것을 아십니다. 그들은 예수님께 어떻게 어떻게 해 주시라고도 말하지 않았습니다. 나사로를 고쳐 주시라거나 즉시 집에 오시라고 말씀드리지 않았습니다. 그들은 오직 주님께서 가장 좋은 조취를 취해 주시도록 그분께 맡기었습니다. 우리들도 그렇게 기도해야 합니다.

우리는 기도에서 무엇을 간구해야 할지 잘 몰라 "주여, 형편이 이렇습니다. 저에게 가장 좋은 것을 해 주십시오"라고 말해야 할 때가 많습니다. 그런데 예수님께서 전갈을 받으시고 "이 병은 죽을병이 아니라 하나님의 영광을 위함이라"고 제자들에게 말씀하셨습니다. 그 말씀은 나사로가 죽지 않을 것이라는 뜻이 아니라 죽음이 그를 완전히 지배하지 못하리라는 뜻이었습니다. 그 죽음은 단순히 일시적 상태에 불과하여 하나님과 그분의 아들을 영화롭게 할 기회가 될 것이었습니다. 아시다시피, 나사로를 살리시는 것은 그리스도의 절정적인 기적이 될 것입니다. 그 사건을 통해 그분이 참으로 하나님의 아들이심을 많은 사람들이 확신하게 될 것입니다.

그래서 주님께서 잠깐 나사로가 죽고 그 누이들이 슬픔에 잠기도록 허용하신 것은 하나님께서 영광을 받으시게 하시기 위함이었습니다. 주님께서 나면서부터 맹인된 사람에 관하여 "그가 맹인이 된 것은 죄 때문이 아니라 하나님의 일이 그에게서 분명하게 나타나기 위함이라"고 말씀하신 것을 여러분은 기억하실 것입니다. 이 경우에도 마찬가지였습니다. 나사로가 죽을 것입니다만 그의 죽음을 통하여 하나님께 영광이 돌려지고 베다니의 그 작은 가정에는 더 큰 행복이 찾아올 것입니다.

요한은 "예수께서 본래 마르다와 그 동생과 나사로를 사랑하시더니"라는 구절을 사이에 대뜸 넣어서 기술하고 있습니다. 이것은 아름다운 가필로서, 무슨 일이 일어나든 주님께서 이 친구들을 사랑하셨으며 주님께서 그들에 관하여 하신 일은 모두 사랑에서였음을 말하는 효과를 줍니다. 우리는 으레, 그분이 그들을 사랑하신다면 베다니로 달려 가서서 나사로를 고쳐 주실 것이라고 생각할 것입니다. 그러나 주님은 이틀을 기다리셨습니다. 아마 이 지체는 그 자매들의 인내를 기르고 일의 결말을 보고 그들이 더욱 기뻐할 수 있도록 하시기 위함이었을 것입니다.

그리스도께서 행동하실 정확한 시간이 아직 당도하지 않았었던 것입니다. 주님께서는 모든 일을 정확한 제때에 하셨습니다. 그분은 우리가 곧잘 하는 것처럼 하나님보다 앞에 달리시는 법이 없었습니다. 그분이 만일 앞에 가서서 나사로를 고치셨다면 그를 죽은 데에서 살리시는 위대한 기적은 없었을 것입니다.

하나님께서 더 큰 영광을 얻으시도록 하시기 위하여 그분은 나사로가 더 악화되어 죽게 되는 것을 허용하십니다.

이틀 후에 예수님은 제자들에게 "유대로 다시 가자"고 말씀하셨습니다. 유대는 우리 주님께 대한 반대가 비등하고 위험이 도사린 곳이었습니다만 예수님은 두려움이 없으셨습니다. 그분의 아버지께서 그분의 발걸음을 인도하시고 계셨습니다. 그러나 제자들은 무서워 했습니다. "랍비여 방금도 유대인들이 돌로 치려하였는데 또 그리로 가시려 하나이까?"라고 그들이 말했습니다. 우리들이 망각하기 쉬운 어떤 것을 그들도 간과하고 있었습니다. 즉 예수님께서 우리와 함께 계시면 우리가 무서워할 필요가 없습니다. "내가 너희를 떠나지도 버리지도 않겠다"고 그분께서 말씀하셨습니다.

예수님께서 제자들을 위험한 곳으로 데려 가시고 있는 것은 사실이었습니다. 그러나 주님께서 우리들을 돌보실 수 없는 곳으로 이끄시는 법은 없습니다. 따라가는 것은 우리의 할 일이며 우리를 돌보시는 것은 그분의 맡으신 일입니다. 예수님께서 대답으로 말씀하신 것은 이런 뜻이었습니다. "내 목숨에 대하여는 조금도 무서워 말라. 사람이 빛에 걸어 다닐 수 있는 낮에는 열두 시간이 있다. 나의 낮이 아직 저물지 아니했으니 나는 주님의 뜻을 행하면서 앞으로 나가겠다. 죽음의 밤은 올 것이지만 아직은 아니다. 그러므로 유대로 가자."

여기에서 우리는 두 가지를 발견하게 됩니다. 하나님과 하나님께서 그분께 맡기신 사명에 대한 그분의 위대한 믿음이 그 하나요, 하나님께 영광이 될 일을 하시려는 그분의 극심한 욕구가 또 그 하나입니다.

2. 슬픔

예수님께서 제자들과 함께 걸어가시다가 그들에게 느닷없는 소식을 전하셨습니다. "우리 친구 나사로가 잠들었도다. 그러나 내가 깨우러 가노라." 그때에 제자들이 "주여 잠들었으면 낫겠나이다"라고 말했습니다. 그들이 이해하지 못하는 것을 아시고 그분께서 "나사로가 죽었다"고 밝히 이르셨습니다. 우리가 죽은 시체를 보면 오싹 무섭고 싫은 기분을 느끼게 되는데 인간의 정을 가진 사람은 누구나 그러할 것입니다. 그러나 예수님께서는 관을 무덤 너머로 보시고 "잠잔다"로 표현하셨습니다. 예, "주님께서는 그분의 사랑하시는 자에게 잠을 주십니다." 여러분과 저는 오늘 밤에 잠자고 내일 아침에 일어나면 우리는 여전히 고통과 번민, 난제들과 슬픔을 다시 맞게 됩니다.

그러나 예수님 안에서 잠을, 곧 죽음의 잠을 자게 되면 얼마나 다르게 됩니까? 피안에서 잠을 깨어 그 곳이 천국인 것을 발견합니다. 우리가 새로운 공기를 호흡하고 그것이 천상의 대기인 것을 깨닫게 될 것입니다. 우리 위에 새로운 손을 느끼고 아, 그것이 하나님의 손인 것을 우리가 압니다.

예수님께서 베다니에 도착하셨을 때에는 나사로가 무덤에 묻힌 지 나흘이나 경과해 있었습니다. 그 동안은 그 자매들에게 비통의 나날이었음에 틀림없습니다. 그들이 예수님을 청하여 불렀는데 그분이 오시지도 않으셨습니다. 그들은 크게 낙담하였습니다. 확실히 지금쯤에는 그들이 모든 희망을 잃었음에 틀림없습니다. 그들의 오라비가 무덤에 들어간 지도 나흘이나 되었으니 말입니다.

이제 마르다가 예수님을 맞으러 뛰어 나왔습니다. 그녀는 항상 부산스러운 활동적인 자매였습니다. 그녀는 무엇인가 해야 했습니다. 집에 앉아 주님을 기다리고 있을 수 없었습니다. 반면에 마리아는 조용하고 사색적인 성격의 소유자였습니다. 슬픔에 잠겨 그녀는 집에 앉아 기다렸습니다. 그 두 사람 모두 그리스도인이었으며 두 사람 다 예수님을 사랑하였지만 그들은 각각 다른 성격을 갖고 있었습니다. 오늘날도 두 그리스도인이 꼭 같을 수 없습니다.

마르다가 예수님을 맞으면서 말했습니다. "주님, 주님이 여기 계셨더라면 제 오라비가 죽지 않았겠습니다. 그러나 저는 지금이라도 주님이 하나님께 구하시는 것은 무엇이나 하나님께서 다 들어주실 줄 압니다." 그녀는 아직도 희미한 희망을 갖고 있었습니다. 그때에 예수님께서 그녀가 듣고 기쁨에 벅차 노래해야 마땅한 말씀을 하셨습니다. "네 오라비가 다시 살아날 것이다." 그러나 그녀의 믿음은 그가 그날로 살아날 것을 믿을 만큼 멀리 내뻗지 못했습니다. 그래서 그녀는 "마지막 날 부활 때 그가 다시 살아날 것을 압니다"라고 말했습니다. 그녀는 부활을 믿었으나 예수님께서 바로 그 즉시로 나사로를 회생시킬 수 있다는 사실을 확고하게 붙잡을 수 없었습니다.

이제 예수님께서 어느 사람에게든 말씀하신 가장 놀라운 일들 중의 하나를 말씀하셨습니다. "나는 부활이요 생명이니 나를 믿는 자는 죽어도 살겠고 무릇 살아서 나를 믿는 자는 영원히 죽지 아니하리니." 주님께서 무어라고 말씀하시고 계셨습니까? 그분을 믿는 사람은 나사로와 같이 죽을지라도 다시 살 것이라고 말씀하시고 계셨습니다. 온 세상에 흩어져 있는 무덤 속에서 잠자고 있는 성도들은 어떻게 될까요? 예수님께서 오시면 그들을 먼저 일으키실 것입니다. "그리스도 안에서 죽은 자들이 먼저 일어나고" 그러면 살아 있는 자들은 어떻게 됩니까? 그들은 죽지 않을 것이라고 그분이 말씀하셨습니다. 그들이 육체적 죽음을 경험하지 않을 것이라는 뜻은 아닙니다. 주님께서 재림을 지체하실 경우에 우리들은 다 죽을 것입니다. 그러나 그분을 믿는 사람들은 영원히 죽지는 않을 것입니다. 둘째 사망이 그들을 지배할 수 없습니다.

마르다는 이 모든 것을 깨달아 알고 있는 것 같지는 않습니다만 이렇게 말하고 있습니다. "주여 그러하외다. 주는 그리스도시오 세상에 오시는 하나님의 아들이신 줄 내가 믿나이다." 이것이 그녀가 미칠 수 있는 최대한도의 것이었습니다. 이제 다시 마르다는 행동을 취하고 있습니다. 달려가서 마리아에게 주님께서 부르신다고 이릅니다. 그러자 마리아는 급히 가서 예수님을 맞아 "주님, 주님이 여기 계셨다면 제 오라비가 죽지 않았겠습니다"라고 마르다와 똑같은 말을 합니다. 마리아가 울기 시작합니다. 마르다가 울기 시작합니다. 주위에 서 있던 사람들도 울고 있습니다.

그 다음에 우리는 성경에서 가장 짧은 구절을 읽게 됩니다. "예수께서 우셨습니다." 예수님께서 왜 우셨습니까? 죄와 사랑으로 말미암아 비참을 보시고 우셨다고 어떤 사람들은 말합니다. 유대인들의 불신앙 때문에 그분이 우셨다고 말하는 사람들도 있습니다. 어떤 이들은 예수님께서 마리아와 마르다의 연약한 믿음을 보시고 우셨다고 말합니다. 나사로가 이 죄 많은 세상에 돌아오면 그가 견뎌야 할 슬픔을 생각하시고 우셨다고 말하는 사람들도 있습니다. 그러나 저는 주님께서 그분의 친구들을 동정하시고 우셨다고 믿습니다. 그분의 심정은 항상 우리의 슬픔에 깊은 동정을 느낍니다.

3. 구주

우리는 지금까지 나사로의 병과 자매들의 슬픔을 보아왔습니다. 이제 구주와 그분의 전능하신 기적을 봅시다. 주님께서 나사로의 무덤으로 나아가서서 무덤 위에 큰 돌 하나가 놓여 있음을 보십니다. 옆에 서 있는 자들을 돌아보시며 "돌을 옮겨 놓으라"고 말씀하십니다. 주님께서는 말씀 한 마디로 그 돌을 옮겨 놓으실 수 있었을 것입니다. 돌을 옮겨 놓지 않고서도 나사로를 끌어내실 수 있었을 것입니다. 그러나 우리 스스로 할 수 있는 일을 우리들을 제쳐 놓으시고 그분이 하시지는 않으십니다. 그분의 능력이 무한하시다 하여 사람들의 책임을 없애버리지는 않습니다. 주님께서는 우리를 위하여 위대한 일들을 항상 해 주시려고 합니다만 우리가 빈둥거리며 서 있는 한 그 능력을 베푸시지 않으실 것입니다. 제가 만일 농부이며 좋은 수확을 주시라고 하나님께 구한다면 그분께서 그렇게 하여 주시려고 하십니다. 그러나 제가 논밭을 갈고 씨를 뿌리며 들에 나가 손질을 하지 않는다면 풍성한 추수는 없을 것입니다.

이제 돌이 굴려져 나오고 예수님은 음성을 높여 기도하십니다. 그분은 항상 큰일을 행하실 때마다 먼저 기도하셨습니다. 죄가 없으시며 모든 능력을 소유하신 그분께서 기도의 필요를 느끼셨다면 우리는 얼마나 더욱 기도의 필요를 느껴야 하겠습니까. 이번에는 특별히 기도하시는 이유를 그분이 우리에게 말씀하십니다. 다른 경우들에서는 주님께서 기적을 행하셨을 때에 사탄의 힘을 빌려 그렇게 한다고 말하는 사람들이 있었습니다.

이번에는 주님께서 자신을 하나님과 동일시하시고 계십니다. 그분과 하나님은 하나이시며 이 기적을 행하시는 분이 하나님으로부터 보내어지신 분이심을 사람들이 알도록 그분께서 큰 소리로 "나사로야 나오라!"라고 외치십니다. 드와이트 무디는 말하기를 만약 예수님께서 나사로의 이름을 호칭하시지 않으셨다면 묘지의 모든 사람들이 나왔을 것이라고 말했습니다. 그렇게 구주 예수님의 권능은 크십니다.

그러면, 무슨 일이 일어났습니까? 나사로가 시신을 싸매는 천으로 손발이 감기고 수건으로 얼굴이 싸맨 채 비틀거리며 밖으로 나왔습니다. 다시 예수님은 옆에 서 있는 사람들에게 무엇인가 할 것을 지시하셨습니다. "그를 풀어놓아 다니게 하라"고 그들에게 말씀하셨습니다. 이제 나사로를 접촉했던 사람들은 위대한 증거를 갖게 되었습니다. 그들은 이렇게 말할 수 있었습니다. "우리는 그를 만져보았습니다. 그는 분명히 나흘 동안 죽어 있었습니다. 그리스도께서 그를 부르실 때에 그는 다시 살아 나왔습니다." 이것은 그리스도의 가장 큰 기적이었습니다만 그분께는 그런 것이 어렵지 않았습니다. 그분은 사람을 만드셨기 때문에 죽은 후에도 생명을 다시 사람에게 회복시켜 주실 능력이 있으십니다. 기적은 자연적으로 발생한 사건이 아니라 초자연적 사건입니다. 물이 술로 변하는 자연적인 것이 아니었습니다. 그러나 예수님은 그런 일이 일어나게 하셨습니다. 나병이 말 한 마디에 굴복하는 것은 자연적으로는 있을 수 없는 일이었으나 그리스도께는 그것이 굴복하였습니다. 맹인이 갑자기 시력을 회복하는 것은 자연적으로는 불가능한 일이었으나 그리스도께서는 그런 일이 일어나도록 하셨습니다. 나흘 동안이나 죽어 있던 사람이 다시 걸어 나오는 것은 자연의 세계에서는 있을 수 없는 일이었으나 그리스도께서는 나사로에게 새로운 생명을 주셨습니다. 그분은 초자연적 능력을 소유하셨으며 초자연적 일들을 행하셨습니다.

시계를 만든 사람이 시계바늘들을 한쪽 방향으로만 돌아가게 합니다. 그러나 그는 시계바늘을 다시 다른 방향으로 돌릴 수 있습니다. 그렇게 해도 그가 법칙을 깨뜨린 것은 아닙니다. 단지 그가 시계를 그런 식으로 만들었을 뿐입니다. 그와 같이 하나님께서 자연을 만드셨으니 그 운행을 정지시키거나 운행과정을 변경시킬 수 있는 능력을 소유하시고 계십니다. 그것이 소위 기적입니다. "하나님께는 모든 것이 가능합니다."

이 기적의 결과를 보십시오. 그리스도께서 나사로를 일으키시는 것을 보고 많은 사람들이 그분을 믿게 되었다는 기록을 우리가 읽습니다. 그들이 그분의 능력을 목격하고 그분이 단순한 사람 이상이신 것을 알게 되었습니다. 호머의 오디세이에서 그 주인공 율리시즈는 20년 동안 집을 떠나 전쟁하면서 온갖 고난을 겪습니다. 그가 집에 돌아왔을 때에는 그가 너무 많이 변했기 때문에 그의 아내도 그를 알아보지 못했습니다. 그는 자신의 신원을 입증하기 위하여 자기의 활을 달라고 했습니다. 그 활은 너무 강해서 그 왕국에서 그것을 당길 수 있는 사람은 율리시즈뿐이었습니다. 그는 그 활을 오직 그만이 할 수 있는 대로 다시 구부렸습니다. 그때야 그의 아내는 자신을 그의 품에 던지며 "율리시즈, 이제 당신이 나의 사랑하는 남편임을 알겠습니다"라고 울부짖었습니다. 그와 꼭 같이 이 사람들은 그리스도의 능하신 능력을 목격하고 그분께서 하나님의 아들이심을 믿지 않을 수 없었습니다. 우리들도 사방에서 그분의 능력을 보아왔습니다. 당신은 그분의 이름을 믿어오셨습니까?

4. 음모자들

나사로가 일어나는 것을 목격한 사람들 중에서 몇 사람이 바리새인들에게 즉시로 달려가 일어난 일을 그들에게 전했습니다. 이 유대 지도자들은 크게 자극을 받아 이렇게 말했습니다. "이 사람이 기적을 행하여 더욱 더 인기를 끌고 있습니다. 이 사람을 그대로 두면 모든 백성이 그를 따를 것입니다." 그들은 그분을 죽일 것을 음모하기 시작했습니다. 그들의 계획이 성공하여 그분을 십자가에 못 박을 때가 올 것입니다만 아직 그때가 이르지 않았기 때문에 그때까지는 예수님의 신변이 절대 안전하였으며 그들이 조금도 그분께 손을 댈 수 없었습니다. 이 사람들은 하나님의 목적에 눈이 멀어 있었습니까! 하나님의 아들을 죽이려고 고심하다니 그들이 얼마나 어리석었습니까!

우리는 이 이야기에서 죄인의 모습을 발견할 수 있습니다. 나사로처럼 죄인은 죽어 있으며 죄 속에 매장되어 있고 스스로 어떻게도 할 수 없는 전혀 무력한 존재입니다. 그러나 희망이 없는 것은 아닙니다. 예수님께서 그를 죄에서 구원으로, 죽음에서 생명으로 불러내십니다. 나사로가 이 경험 이후에 경건한 생활을 살았음에 틀림없다고 저는 확신합니다. 그와 같이 우리들도 죄의 무덤에서 영생의 놀라운 빛으로 이끌려 나온 후에 헌신적이고 신실한 삶을 살아야 합니다. 이것은 또한 우리의 최후의 부활을 나타내 주는 상징이기도 합니다. 우리의 몸은 곧 이 세상의 묘지에 묻히게 될 것입니다. 그러나 언젠가 그리스도께서 천사장의 목소리와 하나님의 나팔소리와 함께 오실 것입니다. 우리는 하늘로 올리어져 그분을 맞고 영원히 그분과 함께 있을 것입니다. 오, 영광스럽고, 놀라우며, 복된 부활의 새 아침!

덴마크의 크리스티안 왕이 하루는 길모퉁이에 서 있었습니다. 전차가 쏜살같이 접근해 오고 있었습니다. 갑자기 약 4살쯤으로 보이는 두 어린 소녀들이 길을 건너기 시작했습니다. 그 애들은 차가 밀어닥치고 있는 것을 몰랐습니다. 보고 있던 사람들은 비명을 질렀습니다. 어린 소녀들이 차바퀴 밑에 으깨질 것 같았습니다. 그러나 왕이 앞으로 뛰어 그들을 양팔에 끼고 무사히 구출해 내었습니다. 그 후 그 소녀들은 죽을 고비에서 왕에 의해 구출 받은 이야기를 두고두고 즐겁게 말했습니다.

오, 친구들이여, 한 때 죄와 사망의 권세가 지옥으로 삼켜 넣으려고 우리들 위에 덮쳐오고 있었습니다. 그러나 우리의 권능이 많으신 왕, 예수 그리스도께서 우리들을 영원히 구원하시려고 자신의 죽음으로 몸을 던지셨습니다. 그러므로 우리는 그분을 위하여 최선의 삶을 삽시다. 우리가 영원한 구원으로 구출된 이야기 — 만왕의 왕이시며 만주의 주이신 예수 그리스도에 의해 구출된 이야기를 만방에 말합시다.

제
21
장

—

사랑하는 한 마음의 아낌없는 헌신

—

"¹유월절 엿새 전에 예수께서 베다니에 이르시니 이 곳은 예수께서 죽은 자 가운데서 살리신 나사로가 있는 곳이라 ²거기서 예수를 위하여 잔치할새 마르다는 일을 하고 나사로는 예수와 함께 앉은 자 중에 있더라 ³ 마리아는 지극히 비싼 향유 곧 순전한 나드 한 근을 가져다가 예수의 발에 붓고 자기 머리털로 그의 발을 닦으니 향유 냄새가 집에 가득하더라 ⁴ 제자 중 하나로서 예수를 잡아 줄 가룟 유다가 말하되 ⁵ 이 향유를 어찌하여 삼백 데나리온에 팔아 가난한 자들에게 주지 아니하였느냐 하니 ⁶ 이렇게 말함은 가난한 자들을 생각함이 아니요 그는 도둑이라 돈궤를 맡고 거기 넣는 것을 훔쳐 감이러라 ⁷ 예수께서 이르시되 그를 가만 두어 나의 장례할 날을 위하여 그것을 간직하게 하라 ⁸ 가난한 자들은 항상 너희와 함께 있거니와 나는 항상 있지 아니하리라 하시니라 ⁹ 유대인의 큰 무리가 예수께서 여기 계신 줄을 알고 오니 이는 예수만 보기 위함이 아니요 죽은 자 가운데서 살리신 나사로도 보려 함이러라." — 요 12:1-9

우리가 요한복음 제12장에 이르면 예수님께서 십자가를 향하여 나아가시며, 하나님께서 그분을 위하여 정하여 놓으신 길로 걸어가시고 계시는 것을 우리가 보게 됩니다. 주님께서는 방금 그분의 가장 위대한 기적, 곧 나사로를 일으키시는 기적을 행하셨습니다. 주위의 사람들은 그분께 대한 의견이 갈라져 있었습니다. 어떤 사람들은 그분의 기적들을 보고, 그분의 설교를 듣고 또 그분께서 사람 이상이신 것을 알았습니다. 그들은 그분을 메시야와 하나님의 아들로서 믿게 되었습니다. 어떤 사람들은 그분을 믿고 싶었으나 종교 지도자들과 사람들의 평을 두려워했습니다. 다른 사람들은 공공연하게 적의를 표하고 그분을 죽이고 싶어했습니다. 오늘날도 그와 똑같이 세상의 모든 사람들이 그분께 대한 태도에 있어 나누어져 있습니다. 어떤 사람들은 그분을 사랑하고 그분을 신뢰하며 그분을 따릅니다. 어떤 사람들은 그분이 하나님의 아들이심을 알고 있지만 사람에 대한 두려움과 세상에 대한 사랑 때문에 멀찍이 서 있습니다. 어떤 사람들은 공공연하게 그분을 반대하며 그분의 이름을 이 지상에서 지워버리고 싶어합니다.

본 장에서는 우리는 어떤 개인들에게 표출되는 갖가지의 감정들을 보게 될 것입니다. 사랑, 탐욕, 호기심, 기쁨, 비겁, 증오, 그 밖의 많은 감정들을 보게 됩니다. 그리스도의 위대한 인격과 접촉을 하게 된 사람은 누구나 무반응으로 가만히 있을 수 없습니다. 어떤 사람들은 눈물로 반응하고 다른 사람들은 분노로 반응합니다. 어떤 사람들은 참회로 반응하고 다른 사람들은 교만으로 반응합니다. 어떤 사람들은 기쁨으로 반응하고 다른 사람들은 슬픔으로 반응합니다. 어떤 사람들은 사랑으로 반응하고 다른 사람들은 증오로 반응합니다. 어떤 사람들은 하늘나라로 향하여 반응하고 다른 사람들은 지옥을 향하여 반응합니다.

우리는 오늘 공부할 9개의 구절들에서 다음의 두 사항을 볼 수 있습니다.

1. 기름을 바름
2. 논쟁

1. 기름을 바름

앞 설교에서 우리는 베다니라는 소읍을 여행했습니다. 나사로가 병에 걸려 죽는 것을 보았습니다. 자매들의 슬픔을 보았습니다. 예수님께서 나사로를 죽은 데서 일으키셨을 때에 기쁨이 다시 돌아오고 그 가정이 다시 결합되는 것을 우리가 보았습니다. 이제 우리는 다시 베다니로 돌아가는데 이번에는 기쁜 장면을 들여다보게 됩니다. 예수님의 친구들이 그분을 대접하기 위하여 저녁식사를 베풀었습니다. 다른 복음서에서는 이 저녁식사가 나병환자 시몬의 집에서 차려졌다고 기록하고 있습니다. 여기에서 우리는 예수님께서 친구들과의 교제를 즐기셨음을 알게 됩니다. 그분은 수도원의 우울한 그리스도가 아니라 가슴마다에 따뜻함과 행복을 안겨 주고 싶어 하신 기쁜 얼굴의 구주이셨습니다. 교회에서 우리가 따뜻한 교제를 갖는 것은 사실입니다만 또한 우리의 가정과 우리가 가는 어디에서나 교제를 가질 수 있습니다. 우리는 어디든지 우리와 함께 가시도록 예수님을 초대해야 합니다. 제가 정중하게 말씀드립니다. 그분이 만일 주일의 그리스도에 불과하시다면, 만일 우리가 평일에 가게나 공장에서, 사무실이나 가정에서 그분의 임재하여 계심을 느낄 수 없다면 그분은 우리의 필요에 적합하지 못하신 분일 것입니다. 그러나 그분은 우리의 필요를 채우실 수 있는, 적합한 분이심을 우리가 알고 있습니다. 그분은 매일의, 그리고 모든 장소의 그리스도이십니다. 우리가 만일 일상생활에서 그분의 임재하여 계심을 느끼지 못한다면 그것은 우리의 잘못입니다. 그것은 우리가 충분히 그분 가까이 살고 있지 않기 때문입니다.

그런데 이 저녁식사에 누구 누구가 참석하였습니까? 우선, 주빈이신 예수님이 참석하셨습니다. 다음으로, 주인인 나병환자 시몬이 있었습니다. 그는 이제 나병환자가 틀림없이 아니었을 것입니다만 이전에 그 병에 걸려 있었으나 예수님께서 기적적으로 그를 고쳐 주셨을 것이라고 저는 확신합니다. 그는 구주께 감사의 정을 표시하고 싶었습니다. 그래서 이 저녁식사로 그분을 대접하는 것이었습니다. 그리스도께서 우리를 구원하셨습니다. 그러나 "나는 고마움을 느끼고 있다. 그리고 나의 고마워하는 심정을 보여드리고 싶다"고 우리가 말하기는 합니까? 갖가지의 방법으로 이렇게 우리가 행할 수 있습니다. 그러나 그 고마워하는 마음을 가장 잘 나타내는 방법은 신실하고 헌신적인 그리스도인의 삶을 살며 그리스도의 대의와 그분의 몸인 교회의 사업을 위하여 가능한 모든 것을 행하는 것입니다.

매년 우리들의 교회들은 오는 해에 교회를 지원할 것을 서원하도록 교인들에게 간청합니다. 거기에 아무런 잘못이 없습니다. 우리가 교회의 한 구성원이 되었을 때에 그 사업을 지원하겠다고 약속했습니다. 우리가 세상의 어느 단체건 그 일원이 되었다면 틀림없이 우리는 그 단체를 지원해 줄 것입니다. 그러나 어떤 사람들은 자기들이 속해 있는 교회에 헌금하라고 그들에게 말하면 핏대를 올리며 화를 냅니다. 마구 욕까지 퍼붓는 수도 있습니다. 그들에 대하여 뭐라고 말해야 할까요? 그들은 예수님을 구주로서 알지 못하고 있습니다. 아니면 그들이 그분께서 하여 주신 일에 대해 그분께 감사하는 마음을 시몬에게 있어서는 그렇지 않았습니다. 그는 주님께 감사하고 그 감사의 뜻을 보이고 싶었습니다.

그 밖에 또 누가 거기에 있었습니까? 12제자들이 거기에 있었습니다. 예수님을 지극히 사랑한 두 자매, 마리아와 마르다도 거기에 있었습니다. 죽은 데서 일으켜진 나사로도 있었습니다. 그리스도께서는 죽은 지 나흘이 된 사람도 다시 살리실 수 있다는 것을 온 세상에 입증하는 '일급' 증거로서 나사로가 거기에 있었습니다. 같이 식탁에 자리를 하고 있지는 않았지만 다른 한 떼의 사람들이 거기에 있었습니다. 당시에는 어떤 위대한 사람이 귀한 손님으로 오면 다른 사람들이 그를 보려고 찾아오는 것이 관습이었나 봅니다. 그들은 구경은 하였지만 식사에는 동참하지 않았습니다. 그래서 많은 사람들도 모여들었다는 기록을 우리가 읽게 됩니다. 그들은 두 가지 이유에서 찾아왔습니다. 첫째, 예수님을 보기 원해서였습니다. 그분과 그분의 행적과 특히 나사로의 일으키심을 듣고 그들은 그분을 보고 싶었습니다. 둘째, 나사로를 보려고 왔습니다. 이것은 인간 심정의 꾸밈없는 발로였습니다. 이 사람들은 호기심이 많았습니다. 사람들은 항상 선풍적으로 인기 있는 것에 끌립니다. 그래서 그들이 죽은 데서 살아난 사람과 그 기적을 행한 사람을 보고 싶어 한 것은 자연스러울 뿐입니다.

나사로를 죽은 데서 일으킨 것은 위대한 일이었습니다. 그러나 우리를 죄로부터 구원으로 들어 올리는 것은 더 위대한 일입니다. 이 사람들은 나사로를 쳐다보면서 예수님께서 그를 위하여 하신 일에 놀라고 있었습니다. 세상 사람들이 여러분과 저의 삶을 보고 이렇게 말할 수 있기를 바랍니다. "이 사람은 다르다. 예수라는 분과 접촉하면서 그가 크게 달라졌다." 오늘의 기독교의 약점이 무엇입니까? 우리가 수에 있어서 약한 것은 아닙니다. 교회의 빌딩에 있어서도 약하지 않습니다. 복음이 약한 것도 아닙니다. 오늘날 우리의 큰 약점은 그리스도인들이 마땅히 살아야 하는 대로 살지 않는다는 사실에서 발견됩니다. 오, 여러분과 저를 보고 그리스도의 복된 위대성을 생각하게 될 사람이 얼마나 될까요?

제가 상상하기로는 마리아와 마르다는 음식 준비를 거들어 주었을 것입니다. 식탁에 어떤 음식들이 올려졌었는지는 모르겠습니다만 그들이 식사 전에 칵테일을 마셨다든가 식사 도중에 폴스타프나 부드바이저를 대접받지 않았다고 저는 확신합니다. 그리스도를 사랑하는 진정한 그리스도인도 이러한 일을 하지 않습니다. 그것이 현대의 생활에 있어서 두통거리가 아닙니까? 우리들은 그릇된 일들, 즉 우리의 영적 필요보다 육체적 욕구를 더 만족시키는 일들에 역점을 두고 있습니다. 상점 안에 들어가 상품들의 가격표를 바꿔놓은 한 장난꾸러기 소년의 이야기가 있습니다. 그 장난꾼은 값진 물품들에는 낮은 가격표를 붙여 놓고 가치가 낮은 물품들에는 높은 가격의 꼬리표를 달아 놓았습니다. 피아노 한 내가 5센트에 팔리게 해 놓고 몇 개의 핀이 500달러에 사가도록 해 두었습니다. 오늘날 우리들 대부분이 그와 같습니다. 별로 가치가 없는 일들에는 큰 가치를 부여하고 영적인 일들은 중하게 여기지 않습니다.

물론, 그들이 식탁에 앉았을 때에 예수님이나 혹은 다른 어떤 사람이 하나님께 공중 식사기도로 감사를 드렸습니다. 항상 이렇게 하는 것이 예수님의 습관이었습니다. 그분은 항상 감사하셨습니다. 그런데도 오늘의 신앙고백을 하는 어떤 그리스도인들은 하나님의 모든 선물들을 받아들이면서 감사는 전혀 표현하지 않습니다.

이 장면을 생각해 봅시다. 예수님과 다른 사람들이 식탁에 앉아 있습니다. 아마 식사는 끝나고 잠깐 이야기하고 있었을 것입니다. 그때에 오고 오는 세기를 통하여 이야기될 일이 일어납니다. 은혜를 감사하는 한 마음에 의해서 만들어지는 사랑스러운 몸놀림이 우리에게 보입니다. 마리아는 우리가 기억하는 바와 같이 예수님을 지극히 사랑했습니다. 그녀는 그분께서 그녀의 오라비를 무덤으로부터 일으켜 주신 것이 너무도 고마웠습니다. 이제 그녀는 사랑과 감사를 표시하고 싶습니다. 그녀는 매우 귀중한 향유병을 가지고 와서 그분의 손에 붓더니 무릎을 꿇고 그분의 발에도 그 향유를 바릅니다. 이제 그녀는 자기의 긴 머리를 풀어 그것으로 그분의 발을 닦습니다. 여러분은 그런 아낌없는 헌신을 들어보신 적이 있습니까?

이 값진 향유는 그녀가 오랫동안 저축하여 모아온 정성어린 결실이었습니다. 그 가격을 노동자가 1년 동안 하루도 쉬지 않고 일한 총임금에 해당하는 것이었습니다. 그것은 그녀 자신이 쓰기에는 너무 값진 것이었으나 그녀의 주님을 위하여서는 너무 값진 것이 아니었습니다. 그녀는 그리스도께 대한 자기의 깊은 사랑의 표시로서 그것을 모두 부었습니다. 그런데 왜 예수님께서 바로 우리의 가장 좋은 것을 소유하시지 않아야 합니까? 그분은 우리를 대신하시어 죽으셨습니다. 그분은 우리를 굉장하게 사랑하십니다. 그분은 우리를 매일 돌보십니다. 그분은 우리를 위하여 천국을 준비하셨습니다. 왜 우리가 그분께 우리 생활의 부스러기와 찌끼만을 드려야 합니까? 우리가 왜 그분께 우리의 최선을 드려서는 안 되느냐 말입니다. 주님께서는 이렇게 말씀하십니다.

　　"내 너를 위하여 몸 버려 피 흘러
　　네 죄를 속하여 살 길을 주었다
　　너 위해 몸을 주건만 날 무엇 주느냐
　　너 위해 몸을 주건만 날 무엇 주느냐."

　이 향유의 향기로 곧 온 집안이 가득 찼다는 기록을 읽게 됩니다. 그녀가 다른 사람들에게 보이기 위하여 그녀의 사랑을 드러내 보인 것이 아니었습니다. 이런 것은 그녀의 마음에 들어와 보지도 못했습니다. 그녀가 한 것은 단순히 그녀 마음의 흘러넘침 ― 다만 그녀와 예수님의 간의 어떤 것이었습니다. 그런데도 이 향품의 방향이 온 집안에 두루 떠다녔기 때문에 모든 사람이 그녀가 한 일을 알게 되었습니다. 아름다운 행위는 숨겨질 수 없습니다. 여러분의 하는 일이 사람들의 눈을 위하여서가 아니라 꼭 하나님의 영광과 그리스도께 대한 사랑을 위하여 행하여지도록 하십시오. 그러면 하늘의 천사들이 그것을 기록할 것이며 언젠가 그 상급이 여러분들께 돌아올 것입니다. 우리들의 교회들 안에는 눈에 띄는 큰일은 할 수 없는 사람들이 많습니다. 그들은 공중기도를 할 수 없거나 혹은 한 반을 맡아 가르칠 수 없거나 혹은 독창으로 성가를 부를 수 없습니다. 그러나 그들이 신실할 수는 있습니다. 주님을 위하여 어떤 작은 일을 할 수 있습니다. 그러면 진실로, 그런 일이 잊혀지지 않을 것입니다.

　월리 크리스웰(W. A. Criswell) 박사가 토니라는 이름을 가진 한 사람에 대하여 말합니다. 그는 주일마다 박사의 사무실에 와서 코트 벗는 것을 도와 옷걸이에 그것을 걸었습니다. 목사가 강단에 오를 때가 되면 이 사람이 앞에 먼저 가서 문을 열어 붙들고 있었습니다. 그가 할 수 있는 것은 이것이 전부였습니다만 그는 주님께 하듯 그렇게 했습니다. 어떤 교인들이 그가 목사를 귀찮게 한다고 그에게 말해, 그는 그 문제를 갖고 크리스웰 박사에게 왔습니다. "아니오, 선생, 귀찮지 않습니다. 당신이 나를 위하여 해 주시는 것을 감사하게 생각하고 있어요"라고 목사는 부드럽게 그에게 말했습니다. 교회가 사업관을 새로 지어서 목사의 사무실이 길 건너의 사업관으로 옮겨졌습니다. 새 건물에서의 첫 주일, 토니가 와서 길 건너에까지 가서 문을 열어드려도 괜찮냐고 크리스웰 박사에게 물었습니다. 목사는 그렇게 해도 좋다고 그에게 말했습니다. 토니는 앞에 가서 목사가 교회 강당으로 들어갈 때에 자랑스럽게 문을 열어 붙들고 있었습니다. 목사는 토니가 말하는 것을 다시는 듣지 못했습니다. 조금 후에 그가 갑자기 죽었기 때문입니다. 크리스웰 박사는 아마 엉뚱한 공상에 불과할 것이지만 자기가 천국에 이르면 토니가 변함없이 자기에게 문을 열어 주기 위해 거기에 나와 있을 것을 믿는다고 말했습니다. 그는 많은 일을 할 수 없었습니다만 하나님의 종을 위하여 자기가 할 수 있는 것을 하였습니다. 그는 주님께 하듯 그 일을 했습니다.

예수님께서 세상에서 가장 위대한 설교자이셨을지라도 마리아가 설교를 들으러 온 것은 아니었습니다. 나사로가 죽었을 때에 한 것처럼 무엇을 간청하러 온 것이 아니었습니다. 그녀가 그들이 거기에 있었을지라도 다른 그리스도인들을 만나러 오지 않았습니다. 식탁 위에 풍성히 있었을지라도 그녀가 음식을 먹으로 오지 않았습니다. 예수님께서 그녀의 영혼을 소생시키실 수 있음을 그녀가 알고 있었을지라도 그분에 의해 새로워지기 위하여 그녀가 온 것이 아니었습니다. 많은 사람들이 그분을 적대시할 때에 그녀는 자기의 사랑과 헌신을 그리스도께 쏟아 붓기 위하여 왔습니다. 겟세마네와 갈보리의 그림자가 그분의 가시는 길 위에 떨어지고 있었습니다. 그분은 자기가 죽음을 맞고 있는 것을 아셨습니다. 마리아의 이 순전한 행동이 그분의 마음을 크게 기쁘게 하였음에 틀림없습니다.

2. 논쟁

그러나 모든 것이 잔잔하고 아름다운 것은 아니었습니다. 장미가 자라는 곳에서 또한 가시가 발견됩니다. 그와 같이 그 모든 것 가운데서 유다가 목청을 높입니다. "왜 이 모든 향유를 낭비했는가? 300데나리온에 팔아 가난한 사람들에게 나누어 줄 수 있었을 것이다." 이 말이 기록된 유다의 첫 발설인데, 이로써 그의 악한 심정이 드러나는 것을 우리가 알 수 있습니다. 그는 가난한 사람들에 대한 위선적 관심으로 자기의 더러운 탐욕을 가리려고 했습니다. 마리아의 마음은 사랑으로 가득 차 있는 반면에 유다의 마음은 탐심으로 가득 차 있었습니다. 그가 가난한 사람들에게 어떤 관심을 가진 것이 아니라 일행의 돈 자루를 맡고 있으면서 거기서 돈을 훔쳐내는 도둑이었다고 그 다음의 성경구절이 말하고 있습니다. 그는 향유를 팔면 생길 돈에도 손을 대고 싶었습니다. 그는 예수님과 3년 동안이나 함께 있었는데도 돈에 대한 애착이 아직도 여전히 그의 마음을 지배하고 있었습니다. 그리스도께 대한 차가운 심정과 인색은 서로 손잡고 가는 사이입니다. 교인들 중에는 인색할 대로 인색한 사람들이 있다는 것을 제가 알고 있습니다. 그들은 마땅히 그리스도께 바쳐야 할 돈은 소유하고선 자신들을 위해 그것을 완강히 붙잡고 늘어집니다. 여기에는 이유가 있습니다. 그들의 신앙은 냉랭합니다. 예수님을 거의 전혀 사랑하지 않습니다.

저는 물질을 그리스도보다 더 앞에 놓으며 전능하신 하나님보다 만능하다는 돈을 저는 더 사랑하는 유다 같은 사람이 아니라, 자기의 가장 좋은 것을 예수님께 드리는 마리아와 같은 사람이 되고 싶습니다. 이 두 사람의 결말을 생각해 보십시오. 성령께서 그녀의 최선을 예수님께 해드리도록 마리아를 감동시키셨습니다. 사탄은 유다를 움직여 그의 최악을 예수님께 대해 행하게 했습니다. 그가 주님을 배반하여 그분을 폭도들에게 십자가에 처형토록 넘겼습니다. 마리마가 어떻게 죽었는지는 우리가 모릅니다. 저는 그녀가 노령에 이르도록 살았으며 교회 충성스러운 일원으로 모든 사람들로부터 사랑과 존경을 받았으리라고 생각하고 싶습니다. 그러나 유다는 밧줄 끝에서 — 자살로 생애를 마쳤습니다. 여러 세기가 지난 지금 유다는 어디에 있습니까? 성경은 그가 자기의 가야 할 곳 — 지옥의 무저갱으로 갔다고 말합니다. 수세기를 통하여 고통하고 울며 그의 일생과 죽음과 운명이 달라질 수 있었음을 기억하며 후회하고 있습니다.

필설의 모든 슬픈 말 중에서
가장 슬픈 것은 이것 — 그렇게 할 것을.

아, 그러나 마리아에게 있어선 얼마나 다릅니까! 예수님께서 그분을 믿는 자는 누구든지 영원히 살 것이라고 그녀에게 말씀하셨습니다. 그녀가 예수님과 함께 지금까지의 모든 세기 동안 천국에 있다고 저는 확신합니다. 그러나 그것이 전부가 아닙니다. 계시록을 보면 하늘로부터 이와 같이 말하는 음성이 들려옵니다. "주 안에서 죽는 자들은 복이 있도다. 그들이 수고를 그치고 쉬리니 이는 그들의 행한 일이 따름이라." 마리아의 행한 일이 그녀를 따랐습니까? 그녀가 사람들의 마음속에 살아 있었습니까? 그렇습니다. 복음이 온 세상에서 전파되는 곳마다 그녀의 행한 일로 인하여 그녀를 기억하며 이야기될 것이라고 예수님께서 말씀하셨기 때문입니다. 복음은 수많은 언어로 수많은 곳에서 전파되어 왔습니다. 설교자가 향유의 옥합을 깨뜨린 이야기를 할 때마다 마리아에 대한 새로운 기억이 떠오릅니다. 그것은 위대한 전사나 정치가에 대한 기념이 아닙니다. 어떤 위대한 천재에 대한 추모도 아닙니다. 그것은 놀라우신 구주께 대한 한 여인의 순전한 사랑을 기념하는 것입니다.

오, 나의 친구들이여, 우리, 마리아의 발자취를 따릅시다! 그녀가 한 것처럼 우리의 사랑과 감사를 예수님께 표현합시다. 그러면 우리가 어떻게 하면 그렇게 할 수 있습니까? 예수님께서 여기 세상에 계시지 아니하나 그분의 형상대로 만들어진 다른 사람들이 여기에 있습니다. 우리의 사랑과 헌신의 옥합을 깨뜨려 우리를 필요로 하는 모든 사람들의 머리 위에 향기로운 향유를 부어줄 수 있습니다. 어떤 방법으로 당신이 도울 수 있는 누군가가 있습니까? 그러면 오늘 가서 그에게 구주께 대하여 말씀하십시오. 누군가 당신을 도와 준 사람이 있습니까? 그러면 오늘 가서 그에게 당신의 감사를 표현하십시오. 당신이 원한을 갖고 있는 사람이 있습니까? 그러면 가서 향유를 붓고 그와 당신과의 관계를 바르게 하십시오. 오늘 그렇게 하십시오. 내일은 너무 늦을지도 모릅니다. 어떤 사람이 그에 대한 당신의 원한을 생각하면서 오늘 죽는다면 당신은 괴로워하지 않겠습니까?

예수님께서 유다에게 어떻게 대답하셨는지 아십니까? "그 여인이 하는 대로 가만 두어라. 그는 나의 장사 날을 위하여 그렇게 한 것이다." 그리스도께서는 항상 자기의 자녀들을 공격으로부터 막아 주십니다. 실천적인 큰 교훈을 바로 여기에서 발견할 수 있습니다. 어떤 여인들은 예수님께서 죽으시고 장사된 후에 그분께 바르기 위하여 향료를 가져 왔습니다. 그러나 마리아는 그분께서 아직 살아 계실 때에 그녀의 선물을 가져 왔습니다. 장례식에 꽃을 가져가는 것은 좋은 일입니다만 사람이 아직 살아 꽃을 즐길 수 있을 때에 그것들을 선사하는 것이 더 좋은 것이라고 생각하지 않습니까? 아마 제가 죽으면 몇 사람이 제 얼굴을 내려다보면서 "그는 예수님을 위하여 최선을 다했다. 그는 내 생애를 그리스도께 인도해 줌으로 복되게 했다"라고 말할 것입니다. 나의 친구들이여 그때에는 너무 늦을 것입니다. 오, 사람들이 살아 있는 동안에 그들을 사랑하고 그들에 대한 우리의 감사를 표현합시다!

저의 사랑하는 친구, 존 후스(John E. Huss) 박사가 이 이야기를 합니다. 어느 11월의 추운 아침에 한 판사가 기차를 타기 위해 일찍 일어났습니다. 역에서 맨발을 벗고 추워서 떠는 신문팔이 소년이 다가오며 "선생님, 신문 한 장 사세요"라고 말했습니다. 판사는 그 애에게 "얘야, 너의 아버지는 뭐 하시니?"라고 말했습니다. 그러자 그 소년이 대답했습니다. "아빠는 세상을 떠났어요. 어머니는 빨래를 맡아와 합니다. 난 아침저녁으로 학교 수업 전과 후에 신문을 팔아 엄마를 도와요. 신문 하나 사실래요?" 판사는 크게 감동을 받아 신문이 몇 장이나 남았는지 소년에게 물었습니다. 8장외에는 모두 팔았다고 그에게 소년이 말했습니다. 판사는 얼른 호주머니에 손을 넣어 50센트의 지폐를 꺼내더니 "여기 있다. 얘야, 남은 것 전부를 내가 사겠다"라고 말했습니다. 소년의 눈이 번쩍이며 기쁨이 번졌습니다. 그러나 놀랍게도 소년이 집으로 달려가지 않고 그의 옆으로 가까이 다가서며 천천히 걸었습니다. 그러자 판사가 말했습니다. "얘야, 집으로 달려가서 발을 따뜻하게 하고 아침을 먹고 학교 갈 준비를 하는 것이 더 낫지 않니? 춥지 않아?" 그러자 소년은 그의 얼굴을 빤히 올려다보며 "선생님을 만나기까지는 추웠어요. 그러나 지금은 안 추워요"라고 말했습니다.

오, 나의 친구들이여, 사람들을 따뜻하게 해 주느라 우리 바빠집시다! 다른 사람들의 생활을 더 행복하게 만들기 위해 힘씁시다. 그러나 우리 자신의 가슴들이 예수님의 곁에서 따뜻해지기 까지는 우리가 아무도 도저히 따뜻하게 해 주지 못할 것입니다. 그분께서 여러분과 저를 기다리고 계십니다. 우리가 죄에 등을 돌리기를 그분께서 기다리시고 계십니다. 우리의 생활에서 악한 일들과 악한 생각을 제거하기를 그분이 기다리시고 계십니다. 그분을 사뭇 기다리시게 해두지 맙시다. 그분 곁으로 달려가서 그분의 얼굴을 쳐다보며 우리의 모든 죄와 차가움을 용서해 주시라고 간구합시다. 그러고 나서 밖으로 나가 우리의 사랑과 애정의 옥합을 깨뜨리고 예수님의 이름을 위하여 다른 사람들에게 실제로 우리 자신들을 내줍시다.

제
22
장

—

무시될 수 없는 사람

—

"¹²그 이튿날에는 명절에 온 큰 무리가 예수께서 예루살렘으로 오신다는 것을 듣고 ¹³ 종려나무 가지를 가지고 맞으러 나가 외치되 호산나 찬송하리로다 주의 이름으로 오시는 이 곧 이스라엘의 왕이시여 하더라 ¹⁴ 예수는 한 어린 나귀를 보고 타시니 ¹⁵ 이는 기록된 바 시온 딸아 두려워하지 말라 보라 너의 왕이 나귀 새끼를 타고 오신다 함과 같더라 ¹⁶ 제자들은 처음에 이 일을 깨닫지 못하였다가 예수께서 영광을 얻으신 후에야 이것이 예수께 대하여 기록된 것임과 사람들이 예수께 이같이 한 것임이 생각났더라 ¹⁷ 나사로를 무덤에서 불러내어 죽은 자 가운데서 살리실 때에 함께 있던 무리가 증언한지라 ¹⁸ 이에 무리가 예수를 맞음은 이 표적 행하심을 들었음이러라 ¹⁹ 바리새인들이 서로 말하되 볼지어다 너희 하는 일이 쓸데 없다 보라 온 세상이 그를 따르는도다 하니라." — 요 12:12-19

예수 그리스도는 모든 시대를 통하여 온 세상이 주의를 집중하여 마땅한 유일한 인물이십니다. 그분은 단순히 무시되실 수 없습니다. 그냥 지나쳐지실 수 없습니다. 성스런 것이든 세속적인 것이든, 역사의 모든 것이 그분을 중심으로 하고 있습니다. 그분은 과거의 가장 위대한 인물이시며, 현재의 가장 위대한 인물이시고 미래의 가장 위대한 인물이십니다. 다른 사람들이 역사의 지평선을 지나갔습니다. 시저, 알렉산더, 나폴레옹 등이 있었습니다. 소크라테스와 플라톤과 아리스토텔레스가 있었습니다. 또한 워싱턴과 제퍼슨과 링컨이 있었습니다. 그들은 자기 나름대로 세계에 좋거나 나쁜 영향을 미쳤습니다. 그러나 그들은 현대인의 생활에 영향을 끼치지 못합니다. 우리가 그들을 받아들이거나 내버릴 수 있습니다. 그러나 예수 그리스도께는 그렇지 않습니다. 그분은 고려되어야만 합니다. 세상에 오는 모든 사람은 반드시 그분과의 문제에 부닥쳐야 하고 언젠가는 그분 앞에서 묻는 말에 대답을 해야 합니다. 그분은 2천 년 전에 살다가 죽은 한 사람의 선한 위인 이상이십니다. 그분은 하나님의 영원하신 아들이십니다. 그분께 신뢰를 두는 모든 사람들의 구주이십니다. 그분은 언젠가 심판보좌에 앉으셔서 모든 사람을 심판하실 미래의 왕이십니다. 하고 싶으면 다른 사람들은 무시하십시오. 할 수 있다면 그들을 그냥 넘어가세요. 그러나 그리스도는 우리가 결코 간과할 수 없습니다. 이 땅에서 우리가 그분과 마주쳐야 하며 먼 훗날 그분 앞에 서야만 합니다.

이전의 설교에서 마리아가 옥합을 깨뜨려 귀중한 향유를 그분께 부었던 나병환자 시몬의 집에서는 우리가 그분을 한 작은 집단의 중심으로 보았습니다. 오늘은 그분을 따라가면 그분께서 수천에 이르는 큰 무리의 중심이 되시는 것을 우리가 보게 됩니다. 시몬의 집에서는 한 여인이 그분을 영예롭게 하지만 그분 생애의 마지막 주간에 예루살렘으로 입성하실 때에는 수천의 인파가 그분을 높입니다.

그래서 본 성경 구절에서 우리가 공부하고자 하는 소제목들은 이렇습니다.

1. 환호
2. 설명

1. 환호

이때는 유월절의 시기였습니다. 글자 그대로 수만 명의 사람들이 성도(聖都) 예루살렘에 몰려들고 있었습니다. 예수님께서 그 도시에 오실 것이라는 소문에 흥분이 절정에 이르고 있었습니다. 그들 중의 일부는 예수님의 설교하시는 것을 들은 적이 있었습니다. 어떤 사람들은 그분의 권능 있는 기적들을 목격했었습니다. 그들 중의 어떤 사람들은 그분께서 먹이신 군중 속에 끼어 있었습니다. 그들 중에는 그분의 소문밖에 못 들어서 그분을 한번 보고 싶어하는 사람들도 있었습니다. 이것은 인간으로서 가질 수 있는 자연스런 충동입니다. 최근에 영국의 엘리자베스 여왕이 캐나다와 미국을 방문했습니다. 수많은 사람들이 그녀에 대해서 듣고 사진을 보고 그녀에 대한 글을 읽었습니다. 그래서 그녀를 볼 수 있는 기회가 왔을 때 그들은 거리를 메웠습니다. 그들의 태반이 흘끗 본 것에 불과하였으나 늙어서 손자들에게 "나는 실제로 여왕을 보았다"고 말할 수 있게 되었습니다. 그와 같이 예루살렘에 모인 군중들이 예수님을 보려고 운집했습니다. 하나의 큰 특권이 그들의 것이 되려고 하였습니다.

이 사람들은 종교 지도자들이 아니었습니다. 종교 지도자들은 예수님을 미워했습니다. 이 사람들은 일반 민중이었습니다. 성경의 어떤 곳에서는 "일반 백성이 그를 기쁘게 들었다"고 기록되어 있습니다. 예수님은 직업의 차별을 두시지 않고 사람들을 취하시는 것은 사실이나, 일반적으로 저명한 사람들은 세상과 깊이 사귀어 그리스도를 위해서 시간을 낼 수 없습니다. 그들의 이름이 항상 우리들 앞에 등장하는 사람들이 많습니다. 연예계, 스포츠 분야, 사회적 운동, 세상의 고위층 등에서 그런 사람들을 주로 발견할 수 있습니다. 그러나 그들 중에서 적극적인 기독교 지도자로 알려진 사람들은 극히 드뭅니다. 저는 이 사람들이 안쓰럽습니다. 지금은 부와 명성과 인기가 있습니다만 결국 그들이 어떻게 될 것입니까? 이 모든 것은 쉬 지나가고 영원한 밤과 고통의 비참한 운명이 그들을 맞을 것입니다. 예, 오늘의 위대한 그리스도인들의 대부분이 단지 평범한 사람들인 것은 사실입니다. 그러나 그들은 세상의 소금입니다. 그들이 있음으로 해서 세상이 지옥으로 줄달음치는 것이 막아집니다. 훗날 그들은 천국에서 풍성한 상급을 거둬들일 것입니다.

그런데, 이 사람들이 그리스도의 입성을 준비했습니다. 종려나무의 가지들을 들고 나가 "호산나, 찬송하리로다. 주의 이름으로 오시는 이 곧 이스라엘의 왕이시여"라고 외치면서 맞았습니다. 그렇습니다. 그분이 오실 것이라는 말을 듣고 그들은 그분을 맞을 준비를 했습니다. 그분이 다시 오신다는 말을 당신은 들어보셨습니까? 성경은 이 사실을 우리에게 거듭 말합니다. 그분이 언제 오실지는 우리가 모릅니다. 그분이 오늘 오실지도 모릅니다. 수년 내로 오시지 않을지도 모릅니다. 그러나 중요한 것은 이것입니다. 당신은 그분의 재림에 준비되어 있습니까? 그분을 당신의 개인적 구주로서 영접하지 않았다면 당신은 준비가 되어 있지 않습니다. 주님의 교회의 실질적 교인이 아니라면 당신은 준비되어 있지 않습니다. 매일 그분을 위하여 살려고 애쓰지 않는다면 당신은 준비되어 있지 않습니다. 그분의 크신 뜻이 발전해 나가도록 당신이 가능한 모든 것을 행하고 있지 않으며 가능한 모든 것을 바치고 있지 않다면 당신은 준비하고 있지 않은 것입니다.

　우리들의 교회들은 종교상의 게으름뱅이들로 가득 차 있습니다. 그들 중에는 구원받은 사람들도 있고 구원받지 못한 사람들도 있습니다. 어떤 사람들은 그리스도와의 진정한 경험을 갖고 있으나 어떤 사람들은 단지 교회에 참석할 뿐입니다. 구원을 받지 못한 사람들은 그리스도를 맞을 준비가 절대적으로 되어 있지 않습니다. 그러나 참으로 회심한 사람들은 하나님의 자녀들입니다. 인생의 나그네 길이 끝나면 그들은 천국에 갈 것입니다. 그러나 그들이 주님을 위해서가 아니라 자신들을 위하여 살아온 것을 기억한다면 그들을 위하여 죽으신 분, 그들을 위하여 그토록 많은 일을 해 주신 분을 대면할 일을 생각할 때에 그들의 마음이 평안하겠습니까? 하여튼 그분은 곧 오실 것입니다. 우리의 모든 등불을 손질하고 그날에 대비하여 밝게 타게 해 두어야 합니다.

　태평양에서 생사의 갈림길에 놓인 어느 날 밤 지휘관이 특별히 위험한 작전을 수행할 6명의 인원이 필요하다고 100명의 부하들에게 말했습니다. 사실, 반응하는 사람들은 목숨의 위험을 기꺼이 무릅써야 했습니다. "내가 등을 돌릴 터이니 자원하는 사람들은 세 발짝 앞으로 나오기 바란다"고 그가 말했습니다. 그가 다시 돌아서보니 거기 모인 모든 사람들이 세 발짝 앞으로 나와 있었습니다. 오, 친구들이여, 세상의 모든 그리스도인이 그리스도의 부르심에 그와 같이 반응하여 전열로 향하며 구주를 위하여 죽기까지 충성스러우면 얼마나 좋겠습니까!

　예수님께서 예루살렘으로 들어가시고 계십니다. 나귀를 타셨습니다. 주님께서 두 제자를 보내어 쓰시기 위하여 이 동물을 끌어오게 하셨습니다. 물론, 왕이나 지배자가 나귀를 타고 시위행렬을 이끄는 일은 정말 없는 일이었습니다. 왕의 권세는 최량의 준마나 최고의 자동차를 골랐을 것입니다. 그러나 예수님은 달랐습니다. 그분은 자신을 힘 있는 용사나 정복하는 왕으로서 내세우지 않으셨습니다. 오히려 인류의 죄를 위하여 조금 있으면 죽을 비천한 종으로서 나타내셨습니다.

　저 행렬을 보십시오! 예수님은 한 나귀 위에 타시고 제자들은 그분 뒤에서 걸어가고 있습니다. 큰 군중이 그분 앞에서 달리며 종려 가지들을 그분의 길 위에 뿌리고 있습니다. 이것은 그리스도의 승리의 입성이라 불리어지고 있습니다. 수많은 사람들이 구경하며 그분을 환호로써 기릴 것입니다. 예수님께서 이 환호의 접대를 막지 않으십니다. 그것을 승인하시고 그것을 위한 준비에 들어가십니다. 이것은 전에 그분께서 하신 바와는 완전히 다릅니다. 이전에는 공중이 눈치 채지 못하도록 그분이 피하시는 것을 우리가 발견할 수 있습니다. 사람들이 왕으로 삼으려 할 때에 주님께서 살짝 피하셨습니다. 야이로의 딸을 일으키실 때에는 아무 말도 말라고 제자들에게 당부하셨습니다. 변화산에서 내려오셔서는 그분과 함께 있던 사람들에게 그들이 본 바를 아무에게도 말하지 말라고 이르셨습니다. "나의 때가 아직 이르지 아니하였다"고 주님께서 자주 말씀하셨습니다. 그런데 지금 왜 그리 다르게 그분이 행동하시는 걸까요? 그분의 때가 이르렀기 때문입니다.

세상의 죄를 위하여 그분께서 죽으실 때가 왔습니다. 속죄의 피를 흘리실 때가 왔습니다. 이것은 공공연한 일이어야 합니다. 한 구석에서 행해져서는 안 됩니다. 그래서 그분이 일부러 세상의 주의를 자신에게로 이끄십니다. 그분은 하나님의 아들이시며 또 하나님의 아들로서 유죄한 인류를 위하여 목숨을 내주시려고 하시는 것을 온 세상이 알아야 했습니다. 세상에 참으로 공공연한 일이 있었다면 그것은 십자가 위에서의 그분의 죽으심이었습니다. 그분이 죽으신 때는 일 년 중 유월절을 지키기 위해 수많은 사람들이 예루살렘에 모여든 때였습니다. 그들이 십자가를 직접 목격하였으며 돌아가서 그 일에 대하여 세상에 알렸습니다. 과연, 하나님께서 자기의 목적을 이루시기 위하여 지혜롭게 그리고 정확한 시간에 행동하십니다.

그리고 예수님을 목격한 사람들이 나가서 그분의 죽음에 대하여 이야기한 것처럼 우리도 그렇게 해야 합니다. 우리는 주님께서 죽으셨을 뿐 아니라 다시 사신 것을 압니다. 그분께서는 자신을 신뢰하는 모든 사람들을 구원하실 수 있습니다. 언젠가 우리들을 위하여 그분께서 다시 오실 것입니다. 하나님의 위대한 구속의 계획에 동참하는 것은 우리의 의무이자 특권입니다. 우리의 생활과 재능을 통하여 우리가 세상 끝까지 그분의 증인이 되어야 합니다. 한 설교자가 꿈을 꾸었습니다. 그가 교회에 가서 보니, 정말 놀랍게도, 그리스도께서 강단에 묶여 계셨습니다. "주여, 이게 어찌된 일입니까? 왜 주님께서 이 강단에 묶인 채 계십니까?"라고 그가 말했습니다. 그러자 예수님께서 슬프게 대답하셨습니다. "나의 백성들이 나에게 이런 일을 했다. 내가 명한 대로 구원의 메시지를 갖고 나가지 않고 세상이 나에 대하여 듣는 곳은 강단뿐이다." 오, 강단으로부터 그리스도를 전파할 수 있다는 것은 영광스러운 일입니다만 그것으로 충분하지 않습니다. 모든 그리스도인들은 각기 구주께 관하여 다른 사람들에게 이야기하는 한 사람의 전도자가 되어야 마땅합니다.

여러 종류의 사람들이 이 영광스러운 광경에 어떻게 반응하였는지 유의하여 보십시오. 제자들은 이해하지 못하고 있었다고 성경이 기술합니다. 그들은 예수님을 사랑하였으며 그분께서 하나님의 아들이심을 믿었습니다만 무슨 일이 일어나고 있는지는 이해하지 못했습니다. 한편으로는 그분께서 죽으실 것이라는 생각과 또 한편으로 왕이 되실 것이라는 생각을 그들은 양립시킬 수 없었습니다. 그러나 성경에는 일관하여 흐르는 두 줄기의 예언이 있습니다. 하나는 그리스도께서 우리를 위하여 죽으실 종으로서 오시는 것을 가리킵니다. 다른 하나는 그분께서 만왕의 왕, 만주의 주로서 다스리시기 위하여 다시 오시는 그분의 재림을 가리킵니다. 우리는 여기에서 유대인들이 그분을 메시야로서 인정하지 못한 이유를 알 수 있다고 저는 믿습니다. 그들은 그분의 고난과 죽음에 대하여 말한 이사야 53장 및 다른 예언들을 무시하고 다윗의 황금시대를 재건할 왕으로서 메시야가 올 것만을 희망에 부풀어 고대하였습니다.

그러므로 예수님께서 낮은 종으로서 오셔서 그분 위에 전가된 우리들의 죄로 죽으실 때에 그들은 그분에게서 아무런 왕의 요소를 보지 못했습니다. 성경은 우리들에게 말합니다. 그분께서 영광 중에 오시는 날 그분께서 왕으로서 오시는 것을 그들이 보게 될 것이라고 말입니다. 그러나 자기들이 찔러 죽게 한 분으로 그들이 또한 그분을 알아볼 것입니다. 그분께서 오시는 날, 자기들이 예수님을 십자가에 처형할 때에 약속된 메시야를 처형하고 있었음을 유대인들이 깨달을 것입니다. 제자들은 후에 예수님께 관한 모든 것을 기억하고 왜 이 모든 일들이 일어나야만 했는지를 분명하게 깨달았다고 성경의 기록이 말해 줍니다. 성령께서 그들의 마음을 밝혀 주실 때에 그들은 이 모든 것을 알게 되었습니다.

성경은 우리들에게 영적 일은 영적으로야 깨달을 수 있다고 말하고 있습니다. 바꾸어 말하면, 영적인 중생을 경험하지 못한 사람은 영적 일들을 이해할 수 없습니다. 제가 어느 작은 도시에서 집회를 열기로 했습니다. 그 교회의 목사가 거리에서 한 사람을 만나 예정된 집회에 대하여 그에게 말했습니다. 이 사람은 죄스런 생활로 이름이 난 사람이었습니다. 교회와는 아예 벽을 싼 사람이었습니다. 그는 하나님의 일들에 대해서 아무것도 몰랐습니다. 그는 죄에서 살았으며 누가 그것을 알든 개의치 않았습니다. 그러나 이 목사가 그를 교회로 초대하여 성령께서 하시는 일에 대하여 그에게 이야기하기 시작했습니다. 그 사람은 목사의 얼굴만 멀거니 쳐다보고 서 있었습니다. 목사가 무엇에 대하여 이야기하는지를 전혀 깨닫지 못했습니다. 제자들은 그렇게 나쁘지는 않았습니다만 예수님께서 하늘로 올리어 가시기까지의 말씀하시고 행하신 모든 것을 이해하지 못했습니다. 그 후에 성령께서 오셔서 이 모든 일들이 그들에게 기억나게 하시고 그들로 깨닫게 하셨습니다.

다음으로, 주님의 승리의 입성에 대한 군중의 반응이 어떠하였는지 살펴봅시다. 그들 중의 어떤 사람들은 그분께서 나사로를 무덤으로부터 일으키시는 것을 보았으며 다른 사람들에게 그 일을 이야기 했습니다. 죽은 사람들을 살리실 수 있는 분이 오실 것이라는 소식을 듣고 커다란 군중이 그분을 보고자 했습니다. 그들은 단순한 구경꾼들이었습니다. 그들의 대부분이 그리스도를 따르는 사람이 아니었습니다. 오늘날도 세상은 그런 사람들도 가득 차 있습니다. 그들은 그리스도께 대하여 들었으며, 그분께서 사시고 죽으셨으며 또 다시 살아나신 것을 믿습니다만 그들은 다만 거기에서 멈추고 아무것도 하지 않습니다. 그들은 세상의 길로 달려갑니다. 다만 육체만을 위하여 삽니다. 예수님은 그들의 생활에서 조금도 자리를 잡고 계시지 않습니다. 오, 얼마나 많은 사람들이 이런 부류에 속합니까! … 사탄이 한번은 지옥에서 마귀들의 총회를 소집했다는 한 전설이 있습니다. 어떻게 하면 그들의 과업을 효과적으로 수행할 수 있는지를 토의하였습니다. 사탄이 그들에게 무엇을 가장 좋은 무기로 생각하느냐고 물었습니다. 한 마귀가 "술집이 우리의 최대한 무기입니다"고 말했습니다. 그러나 사탄이 대답했습니다. "아니다. 술집은 유력한 하나의 무기이나 그것으로 충분하지 않다." 다른 한 마귀가 추문이 가장 큰 무기가 될 것이라고 말했으나 사탄은 동의하지 않았습니다. 증오와 악의가 최대의 무기일 것이라고 한 마귀가 말했으나 사탄은 그 제안을 거절했습니다. 그러자 또 한 마귀가 "무관심이 우리의 가장 강력한 무기라고 나는 믿습니다"라고 말했습니다. 사탄이 그 마귀에게 동의를 표했습니다. 사탄은 세계 도처에서 그 무기를 사용합니다. 오늘날 사람들은 하나님 앞에서 사기들이 저한 상태에 무관심합니다. 회개와 믿음으로 부르시는 그리스도의 초대에 무관심합니다. 훗날 그들이 죽어 반드시 하나님과 대면해야 한다는 분명한 사실에 무관심합니다. 무관심 속에서 계속하여 나아가다가 결국 그들이 당도하게 될 곳은 불못입니다.

배들이 바다로 나가는 도크에는 흔히 이런 경고가 붙어 있습니다. "모든 밀항자들은 행선지에서 기소될 것임." 밀항자란 승선의 필요한 조건들을 갖추지 않고 몰래 배에 탄 사람입니다. 항해 도중에는 그들이 그냥 나갑니다만 목적지에 이르러서는 처벌을 받습니다. 그것은 인생에 있어서도 꼭 마찬가지입니다. 하나님의 세계에서 밀항하고 있는 사람들이 많이 있습니다. 그들이 하나님의 모든 축복들을 마시며 삽니다만 그분의 거룩하신 명령은 전혀 순종하지 않습니다. 인생길이 끝나면, 비참한 운명이 그들의 얼굴을 응시하면서 그들 앞에 성큼 다가설 것입니다. 이 일행 중에는 도덕적으로 깨끗한 사람들도 있습니다. 그들은 착하게 살며 자기 가족들에게 잘 하고 사회에서는 유익을 끼칩니다. 그러나 그들도 그리스도를 팽개치고 있으므로 영원히 잃어진 상태에 있습니다.

이제 그리스도의 적들, 바리새인들의 반응을 살펴보십시다. 그들은 크게 불안해합니다. "세상이 그를 따라갔다"고 그들이 부르짖었습니다. 요세푸스는 적어도 3백만의 사람들이 그때에 예루살렘에 모여들었다고 우리에게 전해 줍니다. 모든 곳에서 모여 왔습니다. 그래서 바리새인들이 그 무수한 군중을 보고 그들이 "찬송하리로다. 주의 이름으로 오시는 이여"라고 외치는 것을 들었을 때에 바리새인들이 동요한 것은 이상할 게 없습니다. 바리새인들이 한 말이 사실이었으면 얼마나 좋겠습니까. 모든 세상이 그리스도를 따랐으면 얼마나 좋겠습니까. 미국이 그 모든 물질적 부를 갖고 그리스도를 따랐으면 얼마나 좋겠습니까. 유럽과 아시아와 아프리카와 바다의 섬들이 그 수많은 주민들과 함께 구주를 알고 따랐으면 얼마나 좋겠습니까. 오, 그렇다면, 얼마나 영광스러운 세계일 것인가! 그분은 모든 문제에 대한 해답을 갖고 계십니다. 국가들의 문제를 해결하시며 개개인의 마음에 평화와 소망을 주실 수 있습니다.

오하이오 주의 클리블랜드에서 한 부부가 이혼 소송을 막 제기했습니다. 남편은 다른 아파트로 옮겨 갔습니다. 어느 토요일 밤, 각기 다른 장소에서, 그들은 뉴욕시에서의 빌리 그래함과 그가 인도하는 예배를 지켜보았습니다. 텔레비전 방영이 끝난 후, 남편은 아내를 불러 "이혼에 쓰일 비용을 가지고 우리 메디슨 스퀘어 가든에 갑시다"라고 말했습니다. 그들은 이대로 했습니다. 복음의 능력에 붙들려 두 사람 모두 그리스도를 발견하고 이혼 문제는 잊어버리게 되었습니다. 그리스도께서는 구부러진 우리의 삶을 바르게 고쳐 주시며 누구보다도 더 잘 우리의 문제들을 해결해 주실 수 있습니다.

2. 설명

그리스도의 승리의 입성은 구약 예언의 직접적 성취였습니다. 스가랴 9장 9절을 보십시오 — "시온의 딸아 크게 기뻐할지어다 예루살렘의 딸아 즐거이 부를지어다 보라 네 왕이 네게 임하시나니 그는 공의로우시며 구원을 베푸시며 겸손하여서 나귀를 타시나니 나귀의 작은 것 곧 나귀 새끼니라."

주님께서는 왜 말을 타시지 않으셨을까요? 왜 걸어가시지 않으셨을까요? 그 거리는 불과 2마일이어서 전에는 여러 번 걸어가셨습니다. 왜 꽃수레나 손수레는 타시지 않으셨습니까? 그분께서 어린 나귀를 타실 것이라고 예언이 말했으며 모든 예언은 정확하게 이루어져야 했기 때문이었습니다. 조금 있으면 그분께서 십자가에 달리실 것이며, 거기서도 모든 예언을 완전히 이루십니다. 언젠가 주님께서 다시 오시리라고 성경이 말하고 있으며 또 세상에 떨어질 심판에 대하여도 말하고 있습니다. 의로운 자들은 영원한 생명으로 올라갈 것이요 불의한 자들은 영원한 수치와 모멸로 내려갈 것이라고 성경이 들려줍니다. 어떤 사람들은 "너의 아버지의 즐거움에 들어가라"는 말씀을 들을 것이며 반면에 다른 어떤 사람들은 "나를 떠나라. 내가 도무지 너를 알지 못한다"는 말씀을 들을 것이라고 들려줍니다. 하나님께서 모든 눈물을 닦아 주시며 더 이상 사망과 고통과 슬픔이 없을 곳으로 가는 사람들이 있는가 하면 밤낮으로 영원히 고통을 당할 곳으로 가는 사람들이 있을 것이라고 들려줍니다.

그리스도의 초림에 대한 예언이 어김없이 성취된 것처럼 그분의 재림에 대한 예언도 그러할 것입니다. 인간은 아랑곳 않고 자기의 죄 중에 가고 또 가고 있습니다만 어느 날 갑자기 하나님께서 덮치실 것입니다. 선택의 자유가 주어진 인간의 날은 끝날 것이며, 하나님께서 그분의 사랑을 거절하고 그분의 아들을 배척한 사람들을 모두 벌하실 것입니다.

여기에서 또 다른 교훈을 배울 수 있습니다. 예루살렘의 일반 사람들이 유대 지도자들을 두려워하였는데도, 이 경우에는 공공연히 그리스도를 왕으로 환호하였습니다. 그것은 군중심리의 문제가 아니었습니다. 바람과 물결과 마귀와 질병으로 자기를 복종하게 하신 분께서는 또한 사람들의 마음도 돌리실 수 있으셨습니다. 그분께서는 세상의 구주로서 자신에게 주의를 불러일으키기 위하여 그들로 이 시위를 연출하도록 하였습니다. 이 수많은 사람들은 그 사실을 알았습니다. 그들이 다른 수많은 사람들에게 이야기할 것이었습니다. 그러면 후에, 제자들이 나가 복음을 전파할 때에 복음의 씨앗을 뿌릴 옥토가 준비될 것이었습니다.

이렇게 묻는 사람이 있습니까? "그가 사람들의 마음을 돌이킬 수 있었다면 그를 십자가에 못 박으려는 사람들을 왜 변하게 하지 않았느냐? 왜 그의 원수들을 바람에 불려가는 겨와 같이 흩어버리지 않았느냐?" 꼭 한 대답이 있습니다. 그분께서 우리를 사랑하셔서 우리들을 구원하시기 원하셨습니다. 그렇게 할 수 있는 유일한 방법은 그분께서 자원하여 십자가에서 죽으시는 것이었습니다. 어떤 큰 권세 앞에 그분이 정복당하신 것이 아니었습니다. 우리가 잃어졌고 그분은 우리를 구원하시기를 원하셨기 때문에 주님께서 자기의 생명을 내놓으셨습니다.

주님께서 십자가로 가까이 나아가시면 가실수록 하늘과 땅에서 가장 위대한 사랑의 더 많은 증거를 우리가 보게 됩니다. 죄인이 어떻게 그런 사랑을 배척할 수 있겠습니까? 그런데 여기에 더 이상한 일이 있습니다. 그분의 피로 속죄함을 받고 천국에 가도록 구원함을 받은 그리스도인이 이 위대하신 구주를 위하여 그의 최선을 다 하지 않을 수 있습니까?

저의 친애하는 친구 코널리 에반스 박사가 이 이야기를 합니다. 어느 대도시 교회의 목사가 시골 교회에서 집회를 열었습니다. 그러고서 월요일에 자기 집으로 돌아왔습니다. 다음 토요일에 그의 사무실 문을 두드리는 소리가 있었습니다. 그가 열고 보니 거기에 늙은 흑인이 있어서 안으로 들어오도록 했습니다. 그 노인이 목사에게 이렇게 말했습니다. "목사님, 목사님께서 저기 시골에서 집회를 열고 있을 때에 하루는 제가 일하고 있는 집으로 식사하러 오셨습니다. 제가 부엌에 있었기 때문에 목사님께서는 저를 보지 못했지만 목사님께서 복을 빌고 음식을 준비한 손들에 복을 내려 주시라고 주님께 간구하시는 것을 저는 들었습니다. 저의 눈을 내려다보았더니 눈물이 제 눈에 고여 왔습니다. 큰 도시의 목사님이 시골에까지 오셔서 제 손에 복을 주시라고 하나님께 기도하는 것은 놀라운 일이라는 생각이 들었습니다. 그래서 저는 이 손들을 주님께 바치기로 결심했습니다. 그 다음 날 저의 교회에 가서 저의 목사님께 그것을 말씀드렸습니다. 저는 일주 내내 교회에서 일하고 있습니다. 제가 전에 하던 어떤 일보다도 이 일을 하게 되어 기쁩니다. 그런데 목사님, 와서 목사님을 뵙고, 저의 손뿐 아니라 온 몸과 온 생명을 예수님께 바치도록 저를 위해 기도해 주시기를 목사님께 부탁드리고 싶었습니다."

우리도 그렇게 해야 되는 것 아닙니까? 우리 마음의 작은 모퉁이를 그분께 드리는 것을 그칩시다. 세상을 그리스도보다 더 사랑하는 것을 그만둡시다. 잡다한 변명들을 그칩시다. 세상에 속한 사람들처럼 사는 것을 그만둡시다. 오, 오늘 새로이 우리의 손을 예수님의 못 박힌 손 안에 넣고 이렇게 말합시다. "주여, 지금부터는 저의 모든 것을 주님께서 소유하실 수 있습니다."

제
23
장

—

죽으려고 태어나시다

—

"[20] 명절에 예배하러 올라온 사람 중에 헬라인 몇이 있는데 [21]그들이 갈릴리 벳새다 사람 빌립에게 가서 청하여 이르되 선생이여 우리가 예수를 뵈옵고자 하나이다 하니 [22]빌립이 안드레에게 가서 말하고 안드레와 빌립이 예수께 가서 여쭈니 [23] 예수께서 대답하여 이르시되 인자가 영광을 얻을 때가 왔도다 [24] 내가 진실로 진실로 너희에게 이르노니 한 알의 밀이 땅에 떨어져 죽지 아니하면 한 알 그대로 있고 죽으면 많은 열매를 맺느니라 [25] 자기의 생명을 사랑하는 자는 잃어버릴 것이요 이 세상에서 자기의 생명을 미워하는 자는 영생하도록 보전하리라 [26] 사람이 나를 섬기려면 나를 따르라 나 있는 곳에 나를 섬기는 자도 거기 있으리니 사람이 나를 섬기면 내 아버지께서 그를 귀히 여기시리라 [27] 지금 내 마음이 괴로우니 무슨 말을 하리요 아버지여 나를 구원하여 이 때를 면하게 하여 주옵소서 그러나 내가 이를 위하여 이 때에 왔나이다 [28] 아버지여, 아버지의 이름을 영광스럽게 하옵소서 하시니 이에 하늘에서 소리가 나서 이르되 내가 이미 영광스럽게 하였고 또다시 영광스럽게 하리라 하시니 [29] 곁에 서서 들은 무리는 천둥이 울었다고도 하며 또 어떤 이들은 천사가 그에게 말하였다고도 하니 [30] 예수께서 대답하여 이르시되 이 소리가 난 것은 나를 위한 것이 아니요 너희를 위한 것이니라 [31]이제 이 세상에 대한 심판이 이르렀으니 이 세상의 임금이 쫓겨나리라 [32]내가 땅에서 들리면 모든 사람을 내게로 이끌겠노라 하시니 [33] 이렇게 말씀하심은 자기가 어떠한 죽음으로 죽을 것을 보이심이러라 [34] 이에 무리가 대답하되 우리는 율법에서 그리스도가 영원히 계신다 함을 들었거늘 너는 어찌하여 인자가 들려야 하리라 하느냐 이 인자는 누구냐 [35] 예수께서 이르시되 아직 잠시 동안 빛이 너희 중에 있으니 빛이 있을 동안에 다녀 어둠에 붙잡히지 않게 하라 어둠에 다니는 자는 그 가는 곳을 알지 못하느니라 [36] 너희에게 아직 빛이 있을 동안에 빛을 믿으라 그리하면 빛의 아들이 되리라 예수께서 이 말씀을 하시고 그들을 떠나가서 숨으시니라 [37] 이렇게 많은 표적을 그들 앞에서 행하셨으나 그를 믿지 아니하니 [38] 이는 선지자 이사야의 말씀을 이루려 하심이라 이르되 주여 우리에게서 들은 바를 누가 믿었으며 주의 팔이 누구에게 나타났나이까 하였더라 [39] 그들이 능히 믿지 못한 것은 이 때문이니 곧 이사야가 다시 일렀으되 [40] 그들의 눈을 멀게 하시고 그들의 마음을 완고하게 하셨으니 이는 그들로 하여금 눈으로 보고 마음으로 깨닫고 돌이켜 내게 고침을 받지 못하게 하려 함이라 하였음이더라 [41] 이사야가 이렇게 말한 것은 주의 영광을 보고 주를 가리켜 말한 것이라 [42] 그러나 관리 중에도 그를 믿는 자가 많되 바리새인들 때문에 드러나게 말하지 못하니 이는 출교를 당할까 두려워함이라 [43] 그들은 사람의 영광을 하나님의 영광보다 더 사랑하였더라 [44] 예수께서 외쳐 이르시되 나를 믿는 자는 나를 믿는 것이 아니요 나를 보내신 이를 믿는 것이며 [45] 나를 보는 자는 나를 보내신 이를 보는 것이니라 [46] 나는 빛으로 세상에 왔나니 무릇 나를 믿는 자로 어둠에 거하지 않게 하려 함이로라 [47] 사람이 내 말을 듣고 지키지 아니할지라도 내가 그를 심판하지 아니하노라 내가 온 것은 세상을 심판하려 함이 아니요 세상을 구원하려 함이로라 [48] 나를 저버리고 내 말을 받지 아니하는 자를 심판할 이가 있으니 곧 내가 한 그 말이 마지막 날에 그를 심판하리라 [49] 내가 내 자의로 말한 것이 아니요 나를 보내신 아버지께서 내가 말할 것과 이를 것을 친히 명령하여 주셨으니 [50] 나는 그의 명령이 영생인 줄 아노라 그러므로 내가 이르는 것은 내 아버지께서 내게 말씀하신 그대로니라 하시니라.” — 요 12:20-50

예수 그리스도는 하나님의 영원하신 아들이십니다. 이것은 그분께서 영원 전부터 하나님과 함께 사셨음을 뜻합니다. 산들이 형성되거나 아침 별들이 함께 노래하기 전의 시간으로 거슬러 가보세요. 그러면 예수님께서 아버지 하나님과 함께 거하시고 계시는 것을 보게 될 것입니다. 하나님께서는 자기의 아들을 사랑하셨으며 그분들의 사귐은 행복하고 아름다웠습니다. 그러나 하나님께서 그 아들에게 이별을 고하시고 세상으로 그분을 내려 보내실 때가 왔습니다. 하나님께서는 예수님을 다 자란 성인으로 보내신 것이 아니라 젖먹이로 태어나셔서 일반 어린이로서 자라나시도록 하셨습니다. 슬픔과 역경과 유혹 등, 인간의 모든 경험을 겪으시기 위하여서였습니다. 이런 일들을 인내로써 겪으신 후에, 그분께서 시련에 처한 우리들을 동정하실 수 있게 되실 것입니다. 예수님은 이 모든 것을 겪으셨지만 그분의 생애는 꼭 한 가지 점에서 달랐습니다. 그분의 생애는 죄가 없었습니다. 그분은 시험을 받으셨으나 절대로 넘어지시지 않으셨습니다. 사뭇 순결하시고 흠이 없으셨습니다. 그분은 완전한 삶을 사셨기 때문에 모든 시대의 모든 사람을 위한 모범을 세우셨습니다. 기적들을 행하셨고 위대한 설교를 하셨으며 그분의 삶은 선하고 훌륭하며 유익한 모든 것으로 충만하였습니다.

그러나 예수님은 단순히 사시기 위해서나, 위대한 교훈을 가르치시기 위해서나 혹은 훌륭한 모범을 보이시기 위하여 오신 것이 아니었습니다. 그분께서는 죽으시려고 세상에 오셨습니다. 그분은 "창세로부터 죽임을 당하신 어린양"이셨습니다. 그분께서 단순히 사시기 위하여 오셨다면, 그것이 복음의 이야기의 전부라면, 우리들은 영원히 죄 속에서 영원히 잃어져 있을 것입니다. 그러나 그분께서는 죽으시려고, 우리를 대신하여 죽으시려고, 우리의 죄를 위하여 자기의 피를 흘리시려고 오셨습니다. 요한복음 12장의 본 구절들로부터 이런 것들을 발견할 수 있습니다. 여기에서 발견할 수 있는 세 가지 사항을 살펴보겠습니다.

1. 호기심의 발로
2. 예언된 십자가상의 죽음
3. 드러난 비겁

1. 호기심의 발로

우리는 이때가 예루살렘에서 큰 축제의 시기였음을 기억합니다. 수많은 사람들이 이미 알려진 세계의 도처에서 모여들었습니다. 그리스도께서 예루살렘에 방금 승리의 입성을 하셨습니다. 군중들은 그분 앞에서 달리며 종려가지들을 던지고 외쳤습니다. "호산나! 찬송하리로다. 주의 이름으로 오시는 이여." 그런데, 그때에 예루살렘에 어떤 헬라인들이 참여해 있었습니다. 그들은 예수님을 보고자 했습니다. 그분과 그분의 행하신 위대한 일들에 대하여 전에 들어본 일이 있었습니다. 그들은 아주 가까이에서 그분과 이야기를 나누고 싶었습니다. 확실히 이것은 자연스러운 충동이었습니다. 만약 미국의 대통령이나 영국 여왕이 여러분이 사는 곳 가까이에 온다면 여러분은 그들을 보고 싶어할 것입니다.

그러나 아마 이 바람은 단순한 호기심 이상이었을 것입니다. 이 사람들은 유대교 개종자들이었는지 모릅니다. 그들은 자기네의 미신적 종교에 환멸과 실망감을 느끼고 마음의 평안을 찾아 히브리 종교에 귀의했을 것입니다. 그러나 그들은 또 여전히 좌절과 환멸을 겪게 되었는지 모릅니다. 당시의 히브리 종교는 완전히 공허하고 죽어 있었기 때문입니다. 그들은 마음의 평화를 찾지 못했습니다. 그래서 이제 그들이 그분에게서 마음이 갈망하는 모든 것을 발견할 수 있을까 하고 예수님을 만나보고자 했습니다. 그들은 오늘날의 사람들과 흡사합니다. 오늘날 수많은 사람들이 세상을 맛보고, 쾌락을 맛보고 여러 형태의 종교를 입문해 보았습니다. 그래도 여전히 그들은 심령의 평화를 찾지 못합니다. 오, 모든 사람들이 홀로 평안과 만족을 주실 수 있는 그리스도께로 나오면 얼마나 좋으리요.

오늘날 우리는 허기진 세상에 살고 있습니다. 빈곤한 수많은 사람들이 매일 밤 배고파하며 잠자리에 듭니다. 하지만 이 굶주림은 인간의 영적 기아와 비교하면 아무것도 아닙니다. 빌리 그래함이 한 세계 여행으로부터 돌아와서 이렇게 말했습니다. "어느 곳에서나 셀 수 없이 많은 사람들의 얼굴에서 영적인 기갈을 보았다. 그런데 그리스도만이 그 유일한 해답이시다." 오, 이 세상의 일들로는 만족할 수 없는 때가 옵니다. 미국인들은 오늘날 물질적인 것에 정신을 쏟고 있습니다. 우리의 마음이 큰 슬픔에 부딪칠 때에는 이런 것들은 우리를 도울 수 없습니다. 우리가 죽을 때에는 그것들이 평안을 줄 수 없습니다. 인생의 길이 끝날 때에 그것들로 하늘나라에서의 집을 살 수 없습니다.

제2차 세계대전이 발발했을 때 맥아더 장군이 "나는 돌아올 것입니다"라고 말하면서 코레히도르를 떠나던 일을 여러분은 기억하실 것입니다. 군인들은 떠나기 전에 세심한 마지막 점검에 힘을 쓰고 있었습니다. 정부는 많은 미국 통화를 거기에 보관해 두고 있었습니다. 그런데 그 화폐를 갖고 갈 수 없었으며 또 적에게 남겨 두어서도 안 되었습니다. 그래서 그들은 이 돈을 쌓아 불태웠습니다. 100달러짜리 지폐들이 피곤한 군인이 지켜보는 중에 잘 타고 있었습니다. 한 사람이 100달러 지폐 한 장을 집어 들어 그 한 끝을 타고 있는 불에 대더니 그것으로 자기 담배에 불을 붙였습니다. "나는 항상 이렇게 하기를 원해왔다"라고 그가 말했습니다. 시간이 흐르고 상황이 바뀌니 돈이 별것이 아니었습니다. 우리가 인생길의 종점에 이를 때에는 돈이라는 것은 그보다 더 무의미할 것입니다. 왜 사람들과 이렇게 쉬 없어져 버리는 물질적인 것에 그들의 시간과 재능과 정력을 모두 쏟고 영원히 지속되는 영적인 일들은 무시하려 합니까?

그런데, 이 헬라인들이 제자들 중의 한 사람인 빌립에게 와서 "선생님, 우리가 예수 선생님을 뵙고 싶습니다"라고 말했습니다. 여기에 깊은 의미가 있습니다. 세상이 예수님을 보고자 할 때에 보통은 성경을 들여다보거나 자연계를 살피지 않고 그리스도인들의 생활을 눈여겨봅니다. 사람들이 우리들의 생활을 들여다보고 거기에서 예수님을 볼 수 없다면 얼마나 불행한 일입니까? 제가 집회를 열고 있던 어느 교회에서 어느 날 밤 한 사람이 일어서서 자기의 회심에 대하여 말했습니다. 그가 결혼한 당시에는 그리스도인이 아니었습니다. 그러나 충실한 기독교인인 그의 아내의 변함없는 기도 생활과 진실하고 착한 생활 속에서 그들 두 사람간의 큰 차이를 깨닫고 그 자신도 구주를 사모하게 되었습니다. 그는 자기 짝의 생활에서 예수님을 볼 수 있었습니다. 아마 우리들 중의 더 많은 사람들이 그리스도처럼 산다면 주위의 사람들이 더 잘 그분을 볼 수 있게 될 것입니다.

"우리가 예수 선생님을 뵙고 싶습니다"라고 헬라인들이 말할 때 그들은 인류의 오랜 숙원을 토로한 것이었습니다. 구약의 선지자들은 "너희 죄를 회개하고 믿음으로 하나님을 바라보라"고 외쳤습니다. 그러나 사람들은 "하나님은 어떤 분이시냐? 하나님 아버지를 우리에게 보이라. 그러면 우리가 만족할 것이다"라고 대답했습니다. 하나님께서 이 간청에 응하셔서 자기의 아들을 세상에 보내셨습니다. 예수님께서 말씀하셨습니다. "너희가 나를 알면 아버지를 알게 된다. 내가 어떤 분인지 너희가 알 때에 하나님께서 어떤 분이신지를 알게 된다. 아버지와 나는 하나이다." 그렇습니다. 우리가 하나님을 아는 유일한 길은 그분의 아들을 통하는 길입니다.

우리가 예수님을 뵙고 싶습니다 — 이것은 지금도 여전히 인간 내면의 부르짖음입니다. 우리가 무거운 죄의 짐으로 억눌릴 때 예수님을 뵙기 원합니다. 그분은 위대하신 죄의 담당자이십니다. 항상 우리더러 와서 우리의 무거운 짐을 그분께 내려놓으라고 말씀하십니다. 진정한 그리스도인들은 세세한 일상생활에서 그분을 뵙기 원합니다. 우리는 매일 우리의 곁에 그분을 필요로 합니다. 그리고 그분께서 우리의 곁에 계시겠다고 약속하셨습니다. "내가 너를 떠나거나 버리지 않겠다"고 말씀하셨습니다. 우리가 교회에 오면 그분을 뵙기 원합니다. 사람의 말을 듣거나 친구를 만나려고 교회에 나오는 것이 아닙니다. 우리의 심령이 굶주리기 때문에 옵니다. 세상이 우리의 생활을 곤비하게 하셨을 때 우리는 하나님과의 새로운 접촉을 원합니다. 임종의 시간에 우리는 그분을 뵙기 원합니다. 우리의 발이 으스스한 강물에 접촉될 때에, 우리의 사랑하는 사람들이 잠자리에 들지 못하고 울 때에, 의사가 슬픈 기색으로 머리를 저을 때에 우리는 특히 주님을 필요로 할 것입니다. 예수님을 곁에 모실 때에 우리는 "내가 사망의 음침한 골짜기로 다닐지라도 해를 두려워하지 않으리라"고 말할 수 있습니다. 그리고 우리는 영광 중에서 그분을 뵙기 원합니다. 이 눈물의 골짜기 너머에서, 음울한 무덤 너머에서 "잘 하였도다 착하고 충성된 종아 주인의 즐거움에 들어가라"고 그분께서 말씀하시는 것을 우리가 듣기 원합니다. 우리는 영원히 그분과 함께 있기를 원합니다. 여기에서 우리 자신을 그분께 드리면 이 특권이 우리의 것이 될 것입니다. 그때에 우리는 바울과 함께 "내게 사는 것이 그리스도니 죽는 것도 유익하니라"고 말할 수 있습니다.

헬라인들이 빌립에게 예수님을 뵐 수 있는 허락을 청했을 때에 빌립은 안드레와 상의하고 그 두 사람이 와서 예수님께 여쭈웠습니다. 일어난 모든 일들을 알지 못합니다만 예수님께서는 확실히 이 헬라인들에게 말씀을 해 주셨을 것이라고 저는 믿습니다. 또 그들이 그분을 신뢰하여 구원을 받았으리라고 우리가 기대할 수 있습니다. 우리는 여기에서 유대인들이 예수님을 죽이려고 음모하고 있는 바로 그 시간에 이방인들은 그분을 뵙고 싶어한 사실을 주목하게 됩니다. 이것은 앞으로 전개될 사건들의 한 조짐이 아니었겠습니까? 유대인들은 그분의 죽음을 요구하였으며 그들 중에서 믿는 사람들이 거의 없었습니다. 반면에 수많은 이방인들이 그분께서 구원의 주이시라고 주장하였습니다.

2. 예언된 십자가상의 죽음

이제 예수님께서 "내가 영광을 얻을 때가 왔다"라고 말씀하십니다. 그분께서 어떻게 영광을 얻을 것입니까? 그것은 고난과 죽음을 통하여 이루어질 것이었습니다. 주님께서는 자기 앞에 놓인 십자가의 모든 고통을 보셨습니다. 그러나 그분은 더 많은 것을 보셨습니다. 슬픔 너머에 있는 영광을 보셨습니다. 오늘 그분의 이름은 모든 이름 위에 빼어나 있습니다. 언젠가 모든 무릎이 절을 하고 모든 혀가 그분을 고백할 날이 반드시 올 것입니다. 그러나 이것은 그분께서 고난과 죽음을 참아 겪으시기까지는 일어날 수 없었습니다. 제자들은 아마 다른 생각을 갖고 있었을 것입니다. 민중들이 그분을 굉장히 칭송하며 이스라엘의 왕이시라 부르는 것을 그들이 들었었습니다. 그분의 영광의 때가 임박하였으며 다윗처럼 그분께서 보좌에 앉으셔서 이스라엘을 다스리게 될 것이라고 그들은 생각했습니다. 그들은 자기들도 틀림없이 이 영광의 얼마는 나누어 누릴 것이라고 믿었습니다. 그러나 예수님께서는 이렇게 말씀하시고 계셨습니다. "나는 이제 영광을 얻을 것이다. 그러나 너희가 생각하는 대로가 아니다. 나는 옥좌로가 아니라 십자가로 갈 것이다. 영광이 오기 전에 고난과 죽음이 반드시 와야 한다."

보다 작게는, 이것은 그리스도를 따르는 모든 사람들에게 해당됩니다. 바울은 역사상 가장 위대한 그리스도인들 중의 한 분으로서 항상 앞에 영광스러운 삶을 바라보며 살았습니다. 하늘나라의 승리 전에 이 세상의 시련이 온다고 그는 항상 말하였습니다. "생각하건대 현재의 고난은 장차 우리에게 나타날 영광과 족히 비교할 수 없도다." "잠깐 있을 우리의 괴로움은 우리를 위하여 훨씬 넘치고 영원한 영광을 이룬다." 지금 천국의 영광을 누리고 있는 위대한 성도들은 구주를 위하여 이곳에서 고난을 당한 사람들입니다. 예수님께서 말씀하셨습니다. "세상에서는 너희가 환난을 당하나 담대하라 내가 세상을 이기었노라." 우리가 그분을 따르면 우리도 세상을 이길 것이요 본향에 가 그분의 영광에 참여하게 될 것입니다.

예수님은 자연에서 유사한 예를 들어 이 위대한 진리를 설명하십니다. 그분께서 이렇게 말씀하십니다. "한 알의 밀이 땅에 떨어져 죽지 아니하면 한 알 그대로 있고 죽으면 많은 열매를 맺느니라." 주님께서는 자기의 죽음이 세상의 영적인 생명의 근원이 될 것이라고 우리들에게 말씀하십니다. 그분의 죽음으로부터 세상을 위한 풍성한 축복의 수확이 산출될 것이었습니다. 그분의 죽음으로부터 또한 영혼의 풍성한 수확이 나올 것이었습니다. 그분께서 죽지 않으신다면 한 알의 밀처럼 홀로 그대로 존재하실 뿐이었습니다. 그분과 하나님과 천사들만이 하늘에 계실 것이었습니다. 그러나 그분께서 죽으신다면 구속받은 영혼들이 천국에서 살게 될 것이었습니다. 그분께서 우리를 사랑하셨으므로 저는 기쁩니다. 그분께서 우리를 위하여 죽어 주셨으므로 저는 기쁩니다. 그분께서 우리를 구원하여 주셔서 저는 기쁩니다. 우리가 그분의 죽음으로 말미암아 거둬들인 영적인 소출의 일부가 될 수 있으므로 저는 기뻐합니다. 그분의 죽음을 순교로 혹은 자기희생의 한 모본으로, 혹은 어떤 위대한 원리를 위한 죽음으로 보는 사람들도 있습니다. 아닙니다. 그분의 죽음으로 말미암아 사람들이 구원받기 위하여 그분께서 죽으셨습니다. 그분의 죽음은 세상의 유일한 소망입니다.

본 장에서 조금 후에 주님은 다시 십자가를 보시며 "이제 이 세상의 심판이 이르렀으니 …"라고 말씀하십니다. 세상은 아담의 시대 이래 죄 가운데서 행하여 왔습니다. 지금은 위기와 절정의 시간입니다. 하나님께서 더 이상 죄를 간과하시지 않으실 것입니다. 모든 우상과 죄는 이제 정죄 받습니다. 그리스도냐 세상이냐 —선택이 사람들 앞에 있습니다. 주님께서 사탄이 쫓겨날 것이라고 말씀하십니다. 지금까지는 사탄이 지배권을 행사하여 왔습니다. 이제 그의 권세가 꺾이었습니다. 이것은 그때에 사탄이 완전히 쫓겨났다는 것을 의미하지는 않습니다. 뱀의 머리가 부수어졌거나 아직 숨을 거둔 것은 아닙니다. 언젠가 그가 구주께 완전히 정복될 것입니다. 그리스도께서 그를 불못에 던져 그는 밤낮으로 영원히 고통의 자기 상급을 받을 것입니다. 그러면 언제 사탄의 멸망이 시작되었습니까? 그것은 예수님께서 십자가 위에서 죽으신 날이었습니다. 사탄은 주님을 십자가로부터 막기 위하여 가능한 모든 수단을 썼습니다. 그는 그분을 다른 방법으로 죽이는 길을 찾았습니다. 그러나 이것은 하나님의 길이었습니다. 그분의 목적은 실행되었으며 사탄은 전락의 길로 출발했습니다.

예수님의 그 다음 말씀을 들으십시오. 놀라운 말씀입니다. "내가 땅에서 들리면 모든 사람을 내게로 이끌겠노라." 이 말씀이 의미하는 바는 십자가에 못 박히신 후에는 주님께서 모든 사람들을 자석처럼 그분께로 끄는 위대한 인력의 중심이 되실 것이라는 것입니다. 이제 거대한 수효가 사탄에게서 그리스도에게로 돌아설 것입니다. 그러나 "그분께서 모든 사람들을 이끄신다면 왜 세상의 모든 사람이 다 그리스도인들이 아닙니까?"라고 우리가 물을만 합니다. 꼭 한 가지 이유에서입니다 — 모든 사람이 그분의 이끄심에 반응하는 것은 아니라는 것입니다. 그분께서 억지로 사람들을 자기께로 오게 하시겠다는 것이 아니라 그들을 끄시겠다고 말씀하셨습니다. 사람은 도덕적인 자유행동자이어서 반응하거나 거절할 수 있는 권리가 있습니다. 오늘날 사람들은 단순히 그들이 예수 그리스도의 이끄는 힘에 반응하지 않았기 때문에 잃어져 있습니다.

주님께서 여러분을 어떻게 이끄셨는지 기억하고 있습니까? 아마 교회에 나와 설교를 들을 때에 성령께서 여러분의 심령에 손을 대셨을 것입니다. 우리는 그때에 우리 자신들이 잃어진 상태에 처한 것을 깨달았습니다. 초청의 노래가 불려지고 우리는 마음을 그리스도께 드리고 싶은 강한 충동을 느꼈습니다. 그분께서 우리를 이끄시고 계시는 것을 깨달았습니다. 우리의 영원한 운명은 그분의 이끄시는 힘에 응하는 우리의 태도에 달려 있습니다.

얼마 전에 샌프란시스코의 어느 법정에서 한 판사가 법원을 모독했다는 이유로 어떤 사람에게 30일 구류를 선고했습니다. 그 사람이 부르짖었습니다. "제발 30일 구류를 내게 주지 마십시오. 판사님, 무릎을 꿇고 당신께 빌터이니 제발 30일은 선고하지 말아 주세요." 판사가 대답했습니다. "난 당신이 무릎을 꿇는 것을 원하지 않습니다. 당신이 두 발로 서서 남자답게 행동하기를 바랄 뿐입니다." 예수님께서는 우리더러 구원을 받기 위하여 무릎을 꿇고 그분께로 기어오라고 요구하시지 않으십니다. 주님은 단지 우리가 그분의 끄시는 힘에 반응하는 것을 요구하십니다. 우리가 와서, 우리를 위하여 주님께서 준비하여 놓으신 구원을 받기를 요구하실 뿐입니다.

여러분은 사람들이 그리스도께 끌리는 것을 보기 원합니까? 그러면 그들에게 더 훌륭하게 살라고 말하지 마십시오. 다른 사람들을 더 잘 대우하라거나 황금률을 지키라고 말하지 말고 십자가 위에서 죽으신 주님께 대하여 그들에게 말하십시오. 십자가의 사건이 충분하게 말하여진 곳에서는 항상 사람들이 그분께로 이끌려왔기 때문입니다. 무리를 범하여 진리를 손상시키는 일 없이 이 구절을 좀 더 확대 해석할 수 있습니다. 십자가 위에 올리어지셨던 분께서 지금은 영광의 보좌 위에 올리어져 계십니다. 언젠가 그분께서 심판의 보좌에 앉으실 것입니다. 그때에는 이 세상에서 산 모든 사람들이 그분의 힘에 끌리어 무덤으로부터 심판의 보좌 앞에 나타날 것입니다. 그분을 배척한 자들은 바위와 산더러 그들 위에 떨어져 어린양의 얼굴과 진노로부터 자기들을 가리어 달라고 울부짖을 것입니다. 그러나 그들의 소리침도 헛될 것이니 그들이 그분 앞에 서서 심판을 받는 것은 피할 수 없는 일이기 때문입니다.

심판의 진리만큼 사람들이 멀리하는 진리는 세상에 없습니다. 사람들은 자기들이 언젠가 하나님과 심판에 반드시 서야 함을 깨닫지 못하는 것 같습니다. "한번 죽는 것은 사람에게 정하신 것이요 그 후에는 심판이 있으리니"라고 성경이 말하는 것을 그들은 잊고 있습니다. 오, 만일 사람들이 언제 죽을지도 모르며 죽은 후에는 하나님 앞에 불리어서 자기들의 생애에 대한 책임을 추궁당하는 것을 피할 수 없다는 사실을 분명히 의식한다면, 확실히 죄와 무관심 속에서 그들이 계속하여 나아가지 않을 것입니다. 우리들의 교회로 쇄도하며 "어떻게 하여야 내가 구원을 받겠습니까?"라고 소리칠 것입니다.

그래서 예수님께서 자기의 십자가상의 희생을 예언하시면서 결코 쇠하지 않을 견인력에 대하여 말씀하셨습니다.

3. 드러난 비겁

본 장의 마지막 몇 구절에서 예수님께서 사람들에게 여러 가지를 말씀하셨습니다. 그때에 주님께서 수많은 기적들을 바로 자기들 앞에서 행하셨을지라도 그들은 그분을 믿지 못하였습니다. 세상에 아무도 예수님께서 하신 일들을 한 사람이 없었으며 그분은 그런 일들을 공중 앞에서 행하셨습니다. 병든 자들을 고치셨습니다. 마귀들을 쫓아내셨습니다. 바람을 다스렸습니다. 바다 위로 걸으셨습니다. 물을 포도주로 변하게 하셨습니다. 사람들의 숨은 생각을 보셨습니다. 눈먼 자를 보게 하시고 죽은 자들을 살리셨습니다. 그래도 사람들은 그분께서 하나님의 아들이심을 믿지 않았습니다. 그들의 마음은 너무 냉랭하고 굳었습니다. 만일 사람들이 기적적인 일들을 보면 회심할 것이라고 생각하는 것은 잘못입니다. 어떤 사람들은 죄인들이 굉장한 기적을 목격하면 의심과 죄를 버리고 그리스도를 따를 것이라고 생각합니다. 그것은 맞지 않습니다. 죄는 너무 깊습니다. 사람들이 그리스도인이 되는 것은 오직 성령의 놀라운 사역을 통하여서만이 가능합니다.

그러나 여기에 다른 한 종류의 사람들이 언급되어 있습니다. 비겁자들이 그들입니다. 주요 종교 지도자들 중에서 상당수가 그리스도께서 하나님의 아들이심을 믿었으나 자기들이 출회를 당할까 두려워서 그분을 믿는다고 공언하지 않았다고 성경이 기록하고 있습니다. 그러나 들으십시오. 그리스도를 신앙고백하지 않는 신앙은 구원의 신앙이 될 수 없습니다. "그는 그리스도인이지만 믿는다는 공언을 해본 적이 없다"라고 사람들이 이야기하는 것을 저는 들어왔습니다. 그러나 구원을 받았다면 세상 앞에서 그분을 우리가 고백할 것이라고 예수님도 바울도 말씀하셨습니다.

누가복음 12장 8절, 9절에서 예수님의 말씀을 들어보세요. "내가 또한 너희에게 말하노니 누구든지 사람 앞에서 나를 시인하면 인자도 하나님의 사자들 앞에서 그를 시인할 것이요 사람 앞에서 나를 부인하는 자는 하나님의 사자들 앞에서 부인을 당하리라." 로마서 10장 9, 10절에서 바울의 하는 말을 들어보십시오. "네가 만일 네 입으로 예수를 주로 시인하며 또 하나님께서 그를 죽은 자 가운데서 살리신 것을 네 마음에 믿으면 구원을 받으리라 사람이 마음으로 믿어 의에 이르고 입으로 시인하여 구원에 이르느니라."

본 요한복음 12장 43절은 이 종교 지도자들이 "하나님의 영광보다 사람의 영광을 더 사랑하였다"고 말하고 있습니다. 그들은 자기의 동료들이 자기에 대해 좋게 생각해 주기를 원했습니다. 그들은 친구들로부터 비웃음이나 경멸을 받는 것을 참을 수 없었습니다. 그래서 그들의 인정을 사기 위하여 그들은 자기의 확신을 희생시키고 양심에 반하여 행동하였습니다. 그들은 사람들의 평판을 하나님의 인정보다 더 중히 여겼습니다. 사람들은 변한 바 없습니다. 오늘날 거대한 수효의 사람들이 그리스도의 편에 서는 것이 옳은 줄 압니다만 두려움이 그들을 막아섭니다. 같이 사업하는 동료들이 그들을 비웃고 깔볼지 모릅니다. 사귀는 친구들이 그들을 빼돌릴지 모릅니다. 그래서 그들은 얼마 동안 사람들의 경멸을 당하느니보다 지옥에서 영원히 보내는 길로 나아갑니다. 예, 그리스도인들 중에서도 하나님의 칭찬보다 사람들의 칭찬을 더 추구하고 있는 사람들이 있다는 것을 우리가 압니다. 그들은 자기들의 세속적인 일들을 집어치워야 합당한 줄을 잘 알고 있습니다. 세속적인 곳에서 빠져 나와야 마땅함을 알고 있습니다. 100퍼센트 그리스도를 위한 전열에 서야 바른 줄을 그들은 잘 알고 있습니다. 그러나 그들은 그렇게 하지 않습니다. 그들은 그렇게 행복하지 않습니다. 그들이 세상에서 행복을 얻기에는 너무 많은 신앙을 갖고 있습니다. 그런데도 세상을 너무 사랑하기 때문에, 그들은 자기들의 신앙에서 아무런 큰 기쁨을 누리지 못합니다. 오, 불쌍한 죄인이여, 세상과 그 비웃음을 잊고 그리스도를 위하여 앞으로 나오시오! 오, 가련한 그리스도인이여, 당신을 구원하신 분을 생각하여 사람들이 말하는 것을 잊고 하나님께 당신의 최선을 드리시오!

우리 모두가 마땅히 되어야 할 사람들이 되기를 바랍니다. 모두가 하나님께서 우리들을 자랑하실 수 있도록 살기를 바랍니다. 우리 모두가 세상이 우리에게서 예수님을 볼 수 있기를 바랍니다.

서는 어느 목사가 이런 이야기를 하는 것을 들었습니다. 뉴욕에서의 매섭게 추운 밤이었습니다. 빛바랜 레인코트에 다 헤이진 모자를 쓴 직은 제구의 사람이 그랜드센트럴 역에서 이리저리 걸어 다니고 있었습니다. 그는 아주 돈 많은 사람이었으나 누구든 자기의 도움을 필요로 하는 사람이 있는지 알아보려고 일주일에 두세 번 역에 나오곤 하였습니다. 그는 형편이 어려운 사람들에게 쉽게 접근할 수 있기 위하여 이렇게 옷을 입었습니다. 그날 밤에 한 군인이 절망과 수심에 잠겨 벤치에 앉아 있었습니다. 그 사람이 다가가서 "무슨 일이라도 있습니까?"라고 그에게 말했습니다. 그러나 군인이 "그게 당신과 무슨 상관이요?"라고 대답했습니다. "하지만, 내가 당신을 도울 수 있을지도 모른다는 생각이 들어서 그렇습니다"라고 그 사람이 말했습니다. "아무도 나를 도울 수 없습니다", 군인이 대꾸하였습니다. 그러나 그 작은 사람이 "하지만, 여하튼 문제를 이야기해 보세요"라고 재촉했습니다. 군인이 이렇게 말했습니다. "나는 열흘간 휴가를 얻어서 집으로 가는 중입니다. 아버지와 어머니, 어린 남동생과 여동생이 나를 기다리고 있지요. 누가 내 차표와 지갑을 훔쳐갔습니다. 다시 부대로 돌아갈 여비도 내게 없어져버렸어요. 그리고 사실을 말하면 집에 가고 싶어 죽을 지경입니다." 그 작은 사람은 그를 창구로 데리고 가서 그에게 왕복차표를 사 주었습니다. 그는 억지로 군인의 손에 약간의 돈을 들려주며 그의 명함도 그에게 주었습니다. 2주일 후에 그 작은 사람은 그 군인으로부터 편지와 부쳐온 돈을 함께 받았습니다. 편지에서 군인은 이렇게 말하고 있었습니다. "지금까지의 경험 중에서 최고로 좋은 시간이었습니다. 지금부터는 항상 저는 예수님을 다 해어진 모자와 낡아빠진 레인코트를 걸친 작은 사람으로 생각하겠습니다."

우리가 누구에게도 예수님을 생각하게 하는지 자문자답해 봅시다.

제
24
장

—

하늘의 왕의 겸손

—

¹유월절 전에 예수께서 자기가 세상을 떠나 아버지께로 돌아가실 때가 이른 줄 아시고 세상에 있는 자기 사람들을 사랑하시되 끝까지 사랑하시니라 ²마귀가 벌써 시몬의 아들 가룟 유다의 마음에 예수를 팔려는 생각을 넣었더라 ³ 저녁 먹는 중 예수는 아버지께서 모든 것을 자기 손에 맡기신 것과 또 자기가 하나님께로부터 오셨다가 하나님께로 돌아가실 것을 아시고 ⁴ 저녁 잡수시던 자리에서 일어나 겉옷을 벗고 수건을 가져다가 허리에 두르시고 ⁵ 이에 대야에 물을 떠서 제자들의 발을 씻으시고 그 두르신 수건으로 닦기를 시작하여 ⁶ 시몬 베드로에게 이르시니 베드로가 이르되 주여 주께서 내 발을 씻으시나이까 ⁷ 예수께서 대답하여 이르시되 내가 하는 것을 네가 지금은 알지 못하나 이 후에는 알리라 ⁸ 베드로가 이르되 내 발을 절대로 씻지 못하시리이다 예수께서 대답하시되 내가 너를 씻어 주지 아니하면 네가 나와 상관이 없느니라 ⁹ 시몬 베드로가 이르되 주여 내 발뿐 아니라 손과 머리도 씻어 주옵소서 ¹⁰ 예수께서 이르시되 이미 목욕한 자는 발밖에 씻을 필요가 없느니라 온 몸이 깨끗하니라 너희가 깨끗하나 다는 아니니라 하시니 ¹¹이는 자기를 팔 자가 누구인지 아심이라 그러므로 다는 깨끗하지 아니하다 하시니라 ¹²그들의 발을 씻으신 후에 옷을 입으시고 다시 앉아 그들에게 이르시되 내가 너희에게 행한 것을 너희가 아느냐 ¹³ 너희가 나를 선생이라 또는 주라 하니 너희 말이 옳도다 내가 그러하다 ¹⁴ 내가 주와 또는 선생이 되어 너희 발을 씻었으니 너희도 서로 발을 씻어 주는 것이 옳으니라 ¹⁵ 내가 너희에게 행한 것 같이 너희도 행하게 하려 하여 본을 보였노라 ¹⁶ 내가 진실로 진실로 너희에게 이르노니 종이 주인보다 크지 못하고 보냄을 받은 자가 보낸 자보다 크지 못하나니 ¹⁷ 너희가 이것을 알고 행하면 복이 있으리라 ¹⁸ 내가 너희 모두를 가리켜 말하는 것이 아니니

라 나는 내가 택한 자들이 누구인지 앎이라 그러나 내 떡을 먹는 자가 내게 발꿈
치를 들었다 한 성경을 응하게 하려는 것이니라 [19] 지금부터 일이 일어나기 전에
미리 너희에게 일러 둠은 일이 일어날 때에 내가 그인 줄 너희가 믿게 하려 함이
로라 [20] 내가 진실로 진실로 너희에게 이르노니 내가 보낸 자를 영접하는 자는 나
를 영접하는 것이요 나를 영접하는 자는 나를 보내신 이를 영접하는 것이니라."
— 요 13:1-20

오늘날은 일반적으로 사람들이 바쁜 생활을 합니다. 그들의 낮과 밤은 활동
으로 메워져 있습니다. 일자리를 마련해야 하고 생계를 꾸려가야 하며 가족들을
돌보아야 합니다. 그들은 보통 수개의 조직체에 관련되어 있어서 그 조직체에
시간과 노력을 바쳐야 합니다. 그들은 항상 바쁩니다. 그러나 그들의 생활은 예
수님의 생활과 비교하면 아무것도 아닙니다. 그분은 보통 사람이 평생 동안에
하는 것보다 더 많은 양의 활동을 3년 반의 짧은 사역 기간에 하셨습니다. 이것
이 얼마나 사실인지를 알고 싶으면 4권의 복음서를 읽어보십시오. 그분께서 인
간 경험의 모든 영역을 답파(踏破)하시는 것을 우리가 보게 됩니다. 예수님과 같
은 사람은 달리 한 사람도 없었습니다.

그러나 그분의 공적 사역이 이제 끝이 났습니다. 더 이상 그분께서 전파하
시고 가르치시고 병든 자를 고치시며 유대의 거리를 걸으시지 않으실 것입니다.
요한복음의 다음의 네 장에서는 주님께서 제자들과만 함께 계시는 것을 우리가
발견하게 됩니다. 주님께서 제자들이 알아야 할 중대한 일들을 그들에게 가르치
시고 계십니다. 그들의 시름에 찬 마음을 위로하고 계십니다. 그분이 앞으로 올
일에 대하여 예언하시고 계십니다. 이때가 제자들에게 놀라운 시간이었음에 틀
림없습니다. 세상은 차단되고 그들만이 밀폐된 아늑한 곳에서 자기들의 구주와
함께 있었습니다. 우리가 배우는 가장 위대한 교훈들은 우리가 홀로 주님과 함
께 있을 때에 배워집니다. 어떤 사람들은 바늘두더지와 같습니다. 그들은 여러
가지 훌륭한 점들을 갖고 있으나 우리가 그들에게 가까이 할 수 없습니다. 예수
님께서는 다르셨습니다. 따뜻하시고 사랑이 많으셨으며 쉽게 가까이 할 수 있습
니다. 제자들이 그분께 접근하기가 아주 쉬웠다고 저는 확신합니다.

요한복음 13장에 들어가면서, 예수님께서 그 다음 날 죽으실 것을 우리는

기억해야 합니다. 13장의 모든 일들은 주님께서 십자가에 못 박히시기 전날 밤에 행하시고 말씀하신 것들입니다. 그분은 일어날 모든 일들을 아셨습니다. 자기가 죽으실 바로 그 시간을 아셨습니다. 그러므로 그 밤의 사건들은 한층 더 중대한 의미를 갖습니다. 본 구절들에서 우리가 살펴야 할 것은 두 가지가 있습니다.

1. 헌신
2. 더럽혀지는 것

1. 헌신

본 장은 예수님께서 자기가 곧 죽으실 것을 아셨으면서도 지금까지 사랑하여 온 자기에게 속한 사람들을 끝까지 사랑하셨음을 우리에게 전함으로써 시작됩니다. 예수님께는 많은 적들이 있었습니다. 그들은 그분에게 앙심을 품고 미워하였으며 살해를 모의하고 있었습니다. 그런 상황에 그분을 사랑하는 사람들, 곧 "자기 사람들"과 함께 오붓이 계시는 것이 얼마나 아름다웠겠습니까. 어떤 것을 바로 자기 것이라고 부를 수 있을 때에는 큰 기쁨이 있는 법입니다. 남자는 사랑하는 여자와 결혼하고 자랑스럽게 "그녀는 나의 것"이라고 말합니다. 사람이 자동차의 마지막 대금을 지불하고 "이것은 내 것이다"라고 말합니다. 집값의 마지막 잔금을 지불하고 "이것은 내 것이다"라고 말합니다. 그러나 "이 사람들은 내 것이다. 내가 이들을 사랑하고 또 이들을 모든 세상으로부터 구속하여 내었으며 이들은 영원히 나와 함께 살리라"고 그리스도께서 말씀하실 때에 그분의 가슴에는 더 큰 기쁨이 있었습니다.

그리고 이것은 또한 우리들의 기쁨이 될 수 있습니다. "복된 확신이여, 예수님은 내 것이다. 그분께서는 단순히 세상의 구주가 아니시다. 그분은 바로 내 자신의 구주시다. 나는 그분을 사랑한다. 그분은 나에게 매우 좋으신 분이셨다. 그분은 내 것이다"라고 우리가 말할 수 있습니다. 요한은 예수님께서 자기 사람들을 사랑하시되 끝까지 사랑하신다고 말합니다. 그것은 참으로 예수님답습니다. 그분께서는 한번 우리를 사랑하시면 끝까지 사랑하십니다. 제자들이 어떻게 행동할지 주님께서는 다 아셨습니다. 시련과 굴욕과 죽음의 시간에 그들은 그분을 버릴 것이었습니다. 그 모든 것에도 불구하시고 그들을 사랑하셨습니다. 우리를 끝까지 사랑하시는 구주를 주셔서 하나님께 감사합니다. 우리는 죄를 짓습니다.

곁길로 나갑니다. 그분의 마음을 상하게 합니다. 그러나 여전히 그분께서는 우리를 사랑하십니다. 탕자의 아버지가 문에서 자기 아들을 기다렸던 것과 같이 예수님께서는 우리가 세상에서 돌이켜 나와 우리의 언 몸을 그분의 따뜻한 사랑에 녹이기를 기다리십니다.

어떤 사람이 자기가 기르는 콜리종의 좋은 개 한 마리에 대해 이야기합니다. 그가 처음 이 개를 구입하였을 때에는 사납고 곧잘 도망 나가기도 했습니다. 그래서 산보 나갈 때에는 튼튼한 목걸이와 가죽끈을 개에 매었습니다. 얼마 안 있어 개는 주인을 더 잘 알고 사랑하게 되었습니다. 하루는 출발하려고 할 때에 그 개가 목걸이와 가죽끈을 매도록 스스로 자기 목을 내밀었습니다. 그러나 그 사람이 "아니야, 더 이상 사슬이 필요 없어"라고 말했습니다. 그가 문을 열자 개가 뛰어 나갔습니다. 그러나 사랑하는 주인에게로 곧 달려 돌아왔습니다. 그 개는 주인을 사랑했으므로 잡아두기 위해 사슬이 필요 없었습니다. 여러분, 깨달을 수 있습니까? 우리가 예수님을 사랑하면 마땅히 이렇게 살아라, 주어라, 봉사하라 하고 우리를 속박하는 법조문 같은 것이 필요 없습니다. 우리의 사랑이 그분 가까이에 우리를 지켜 줄 것입니다. 여기에서 우리의 영적 실패의 원인을 찾을 수 있습니다. 우리가 주님을 충분히 사랑하지 않기 때문에 매일 그리스도를 위하여 살지 않습니다. 우리가 그분을 충분히 사랑하지 않기 때문에 그분을 으뜸의 자리에 놓지 않습니다. 우리가 그분을 충분히 사랑하지 않기 때문에 마땅하게 바치지 않습니다. 마땅하게 봉사하지 않습니다. 오, 주님께서 우리를 끝까지 사랑하시는 것을 하나님께 감사합시다. 그러나 그 사랑의 얼마라도 보답할 수 있도록 하나님께서 우리를 도와주시기를 빕니다.

2. 더럽혀지는 것

만찬이 끝나고, 이제 예수님의 생애에서 가장 감동적 장면들 중의 하나를 눈여겨볼 수 있는 특권이 우리에게 주어져 있습니다. 모든 제자들은 아직도 식탁에 앉아 있었습니다. 예수님께서 식탁에서 일어나시자 12쌍의 눈들이 그분 위에 멈췄습니다. 그분께서 무엇을 하시려고 하시는지 그들은 궁금해 했습니다. 먼저, 겉옷을 벗으셨습니다. 제자들은 '도대체 그분께서 무엇을 하시려는고?'라고 생각하였을 것임에 틀림없습니다. 다음에 수건을 가져다가 허리에 두르셨습니다. 동방의 관습에 의하면 이것은 노예 신분의 표징이었습니다. 하늘의 왕께서 얼마나 낮게 구부리시는지를 우리가 알 수 있습니다. 주님은 물통으로 가셔서 대야에 물을 부어 식탁으로 돌아오셨습니다. 이제 무릎을 굽히시고 제자들의 발을 씻어 수건으로 닦기 시작하셨습니다. 제일 먼저 누구의 발을 씻으셨는지 잘 모릅니다만 가룟 유다의 발도 씻으셨습니다. 제자들은 놀라움을 금하지 못하면서 자리에 앉았을 것임에 틀림없습니다. 하늘의 천사들이 섬겼던 분, 하늘에서 오신 하나님의 아들께서 몸을 구부리시고 가장 낮은 종의 직무를 실천하시고 계신다는 바로 그 사실, 이것은 우리를 위하여 낮아지신 그분의 겸손을 가리키는 한 폭의 그림입니다. 주님은 영광의 가장 높은 곳에 계셨습니다. 그러나 그 모든 것을 내놓으시고 아버지의 집을 떠나오셨으며 우리, 비참한 죄인들을 위하여 자신을 낮추서서 이 땅에 내려오셨습니다. 말해 보시오. 오 말해 보시오. 어느 누군들 예수 그리스도를 전심으로 사랑하지 않고 배길 수 있겠습니까?

예수님께서 한 사람 한 사람 제자들의 발을 씻으시다가 베드로의 차례에 이르셨습니다. 그런데 베드로가 잠잠하고 조용하리라고는 기대할 수 없었습니다. 그것은 전혀 베드로답지 않은 것이었습니다. 그래서 그는 불쑥 "주여, 제 발을 씻기시렵니까?"라고 말했습니다. 베드로는 성미가 급하여 종종 잘못된 말을 한 것을 우리가 압니다. 그는 예수님께서 하시고 계시는 것을 의문시할 권리가 없었습니다. 그러나 그의 동기는 충정이었다고 확신합니다. "주님, 주님 같으신 분께서 몸을 구부려 저와 같은 죄인의 발을 씻기시다니요. 가당치 않습니다"라는 뜻으로 그가 말한 것이 아니었겠습니까? 그때에 예수님께서 "베드로야, 지금은 네가 알지 못하나 후에는 알게 될 것이다"라고 말씀하셨습니다. 몇 년 후에 주님을 위하여 일하고 증거하며 고난을 받을 때에 그 밤을 돌이켜 기억하고 깨닫게 되었음에 틀림없습니다.

삶에는 많은 신비가 있습니다. 우리가 이해하지 못하는 것들이 많습니다. 그래서 하나님께서 "지금은 너희가 이해하지 못하지만 다만 나를 신뢰하라. 그러면 후일에 그것을 분명하게 알 것이다"라고 말씀하십니다. 우리들 중에 어려움을 당하고 있는 사람들이 있을 것입니다. 주님을 위하여 살려고 애씁니다. 그분과 그분의 교회에 충성스럽습니다. 그런데도 고난을 당하고 있습니다. 우리의 눈에 어떤 아랑곳없는 죄인이 왕성한 건강을 누리고 호화판 자동차를 타고 다니는 것이 보입니다. 그는 훌륭한 집에 살며 큰돈을 벌고 있습니다. 그래서 우리는 "주님, 저는 이해할 수 없습니다"고 말합니다. 그러나 하나님께서 속삭여 대답하십니다. "지금은 아니나 후에는 알 것이다." 언젠가 그 모든 것을 주님께서 분명히 알게 해 주실 것입니다. 그때에 우리는 영으로 기뻐하며 "주여, 그 고난을 주님께 감사드립니다. 그 역경들이 저를 위하여 가장 좋은 것이었음을 이제 압니다"고 말할 것입니다. 친구들이여, 내 말을 들어보세요. 가장 비참한 상황에 있는 그리스도인도 번영을 누리고 있는 죄인보다 천만 배 더 형편이 좋습니다.

이제 베드로가 "주여, 제 발은 절대로 못 씻기십니다"고 말했습니다. 예수님께서 올려다보시고 매우 부드럽게 "내가 너를 씻기지 않으면 너는 나와 상관이 없게 된다"고 말씀하셨습니다. 예수님께서 그렇게 말씀하시자 베드로는 "주님, 그러시다면 제 발뿐만 아니라 손과 머리까지도 씻겨주십시오"라고 받아 말하였습니다. 저는 베드로가 그렇게 말한 것을 높이 존경합니다. 그는 예수님께 속한 모든 것을 귀중히 여겼습니다. 그러므로 오늘의 우리들도 단순히 구원받기만을 바랄 뿐 아니라 예수님과의 모든 가능한 교제를 사모해야 합니다. 우리는 매일 가능한 한 그분과 가까이 살려고 힘써야 합니다. 매일 그분을 더 닮도록 애써야 합니다.

예수님께서 대답하셨습니다. "이미 목욕한 발 밖에 더 씻을 필요가 없다." 우리는 여기에서 동방 관습의 한 장면을 위대한 영적 교훈으로 돌리시는 것을 볼 수 있습니다. 사람이 집을 떠나기 전에 목욕을 하였을 터이지만 그가 양말 같은 것을 신지 아니하고 그냥 발등이 노출되는 샌들만을 신었으므로 목적지에 도착하였을 때에는 발에 많은 먼지가 앉아 있었을 것은 당연하였습니다. 그래서 그 집에서 가장 낮은 종이 그 사람의 발을 씻겨주는 것은 관습이 되어 있었습니다. 여기에서 우리들에게 영적 교훈이 되는 것은 무엇입니까? 그것은 이것입니다. 여러분과 제가 그리스도의 피의 깨끗하게 하는 능력 아래로 나오면 죄로부터 깨끗하게 씻기어집니다. 이 경험은 결코 반복되지 않습니다. 우리는 구원을 받았으며 또 영원히 구원받은 것입니다. 그러나 우리는 여전히 인간입니다. 여전히 육적 성정을 갖고 있어서 쉽게 범죄합니다. 그러므로 우리가 다시 구원받을 필요는 없는 한편 매일의 죄로부터 깨끗이 씻기어져야 할 필요가 있습니다. 온 몸을 씻는 목욕이 필요한 것이 아니라 인생의 여행에서 우리의 손발에 붙어 앉은 먼지를 씻어내는 것만이 필요합니다.

요한은 후년에 기독교 형제들에게 한 편지를 썼습니다. 그는 이 경우를 기억하고 이렇게 썼습니다. "만일 우리가 우리 죄를 자백하면 그는 미쁘시고 의로

우사 우리 죄를 사하시며 우리를 모든 불의에서 깨끗하게 하실 것이요"(요일 1:9). 그는 그때에 그리스도인에게 필요한 매일의 죄씻음을 생각하고 있었습니다. 그러므로 여기에서 가르침을 기억합시다. 우리가 일단 단순한 믿음으로 그리스도께로 왔으면, 또 그분의 피로써 씻음을 받았으면, 우리는 구원을 얻었으며 그분께 속합니다. 그러나 우리는 자주 와서 이렇게 말할 필요가 있습니다. "주님, 저는 주님의 것인줄 제가 알고 있습니다. 그러나 세상의 일부가 나를 스쳐 더럽혔습니다. 씻음과 용서를 바라고 주님께 나옵니다." 우리를 구원해 주실 뿐 아니라 깨끗하게 씻기시는 구주께 대하여 하나님께 감사합니다.

저의 친애하는 친구, 윌리엄 존스 목사가 신학교에서 공부할 때에 신학 교수가 하루는 이런 질문을 했습니다. "여러분은 예수 그리스도께서 하나님의 거룩하신 아들이심을 어떻게 압니까?" 한 학생이 교과서에서 인용하여 대답하였습니다만 그 교수는 "교과서에 있는 것은 내가 알고 있습니다. 그러나 그것으로는 충분하지 않습니다"라고 말했습니다. 그는 다른 한 학생에게 같은 질문을 했습니다. 그도 교과서로부터 대답을 하며 그 대답이 있는 정확한 페이지까지 댔습니다. 그러나 다시 교수는 "그것으로는 충분하지 않습니다"라고 말했습니다. 존스 형제는 다음이 자기 차례였기 때문에 옳은 해답을 주시라고 하나님께 기도하면서 앉아 있었다고 그가 말했습니다. 교수가 그를 부를 때에 그는 이렇게 대답했습니다. "살아 계신 하나님의 거룩하신 아들이 아니라면 아무도 그분께서 나를 위하여 하신 일을 할 수 없기 때문에 저는 그분께서 하나님의 거룩하신 아들이심을 압니다." 그러자 그 교수는 "그것이 내가 듣고 싶었던 대답이었습니다"라고 말했습니다. 우리가 이 놀라운 구원과 죄씻음의 경험을 했다면 우리는 진정으로 이렇게 말할 수 있습니다. "나는 그분께서 하나님의 아들이심을 안다. 그분께서 나를 위하여 하신 일과, 하시고 계시는 일 그리고 하실 일을 보라."

얼마 전에 저는 진실한 그리스도인이며 교회에서 적극적으로 활동하는 교인인 한 사람과 이야기하였습니다. 그는 청량 음료 공장을 경영하고 있습니다. 전쟁 중에 그는 배급 관장소의 한 직원이 자기에게는 차별대우를 하여 사업을 경영하기에 충분한 설탕을 주지 않는다고 느꼈습니다. 이 두 사람은 모두 같은 교회의 교인들이었으나 서로 말하기를 그쳤습니다. 그들이 살고 있는 곳은 작은 읍이었습니다. 그들은 평일에 서로 만났으며 주일에는 교회에서 대하였습니다. 그러나 십년 동안 그들은 서로 말하려고 하지 않았습니다. 결국 이 사람은 더 이상 버틸 수 없다고 생각했습니다. 그는 구원의 모든 기쁨을 잃어가고 있었습니다. 그의 심령은 비참하였습니다. 그래서 그는 그 사람에게 가서 화해하였습니다. 그는 이제 행복하고 활동적이며 유익한 그리스도인이 되었습니다. 그는 어린양 깨끗하게 하는 보혈로 죄씻음을 받았었으나 그리스도께서 말씀하신 이러한 매일의 죄씻음이 필요했습니다.

당신은 보혈로 가득한 이 샘에 와서 당신의 죄를 씻어냈습니까? 그러했다면 놀라운 일입니다. 그러나 깨끗하게 하는 일은 거기에서 끝나지 않습니다. 하나님과 사람 앞에서 바르게 되기 위하여 때때로 씻김을 받아야 합니다.

앞의 장 곧 12장에서는 예수님의 발에 기름을 바르는 것을 우리가 보았습니다. 여기에서는 제자들의 발이 씻기어지는 것을 봅니다. 기름 바름과 씻음 사이에는 차이가 있습니다. 예수님은 완전하셔서 그분께는 죄가 없었습니다. 그분께서는 이 씻음이 필요하지 않았습니다. 그러나 제자들은 죄가 많았으며 씻음을 받을 필요가 있었습니다.

예수님께서 그때에 "너희가 다 깨끗한 것은 아니다"라고 말씀하셨습니다. 주님께서 그분을 팔 유다에 대하여 말씀하시고 계셨다고 성경이 말합니다. 여기에 매일 예수님과 함께 걸어 다닌 한 사람이 있습니다. 그는 예수님께서 설교하시는 것을 들었습니다. 능력 있는 기적들을 행하시는 것을 목격했습니다. 그렇지만 그의 마음은 여전히 사악하고 하나님으로부터 멀리 있었습니다. 피를 통한 진정한 죄씻음을 경험하지 못했습니다. 그와 같이 오늘날도 기독교 가정에서 자라나고, 교회에 나가서 복음을 듣고, 그리스도인들과 사귀는 사람도 지옥에 갈 수 있습니다. 각 사람에게 꼭 필요한 것 한 가지가 있습니다. ─ "거듭나야 한다"는 것입니다.

이제 예수님은 그들의 발을 씻는 일을 마치시고 다시 식탁에 앉으십니다. 그분이 말씀하십니다. "내가 너희에게 행한 일을 알겠느냐? 너희가 나를 선생이라고도 부르고 주라고도 부르는데 사실 그렇다. 내가 너희에게 행한 것 같이 너희도 행하도록 본을 보여준 것이다. 종은 주인보다 크지 못하다." 주님께서 여기에서 발 씻기는 것이 하나의 교회규칙이 되어야 한다고 말씀하시고 계신 것은 아니었습니다. 초대교회의 모든 기록들을 조사해보면 그들이 사람들에게 세례를 주고 성만찬을 기념하는 것을 볼 수 있습니다만 발 씻는 일을 행하는 것은 볼 수 없습니다. 그러나 오늘날도 교회에서 좋은 의도를 가지고 그것을 행하는 사람들도 있습니다. 그러나 확실히 그리스도께서 발 씻음을 교회규칙으로 세우시 지는 아니하셨습니다.

그러면 예수님께서 뜻하신 바는 무엇입니까? 첫째로, 우리가 기꺼이 서로 받들고, 서로 섬기며, 서로에게 봉사해야 할 것을 주님께서 뜻하셨습니다. 예수 님께서 사람들의 영혼을 구원하시려고 낮아지셔서 영광스런 하늘을 떠나 이 죄 많은 세상에 33년 반 동안 갖은 고초를 겪으시며 거하셨다면, 우리는 다른 사람 들을 위하여 할 수 있는 것은 어떤 것이든 행하기를 기피해서는 안 됩니다. 알버 트 슈바이처는 오늘날 가장 위대한 사람들 중의 하나로 추앙을 받습니다. 그는 아프리카 깊은 곳의 선교사입니다. 그는 생존한 어떤 사람보다 더 많은 영예를 획득했습니다. 1952년에 노벨상을 수상했습니다. 한번은 그가 시카고에 왔을 때 에 그 시의 저명한 인사들이 그를 환영하러 역에 모여 왔습니다. 그들은 그를 둘 러싸고 시의 행운의 열쇠를 주면서 그의 방문을 큰 영광으로 여긴다고 말했습니 다. 기자들은 열심히 취재를 하고 사진사들은 많은 사진을 찍고 있었습니다. 갑 자기 그 위인이 실례한다고 말하더니 무거운 옷가방과 몇 개의 꾸러미로 씨름하 고 있는 한 작은 여인에게 달려갔습니다. 그는 이 짐들을 들어 올리며 그를 따라 오라고 그 여자에게 말했습니다. 그는 그녀를 위하여 길을 뚫으며 혼잡한 역내 를 글자 그대로 달려서 그녀를 열차에 태웠습니다. 즐거운 여행을 빈다는 인사 를 그녀에게 하고 그가 환영객들에게 돌아와서 "신사 여러분을 기다리게 해서 죄송합니다. 저의 일상의 즐거움을 얻고 있었던 것 뿐이었습니다"라고 말했습니 다. 이때에 한 기자가 "하나의 위대한 설교가 걸어 다니는 것을 제가 본 것은 이 번이 처음입니다"라고 말했습니다. 예, 예수님께서 의미하신 바는 다른 사람들 을 위하여 작은 친절한 행동을 할 수 없을 만큼 너무 크게 자라지 않는 것이라고 저는 확신합니다.

다음으로 여기에 다른 한 뜻이 있습니다. 예수님께서는 우리에게 매일 죄를 깨끗하게 씻는 일이 필요하다고 말씀하셨으며 이 사실을 실물적으로 보이셨습 니다. 이제 우리가 다른 사람들의 죄를 씻겨 주어야 함을 주님께서 말씀하시고 계시는 것이 아니겠습니까? 우리가 전화에 달라붙어 다른 사람의 죄를 수군거려 서는 안 됩니다. 그들의 죄를 드러낼 것이 아니라 그들의 발을 씻겨 주어야 합니 다. 우리들은 모두 넘어지기 쉽습니다. 그러므로 우리가 할 수 있는 최고의 봉사 는 다른 동료가 다시 일어설 수 있도록 도와주려고 힘쓰는 것입니다. "형제들아 사람이 만일 무슨 범죄한 일이 드러나거든 신령한 너희는 온유한 심령으로 그러한 자를 바로잡고 너 자신을 살펴보아 너도 시험을 받을까 두려워하라"(갈 6:1).

다른 사람들의 죄와 실수에 반응하는 데에는 두 가지 태도가 있습니다. "그거 너무 나쁘지 않은가?"라고 말할 수 있습니다. 그리고는 나가서 그것에 대해 이야기하고 온 동네에 퍼뜨려 그 죄를 몇 배, 혹은 천만 배 더 나쁘게 만들 수 있습니다. 또 우리가 할 수 있는 다른 하나가 있습니다. 다른 사람에 대하여 좋지 못한 이야기를 우리가 들었을 때에 우리는 입술을 사람들에게는 봉하고 하나님께만 기도로써 열 수 있습니다. "하나님의 은혜가 아니라면 나는 설 수 없다"고 우리가 말할 수 있습니다. 그리고는 그 범죄자가 더 나은 생활로 움직여질 수 있는 그러한 사랑과 동정을 그에게 베풀 수 있습니다. 다른 사람들의 발을 씻긴다는 것으로써 그리스도께서는 우리가 그들을 사랑하고, 돕고, 위하여 기도하고, 그들을 위하여 우리가 할 수 있는 모든 것을 해야 함을 의미하셨습니다. 또 예수님께서 "너희가 이것을 알고 그대로 행하면 복이 있다"라고 말씀하셨습니다.

우리가 하나님의 능력 많으신 아들로서 예수님을 기뻐할 뿐 아니라 또한 그분께서 사랑이 많으시고 온유하시며 동정이 많으신 구주, 친구들의 발을 씻기지 못할 정도로 높지 않으신 분, 결국, 우리를 극진히 사랑하셔서 우리를 위하여 자기의 목숨을 내주시려고 그 사랑에 밀려 갈보리의 십자가로 치달으셨던 분이심을 우리가 기뻐합니다.

한 어린 소녀가 생일파티를 갖게 되었습니다. 그날이 가까워졌을 때에 그 애의 어머니는 앞문에서 뒷문까지 집을 깨끗이 하고, 과자를 구으며, 모든 필요한 준비를 하였습니다. 파티가 열리는 날 어린 소녀는 "엄마, 다과를 가지고 들어올 땐 꼭 긴 흰 장갑을 끼세요 꼭 잊지 마세요"라고 말했습니다. 어머니는 약속했습니다. 그러나 파티 도중에 매우 바빠서 다과를 들고 들어 올 때에 그만 긴 흰 장갑을 끼는 것을 잊어버렸습니다. 파티가 끝난 후, 소녀는 울면서 말했습니다. "엄마, 왜 희고 긴 장갑을 끼지 않았어요? 왜 안 꼈지요? 그렇게 당황한 것은 지금까지 처음이에요. 다시는 내 친구들의 낯을 볼 수 없어요." 어머니가 이렇게 말했습니다. "소파로 오너라. 할 말이 있다. 네가 젖먹이였을 적, 하루는 네가 아가 침대에서 잠들고 나는 빨래를 너느라 뒤뜰에 있었어. 갑자기 집에서 연기가 쏟아져 나오는 것이 보였단다. 집으로 뛰어 들어가 두터운 코트를 움켜쥐고 네가 있는 곳으로 불길과 싸우면서 뚫고 나갔었지. 코트로 너를 싸서 맨 손으로 부둥켜안고 다시 불길과 싸우면서 뚫고 나왔단다. 그렇게 해서 너의 목숨은 건졌지만 엄마의 손은 타서 이 모양 이 꼴이 되어버렸다." 어린 소녀는 뺨에 눈물을 줄줄이 흘리며 어머니의 손을 자기 손으로 감싸 쥐고 "엄마, 이 손이 세상에서 가장 아름다운 손이야, 내 생명을 구했으니까"라고 말하면서 그 손에 연거푸 입맞추었습니다.

그것이 예수님께서 우리를 위하여 하신 일에 대한 약간의 실제적 설명이 됩니다. 그분은 우리를 사랑하셨으며 그 사랑이 그분으로 갈보리에서 그분의 목숨을 지불토록 하였습니다. 그러나 우리는 그분의 죽음으로 구원을 얻었습니다. 그러므로 이제는 우리가 그분을 그토록 사랑합시다. 그분의 모본을 따라 그분을 위하여, 또 잃어지고 절박하게 도움이 필요한 죽어가는 세상을 위하여 우리의 목숨을 내줍시다.

제
25
장

마귀와 가룟 유다

"²¹예수께서 이 말씀을 하시고 심령이 괴로워 증언하여 이르시되 내가 진실로 진실로 너희에게 이르노니 너희 중 하나가 나를 팔리라 하시니 ²²제자들이 서로 보며 누구에게 대하여 말씀하시는지 의심하더라 ²³ 예수의 제자 중 하나 곧 그가 사랑하시는 자가 예수의 품에 의지하여 누웠는지라 ²⁴ 시몬 베드로가 머릿짓을 하여 말하되 말씀하신 자가 누구인지 말하라 하니 ²⁵ 그가 예수의 가슴에 그대로 의지하여 말하되 주여 누구니이까 ²⁶ 예수께서 대답하시되 내가 떡 한 조각을 적셔다 주는 자가 그니라 하시고 곧 한 조각을 적셔서 가룟 시몬의 아들 유다에게 주시니 ²⁷ 조각을 받은 후 곧 사탄이 그 속에 들어간지라 이에 예수께서 유다에게 이르시되 네가 하는 일을 속히 하라 하시니 ²⁸ 이 말씀을 무슨 뜻으로 하셨는지 그 앉은 자 중에 아는 자가 없고 ²⁹ 어떤 이들은 유다가 돈궤를 맡았으므로 명절에 우리가 쓸 물건을 사라 하시는지 혹은 가난한 자들에게 무엇을 주라 하시는 줄로 생각하더라 ³⁰ 유다가 그 조각을 받고 곧 나가니 밤이러라 ³¹그가 나간 후에 예수께서 이르시되 지금 인자가 영광을 받았고 하나님도 인자로 말미암아 영광을 받으셨도다 ³²만일 하나님이 그로 말미암아 영광을 받으셨으면 하나님도 자기로 말미암아 그에게 영광을 주시리니 곧 주시리라 ³³ 작은 자들아 내가 아직 잠시 너희와 함께 있겠노라 너희가 나를 찾을 것이나 일찍이 내가 유대인들에게 너희는 내가 가는 곳에 올 수 없다고 말한 것과 같이 지금 너희에게도 이르노라 ³⁴ 새 계명을 너희에게 주노니 서로 사랑하라 내가 너희를 사랑한 것 같이 너희도 서로 사랑하라 ³⁵ 너희가 서로 사랑하면 이로써 모든 사람이 너희가 내 제자인 줄 알리라 ³⁶ 시몬 베드로가 이르되 주여 어디로 가시나이까 예수께서 대답하시되 내가 가는 곳에 네가 지금은 따라올 수 없으나 후에는 따라오리라 ³⁷ 베드로가 이르되 주여 내

가 지금은 어찌하여 따라갈 수 없나이까 주를 위하여 내 목숨을 버리겠나이다 [38]
예수께서 대답하시되 네가 나를 위하여 네 목숨을 버리겠느냐 내가 진실로 진실
로 네게 이르노니 닭 울기 전에 네가 세 번 나를 부인하리라." — 요 13:21-38

오래 전에, 하나님께서 세상을 창조하시기 전, 천사들은 하늘나라에서 하나
님과 함께 살았습니다. 그들 중의 하나가 루시퍼라는 천사였습니다. 그는 모든
천사들 중에서 가장 영리하고 지혜가 많았습니다. 그는 하늘에서 높은 지위에
있었으나 만족하지 않았습니다. 야망이 그를 삼켰습니다. 그는 심지어 하나님께
대하여까지 질투하여 그분의 자리를 탐냈습니다. 그래서 그는 일부의 다른 천사
들을 자기에게로 모아 하나님을 모반하고 그분의 권위를 탈취하려고 한 것 같습
니다. 그러나 하나님께서는 재빨리 이 반란을 진압하셨습니다. 아무도 그분 위
에 있을 수 없습니다. 하나님께서는 루시퍼와 그리고 관여한 다른 천사들을 천
국에서 내쫓으셨습니다. 우리는 이제 그를 사탄 혹은 마귀로 부릅니다. 사탄은
하늘에서 쫓겨난 이래 하나님과 하나님의 백성에게 해를 입히려고 혈안이 되어
왔습니다. 그는 모든 죄를 만들어 내는 자입니다. 악명 높은 유혹자입니다. 그는
세상과 인류에게 있는 모든 좋은 것에 대해서 반대합니다. 성경은 그가 "우는 사
자 같이 삼킬 자를 찾으러" 배회한다고 말하고 있습니다. 그는 쉬지 않습니다.
밤낮으로 일거리를 찾습니다. 우리들 모두는 그와 맞부닥쳐왔습니다.

　예수님께서 태어나시자 마귀는 즉각적으로, 그분께서 우리의 구속을 위하
여 죽으실 십자가에 이르지 못하도록 그분을 없이하려고 했습니다. 마귀는 그때
에 실패하였으며 예수님께서 사역을 시작하실 때에도 시도해 보았으나 역시 실
패하였습니다. 마귀는 강하나 하나님은 더 강하십니다. 그분의 목적은 사탄의
방해에도 불구하고 실현될 것입니다. 오늘의 설교에서는 사탄이 예수님의 한 제
자에게로 들어가 그를 이용하는 것을 보게 됩니다. 그래서 저는 이 설교의 제목
을 "마귀와 가룟 유다"로 정하고자 합니다. 요한복음 13장의 본 구절들을 공부할
때에 다음의 세 가지 소제목으로 살펴보려 합니다.

1. 패역
2. 증거
3. 예언

1. 패역

예수님께서 자신을 낮추셨던 일을 우리가 기억합니다. 제자들의 발을 씻겨 주시고 서로에게 동일한 동정과 친절을 보이도록 역설하셨습니다. 그런데 이때에 그분의 얼굴에 한 그림자가 스쳐갔습니다. 주님은 심령에 큰 괴로움을 느끼고 계셨습니다. 마치 잠시 행복해 하셨다가는 다시 그 밖의 어떤 것을 기억하시는 것과도 같았습니다. 그분의 심정이 무겁게 되었습니다. 이 그림자가 무엇을 가져왔습니까? 무엇이 이 심령의 침통함을 가져왔습니까? 그것은 측근 그룹의 일원, 제자들 중의 하나가 자기를 배반할 것을 기억하셨기 때문이었습니다.

그 다음 날 십자가 위에서 죽으실 것이지만 지금은 그분의 고난의 절정을 이룰 것이었습니다. 전 생애를 통하여 그분은 "고난을 겪으신 슬픔의 사람"이셨습니다. 그러나 지금, 3년 동안 끊임없이 그분의 한 동료였던 사람, 그분께서 행하시고 말씀하신 것을 모두 보고 들었던 사람, 그분의 경이로운 은혜와 친절을 목격해온 사람 — 이 사람이 그분을 배반하려 하고 있었습니다. 배은망덕처럼 견디기 어려운 것은 없을 것입니다. 오, 저도 비슷한 경험들을 맛보았습니다. 힘쓰고 비용을 들여가면서 어려운 사람을 도왔는데 결국 그들의 발꿈치를 내게 드는 경우들을 겪어보았습니다. 그래서 예수님의 심정을 조금은 알 수 있을 것 같습니다. "내 심령이 고통스럽다. 내가 십자가로 가까이 가고 있는 것을 안다. 내 고난의 첫 발자국이 내가 사랑했고 친구로 대했던 사람의 배반일 것을 생각하니 내 마음이 민망하다."

이 모든 것을 생각하면서 우리는 예수님께서 행복한 시간을 누리시기 위하여 이 땅에 오신 것이 아니라는 것을 기억합니다. 우리의 구원을 이루시기 위하여 그분은 많은 슬픔의 잔들을 들이키셨습니다. 그렇다면 우리가 친구들로 실망을 당할 때에 왜 놀랍니까? 우리의 주께서 박대를 당하신 것처럼 그분의 종들인 우리도 그러할 것입니다. 사람들이 예수님의 마음을 상하게 함과 같이 우리들의 마음도 아프게 할 것입니다. 그러나 우리는 이런 유리한 점을 갖고 있습니다. 주님께서 우리가 참을 수 있는 것보다 억만 배 더 큰 고난을 겪으셨기 때문에 세상이 우리를 쳐서 넘어뜨리고 친구들이 우리를 슬프게 할 때에, 그분께서 우리들을 동정해 주시며 도와주실 수 있습니다.

예수님께서 한 사람이 그분을 배반할 것이라고 발표하셨을 때에 제자들은 놀라고 당황했습니다. 우리는 지금 그가 유다였다는 것을 알고 있지만 그들은 그가 누구인지 전혀 짐작하지 못했던 것입니다. 이것은 위선자가 자기의 죄를 얼마나 잘 은폐할 수 있는지를 보여 주는 좋은 한 예입니다. 여기에서 한 가지를 더 볼 수 있습니다. 예수님께서는 유다의 흑심을 알고 계셨는데도 이것을 다른 제자들에게 드러내시지 않으셨다는 것입니다. 다른 제자들에게 대하시는 것과 똑 같은 친절로써 그를 대하여 주셨습니다. 예수님의 거룩하신 영혼은 그러한 풀숲 속의 뱀을 항상 가까이에 두시는 것이 괴로운 일이었음에 틀림없습니다. 그럼에도 그분은 그 모든 고통을 홀로 담당하시고 다른 제자들에게는 아무런 기색도 나타내시지 않으셨습니다.

이제 날카로운 대조를 목격하게 됩니다. 한편에는 유다가 주님을 배반하여 넘길 준비를 하고 있습니다. 다른 한편에는 요한이 그분의 가슴에 기대고 있으며 전심으로 그분을 사랑하고 있습니다. 다 빈치의 유명한 작품, '최후의 만찬'에서는 제자들이 식탁에 앉아 있는 것으로 그려져 있습니다. 그러나 동방의 관습으로는 그들이 앉아 있은 것이 아니고 식탁에 기대고 있었습니다. 그러므로 요한이 예수님께 기대는 것은 수월하였습니다. 요한이 이 설명을 기록할 때에 자기 자신의 이름을 언급하지 않고 그냥 "예수께서 사랑한 제자"라고 기록하였던 점이 주목을 끕니다. 사랑은 결코 스스로를 자랑하지 않습니다. 자기가 주님을 얼마나 많이 사랑하며 주님을 위하여 얼마나 많은 일을 하는지에 대해 항상 이야기하는 사람을 주의하십시오.

그런데, 여느 때와 마찬가지로, 시몬 베드로가 제일 먼저 동작을 취합니다. 그는 다른 사람들처럼 가만히 기다릴 수 없습니다. 그는 누가 예수님을 팔아넘길 것인지 알고 싶었으며 그것도 당장에 알고 싶었습니다. 그래서 그는 요한에게 고갯짓을 하여 그 당사자가 누구인지를 예수님께 물어보도록 하였습니다. 여기에 크게 눈에 띄는 사실이 하나 있습니다. 로마교회는 베드로가 다른 제자들보다 그리스도께 더 가까웠다고 추리하여 그를 초대교황으로 주장합니다. 그러나 여기에서 볼 때에 베드로가 예수님 곁에 있었던 것이 아니고 요한이 그 자리를 차지하고 있었습니다. 그리고 이 경우에 베드로는 요한을 통하여 예수님께 질문을 하고 있습니다. 베드로는 훌륭하였으며 주님의 위대한 종이었습니다. 그러나 그가 다른 제자들 위에 월등한 위치를 차지하고 있었던 것은 결코 아닙니다.

그러면 요한이 어떻게 하였습니까? 그는 물리적으로나 정신적으로 예수님께 가까이 있었으므로 예수님의 눈을 쳐다보며 "주님, 그가 누구입니까?"라고 물어볼 수 있었습니다. 모든 그리스도인들이 그리스도와 이렇게 가깝지는 아니합니다. 어떤 문제가 생기면 그들은 주님께로 직접 가려 하지 않고 그 밖의 어떤 사람에게로 가려합니다. 그런데도 예수님과 가까이 살며 필요가 생길 때마다 직접 그분께로 가는 것은 모든 믿는 자의 특권입니다. 주일학교에 다니는 한 어린 소년이 교회에 갔다가 집으로 돌아오는 도중에 어떤 사람을 만났습니다. "어디 갔다 오느냐?", 그 사람이 말했습니다. "저 주일학교에 다녀오는데 하나님께 대하여 많이 배웠어요", 그 어린 친구가 대답했습니다. 그 사람은 그 애를 골려 주고 싶어서 "하나님이 어디 있는지 말해 보라 그러면 너에게 십 센트를 주지"라고 말했습니다. "하나님께서 계시지 않는 곳을 저에게 말해 보세요, 아저씨. 그러면 일 달러를 드리겠어요"라고 그 어린 소년이 대답했습니다. 에, 그분은 어디에나 계십니다. 그분은 "손과 발보다도 더 가까우시며 호흡보다도 더 밀접히 계십니다." 그리고 우리가 요한처럼 그분께 가까이 살면 항상 그분의 얼굴을 쳐다보며 이야기를 나눌 수 있습니다.

예수님의 대답을 들으십시오. 이 대답은 아마 요한만 알아들었을 것입니다. "내가 이 떡을 적셔 주는 사람이 그다." 그런데 이것은 동방에서 식사 때에 경의의 표시로서 행해졌습니다. 집주인이 접시의 빵을 찍어다가 친절의 표시로서 어떤 사람에게 주는 것이 관례였습니다. 예수님은 빵을 적셔 유다에게 주었습니다. 그때에 사탄이 유다 속으로 들어갔으며 예수님은 그에게 "네가 할 일을 어서 하라"고 말씀하셨습니다.

이것은 사탄이 전에는 유다의 마음속에 없었다는 것을 의미하는 것이 아니라 이제 그가 완전히 지배하게 되는 것을 의미합니다. 사람이 자기를 사탄이 완전히 지배하도록 허용할 때에 그가 할 수 있는 모든 야비한 것에는 아무런 제한이 없습니다. 슬프게도, 그리스도인들이 사탄더러 자기들을 사용하도록 하는 것을 저는 보아왔습니다. 교회에서 일들이 잘 되어 가려 하면 마귀는 그것을 좋아할 리 없습니다. 그가 어떤 사람의 마음의 문을 두드립니다. 그 사람이 마귀를 들어오도록 허용하면 이제 그 사람은 비판적이고 냉소적으로 되어 교회의 아름다운 사귐과 선한 사업을 망가뜨리려고 합니다. 사탄이 우리를 인계받도록 허용할 때에 하나님께서 우리를 불쌍히 여기시기를 빕니다!

예수님께서 유다에게 나가서 하고자 하는 바를 행하라고 말씀하시는 것을 제자들이 들었습니다. 그러나 그들은 깨닫지 못했습니다. 어떤 제자들은 그가 돈주머니를 맡았기 때문에 음식을 사오거나 가난한 사람들에게 무엇을 주려고 나가는 줄로 알았습니다. 그들은 별로 돈이 없었습니다만 "주는 것이 받는 것보다 복되도다"고 예수님께서 그들에게 가르치셨음을 여기에서 볼 수 있습니다. 주는 것은 성결의 한 증거입니다. 그분은 주셨습니다. 그러므로 우리가 그분을 닮기 원하면 우리도 주어야 합니다. 주님의 일을 실행하는 사람들은 보통 부한 사람들이 아니라 평범한 환경에 있는 사람들입니다. 부한 사람들을 주게 하는 것보다 그러한 돈이 별로 없는 사람들을 주게 하는 것이 훨씬 더 쉽습니다. 더 가난한 사람들이 돈보다 주님을 더 사랑하는 것 같습니다 … 어느 목사가 저에게 큰 부를 가진 그의 교인 중의 한 사람에 대하여 이야기해 주었습니다. 그는 산림 지역에 살았으며 국도 가까운 곳에 11마일을 달리는, 상당히 값나가는 복재 산지를 소유하고 있었습니다. 이 사람은 90살이었습니다. 교회에서 재정을 위한 약정을 할 때에 이 가련한 부자는 일주일에 50센트를 내기로 약정하였습니다. 오, 그가 잃고 있는 기쁨이란!

이제 유다가 나갑니다. "때는 밤이었다"고 기록되어 있습니다. 사람이 예수님을 떠나 나갈 때에는 항상 때가 밤입니다. 그것은 이 세상에서도, 영원한 세계에서도 밤입니다. 그의 영혼은 지옥의 무저갱처럼 어두웠습니다. 그리고 그는 곧 자살이라는 흑암 속으로 빠져들 것입니다. 우리가 만약 예수님께 등을 돌린다면 그것은 우리의 영혼에 있어서 밤입니다.

유다가 밖으로 나간 후에 예수님께서 다른 제자들에게 몸을 돌리시며 이런 뜻으로 말씀을 하셨습니다. "나의 일은 끝났다. 내일 나는 십자가 위에서 죽는다. 이것은 너희에게 슬픔을 가져올 것이나 결국 하나님과 아들이 모두 영광을 받으실 것이다." 그 다음 날 유혈이 낭자하고 상처투성이의 그리스도께서 십자가 위에 달리셨습니다. 예수님은 두 강도 사이에서 굴욕 속에 죽으셨습니다. 그 장면에는 어떤 영광도 없었습니다. 그런데도 오늘날 그 결과는 영광입니다. 아버지께서 십자가에서 영화롭게 되셨습니다. 그분께서 자기의 위대한 사랑을 보이신 곳은 바로 거기였습니다. 하나님께서는 자기의 약속을 어떻게 지키시는지를 보이셨습니다. 하나님께서 모든 사람들을 위한 구속자와 구원을 어떻게 마련하셨는지를 보이셨습니다. 아드님께서도 영광을 받으셨습니다. 그분께서 우리를 위하여 죽으셨기 때문에 오늘 수많은 사람들로부터 사랑을 받습니다. 그분은 모든 이름 위에 뛰어난 이름을 가지셨습니다. 그분의 죽음은 그분께 오는 모든 사람들을 구원하시는 사랑과 헌신과 능력을 보여 줍니다. 그분께서 십자가에 달리셨을 때에는 눈에 보이는 아무 영광도 없었습니다. 그러나 그분께서 하신 일을 인하여 우리가 영원히 그분의 칭송을 노래하여 끝이 없이 영광을 그분께 바칠 것입니다.

이어서 여기에서 우리는 유다의 패역을 봅니다. 그러나 우리가 그를 정죄하기 전에 우리 자신들의 마음을 살펴보아야 하겠습니다. 우리는 예수님을 모자람이 없이 사랑합니까? 우리도 그를 세상의 이득을 위해 팔아넘길 것입니까? 우리는 요한과 같은 사람입니까, 유다와 같은 사람입니까? 우리가 사랑으로 그분께 기대고 있습니까, 그분께 등을 돌리고 있습니까?

2. 증거

예수님은 이제 배반에 대한 이야기에서 돌아와서 서로 사랑하는 일에 대하여 말씀하셨습니다. 그분께서는 아직도 유다를 사랑하셨기 때문에, 그가 그분을 팔아넘기기 위하여 문을 열고 나가는 것을 보시고 마음에 크게 아파하셨을 것이라고 저는 믿습니다. 유다가 만일 다시 돌아서서 예수님의 발 앞에 엎드리며 용서를 빌었다면 그리스도께서는 그를 즉시 용서하시고 아주 유익한 종으로 삼으셨으리라고 저는 믿습니다. 그때 이미 사랑에 대하여 예수님께서 무슨 말씀을 하셨습니까? "내가 너희를 사랑한 것 같이 너희도 서로 사랑하라." 주님은 다음 날 죽으실 것이었으며 그 상황에서 그분께서 그들에게 하라고 마지막으로 말씀하신 것들 중의 하나가 서로 사랑하라는 것이었습니다. 모든 교회들의 모든 사람들이 마땅히 해야 하는 대로 서로 사랑하였으면 얼마나 좋겠습니까. 우리 모두 허물을 갖고 있지만 우리가 진정한 그리스도인이라면 그러한 허물들에도 불구하고 서로를 사랑합시다. 예수님께서 십계명의 중요성을 인정하셨습니다만 지금 그분이 이렇게 말씀하셨습니다. "이제 내가 너희에게 새 계명을 준다. 서로 사랑하라. 이 11번째 계명을 지키는 것은 다른 모든 10계명을 지키는 것만큼이나 중요하다."

우리가 그리스도인들인 것을 세상이 알아낼 수 있는 방법을 예수님께서 우리에게 말씀하셨습니다. 그분은 우리가 "나는 그리스도인이다"라는 배지를 달고 다녀야 한다고 말씀하시지 않으셨습니다. 우리가 그리스도인들인 것을 나타내는 어떤 제복을 입어야 한다고도 말씀하시지 않으셨습니다. 우리가 속해 있는 무슨 교회나 아니면 가르치고, 설교하고, 성가를 부르고, 공중기도 할 수 있는 우리의 능력을 보아서 우리가 그리스도인들인 것을 세상이 알 수 있을 것이라고도 말씀하시지 않으셨습니다. 그분께서 말씀하신 바는 우리가 서로 사랑하면 우리가 그분께 속해 있음을 모든 사람들이 알 수 있을 것이라는 것이었습니다. 그분께서 우리를 사랑하신 것 같이 우리가 서로 사랑하면 그 외의 모든 것은 제자리에 들어설 것을 주님께서는 아셨습니다. 그럴 때에 세상이 우리가 예수님과 함께 있어온 것을 알게 될 것입니다. 그분께서는 자기가 하시지 않으신 어떤 것을 우리더러 하라고 요구하시지 않으셨습니다. 그분은 사랑의 모본을 세우셨습니다. 자기를 팔아넘기려고 하는 유다를 그분께서 사랑하셨다면 분명한 것은 우리도 서로 사랑할 수 있어야 한다는 것입니다. 사랑하기가 극히 어려운 사람들이 있어서 그들이 하는 것, 말하는 바를 우리가 좋아하지 않지만 진정한 그리스도인은 마음 깊숙한 곳에서 모든 사람을 사랑합니다.

저는 이것을 믿습니다 ― 우리가 그렇게 해야 하는 대로 사랑한다면 바로 우리의 모범에 의해서 더 많은 사람들을 그리스도께로 인도해 낼 수 있을 것이라고 믿습니다. 많은 사람들이 우리들을 보고 "저런 것이 기독교라면 그것의 어떤 것도 갖고 싶지 않다"고 말하게 됨으로써 그들이 계속 하나님나라 밖에 머물러 있게 될까 두렵습니다 … 오클라호마에서 어느 젊은이가 대학의 교목을 만나러 왔습니다. 그가 말했습니다. "제 이야기를 드리고 싶습니다. 저는 4년 동안 이 대학에 있었습니다. 교회에 출석하지도 않았습니다. 오히려 목사들을 비웃고 교회와 그리스도인이라 하는 사람들을 비판하여 왔습니다. 그런데 몇 주 전에, 제가 곧 졸업할 터이니 이제 인생에서의 제 위치를 잡아야 하지 않겠느냐는 생각으로 정신이 번쩍 들었습니다. 공동체 속에서 어떤 종류의 장소를 제가 채워야 할 것인지를 곰곰이 생각하기 시작했습니다. 그래서 목사님 교회의 교인들인 여덟 명의 청년을 뽑아 그들을 지켜보기 시작했습니다. 강의시간과 운동장과 버스 안에서 그들과 함께 있었습니다. 저는 그들의 이야기에 귀를 기울였으며 그들의 행동을 주시했습니다. 그들은 결국 제 밑에서부터 저를 버티고 있는 것들을 흔들어 놓았습니다. 그들이 갖고 있는 것을 저도 어떻게 하면 얻을 수 있는지 저에게 말씀해 주십시오." 그 목사는 구원의 방법을 설명해 주었습니다. 그 청년은 교회에 나와 그리스도를 자기의 구주로서 고백하고 세례를 받았습니다. 그는 헌신적이고 활동적인 그리스도인이 되었습니다. 조금 있다가 전쟁이 일어나서 이 청년은 해외로 파견되었습니다. 그 후 어느 날 그 청년이 전투에서 전사했다는 소식을 받았습니다. 만약 8명의 청년들 중의 한 사람이라도 스스로 자처하는 대로 살지 않았더라면 이 청년의 영혼이 어디로 가게 되었을까를 생각하면 전율을 느낀다고 그 목사가 말했습니다.

오, 거듭 말씀드립니다. 그리스도인들이 매사에 마땅히 그렇게 해야 하는 대로 산다면 사람들을 그리스도께로 전향시키는 데에 별로 어려움이 없을 것입니다. 그리스도인의 올바른 삶의 첫걸음이 서로 사랑하라는 계명 속에 포함되어 있습니다. 그러므로 여기에 그 증거, 우리가 그리스도인이라고 세상에 보이는 증거가 있습니다. "너희가 서로 사랑하면 모든 사람이 그것으로 너희가 내 제자인 줄을 알게 될 것이다."

3. 예언

우리의 주의는 이제 유다와 다른 제자들에게서 벗어나 시몬 베드로에게로 집중됩니다. 예수님께서 가신다는 말씀을 하셨습니다. 그래서 베드로가 "주님, 어디로 가시렵니까?"라고 물었습니다. 이것은 베드로마저 예수님께서 자기의 죽음으로 나아가고 계시는 사실을 깨닫지 못하고 있었음을 보여 줍니다. 그래서 예수님께서 대답하셨습니다. "베드로야, 지금은 네가 따라올 수 없는 곳으로 내가 간다. 그러나 후에는 나를 따라 올 것이다." 여기에서 예수님께서는 자기가 죽게 되시는 것과 같이 이 똑같은 일이 베드로에게 일어날 것을 예언하셨습니다.

베드로는 아직도 이해하지 못했습니다. "주님, 주님과 함께 제가 어디라도 가겠습니다. 주님을 위하여 제 목숨이라도 바치겠습니다"라고 베드로가 말했습니다. 우리에게 베드로를 비평할 권리가 없습니다. 우리도 그와 너무도 같기 때문입니다. 우리는 지키지도 못하는 약속들을 많이 합니다. 그러나 베드로에 대하여 이렇게 말할 수 있습니다. 그의 머리가 항상 바르지는 못했는지 모르나 그의 가슴은 항상 옳았다고 말입니다. 그가 "주님을 위하여 제가 죽겠습니다"라고 말했을 때에 그것은 진심이었습니다. 그러나 그는 육체의 연약성을 고려하지 못했습니다. 위기의 순간에 사탄이 우리를 어떻게 넘어뜨릴 수 있는지를 그가 깨닫지 못하고 있었습니다. "지금 분명히 말하는데 이러이러한 일은 내가 결코 하지 않겠다"라고 우리가 호언장담하는 일은 없습니까? 그렇게 말하는 것은 옳지 못합니다. 그때가 오면 우리가 어떻게 할지 분명히 알 수 없습니다. 그러므로 우리는 "스스로 섰다 생각하는 자는 넘어질까 조심하라"는 성경 말씀을 항상 기억하면서 그리스도와 가까이 살아야 합니다.

예수님은 여기에서 다른 한 예언을 하십니다. 그분이 말씀하셨습니다. "베드로야, 정말 나를 위하여 목숨을 버리겠느냐? 오, 베드로, 네가 얼마나 약한지 모르고 있다! 새벽에 닭이 울기 전에 네가 나를 세 번 부인할 것이다. 나를 위하여 목숨을 버리기는 고사하고 나를 전혀 모른다고 말하면서 네 목숨을 부지하려고 애쓸 것이다." 주님께서 그렇게 말씀하셨을 때에 엄숙한 침묵이 그들 위에 내려앉았을 것임에 틀림없습니다. 누구보다도 베드로가 가장 불안했을 것이라고 봅니다. 예, 예수님께서는 베드로가 넘어질 것을 아셨습니다만 또한 상한 심령으로 그분께로 돌아와 이 제자에게 생명이 새롭게 약동하게 될 때가 돌아올 것도 아셨습니다. 베드로가 빛나는 승리의 삶을 살며 자기의 구주를 위하여 승리의 죽음을 죽을 날이 올 것을 그분께서 아셨습니다.

우리 자신들의 연약함을 인정하고 그리스도께 밀착하여 매달려 있습시다. 다른 사람들을 헤아리며 비평할 권리가 우리에게 없습니다. 예수님께서 하신 것처럼 우리는 항상 부드러우며 용서해야 합니다. 그리고 그분께서 "비판을 받지 아니하려거든 비판하지 말라"고 말씀하신 것을 기억하십시오.

예수님께서 곧 하늘의 본향으로 가시면 세상에서 그분의 사업을 계속하여 나갈 베드로와 다른 제자들이 필요하실 것입니다. 베드로의 실패에도 불구하고 주님은 자기의 영광을 위하여 그를 사용하셨습니다. 그분께는 여러분과 저도 필요합니다. 우리의 지난 실패와 실수와 죄에도 불구하고 우리가 완전히 그분께 내맡기면 그분께서 우리를 사용하실 수 있습니다. 어느 훌륭한 전도자가 연속적으로 부흥집회를 열었습니다. 그런데 그 주간이 지나도록 한 결신자도 없었습니다. 그때에 한 어린 소녀가 앞으로 나왔습니다. 그 소녀가 그리스도를 자기의 구주로서 고백하는 것을 듣고 전도자는 매우 기뻐서 시간을 과외로 내어 예수님과 구원과 또 주님을 섬길 수 있는 방법에 대하여 소녀에게 이야기했습니다. 그 소녀는 영광스럽고 놀랍도록 구원을 받았습니다. 그 다음 날 어떤 사람이 그 애의 아버지를 만나러 소녀의 집에 왔습니다. 아버지는 밖에 나가 없었으나 어린 소녀가 그 사람과 이야기를 하면서 지난 저녁에 자기가 그리스도인이 되었다고 그 사람에게 말하였습니다. 그도 그리스도인이냐고 소녀가 그에게 물었더니 아니라고 그가 대답했습니다. 왜 그리스도인이 되지 않았느냐고 그에게 물었습니다. 그러자 그는 길 건너의 대장간을 가리키면서 말했습니다. "하나님이 너는 아마 구원했을 것이다. 그러나 내가 그리스도인이 되기 전에 하나님이 대장장이, 늙은 단(Dan)을 구원하고 변화시킬 수 있는지를 알아봐야겠어. 그는 세상에서 가장 못된 사람이거든, 그가 교회에 나가 구원을 받고 하나님이 그를 착한 사람으로 만들면 그때 나도 교회에 가겠다." 그 사람이 떠난 후에 어린 소녀는 앞 계단에 앉아 늙은 단의 해머소리를 듣고 있었습니다. 그 애는 대장간으로 건너갔습니다. 윗도리를 벗어부친, 퉁명스러운 늙은 거인이 거기에 있었습니다. 그는 자기 뒤에서 어린 소녀가 "단"라고 부르는 목소리를 들었습니다. 두리번거리다가 그 애를 발견하고 "무슨 일이니"라고 말했습니다. "저 말이에요 잠깐 할 이야기가 있어요"라고 그 애가 말했습니다. 그는 하던 일을 멈추고 어린 소녀의 이야기를 들었습니다. 그 애는 자기가 구원받은 것을 말하고 전의 그 사람이 그에 대하여 말한 것을 그에게 이야기했습니다. 그러고서 그 애는 자기의 작고 하얀 손을 그의 크고 억세게 생긴 더러운 손 위에 얹으면서 "단, 다음 주일에 꼭 교회에 나오세요"라고 말했습니다. 그는 그러하겠다고 약속을 하였으며 삽시간에 그 소문이 작은 읍에 쫙 퍼졌습니다. 다음 주일날 아침, 교회가 만원이 되었습니다. 단이 참석하여 오랜만에 처음으로 복음을 들었습니다. 그는 꾸준하게 교회에 나왔으며 하나님께서 그를 구원하시고 변화시키셨습니다. 다른 사람들이 많이 그의 회심과 새 생활 때문에 그리스도를 알게 되었습니다. 그 모든 것이 어떻게 해서 일어났습니까? 한 어린 소녀가 증거를 필요로 하시는 그리스도께 충성하였기 때문이었습니다.

그리스도께서는 유다를 필요로 하셨습니다만 자신의 마음이 바르지 못하였기 때문에 그분을 저버리고 말았습니다. 그분께서 베드로를 필요로 하였습니다. 베드로도 그분의 기대를 어겼습니다. 그러나 그의 마음이 올바랐기 때문에 돌아와서 그분을 섬겼습니다. 우리의 마음을 바로 잡고 우리의 가장 좋은 것으로 그분을 섬기도록 하나님께서 도우시기를 빕니다.

제
26
장

—

마음의 병과 그 유일한 치유

—

"¹너희는 마음에 근심하지 말라 하나님을 믿으니 또 나를 믿으라 ²내 아버지 집에 거할 곳이 많도다 그렇지 않으면 너희에게 일렀으리라 내가 너희를 위하여 거처를 예비하러 가노니 ³ 가서 너희를 위하여 거처를 예비하면 내가 다시 와서 너희를 내게로 영접하여 나 있는 곳에 너희도 있게 하리라 ⁴ 내가 어디로 가는지 그 길을 너희가 아느니라 ⁵ 도마가 이르되 주여 주께서 어디로 가시는지 우리가 알지 못하거늘 그 길을 어찌 알겠사옵나이까 ⁶ 예수께서 이르시되 내가 곧 길이요 진리요 생명이니 나로 말미암지 않고는 아버지께로 올 자가 없느니라." — 요 14:1-6

오늘날 세상에서 가장 무서운 병중의 하나가 소위 심장병입니다. 어떤 사람이 심장마비로 졸도하였다는 기사는 우리가 매일 읽다시피 합니다. 이 병은 부한 사람도, 가난한 사람도 칩니다. 사람에 따라 차별을 두지 않습니다. 심장병의 성질은 육체적인 것입니다. 지금까지 그렇게 충성스러웠던 심장이 갑자기 갑니다. 심장이 가면 생명도 갑니다. 그러나 요한복음 14장에서는 예수님께서 영적인 마음의 병에 대하여 말씀하시고 계십니다. 근심에 찌든 마음, 짓눌린 마음, 슬픔으로 괴로워하는 마음에 대하여 말씀하시고 계십니다. 이 마음의 병의 성질도 역시 보편성을 띠고 있습니다. 우리 모두가 갖고 있습니다. 돈이 그것의 접근을 막을 수 없습니다. 건강도 그것을 저지할 수 없습니다. 인기가 그 병을 치료할 수 없습니다. 그것을 완전히 차단시킬 수 있는 문이 하나도 없습니다. 가장 훌륭한 그리스도인들도 영적인 마음의 병으로 자주 괴로움을 당합니다. 은혜와 영광 사이에 그들이 마셔야 할 쓴 잔이 많이 있습니다. 가장 경건한 성도들은 이 세상이 눈물의 골짜기인 것을 체험하여 왔습니다. 이 병에 대한 유일한 구제책은 주 예수 그리스도께 대한 믿음입니다. 이것은 구주로서 그분께 대한 믿음, 그분께서 우리를 사랑하신다는 믿음, 인생의 길을 걷는 동안 내내 그분께서 우리를 돌보실 것이라는 믿음, "하나님을 사랑하는 자들에게는 모든 것이 협력하여 선을 이룬다"는 믿음, 우리의 나그네길이 끝나는 날 그분께서 우리를 하늘나라로 데려가실 것이라는 믿음을 의미합니다.

요한복음 14장은 성경에서 가장 위안을 주는 장으로 불리어졌습니다. 본 장은 장례예배 시에 읽혀지고 상한 마음에 하나님의 위로를 가져오곤 하였습니다. 그것은 죽어가는 사람들에게 기쁨을 주었으며 수많은 병실에 빛을 던져 주었습니다. 게벌라인 박사(Dr. A. C. Gaebelein)는 수세대를 거쳐 사용되어온 매우 오랜 성경을 갖고 있습니다. 많은 페이지들이 인쇄기에서 나올 때처럼 선명하다고 합니다. 그러나 요한복음 14장은 많이 닳아지고 수세대인의 눈물로 얼룩져 있습니다. 예수님께서 이 말씀들을 제자들에게 하실 때에 그 말씀이 오고 오는 세기들을 통하여 그것들을 읽는 천만인에게 말할 수 없는 축복을 가져다 줄 것을 틀림없이 아셨을 것입니다.

오늘은 1~6절에서 다음의 세 가지 사항을 생각해 보겠습니다.

1. 약속된 평안
2. 예비된 처소
3. 마련된 길

1. 약속된 평안

요한복음 13장과 14장 사이에 끊어짐에 있어서는 안 됩니다. 앞장이 끝날 때에 예수님과 제자들이 다락방의 식탁에 계신 것을 우리가 보았습니다. 유다는 그리스도를 넘겨주려고 밖으로 나갔습니다. 예수님은 베드로가 동이 트기 전에 주님을 부인할 것을 베드로에게 방금 깨닫게 해 주셨습니다. 그들은 아직도 식탁에 앉아 있었습니다. 예수님께서는 제자들이 불안해하는 것을 아셨습니다. 그들은 불안해 할만 했습니다. 그들의 수에 들었던 한 사람이 주님을 팔아넘기리라는 말씀을 듣고 그들이 불안을 느끼고 있었습니다. 또 다른 제자가 그분을 세 번 부인할 것이라는 말씀을 들으니 그들은 불안했습니다. 예수님께서 마음에 무거워 하시는 것을 보았기 때문에 그들은 불안했습니다. 예수님께서 자기가 죽으실 것이라고 말씀하셨기 때문에 그들은 불안했습니다.

가정해 보십시오. 우리가 오늘 밤 말할 수 없는 고통을 겪다가 내일 아침에 무참히 처형될 것을 알고 있다면 누구를 생각하며 무엇을 생각하겠습니까? 확실히 우리는 자신에 대하여 생각할 것입니다. 그러나 예수님께 있어서는 그렇지 않았습니다. 그분의 눈길이 자기의 친구들에게 미쳤으며 그분의 마음이 그들에게로 달렸습니다. 주님께서 그들을 위로하시기 시작하셨습니다. 아주 부드럽게 말씀하셨습니다. "너희는 마음에 근심하지 말라. 하나님을 믿고 또 나를 믿으라." 경건한 유대인들로서 그들은 하나님을 믿었습니다. 물론, 그들은 또한 예수님을 믿었습니다. 그러나 그분께 대한 더 강한 믿음을 갖는 것이 필요했습니다. 작은 믿음과 큰 믿음 사이에는 크나큰 차이가 있습니다. 십자가는 하나님의 원대한 구원 계획의 일부임을 그들이 믿을 필요가 있었습니다. 죽음과 무덤에 대한 그리스도의 승리는 전에는 그들이 전혀 알지 못했던 능력을 그들에게 확신시켜 줄 것임을 그들이 믿어야 했습니다. 그리스도께서는 자기에 대한 더 큰 믿음을 가질 것을 그들에게 강권하시고 계셨습니다.

그들이 이 믿음만 경험할 수 있다면 더 이상 마음에 근심하지 않을 것이며 장래를 두려워하지 않을 것입니다. 그러나 그들은 주님께서 무덤에서 일어나시기까지는 그 믿음을 발견하지 못했습니다. 예수님께서 잡히셨을 때에 그들은 모두 달아났습니다. 그들 모두는 공포로 떨었습니다. 오, 이 사람들도 여러분과 저와 마찬가지로 인간이었습니다. 그들은 자기들에게 직면하여 오는 어려움은 보았으나 거룩하신 구주의 얼굴은 들여다보지 못했습니다.

지붕에 있는 사람이 자기의 어린 아들에게 사다리를 타고 자기가 서 있는 곳으로 올라오라고 허락을 하여 주었습니다. 어린 소년이 사다리 위로 출발하였습니다. 그러나 중간쯤 가서 땅을 내려다보았습니다. 그 애는 겁이 나서 울기 시작했습니다. 그때 아버지가 "애야, 내려다보지 마라. 나를 쳐다봐. 그리고 계속해서 기어 올라와"라고 말했습니다. 소년은 자기 아버지를 올려다보았습니다. 무서움이 떠나고 무사히 꼭대기까지 기어왔습니다. 오, 그렇게 하는 것이 우리에게 필요합니다! 문제들이 우리 주위에 모여들 때 하나님을 올려다봐야 합니다. 그분께서 전에 우리를 이끌어 내셨으며 또 그렇게 하실 것입니다. 이와 관련하여 시몬 베드로가 생각납니다. 예수님께서 그에게 물 위로 그분이 계신 곳으로 걸어오라고 말씀하셨습니다. 그는 배에서 뛰어내려 걷기 시작하였습니다. 그는 아무 탈이 없었으며 멋있게 전진해 나갔습니다. 그러나 그때에, 바람을 느끼고 물결을 쳐다보자, 그는 가라앉기 시작했습니다. 시선을 예수님에게서 뗄 때에는 언제나 우리가 가라앉기 시작합니다. 그러기에 여기에서 예수님은 제자들에게 그분을 전적으로 신뢰하라고 강조하시고 계셨습니다.

주님께서 이 제자들에게만 말씀하시고 계셨겠습니까? 아닙니다. 여러분과 저에게도 말씀하시고 계셨습니다. 그분은 우리에게 말씀하십니다. "하나님은 너희에 대한 사랑으로 충만하시기 때문에 너희는 마음에 근심하지 마라. 너희에게 가장 좋은 것이 무엇인지를 하나님께서 아시기 때문에 너희는 마음에 근심하지 마라. 하나님께서 보좌에서 다스리시며, 그분을 신뢰하는 자들은 결코 패배하지 않을 것이기 때문에 너희는 마음에 근심하지 마라. 하나님께서 우리를 위하시면 누가 우리를 능히 대적할 수 있겠느냐? 너희는 마음에 근심하지 말라."

오늘날 우리에게 주님께서 이렇게 말씀하십니다. "나를 믿으라 내가 너희 죄를 위하여 죽었다가 다시 산 것을 믿으라. 너희가 나를 신뢰하는 순간 너희는 영원히 구원받는 것을 믿으라. 내가 너희를 위하여 하늘에서 중보의 기도를 하고 있는 것을 믿으라. 내가 항상 너희를 돕고 위로하며 강하게 하여 줄 준비를 하고 있는 것을 믿으라. 인생의 막이 내릴 때에 너희를 영광의 세계에 데려 가려고 내가 기다리고 있는 것을 믿으라."

그러면 근심하는 마음을 위한 구제책은 무엇입니까? 그것은 하나님의 목적과 그리스도의 끊임없는 사랑에 대한 믿음입니다. 그저 그분께로 와서 이렇게 말하십시오. "주님, 저는 이 모든 것을 이해하지 못합니다만 주님께서는 그 길을 아십니다. 열쇠는 주님께서 쥐고 계십니다. 주님의 손에 모든 것을 내맡기겠습니다. 주님은 대의사이시니 내 병을 완전히 주님께 맡기겠습니다." 확실히 이것은 마음과 정신의 평안을 얻는 유일한 길입니다. "너희 짐을 주님께 내려놓으라. 그러면 그분께서 너희를 붙들어 주실 것이다." 오늘 당신의 마음이 근심에 싸여 있습니까? 그러면 그것을 예수님께로 가져 오세요. 그분께서 그것을 맡아 주시도록만 하세요.

2. 예비된 처소

예수님은 이어서 그들이 염려하지 말아야 하는 또 다른 이유를 제시하십니다. 첫째, 이 세상의 일들에 대하여 그들은 주님을 믿어야 합니다. 다음으로, 저 일들에 무엇인가 더 좋은 것이 그들을 기다리고 있음을 기억해야 합니다. 그것에 대하여 그분께서 어떻게 말씀하셨습니까? "내 아버지의 집에는 있을 곳이 많다. 그렇지 않다면 벌써 너희에게 그렇게 일러주었을 것이다." 그분께서 그들에게 주시는 위안은 여기에 있습니다 ― 아무것도 그들을 천국으로부터 분리시켜 놓을 수 없다고 그분이 말씀하시고 계십니다. 그들이 세상에서 외롭게 될지 모릅니다. 유대의 회당이 그들을 출회시킬지 모릅니다. 그들이 세상의 모든 소유를 잃게 될지 모릅니다. 처형될지도 모릅니다. 그럴지라도 하늘에는 항상 그들이 있을 곳이 있습니다.

하늘이라는 말은 하나님과 그분의 백성들의 집을 뜻합니다. 집은 우리의 사랑하는 사람들이 있는 곳, 우리가 항상 환영받는 곳, 세상의 투쟁으로부터 우리가 피하여 가는 곳입니다. 또 하늘은 우리의 사랑하는 이들이 만나게 되는 곳입니다. 그들과의 이별을 고할 때 우리의 심정은 무너져 내렸습니다. 우리의 눈은 눈물로 흐렸습니다. 그러나 어느 날 우리가 그들을 모든 눈물이 거두어지는 땅에서 만날 것이며 영원히 그들과 함께 살 것입니다. 집은 세상의 모든 싸움에서 피하여 가는 곳입니다. 아무도 죽고 싶어하는 사람이 없습니다만 때때로 짐이 너무 무거워질 때에 우리는 하늘의 집에 가서 쉬고 싶어합니다.

하늘은 환영의 장소입니다. 예수님은 이렇게 말씀하시려고 기다리시고 계십니다. "어서 들어오라. 너를 위해 준비된 처소가 있다." 하늘의 모든 천군천사들은 큰 환난을 겪고 그들의 옷을 어린양의 피로써 씻은 사람들을 환영하려고 기다리고 있습니다. 그러므로 예수님께서 이렇게 말씀하십니다. "근심하지 마라. 잠깐만 더 참으라. 그러면 우리가 천국에서 함께 살 것이다."

하늘의 영광은 여러 가지로 묘사됩니다. 그것은 "나라"로 불리어지는데 그 광대함을 나타내 주는 말입니다. 그곳에 사는 사람들의 수효가 많음을 암시하여 "도성"이라고도 불리어집니다. 그것은 질서라는 측면에서 "왕국"으로 불리어집니다. 그것은 "낙원"으로 불리어져 그곳의 기쁨을 말해 줍니다. 그러나 무엇보다도, 예수님께서 그곳에 계실 것입니다. 그분께서는 자기 백성과 함께가 아니고서는 그곳에서 사시는 것에 만족하지는 않으실 것입니다. 그분은 "내가 있는 곳에 너희도 있으리라"라고 말씀하셨습니다. 예, 우리의 구주, 우리를 위하여 갈보리에서 죽으신 분, 우리들의 친구, 만 가지로 우리를 축복하신 분, 우리들의 형제, 우리 곁에서 인생의 길을 걸으시는 분 — 주 예수 그리스도께서 그곳에 계실 것이며 우리는 그분과 함께 살 것입니다.

예수님은 이어서 말씀하십니다. "내가 너희를 위하여 있을 곳을 마련하러 간다." 하나님께서는 자기 백성을 준비도 되지 않은 곳으로 데려 가시지 않으십니다. 아담을 에덴 동산에 살게 하시기 전에 그곳을 미리 준비하셨습니다. 그분은 약속된 땅을 준비하신 후에 이스라엘을 그곳으로 인도하셨습니다. 그분의 은혜가 얼마나 놀라운지! 그분은 하늘을 예비하는 일을 천사들에게 맡기시지 않으십니다. 그분 자신이 그 일을 하십니다.

"너희를 위하여 있을 곳을 마련하러 간다"라고 그분이 말씀하실 때에 누구를 의미하셨습니까? 그분께 신뢰를 두는 사람들을 의미하셨습니다. 하늘은 준비된 백성을 위한 예비된 장소입니다. 우리가 그곳을 위하여 준비하지 않으면 결코 그곳에 이를 수 없을 것입니다. 밧모 섬에서 요한은 하늘의 큰 무리를 보고, 천사에게 그들이 누구냐고 물었습니다. 천사가 대답했습니다: "그들은 큰 환난을 거쳐 온 사람들이며 그들의 옷을 어린양의 피로 빨아 희게 했소." 오, 우리들의 옷은 깨끗하지 못합니다. 그것들은 죄로 얼룩지고 더럽혀 있습니다. 우리가 하얗게 진주로 단장된 그 성에 들어갈 수 있으려면 먼저 우리의 옷을 갈보리의 어린양의 피로서 하얗게 씻지 않으면 안 됩니다.

고대 로마에서 한 간수가, 그리스도를 믿는 신앙 때문에 옥에 갇혀 곧 죽게 될 어떤 사람을 동정하였습니다. 간수는 비밀히 그 사람의 딸을 들여보내 그녀의 아버지를 만나보게 하였습니다. 딸이 나간 후에 간수는 그 사람을 응시하고 있자 그 사람이 "왜 나를 그렇게 뚫어지게 보고 있습니까?"라고 말했습니다. "당신에게 조금도 염려하는 기색이 없기 때문이오. 당신은 내일 죽습니다. 오늘 저녁 마지막으로 당신의 딸을 본 것이오"라고 간수가 대답했습니다. 그러자 그 사람이 말했습니다. "오, 그러나 그것은 틀린 말씀입니다. 나는 그 애를 또 볼 거예요. 그 애도 그리스도인입니다. 그리스도인들은 영원히 헤어지지 않습니다. 나는 하늘에서 그 애를 만나 영원히 함께 살 것입니다. 이제 당신은 내가 왜 행복해하는지 그리고 기독교의 신앙을 위하여 죽기를 불사하는지 이해하시겠습니까?"

초로의 어느 목사가 병으로 위독하게 되었습니다. 의사는 그가 며칠 밖에 살 수 없다고 말했습니다. 아들도 300마일 떨어진 한 읍에서 목회하는 목사였습니다. 그들은 그 아들을 부르러 보냈습니다. 그가 와서 밤낮으로 자기 아버지의 침대 곁에 머물렀습니다. 토요일이 되었는데 그 사람의 병세에 아무런 차도가 없었습니다. 그러나 그는 자기 아들을 올려다보며 이렇게 말했습니다. "돌아가서 내일 너의 교인들에게 설교하여라. 네가 돌아왔을 때 내가 여기에 없으면 내가 어디에 있는지 너는 알 것이다."

그것이 놀랍지 않습니까? 그리스도께서 우리를 위하여 있을 곳을 예비하셨습니다. 이생이 전부가 아닙니다. 더 좋은 생이 우리를 기다리고 있습니다.

예수님은 "내가 다시 오겠다"라고 계속하여 말씀을 이으십니다. 오, 우리는 장래에 대하여 말할 때에 예수님께서 이 옛 세상에 다시 오실 것을 사람들에게 말하지 않을 수 없습니다! 우리는 이 세상에 있는 모든 문제를 생각하고 "이 세상이 어떻게 될 것인가?"라고 말합니다. 이 세상이 어떻게 될 것인지 저는 모릅니다. 그러나 하나님께 감사할 것은 이 세상에 누가 오실 것인지를 알고 있습니다. 생각지도 않을 뜻밖의 어느 날 예수님께서 데살로니가전서 4:13~18에 기록된 대로 공중에 오실 것입니다. 자기 백성을 죽은 자건 살아 있는 자건 모두 공중으로 이끌어 가실 것입니다. 후에 자기 백성과 함께 영광 중에 다시 오실 것입니다. 지상에 다시 오셔서 천년 동안 다스릴 것입니다.

이탈리아가 압제하는 적들의 철발굽 아래 신음하던 때가 있었습니다. 국민들은 가리발디를 그들의 유일한 희망으로 기대했습니다. 그들은 그가 고국으로 돌아와서 압제자의 멍에를 꺾어 주기를 기다렸습니다. 체포된 사람들이 감옥으로 끌려갈 때에 그들의 친구들은 귓속말로 "용기를 내라. 가리발디가 올 것이다"라고 속삭여 주곤 했습니다. 밤에 몰래 밖으로 나와 벽이나 포장한 바닥에 "가리발디가 곧 온다!"라고 써놓는 사람들도 있었습니다. 그가 그 도시에 접근하였을 때에 사람들은 열광적인 목소리로 "가리발디가 오고 있다"라고 외쳤습니다. 그가 와서 그 나라를 묶은 사슬을 묶고 해방시켰습니다. 오늘날 우리는 죄 많은 세상의 사로잡힌 자들입니다. 염려와 슬픔이 사방에서 우리를 에워쌉니다. 그러나 가리발디보다 더 위대하신 분이 우리를 해방시키려고 오실 것입니다. 예수님께서 곧 오실 것입니다. "모든 나라들의 바라는 것"이 그분의 왕림에 있습니다. 그분이 오시는 날은 위대한 날이 될 것입니다. 과거의 최대의 사실은 그분이 우리를 위하여 오셔서 죽으셨다는 것입니다. 미래의 가장 큰 사실은 그분이 다시 곧 오신다는 것입니다. 그분의 새림은 신약에서 318번이나 언급되있습니다. 여러분은 그분을 맞을 준비를 하고 있습니까? 죄인이여, 당신이 죄를 회개하고 그분을 당신의 구주로서 신뢰하기까지는 준비되어 질 수 없습니다. 그리스도인이여, 당신이 그분을 위하여 최선을 다하여 살고 있지 않다면 당신은 아직 그분을 맞을 준비가 되어 있지 않습니다.

3. 마련된 길

예수님께서 아버지의 집과, 있을 곳을 예비하시러 가셨다가 자신의 백성들을 위하여 다시 오신다는 것에 대해서만 말씀하시고 계셨습니다. 그러나 이러한 것들은 제자들에게는 아직도 어렴풋한 것이었으며 실제적인 것이 못되었습니다. 그래서 의심이 많은 도마가 입을 열어 "주님, 주님께서 어디로 가시는지도 우리가 알지 못하는데 어떻게 그 길을 알겠습니까?"라고 말했습니다. 그러자 그들의 둔함을 참으시며 예수님께서 대답하셨습니다. "내가 곧 길이요 진리요 생명이다. 나로 말미암지 않고는 아무도 아버지께로 올 사람이 없다." 이런 뜻의 말씀이었습니다. "하나님께 이르는 길 — 천국에 가는 길은 오직 한 길이 있을 뿐이다. 내가 그 길이다. 너희들은 나에 대한 믿음을 통하여 와야 한다."

"나는 길이다." 이러므로 그리스도께서는 하나님과 죄인 사이의 간격을 연결하시고 계십니다. 불타는 건물 안에 있는 사람을 상상해 보십시오. 도피의 유일한 길이 있습니다. 사다리가 창문까지 연결되어 있습니다. 그는 그 사다리를 타고 내려와야 합니다. 그렇지 않으면 그는 영원히 가버립니다. 무서운 병을 앓고 있는 중환자를 생각할 수 있습니다. 그를 치료할 수 있는 유일한 약이 있습니다. 그것도 그의 바로 옆, 탁자 위에 놓여 있습니다. 그는 그 약을 먹어야 합니다. 그렇지 않으면 죽습니다. 그리스도는 길, 유일한 길이십니다. "사람에게 옳아 보이는 길이 있으나 그 결국은 멸망에 이를 뿐이다." 어떤 교회도 "내가 길이다"라고 말할 수 없습니다. 교회가 사람을 구하는 것은 아니기 때문입니다. 어떤 사람도 "내가 길이다"라고 말할 수 없습니다. 아무도 우리를 구원할 수 있는 능력을 갖고 있지 않기 때문입니다. 우리는 종교의식이나, 세례나, 성찬식이나, 훌륭한 성품이나, 고상한 행동에 의하여 구원받을 수 없습니다. 그리스도를 통하여 하나님께로 옴으로써만 우리가 구원받습니다.

하나님은 매우 거룩하시므로 모든 인간은 그분의 보시기에 죄가 많습니다. 죄는 극악한 것이기 때문에 아무도 그것에 대한 보상을 할 수 없습니다. 반드시 속죄자, 중보자, 속전지불자가 있어야만 합니다. 우리와 하나님 사이에 서서 우리를 위하여 변호할 수 있는 완전한 한 인격자가 있어야 합니다. 그런데 한 분이, 유일하신 분, 주 예수 그리스도께서 계십니다. 하늘과 땅 사이에 꼭 하나의 문, 하나의 다리, 하나의 사다리가 있습니다. 곧 십자가 달리신 하나님의 아들이십니다. 그 문을 통하여 하나님께로 오셔서 영원히 구원받으십시오. 다른 문으로 들어가려 하면 영원히 멸망당합니다.

"나는 진리다." 그리스도는 하나님의 완전하고 최종적인 계시이십니다. 그분을 아는 것은 진리를 아는 것입니다. 진리는 철학에서 발견되는 것이 아니라 그리스도의 인격에서 발견됩니다. 오늘의 사람들은 모든 것을 연구합니다만 진리이신 그리스도를 묵살합니다. 그러나 친구여, 당신의 모든 과학과 언어와 역사를 통달하고도 진리이신 그리스도 앞에서 머리를 숙이지 않는다면 지옥에서 그것들이 당신에게 무슨 소용이 있겠습니까?

"나는 생명이다." 구원받지 못한 사람은 영적으로 죽어 있습니다. 그는 세상의 것들에는 살아 있으나 하나님의 일들에는 죽어 있습니다. 오직 그리스도만이 살리실 수 있습니다. 그분을 믿는 사람은 이미 죽음에서 생명으로 옮겨왔습니다. 오늘날 그리스도 밖에 있는 사람도 보통 이렇게 말할 것입니다. "오 예, 나도 하나님을 믿습니다. 만물 배후에는 무언가 위대한 제일원인이 있음에 틀림없습니다. 한 뛰어난 존재가 세계를 운영하고 있다고 확신합니다. 나도 하나님을 믿지요." 그러나 저는 분명히 말합니다. 이것으로는 충분하지 않습니다. 우리가 구원을 받으려면 예수 그리스도께 대한 믿음을 통하여 하나님께로 와야 합니다. 그리스도를 돌아서 가는 우회로는 없습니다. 그분이 바로 길이십니다. 우리가 천국에 들어갈 수 있으려면 반드시 그리스도께 대한 믿음을 통하여 와야 합니다.

그러므로 이 세 가지를 기억합시다. 주님께서 우리들에게 평안을 약속하셨습니다. 우리를 위하여 있을 곳을 예비하셨습니다. 그 처소로 가는 길을 마련하셨습니다.

제1차 세계대전이 종식되었을 때에 한 군인이 집에 왔습니다. 그는 오랫동안 해외에 있었습니다. 한 팔을 잃었으며, 얼굴의 일부는 총탄에 맞아 달아났습니다. 모든 가족은 두 손을 벌려 억센 포옹으로 그를 맞이하였으나 그들은 그의 보는 앞에서 슬픈 기색을 하며 사주 그를 외롭게 내버려 두었습니다. 하루는 그가 모두를 안으로 불러들여 "당신들은 나를 왜 그렇게 피합니까! 왜 그토록 나를 외롭게 만듭니까?"라고 말했습니다. 이 말을 듣고 아버지가 대답했습니다. "애야, 우리를 용서해다오, 우리가 부끄럽구나, 그러나 알다시피, 애야, 너는 떠날 때와 같지 않다. 우리가 너에게 익숙해질 때까지 이런 식으로 하는 것을 용서해다오." 청년의 얼굴이 밝아지더니 그가 이렇게 말했습니다. "아버지, 제가 귀찮게 하는 것이 그것뿐입니까? 앉아보세요. 놀라운 이야기 하나 해드리겠어요." "무인의 땅"에서 있었던 일입니다. 나는 총에 맞아 거꾸러져서 거기에 누워 있었습니다. 가랑비가 내 얼굴 위로 내리고 있었어요. 피는 흘러 물과 흙으로 범벅이 되어 가고 저는 죽음이 오기를 기다리고 있었습니다. 그때 어떤 사람이 나 있는 곳으로 걸어오는 것이 보였습니다. 그의 옷은 눈과 같이 희었습니다. 그는 "무인의 땅"을 대로를 걷듯 걸었습니다. 내가 누워 있는 곳까지 왔습니다. 그가 자기의 손을 들었습니다. 그 손들은 못 자국이 나 있었습니다. 그가 말할 때에 그 목소리가 음악과도 같았습니다. 그분이 이렇게 말씀하셨습니다. "나는 나의 양을 찾는 선한 목자다. 나는 만왕의 왕이며 모든 전장의 주이다. 나는 부활이요 생명이다. 나는 모든 믿는 자들의 구주이다. 나는 너의 마음 문에 서서 두드린다. 네가 문을 열면 내가 들어가겠다." 이야기가 여기에 이르러 청년은 밝은 목소리로 크게 말했습니다. "아버지, 저는 그분을 제 마음에 들어오시도록 했어요. 그분은 지금도 제 마음에 계십니다. 내 몸이 여기에서 온전하지 못한들 그게 무슨 큰 문제가 되겠습니까? 후일에 그분이 제게 완전한 몸을 주실 터인데요."

오, 우리가 우리의 마음속에 예수님을 모시고 있다면 이 모든 인생의 사소한 일들이 대단한 문제가 되겠습니까? 주님은 우리를 위하여 있을 곳을 예비하셨습니다. 당신은 그곳을 위하여 준비가 되어 있습니까? 예수님께서 당신의 마음속으로 들어오시도록 하셨습니까?

제
27
장

—

그리스도인의 유언과 약속

—

"⁷ 너희가 나를 알았더라면 내 아버지도 알았으리로다 이제부터는 너희가 그를 알았고 또 보았느니라 ⁸ 빌립이 이르되 주여 아버지를 우리에게 보여 주옵소서 그리하면 족하겠나이다 ⁹ 예수께서 이르시되 빌립아 내가 이렇게 오래 너희와 함께 있으되 네가 나를 알지 못하느냐 나를 본 자는 아버지를 보았거늘 어찌하여 아버지를 보이라 하느냐 ¹⁰ 내가 아버지 안에 거하고 아버지는 내 안에 계신 것을 네가 믿지 아니하느냐 내가 너희에게 이르는 말은 스스로 하는 것이 아니라 아버지께서 내 안에 계셔서 그의 일을 하시는 것이라 ¹¹내가 아버지 안에 거하고 아버지께서 내 안에 계심을 믿으라 그렇지 못하겠거든 행하는 그 일로 말미암아 나를 믿으라 ¹²내가 진실로 진실로 너희에게 이르노니 나를 믿는 자는 내가 하는 일을 그도 할 것이요 또한 그보다 큰 일도 하리니 이는 내가 아버지께로 감이라 ¹³ 너희가 내 이름으로 무엇을 구하든지 내가 행하리니 이는 아버지로 하여금 아들로 말미암아 영광을 받으시게 하려 함이라 ¹⁴ 내 이름으로 무엇이든지 내게 구하면 내가 행하리라 ¹⁵ 너희가 나를 사랑하면 나의 계명을 지키리라 ¹⁶ 내가 아버지께 구하겠으니 그가 또 다른 보혜사를 너희에게 주사 영원토록 너희와 함께 있게 하리니 ¹⁷ 그는 진리의 영이라 세상은 능히 그를 받지 못하나니 이는 그를 보지도 못하고 알지도 못함이라 그러나 너희는 그를 아나니 그는 너희와 함께 거하심이요 또 너희 속에 계시겠음이라 ¹⁸ 내가 너희를 고아와 같이 버려두지 아니하고 너희에게로 오리라 ¹⁹ 조금 있으면 세상은 다시 나를 보지 못할 것이로되 너희는 나를 보리니 이는 내가 살아 있고 너희도 살아 있겠음이라 ²⁰ 그 날에는 내가 아버지 안에, 너희가 내 안에, 내가 너희 안에 있는 것을 너희가 알리라 ²¹나의 계명을 지키는 자라야 나를 사랑하는 자니 나를 사랑하는 자는 내 아버지께 사랑을 받을 것이요

나도 그를 사랑하여 그에게 나를 나타내리라 22가룟인 아닌 유다가 이르되 주여
어찌하여 자기를 우리에게는 나타내시고 세상에는 아니하려 하시나이까 23 예수
께서 대답하여 이르시되 사람이 나를 사랑하면 내 말을 지키리니 내 아버지께서
그를 사랑하실 것이요 우리가 그에게 가서 거처를 그와 함께 하리라 24 나를 사랑
하지 아니하는 자는 내 말을 지키지 아니하나니 너희가 듣는 말은 내 말이 아니
요 나를 보내신 아버지의 말씀이니라 25 내가 아직 너희와 함께 있어서 이 말을 너
희에게 하였거니와 26 보혜사 곧 아버지께서 내 이름으로 보내실 성령 그가 너희
에게 모든 것을 가르치고 내가 너희에게 말한 모든 것을 생각나게 하리라 27 평안
을 너희에게 끼치노니 곧 나의 평안을 너희에게 주노라 내가 너희에게 주는 것은
세상이 주는 것과 같지 아니하니라 너희는 마음에 근심하지도 말고 두려워하지
도 말라 28 내가 갔다가 너희에게로 온다 하는 말을 너희가 들었나니 나를 사랑하
였더라면 내가 아버지께로 감을 기뻐하였으리라 아버지는 나보다 크심이라 29 이
제 일이 일어나기 전에 너희에게 말한 것은 일이 일어날 때에 너희로 믿게 하려
함이라 30 이 후에는 내가 너희와 말을 많이 하지 아니하리니 이 세상의 임금이 오
겠음이라 그러나 그는 내게 관계할 것이 없으니 31오직 내가 아버지를 사랑하는
것과 아버지께서 명하신 대로 행하는 것을 세상이 알게 하려 함이로라 일어나라
여기를 떠나자 하시니라." — 요 14:7-31

한 비유로서 이 설교를 시작하겠습니다. 옛날에 한 부자가 살았습니다. 집
과 토지, 주식과 증권을 소유하고 있었습니다. 은행에도 돈을 갖고 있었습니다.
그의 가까이에 매우 가난한 사람이 살았습니다. 그는 쓰러져 가는 집에 살면서
대가족이 딸려 있었습니다. 그럭저럭 살아 가기에 충분한 식량이나 의복이나 돈
이 없었습니다. 부자는 그 가난한 사람을 사랑하여 도와주고 싶었습니다. 가난
한 사람은 그 부자를 위하여 한 가지도 해 줄 수 없었지만 부자는 그 가난한 사람
을 위하여 정말 무엇인가를 해 주고 싶었습니다. 부자는 법률사무소에 가서 유
언장을 작성했습니다. 그 후 얼마 안 있어 부자는 죽었습니다. 유언장이 발표될
때가 되었습니다. 변호사는 그 가난한 사람을 불러 참석시켰습니다. 유언장이
낭독되었습니다. 부자는 자기의 재산 전체를 가난한 사람에게 남긴 것이있습니
다. 이제 그 가난한 사람은 더 이상 가난하지 않았습니다. 그가 사무실을 나갈 때
에는 그 부자에 대하여 하나님께 감사하면서 기쁜 발걸음으로 걸어 나갔습니다.

그것과 같은 일이 여러분에게도 일어나기를 바라지 않습니까? 예, 그런 일이 일어났어요. 당신이 하나님의 자녀라면 위대한 유언서에 당신에 대한 말이 기록되어 있습니다. 예수 그리스도는 부하신 분이십니다. 모든 것이 그분 것입니다. 금과 은이 그분 것이며 수많은 목초지 위의 가축 떼들, 그분께서는 그런 것들을 우리들에게 유증하셨을까요? 아닙니다. 훨씬 더 가치 있는 것들을 유언으로 주셨습니다. 우리들은 그 모든 것을 여기 요한복음 14장에서 발견하게 됩니다.

지난 설교에서는 예수님께서 다락방에 제자들과 함께 계신 것을 보았습니다. 그분은 자기가 가실 것이라고 그들에게 말씀하셨습니다. 그분의 아버지의 집으로 가실 것이라고 말씀하셨습니다. 그분께서 "내가 길이요 진리요 생명이니"라고 말씀하실 때에 그곳에 이르는 길을 그들에게 말씀하여 주신 것이었습니다. 이제 우리가 본 14장을 더 들어가면 예수님께서 그들에게 남기시고자 하는 어떤 특정한 것들에 대하여 말씀하고 있는 것을 볼 수 있습니다. 그래서 오늘은 다음의 소제목에 따라 공부를 진행하겠습니다.

    1. 능력
    2. 기도
    3. 약속
    4.평안

1.능력

예수님께서 하나님 아버지께 대하여 말씀을 하시고 계셨습니다. 그런데 제자들이 그분을 그리 이해한 것 같지는 않습니다. 예수님은 매우 가까이 계시는데 하나님은 멀리 떨어져 계시는 것 같았습니다. 빌립이 예수님의 말씀 도중에 끼어들어 "주님, 우리에게 아버지를 보여 주십시오"라고 말했습니다. 그는 많은 사람들이 흔히 범하는 실수를 저질렀습니다. 어떤 중대한 일을 두고 이야기할 때에 주제와는 상관이 없는 세세한 것을 들먹이는 사람들이 많습니다. 구원과 영원한 운명에 대하여 어떤 사람에게 말하면 그는 하나님은 누가 만들었느냐 가인은 어디에서 아내를 구했느냐며 엉뚱한 데로 관심을 빼돌립니다. 하나님을 보는 것이 제자들에게 필요한 것이 아니었습니다. 하나님을 본 사람은 어느 때건 아무도 없었습니다. 그들이 해야 할 필요한 것은 그리스도를 신앙하며 그분께서 그들에게 말씀하신 모든 것을 믿는 것뿐이었습니다.

예수님은 자기와 아버지는 하나이심을, 또 만약 그들의 영적인 눈이 뜨이기만 하면 그 사실을 그들이 알 수 있음을 빌립에게 너그럽게 설명해 주셨습니다. 그러나 우리가 제자들을 너무 심하게 나무라서는 안 됩니다. 그들이 그리스도의 많은 기적들을 보아왔지만 하나님과의 그분의 일체의 신비는 이해하지 못하고 있었습니다. 그리고 십자가와 부활의 이 쪽편에 살고 있는 우리에게도 이 일체의 신비를 이해하기가 어렵습니다. 성부 하나님과 성자 하나님과 성령 하나님의 관계 — 3위 안의 한 하나님의 사실 — 삼위일체의 신비 — 이 모든 것은 우리의 유한한 지성으로 이해하기에 너무 깊은 것입니다. 그렇다면 그 진리에 대하여 우리는 어떻게 해야 하겠습니까? 우리가 할 수 있는 것은 꼭 한 가지가 있습니다. 믿음으로 그것을 받아들여야 합니다. 그러면 우리가 하늘의 본향에 이를 때에는 주님께서 그 모든 것을 분명히 깨달을 수 있도록 하여 주실 것입니다.

그러나 우리가 이것을 — 그리스도는 하나님 아버지의 보이는 형상이셨음을 압니다. 우리는 그분의 하시는 능력 있는 일들을 보고 하나님의 능력을 깨달아 압니다. 우리는 그분의 죄 없는 생애를 보고 하나님의 성결을 깨닫습니다. 그분의 동정 많으신 관심을 보고 우리가 하나님의 사랑을 알게 됩니다. 예수님께서 어떻게 사셨고 어떻게 사랑하셨으며 어떻게 행동하셨는지를 볼 때에 우리는 하나님께서 어떻게 사시며 어떻게 사랑하시고 어떻게 행동하셨는지를 알게 됩니다. 그리스도와 아버지는 하나이십니다. 우리가 영광 중에 얼굴과 얼굴을 마주 하고 그분을 뵈올 때까지 그 문제는 그곳에 놓아두는 것으로 만족합시다.

예수님께서 지금 자기가 그들에게 유언으로 주시려고 하시는 한 가지 것을 말씀하십니다. 그들에게 그분의 능력을 주실 것이었습니다. 여기 12절을 보십시오. "내가 진실로 진실로 너희에게 이르노니 나를 믿는 자는 나의 하는 일을 그도 할 것이요 또한 그보다 큰 일도 하리니 이는 내가 아버지께로 감이라."

예수님은 많은 기적을 행하셨습니다. 주님께서 의미하신 것은 이 제자들이 그분께서 행하신 것보다 더 위대한 물리적 기적을 행할 것이라는 것이었겠습니까? 아닙니다. 그들 중의 어느 누구도 물 위를 걷거나, 나흘 동안 죽어 있던 사람을 살리었다는 기록을 찾아볼 수 없습니다. 그들은 어떤 특정한 기적들을 행했습니다. 이 기적들의 목적은 무엇이었습니까? 그리스도의 부활을 확실히 하기 위하여 그 기적들은 행해졌습니다. 그 후, 복음이 전파되고 수많은 사람들이 부활을 믿으며 구주를 신뢰하게 됨에 따라 기적들은 후퇴하였습니다.

오늘날 병자를 고칠 수 있는 능력을 갖고 있다고 주장하는 사람들이 있습니다. 그들은 그 사실을 라디오와 TV와 잡지들을 통하여 선전합니다. 얼마 전에 아프리카에서 몇 천 명이 모여 있는 광경을 찍은 한 사진을 게재한 잡지를 제가 받았습니다. 한 미국인 설교자가 강단에 서 있고 그 앞에 서 있는 이 모든 수천의 청중들은 손을 쳐들고 있는 그림이었습니다. 그 잡지의 기사는 이 모든 사람들이 귀머거리였으나 지금은 고침을 받았다고 설명하고 있었습니다. 소위 어떤 병 고침은 심리적 반응일 수도 있습니다. 그러나 이런 집회들에서 예수님께서 하신 대로 수족이 완전하게 되고 죽은 사람이 살아나는 것을 우리가 볼 수 없습니다. 저는 병자들을 위한 기도를 확실하게 믿습니다. 또한 의사와 간호사의 존재 의의도 믿습니다. 저는 또한 신유를 믿습니다만 그 일을 행하시는 분은 하나님이시지 사람이 아니라는 것을 믿습니다. 오늘날 우리가 듣고 TV에서 보는 소위 "신유"가 모두 진정한 것이라면 의사와 병원이 필요 없을 것이며 아무도 죽는 사람이 없을 것입니다. 몇 사람의 신유자가 모든 것을 맡아 해결해 줄 것입니다.

그러면 예수님께서 자기가 하신 것보다 더 큰 일을 그들이 할 것이라고 말씀하셨을 때에 무엇을 뜻하셨겠습니까? 그분보다 더 많은 회심자들을 그들이 얻게 될 것을 그분께서 의미하셨다고 저는 믿습니다. 확실히 한 영혼의 회심보다 더 위대한 일은 없습니다. 수많은 군중들이 들으려고 그분께로 모여들었으나 그분을 믿는 사람들은 극히 소수였습니다. 주님께서 사역 기간에 얻은 회심자들은 아마 약 500명에 불과했을 것입니다. 그러나 오순절의 하루에만도 3천 명이 구원을 받았습니다. 부흥은 그 날로 끝나지 않았습니다. 후에 또 수천 명이 교회에 더하여졌다는 기록을 읽을 수 있기 때문입니다. 예루살렘의 교회는 얼마 안가서 2만 명의 교인을 갖게 되었을 것이라고 추산됩니다. 오, 얼마나 능력 있는 일이 그분의 이름으로 이루어졌습니까! 한 사람이 다시 태어나면 그것이 물 위를 걷거나 5천 명을 먹이는 것보다 더 큰 기적이 된다고 저는 믿습니다. 그것은 그리스도로부터 영광을 취하여 가는 것이 아닙니다. 오히려 그분께 더 큰 영광을 돌리는 일입니다. 죄와 죽음으로부터 구원받은 영혼 하나하나에게서 그분께서 영광을 얻으실 것이 확실하기 때문입니다.

위대한 지도자 탈마지 박사(Dr. Talmadge)는 자기의 조부모에 대하여 이야기 합니다. 이 사람들은 몇 명의 세속적 자녀들이 있었습니다. 부모들이 교회에 가면 자녀들은 춤추러 가곤 하였습니다. 그런데 찰스 피니가 그 지방에 복음을 전파하러 왔습니다. 이 부부는 그의 설교를 듣고 자기들의 자녀들이 그리스도를 발견할 때까지 기도하기로 하나님과 서로에게 서약을 하였습니다. 어느 날 밤 애들이 춤을 추러 떠날 때에 어머니가 "너희가 춤을 추고 있을 때에 우리들은 집에 무릎을 꿇고 너희들의 구원을 위하여 기도하고 있을 것을 기억해 주기 바란다"라고 말했습니다. 이 젊은이들은 자기들의 어머니가 한 말이 기억나서 그 파티를 많이 즐길 수 없었습니다. 그 다음 날 부모들은 딸의 방으로부터 우는 소리를 들었습니다. 그들이 달려가 보니 자기들의 딸이 무릎을 꿇고 구원하여 주시라고 하나님께 울부짖고 있었습니다. 딸애가 말했습니다. "어머니, 엘리자와 다비드가 큰 죄책을 느끼고 헛간에 나가 있어요." 부모들은 헛간에 갔습니다. 그들의 두 아들이 무릎을 꿇고 자기들을 구원하여 주시라고 하나님께 기도하고 있었습니다. 하나님께서 세 자녀를 구원해 주셨으며 다음 주일에는 2백5십 명의 사람들이 새로이 교회에 나왔습니다. 부흥은 그 지역 일대에 번졌으며 탈마지 가정에서 구원받은 소년 중의 하나가 미국에서 가장 유명한 전도자들 중의 한 사람의 아버지가 되었습니다.

그것이 뒤따라오는 자들이 그분이 하신 것보다 더 큰 일들을 할 것이라고 예수님께서 말씀하실 때에 의미하신 뜻이었습니다. 그런데 연약하고 안스런 종들에게 그분 자신이 가지셨던 것보다 더 큰 성공을 그분께서 주신다는 것은 은혜로우시고 아름다우신 구주답기만 합니다. 그러므로 이것이 주님께서 유언으로 우리들에게 남겨 주신 한 가지이니 곧 사람들을 영원한 생명에로 취하여 들이는 능력입니다.

2. 기도

예수님은 우리들에게 주신 자기의 유산 중에 또 하나의 놀라운 것을 포함시키십니다. 무엇이든지 그분의 이름으로 우리가 구하면 그분께서 행하실 것이며 그것을 통하여 아버지께서 아들로 영광을 받으실 것이라고 주님께서 말씀하십니다. 그분께서 하나님의 자녀에게 무엇을 말씀하시고 계시는지 여러분, 이해하시겠습니까? 이런 말씀입니다. "여기에 하늘의 보고를 여는 열쇠가 있다. 문을 열고 너희가 필요한 것을 가져가라." 또 이런 말씀이 있습니다. "여기에 내가 서명한 무기명의 수표가 있다. 공란에 기록하여 하늘의 은행에서 현금으로 찾아 사용하라."

헌데, 생각이 얕은 사람은 여기에서 그릇된 생각을 갖기 쉽습니다. 그의 눈이 탐심으로 빛나며 이렇게 말합니다. "할렐루야, 여기가 내가 원하는 모든 것을 얻을 수 있는 곳이로구나. 캐딜락 두 대와 새 집과 수입이 풍풍 쏟아질 만한 주식과 증권을 위해 기도해야겠다." 그러나 생각하는 그리스도인은 응답받는 기도가 여기 두 개의 문구 위에서 서술되고 있음을 알 것입니다. 우리는 "그분의 이름으로" 기도해야 하며 하나님께서 그 응답으로 영광을 받으셔야 합니다. 그런데, 우리가 그분의 이름으로 기도할 때에는 그리스도께서 기도하시는 것처럼 기도해야 합니다. 또 우리의 영광을 위해서가 아니라 하나님께서 영광을 받으시도록 하기 위하여 무엇을 구해야 합니다.

우리가 건강을 위하여 기도한다면 그 건강을 잘 사용하여 하나님께 돌리기 위한 것이어야 합니다. 더 나은 직장을 위하여 기도하든, 가정의 행복을 위해서 기도하든, 사랑하는 사람들의 구원을 위하여 기도하든 항상 우리의 기도는 하나님의 영광을 위하여야 합니다. 우리가 건강을 위하여 기도하는데 하나님께서는 우리가 환자로 있는 것을 뜻하신다고 가정해 봅시다. 그분께서 우리의 기도에 응답하시지 않으셨습니까? 예, 그분은 단순히 이렇게 말씀하시고 계십니다. "너는 나의 자녀다. 나는 너를 사랑한다. 너에게는 병을 앓는 것이 가장 좋은 것이다. 이 병은 하나님의 영광을 위하여 사용될 수 있다. 지금은 네가 이해하지 못하나 잠시 후 깨닫게 될 것이다."

하나님께서 기도에 응답하시는 방법에는 3가지가 있습니다. 보통 그분이 "좋다"로서 답변하십니다. 그러면 우리의 마음은 기쁨으로 노래합니다. 때때로 "아니다"라고 말씀하십니다. 그때 우리는 "좋습니다. 주님, 주님께서는 무엇이 가장 좋은 것인지 아십니다. 저의 뜻이 아니라 주님의 뜻이 이루어지기를 바랍니다"라고 말해야 합니다. 때때로 주님은 "조금만 기다려라"라고 말씀하십니다. 그때에는 우리가 참아 기다려야 합니다. 하나님께서는 적당한 시간에 정확히 행동하십니다. 가장 좋은 순간에 응답하여 주실 것입니다.

그리스도인이 큰 군중 앞에서 기도를 드릴 때가 있습니다. 그리스도를 믿지 않는 사람들이 거기에 섞여 있으므로 해서 기도를 끝마칠 때에 그가 예수님의 이름을 생략하는 경우가 있습니다. 그러나 그것은 다름이 아니라 그가 베드로와 똑같이 주님을 부인한 것입니다. 예수님의 이름으로 드리지 않은 기도는 진정한 기도가 아닙니다.

　기도는 목사만의 특권이 아니라는 것을 우리가 기억해야 합니다. 세상에서 가장 낮은 그리스도인도 예수 그리스도를 통하여 하나님께 나아갈 수 있습니다. 우리가 장엄한 대사원 안에 있든, 야외에 있든, 어디에 있느냐는 중요하지 않습니다. 앉아 있든, 서 있든, 무릎을 꿇고 있든, 누워 있든, 그것은 문제가 되지 않습니다. 중요한 것은 이런 것들입니다. 기도는 그리스도의 이름으로 하여야 합니다. 기도는 올바른 정신에서 하여야 합니다. 기도는 하나님의 영광을 위하여 하여야 합니다. 기도를 막는 회개하지 않은 죄가 없어야 합니다. 그리스도인이여, 이런 조건에 맞추어 마음을 올리며 기도하십시오. 그리스도께서는 응답을 약속하십니다. 이것이 그분께서 우리에게 주신 유산의 일부입니다.

3. 약속

　그리스도께서 자기의 자녀들에게 유증하신 그 다음의 선물에 대하여 말하자면 많은 시간이 걸릴 것입니다. 그분이 가십니다. 가서서 삼위일체의 제3위이신 성령을 모든 믿는 사람들의 마음속에 거하시도록 보내시겠다고 말씀하셨습니다. 그분의 백성들이 여기 세상에 외롭게 내버려 두시는 것이 아니라 성령을 보내시어 그들 안에 거하시도록 하시겠다고 주님이 말씀하셨습니다. 예수님은 그분을 "보혜사"라고 부르셨습니다. 여기에 사용된 단어는 "우리 곁에 걸으시며 도우시는 분"을 의미합니다. 그것은 놀라운 일이 아닙니까! 여러분과 저는 우리의 친구가 아닌 세상에 살고 있습니다. 우리는 많은 적들을 갖고 있습니다. 우리들의 생은 염려와 근심으로 가득 차 있습니다. 그런데 성령께서는 전능하신 하나님이십니다. 그분이 항상 우리와 함께 계셔 우리를 도우십니다.

　한 때는 우리가 잃어진 죄인들이었습니다. 어떤 분이 우리 맘에 들어오셔서 우리가 잃어져 있음을 말씀하여 주시며 하나님의 어린양을 우리에게 가리키셨습니다. 누가 그렇게 하였습니까? 우리에게 죄를 깨닫게 하시는 성령이셨습니다. 그 후 우리는 죽음에서 생명으로 옮겨졌습니다. 우리는 구원이 주어졌습니다. 우리의 발은 하늘가는 길 위에 놓여져 있습니다. 누가 그렇게 하셨습니까? 그분은 성령이십니다. … 또 어떤 분이 속량의 날까지 우리를 인치셨으므로 우리가 결코 잃어지지 않게 되었습니다. 그분이 누구십니까? 성령이십니다. … 그리고 우리를 가르쳐 주시고 인도하여 주시며 하나님의 뜻을 우리에게 보여 주시고, 바른 결정을 내리도록 성경을 이해하게끔 우리를 도와주실 분이 필요하였습니다. 누가 그런 필요한 일들을 하셨습니까? 성령이셨습니다. … 우리가 슬픔 중에 있을 때, 우리의 마음이 크게 상처를 입고 있을 때, 눈물이 흐를 때 누가 우리의 눈물을 닦아 주시며 우리의 마음을 위로하시고 "하나님을 사랑하는 자들에게는 모든 것이 합력하여 선을 이룬다"는 것을 깨닫게 하신 분이 누구셨습니까? 우리의 마음속에 사시는 하나님, 곧 성령이셨습니다.

저는 최고로 33번째 등급의 석공이 있다는 말을 들었습니다만 요전 날 우리 그리스도인들이야말로 33번째의 최고 등급이라는 사실을 알게 되었습니다. 루이스 스페리 체이퍼 박사는 어느 여름의 휴가 동안에 사람이 중생할 때에 어떤 여러 가지 일들이 일어나는지를 이해하려고 성경을 읽으면서 보냈습니다. 놀랍게도 그는 사람이 중생하는 순간 하나님께서 그에게 주시는 선물과 축복과 특권이 33종류나 된다는 것을 발견하였습니다. 이 선물들은 다 열거할 수 없습니다만 모든 선물 중에서 제일은 성령이십니다. 오, 그리스도인이여, 놀라운 일이 있습니다! 하나님께서 우리 안에서 사십니다. 그분은 우리의 마음속에서 영원토록 거하십니다. 그러기에 그분께서 우리에게 죄로 우리의 몸을 더럽히지 말라고 말씀하십니다. 우리의 몸은 성령의 전 혹은 거소입니다.

예수님은 여기 이 땅에 육체적으로 더 이상 머물러 계시지 않으셨습니다만 이렇게 말씀하셨습니다. "내가 나를 대신할 분을 너희에게 보내겠다. 성령을 보낼 것이니 너희가 결코 외롭게 되지 않을 것이다." 그러나 오늘날 마음과 생활을 세속적인 일로 가득 채워서 성령께서 좁은 구석으로 몰리시게 하고 마는 그리스도인들이 있습니다. 그러나, 오, 우리가 그분으로 우리의 마음을 차지하시고 우리의 생활을 다스리시게 한다면 얼마나 놀랍게 될 것입니까!

4. 평안

예수님은 우리에게 한 가지 더 남겨 주셨습니다. 그분의 평화입니다. 주님께서 말씀하셨습니다. "나는 내 평안을 너희에게 준다. … 너희는 마음에 조심하지 말고 두려워하지도 말라." 세계는 오늘날 분명히 평화를 필요로 합니다. 세계는 군비경쟁으로 미쳐 있습니다. 우리는 지금도 냉전의 시대에 살고 있습니다. 언제 냉전이 폭발하여 살육하는 전쟁, 문명을 파멸해 버릴 전쟁으로 돌변할지 모릅니다. 역사를 연구하여 볼 때에, 세계를 살펴 볼 때에 평화의 시대가 한번도 없었다는 것을 발견하게 됩니다. 그리고 평화의 왕자께서 세상에 다시 오셔서 통치하실 때까지는 앞으로도 없을 것입니다.

그러나 예수님께서 여기서 말씀하시는 것은 국가 간의 평화가 아니었습니다. 그분은 인간의 마음속에 있는 하나님의 평화, "모든 지각에 뛰어난" 평안에 대하여 말씀하시고 계십니다. 많은 그리스도인들이 이 축복을 자기의 것으로 하지 못하고 있습니다. 오, 그들은 하나님과의 평화는 갖고 있습니다! 자기들이 구원을 받아 천국을 향하고 있는 것은 그들이 알고 있습니다. 그러나 그들은 하나님의 평화는 갖고 있지 않습니다. 이것은 우리들을 두려움에서 막아 주는 평화입니다. 그 평화는 "나는 모든 것을 이해하지 못하지만 하나님 안에서 쉬겠다. 그러면 그분께서 내 모든 것을 맡아 주실 것이다"라고 말하는 평화입니다. 그것은 "천만군이 나를 에워쌀지라도 두려워하지 않겠다"라고 말하게 하는 평화입니다. 그것은 "하나님이 우리를 위하시면 누가 우리를 대적하리오"라고 말하는 평화입니다. 그것은 "내가 하나님을 신뢰하고 사람이 내게 무엇을 하든 두려워하지 않으리라"라고 말하는 평화입니다. 그것은 "나의 아버지와 어머니가 나를 버릴지라도 주님은 나를 붙드시리라"라고 말하는 평화입니다. 그것은 "내가 사망의 음침한 골짜기로 다닐지라도 해를 두려워하지 않으리라"라고 말하는 평화입니다. 그것은 "내가 믿는 분을 내가 알고 내가 의탁한 것을 그분께서 그날까지 지키실 것을 확신한다"라고 말하는 평화입니다.

그러면, 이 마음의 평화를 우리가 어떻게 얻을 수 있습니까? 사람을 바라보는 것이 아니라 하나님을 바라보기만 하면 됩니다. 우리의 문제들을 내려다보지 않고 그 대신에 하나님을 올려다보기만 하면 됩니다. 이사야 26장 3절을 들으십시오. "주께서 심지가 견고한 자를 평강하고 평강하도록 지키시리니 이는 그가 주를 신뢰함이니이다." 평안한 마음의 비결이 있습니다. 당신의 마음을 하나님께 두십시오. 그분께서 당신을 사랑하신다는 것을 기억하십시오. 그분은 전능하심을 기억하십시오. 주님은 결국 항상 승리하신다는 것을 기억하십시오. 그분께서 다윗과 다니엘과 바울을 역경에서 구출하여 주심 같이 당신도 건져내 주실 것을 기억하십시오.

예수님은 유언장에서 이렇게 말씀하십니다. "나는 너희에게 내가 한 것보다 더 큰 일들을 할 수 있는 능력을 남긴다. 기도의 특권을 너희에게 유증한다. 성령을 유언으로 너희에게 남긴다. 내 평안을 너희에게 준다." 이 한 편의 설교에서는 다만 이 네 가지만을 살펴보았습니다만 그리스도 예수 안에서 우리의 것이 된 모든 것을 주장할 수 있도록 하나님께서 우리를 도우시기를 빕니다.

제1차 세계대전 때 어느 두 군인이 같은 부대에 소속되어 있었습니다. 한 사람은 부잣집의 자녀였습니다. 다른 사람은 매우 가난하였으며 과부인 어머니와 함께 농장에서 살았습니다. 환경상의 차이에도 불구하고 그들은 떨어질 수 없는 친구가 되었습니다. 하루는 그 가난한 젊은이가 자기 어머니의 죽음을 알리는 편지를 받았습니다. 그는 이제 세상에 혈혈단신으로 남게 되었습니다. 부한 젊은이가 그를 위로하려고 애쓴 결과 그들은 더욱 친한 친구가 되었습니다. 그 후 어느 밤, 프랑스의 한 전투에서 부자인 청년이 중상을 입고 전장에 남겨져 누워 있었습니다. 가난한 청년이 그에게로 기어와서 그를 팔에 안았습니다. 부자 청년이 말했습니다. "이 피 묻은 셔츠의 등을 떼어 가져가기 바라네. 자네가 전쟁에서 살아 남는다면 이 셔츠를 가지고 우리 집으로 가게. 거기에 내 이름이 새겨 있어. 내 유언을 내 아버님께 전해 주게. 자네를 양자로 맞아 아버지의 상속자로 삼아 주기를 아버지께 당부하면서 내가 죽었다고 전해 주기 바라네."

부자 청년은 친구의 팔에 안겨 숨을 거뒀습니다. 전쟁이 끝나, 가난한 청년은 두려워하며 그 부자의 집으로 접근하였습니다. 하인이 처음에는 그를 허락하지 않았으나 아버지에게 보낸 아들의 전갈을 가지고 왔다고 말하자 들어가도록 허락했습니다. 그는 친구의 아버지가 있는 곳으로 안내되어 깜짝 놀란 아버지에게 아들의 죽음을 고했습니다. 그에게 피 묻은 셔츠를 보여 주면서 아들이 죽어 가면서 한 당부를 전했습니다. 부자는 청년을 부둥켜안았으며 그들은 함께 울었습니다. 그 가난한 청년은 그 부자의 아들이 되었습니다.

오, 여러분과 저는 가난한 죄인들이었습니다! 저 너머 바깥, 갈보리의 전쟁터에서 그리스도께서 우리의 죄를 위하여, 부하신 분이 가난한 자들을 위하여 죽으셨습니다. 우리가 만일 믿음으로 그분께로 와서 그분의 모든 약속을 주장하기만 하면 그분이 가지신 모든 것이 우리의 것이 됩니다. 그분은 우리들에게 부한 유산을 남겨 주셨습니다. 당신은 그 유산을 주장해 오고 있습니까?

제
28
장

—

열매 맺는 그리스도인

—

¹ 나는 참포도나무요 내 아버지는 농부라 **²** 무릇 내게 붙어 있어 열매를 맺지 아니하는 가지는 아버지께서 그것을 제거해 버리시고 무릇 열매를 맺는 가지는 더 열매를 맺게 하려 하여 그것을 깨끗하게 하시느니라 **³** 너희는 내가 일러준 말로 이미 깨끗하여졌으니 **⁴** 내 안에 거하라 나도 너희 안에 거하리라 가지가 포도나무에 붙어 있지 아니하면 스스로 열매를 맺을 수 없음 같이 너희도 내 안에 있지 아니하면 그러하리라 **⁵** 나는 포도나무요 너희는 가지라 그가 내 안에, 내가 그 안에 거하면 사람이 열매를 많이 맺나니 나를 떠나서는 너희가 아무 것도 할 수 없음이라 **⁶** 사람이 내 안에 거하지 아니하면 가지처럼 밖에 버려져 마르나니 사람들이 그것을 모아다가 불에 던져 사르느니라 **⁷** 너희가 내 안에 거하고 내 말이 너희 안에 거하면 무엇이든지 원하는 대로 구하라 그리하면 이루리라 **⁸** 너희가 열매를 많이 맺으면 내 아버지께서 영광을 받으실 것이요 너희는 내 제자가 되리라 **⁹** 아버지께서 나를 사랑하신 것 같이 나도 너희를 사랑하였으니 나의 사랑 안에 거하라 **¹⁰** 내가 아버지의 계명을 지켜 그의 사랑 안에 거하는 것 같이 너희도 내 계명을 지키면 내 사랑 안에 거하리라 **¹¹** 내가 이것을 너희에게 이름은 내 기쁨이 너희 안에 있어 너희 기쁨을 충만하게 하려 함이라 **¹²** 내 계명은 곧 내가 너희를 사랑한 것 같이 너희도 서로 사랑하라 하는 이것이니라 **¹³** 사람이 친구를 위하여 자기 목숨을 버리면 이보다 더 큰 사랑이 없나니 **¹⁴** 너희는 내가 명하는 대로 행하면 곧 나의 친구라 **¹⁵** 이제부터는 너희를 종이라 하지 아니하리니 종은 주인이 하는 것을 알지 못함이라 너희를 친구라 하였노니 내가 내 아버지께 들은 것을 다 너희에게 알게 하였음이라 **¹⁶** 너희가 나를 택한 것이 아니요 내가 너희를 택하여 세웠나니 이는 너희로 가서 열매를 맺게 하고 또 너희 열매가 항상 있게 하여 내 이름으로

아버지께 무엇을 구하든지 다 받게 하려 함이라 [17] 내가 이것을 너희에게 명함은 너희로 서로 사랑하게 하려 함이라 [18] 세상이 너희를 미워하면 너희보다 먼저 나를 미워한 줄을 알라 [19] 너희가 세상에 속하였으면 세상이 자기의 것을 사랑할 것이나 너희는 세상에 속한 자가 아니요 도리어 내가 너희를 세상에서 택하였기 때문에 세상이 너희를 미워하느니라 [20] 내가 너희에게 종이 주인보다 더 크지 못하다 한 말을 기억하라 사람들이 나를 박해하였은즉 너희도 박해할 것이요 내 말을 지켰은즉 너희 말도 지킬 것이라 [21] 그러나 사람들이 내 이름으로 말미암아 이 모든 일을 너희에게 하리니 이는 나를 보내신 이를 알지 못함이라 [22] 내가 와서 그들에게 말하지 아니하였더라면 죄가 없었으려니와 지금은 그 죄를 핑계할 수 없느니라 [23] 나를 미워하는 자는 또 내 아버지를 미워하느니라 [24] 내가 아무도 못한 일을 그들 중에서 하지 아니하였더라면 그들에게 죄가 없었으려니와 지금은 그들이 나와 내 아버지를 보았고 또 미워하였도다 [25] 그러나 이는 그들의 율법에 기록된 바 그들이 이유 없이 나를 미워하였다 한 말을 응하게 하려 함이라 [26] 내가 아버지께로부터 너희에게 보낼 보혜사 곧 아버지께로부터 나오시는 진리의 성령이 오실 때에 그가 나를 증언하실 것이요 [27] 너희도 처음부터 나와 함께 있었으므로 증언하느니라." — 요 15:1-27

요한복음 15장을 공부하면서 우리가 기억해야 할 것은 십자가에 점점 더 가까워지고 있다는 것입니다. 지상에서의 그리스도의 시간은 거의 끝났습니다. 죽으시기 전 24시간도 남아 있지 않습니다. 주님은 제자들에게 하나님의 일들에 관하여 여러 중대한 교훈을 가르치시고 계십니다. 얼마 남지 않은 시간 속에 훨씬 더 중대한 교훈들을 끝내셔야 합니다. 유다는 어두운 밤 속으로 빠져 나가고 열한 제자와 함께 다락방에 앉아 계십니다. 예수님은 자기가 하늘로 가실 것이며 그들도 언젠가 그분을 따라 그곳에 올 것이라고 말씀하셨습니다. 지난 설교에서 말씀드린 네 가지의 놀라운 축복들을 남기셨습니다. 영혼들을 그리스도께로 얻어내는 능력을 그들에게 주셨습니다. 기도의 특권을 주셨습니다. 성령의 임재와 "모든 지각에 뛰어난 하나님의 평안"을 약속하셨습니다. … 이제 갑자기 주님께서 "일어나라 여기서 떠나 가자"라고 말씀하십니다. 어디로 가시려는 것입니까? 겟세마네 동산으로 가시려고 하십니다. 기도하실 장소로 말입니다. 죽음의 그림자가 그분의 길 위로 떨어지고 있습니다. 십자가가 그분의 희생을 기다리고 있습니다. 그분의 마음은 무거워오고 하늘에 계신 아버지와 더 가까워지시고 싶으십니다. 그래서 제자들을 데리고 계단을 내려, 동산을 향하여 고요한 거리를 걸으십니다.

걸어가시고 계시는 예수님을 보십시오. 여러분, 무엇을 보십니까? 사명을 가진 한 사람을 봅니다. 얼굴을 목표를 향하여 고정하고 있는 사람을 봅니다. 우리의 영혼들을 위하여 죽음을 향하여 나아가고 있는 한 사람을 봅니다. 그분은 우리의 모든 것을 아십니다. 겟세마네의 고통이 자기를 기다리는 것을 아십니다. 고난과 굴욕이 자기를 기다리는 것을 아십니다. 십자가의 무서운 고통이 자기를 기다리는 것을 아십니다. 그러나 그분은 주저하지 않으십니다. 머뭇거리지 않으십니다. 여러분과 저를 사랑하시고 우리를 구원하시기를 원하시기 때문에 그 모든 것 속으로 들어가십니다.

본 장에서는 우리가 세 가지 사항을 생각하여 보겠습니다.

1. 긴밀성
2. 친구
3. 투쟁

1. 긴밀성

저는 여기서 그리스도인과 주님 사이의 긴밀성을 의미합니다. 예수님과 제자들이 동산을 향하여 걸으시면서 길 양쪽편의 포도밭을 보시고 주님께서는 한 영적 교훈을 가르치실 좋은 기회로 삼으셨습니다. 그분은 전에도 자주 이렇게 하셨습니다. 들의 꽃들을 보실 때에 이 인생이라는 것이 얼마나 연약하고 덧없는지를 가르치셨습니다. 공중의 새들을 가리키시면서 위대하신 하늘의 아버지께서 그것들을 어떻게 돌보시는가 우리에게 가르쳐 주셨습니다. 이제 주님께서 포도밭에 있는 포도나무들을 가리키시면서 "나는 포도나무요 너희는 가지다"라고 말씀하셨습니다. 포도나무와 그 가지보다 더 가까운 두 물건을 우리가 생각할 수 없습니다. 자기는 자기의 모든 힘과 자양분을 포도나무로부터 얻습니다. 가지를 포도나무에서 분리해 내면 그 가지는 곧 죽습니다. 가지를 잘라 내 보세요. 열매를 맺을 턱이 없습니다. 가지는 포도나무 없이는 아무것도 아니게끔 포도나무와 가지는 연관되어 있습니다. 그런데 그리스도와 그리스도인 사이의 연합이 꼭 그와 같이 밀접하고 현실적입니다. 우리는 그리스도 밖에서는 영적인 능력을 소유할 수 없습니다. 우리 모두는 그리스도로부터 나온 그리스도인들로서 존재하고 행동하며 느낍니다. 우리들의 모든 선한 요소들은 자신으로부터 나오는 것이 아니라 예수님으로부터 나옵니다.

얼마 전 캘리포니아에서 가슴 아픈 사건이 있었습니다. 소아마비에 걸린 아홉 살 난 어린 소년이 어느 군 소재 병원에서 인공심장을 부착한 채 죽었습니다. 조사 결과, 어떤 사람이 인공심장으로 힘을 전달해 주는 전기 플러그를 부지중에 빼버린 것이 밝혀졌습니다. 우리에게도 이와 마찬가지입니다 — 우리가 그리스도와 연결되어 있지 않으면 생명과 소망이 없습니다.

또한 이것을 기억하십시오 — 포도나무가 살아 있는 동안에 한하여 그 가지가 살아 있습니다. 여기에 그리스도인에게 위대한 위안이 있습니다. 그리스도께서 살아 계시는 한 우리가 삽니다. 그런데 그분은 영원하십니다. 그분은 영원토록 사십니다. 믿음으로 그분께 접붙여지는 순간 우리는 그분과 하나가 됩니다. 그러므로 우리는 결코 멸망하지 않을 것입니다. … 어느 착한 여인이 구원을 받고 또 그리스도의 능력을 지닌 것을 생각하며 기뻐하고 있었습니다. 어떤 사람이 "그의 손에서 당신이 빠져 나가게 되면 어쩌지요?"라고 말했습니다. 그녀가 대답했습니다. "그럴 수 없답니다. 난 그분의 한 손가락과 같거든요." 예, 예수님과 신자는 손과 손가락처럼, 포도나무와 가지처럼 그렇게 서로 밀접합니다.

어떤 가지들은 진짜 가지가 아닙니다. 그들은 믿음과 성령의 능력으로 포도나무에 접붙여 있지 않습니다. 그들은 단지 일시적으로 '붙어' 있을 뿐입니다. 이들은 마음의 변화를 갖지 않은 자들입니다. 그리스도와의 구원의 경험을 갖지 않았습니다. 그들이 교회에는 소속되어 왔으나 그것이 전부입니다. 사람이 참 가지가 될 수 있는 유일한 방법은 진정한 회개와 그리스도께 대한 진실한 믿음을 갖는 것입니다. 우리 교회들의 모든 교인이 모두 참 가지라고 말할 수 있기를 빕니다만 단순히 교회에 나오는 것이 전부인 사람들이 너무 많은 것 같습니다.

그리스도인인지 아닌지는 그 열매로 알 수 있다고 예수님께서 말씀하십니다. 2절에서 하나님께서 그런 방식으로 그들을 판단하시는 것을 우리가 볼 수 있습니다. 하나님께서 포도밭을 관리하시며, 열매를 맺지 않고 있는 가지를 발견하실 때에는 그 가지를 잘라 내신다고 주님께서 말씀하십니다. 본 구절의 뜻에 대하여 두 가지 견해가 있습니다. 어떤 사람들은 하나님께서 자기 백성을 내려다보시다가 열매를 맺지 않고 있는 사람들을 보시면 그들을 하늘로 불러 가신다고 말합니다. 그것이 사실이라면 매주 수많은 그리스도인들의 장례가 생겨날 것입니다. 많은 사람들이 열매를 맺고 있지 않기 때문입니다. 다른 견해는 열매를 맺지 않는 이 사람들은 진정으로 그리스도인들이 아니라는 것입니다. 그들이 구원을 받았다고 말은 하나 구원을 소유하고는 있지 않습니다. 그러므로 6절에서 이 가지들을 베어 불에 던지고 태울 때가 올 것이라고 하나님께서 말씀하십니다. 이들이 열매를 맺지 않으므로 이것이 그리스도인들이 아니라는 증거이며 그들이 지옥 불에 가까이 가고 있다는 말씀입니다.

그러나 그리스도인인 사람이 열매를 맺고 있으면 더 많은 열매를 맺도록 하나님께서 그를 깨끗하게 하신다고 성경이 말합니다. 저는 이 말씀의 뜻을 이해할 수 있다고 믿습니다. 관리자가 포도나무와 가지들을 등한시하면 약간의 열매는 맺을 것입니다만 바람직하게 맺지 못할 것입니다. 그러니까 그는 가지들을 쳐주고 손질해서 더 수확이 많도록 해 줍니다. 하나님께서도 우리를 위하여 그와 같이 해 주시지 않습니까? 정화는 시련과 고난을 의미하기 때문에 결코 즐겁게 느껴지지는 않습니다만 항상 우리의 유익을 위합니다. 아무 탈 없이 잘 지내는 한 그리스도인이 여기에 있다 합시다. 그는 자기의 영적 생활에 상당히 만족을 느끼고 있으나 열매를 맺지 않고 있습니다. 그때 하나님께서 그를 훈련하도록 고난을 허락하시어, 그를 더 부드럽고 더 온유하고 더 많은 열매를 맺도록 하십니다.

저는 이렇게 말할 수 있습니다. 제게 밀어닥친 곤란과 핍박 때문에 저는 더 겸손하고 이해심 있게 되었습니다. 그리고 고난이 우리들을 하나님께로 더 가까이 이끌지 아니한다면 어딘가에 잘못이 있습니다. 구약과 신약을 통독하여 보세요. 성경의 모든 위대한 인물들과 역사상의 위대한 모든 성도들을 연구하여 보세요. 그들이 고난을 통하여 정화되고 더 많은 열매를 맺게 된 것을 발견하게 될 것입니다. 그러므로 우리의 시련들은 우리의 유익을 위하여 옵니다. 하나님께서는 우리를 사랑하시기 때문에 징계하십니다. 또 우리의 유익을 위하여 징계하십니다. 열매는 하나님께서 우리들에게서 보기를 원하시는 것이며 우리들에게 필요함을 보실 때에는 전지하는 가위를 그분께서 아끼지 않으실 것입니다.

그러면 어떤 종류의 열매를 우리가 맺어야 합니까? 어떤 사람은 "그리스도인의 열매는 다른 그리스도인이다"라고 말하여 왔습니다. 하지만, 우리가 어떤 사람을 그리스도께로 인도하는 최고의 방법은 우리가 전과 다르다는 것을 그에게 보여 주는 것입니다. 예수님은 갈라디아서에 있는 바와 같은 성령의 열매를 말씀하시고 계시는 것이 분명합니다. 갈라디아서에서는 아홉 가지 열매가 언급되어 있습니다. 사랑, 희락, 화평, 오래 참음, 자비, 양선, 충성, 온유, 절제, 이렇게 아홉입니다. 사람들이 우리들에게 이러한 은혜로운 성품들을 발견하면 우리가 예수님과 함께 있다고 결론을 내리게 될 것입니다.

노스캐롤라이나 주에서 한 여사가 최근에 "금년의 여자"로 선정되었습니다. 신문은 그녀의 모든 성품과 업적들을 기사화 했습니다. 그 신문에 의하면 그녀는 누구에게나 친절하고 상냥하여 다른 사람들을 위하여 살았습니다. 교회와 지역사회와 국가에서 은혜를 베푸는 사람이었습니다. 그녀는 여러 해 동안 교회생활과 시민생활에서 활동하여 왔으며 대여섯 명의 대학진학을 도와왔는데 보통 그들 모르게 하여 왔습니다. 사람들은 그녀를 "버다 양"(Miss Bertha)이라고 불렀습니다. 하루는 그녀가 어느 병자를 방문했습니다. 후에 병을 앓던 여자가 자기의 목사에게 "버다 양이 찾아와서 반시간 동안 전광석화 같이 빠른 말솜씨로 이야기를 하였는데, 누구에게도 불친절하거나 불쾌할 만한 이야기는 한 마디도 하지 않았습니다"라고 말했습니다. 저는 그녀가 그리스도인의 열매 맺는 법을 체득하였다고 믿습니다.

열매 맺는 비결은 여기에 있습니다 — 그것은 그분 안에 거하는 문제입니다. "거한다"는 말이 본 장에서 거듭 사용되고 있습니다. 우리가 열매를 맺으려면 구원으로 그분께 연합해야 할 뿐 아니라 그분 안에 우리가 거해야 합니다. 그리스도 안에 거한다는 것은 무슨 뜻입니까? 매일 그분을 의지한다는 의미입니다. 그분과 친밀한 교제를 나누며 산다는 의미입니다. 그분의 말씀을 읽으며 기도한다는 뜻입니다. 매사에 그분을 생각한다는 뜻입니다. 그분께 완전히 기대는 것을 말합니다.

이제 7절의 영광스러운 약속을 보십시오. "너희가 내 안에 거하고 내 말이 너희 안에 거하면 무엇이든지 원하는 대로 구하라 그리하면 이루리라." 이 구절을 실제적으로 설명하겠습니다. 캄벨 박사(J. A. Cambell)는 노스캐롤라이나 주의 유명한 노목사였습니다. 캄벨 대학은 그의 이름을 따른 것입니다. 그의 두 아들이 대학을 진학하게 되어 웨이크 포레스트로 데리고 갔습니다. 그들은 전에 한 번도 집을 떠나본 적이 없었습니다. 그들을 거기에 떼어놓기가 그에겐 어려운 일이었습니다. 그가 떠나기 직전에 큰 아들에게 수표장을 건네주며 두 아들에게 말했습니다. "너희들이 내가 신봉하는 대로 믿으며 내가 믿는 것을 지지하는 한, 내 교훈에 따라 너희가 사는 한, 너희들 스스로 수표를 발행하라. 그러면 내가 인수하겠다." 가끔 이 수표들을 지급하느라고 어려움을 당하긴 하였지만 어떻게 하여 자기 아들들을 위하여 모든 것을 처리할 수 있었다고 그가 말했습니다. 그의 두 아들은 모두 지금 대학의 학장들입니다. 지금 예수님께서는 이 아버지가 말한 것과 똑같이 말씀하시고 계셨습니다. "너희들이 내 안에 살며 내가 지지하는 것을 지지하는 한, 너희들의 기도에 응답하여 주겠다"고 말씀하시고 계셨습니다.

우리가 여기에서 열매 맺는 비결을 알 수 있습니다. 구원 받은 우리는 가지들입니다. 그리스도는 참 포도나무입니다. 우리가 구원을 받았으면 다른 사람들에게 축복을 가져오고 하나님께 영광을 돌릴 열매들이 우리의 생명으로부터 맺혀 나올 것입니다.

예수님은 지금 그리스도인의 열매들 중의 하나인 사랑에 관하여 말씀을 넓히십니다. 주님은 사랑을 그분의 계명을 지키는 것과 연결시키십니다. 우리가 그분을 사랑하면 우리가 그분의 계명을 지킬 것입니다. 그러면 우리는 그분의 사랑을 확신할 수 있습니다. "주님, 제가 주님을 사랑하기 때문에 주님께서 저에게 하라고 명령하신 모든 것을 행하겠습니다"라고 말하면 확실히 그분의 사랑이 우리의 가슴에 물결쳐 오는 것을 느낄 수 있습니다. 그것은 상호적인 문제입니다. 주님께서 "내 계명은 이것이다. 내가 너희를 사랑한 것 같이 너희도 서로 사랑하라"라고 말씀하십니다. 우리는 사랑스럽지 못한 사람, 무식한 사람, 가장 비천한 사람을 사랑해야 합니다. 우리의 사랑이 인종이나 피부색이나 주의에 따라 제한을 두어서는 안 됩니다. 주님께서 사랑하시는 것처럼 우리가 사랑한다면 국가 간 및 개인 간의 모든 문제들이 소멸될 것입니다. 그분은 "사람이 친구를 위하여 목숨을 버리면 이보다 더 큰 사랑이 없나니"라고 말씀을 이으십니다. 바꾸어 말하면 우리는 죽기까지 사랑해야 합니다. 주님께서는 자기의 친구들을 위하여서 뿐 아니라 원수들을 위하여 죽으심으로 자기의 사랑을 입증하셨습니다. 사랑에 있어서 이보다 더한 사랑은 있을 수 없습니다.

그분께서 우리를 얼마나 사랑하셨습니까? 우리를 너무 많이 사랑하셨으므로 우리가 그분을 배반하였을지라도, 우리들의 죄로 그분을 십자가에 못 박았을지라도 우리의 죄를 용서하시고 영원한 생명을 약속하여 주셨습니다. 스코틀랜드의 한 의사가 의술과 기독교 신앙으로 유명했습니다. 그가 죽자 그의 장부들을 검토하였습니다. 어떤 계정에는 "탕감 — 갚기에 너무 가난함"이라는 그의 붉은 글씨가 쓰여져 있었습니다. 그러나 그의 아내는 다르게 생각하여 지불받기 위하여 소송을 제기하였습니다. 재판관이 그녀에게 "이 붉은 잉크의 필적이 당신의 남편 것입니까?"라는 질문을 하였습니다. "예"라고 그녀가 대답하였습니다. "그러면, 그가 '탕감'이라고 써놓은 데서 돈을 받아낼 수 있는 법정은 이 땅의 어디에도 없습니다"라고 재판관이 말했습니다. 오 예수님께서 사랑하시는 것이 꼭 그와 같습니다! 우리의 모든 죄에도 불구하고 그분께서는 갈보리의 십자가 위에 쏟으신 피로써 "용서"라고 쓰십니다. 우리도 사람들을 그렇게 사랑합니까! 우리도 그렇게 사람들을 사랑하기를 주님은 원하십니다. 그리고 우리가 더욱 더 그분 가까이에 머물수록 더욱 더 사랑할 것이며 더욱 더 그분을 닮게 될 것입니다.

2. 친구

예수님은 이제 이렇게 말씀하십니다. "지금까지는 너희를 종이라 불렀으나 지금부터는 친구라고 부르겠다." 그리스도는 아는 것, 그분을 순종하는 것, 그분의 포도밭에서 일하는 것, 그분을 위하여 싸우는 것은 놀라운 일입니다. 그러나 우리와 같은 죄인들이 그리스도의 친구들이라 불릴 수 있다는 것은 얼마나 더 놀라운 일입니까. 만왕의 왕, 만주의 주께서 우리들을 불쌍히 여기실 뿐만 아니라, 우리를 구원하시고, 우리들을 "친구들"이라 부르십니다. "나는 세상에 친구가 한 사람도 없다"라고 사람들이 말하는 것을 우리가 종종 듣습니다. 그러나 우리는 우리를 사랑하시는 한 친구를 항상 가질 수 있습니다. 그분을 부르십시오. 우리를 끝까지 보아주실 것입니다.

"죄짐 맡은 우리 구주 어찌 좋은 친군지
근심 걱정 모든 것을 고한 사람 복 받네
주께 고함 없으므로 복을 얻지 못하네
사람들이 어찌하여 모든 것을 고찮나."

친구란 무엇입니까? 그는 우리에 대하여 모든 것을 알고도 여전히 우리를 사랑하는 사람입니다. 바로 예수님이 그렇습니다. 친구는 모든 세상이 떠나갈 때에도 들어오는 사람입니다. 예수님이 바로 그렇습니다. 참으로 그분은 부형보다 더 가까운 친구이십니다.

> "그 친구 내가 알기 전 날 먼저 사랑했네
> 그 크신 사랑 나타나 내 영혼 붙드셨네
> 주 내 맘에 늘 계시고 나 주님 안에 있어
> 날 붙든 주의 사랑은 끊을 자 아주 없네
>
> 내 친구 나를 구하려 그 귀한 피흘렸네
> 그 몸과 생명까지도 날 위해 바치셨네
> 나 가진 바 모든 것을 다 주가 주셨으니
> 내 몸과 생명 바쳐서 주 위해 힘 쓰겠네
>
> 내 능력이신 친구여 내 앞길 살피시사
> 날 항상 보호하시고 내 방패 되옵소서
> 주 영광 저기 나타나 내 용기 돋우시니
> 나 용감히 늘 싸워서 큰 안식 누리겠네
>
> 내 진실하신 친구요 내 모사 나의 방패
> 내 힘센 장수 되시니 저 원수 물러가네
> 주 나를 사랑하시니 뉘 능히 끊을소냐
> 저 죽음 지옥 원수들 나 아주 두렴 없네."

마크 트웨인이 자기의 어린 딸과 함께 유럽을 여행하고 있었습니다. 그는 각국에서 운집한 군중들과 저명인사들로부터 환대를 받았습니다. 그의 어린 딸은 크게 인상을 받아 "아빠, 아빠는 하나님만 빼고 모든 사람을 알지요?"라고 말했습니다. 어린 소녀가 천진스럽게 한 말을 많은 사람들에 관해 진지하게 말할 수 있을 것입니다. 얼마나 그들이 불쌍합니까! 그러나, 오 그리스도를 친구로 삼고 있는 사람은 얼마나 복된 사람입니까!

3. 투쟁

예수님은 제자들에게 그들이 그분을 섬길 때에 세상이 그들을 미워할 것이나 세상이 먼저 그분을 미워하였음을 기억하라고 말씀하셨습니다. 아마 제자들은 자기들이 곧 매우 매혹적 생활로, 안락과 지위와 영광의 생활로 들어갈 것으로 느끼고 있었을 것입니다. 예수님은 재빨리 그 생각을 부수기 시작하셨습니다. 그들은 시련에 직면해 있었습니다. 맞고 쫓기고 투옥될 것이었습니다.

조소와 추방을 당할 것이었습니다. 그들은 잔인하게 죽음을 당할 것이었습니다. 그러나 오늘날 어떤 사람은 이렇게 말합니다. "그러한 시대는 영원히 가버렸다. 현대에는 그리스도 때문에 사람들이 핍박을 받고 죽음을 당하는 일이 없다." 그것은 틀린 말입니다. 오늘날도 세계의 곳곳에서 그리스도인들이 그들의 신앙을 위하여 무서운 박해를 받고 있습니다. 바로 여기 미국에서도 그리스도를 위하여 매일 고난을 당하는 사람들이 많습니다.

디모데후서 3:12 — "무릇 그리스도 예수 안에서 경건하게 살고자 하는 자는 박해를 받으리라." 오, 명목상의 그리스도인, 단순히 자기의 이름을 교회명부에 올려놓는 것으로 만족하는 사람은 고난을 당하지 않을 것입니다! 그의 신앙(혹은 비신앙!)은 이 세상에서 그에게 아무런 희생도 요구하지 않을지 모릅니다. 그러나 진정한, 생명적인 기독교는 항상 십자가를 가져옵니다. 가끔 그리스도인이 우는 소리를 하며 "나는 이해할 수 없어요. 그리스도를 위하여 살려고 노력하고 있는데도 항상 핍박을 받고 있어요"라고 말하는 것을 듣습니다. 그러면 우리가 무엇을 기대하였습니까? 마귀의 편에서 떠나 그리스도와 함께 대열에 섰을 때 마귀가 그것을 묵인하리라고 기대하였습니까? 마귀가 입을 다물고 가만히 앉아 있을 것으로 기대하였습니까? 아닙니다. 우리가 그리스도와 함께 열에 서는 순간 우리는 마귀의, 육체를 가진 원수가 되었습니다. 그때 전투가 시작되었습니다. 그러나 하나님께 감사하십시오. 우리는 반드시 이기는 편에 서 있습니다.

예수님께서 말씀하셨습니다. "세상에서는 너희가 환난을 당하나 담대하라 내가 세상을 이기었노라." 또한 이렇게 말씀하셨습니다. "나로 말미암아 너희를 욕하고 박해하고 거짓으로 너희를 거슬러 모든 악한 말을 할 때에는 너희에게 복이 있나니 기뻐하고 즐거워하라 하늘에서 너희의 상이 큼이라 너희 전에 있던 선지자들도 이같이 박해하였느니라." 안락한 생활이나 환경을 기대하고, 그리스도인의 생활에 들어서지 마십시오. 그것은 하나의 전투, 우리 속에 있는 선과 악

간의 전투, 우리의 육적 성품과 영적 성품 사이의 전투, 사탄의 세력과 그리스도
인의 세력 간의 전투입니다.

예, 우리는 전투하고 있습니다. 그러나 하나님께 감사하십시오. 우리가 승
리하는 편에 속해 있기 때문입니다. 그리스도는 우리의 구원을 보장하는 장수이
십니다. 언젠가 그분께서 마귀를 치시고 그를 지옥의 고통 속에서 살도록 내려
보내실 것입니다. 그때 우리들을, 유혹이 절대로 미칠 수 없으며 죄가 들어올 수
없는 천국으로 이끌어 올리실 것입니다. 오, 그리스도인이 된다는 것은 위대한
일입니다! 핍박의 불꽃이여, 타라, 사탄의 투창이여 우리에게 던져져라. 우리의
적들은 우리를 에워싸라. 그래도 우리는 우리의 하나님을 신뢰하며 사람이 그들
이 우리에게 할 수 있는 것을 두려워하지 않을 것입니다.

우리의 주님을 위하여 열매를 맺읍시다. 그분과의 교제를 즐깁시다. 믿음의
선한 싸움을 싸웁시다.

다음의 이야기는 이탈리아의 한 작은 읍에서 일어난 일입니다. 최근에 그
읍 주민들이 "피도"(Fido)라는 이름을 갖고 있는 개에게 금메달을 수여했습니다.
후에 그 개를 기념하여 동상을 세웠습니다. 이탈리아어의 "피도"라는 낱말은 '충
성스러운'을 의미합니다. 그것은 그 개의 성질을 그대로 나타낸 말입니다. 어떤
사람이 그 개가 강에 던져져 죽어 가고 있는 것을 보고 구출해 내었습니다. 그 사
람은 피도를 집으로 데리고 가서 보살펴 주었습니다. 그 개는 그의 사랑에 빠져
그가 가는 곳마다 따라 다녔습니다. 매일 그 개는 그가 직장에 가려고 버스를 타
는 버스 정류장까지 따라 왔습니다. 그가 오후 늦게 귀가할 때까지 그 개는 그 곳
에서 하루 종일 그를 기다리고 있었습니다. 어느 날 그가 그 읍을 공격해 온 공습
에 의해 죽음을 당했습니다. 주인이 그날 밤 오지 않았으나 충성스러운 개는 버
스 정류장에 머물러서 그를 기다렸습니다. 매일 밤 같은 일이 반복되었습니다.
13년이라는 길고도 외로운 세월 동안 그 개는 기다렸습니다. 주민들은 음식을
가져다 그 개를 먹여 살렸습니다. 그 개가 죽자 그 충성심을 칭송하는 기념비가
세워졌습니다. 오, 친구여, 그리스도께서는 그 사람이 피도를 위하여 한 것보다
더 많은 것을 우리를 위하여 해 주셨습니다. 여러분이여, 우리가 예수 그리스도,
곧 우리 구주께 충성하는 것보다 미물인 개가 한 인간인 주인에게 더 충성하는
것을 기꺼이 허용하시겠습니까?

제
29
장

—

환난 중에 용기와 기쁨을

—

"¹내가 이것을 너희에게 이름은 너희로 실족하지 않게 하려 함이니 ²사람들이 너희를 출교할 뿐 아니라 때가 이르면 무릇 너희를 죽이는 자가 생각하기를 이것이 하나님을 섬기는 일이라 하리라 ³ 그들이 이런 일을 할 것은 아버지와 나를 알지 못함이라 ⁴ 오직 너희에게 이 말을 한 것은 너희로 그 때를 당하면 내가 너희에게 말한 이것을 기억나게 하려 함이요 처음부터 이 말을 하지 아니한 것은 내가 너희와 함께 있었음이라 ⁵ 지금 내가 나를 보내신 이에게로 가는데 너희 중에서 나더러 어디로 가는지 묻는 자가 없고 ⁶ 도리어 내가 이 말을 하므로 너희 마음에 근심이 가득하였도다 ⁷ 그러나 내가 너희에게 실상을 말하노니 내가 떠나가는 것이 너희에게 유익이라 내가 떠나가지 아니하면 보혜사가 너희에게로 오시지 아니할 것이요 가면 내가 그를 너희에게로 보내리니 ⁸ 그가 와서 죄에 대하여, 의에 대하여, 심판에 대하여 세상을 책망하시리라 ⁹ 죄에 대하여라 함은 그들이 나를 믿지 아니함이요 ¹⁰ 의에 대하여라 함은 내가 아버지께로 가니 너희가 다시 나를 보지 못함이요 ¹¹심판에 대하여라 함은 이 세상 임금이 심판을 받았음이라 ¹²내가 아직도 너희에게 이를 것이 많으나 지금은 너희가 감당하지 못하리라 ¹³ 그러나 진리의 성령이 오시면 그가 너희를 모든 진리 가운데로 인도하시리니 그가 스스로 말하지 않고 오직 들은 것을 말하며 장래 일을 너희에게 알리시리라 ¹⁴ 그가 내 영광을 나타내리니 내 것을 가지고 너희에게 알리시겠음이라 ¹⁵ 무릇 아버지께 있는 것은 다 내 것이라 그러므로 내가 말하기를 그가 내 것을 가지고 너희에게 알리시리라 하였노라 ¹⁶ 조금 있으면 너희가 나를 보지 못하겠고 또 조금 있으면 나를 보리라 하시니 ¹⁷ 제자 중에서 서로 말하되 우리에게 말씀하신 바 조금 있으면 나를 보지 못하겠고 또 조금 있으면 나를 보리라 하시며 또 내가 아버지께로 감이라 하신 것이 무슨 말씀이냐 하고 [18] 또 말하되 조금 있으면이라 하신 말씀이 무슨 말씀이냐 무엇을 말씀하시는지 알지 못하노라 하거늘 [19] 예수께서 그 묻고자 함을 아시고 이르시되 내 말이 조금 있으면 나를 보지 못하겠고 또 조금 있으면 나를 보리라 하므로 서로 문의하느냐 [20] 내가 진실로 진실로 너희에게 이르노니 너희는 곡하고 애통하겠으나 세상은 기뻐하리라 너희는 근심하겠으나 너희 근심이 도리어 기쁨이 되리라 [21] 여자가 해산하게 되면 그 때가 이르렀으므로 근심하나 아기를 낳으면 세상에 사람 난 기쁨으로 말미암아 그 고통을 다시 기억하지 아니하느니라 [22] 지금은 너희가 근심하나 내가 다시 너희를 보리니 너희 마음이 기쁠 것이요 너희 기쁨을 빼앗을 자가 없으리라 [23] 그 날에는 너희가 아무 것도 내게 묻지 아니하리라 내가 진실로 진실로 너희에게 이르노니 너희가 무엇이든지 아버지께 구하는 것을 내 이름으로 주시리라 [24] 지금까지는 너희가 내 이름으로 아무 것도 구하지 아니하였으나 구하라 그리하면 받으리니 너희 기쁨이 충만하리라 [25] 이것을 비유로 너희에게 일렀거니와 때가 이르면 다시는 비유로 너희에게 이르지 않고 아버지에 대한 것을 밝히 이르리라 [26] 그 날에 너희가 내 이름으로 구할 것이요 내가 너희를 위하여 아버지께 구하겠다 하는 말이 아니니 [27] 이는 너희가 나를 사랑하고 또 내가 하나님께로부터 온 줄 믿었으므로 아버지께서 친히 너희를 사랑하심이라 [28] 내가 아버지에게서 나와 세상에 왔고 다시 세상을 떠나 아버지께로 가노라 하시니 [29] 제자들이 말하되 지금은 밝히 말씀하시고 아무 비유로도 하지 아니하시니 [30] 우리가 지금에야 주께서 모든 것을 아시고 또 사람의 물음을 기다리시지 않는 줄 아나이다 이로써 하나님께로부터 나오심을 우리가 믿사옵나이다 [31] 예수께서 대답하시되 이제는 너희가 믿느냐 [32] 보라 너희가 다 각각 제 곳으로 흩어지고 나를 혼자 둘 때가 오나니 벌써 왔도다 그러나 내가 혼자 있는 것이 아니라 아버지께서 나와 함께 계시느니라 [33] 이것을 너희에게 이르는 것은 너희로 내 안에서 평안을 누리게 하려 함이라 세상에서는 너희가 환난을 당하나 담대하라 내가 세상을 이기었노라." — 요 16:1-33

에루살렘의 밤은 깊었습니다. 사람들이 대부분 잠자리에 든 지 오랬습니다. 동방의 달은 탐스런 포도밭과 고요한 길거리 위에 밝게 비치고 있었습니다. 그러나 아직도 잠자지 않고 활동하고 있는 두 떼의 사람들이 있었습니다. 한 무리는 지도자 한 분과 11명의 추종자, 이렇게 12명으로 구성되어 있었습니다. 그들은 지금 막 위층에서 내려왔습니다. 그들이 함께 하는 마지막 식사를 끝낸 것도 조금 전이었습니다. 지금 겟세마네 동산을 향하고 있습니다. 이 단체의 지도자는 예수 그리스도이셨으며 11명은 그분의 제자들이었습니다. 다른 무리는 유대의 종교 지도자들로 구성되어 있었습니다. 그들의 마음은 예수님께 대한 증오로 들끓고 있었습니다. 그들은 그분의 기적들에서 능력의 많은 증거들을 목격하였습니다. 그분이 곧 그들을 쓸모없는 존재들로 만들어 버릴까봐 그들은 전전긍긍하였습니다. 그래서 이 사람들은 그들의 사악한 영혼에 범람하는, 피에 굶주린 듯한 악의로서, 참 신앙의 모든 원리들을 무시하면서 하나님의 아들을 죽일 것을 획책하고 있었습니다.

그러나 우리가 지금 이 사악한 사람들의 무리에 관심을 주고 있는 것은 아닙니다. 우리의 생각은 겟세마네를 향하여 걸어가는 예수님과 제자들에게 집중되고 있습니다. 그분께서 그들에게 그분을 위하여 사는 것과 그분을 위하여 열매 맺는 것에 대하여 말씀을 해 오고 계셨습니다. 이제 그들이 그분을 섬기며 나아갈 때에 기다리고 있는 핍박과 역경에 대하여 말씀하셔야 했습니다. 그래서 요한복음 16장에서는 다음의 주제들을 살펴보겠습니다.

1. 성도들의 고난
2. 성령의 사역
3. 구원받은 자들의 승리

1. 성도들의 고난

바로 여기에서 우리는 이 세상의 종교들과 예수 그리스도의 참 종교 간의 차이를 볼 수 있습니다. 인간이 만든 종교들은 자기들의 교훈을 수용함으로써 유리한 조건들을 손에 넣을 수 있다고 말합니다. 소위 이 유리한 것들이란 게 보통 육욕적이고 물질적이며 그 대부분이 이생을 위하여 약속됩니다. 그러나 예수님께서 제의하시는 것들은 얼마나 다릅니까? 그분은 제자들에게 그들이 그분을 따르려면 역경과 핍박과 심지어 죽음까지 각오해야 한다고 말씀하셨습니다. 그분께서 축복들을 약속하신 것은 사실입니다. 그러나 그것들은 영적인 성질을 띠고 있으며 그 태반은 죽음 이후에야 올 것입니다.

주님께서 제자들에게 "시련이 올 때에 너희가 놀라지 않기를 바란다. 미리 경고 받는 것은 미리 무장하는 것과 같다"라고 말씀하셨습니다. 주님은 앞에 놓은 시련들에 대하여 그들을 강하게 대비시키시고 싶으셨습니다. 주님은 그들이 이 새로운 교훈을 퍼뜨린다는 이유로 출회당할 것이라고 말씀하셨습니다. 우리는 파문 당한다는 것이 얼마나 심각하고 중대한 것인지를 이해할 필요가 있습니다. 그것은 모든 영적 특권들이 배제될 뿐 아니라 가정과 친구들로부터의 추방을 의미했습니다. 파문당한 사람은 밖에 버려진 사람을 의미했습니다. 현대에도 그런 사례들이 있습니다. 그리스도인이 됨으로써 가족들로부터 버림을 받고 갖가지의 핍박을 감수해야 하는 유대인들을 보았습니다. 예수님은 다가올 일에 대해 제자들을 준비시키고 계셨습니다. "나를 따르는 자들 앞에는 어두운 날들이 가로놓여 있다"라고 말씀하십니다.

주님께서 그들에게 이어 말씀하시기를 그리스도인들을 죽이는 자들이 스스로 하나님을 섬기는 일을 한다고 느낄 것이라고 하셨습니다. 이 예언은 확실하게 이루어졌습니다. 바울이 회심하기 전에는 매우 열성적인 바리새인으로서 곳곳을 누비며 그리스도인들을 처형했습니다. 그 동안 그는 자기가 하나님께서 원하시는 일을 행하고 있다고 생각했습니다. 그리고 이어지는 세기들을 통하여 그렇게 함으로써 하나님을 섬기고 있다고 스스로 생각한 사람들에 의해 그리스도인들이 화형에 처하여졌으며 갖가지 방법으로 죽임을 당하여 왔습니다.

미국의 역사를 돌이켜 보아도 그 사실을 발견하게 될 것입니다. 1711년 5월 1일 존 월러(John Waller) 라는 침례교 목사가 버지니아 주 보울링 그린에서 예배를 드리고 있었습니다. 그는 이미 기성교회의 압제를 느끼고 있었습니다. 자기가 믿는 대로 복음을 전했다는 이유로 그는 43일 동안 감옥에 구류되었습니다. 이 특별한 예배가 시작될 때에 세 사람이 통로를 걸어왔습니다. 그들은 기성교회의 목사와 그의 서기, 그리고 보안관이었습니다. 회중들이 일어나 찬양을 할 때에 이 목사가 강단으로 올라가 채찍으로 월러의 성가집을 치기 시작했습니다. 월러가 공중기도를 시작하자 그 목사는 채찍의 끄트머리를 월러의 입 속에 들이댔습니다. 기도 후에, 그들이 예배를 중단시킬 수 없을 것으로 목사의 서기가 판단하고 월러를 붙잡아 보안관에게로 끌고 갔습니다. 보안관은 말채찍을 들어 그 전도자에게 20대를 때렸습니다. 채찍질이 끝났을 때 월러는 피가 낭자하였습니다. 목사가 그에게 욕설을 퍼부은 후에 3인조는 교회를 떠났습니다. 월러는 몸을 끌고 강단에 올라가 설교대에 기대고 설교를 하였습니다. 이 설교는 그가 한 설교 중에서 가장 능력 있는 메시지였다 합니다. 다시 그리스도의 예언이 이루어진 것이었습니다. 복음을 전파하는 그 사람은 핍박을 받고, 그를 핍박하는 사람들은 자기들이 하나님께서 바라시는 일을 하고 있다고 생각했습니다.

예수님은 제자들에게 사람들이 왜 이런 악한 짓들을 하는지, 그들이 왜 핍박을 받는지 그 이유를 말씀하셨습니다. 사람들이 하나님이나 그리스도를 몰랐기 때문이었습니다. 그것은 정말 사실입니다. 사람들이 그리스도께 대한 믿음을 통하여 하나님을 안다면, 하나님의 성령께서 그들 안에 거하신다면, 그들이 그리스도인들을 미워하거나 핍박하지 않을 것입니다. 사실, 그리스도 당시의 유대인들이 참으로 하나님 아버지를 알았다면, 그분의 아들을 영접하였을 것이며 그분을 따르는 자들을 학대하지 않았을 것입니다.

시대가 변하지 않았으며 사람들도 변하지 않았습니다. 세상은 여전히 참 그리스도인들에 대해 적대적입니다. 오늘날 전 세계의 체제는 예수 그리스도의 교회를 대항하여 구성되어 있습니다. 사업계와 사회생활과 연예계가 모두 교회의 힘과 주일을 올바로 지키는 것에 대항하여 싸우고 있습니다. 스코틀랜드 사람들이 그리스도를 위한 사업에 열심이던 지난날에는 그들이 한 표어를 채택하여 글라스고우 시의 중앙의 큰 간판에 적어 세워 두었습니다. 그 표어는 이러했습니다. "말씀의 전파와 그분의 이름을 찬양함으로 글라스고우로 번영하게 하라." 그러나 조만간 사업이 신앙보다 더 중요하게 되었습니다. 그 표어가 거북스러워 그들은 "글라스고우로 번영하게 하라"로 줄였습니다. 그것이 오늘의 세계의 경향입니다.

예수님께서 당시의 제자들과 오늘의 그리스도인들에게 이렇게 말씀하십니다. "나를 충성스럽게 섬기면 핍박과 시련이 따를 것이다. 그러나 그것은 이 세상과 오는 세상에서 그 모든 가치가 있을 것이다."

"후회 없는 길 예수님을 섬기네
매일 발자국마다 보람이 돋아
영광의 그 길 위에 황량한 바람 시샘하여 일어도
걸음걸음 행복을 보네."

2. 성령의 사역

예수님께서 떠나가신다 하시므로 제자들은 수심으로 가득 차 있었습니다.

그래서 주님은 그들에게 말씀하셨습니다. "내가 떠나가는 것이 너희에게 유익하다. 내가 떠나가지 않으면 보혜사께서 너희에게 오시지 않을 것이다. 내가 가면 그분을 너희에게 보낼 것이다."

성령께서 그들에게 오신다면 예수님께서 육체로 머물러 계시는 것보다 그들에게 얼마나 더 좋겠습니까? 만일 그리스도께서 육으로 제자들과 함께 남아 계신다면 한 순간에 한 장소에만 계실 수 있을 것입니다. 그러나 성령께서는 세계 모든 곳의 신자들을 채우실 수 있을 것입니다. 그리스도의 육체적 임재는 단지 한 장소만을 채우실 수 있을 것입니다. 성령께서는 모든 곳에 가실 수 있을 것입니다. 또한 그리스도께서 다시 하늘에 올라가셔서 그곳에서 우리의 대제사장으로서 그분의 자리를 차지하시는 것이 최고로 좋을 것입니다. 대제사장으로서 그분은 우리의 속량을 위하여 자기의 피를 제시하고 오고 오는 세대를 통하여 아버지의 보좌 앞에서 우리를 위하여 중재하실 것입니다.

다른 한 가지 ─ 예수님께서 세상에 머물러 계신다면 제자들은 모든 것에 대해 그분께 기댈 것입니다. 성령께서 오신 후 그들이 한 것처럼, 하나님을 위하여 그들의 능력을 사용하기 위해 나가려고 하지 않을 것입니다. 예수님께서 머물러 계셨다면 베드로도 3천 명이 구원받은 오순절의 그 유명한 설교를 하지 않았을 것입니다. 또 베드로와 다른 제자들이 나가 복음을 전파하여 사람들을 구원하고 세상을 떠들썩하게 만들지도 않았을 것입니다. 모든 것을 예수님께서 하시도록 떠맡겼을 것입니다. 그러나 성령의 능력 아래 그들의 신앙은 전혀 새로운 것이 되었습니다. 은혜며 지식이며 믿음이며 소망이며 열심이며 용기며 모든 면에 있어서 그들의 성장은 굉장한 것이기 때문에, 그들은 이전 보다 두 갑절의 몫을 하게 되었습니다. 그리스도께서 계실 때보다 그분이 그들에게서 떠나신 후에 그분을 위하여 그들이 훨씬 더 많은 일을 수행했습니다.

오늘날 그리스도인이 그저 앉아서 아무것도 하지 않는다면, 그리스도의 사업을 모두 다른 누가 하도록 떠맡긴다면 그는 평생 난쟁이 그리스도인이 되고 말 것입니다. 그러나 그가 항상 성령의 능력을 의지하면서 용기를 얻고 나가 그리스도를 위하여 일한다면 은혜 안에서 자라 세상에서 유능하고 유익한 그리스도인이 될 것입니다. … 두 미국인 관광객이 오버라머가우(Oberammergau)에서 예수 수난극을 보러 갔습니다. 연극이 끝난 후 그들은 그리스도의 역을 맡은 안톤 랑에게로 다가갔습니다. 한 관광객이 랑 씨의 십자가를 짊어지고 사진을 찍을 수 없느냐고 물었습니다. 허락해 주었습니다. 그러나 그 관광객은 그 십자가를 들어 올릴 수 없었습니다. 그가 랑 씨에게 "당신의 십자가는 정말 무겁군요"라고 말했습니다. "예, 가벼운 십자가로는 그리스도를 나타낼 수 없습니다"라고 랑 씨가 대답했습니다. 그러나 그것이 오늘날의 문제가 아닐까요? 대부분의 그리스도인들은 다른 누가 십자가를 지며 주님의 일을 하도록 하는 것으로 만족하고 있습니다. 그러므로 여기에서 예수님은 이렇게 말씀하십니다. "나는 떠난다. 너희가 너희의 일을 담당할 때가 왔다. 성령께서 너희에게 능력을 주실 것이지만 너희들도 또한 너희의 몫을 하여야 한다."

성령께서 앞으로 하실 일을 주님께서 설명하십니다. 첫째로, 성령께서는 세상으로 죄를 깨닫게 하실 것입니다. 세상이 주님을 믿지 않았기 때문입니다. 예수님께서 사람들 가운데 걸어 다니시면서 그들의 보는 앞에서 능력 있는 일들을 행하셨으며 하나님 나라의 위대한 진리들을 전파하셨는데, 사람들의 주된 죄가 무엇이었습니까? 그들의 죄는 그분을 믿지 않은 사실이었습니다. 오늘날 사람의 가장 큰 죄는 무엇입니까? 살인이나 도둑질이나 간음이 아닙니다. 그것은 그리스도를 믿지 않는 것입니다. 사람들이 그분을 믿으면 다른 모든 것은 바로 됩니다. 그리스도께 대한 불신앙이 모든 죄의 뿌리입니다. 이 예언이 오순절에 성취되는 것을 우리가 봅니다. 큰 군중이 베드로의 설교를 듣습니다. 군중 가운데는 그리스도의 피를 소리쳐 요구했던 사람들이 많이 있으며 아마 그분을 죽이는 데에 한 몫 했던 사람들도 있을 것입니다. 그러나 성령께서 그들 위에 임하시자 그들은 죄를 깨닫고 그리스도께서 하나님의 아들이심을 알게 됩니다. 깊은 죄책감에서 "우리가 어떻게 하여야 합니까?"라고 부르짖습니다. 오늘날도 동일한 일이 일어납니다. 사람들은 계속하여 죄를 짓습니다. 성령께서 그들에게 죄를 깨닫게 하시는 날까지 그들은 그리스도를 무시합니다. 그때에야 비로소 그들의 죄를 깨닫고 그리스도께서 하나님의 아들이시며 자기들의 죄 때문에 십자가에 못 박히신 것을 인정하게 됩니다.

다음으로, 성령께서는 세상으로 의에 대하여 깨닫도록 하실 것이라고 예수님께서 말씀하셨습니다. 주님은 자신의 의에 대하여 언급하십니다. 세상은 그분의 의를 믿지 않았습니다. 그분을 미혹하게 하는 자를 마귀라고 불렀습니다. 그러나 성령께서 그분의 원수들로 그분께서 의로운 사람이셨으며 부당하게 죽임을 당하신 것을 알게 하실 것이었습니다. 그 다음으로, 성령께서 세상으로 심판에 대하여 깨닫도록 하실 것이라고 말씀하셨습니다. 이 세상의 임금이 심판을 받았기 때문이었습니다. 이 세상의 임금은 사탄입니다. 성령께서는 그리스도께서 그를 이기셨음을 세상으로 깨닫게 하실 것입니다.

우리가 또한 오늘날도 이것은 성령의 사역이라고 말할 수 없겠습니까? 성령께서는 오늘도 사람들에게 죄를 깨닫게 하시며 하나님의 어린양을 가리켜 보이십니다. 성령은 그리스도의 의에 대하여 오늘도 사람들로 깨닫게 하시며 구원을 받으려면 그 의를 소유하여야 함을 그들에게 깨닫게 하십니다. 현대의 사람들에게 심판에 대하여 깨닫게 하시며 언젠가는 하나님의 심판법정에 서야 함을 깨닫게 하십니다.

아, 오늘의 세계를 깨닫게 하는 일이 얼마나 필요합니까! 수년 전에 영국의 유명한 조각가가 바로 런던의 심장부, 스트랜드(Strand)에 세우기 위한 커다란 그리스도의 상을 조각하였습니다. 그러나 그 상은 거절당하였습니다. 그 도시의 유력자들이 이것은 이 복잡한 거리에 합당한 상이 아니라고 말했던 것입니다. 그 조각가는 어떤 사람이 "문제는 그 상에 있는 것이 아니라 그 도시에 있습니다"라고 말할 때까지 크게 실망하였습니다. 오늘날도 문제는 그리스도께 있는 것이 아니라 사람들에게 있습니다. 사람들은 죄가 많아 그분께서 그들의 생활방식과 어울리시지 않으십니다. 그래서 그들은 "이 사람을 치워버려. 그로 하여금 우리를 다스리게 하지 말자"라고 말합니다. 예, 오늘의 세계를 깨닫게 하는 일은 정말 필요합니다. 그리고 오늘 사람들이 깨달아 회개하지 않으면 내일에는 정죄를 받을 것입니다.

예수님께서 말씀을 계속하셨습니다. "내가 너희들에게 말하고 싶은 것이 더 있으나 그것들을 이해할 수 있는 힘이 너희에게 없다. 그러나 내가 죽었다가 다시 살아난 후에는 너희가 더 잘 이해할 수 있을 것이다. 그때에는 성령께서 너희를 모든 진리 가운데로 인도하여 주실 것이다." 성령께서 그 일을 꼭 그대로 하신 것을 보십시오. 이 사람들은 학문이 없는 무식한 사람들이었습니다. 그런데도 성령께서 그들을 인도하시게 되었을 때 그리스도께 대하여 알기 위하여 꼭 필요한 위대한 모든 일들을 기억하여 신약성경에 기록할 수 있었습니다. 그리고 성령께서는 하나님의 백성을 인도하시는 일을 그만두시지 않으십니다. 진정한 모든 그리스도인은 종종 기도하여 성령에 의해 바른 길로 인도받은 사실을 입증할 수 있습니다.

예수님은 "내가 하늘로 간다. 그러나 성령께서 오셔서 너희와 함께 영원히 거하실 것이다"라고 말씀하십니다. 나의 친구여, 당신이 거듭나는 순간, 그분께서 당신의 마음속에 오셔서 거하십니다.

3. 구원받은 자들의 승리

그리스도께서 제자들에게 이제 자기가 세상에서 떠나시면 그들에게는 슬픈 시간이 될 것이나 믿지 않는 세상에게는 기쁜 시간이 될 것이라고 말씀하십니다. 오, 그분이 가까이 계시지 않으시면 진정한 그리스도인은 슬퍼합니다! 우리는 그분을 보고 싶어합니다. 그분과 함께 있고 싶어합니다. 믿음은 보는 것이 아닙니다. 소망이 확실한 것이 아닙니다. 우리가 그분께 대하여 읽고 그분께 대하여 들으며 그분의 이름으로 기도하지만 그것이 얼굴과 얼굴을 맞대고 그분을 보는 것과 같지는 않습니다. 우리의 마음은 그분의 복된 얼굴을 직접 볼 때까지는 결코 만족을 얻지 못할 것입니다. "우리가 이제는 거울로 보는 것 같이 희미하나 그때에는 얼굴과 얼굴을 대하여 볼 것이요 …." 오, 우리가 요한과 함께 "아멘 주 예수여 오시옵소서"라고 말하기를 빕니다.

그러나 죄인들은 예수님을 보기 싫어합니다. 주님께서 십자가에 못 박히셨을 때 그들은 기뻐하며 "그가 우리를 이제 더 괴롭힐 수 없다"라고 말했습니다. 그리스도께서 세상에서 오래 떠나 계실수록 그들은 더욱 더 좋아합니다. 그들의 행복은 예수님이 안 계셔야 완전하다고 생각합니다. 오늘 주님께서 재림하신다면 그들의 죄의 소굴은 부서질 것입니다. 제가 어릴 적에 잘못을 저질렀는데 아버지께서 밤에 집에 돌아오시면 벌을 주기 위해 이르겠다고 저의 계모께서 으름장을 놓던 일이 기억납니다. 밤이 절대로 오지 않았으면 싶었습니다. 아버지 오시면 어떻게 될 것인지 알고 있었습니다. 오늘날도 꼭 그와 마찬가지로, 세상에 속한 사람은 예수님께서 다시 오시는 것을 싫어합니다. 그때에 그에게 어떤 일이 떨어질 것인가를 잘 알고 있기 때문입니다.

그러나 예수님이 오실 때에 그분의 자녀들의 마음은 사람이 빼앗아 갈 수 없는 기쁨으로 즐거워할 것이라고 말씀하십니다. 오, 그것이 그리스도인의 소망입니다! 예수님께서 돌아오시면 죄나 슬픔으로 조금도 더럽혀지지 않는 기쁨으로 우리를 채우실 것입니다. 그분은 이 세상에서 우리를 만족시킬 수 있는 유일한 분이십니다. 그분은 내세에서 우리의 유일한 소망이십니다. … 최근에 우리는 철도계의 한 저명한 인사의 죽음에 대한 기사를 읽었습니다. 그는 뉴욕 센트럴과 알레거니 회사의 위원장이었습니다. 백만장자였습니다. 북부에 훌륭한 집이 있었으며 마이애미 비치에 25칸짜리 큰 저택이 있었습니다. 그는 사설철로를 이용하여 여행하였습니다. 미국의 철도계에서 가장 탁월한 간부역원으로 인정을 받았습니다. 돈과 권력과 지위가 있었습니다. 그런데도 그는 자기 방으로 가서 권총으로 자기 머리를 관통시켰습니다. 사람을 행복하게 만드는 데는 돈과 권력과 지위와 훌륭한 집들 이상의 것이 필요합니다. 마음속에 예수 그리스도가 필요합니다. 그분은 이생에서 행복을 줄 뿐만 아니라 내세에서 완전하고 충만한 절대적 기쁨을 주실 수 있습니다.

예수님은 이 진리를 인생 경험의 간단한 예화로써 설명하십니다. 어린애가 태어나려 할 때에 산모는 그 출산의 고통 때문에 슬퍼한다고 말씀하십니다. 그러나 신생아가 자기의 품에 안겨 있을 때에는 그녀는 모든 고통을 잊고 자기의 어린애로 즐거워합니다. 그와 같이 우리도 예수님으로부터 떨어지면 슬픔과 시련을 예상할 수 있습니다. 그러나 어느 날 사랑하는 팔로 우리를 두르실 때, 영광으로 우리를 맞이해 주실 때 행로의 모든 수고를 잊고 영원히 주님과 함께 행복하게 살 것을 기뻐할 것입니다.

이제 예수님께서 지나친 자신에 대해 제자들을 경고하십니다. 그들이 곧 흩어져 그분만이 남게 될 것이라고 말씀하십니다. 이 예언은 그대로 되었습니다. 몇 시간 후에 예수님은 체포되셨으며 그들은 각각 이리를 피하는 양들처럼 달아났습니다. 예수님께서 말씀하셨습니다. "그러나 나는 혼자 있지 않을 것이다. 하나님께서 나와 함께 계실 것이다." 우리 그리스도인들이 배워야 할 얼마나 위대한 교훈입니까! 우리는 홀로 있지 않습니다. 친구들과 혈족들이 우리를 버릴지라도 우리를 사랑하셔서 절대로 버리지 아니하시는 분이 계실 것입니다. 데이비드 리빙스턴이 아프리카에서 영국으로 다녀가기 위하여 돌아왔을 때 그가 겪었던 얼마의 역경들을 자세히 설명했습니다. 그런 후 그가 덧붙였습니다. "나를 살아 있도록 부지시켜 준 것, 계속 갈 수 있도록 힘을 준 것은 '보라, 내가 너와 함께 있다'하신 예수님의 말씀이었습니다." 예, 인생의 불시험 가운데서도 우리는 홀로 있지 않습니다.

본 장은 성경에서 가장 격려하는 구절들 중의 하나인 말씀으로 끝납니다. "세상에서는 환난을 당하나 담대하라. 내가 세상을 이기었노라." 주님께서 제자들에게 앞에 놓여 있는 시련들에 관해 말씀하셨습니다. 그 때문에 그들은 분명히 침울해져 있었을 것입니다. 그때에 주님께서 그들과 함께 있을 것이며 세상을 이기도록 도와주실 것을 약속하심으로써 그들에게 용기를 주십니다. 결국, 그렇게 하는 것이 최선의 방법입니다. 그리스도인들은 수월한 일을 주시라고 기도할 것이 아니라 더 큰 힘과 은혜를 구해야 할 것입니다. 그리고 오, 우리가 주님을 따르고 있기만 하면 하늘의 모든 군대들이 우리의 편이라고 약속하실 때의 예수님의 말씀이 얼마나 고무적입니까! 그러므로 우리도 예수님의 제자들처럼 인생을 봅시다. 그들은 앞에 놓인 길고 험한 길을 보았으나 그리스도께서 그들 곁에서 걸으시는 것을 보았으며, 그들이 결국 승리할 것을 알았음에 틀림없습니다.

> "나 홀로 그렇게 할 수 없네
> 물결은 거세고 높아
> 안개는 자욱 오한이 서리고
> 하늘엔 빛이 꺼지네
> 그러나 나는 아네 우리 둘이
> 결국 이길 것을
> 예수님과 나
>
> 나 혼자 노 저을 수 없네
> 노호하는 바다 위의 내 배
> 그러나 내 곁에 또 한 분
> 나와 함께 당기시고 방향을 잡으시네
> 나는 아네 우리 둘이 안전한
> 포구에 이를 것을
> 그분의 아이와 그분
>
> 겁 많고 고집 세고 약하고
> 변덕스런 하늘처럼 나는 변하리
> 오늘은 열을 내고 용감하나

내일은 하려고도 하지 않아
그러나 그분은 포기하지 않아요
그래서 우리 둘은
꼭 이기네
예수님과 나."
　　　　　— 단 크로포드(Dan Crawford)

　한 목사친구가 예쁜 어린 소녀를 데리고 자기의 사무실로 온 어느 여인에 대하여 이야기합니다. 그녀는 그 아이를 주어버리고 싶다고 말했습니다. 목사는 그 어린 소녀를 얻었으면 기쁘겠다고 말했으나 그 애와 갈라지고자 하는 이유를 여인에게 물었습니다. 그녀가 말했습니다. "이 아이는 저의 첫 남편에게서 나온 애입니다. 우리들은 이혼하고 지금은 제가 재혼했어요. 저의 현 남편은 애들을 싫어합니다. 그는 저더러 그 애를 버리든지 자기를 버리든지 하라는 거예요. 저는 그를 사랑하기 때문에 제 딸을 주어버리려고 합니다." 목사는 그 애에게 좋은 식구들과 함께 살 것과 애가 얻을 수 있는 많은 것들을 이야기 했습니다. 그러나 갑자기 의자에서 펄쩍 뛰어 자기 어머니에게 달려가 목을 끌어안고 "엄마, 난 저 사람과 함께 가고 싶지 않아요. 엄마와 함께 있고 싶어요"라고 소리쳤습니다. 어머니는 그 애를 뒤로 밀쳐냈습니다. 목사는 다시 어린 소녀에게 자기가 줄 장난감이며 자기 어린 딸과 함께 재미있게 놀 수 있는 것 등을 말했습니다. 두 번째 자기 어머니에게로 달려가 목을 껴안고 "엄마, 엄마하고 함께 있는 것 외에는 아무것도 원하지 않아요"라고 말했습니다. 그 목사는 어떻게 해야 할지 몰라 조금 있다가 자기 사무실에서 나왔습니다. 그 어린 소녀가 어떻게 되었는지 모르겠습니다.

　친구들이여, 우리가 예수님을 그렇게 사랑해야 합니다. 그러하다면 우리가 진심으로 그분을 신뢰할 것이며, 끝내는 우리들을 승리하게 하실 것을 알고 그분을 위하여 어떤 난관도 뚫고 나갈 것입니다.

제
30
장

—

가장 위대한 기도

—

"¹예수께서 이 말씀을 하시고 눈을 들어 하늘을 우러러 이르시되 아버지여 때가 이르렀사오니 아들을 영화롭게 하사 아들로 아버지를 영화롭게 하게 하옵소서 ² 아버지께서 아들에게 주신 모든 사람에게 영생을 주게 하시려고 만민을 다스리는 권세를 아들에게 주셨음이로소이다 ³ 영생은 곧 유일하신 참 하나님과 그가 보내신 자 예수 그리스도를 아는 것이니이다 ⁴ 아버지께서 내게 하라고 주신 일을 내가 이루어 아버지를 이 세상에서 영화롭게 하였사오니 ⁵ 아버지여 창세 전에 내가 아버지와 함께 가졌던 영화로써 지금도 아버지와 함께 나를 영화롭게 하옵소서 ⁶ 세상 중에서 내게 주신 사람들에게 내가 아버지의 이름을 나타내었나이다 그들은 아버지의 것이었는데 내게 주셨으며 그들은 아버지의 말씀을 지키었나이다 ⁷ 지금 그들은 아버지께서 내게 주신 것이 다 아버지로부터 온 것인 줄 알았나이다 ⁸ 나는 아버지께서 내게 주신 말씀들을 그들에게 주었사오며 그들은 이것을 받고 내가 아버지께로부터 나온 줄을 참으로 아오며 아버지께서 나를 보내신 줄도 믿었사옵나이다 ⁹ 내가 그들을 위하여 비옵나니 내가 비옵는 것은 세상을 위함이 아니요 내게 주신 자들을 위함이니이다 그들은 아버지의 것이로소이다 ¹⁰ 내 것은 다 아버지의 것이요 아버지의 것은 내 것이온데 내가 그들로 말미암아 영광을 받았나이다 ¹¹나는 세상에 더 있지 아니하오나 그들은 세상에 있사옵고 나는 아버지께로 가옵나니 거룩하신 아버지여 내게 주신 아버지의 이름으로 그들을 보전하사 우리와 같이 그들도 하나가 되게 하옵소서 ¹²내가 그들과 함께 있을 때에 내게 주신 아버지의 이름으로 그들을 보전하고 지키었나이다 그 중의 하나도 멸망하지 않고 다만 멸망의 자식뿐이오니 이는 성경을 응하게 함이니이다 ¹³ 지금 내가 아버지께로 가오니 내가 세상에서 이 말을 하옵는 것은 그들로 내 기쁨을 그들 안에 충만히 가지게 하려 함이니이다 ¹⁴ 내가 아버지의 말씀을 그들에게 주었사오매 세상이 그들을 미워하였사오니 이는 내가 세상에 속하지 아니함 같이 그들도 세상에 속하지 아니함으로 인함이니이다 ¹⁵ 내가 비옵는 것은 그들을 세상에서 데려가시기를 위함이 아니요 다만 악에 빠지지 않게 보전하시기를 위함이니이다 ¹⁶ 내가 세상에 속하지 아니함 같이 그들도 세상에 속하지 아니하였사옵나이다 ¹⁷ 그들을 진리로 거룩하게 하옵소서 아버지의 말씀은 진리니이다 ¹⁸ 아버지께서 나를 세상에 보내신 것 같이 나도 그들을 세상에 보내었고 ¹⁹ 또 그들을 위하여 내가 나를 거룩하게 하오니 이는 그들도 진리로 거룩함을 얻게 하려 함이니이다 ²⁰ 내가 비옵는 것은 이 사람들만 위함이 아니요 또 그들의 말로 말미암아 나를 믿는 사람들도 위함이니 ²¹아버지여, 아버지께서 내 안에, 내가 아버지 안에 있는 것 같이 그들도 다 하나가 되어 우리 안에 있게 하사 세상으로 아버지께서 나를 보내신 것을 믿게 하옵소서 ²²내게 주신 영광을 내가 그들에게 주었사오니 이는 우리가 하나가 된 것 같이 그들도 하나가 되게 하려 함이니이다 ²³ 곧 내가 그들 안에 있고 아버지께서 내 안에 계시어 그들로 온전함을 이루어 하나가 되게 하려 함은 아버지께서 나를 보내신 것과 또 나를 사랑하심 같이 그들도 사랑하신 것을 세상으로 알게 하려 함이로소이다 ²⁴ 아버지여 내게 주신 자도 나 있는 곳에 나와 함께 있어 아버지께서 창세 전부터 나를 사랑하시므로 내게 주신 나의 영광을 그들로 보게 하시기를 원하옵나이다 ²⁵ 의로우신 아버지여 세상이 아버지를 알지 못하여도 나는 아버지를 알았사옵고 그들도 아버지께서 나를 보내신 줄 알았사옵나이다 ²⁶ 내가 아버지의 이름을 그들에게 알게 하였고 또 알게 하리니 이는 나를 사랑하신 사랑이 그들 안에 있고 나도 그들 안에 있게 하려 함이니이다." — 요 17:1-26

예수님은 기도의 사람이었습니다. 그분의 어린 시절에 대해선 우리가 별로 아는 바 없습니다. 열두 살 되었을 때에 "내가 내 아버지 집에 있어야 될 줄을 알지 못하셨나이까?"라고 말한 소년이었다면 하늘에 계신 아버지와 은밀히 사귀면서 많은 시간을 보내셨을 것입니다. 삼십 세 때에, 주님은 세례 요한에게 세례를 받으시고 성령께 이끌리시어 광야로 가셨습니다. 그곳에서 밤낮 사십일 동안 금식하시며 기도하셨습니다. 중대하고 어려우며 바쁜 일생이 그분 앞에 놓여 있었기에 이 험한 세월의 시험들을 능히 맞을 힘을 위하여 기도하셨습니다.

그분의 공생애 동안의 기도생활을 지켜보십시오. 밀려오는 군중들이 에워싸고 왕으로 삼고자 할 때에 그분은 은밀한 기도 장소로 빠져 나가셨습니다. 제자들을 선택하실 때에도 기도로 밤을 지새우셨습니다. 이른 새벽, 제자들이 종종 아직 곤한 잠에 취해 있을 때에 주님은 산에 올라 하나님과 교제하는 시간을 가지셨습니다. 중대한 일을 하실 때에는 미리 언제나 기도하셨습니다. 겟세마네 동산에서 주님께서 얼마나 간절히 기도하셨던지 땀이 핏방울과 같이 된 것을 우리가 봅니다. 최후에, 십자가에 달리셨을 때에는 극한의 고통 중에서도 "아버지여 저들을 사하여 주옵소서. 자기들이 하는 것을 알지 못함이니이다"라고 원수들을 위하여 기도하셨습니다.

요한복음 17장에서 우리는 주님께서 하나님의 보좌에 오를 모든 기도 중에서 최고로 위대한 기도를 올리시는 것을 듣게 됩니다. 그분은 세상에서 가장 위대한 사람, 하나님과 가장 가깝게 산 사람이셨으므로 자연히 이 기도는 가장 위대한 기도가 될 수밖에 없었습니다. 이 기도를 드린 장소를 우리가 모릅니다만 이것은 알 수 있습니다. 주님과 제자들이 다락방에서 나와 겟세마네로 가는 도중에 계셨습니다. 그 동안 몇 가지 중대한 교훈들을 가르치시고 계셨습니다. 이제 기도하시기 위해 멈추십니다. 아마 어떤 조용한 곳에 자리를 잡으시고 마음을 하나님께 쏟으셨을 것입니다. 제자들은 경건하게 귀를 기울였습니다. 그들은 그 기도를 결코 잊을 수 없었음이 분명합니다. 이 기도에서 그들을 위하여 많이 기도해 주셨기 때문입니다.

본 장에서는 다음의 주제들을 살피겠습니다.

1. 아버지
2. 충성
3. 장래

1. 아버지

주님께서 "때가 이르렀사오니 … "라고 말씀하심으로 기도를 시작하십니다. 무슨 때였습니까? 그리스도께서 우리의 속죄를 위하여 십자가 위에 자신을 내주셔야 할 때, 창세 전에 하나님의 예정에서 계획된 때, 예수님께서 맞으시려고 세상에 오신 때, 33년 동안 그분이 그것을 향하여 움직여 오신 그때, 그것은 그분의 죽음의 때였습니다. 주님은 모든 것을 아셨습니다. 그분께서 "내 때가 아직 이르지 아니하였다”라고 말씀하시는 것을 우리가 여러 번 들어왔습니다. 그러나 지금 그때가 온 것을 아십니다. 하나님께서는 항상 계획 하에 일하십니다. 예수님께서 십자가 위에서 마지막 숨을 내쉬는 그 순간은 하나님의 커다란 시간표에 그렇게 책정된 순간입니다.

그리스도인이 세상에서 하나님의 뜻과 사업을 수행하고 있다면 그의 때가 올 때까지 하나님께서 그를 살려 두실 것입니다. 그의 일이 끝났다고 생각하실 때에 그를 본향으로 데려 가실 것입니다. 하나님의 행동에 우연한 사건은 없습니다. 그분의 목적과 계획에 따라 움직이십니다. 오, 우리 모두가 우리의 생애에 대한 주님의 계획을 기도하여 발견하고 거기에 힘써 맞추기를 바랍니다. … 스코틀랜드의 위대한 전도자, 로버트 맥체인은 하나님을 위하여 능력 있는 영향을 행사하였습니다. 그의 사역 아래에서 수많은 사람들이 구원을 받았습니다. 그가 약 삼십 세가 되었을 때에 죽었습니다. 어떤 사람들이 “오, 이게 무슨 일인가! 이렇게 젊어 죽다니 얼마나 비극인가”라고 말했습니다. 그러나 하나님께서는 그가 하고 있는 것을 다 아셨습니다. 그의 죽음으로 인해 다른 많은 청년들은 그리스도를 위하여 놀랍도록 증거하는 과업을 수행하려고 일어났습니다.

예수님께서 “아들을 영화롭게 하사 아들로 아버지를 영화롭게 하게 하옵소서”라고 기도하십니다. 무슨 의미입니까? 주님께서 말씀하는 의미는 이렇습니다. “저를 십자가로 그리고 무덤까지 이끄시옵소서. 그 후 저를 올리시어 아버지의 오른 편에 앉히시옵소서. 아버지의 큰 사랑을 세상에 보이고 아버지의 놀라운 구원이 그들에게 미치게 하기 위하여 그렇게 하시옵소서. 제 안에서 아버지의 일을 이루시고 제 죽음의 결과로 많은 속죄 받은 영혼들을 하늘로 이끄심으로 영광을 받으시옵소서.” 이 얼마나 놀라운 기도입니까! 어느 인간이 “주여, 주님께 영광을 드리기 위하여 저로 가장 고통스런 죽음을 당하게 하옵소서”라고 말할 수 있다고 생각하십니까? 오, 예수님은 얼마나 위대하시고 거룩하신 구주이십니까?

그러나, 하나님의 영광을 나타낸 사람들의 죽음이, 물론 그리스도의 죽음과는 비교될 수 없는 것이지만, 종종 있었습니다. 존 울리(John G. Woolley)는 지독한 술꾼이었습니다. 그의 어머니는 그를 위하여 간절히 기도하며 그를 도와주려고 애썼습니다. 어느 추운 밤 그가 술집 문을 비틀거리며 나오다가 자기 어머니가 눈 속에 무릎을 꿇고 그를 위하여 기도하고 있는 것을 목격하였습니다. 그는 너무도 부끄러워 다시 술집으로 들어가서 뒷문으로 나왔습니다. 그의 어머니는 추운 날씨에 한데에 오래 있었기 때문에 폐렴에 걸려 그 병으로 죽었습니다. 그는 집을 떠났습니다만 그러나 자기 어머니의 기도에서는 멀리 달아날 수가 없었습니다. 어느 날 그는 그리스도를 구주로 발견하고 강한 술 중독에 대해 승리를 얻었습니다. 그런 후 유명한 금주운동가가 되어 음주의 폐해에 대해 수많은 사람들에게 역설하였습니다. 그는 자주 "나는 경건한 한 어머니의 참을성 깊은 사랑과 기도의 살아 있는 기념비다"라고 말했습니다. 어머니의 생존시에는 그가 그리스도와 착한 생활을 향해 미동도 하지 않았습니다. 그러나 그의 어머니의 죽음은 그의 구원의 절정으로 이 모든 일들을 몰고 왔습니다. 마찬가지로, 그리스도의 죽음은 하나님께 영광을 가져옵니다.

하나님께서 예수님을 믿는 모든 사람들에게 영생을 주실 수 있는 권능을 그분께 주셨다고 예수님께서 이어서 말씀하십니다. 그밖에 아무도 그 일을 할 수 없습니다. 교회가 영생을 줄 수 없습니다. 사제가 그것을 줄 수 없습니다. 각 사람을 위한 유일한 구원은 예수 그리스도 안에 있습니다. 그리스도께서 영원한 생명을 단순히 끝없이 계속되는 생명을 의미하는 것으로 말씀하시지 않으십니다. 영원히 지속되는 생명은 모든 사람이 갖고 있습니다. 그러나 차이는 그 생명의 성질에 달려 있습니다. 모든 사람은 영원토록 계속하여 살 것입니다. 차이는 어떤 사람들은 지옥의 고통 속에서 살고 어떤 사람들은 천국의 행복 속에서 살 것이라는 점입니다. 그러므로 예수님께서 이렇게 말씀하시는 것입니다. "하나님께서 생명, 천국에서의 생명, 영원히 기뻐하는 생명을 사람들에게 줄 수 있는 권한을 나에게 주셨다."

우리가 오늘 지옥의 문을 열고 그 복도를 걸어갈 수 있다고 가정해 봅시다. 거기 영원한 파멸 속에서 우리는 잃어버린 영혼들을 볼 것입니다. "당신들은 왜 여기에 왔소? 살인을 했다든가 도둑질을 했기 때문인가요?"라고 우리가 물어봅니다. 그러자 그들이 대답합니다. "아닙니다. 주 예수 그리스도께 대한 구원의 믿음을 행사하지 않았기 때문이요." 이제 우리가 천국으로 올라가 거기 영원한 축복 속에 사는 영혼들을 볼 수 있다고 가정합시다. 우리가 그들에게 "여러분은 어떻게 여기에 왔습니까? 세상에서 아주 착했기 때문인가요?"라고 묻습니다. 그러지 그들이 대답할 것입니다. "아닙니다. 어린양의 피로써 우리의 옷을 씻어 희얗게 하였기 때문에 우리가 여기에 왔습니다. 죄로부터 일어나 주 예수 그리스도를 믿었기 때문에 우리가 이곳에 왔습니다.”

그분은 우리들에게 영원한 생명을 주실 수 있는 유일하신 분이십니다. “하나님이 세상을 이처럼 사랑하사 독생자를 주셨으니 이는 그를 믿는 자마다 멸망하지 않고 영생을 얻게 하려 하심이니라.” “주 예수 그리스도를 믿으라 그리하면 네가 구원을 얻으리라.” “그를 영접하는 자 곧 그 이름을 믿는 자들에게는 하나님의 자녀가 되는 권세를 주셨으니.” “아들을 믿는 자는 영생을 가졌고.”

예수님께서 이번에는 “아버지를 이 세상에서 영화롭게 하였사오니”라고 말씀하십니다. 얼마나 바른 말씀이었습니까! 주님께서 이 세상에서 하신 모든 것은 하나님께 영광을 돌리시기 위한 것이었습니다. 자기 자신의 영광을 생각하시지 않으시고 하나님의 영광을 생각하셨습니다. 다음으로 그분은 “아버지께서 내게 하라고 주신 일을 내가 이루어 …”라고 말씀하십니다. 예수님 외에는 아무도 그렇게 말할 수 있는 사람이 없었습니다. 여러분과 저는 매우 인간적이고, 매우 세속적이며 매우 게으르고 자신들에게 쏠려 있기 때문에 우리가 행할 때 하나님께서 원하시는 일을 이루지 못합니다. 행로가 끝날 때에 우리가 바울처럼 “나의 달려갈 길을 다 마쳤다”고 말할 수 있습니다만 예수님처럼 “나의 일을 다 이루었다”고는 결코 말할 수 없습니다. 조지아의 유명한 시인 시드니 래니어(Sidney Lanier)는 39살에 죽었습니다. 그는 “내 가슴속에는 시로 쓰지 않는 1권의 노래들이 있다”라고 말했습니다. 인생의 여정이 다하는 날 우리도 “그리스도를 위하여 했어야 할 일들이 산더미 같이 쌓여 있으나 이제 이루지 못한 채 떠나야 한다”라고 말할 것임에 틀림없습니다. 그것으로 끝나서는 안 됩니다. 그러므로 우리는 그리스도를 위하여 매일 꿀벌처럼 부지런해야 합니다. 그러면 마지막을 고하는 날, “주님, 그것을 다 할 수 없었습니다. 그러나 주님을 위하여 최선을 다 하였습니다”라고 말할 수 있습니다.

어느 목사가 자기가 짐수레에 매여 그것을 끌고 전교인들은 밀고 가는 꿈을 꾸었습니다. 잠시 후에 길이 험한 곳에 왔는데 수레를 움직일 수가 없었습니다. 그래서 그가 둘러보니 교인들이 미는 일을 그만 두었을 뿐 아니라 수레에 앉아서는 빨리 안 간다고 목사를 비난하고 있었습니다. 이것은 너무 많은 교회들의 실상입니다. 그들은 화려한 수레를 타고 천국에 가려고 합니다. 교회가 잘 되어 가도록 하는 일은 아무것도 하지 않습니다. 하나님의 일을 마치었다고 그들이 말할 수는 없겠지요. 아예 아무것도 하지 않고 있으니 말입니다.

예수님이 계속하십니다. "아버지여, 창세 전에 하늘에서 아버지와 함께 완전한 영화를 누렸습니다. 제가 사람이 될 때에 그것을 제쳐놓았습니다. 이제 비옵나니 아버지와 함께 있으려고 돌아갈 때에 그 영화를 저에게 주옵소서." 예수님과 하나님과 성령은 하나이시며 모두 동등하십니다. 하나님께서 온 모든 영광은 또한 성자께도 왔습니다. 그러나 불쌍하고 잃어진 죄인들인 우리들을 사랑하셨기 때문에 그 영광을 버리시고 세상에 오셨습니다. 이 땅의 모든 슬픔과 재난을 겪는 한 사람이 되셨으며 최후에는 우리를 위하여 죽으셨습니다. 오, 주님은 우리를 얼마나 사랑하셨습니까! 우리가 어떻게 그분께 이루 다 감사할 수 있겠습니까? 우리에게 1천의 목숨이 있어 그 모든 목숨을 오로지 그분만을 위하여 지조 높게 산다 한들 충분한 감사가 되겠습니까? 제가 아는 바는, 우리가 천국에 이르러 주님의 얼굴을 몸소 뵈올 때에 영원무궁하도록 그분께 감사하길 원할 것입니다. 그때에도 충분히 감사할 수 없습니다.

2. 충성

예수님은 여기에서 제자들의 충성스러움에 대하여 말씀하십니다. 그들은 그분을 믿어왔으며 그분의 말씀을 마음에 간직하였으며 계속하여 충성스럽게 따라 왔습니다. 그러나 한 예외가 있으니 유다입니다. 예수님은 그에 대하여 언급하십니다. 그러나 다른 모든 제자들은 죽기까지 충성할 것입니다. 예수님과 복음을 위하여 목숨을 내어줄 것입니다. 그리스도께서는 하나님이 이 사람들을 세상에서 택하여 주셨다고 말씀하십니다. 주님은 오늘도 같은 일을 하십니다. 오늘도 하나님의 목적은 세상을 '한꺼번에' 구원하시는 것이 아니라 세상에서 "그분의 이름을 위한 백성"을 뽑아내시는 것입니다.

세상의 모든 왕국들과 그 매력과 광휘가 사탄의 지배하에 있습니다. 사탄은 "이 세상의 임금"이라 불립니다. 이 세상의 사람들은 회개하지 않은 상태에서는 사탄의 왕국에 속해 있습니다. 그러나 그들이 그리스도를 믿는 믿음으로 올 때에는 하나님의 사랑하시는 아들의 왕국으로 옮겨집니다. 하나님께서 제자들을 그리스도께 주신 것처럼 우리들도 그분께 주십니다.

예수님은 믿지 않는 자들을 위하여는 하시지 않는 어떤 일을 자기의 믿는 백성들을 위하여 하십니다. "내가 비옵는 것은 세상을 위함이 아니요 내게 주신 자들을 위함이니이다"라고 그분께서 말씀하십니다. 이 말씀을 듣고 죄인들이 화를 낼 때가 가끔 있습니다. 왜 하나님께서 그들과 그리스도인들 사이에 차별을 두시는지 그들이 알지 못합니다. 그러나 만약 선과 악, 성결과 불결, 의와 불의를 동등한 만족감과 호의로써 대하는 하나님이 있다면 그 하나님은 이상한 하나님일 것입니다. 끝내는, 사람이 자기 자신의 자녀와 이웃의 자녀 사이에 차별을 둡니다. 그런데 하나님께서도 그렇게 하십니다. 그런데 당신이 하나님께서 자녀들을 위하여 갖고 계시는 모든 축복들을 받을 수 있는 그분의 자녀가 아니라면 그것은 당신의 잘못이지 그분의 잘못이 아닙니다. 당신이 사탄을 버리고 하나님께로 온다면 그분께서는 기뻐하시며 자기의 자녀로 삼으실 것입니다.

우리의 영혼이 기댈 수 있는 놀라운 진리가 여기 있습니다. 그리스도께서 우리를 위하여 기도하시고 계신다는 사실입니다. 경건한 어머니가 우리를 위해 기도해 주시는 것은 놀라운 일입니다. 목사가 우리를 위하여 중보의 기도를 해 주는 것은 경이로운 일입니다. 친구가 우리의 문제를 놓고 하나님께 아뢰는 것은 참 좋은 일입니다. 그러나 오, 그리스도께서 하늘 높은 곳에서 우리를 위하여 기도하시고 계심을 안다는 것은 얼마나 영광스러운 일입니까!

집시 스미스는 어려서 회심을 하고 자기의 삼촌 로드니도 구원을 받게 되기를 원하여 그를 위해 기도하기 시작했습니다. 그 당시에는 어른이 말을 걸어오지도 않는데도 어린이가 먼저 말을 거는 것은 예의가 없는 것으로 생각하였습니다. 특히 영적 문제에 대해서는 더욱 그러하였습니다. 그래서 그 소년은 기도하며 좋은 기회가 오기를 기다렸습니다. 하루는 삼촌이 “아가야, 너의 바지는 무릎이 왜 그리 닳았니?”라고 물었습니다. 소년이 대답했습니다. “로드니 아저씨, 아저씨를 위해 기도를 해서 그래요. 난 하나님이 아저씨를 꼭 예수 믿는 사람으로 만들어 주시기를 바랍니다.” 아저씨는 소년을 껴안더니 수분 후에 무릎을 꿇고 구원해 주시라고 하나님께 부르짖었습니다.

예, “의인의 간구는 역사하는 힘이 많습니다.”완전히 의로우신 사람 예수 그리스도의 간구는 다른 모든 사람들의 간구보다 역사하는 힘이 더 많습니다.

3. 장래

예수님은 이제 이런 말씀으로 기도하십니다. “잠시 후면 저는 아버지께로 가나이다. 그들은 여기 세상에 남아 고난을 당할 것이옵니다. 제가 비옵는 것은 그들을 세상에서 데려가시기를 위함이 아니요 오직 악에 빠지지 않게 보전하시기를 위함이니이다." 하나님께서는 자기의 백성이 세상에 머물러 있도록 하십니다. 이것이 세상을 위하여 가장 좋은 것임을 아십니다. 모든 그리스도인들과 기독교에 연유하는 모든 법과 억제하는 힘들을 세상에서 빼낸다면 무정부와 혼돈 외에는 아무것도 남지 않을 것입니다. 어떤 사람들은 수도원으로 피해 감으로써, 세상에서 멀리 떠나 살음으로써, 세상에 있는 사람과는 아무 접촉도 하지 않음으로써 성결함에 이를 수 있다고 생각합니다. 예수님은 그렇게 하시지 않으셨습니다. 사람들이 인생의 역경과 맞붙어 싸우는 곳으로 가서서 그들을 도우셨습니다. 이제 그분은 세상을 떠나시게 되었습니다. 그분께서 제자들을 함께 데려가셨다고 가정해 보십시오. 하나님과 구원에 대한 우리의 모든 지식이 사라졌을 것이며 우리는 여전히 죄의 어둠 속에서 방황하고 있을 것입니다. 세상은 우리가 주님을 위하여 일하는 장소입니다. 이곳은 그분을 위하여 영혼들을 얻을 장소입니다. 이곳은 그분을 우리가 영화롭게 하는 장소입니다. 우리들을 세상에서 데려가시기를 위해 기도할 것이 아니라 오히려 세상에 사는 것을 도와주시기를 위하여 기도합시다. 이곳에서의 우리의 일이 끝날 때에 주님께서 우리를 데려가서서 영원토록 그분 자신으로 우리를 영광스럽게 해 주실 것입니다.

어느 사제가 한번은 하나님께 더욱 가까워지기를 원했습니다. 그는 대성당의 꼭대기로 기어올랐습니다. 그는 밑에서 나는 한 음성, 하나님께서 그를 부르는 음성을 들었습니다. "주여, 어디에 게시나이까?"라고 그가 물었습니다. "나는 여기 아래에 나의 백성들과 함께 있다"라는 대답이 돌아왔습니다. 예, 그곳이 주님께서 게시는 장소입니다. 구원과 축복을 찾으면서 북적대는 군중 속에 게십니다. 그리고 그곳이 주님께서 우리가 일하기를 바라시는 자리입니다.

그리스도는 다음으로 하나님께서 "그들을 거룩하게 하여" 주실 것을 기도하십니다. 우리가 세상에 살고 있는 한 완전히 거룩하지는 못할 것이지만 모든 면에서 성결하고, 영적이고 더욱 순결하고 더욱 성도다워지기를 기도하십니다. 바꾸어 말하면, 우리가 그분 자신을 닮아 가기를 기도하십니다. 우리의 기도는 항상 이러해야 합니다. "오, 주여, 더욱 주님을 닮아가게 하여 주옵소서."

20절에서는 주님의 기도가 열한 제자들을 위한 것일 뿐 아니라 모든 시대를 통하여, 그분을 믿을 모든 사람들을 위한 것임을 주님께서 깨닫게 해 주십니다. 그분과 아비지께시는 하나이심과 같이 그들도 하나기 되기를 그분께서 원하십니다. 그리고 오늘날도 진정한 모든 그리스도인들은 그들이 다른 교회들에 속해 있을지라도 그리스도 안에서 하나입니다. 그들은 모두 성부 하나님과 성자 하나님과 성령 하나님을 믿습니다. 그들은 모든 사람은 죄인이며 구원은 그리스도께 대한 믿음에서만 발견할 수 있다고 믿습니다. 주님의 죽음과 매장과 부활과 승천과 중보와 재림을 믿습니다. 심판과 천국과 지옥을 믿습니다. 그들은 갈보리 십자가 위에서의 예수 그리스도의 희생적 사역을 통하여 그들이 천국으로 향하고 있다고 믿습니다.

기도의 마지막 부분에서는 주님과 그분의 모든 백성들이 영광 중에 함께 있을 때를 위하여 주님께서 간구하십니다. 이 기도를 들은 제자들은 분명히 기뻐하였을 것입니다. "주님께서 잠깐 우리를 떠나실 것이나 감사하게도, 곧 다시 우리와 함께 계실 것이다"라고 생각했을 것입니다. 그것은 오늘날도 그리스도인의 간절한 소망입니다. 우리가 지금은 예수님을 보지 못하고 있습니다. 그분께 대하여 읽습니다. 그분께 대하여 듣습니다. 그리고 그분 안에 우리의 영혼을 쉬게 합니다. 그러나 때때로 의심이 일어나며 두려움이 무섭게 합니다. 때때로 하늘 가는 길이 어둡고 희미해 보이기도 하지요. 그러나 언젠가 이 모든 것이 끝이 날 것입니다. 우리가 예수님을 뵙게 되고 실제로 그분과 함께 살게 될 것이니까요. 우리는 영광의 문으로 들어가 다시는 나가지 않을 것입니다. 우리를 위한 주님의 기도는 응답되어 그분의 모든 영광이 우리의 것이 될 것입니다.

그러므로 이 기도 속에 포함된 모든 것을 우리가 이해하지 못한다 할지라도 우리가 분명히 아는 것은 우리가 사는 동안 그분과 함께 걸으며 후일에 그분과 함께 영원히 살기를 그리스도께서 원하신다는 사실입니다.

"그 친구 내가 알기 전 날 먼저 사랑했네
그 크신 사랑 나타나 내 영혼 붙드시네
주 내 맘에 늘 계시고
나 주님 안에 있어
날 붙든 주의 사랑은 끊을 자 아주 없네
내 친구 나를 구하려 그 귀한 피 흘렸네
그 몸과 생명까지도 날 위해 바치셨네

나 가진 바 모든 것을 다 주가 주셨으니

내 몸과 생명 바쳐서 주 위해 힘쓰겠네

내 능력이신 친구여 내 앞길 살피시사
날 항상 보호하시고 내 방패되옵소서
주 영광 저기 나타나 내 용기 돋우시니
나 용감히 늘 싸워서 큰 안식 누리겠네

내 진실하신 친구요 내 모사 나의 방패
내 힘센 장수 되시니 저 원수 물러가네
주 나를 사랑하시니 뉘 능히 끊을소냐
저 죽음 지옥 원수들 나 아주 두렴없네."

오래 전에, 한 쌍의 남녀가 결혼을 하게 되었습니다. 그들은 둘 다 부호 출신이었습니다. 목사와 아내는 그 주례 사례금이 얼마나 클까하고 궁금해 했습니다. 그들이 필요한 것이 매우 많아서 사례금이 거액이기를 바랐습니다. 정성을 들여 결혼식을 위하여 준비했습니다. 교회는 아름다운 꽃들로 장식되었습니다. 대군중이 왔습니다. 그 읍이 생긴 이래 가장 큰 결혼식이라고 칭찬들이 자자했습니다. 식이 끝나자 신랑이 목사에게 한 켤레의 키드 장갑을 선사했습니다. 그는 집으로 가서 아내의 무릎에 그 장갑을 던졌습니다. "사례금이요"라고 그가 말했습니다. 그 장갑은 그녀에게는 너무 컸으며 그도 키드 장갑을 끼지 않았습니다. 물론, 그들은 실망하였으나 그저 웃어넘겼습니다. 며칠 후에 그는 그 장갑을 꺼내서 한 번 끼어봐야겠다고 생각했습니다. 놀랍게도, 장갑의 한 손가락 안에 무엇이 들어 있는 것을 발견하였습니다. 그것을 꺼내어 보았습니다. 10달러 지폐였습니다. 그리고서 그와 그의 아내는 흥분하여 장갑의 모든 손가락을 뒤졌습니다. 각 손가락마다에 10달러짜리 지폐가 들어 있었습니다. 모두 100달러였습니다. 이것은 멋진 주례 사례금이었습니다!

나의 친구들이여, 예수님께 있어서도 그와 같습니다! 보이는 곳마다 주님은 우리를 위한 축복을, 은과 금보다 더 좋은 축복을 갖고 계십니다. 인생의 여로가 끝날 때에는, 주님께서 놀라운 집을 갖고 영광 중에 우리를 기다리십니다.

제
31
장

—

사탄의 시간

—

[1]예수께서 이 말씀을 하시고 제자들과 함께 기드론 시내 건너편으로 나가시니 그 곳에 동산이 있는데 제자들과 함께 들어가시니라 [2]그 곳은 가끔 예수께서 제자들과 모이시는 곳이므로 예수를 파는 유다도 그 곳을 알더라 [3] 유다가 군대와 대제사장들과 바리새인들에게서 얻은 아랫사람들을 데리고 등과 횃불과 무기를 가지고 그리로 오는지라 [4] 예수께서 그 당할 일을 다 아시고 나아가 이르시되 너희가 누구를 찾느냐 [5] 대답하되 나사렛 예수라 하거늘 이르시되 내가 그니라 하시니라 그를 파는 유다도 그들과 함께 섰더라 [6] 예수께서 그들에게 내가 그니라 하실 때에 그들이 물러가서 땅에 엎드러지는지라 [7] 이에 다시 누구를 찾느냐고 물으신대 그들이 말하되 나사렛 예수라 하거늘 [8] 예수께서 대답하시되 너희에게 내가 그니라 하였으니 나를 찾거든 이 사람들이 가는 것은 용납하라 하시니 [9] 이는 아버지께서 내게 주신 자 중에서 하나도 잃지 아니하였사옵나이다 하신 말씀을 응하게 하려 함이러라 [10] 이에 시몬 베드로가 칼을 가졌는데 그것을 빼어 대제사장의 종을 쳐서 오른편 귀를 베어버리니 그 종의 이름은 말고라 [11]예수께서 베드로더러 이르시되 칼을 칼집에 꽂으라 아버지께서 주신 잔을 내가 마시지 아니하겠느냐 하시니라 [12]이에 군대와 천부장과 유대인의 아랫사람들이 예수를 잡아 결박하여 [13] 먼저 안나스에게로 끌고 가니 안나스는 그 해의 대제사장인 가야바의 장인이라 [14] 가야바는 유대인들에게 한 사람이 백성을 위하여 죽는 것이 유익하다고 권고하던 자러라 [15] 시몬 베드로와 또 다른 제자 한 사람이 예수를 따르니 이 제자는 대제사장과 아는 사람이라 예수와 함께 대제사장의 집 뜰에 들어가고 [16] 베드로는 문 밖에 서 있는지라 대제사장을 아는 그 다른 제자가 나가서 문 지키는 여자에게 말하여 베드로를 데리고 들어오니 [17] 문 지키는 여종이 베드로에게 말하되 너

도 이 사람의 제자 중 하나가 아니냐 하니 그가 말하되 나는 아니라 하고 [18] 그 때
가 추운 고로 종과 아랫사람들이 불을 피우고 서서 쬐니 베드로도 함께 서서 쬐
더라.” — 요 18:1-18

뿌리 깊은 싸움은 하나님과 사탄 간의 전투입니다. 까마득하게 거슬러, 애초에 사탄은 빛의 천사로서 영광스러운 하늘에 거하였습니다. 성경에서 볼 때에 그는 가장 높은 영광스러운 직책 중의 하나를 맡았던 것 같습니다. 그런데도 그는 만족하지 못했습니다. 그는 바로 최고의 지위를 원했던 것입니다. 하나님의 지위를 탐했습니다. 그래서 바로 하나님께 대항하여 모반을 일으켰습니다. 여러분, 그 결과는 뻔하지 않겠어요? 하나님께서 가장 높으셔야 하기 때문입니다. 하나님은 사탄과 타락한 천사들을 하늘에서 내쫓으셨습니다. 그 이래 사탄은 하나님과 그분의 백성들에 대항하여 싸워왔습니다. 창세기 3장 15절에서 하나님께서 언젠가 자기 아들이 사탄의 머리를 깨버리실 것을 예언하셨습니다. 이 예언을 안 사탄은 그리스도께서 세상에 오시는 것을 막기 위하여 공작하기 시작하였습니다. 긴긴 세월을 줄곧 예수님께서 태어나실 가계를 파멸시키시려고 애를 썼습니다. 결국 예수님이 베들레헴에 태어나시자 그 지방의 모든 아이들을 살해함으로써 그분을 제거하려 했습니다. 사탄이 예수님을 죽이려고 한 때는 그것만이 아니었습니다. … 그러나 하나님께서 언제나 사탄보다 한 발짝 앞서서서 자기의 아들을 보호하셨으며 자기의 거룩한 목적을 어김없이 진행시키셨습니다. 지상에서의 예수님의 과업이 이루어질 때가 되었습니다. 사탄은 여전히 그분을 제거하고자 하여 유다와 다른 사람들의 마음속에 들어갔습니다. 예수님을 죽이려는 계획이 세워졌습니다.

그러나 사탄이 분명히 모르고 있었던 것이 있었습니다. 그가 아무리 해코지하려고 해도 결국 하나님의 일을 거들어 주는 결과로 귀결되고 있을 뿐이었습니다. 예수님께서 우리의 죄를 위하여 희생당하시는 것이 하나님의 뜻이었습니다. 그 목적을 위하여 그분이 세상에 오셨습니다. 그분은 죽으시기 위하여 태어나셨습니다. 사탄은 그 운명의 밤에 매우 바빴으나 그의 모든 수고가 결국 정반대로 자기 자신의 패배, 성경의 성취가 되었고 모든 사람들에게 문이 열린 그 구원을 완성하는 일에 이용될 뿐이었습니다. 예수님께서 십자가에서 죽으실 때에 사탄

은 기뻐하였음에 틀림없습니다. 그러나 그 죽음과 부활이 결국 사탄과 그가 대표하는 모든 것들을 파멸시킬 것입니다.

몇 시간 후면 예수님께서 수모와 굴욕과 육체적 고통과 죽음을 당하실 것입니다. 이때는 과연 사탄의 시간으로 보일 것입니다. 사탄에게 승리의 시간처럼 보일 것입니다. 하지만 실제로 그것은 사탄의 비극과 패배의 시간이었습니다. 본 성경구절들에서 다음의 두 주제를 발견하게 됩니다.

1. 마귀
2. 부인

1. 마귀

전의 설교에서 예수님께서 제자들 앞에서 위대한 기도를 하시는 것을 우리가 들었습니다. 지금은 한밤중, 그분들이 시내를 건너 겟세마네 동산으로 향하시고 계셨습니다. 동산에 도착하셔서는 예수님은 여덟 제자들은 뒤에 남기시고 베드로와 야고보와 요한을 데리고 가셨습니다. 주님은 '조금 더' 나아가셔서 얼굴을 땅에 대시고 기도하셨습니다. 그분은 세 번 "내 아버지여 만일 할 만하시거든 이 잔을 내게서 지나가게 하옵소서"라고 기도하셨습니다. 그분은 단지 하나님과 분리되는 잔에 대하여 말씀하시고 계셨습니다. 그분은 한 순간도 하나님으로부터 분리된 적이 없었습니다. 그러나 앞에 놓인 것을 아셨습니다. 십자가에서 우리의 죄를 짊어지시며 하나님께서 자기를 버리실 것을 아셨습니다. 무엇보다도 하나님께서 버리실 것이라는 사실이 예수님을 아프게 하였습니다. 그 사실을 무서워하시고 움츠리셨습니다. 세상에서 최대의 비극은 하나님으로부터 분리되는 것입니다. 하나님께서 한 순간만이라도 우리에게서 손을 떼어놓으신다면 우리는 즉시로 사라져 버릴 것입니다. 지옥의 고통은 그 사실에서 생겨납니다. 죄인들은 그곳에서 영원히 하나님과 분리되어 있을 것입니다. 그러한 형벌은 무저갱의 뜨거운 모든 불꽃보다도 더 괴로울 것입니다.

결국 하나님 아버지로부터 대답이 옵니다. 예수님께서 "나의 원대로 마시옵고 아버지의 원대로 하옵소서"라고 말씀하시는 것을 우리가 듣습니다. 이제 주님께 다가올 시간들을 맞을 힘을 얻으셨습니다. 잠에 떨어진 제자들을 깨우셔서 함께 동산을 떠나십니다. 여러분이나 저는 주님께서 기도하실 때에 그분의 영혼을 강타한 고통을 결코 알 수 없을 것입니다. 그러나 그분의 땀이 커다란 핏방울

같았다고 서술되어 있습니다. 그리고 이것은 단지 주님께서 우리의 영혼을 위하여 치르신 대가의 일부분이었습니다.

"나를 위하여 동산에서였습니다
주님의 기도는, '나의 원이 아니라 아버지의 원대로'
자신의 비탄의 눈물이 아니라
나를 위한 피의 땀방울을 흘리셨습니다."

그동안 유다는 자기의 악한 일을 하느라고 시내에 나가 있었습니다. 그는 그리스도를 노예의 몸값인 은 삼십에 팔아넘기기로 타협이 되어 있었습니다. 예수님과 제자들이 동산에서 나오면서 예수님을 체포할 목적으로 바리새인들과 대제사장들이 보낸 일단의 군병들과 유다를 만나셨습니다. 유다가 이 장소를 알고 있었다고 기록되어 있습니다. 예수님과 함께 자주 그곳에 왔던 것입니다. 이곳은 예수님께서 즐겨 이용하신 기도와 영적 소생의 장소였던 것 같습니다. 유다는 예수님께서 기도하실 때에 그곳에 종종 와보았을 것이므로 이곳이 성소라는 것을 느낄 수밖에 없었음이 분명합니다. 그러나 그것이 유다에게 무슨 상관이었겠습니까? 그는 더러운 이를 탐하여 약간의 과외돈을 손에 넣을 수 있는 이 기회를 그냥 지나칠 수 없었습니다.

이 사람은 3년 동안 예수님의 한 동료였습니다. 그분의 기적 행하시는 것을 보아왔습니다. 그분의 놀라운 메시지들을 들어왔으며 훈훈하고 동정이 가득한 그분의 마음을 경험하여 왔습니다. 그런데도 그는 하나님께로 향하여 움직이지 않았습니다. 이러한 데에는 단 한 가지 이유가 있었으니 "만물보다 거짓되고 심히 부패한 것은 마음"이기 때문이었습니다. 사람이 교회에 나와 복음의 진리를 듣고 성경을 배우면서도 여전히 잃어진 상태로 일생을 살다가 지옥에서 끝날 수 있습니다. 죄 많은 인류의 구제책이 오직 한 가지가 있는데 그것은 그리스도의 깨끗하게 하는 피입니다. 모든 사람은 자기의 마음 문을 열고 죄를 내던지며 예수님께서 들어오시게 하여야 합니다. 외면적인 것으로는 구원받을 수 없습니다. 위로부터 오는 새로운 태어남이 있어야 합니다.

예수님께서는 일이날 일을 아시고 계셨다고 성경이 기록하고 있습니다. 유다와 병사들이 그분께로 오기를 기다리신 것이 아니라 나아가서서 그들을 만나셨습니다. 그때에 우리는 인간의 가장 비열한 행위 중의 하나를 목격하게 됩니다. 병사들에게 이 사람이 그들의 목표로 하는 사람이라고 가르쳐 주기 위하여 유다가 다가서서 예수님의 뺨에 입맞추었습니다. 그러자 예수님은 마음으로 아파하시며 "유다야, 네가 입맞춤으로 인자를 팔려고 하느냐?"라고 말씀하셨습니다. 예수님께서 이렇게 말씀하실 때에 유다가 어떻게 느꼈는지 알 수 없습니다만, 그가 받은 돈의 억만 배를 준다 해도 우리는 그와 같은 짓을 원하지 않을 것입니다. 유다의 일은 이제 끝이 났습니다. 요한복음에서는 이것이 그에 대해서 듣는 마지막 시간입니다. 그러나 마태는 그의 비극적 종말을 우리에게 이야기하여 줍니다. 그는 돈을 지불해 준 사람들에게로 가서 "나는 무죄한 피를 팔았습니다. 우리 거래를 취소합시다"라고 소리쳤습니다. 그러나 그들은 그를 비웃을 뿐이었습니다. 그는 나가서 스스로 목을 매달았습니다. 그의 시체는 아마 토기장이의 밭에 매장되었을 것입니다. 그러나 그의 영혼에 관해 말하면, "자기 갈 곳으로 그가 갔다"고 예수님은 말씀하셨습니다. 그의 갈 곳은 그리스도를 배척한 모든 사람들의 갈 곳 ─ 곧 영원히 존속하는 지옥입니다. 유다가 만일 예수님께로 달려와서 진심으로 자기의 죄를 고백하고 용서를 빌었더라면 예수님께서는 틀림없이 그를 껴안고 용서해 주셨을 것이라고 누군가가 말했습니다. 그러나 유다는 그렇게 하지 않았습니다. 그가 후회하며 죽기는 하였으나 회개는 하지 않았습니다.

전에 어떤 사람이 자기 누이를 욕보인 사람을 죽인 일이 있었습니다. 그는 지름길로 숲을 지나 그 사람을 잡아 그의 가슴에 총을 대고 난사하였습니다. 그런 후 쓰러진 사람 위에 올라서서 그가 숨질 때까지 지켜보았습니다. 그는 보안관에게 가서 자수를 하고 정당방위였다고 주장했습니다. 또 가장 우수한 변호사를 샀습니다. 재판을 받고 그는 방면되었습니다. 그는 곧 다른 곳으로 이사하였습니다. 2년 후에 그 변호사에게 편지를 써서 이렇게 말했습니다. "선생님은 나를 전기의자에서 구해 주셨지만 양심으로부터는 구출해 주지 못했습니다. 나는 밤낮 양심 때문에 번민합니다. 잠을 잘 수 없습니다. 밤마다 그 사람의 생기 없는 눈이 나를 노려봅니다. 더 이상 견딜 수 없어요. 선생님은 나를 위해 무엇인가를 하셔야겠습니다."

꼭 그와 같이 유다의 양심은 그를 채찍질하여 스스로 목을 매달게 하였습니다. 저는 유다를 "… 이었을 사람"으로 부릅니다. 그는 사람에게 주어진 최대의 기회를 갖고 있었습니다. 위대한 전도자와 능력 있는 주의 종이 될 수 있었습니다. 그러나 그는 영원한 죽음과 멸망으로 내려갔습니다. 그것은 죄가 사람에게 가져오는 결과입니다. 오늘도 죄는 여전히 그렇게 작용합니다.

배반의 입맞춤이 있은 후에 예수님은 병사들에게 "너희는 누구를 찾느냐?"라고 말씀하셨습니다. 그들이 "나사렛 예수를"라고 대답했습니다. "내가 그 사람이다"라고 그분이 대답하시는 순간 이 건장한 병사들은 무장도 하지 않은 한 사람의 목소리에 놀라 땅바닥에 그대로 엎드러졌습니다. 연약하게 보이는 바로 그 순간에 예수님은 한 떼의 병사들을 엎어버릴 수 있을 만큼 강하셨습니다. 예수님은 지금 자신을 기꺼이 내어 주실 준비가 되어 있었습니다. 모든 것이 하나님의 계획에 따라 진행되고 있음을 아셨습니다. 예, 사람들에게 내리시는 하나님의 진노도 결국 그분의 영광에 이릅니다.

여기에서 우리는 그리스도께서 자원에 의하여서 고난을 당하시고 죽으셨음을 유의합시다. 주님께서 기꺼이 원하시지 않으셨다면 빌라도의 모든 병력으로써도 그분을 붙잡을 수 없었을 것입니다. 주님께서 허용하지 않으셨다면 그들이 한 치의 해악도 그분께 입힐 수 없었을 것입니다. 꼭 한 가지가 그분을 강요하여 십자가상의 죽음으로 보냈습니다. 그것은 여러분과 저를 위한 그분의 위대한 사랑이었습니다. 주님께서는 우리를 사랑하셨으므로 우리의 죄를 대속하시기 위하여 스스로 자신을 내주셨습니다. 우리에게는 우리가 구원받기를 원하는 것보다 더 우리를 구원하기를 원하시는 구주가 계십니다. 만약 우리가 구원을 받지 못한다면 그것은 그분의 잘못이 아닙니다. 그분은 우리를 위하여 우리의 구원을 사셨습니다. 이제 그분께서 갈망하시는 것은 우리가 와서 그 구원을 거저 주시는 선물로 받는 것입니다.

최근에 플로리다 주의 어느 도시에서, 동물애호의 회장이 자기 아내를 죽였습니다. 그가 고양이나 개를 안락사 시키는 데에 사용하는 마취제를 아내의 몸에 두 대 주사하여 그녀를 죽였습니다. 그는 후에 주 검사에게 자기 아내는 "세상에서 가장 좋은 여자"였는데 왜 자기가 그녀를 죽였는지 그 이유를 모르겠다고 말했습니다. 그러나 조사 결과, 그들 두 사람이 그날 술을 마시면서 보냈음이 드러났습니다. 죄가 그녀를 죽인 장본인이었습니다. 예수님을 죽인 장본인도 죄였습니다. 세상의 모든 죄가 갈보리에서 그분 위에 쌓였습니다.

병사들이 예수님을 체포하려고 다가설 때에 베드로의 분노가 그를 삼켰습니다. 그는 칼을 빼어 대제사장의 종을 쳐서 그의 귀를 베었습니다. 그러나 베드로는 다만 그 정도로 하려고 의도하지 않았습니다. 그의 머리를 완전히 쪼개놓으려고 의도했다고 저는 생각합니다. 그때에 예수님은 그 사람의 귀를 만지시며 그를 고쳐 주셨습니다. 이것이 그분께서 마지막으로 행하신 신체적 기적이었습니다. 그분은 끝까지 원수들에게 선을 행하셨습니다. 그러신 후에 베드로를 꾸짖으시면서 "베드로야, 너의 칼을 집에 꽂으라. 칼을 든 자는 그 칼로 망한다"고 말씀하셨습니다. 세계의 힘센 용사들의 이름을 기억하여 보십시오. — 알렉산더, 시저, 샤를마뉴, 나폴레옹, 카이저, 히틀러, 무솔리니, 그 밖에 많은 사람들, 그들은 칼을 들었다가 칼로 망하였습니다.

그때 예수님은 "아버지께서 주신 잔을 내가 마셔야 한다"라고 말씀하셨습니다. 주님은 폭력을 폭력으로써 제압하려는 베드로의 시도에 분개하셨습니다. 그분은 십자가로 나아가서서 우리를 위한 잔을 마시려고 하셨습니다. 이 잔은 지옥의 모든 고통을 담고 있었습니다. 주님께서 그것을 들이키셨기 때문에 여러분과 저는 그것을 마실 필요가 전혀 없을 것입니다.

2. 부인

다음으로 우리는 회개하지 않은 사람들의 놀라운 완악함을 볼 수 있습니다. 병사들은 자기들이 땅바닥에 엎어질 때에 그리스도의 능력을 경험하였습니다. 그분께서 종의 귀를 고쳐 주실 때에 다시 그 능력을 보았습니다. 그러나 그들은 적어도 외관상으로, 여전히 냉담하고 무관심했습니다. 그들은 예수님을 붙잡고 결박하여 끌고 갔습니다. 그런데 예수님은 어떻게 하셨으며 무슨 말씀을 하셨습니까? 한마디의 말씀도 없이 자진하셔서 병정들과 함께 가셨습니다. 12영의 천사들을 보내시어 구출하여 주시라고 하나님께 간구하실 수 있었습니다. 그러나 다시 우리를 위하여 죽으시려는 뜻을 보이셨습니다. 주님은 병사들과 함께 대제사장의 관저로 가셨습니다. 그분께서는 세상에서 가장 가난한 사람이 되시려고 하늘의 상아궁궐을 떠나 오셨습니다. 이제 세상의 대궐로 끌려오셔서 세상에서 가장 악한 사람으로 취급받게 되셨습니다.

어느 선교사가 신약성경을 본토어로 번역하기 위하여 그를 도울 한 본토인을 고용했습니다. 선교사가 성구들을 읽으면 그 본토인이 번역하여 적었습니다. 드디어 요한일서에까지 왔습니다. "보라 아버지께서 어떠한 사랑을 우리에게 주사,”라고 선교사가 읽었습니다. 그 사람이 해석하여 기록하였습니다. “하나님의 자녀라 일컬음을 얻게 하셨는고”라고 선교사가 이어 읽었습니다. 그러자 본토인이 고개를 떨구고 울었습니다. “무슨 일이오?”라고 선교사가 물었습니다. 그 사람이 대답했습니다. “선생님, 그렇게 적게 하지 마십시오. 나는 우리 종족의 사람들을 잘 압니다. 그것은 그들에게 너무 좋습니다. 이렇게 적으세요. ‘보라 아버지께서 어떠한 사랑을 우리에게 주사 그분의 발에 입맞춤을 허락하셨는고.’”

그러나 주님은 그 이상으로 사랑하셨습니다. 우리가 과연 하나님의 자녀가 될 수 있도록 우리를 위하여 자신을 내주실 만큼 우리를 사랑하셨습니다. 이 치욕의 세상에서 저 높이 영광의 하늘나라로 우리를 가게 하시려고 저 영광의 하늘에서 이 낮은 치욕의 세상에까지 오셨습니다. 그러므로 저기 그분이 가십니다 ─ 쉼 없이 ─ 십자가와 우리의 대속을 향하여 가십니다.

모든 제자들은 무서워 도망하였으나 베드로는 멀리에서 따랐습니다. 예수님께서 대제사장의 관저로 끌려가실 때 베드로는 다가와서 문간에 섰습니다. 혹독히 추운 밤이었기에 그는 떨면서 거기에 서 있었습니다. 어떻게 해서 요한은 그 대제사장을 알고 있었으므로 안으로 들어가도록 허락받았습니다. 그가 문께로 가서 베드로를 들어 올 수 있도록 했습니다. 그래서 베드로는 들어가 적들이 피워 놓은 화롯불을 쬐며 몸을 녹였습니다. 베드로여 정신 차리세요. 끼어서는 안 될 곳에 있습니다! 당신은 할 일 없이 그곳에서 그리스도의 적들과 함께 서 있습니다. 그는 그리스도를 위한 증거를 잃고 있었습니다. 그는 더 심했습니다. 주님을 배반한 것이었습니다. 한 소녀가 그를 보면서 “당신은 예수의 한 제자가 아닙니까?”라고 말했습니다. 그러자 그는 “아니야, 난 아니야”라고 대답했습니다. 지금 그는 내리막길 위에 있었습니다. 다른 부인들이 곧 뒤따랐습니다. 못된 무리 속에 끼어 주님에 대해 증거하기는커녕, 그분을 부인한 사람은 베드로뿐이 아닙니다. 다른 많은 사람들도 매일 그렇게 합니다.

어떤 사람이 노랫소리가 유달리 아름다운 카나리아 한 마리를 갖고 있었습니다. 여름에 새를 집에 가두는 것은 너무 한다 싶어 그는 바깥 나무 사이에 새장을 갖다 두었습니다. 많은 참새들이 그 새장에 끌려 그 나무에 자주 나타났습니다. 처음에는 카나리아는 놀랐으나 곧 깃 달린 동료들을 즐기기 시작했습니다. 그러나 점차 자기 노래의 아름다움을 잃어가고 있었습니다. 여름이 다 끝날 즈음에는 참새들의 단조로운 소리만을 낼 수 있게 되어버렸습니다. 잘못된 환경

속에서 시간을 보냈기 때문에 카나리아는 자기의 가장 좋은 것을 잃어버렸습니다. 오늘날, 세속적인 환경 속에서 시간을 보내면서 교회 출석과 그리스도인과의 교제와 매일 그리스도와 함께 사는 일을 등한시하는 그리스도인은 그리스도를 증거할 수 있는 능력을 상실하게 됩니다. 가련한 시몬 베드로! 나머지의 우리들과 꼭 마찬가지로 당신도 그렇게 연약한 사람이었습니다. 몇 시간 전에 그는 친히 예수님과 함께 주의 만찬을 들었었습니다. 위대한 설교와 모든 기도 중에서 가장 감동적인 기도를 들었습니다. 그는 예수님의 경고를 받고 죽기로써 누가 주님을 해하지 못하도록 막겠다고 맹세했었습니다. 그런데 지금, 이 동일한 베드로가 예수님을 알지 못한다고 딱 잡아떼었습니다! 오, 그리스도께서 동산에서 피와 같은 땀방울을 흘리셔야 하는 것으론 충분하지 못했습니다! 대제사장의 관저에서 치욕과 수치와 굴욕을 겪으셔야 하는 것으론 충분하지 못했습니다. 병사들이 주님의 얼굴에 침을 뱉고 등에 피가 흘러내릴 때까지 그분을 치는 것으론 충분하지 않았습니다. 그분께 가시면류관을 씌우고 십자가에 달아 죽이는 것으론 충분하지 않았습니다. 유다가 그분을 배반하는 것으론 충분하지 못했습니다. 그렇습니다. 주님의 수제자, 항상 그분 가까이에 있었던 사람, 주님께서 신뢰하고 사랑했던 사람이 일어서서 "나는 그를 전혀 모른다"라고 말하며 그분을 부인하였습니다. 이것이 얼마나 우리 주님을 슬프시게 했겠습니까. 우리 모두는 시몬 베드로로 교훈을 삼아야겠습니다. "선 줄로 생각하는 자는 넘어질까 조심하라." 우리는 우리들 자신을 신뢰해서는 안 됩니다. 육체의 팔을 의지해서는 안 됩니다. 우리의 의지는 항상 하나님께 있어야 합니다. 우리는 약하나 그분은 강하십니다. 그분만이 우리로 시험의 때를 이기도록 해 주실 수 있습니다. 베드로의 이야기는 이것으로 끝나지 않습니다. 감사하게도, 그가 회개하며 돌아와 그리스도의 가장 위대한 종들 중의 한 사람이 되었습니다.

제가 오늘 어느 타락자에게 말하고 있습니까? 당신은 생활로써 그리스도를 부인하여 왔습니까? 그러면, 그분께서 당신의 죄를 사하시며 당신의 생활을 변화시키시고 그분을 섬기는 일에 당신을 사용하시기를 기다리시고 계십니다.

우리 주립대학들 중의 하나에 아주 훌륭한 축구선수가 있었습니다. 그는 매 게임에서 최선을 다했습니다. 운동선수로서 인기가 대단하였지요. 그러나 토요일 밤에는 항상 술파티를 열었습니다. 물론 주일에 교회에 전혀 나가지 않았습니다. 그럴 때에 부흥회가 열렸습니다. 첫날밤에 모든 사람이 놀랍게도 그가 둘째 줄에 앉아 있었습니다. 다른 학생들은 그를 위하여 기도하기 시작했습니다. 그 주간 매일 밤 그가 참석했습니다. 토요일 밤에도 파티에 가지 않고 바로 거기 둘째 줄에 있었습니다. 초청시간에 그는 그리스도를 구주로서 영접하였습니다. 다음 날 아침 그는 주일학교와 교회에 출석하였습니다. 학생회관에서 열리는 정오 기도집회에도 참석하기 시작하여 다음 금요일까지에는 32명의 다른 학생들에게 영향을 끼쳐 교회로 데려왔습니다. 그는 놀라운 그리스도인의 삶을 살기 시작하였습니다. 그의 미소는 모든 사람들에게 하나의 복이었습니다. 그는 그리스도를 위하여 큰 영향을 끼치고 있었습니다. 다음 가을철에 게임 도중에 부상을 당하여 목발을 하고 다녀야 했습니다. 그러나 그는 "좋습니다. 하나님께서는 이것에 대한 좋은 이유가 있으시지요. 축구를 할 수 없는 것으로 우울하지 않겠습니다"라고 말했습니다. 그는 계속하여 그리스도께 충실하였습니다. 매일 목발을 짚고 기도회에 걸어오는 것이 눈에 띄었으며 주일마다 교회에 있었습니다. 졸업할 시간이 왔을 때 그는 교단을 절름거리며 걸어 졸업장을 받을 수 있었습니다. 그가 그렇게 할 때에 굉장한 박수갈채가 관중석으로부터 터져 나왔습니다.

그해 여름, 그는 일단의 소년단원들을 데리고 하기야영을 나갔습니다. 어느 날 몇 명의 소년들이 위험한 장난을 하고 있었습니다. 모터보트를 탄 한 소년이 다른 세 소년이 타고 있는 보트를 전복하려고 하면서 주위를 돌고 있었습니다. 그는 마침내 그 보트를 전복시켜 세 소년이 물에 빠졌습니다. 두 소년은 헤엄을 칠 수 있었으나 한 소년은 할 수 없었습니다. 이 부상당한 운동선수는 아직 수영할 수 있을 만큼 완쾌되어 있지 않다는 경고를 들어왔으나 물속으로 뛰어들었습니다. 그는 지금 가라앉고 있는 소년에게 도착했습니다. 소년을 붙잡아 올려 구조할 수 있었습니다. 다른 수영자가 와서 그에게 소년을 물가로 데리고 가라고 일렀습니다. 이렇게 한 후에 그 다른 수영자가 부상당한 청년을 도우려고 돌아왔으나 그가 보이지 않았습니다. 그의 몸은 두 시간 후에 발견되었습니다. 사람들이 그에 대하여 "사람이 친구를 위하여 목숨을 버리면 이 보다 더 큰 사랑이 없다"라고 말하였습니다. 죄 많은 무리들에게서 돌이켜 그리스도를 따른 한 젊은이의 지상생활은 이렇게 끝났습니다. 천국에서 그의 영광스러운 미래의 생활이 이렇게 시작되었습니다. 그것이 바로, 예수님께서 한 사람을 위하여 하실 수 있는 것입니다. 그분을 부인한 시몬 베드로를 위하여도 주님께서 그렇게 해 주셨습니다. 또 당신을 위하여도 그렇게 하실 수 있습니다.

제
32
장

—

흠 잡을 수 없는 사람

—

"[19] 대제사장이 예수에게 그의 제자들과 그의 교훈에 대하여 물으니 [20] 예수께서 대답하시되 내가 드러내 놓고 세상에 말하였노라 모든 유대인들이 모이는 회당과 성전에서 항상 가르쳤고 은밀하게는 아무 것도 말하지 아니하였거늘 [21]어찌하여 내게 묻느냐 내가 무슨 말을 하였는지 들은 자들에게 물어 보라 그들이 내가 하던 말을 아느니라 [22]이 말씀을 하시매 곁에 섰던 아랫사람 하나가 손으로 예수를 쳐 이르되 네가 대제사장에게 이같이 대답하느냐 하니 [23] 예수께서 대답하시되 내가 말을 잘못하였으면 그 잘못한 것을 증언하라 바른 말을 하였으면 네가 어찌하여 나를 치느냐 하시더라 [24] 안나스가 예수를 결박한 그대로 대제사장 가야바에게 보내니라 [25] 시몬 베드로가 서서 불을 쬐더니 사람들이 묻되 너도 그 제자 중 하나가 아니냐 베드로가 부인하여 이르되 나는 아니라 하니 [26] 대제사장의 종 하나는 베드로에게 귀를 잘린 사람의 친척이라 이르되 네가 그 사람과 함께 동산에 있는 것을 내가 보지 아니하였느냐 [27] 이에 베드로가 또 부인하니 곧 닭이 울더라 [28] 그들이 예수를 가야바에게서 관정으로 끌고 가니 새벽이라 그들은 더럽힘을 받지 아니하고 유월절 잔치를 먹고자 하여 관정에 들어가지 아니하더라 [29] 그러므로 빌라도가 밖으로 나가서 그들에게 말하되 너희가 무슨 일로 이 사람을 고발하느냐 [30] 대답하여 이르되 이 사람이 행악자가 아니었더라면 우리가 당신에게 넘기지 아니하였겠나이다 [31]빌라도가 이르되 너희가 그를 데려다가 너희 법대로 재판하라 유대인들이 이르되 우리에게는 사람을 죽이는 권한이 없나이다 하니 [32]이는 예수께서 자기가 어떠한 죽음으로 죽을 것을 가리켜 하신 말씀을 응하게 하려 함이러라 [33] 이에 빌라도가 다시 관정에 들어가 예수를 불러 이르되 네가 유대인의 왕이냐 [34] 예수께서 대답하시되 이는 네가 스스로 하는 말이냐 다른 사람들이 나에

대하여 네게 한 말이냐 35 빌라도가 대답하되 내가 유대인이냐 네 나라 사람과 대
제사장들이 너를 내게 넘겼으니 네가 무엇을 하였느냐 36 예수께서 대답하시되 내
나라는 이 세상에 속한 것이 아니니라 만일 내 나라가 이 세상에 속한 것이었더
라면 내 종들이 싸워 나로 유대인들에게 넘겨지지 않게 하였으리라 이제 내 나라
는 여기에 속한 것이 아니니라 37 빌라도가 이르되 그러면 네가 왕이 아니냐 예수
께서 대답하시되 네 말과 같이 내가 왕이니라 내가 이를 위하여 태어났으며 이를
위하여 세상에 왔나니 곧 진리에 대하여 증언하려 함이로라 무릇 진리에 속한 자
는 내 음성을 듣느니라 하신대 38 빌라도가 이르되 진리가 무엇이냐 하더라 이 말
을 하고 다시 유대인들에게 나가서 이르되 나는 그에게서 아무 죄도 찾지 못하였
노라 39 유월절이면 내가 너희에게 한 사람을 놓아 주는 전례가 있으니 그러면 너
희는 내가 유대인의 왕을 너희에게 놓아 주기를 원하느냐 하니 40 그들이 또 소리
질러 이르되 이 사람이 아니라 바라바라 하니 바라바는 강도였더라." — 요
18:19-40

인류 역사를 통하여 경탄해 마지않을 사람들이 몇 명 있었습니다. 그들은
이 세상에 와서 그들이 있음으로 해서 세상을 더 밝고 좋게 만들었습니다. 그들
은 하나님을 위하여 살았으며 다른 사람들을 위하여 살았습니다. 접촉하는 사람
마다 복되게 하였습니다. 그리고 그들이 이 세상을 떠났을 때에 하늘은 더 부하
게 되고 세상은 더 가난하게 되었습니다. 그러나 이 사람들도 모두, 매우 훌륭하
고 유익하였음에도 불구하고, 얼마의 잘못이 있었습니다. 성경은 "선을 행하고
전혀 죄를 범하지 아니하는 의인은 세상에 없느니라"(전 7:20) 하고 말합니다. 얼
마나 옳은 말씀입니까. 모든 인물에 얼마간의 잘못이 있으며 각인의 생애에 얼
마간의 죄가 있습니다. 사람이 완전한 집을 지은 적이 없습니다. 사람이 완전한
설교를 해 보지 못하였습니다. 그리고 분명히 아무도 완전한 생애를 산 사람이
없습니다.

그러나 우리가 시간을 걸어 내려가노라면 단순한 사람 이상이셨던 한 분을
만나게 됩니다. 그분은 신인(神人)이셨습니다. 참으로 하나님이셨으며 참으로
인간이셨습니다. 그분 안에 인성과 신성이 완전히 결합되어 있었습니다. 그분께
는 한 치의 잘못도 절대로 없었습니다. 제가 지금, 죄로 가득한 세상에 사셨으면

서도 죄로 조금도 더럽혀지지 않은 오직 한 사람 곧 예수 그리스도를 두고 이야기하고 있는 것을 여러분이 아실 것입니다. 그분은 어느 누구보다도 시험을 많이 받으셨으나 한 번도 시험에 지지 않으셨습니다. 그분을 조사해 보십시오. 2천 년간의 조명으로 그분을 보십시오. 무슨 죄들 그분에게서 찾아낼 수 있습니까? 없습니다. 그분께서 하신 것, 말씀하신 것, 생각하신 것 어느 것에도 죄가 없었습니다. 그분은 흠 잡을 수 없는 사람이셨습니다. 그런데 그 사실에 관하여 놀라운 것은 예수님께서 아무 잘못이 없으시다고 말한 사람은 그분의 친구가 아니었다는 점입니다. 어떤 사람을 사랑하는 친구가 그 사람에 대하여 좋게 말하는 것은 쉽습니다만 예수님께서는 아무 잘못도 없다고 말한 사람이 그분께 마음을 드린 자가 아니었습니다. 우리가 요한복음 18장의 공부를 계속하면서 그 세상에 속한 사람을 생각하여 볼 것입니다. 본 성경구절에서 다음의 세 주제를 다루겠습니다.

1. 대우
2. 심문
3. 증거

1. 대우

앞 설교에서 우리는 예수님께서 붙잡히셔서 대제사장의 관저로 끌려가신 것을 보았습니다. 궁궐 같은 관저 안에서 주님께서 그 위선자 앞에 서 계시는 것을 보았습니다. 마당에서 시몬 베드로가 원수의 화롯불을 쬐며 몸을 따뜻하게 하고 있다가 자기의 주님인 예수님을 부인하는 것을 우리가 들었습니다.

예수님께서 어떻게 취급당하셨는지 봅시다. 대제사장은 먼저 제자들에 대하여 그분께 물었습니다. 몇 명이었느냐? 그들이 누구 누구였느냐? 그런데 예수님은 이 질문을 묵살하셨습니다. 그들의 이름을 댄다면 그들도 심문을 당하고 예수님께서 당하실 것과 같은 취급을 받게 될 위험을 그분께서 아셨습니다. 그렇게 하신 것이 우리의 구주답지 않습니까? 주님은 자기의 사랑하시는 자들을 방어하여 주셨습니다. 마찬가지로 그분께서 여러분과 저를 지켜 주실 것입니다. 마귀가 우리를 하나님 앞에 고소할지 모릅니다마는 "아버지 앞에서 우리에게 대언자가 있으니 곧 의로우신 예수 그리스도이십니다." 그분은 하늘의 법정에서 우리의 변호사이십니다. 항상 그분의 자녀들을 위하여 변호하십니다.

때때로 우리는 스스로를 고소합니다. 우리의 지은 죄를 보고 스스로에게 "너는 그리스도인이라 한다. 그러나 분명히 그럴 수 없어. 네가 한 것을 보라"고 말합니다. 그때에도 우리가 귀를 기울이면 예수님께서 우리들 자신에 대하여 변호하시는 것을 들을 수 있을 것입니다. "너는 성령으로 태어났다. 그러므로 너는 영원히 나의 것이다. 하나님께서 너를 나에게 주셨으니 네가 결코 멸망하지 않는다. 아무도 너를 내 손에서 빼앗을 수 없다"라고 그분께서 말씀하시는 것을 들을 수 있을 것입니다. 오, 예, 사탄이 우리를 정죄하며 세상이 우리를 비난하며 우리 자신도 우리를 힐문합니다. 그러나 그리스도께서 우리의 변호자이십니다. 그분은 자기 자신에 속한 사람들을 항상 사랑하시며 돌보십니다. 그분께서 우리의 편이시니 우리가 누구를 두려워하겠습니까? "만일 하나님이 우리를 위하시면 누가 우리를 대적하리요?"

마르틴 루터가 하룻밤은 자기의 죄로 번민하며 잠자리에 들었습니다. 그런데 꿈을 꾸었습니다. 기록하는 천사가 큰 칠판 앞에 서 있었습니다. 마르틴 루터의 이름이 이 칠판 위에 적히고 그 천사가 루터의 죄의 목록을 적고 있었습니다. 그것들이 하도 많고 커서 그는 도저히 용서받을 수 없을 것이라 느꼈습니다. 그러나 그가 절망하여 떨고 있을 때에 관통한 상처가 있는 한 손이 나타나는 것을 보았습니다. 이 손이 루터의 죄의 목록 위에 이렇게 적었습니다. "예수 그리스도의 피가 모든 죄를 깨끗하게 한다." 의아해 하며 눈여겨보는데 그 상처 있는 손에서 피가 뚝뚝 떨어져서 그 기록을 깨끗하게 씻어버렸습니다. 자기의 죄가 용서된 것을 알고 기뻐하면서 루터는 깨어났습니다. 사탄이 우리를 참소할지라도 삶과 죽음과 심판의 법정에서 우리를 편들어 주실 분이 항상 계시는 것을 여러분과 저는 알 수 있습니다. 우리가 그분을 구주로서 신뢰하여 오기만 했다면 말입니다. 그와 같이 예수님께서 여기에서 자기의 제자들을 막아 주시고 보호하시는 것을 우리가 봅니다.

대제사장이 다음에는 예수님의 교훈에 대하여 그분께 물었습니다. 그는 무언가 예수님을 걸어 잡을 만한 것이 토설되기를 노렸습니다. 대제사장은 산헤드린 의회 앞에서 이단과 참람죄로서 다룰 수 있기를 바랐습니다. 예수님의 지혜로운 대답을 들어보십시오. 예수님은 함정에 빠뜨려지실 수 없었습니다. "나는 드러나게 세상에 말했다. 언제나 모든 유대인들이 모이는 회당과 성전에서 가르쳤고 아무것도 비밀히 말한 것이 없다"라고 말씀하셨습니다. 예수님은 군중들을 피하여서 지하의 암굴에서 몰래 가르치려 하시지 않았습니다. 항상 모든 것에 대하여 드러내셨습니다. 오늘날 공산주의 같은 교조들이 가르쳐질 때에 그 선생들이 그들의 지독한 신조를 토하기 위하여 곧잘 세상의 어두운 구석들을 고릅니다. 그러나 기독교는 빛의 교훈입니다. 기독교는 숨길 필요가 없습니다. 그 진리들은 지붕 꼭대기에서 소리쳐 전하기에 합당합니다. 이 진리들은 받아들이는 모든 사람을 복되게 합니다.

이제 우리가 예수님께서 겪으셔야 할 모든 수모와 고난과 치욕에 대해 좀 더 보게 됩니다. 한 하속이 다가서며 예수님의 얼굴을 때립니다. 이것은 거룩하신 하나님의 아들께서 죄인들의 손에 당하신 기록된 첫 타격이었습니다. 좀 생각해 보십시오! 예수님은 성육신하신 하나님 — 육체를 취하여 내려오신 하나님이십니다. 하늘과 땅을 만드신 전능하신 분이십니다. 그분은 사람들을 사랑하시는 분이시며 그들을 위하여 죽으시러 오셨습니다. 영원에 거하시는 높고 거룩하신 분이십니다. 그런데 티끌로 빚어진, 낮고 천한, 지렁이 같은 이 인간이 그분을 손바닥으로 치는 무례를 자행합니다.

이것은 유대 지도자들이 얼마나 깊이 타락했는가를 보여 줍니다. 그 높은 법정에서 질문에 대답한 것으로 혐의자가 폭력적인 가해를 당하도록 허용하면서 그 가해자를 꾸짖지도 않습니다. 미국의 최고법원에서 그러한 일이 일어날 것을 상상이나 할 수 있습니까? 이것은 그 나라가 얼마나 깊이 하락했는지 — 그들이 하나님으로부터 얼마나 멀리 떨어져 나갔는지를 보여 줍니다. … 만일 이런 일이 여러분이나 저에게 일어났다면 화가 불길 같이 치밀어 그 사람에게 반격하고 말았을 것입니다. 아시는 바와 같이 우린 매우 인간적이니까요. 그러나 예수님은 그저 이렇게 말씀하십니다. "내가 한 말에 잘못이 있다면 잘못된 증거를 대라. 그러나 그것을 댈 수 없다면 나를 때릴 권리가 네게 없다."

성경의 장면이 잠깐 바뀌며 우리가 다시 시몬 베드로가 아직도 불가에서 있는 곳으로 옮겨 옵니다. 그는 이미 예수님을 두 번 부인했습니다. 이제 다른 누가 가까이 와서 "당신도 분명히 그의 제자 중의 한 사람이요"라고 말합니다. 급하고 충동적인 베드로가 폭발합니다. 저주하며 맹세하기 시작합니다. "나는 이 사람을 알지 못합니다." 그가 말합니다. 그런 후 사람들이 베드로를 홀로 두고 떠났습니다. 하나님의 아들의 제자라면 저렇게 저주하지 않을 것이라고 그들이 생각한 게 분명합니다. 그는 그렇게 해서 추적자들을 떼어버렸습니다. 그때 갑자기

한 소리가 아침의 찬 공기를 갈랐습니다. 수탉 한 마리가 울기 시작한 것입니다. 그는 "닭이 울기 전에 네가 나를 세 번 부인하리라" 하신 예수님의 말씀이 기억났습니다. '내가 무슨 짓을 했지? 내가 무슨 짓을 했지? 주님을 위하여 죽겠노라고 약속해 놓고 맹세로써 주님을 부인하다니!'라고 그는 영혼 깊은 곳으로부터 울부짖었음에 틀림없습니다.

베드로가 흘깃 보니 예수님께서 그를 쳐다보고 계셨습니다. 어떤 눈길이었을까요! 그것은 원망과 증오의 눈길이 아니었습니다. 큰 사랑과 부드러운 자비는 물론 연민과 슬픔의 눈길이었습니다. 그 시선에 베드로의 마음이 깨졌습니다. 그는 밖으로 나가 담벼락에 기대었습니다. 그가 어린애처럼 울 때에 어깨가 흔들리며 흐느낌이 그의 온몸을 쥐어짰습니다. 오, 시몬 베드로, 당신은 지금 죄가 얼마나 고통을 주는지 깨닫고 있습니다! 당신은 죄를 지었습니다. ― 맹세하면서 예수님을 부인했습니다. 지금 당신은 온 마음을 눈물로 쏟아내면서 죄가 얼마나 많은 고통을 주는지 알고 있습니다.

한 소녀가 남자 친구와 함께 졸업을 자축하러 나갔습니다. 밤중에 소녀의 아버지가 전화기 신호 소리에 잠을 깼습니다. 사고 현장으로부터 온 전화였습니다. 그곳에 도착하여 보니 자기의 사랑하는 딸의 죽은 시체가 시궁창에 놓여 있었습니다. 남자 친구의 몸은 차체 밑에 깔려 있었습니다. 아스팔트 위에 깨진 위스키 병이 뒹굴고 술 냄새가 진동하고 있었습니다. 가련한 아버지는 손을 불끈 쥐며 "그들에게 저 술을 판 범인이 내 손에 잡히기만 하면 그 목을 분질러 놓겠다"하고 말했습니다. 집에 돌아와서 신경을 진정시킬 수 있는 술 한 잔이 필요했으므로 그는 캐비닛으로 갔습니다. 술병은 없어지고 그 대신에 "아빠, 축하하는 뜻으로 놀고 싶었어요. 그래서 아빠의 술을 빌어갑니다. 허락해 주실 줄 알아요"라고 적힌 쪽지가 있었습니다. 그의 죄가 대가를 치른 것이었습니다. 그의 사랑하는 딸에게 그가 치사의 독병을 제공했던 것입니다.

우리는 이제 자기의 죄로 울고 있는 베드로를 잠깐 그대로 두고 떠납시다. 그러나 그는 눈물로 예수님과 유익한 생활로 돌아왔습니다. 만일 당신이 살고 있는 생활과 하고 있는 일로써 그리스도를 부인하고 있다면 주님께서는 아직도 그 모든 것에도 불구하시고 당신을 사랑하시는 것을 꼭 기억하십시오. 베드로가 한 것처럼 당신이 그분께로 돌아오도록 하나님께서 도와 주시기를 빕니다. 주님은 당신을 용서하실 것이며 게다가 그분의 영광을 위하여 당신의 생애를 이용하실 것입니다.

2. 심문

유대인들이 예수님을 빌라도의 총독관저로 끌고 갔을 때는 이른 아침이었습니다. 그들이 그분을 그곳으로 보냈으나 그들은 더럽혀질까봐 자신들은 들어가지 않으려고 했습니다. 이방인의 집에 들어감으로써 더러워진다고 생각하면서도 그들이 사람으로서 행한 가장 사악한 일을 저지르고 있었습니다. 생명의 왕을 살해하고 있었습니다. 사람이 얼마나 모순될 수 있습니까! 오늘도, 주일에는 교회에 나와 모든 의식과 형식과 행사에 참여하고서도 나머지 주간에는 나가서 바로 사탄처럼 사는 사람들이 있습니다. 내면적으로 신령함과 표면상의 경건하게 하는 것 사이에는 중대한 차이가 있습니다.

영국의 한 귀족이 주일에 위대한 설교자의 설교를 들으러 갔습니다. 예배가 끝나자 그는 뛰쳐나오면서 "저 설교자는 돈 모양이다. 그는 신앙이란 게 매일의 개인생활과 무슨 관계가 있는 것으로 생각한다"고 외쳤습니다. 분명히 말하여 관계가 있습니다. 신앙은 일상의 생활과 전적으로 관계를 갖고 있습니다. 우리의 행동과 태도를 변화시키지 못하는 신앙은 주 예수 그리스도의 참된 신앙이 아닙니다.

빌라도가 나오더니 유대인들에게 "당신들은 이 사람을 무슨 일로 고소하는 거요"라고 말했습니다. 그러자 그들이 "그가 범법자가 아니라면 우리가 당신에게 넘기지 않았을 것입니다. 그는 나라의 질서를 파괴해 왔습니다"라고 대답했습니다. 그때에 빌라도가 "그대들이 그를 데리고 나가 그대들의 법대로 처단하시오"라고 말했습니다. 그는 책임을 다른 사람들의 어깨로 넘기고 싶었습니다. "우리는 누구를 죽일 권한이 없습니다"라고 유대인들이 대답했습니다. 그들은 로마인들이 그들의 지배자들이어서 더 이상 사형을 선고할 권한이 그들에게 없다는 것을 알고 있었습니다.

빌라도가 다시 안으로 들어가서 예수님을 마주 대했습니다. "네가 과연 왕이냐? 네가 유대인의 왕이냐?" 하는 물음을 그가 던졌습니다. 예수님께서 이렇게 대답하셨습니다. "내 나라는 이 세상에 속한 것이 아니다. 나는 공국들과 궁전들을 지배하는 것이 아니고 사람들의 생각과 마음을 다스린다. 내 나라는 영적인 나라이다. 내 나라가 이 세상에 속한 것이라면 내 부하들을 불러 나를 위하여 싸우게 하였을 것이다. 내 나라는 그렇지 않다. 사랑의 나라이지 폭력의 나라가 아니다."

예수님은 왕이시며 나라를 소유하시고 계십니다. 그 나라의 신민은 누구입니까? 속죄함을 받은 모든 사람들. 그러면 우리가 어떻게 하여 그 나라의 백성이 될 수 있습니까? 꼭 한 가지 방법이 있습니다. 우리가 그 나라 안에 태어나는 것입니다. 우리가 이 나라에 자연적 출생에 의해 들어가는 것이 아니라 영적 출생에 의하여 들어갑니다. "네가 거듭나야 한다"라고 예수님이 말씀하십니다. 그런데 우리가 죄를 회개하고 그리스도를 구주로서 신뢰할 때에 거듭나며 하늘나라의 백성이 됩니다.

어느 날 우리가 교회에 갔습니다. 진정한 복음의 메시지를 들을 때에 성령께서 그 말씀을 우리의 마음에 적용하셨습니다. 갑자기 우리가 지옥에 있는 사람과 꼭 같이 잃어져 있음을 깨달았습니다. 우리의 심령이 상하였습니다. 그때 성령께서 말씀하셨어요. "보라, 너를 위하여 죽으시는 한 분이 계신다. 너의 죄에 대한 구제책이 있다. 너의 유일한 소망이 있다." 그때에 우리는 십자가로 향하여 쳐다보고 그 위에서 죽어가고 있는 한 사람을 보았습니다. 그분이 "이 죽음은 너를 위한 것이다. 이 피는 너의 속죄를 위하여 흘린다"라고 말씀하시는 것 같았습니다. 그러자 우리는 "어떻게 하여야 합니까"라고 부르짖었습니다. 그럴 때에 십자가에 달리신 분이 "나를 쳐다보고 구원을 받으라. 내게 오라. 너에게 영원한 생명을 주겠다"라고 말씀하시는 것을 우리가 들었습니다. 그 순간 우리는 죄에서 돌이켜, "주여, 여기 제 자신을 주님께 드립니다. 제가 할 수 있는 것은 이것밖에 없습니다"라고 부르짖었습니다.

그 순간 우리는 죽음에서 생명으로 옮겨졌습니다. 그리스도를 우리의 구주로서 고백하였습니다. "사람이 마음으로 믿어 의에 이르고 입으로 시인하여 구원에 이르기" 때문입니다. 그러나 그 밖에 어떤 것이 일어났습니다. 우리가 시민권을 바꾸었습니다. 어둠의 나라를 떠나 하나님의 나라의 시민이 되었습니다. 오, 예수님께서 잃어진 불쌍한 죄인을 위하여 얼마나 많은 일을 하실 수 있습니까!

어느 전도자가 매일 밤 부흥집회에 참석한 어떤 간호사의 이야기를 해 줍니다. 그녀는 절망의 화신이었습니다. 깊은 죄책감에 빠져 그녀의 영혼은 비참하였습니다. 마침내 어느 날 밤 그녀는 그리스도께 전적으로 내맡기었습니다. 교회에서 돌아갈 때 그녀는 그리스도 안에서 새로운 피조물이 되었으며 또 외관으로도 그렇게 보였습니다. 귀가 도중에 무엇을 사려고 약방에 들렀습니다. 점원이 그녀에게 "아가씨는 속에서 누가 빛을 비쳐 주고 있는 것 같군요"라고 말했습니다. "그 말이 옳아요"라고 그녀가 대답했습니다. "내 말은 아가씨가 지금 열렬한 사랑을 하고 있는 것처럼 보인다 말입니다"라고 점원이 말을 이었습니다. "합니다. 하구 말구요!'라고 그녀가 대답했습니다. 오, 예수님과 사랑에 빠지면 얼마나 놀라운 경험을 갖게 됩니까! 주님은 우리의 가슴에 불을 켜십니다. 우리의 입술에 노래를 심으십니다. 하늘의 나라로 데려 가십니다.

당신은 하나님의 자녀입니까? 당신은 거듭나셨습니까? 그렇다면 당신은 그분의 나라에 속해 있습니다. 그런데 우리가 왜 보다 더 그 나라의 시민처럼 살지 않는지 모르겠습니다. 영국 사람은 세계를 돌아다니더라도 자기가 대영제국의 한 시민임을 결코 잊지 않습니다. 여러분과 저는 하늘나라의 시민임을 잊어서는 안 됩니다. 우리는 그 시민답게 살아야 합니다. 로버트 리 박사(Robert G. Lee)가 어느 주일에 "내가 만일 유대인이라면"이라는 제목으로 설교하였습니다. 그 도시에 있는 한 랍비가 그 이야기를 듣고 "내가 만일 그리스도인이라면"이라는 제목으로 설교하였습니다. 그가 뭐라고 말했는지 아십니까? 그는 신랄하게 이렇게 말했습니다. "내가 그리스도인이라면 대부분의 그리스도인들이 사는 것보다 더 예수처럼 살겠다."

3. 증거

빌라도가 예수님을 조사해 보고 나서 결론에 도달했습니다. 그는 밖으로 나와 유대인을 보며 "나는 이 사람에게서 아무 잘못도 찾지 못하겠소"라고 말했습니다. 정직한 사람은 누구도 예수님에게서 아무 잘못도 발견할 수 없었습니다. 그런데 빌라도는 왜 예수님을 석방하지 않았습니까? 그분께서 아무 죄도 없으신 걸 그가 알았습니다. 그러면서도 그가 단지 비겁한 정치인이었기 때문에 석방하지 않았습니다. 그는 유대인들의 호의를 잃고 싶지 않았습니다. 그래서 그가 이렇게 말했습니다. "아시다시피, 우리에겐 이런 전례가 있소. 유월절에 죄수 하나를 놓아 주는데, 방면할 사람을 선택할 권한이 당신들에게 있소. 바라바가 있습니다. 그의 악명은 여러분이 잘 알고 있소. 선택하시오. 예수를 놓아줄까요. 바라바를 놓아 줄까요?' 그러자 그들의 입술에서 함성이 노한 바다의 파도처럼 터져 나왔습니다. "바라바를 놓아 주시오. 예수를 십자가에 처형하시오!"

빌라도는 자기의 양심의 소리를 듣기보단 사람들의 소리를 들음으로써 그릇된 행동을 취했습니다. 그는 대야에 물을 가져 오라 하여 손을 씻고 유대인들에게 "나는 이 의로운 사람의 피에 무죄하다"라고 말했습니다. 그러나 그런 수작으론 하나님 앞에서 그를 무죄하게 할 수 없었습니다. 한 화가가 영원한 지옥에 있는 빌라도를 그렸습니다. 그가 자기 손을 씻고 있으나 조금도 더 깨끗하여 지지 않는 그런 그림입니다. 오늘날도 빌라도와 같은 사람들이 많이 있습니다. 그들은 사람들의 평판을 잃느니 차라리 양심을 질식시키며 죄 속에서 삽니다.

그리고 유대인들은 사람이 저지른 가장 큰 실수를 범했습니다. 그들은 예수님 대신에 어떤 사람 — 곧 바라바를 선택했습니다. 당신의 바라바는 무엇입니까? 예수님 대신에 선택하고 있는 것은 무엇입니까? 오, 그것이 무엇이든지간에 그것을 가게하고 예수님을 당신의 마음속에 들어오시게 하시기를 빕니다. 그분께서 당신을 구원하실 수 있습니다. 당신을 만족하게 하실 수 있습니다. 현세의 생명이 그분 없이는 불완전하며 그분 밖에서는 내세의 소망이 없습니다.

거함 타이타닉이 아일랜드의 벨파스트에서 건조되었습니다. 그 배는 "불침선"으로 알려졌습니다. 그러나 처녀항해 중에 나타난 타이타닉은 빙산을 들이받아 수백의 인명을 안고 가라앉고 말았습니다. 벨파스트에 있는 한 교회의 16명의 교인들이, 모두 기계에 능한 사람들이었으나 배와 함께 침몰했습니다. 온 시가 슬픔에 잠겼습니다. 사람들은 거리에서 만나 서로의 손을 맞잡고 울음을 터뜨리고는 말없이 헤어지곤 했습니다. 그 다음 주일에는 이 16명의 교인이 속해 있던 교회에서 어느 미국인 목사가 설교하였습니다. 교회는 사람들이 꽉 차 있었습니다. 비통한 미망인들과 눈물 흘리는 어린이들이 거기에 있었습니다. 설교 제목은 "불침선"이었습니다. 그 목사는 타이타닉에 대하여 말한 것이 아니라 예수님께 대하여, 구원의 배, 설교자들이 "시온의 오랜 배"라고 부르곤 했던 그것에 대하여 말하였습니다.

친애하는 친구들이여, 그 배를 타고 영원히 안전하십시오. 예수님께서 그 배 안에 계시니까요. 그분은 인생의 파도를 타시며 폭풍우를 요리하십니다. 당신이 그분을 신뢰하고 있으면 폭풍을 타고 달리게 될 것입니다. 마침내 여행이 끝나 당신은 그분과 함께 영원한 본항에 무사히 이르게 될 것입니다.

제
33
장

—

"이 사람을 보시오."

—

¹이에 빌라도가 예수를 데려다가 채찍질하더라 ²군인들이 가시나무로 관을 엮어 그의 머리에 씌우고 자색 옷을 입히고 ³ 앞에 가서 이르되 유대인의 왕이여 평안할지어다 하며 손으로 때리더라 ⁴ 빌라도가 다시 밖에 나가 말하되 보라 이 사람을 데리고 너희에게 나오나니 이는 내가 그에게서 아무 죄도 찾지 못한 것을 너희로 알게 하려 함이로라 하더라 ⁵ 이에 예수께서 가시관을 쓰고 자색 옷을 입고 나오시니 빌라도가 그들에게 말하되 보라 이 사람이로다 하매 ⁶ 대제사장들과 아랫사람들이 예수를 보고 소리 질러 이르되 십자가에 못 박으소서 십자가에 못 박으소서 하는지라 빌라도가 이르되 너희가 친히 데려다가 십자가에 못 박으라 나는 그에게서 죄를 찾지 못하였노라 ⁷ 유대인들이 대답하되 우리에게 법이 있으니 그 법대로 하면 그가 당연히 죽을 것은 그가 자기를 하나님의 아들이라 함이니이다 ⁸ 빌라도가 이 말을 듣고 더욱 두려워하여 ⁹ 다시 관정에 들어가서 예수께 말하되 너는 어디로부터냐 하되 예수께서 대답하여 주지 아니하시는지라 ¹⁰ 빌라도가 이르되 내게 말하지 아니하느냐 내가 너를 놓을 권한도 있고 십자가에 못 박을 권한도 있는 줄 알지 못하느냐 ¹¹예수께서 대답하시되 위에서 주지 아니하셨더라면 나를 해할 권한이 없었으리니 그러므로 나를 네게 넘겨 준 자의 죄는 더 크다 하시니라 ¹²이러하므로 빌라도가 예수를 놓으려고 힘썼으나 유대인들이 소리 질러 이르되 이 사람을 놓으면 가이사의 충신이 아니니이다 무릇 자기를 왕이라 하는 자는 가이사를 반역하는 것이니이다 ¹³ 빌라도가 이 말을 듣고 예수를 끌고 나가서 돌을 깐 뜰(히브리 말로 가바다)에 있는 재판석에 앉아 있더라 ¹⁴ 이 날은 유월절의 준비일이요 때는 제육시라 빌라도가 유대인들에게 이르되 보라 너희 왕이로다 ¹⁵ 그들이 소리 지르되 없이 하소서 없이 하소서 그를 십자가에 못 박게 하

소서 빌라도가 이르되 내가 너희 왕을 십자가에 못 박으랴 대제사장들이 대답하
되 가이사 외에는 우리에게 왕이 없나이다 하니 ¹⁶ 이에 예수를 십자가에 못 박도
록 그들에게 넘겨 주니라." — 요 19:1-16

오늘 우리가 요한복음 19장으로 들어가면 십자가에 좀 더 가까이 오게 됩니
다. 예수님의 지상에서의 사역은 끝이 났습니다. 그분이 더 이상 유대의 산과 계
곡들을 걸어 다니시지 않으실 것입니다. 대중에게 다시 설교하시지 않으실 것입
니다. 병든 자에게 더 이상 치유의 사역을 베푸시지 않으실 것입니다. 제자들과
교제의 다정한 시간을 더 이상 가지시지 않으실 것입니다. 그분이 죽으실 — 여
러분과 나를 위하여 죽으실 시간이 되었습니다. 이것이 주님께서 세상에 오신
목적이었지, 설교하시고, 병 고치시고, 친구들과 사귀시는 것이 아니었습니다.
이런 것들은 부차적인 것들이었습니다. 그분께서는 죽으시려고 세상에 오셨습
니다. … 주님은 우리의 중대한 필요를 아셨습니다. 우리의 잃어진 상태를 아셨
습니다. 저 하늘의 성벽에서 내려다보시고 우리가 영원한 사망으로 벼랑을 내려
가고 있는 것을 아셨습니다. 그분께서 무엇인가를 하셔야 한다는 것을 아셨습니
다. 그분의 위대한 심정이 동정으로 움직였습니다. 그리스도께서 성부 하나님과
성령 하나님과 의논하시는 것을 저는 상상해 볼 수 있습니다. "아버지, 제가 내
려가겠나이다. 길 잃은 사람들을 사랑합니다. 그들을 구하기 위해 제 생명을 내
주겠나이다"라고 그분께서 말씀하시고 계시는 것을 상상해 볼 수 있습니다.

그 계획이 천사들에게 알려졌을 때 폭발적인 반대가 그들에게서 일어났음
을 전 상상할 수 있습니다. "아닙니다. 아니되옵니다! 하나님의 아드님께서 내려
가서서 죄 많은 사람들의 손에 모욕과 죽음을 당하시어서는 아니되옵니다. 성자
께서 그들의 죄로 죽으시느니 보단 그들이 자기들의 죄로 죽는 것이 더 낫나이
다." 그러나 저는 예수님께서 이렇게 말씀하시는 것을 상상할 수 있습니다. "그
러나 나는 가야 한다. 그들을 사랑하는 마음을 나를 모는구나. 사람이 친구를 위
하여 목숨을 버리면 이보다 더 큰 사랑이 없느니라."

주님께서 죽으실 날 오전의 장면을 우리가 보게 되었습니다. 그분은 지난밤
에 붙잡히셨습니다. 유대인들은 이런 심문 저런 심문으로 그분을 괴롭혔습니다.
결국에는, 최종적 처분을 위해 그분께서 총독 빌라도의 손에 넘겨지셨습니다.

요한복음 19장의 본 구절을 살피면 다음의 세 가지 사항을 발견하게 됩니다.

1. 왕관
2. 외침
3. 위기

1. 왕관

빌라도는 예수님께서 죄가 없는 사람이신 것을 알고도 유대지도자들의 비위를 맞추기 위해 사람을 시켜 예수님을 채찍으로 쳤습니다. 이 유형의 처벌은 그 무서움과 고통을 묘사하기가 어렵습니다. 로마인들은 일반적으로 십자가처형에 앞서 채찍질을 하는데 그 채찍질이 너무 아프고 포악해서 처벌을 받는 자가 견디지 못하고 그 매질 밑에 죽는 수가 종종 있었습니다. 먼저, 매 맞을 사람의 옷을 벗기고, 다음에 손을 높이 달아매어 발이 간신히 바닥에 닿도록 해 둡니다. 이렇게 해서 수형자는 몸을 피하지 못하고 고스란히 맞게 될 뿐 아니라 몸이 딴딴하게 되어 매질은 더 없이 심한 타격을 주게 됩니다. 그런 후에 건장하고 억센 군인이 아홉 가닥의 채찍이나 몇 개의 막대기로 만든 매를 들고 그 수형자의 등에 사정없이, 계속하여 내리갈깁니다. 구경꾼들은 수형자가 고통으로 몸부림하는 것을 구경합니다. 그리고 그의 등에 깊은 상처가 패이며 피가 그의 몸을 타고 흘러내리는 것을 봅니다. 이것은 정말 무서운 광경이었습니다.

이제 예수님께서 누구에게 대해 손 한번 올리시지 않으셨으며 자기를 치는 자들마저 사랑하셨건만, 이 무자비한 매질의 부당한 대상이 되셨습니다. 빌라도는 왜 그런 짓을 했습니까? 예수님께서 무죄하신 것을 알고 있었는데, 일곱 번이나 그분에게서 죄를 발견할 수 없다고 그가 말했던 것입니다. 그런데, 그는 이 가혹한 매질이 유대인들을 만족시킬 수 있기를 은근히 바랐습니다. 그들이 그분의 처참하고, 찢기고, 유혈이 낭자한 몸을 보고 만족히 여겨 그분을 방면하여 주기를 바랐습니다. 그는 양다리 걸치기를 애써 하고 있었습니다. 예수님을 방면하는 것이 그의 의무인 것을 알았으나 다른 한 편으론 유대인들을 기쁘게 해 주고 싶었습니다. 그의 양심은 예수님을 자유롭게 해 주라고 명령하였으나 사람들의 호감에 대한 그의 사랑이 그분을 세상에서 가장 큰 죄인처럼 취급하도록 강요했습니다.

빌라도는 높은 지위와 신분의 사람이었습니다. 그는 지상의 최강국을 대표하고 있었는데도 사건을 불을 보듯이 빤히 아는 터에 두 의견 사이에서 머뭇거렸습니다. 무엇이 옳은가를 알고 있었으나 사람들이 무서워 마땅히 해야 할 바를 행하기 두려워하였습니다. 정말 얼마나 경멸스러운 태도이었습니까! 영향력이 큰 높은 지위에 있는 사람은 자기 내부에 높은 원리를 갖고 있지 아니하면 비천한 인물로 전락하고 맙니다. 하나님을 두려워하고 옳다고 생각하는 바를 행하는 지상에서 가장 이름 없는 사람이, 첫째의 목표가 사람들을 기쁘게 하는 것을 자기의 지상 과제로 삼는 세상의 최고 권력자 보다 하나님이 보시기에는 더 고상합니다. 그리스도인은 사생활과 공생활을 위한 각기 다른 양심을 갖고 있는 것이 아닙니다. 하나님 앞에서 바른 것이 무엇인지를 분명히 보았을 때에는 하늘이 무너져도 그것을 행해야 합니다.

기독교가 우리들에게 무엇인가를 이룩해 놓은 것을 세상이 볼 수 있을 때까지는 여러분과 제가 기독교로 다른 사람들에게 감명을 줄 수 없습니다. 오래 전에 테네시 주의 어떤 사람이 넓고 비옥한 텍사스 땅으로 갔습니다. 그는 그곳에 수년간 머문 후에 부요하게 되었습니다. 그 후에 테네시의 옛 친구들을 방문하였습니다. 그는 옷을 잘 입고 있었으며 부를 모은 여러 징표를 보였습니다. 그의 친구들은 광활하고 수확이 좋은 텍사스의 땅에 대한 그의 이야기에 크게 감명을 받아, 그들 중에서 많은 친구들이 테네시를 떠나 재산을 모으려고 텍사스로 이동했습니다. 오, 우리가 온 세계에 그리스도께서 우리들에게 무엇보다도 더한 것을 의미하심을 보여 줄 수 있다면 그들이 우리의 기독교를 존경할 것이며 우리가 갖고 있는 것을 그들도 갖기를 원할 것입니다.

지금 빌라도는 또 하나의 모멸이 예수님께 떨어지는 것을 허용합니다. 예수님께서 자기가 왕이시라고 말씀하시는 것을 병정들이 들었습니다. 그래서 그들이 그분을 조롱하기 시작했습니다. 물론, 왕은 왕관을 써야 했어요. 그래서 가시나무로 관을 엮어 그분의 머리 위에 눌러 씌웠습니다. 길고 날카로운 가시들이 그분의 이마에 박히면서 곳곳에 상처를 내고 피가 솟구칠 때 주님께서 당하신 그 고통을 우리는 상상할 수 있습니다. 또 왕은 법복을 입어야 해서 그들은 자주색 옷을 그분의 어깨에 걸쳤습니다. 예수님은 육체적 고통과 가장 큰 굴욕을 겪으시면서 그곳에 서 계셨습니다. 병정들이 앞에 와서 조롱하여 머리를 숙이며 "유대인의 왕 만세!"라고 소리쳤습니다. 그리고는 그분의 얼굴을 손바닥으로 쳐 그분을 경멸하였습니다. 조롱은 참기 어려운 것입니다. 특히 부당할 때에 그럴습니다. 그러나 이것은 그리스도께서 여러분과 저를 위하여 당하신 것의 일부분에 지나지 않습니다.

2. 외침

채찍질은 이제 끝나고 병사들에 의해 조롱이 빌라도의 생각에 적당한 시간 동안 계속되었습니다. 유대인들이 관저 밖에서 기다리고 있어서 빌라도는 그들을 대하러 예수님을 이끌고 나갑니다. 예수님은 자색 옷을 입으시고, 머리에 가시관을 쓰시고, 빌라도 옆에 서 계셨습니다. 그분의 얼굴에는 피가 마르고 있었으며 등에는 통렬한 아픔과 쓰라림이 있었습니다. 하나님의 아들이신 그분께서 구경거리와 경멸의 대상으로서, 피에 굶주려 울부짖는 폭도들을 마주보시며 그곳에 서 계십니다. 분명 태양이 그 보다 더한 욕된 광경을 비친 적이 없었습니다. 하늘의 천사들은 그 장면을 내려다보면서 사뭇 울었을 것임에 틀림없습니다. 그러나 이것은 우리 주님께 있어 슬픔의 시작이었을 뿐입니다.

빌라도는 잠깐 군중을 침묵시키며 "보시오, 이 사람이요!"라고 말했습니다. 그의 말은 이런 뜻이었습니다. "그가 여기에 있소. 우리가 그에게 한 것을 보시오. 매질을 하고 가시로 관을 만들어 씌웠어요. 그것으로 충분하지 않습니까? 그는 무익한 광신자일 뿐이오. 그는 왕이 아닙니다. 그에게서 아무런 잘못도 찾지 못했어요. 이제 그를 가게 해도 괜찮겠소?" 아, 그러나 이 유대 지도자들은 그 이상의 것을 바랐습니다. 그분이 곧 매질과 가시의 상처로부터 회복되실 것을 그들이 생각했습니다. 그분을 아주 완전히 없애 버리는 것을 바랐습니다. 그래서 "그를 십자가에 못 박으시오! 십자가에 못 박으시오!"라고 외쳤습니다. 오, 우리가 그곳에 있었다면 그렇게 말하지 않았겠지요? 그러나 오늘도 많은 사람들이 그렇게 말합니다. 유대인들에게 바라바와 예수님 간의 선택이 주어졌었는데 그들이 바라바를 선택했음을 우리가 기억합니다. 우리들도 우리의 선택을 하고 있습니다. 우리가 다른 어떤 것을 선택하여 마음으로 예수님을 못 박고 있습니다. 예, 주님께서 십자가에서 극한 고난을 당하셨습니다. 그러나 제가 확신하기로는, 우리들 중의 어떤 사람들이 하는 식으로 우리들로부터 대접을 받으시기보단 차라리 다시 오셔서 그 모든 고난을 당하시고 싶어 하실 것입니다.

"그 사람을 보라!" 저는 세상의 모든 사람들에게 "그분이 누구신지, 그분이 당신을 위하여 하실 수 있는 것을 보십시오!"라고 말할 수 있기를 사모합니다. 그분께서는 당신의 죄를 사하시며, 당신의 영혼을 구원하시며 당신을 하나님의 자녀로 만드실 수 있습니다. 그분은 이 세상에서 당신을 만족시키시며 천국으로 데려가실 수 있는 유일한 분이십니다. 당신의 삶은 예수님 없이는 완전할 수 없습니다. 조각그림 맞춤 놀이가 유행하던 때를 기억하십니까? 어떤 사람들은 새벽 2시까지 앉아 그림을 완성시키려고 애쓰곤 했습니다. 아름다운 그림이 거의 완성되었는데 한 조각이 보이지 않으면 열심히 찾아 뒤지곤 했습니다. 그 조각을 마룻바닥 구석에서 발견하여 그림을 완성시키고는 좋아라 했습니다. 인생은 하나의 커다란 맞춤 놀이입니다. 우리가 세상의 모든 것을 그 안에 맞춰 넣어도 아직 미완성품입니다. 한 가지가 부족합니다. 예수님을 넣으세요. 그러면 그 삶이 완전하게 될 것입니다. 모든 것이 제대로 맞아 돌아갈 것입니다.

행복은 이 세상에서 쾌락에서 발견되지 않습니다. 바이런은 쾌락의 생을 살았는데 결국에 그는 "내 것이라곤 벌레와 고민과 슬픔뿐이로다"라고 말했습니다. 돈이 참 행복을 살 수 없습니다. 백만장자 고울드는 죽을 때에 "난 세상에서 가장 비참한 마귀로 생각된다"라고 말했습니다. 명성도 행복을 가져오지 못합니다. 디즈레일리(B. Disraeli)는 영국에서 가장 명성 있는 사람들 중의 한 사람이었습니다만 그는 "청년은 실수, 장년은 투쟁, 노년은 후회이다"라고 말했습니다. 무종교적 자유분방도 행복을 불러오지 않습니다. 볼테르는 "내가 태어나지 않았더라면 좋을 텐데 하고 생각한다"고 말했습니다. 사람이 발견할 수 있는 유일한 참 행복은 그리스도께서 자기의 구주이시며 어떤 일이 일어나더라도 자기가 안전하다는 것을 앎으로부터 오는 행복입니다.

수년 전에 무서운 회오리바람이 텍사스의 와코를 강타했습니다. 그때 수십 명이 죽었습니다. 그 얼마 후 한 달라스 사람이 자기 아들을 달라스의 제일침례교회 목사인 W. A. 크리스웰 박사에게 소개하였습니다. "자녀는 이 아들 뿐입니까?"라고 크리스웰 박사가 물었습니다. 그러자 "아닙니다. 17살 난 딸애가 있었지요"라고 그 사람이 대답했습니다. "딸애가 있었다고요?"라고 크리스웰 박사가 물었습니다. "예, 그러나 그 애는 와코 태풍 때 죽었습니다"라고 그 사람이 말했습니다. 크리스웰 박사가 동정을 표시하자 그 사람은 "목사님, 괜찮습니다. 그 애가 와코에 오기 직전에 여기에서 어느 예배에 참석하여 그리스도를 발견하고 목사님에게 세례를 받았습니다"라고 말했습니다. 친구들이여, 그것이 결국에 기서 가치 있는 것입니다. 그땐 얼마나 많은 돈을 벌었느냐, 친구가 몇 명이나 되느냐, 얼마나 장대하게 장례를 치러 주느냐 하는 것은 문제가 되지 않습니다. 중요한 것은 그리스도와의 관계가 어떠하냐 하는 그것뿐입니다. 이 사람들은 자기들의 좋아하는 것을 선택하고 "그를 십자가에 못 박으시오!"라고 외쳤습니다. 당신의 외침은 어떠한 것입니까. 당신의 선택은 어떤 것입니까?

3. 위기

빌라도는 귀찮아져서 유대인들에게 "당신들의 피 흘리는 일을 당신들 자신들이 하시오. 당신들이 죄수를 데려 가고 나를 성가시게 하지 마시오 난 그 사람에게서 잘못을 아무것도 찾아낼 수 없어요"라고 말합니다. "그러나 그는 죽어야 마땅합니다. 그는 하나님의 아들이라고 주장해요"라고 유대인들이 말했습니다. 그러자 빌라도는 이전보다 더욱 섬뜩해졌습니다. 이 온화하고 부드러운 사람이 단순한 사람이 아니라 어떤 최고 존재일까봐 두려웠습니다. 그는 신들이 가끔 세상에 내려온다는 그리스도와 로마 신화를 들었었습니다. 예수님의 능력에 대해서도 들어보았습니다. 결국 이 사람이 신일지도 몰랐습니다.

그래서 빌라도는 예수님께로 다시 돌아가서 "도대체 네가 누구냐? 어디서 왔느냐? 네가 과연 신이냐?"라고 물었습니다. 그러나 예수님은 그에게 대답하시지 않으셨습니다. 빌라도는 대답을 얻을 자격이 없었습니다. 그는 예수님께서 무죄한 사람이시라는 것을 알고서도 그분을 매질하였으며 잔인한 취급을 하고 조소거리로 만들었습니다. 빌라도는 그리스도를 믿고 그리스도인이 될 수 있는 기회가 있었습니다. 그러나 그는 그 기회를 죄로 유실해 버리고 자기의 양심에 대해 귀를 막았습니다. 그렇기 때문에 예수님께서는 대답하시지 않으셨습니다. 이제 빌라도는 예수님께 대해 화가 치밀었습니다. "그래, 너는 내게 대답하지 않으려 한다. 내가 너를 십자가에 달게 할 권한도 있고 놓아 줄 권한도 있다는 것을 모르느냐?"라고 그가 말했습니다. 예수님께서 매우 조용하게 "하나님께서 허용하지 않으신다면 네가 나를 손댈 수 없을 것이다"라고 대답하셨습니다. 이것이 재판 도중에 예수님께서 하신 마지막 말씀이었습니다. 지금부터 주님께서는 이것이 자기에 대한 하나님의 길과 뜻인 것을 아시고, 자기의 죽음을 통하여 수많은 사람들이 죄의 어둠에서 구원의 영광스러운 빛으로 옮겨 갈 수 있는 대로를 자기가 여실 것을 아시고 조용히 십자가를 향하여 가십니다.

그런데 빌라도는 지금 자기가 잘못을 범하고 있다는 것을 이전보다 더욱 분명히 깨닫게 되었습니다. 그는 유대인들로 하여금 예수님의 석방에 동의하게 하려고 더욱 노력했습니다. 하지만 변함없이 그들을 건드리고 싶지는 않았습니다. 그는 예수님을 데리고 밖으로 나와 유대인들에게 "보시오, 그대들의 왕이요!"라고 말했습니다. 그러자 그들이 "그를 없애시오, 그를 없애시오! 십자가에 처형하시오!"라고 외쳤습니다. 그때에 빌라도가 "그대들의 왕을 십자가에 못 박으란 말이요?"라고 말했습니다. 그러자 유대인들이 "우리의 왕은 가이사 뿐입니다"라고 대답했습니다. 그들은 이렇게 말하면 빌라도가 맥을 못 출 것을 알았습니다. 그들의 말은 이런 뜻이었습니다. "당신은 가이사가 최고권력자인 것을 압니다. 여기에 왕이라고 주장하는 사람이 있습니다. 그가 자신을 왕으로 추켜세운다면 가이사의 권력을 찬탈하는 것이 될 것이오. 가이사에게 무례한 이 사람을 당신이 벌하지 않는다면 총독인 당신이 무사할 수 없을 것이오. 아마 당신의 지위와 로마당국의 총애를 잃게 될 것이오." 그래서 이 거만한 로마인이 어떻게 하였습니까? 예수님께서 무죄하신 것을 그가 알았으면서도 정치적 이유로 사람들을 기쁘게 하기를 바라고 가이사와의 좋은 관계를 계속 유지하는 것을 원했으므로 그는 유대인들에게 "좋소, 예수를 처형합시다"라고 말했습니다.

그리고선 군인들에게로 돌려 "그를 끌고 가 십자가에 못 박으라. 나는 이제 그 일이 끝났다"라고 말했습니다. 오, 아닙니다. 빌라도여, 당신은 예수님의 문제를 끝낸 것이 아닙니다! 그분께서 무죄한 사람으로서 당신 앞에 서 계셨으며 당신은 그것을 알고 있었습니다. 당신은 그분을 재판하여 사형에 처하였습니다. 그러나 언젠가 멀리 저곳에서 좌석들이 바뀔 것입니다. 그분께서는 자기의 보좌에 앉아 계실 것이며 당신은 그분 앞에 불리어 서게 될 것입니다. 그땐, 빌라도여, 당신은 바위와 산더러 당신 위에 떨어져 내려 그분의 진로로부터 숨겨 달라고 울부짖을 것입니다. 울며 자비를 구할 것이나 너무 늦을 것입니다. 마침내 당신은 정죄와 지옥으로 내려 갈 것입니다. 그런데 당시 이후로 수많은 사람들이 빌라도가 저지른 것과 같은 실수를 범하여 왔습니다. 많은 사람들이 그리스도를 배반하여 영원한 사망으로 내려갔습니다.

한 그리스도인과 한 유대인이 같은 사업에 종사하고 있었습니다. 가끔 그들은 같이 점심을 먹으면서 편견 없이 성경과 그리스도의 주장에 대하여 이야기하였습니다. 그 유대인은 관심을 갖고 있었으나 그리스도를 받아들이지는 않았습니다. 그 그리스도인은 그에게 옛 유대인들에 관한 이 사건과 빌라도가 그들에게 예수님이냐 혹은 바라바냐 하는 선택을 제기했던 것을 말하였습니다. 그들이 어떤 선택을 했는지 우리가 다 알고 있습니다. … 그들은 바라바를 선택하며 그리스도의 십자가형을 소리쳐 요구했습니다. 그 유대인은 매우 관심 있게 들었으나 그리스도를 자기의 구주로 받아들이려 하지 않았습니다. 그 후 유대인이 임종의 시간을 맞게 되었습니다. 그의 그리스도인 친구가 그를 보러 왔습니다. 가족들은 유대인이 누워 있는 방으로 그를 안내하기를 꺼려했습니다. 유대인이 너무 자극을 받을까봐 그들이 염려했기 때문입니다. 그러나 이 두 사람은 아주 절친한 친구들이었기 때문에 그 방문자를 그들이 거절할 수 없었습니다. 그래서 그들은 종교에 대해서 이야기하지 않는다면 들어갈 수 있다고 그리스도인에게 말했습니다. 그는 들어가서 침대 곁에 잠시 앉아 있다가 친구의 손을 잡고 침대 곁에서 무릎을 꿇고 조용히 기도를 올렸습니다. 침대로부터 어떤 움직임이 있어 그는 쳐다보았습니다. 그의 유대인 친구가 눈을 뜨고 눈을 올리면서 "바라바가 아니고 이 사람, 예수님을"라고 말했습니다. 그는 올바른 선택을 하였던 것입니다.

나의 친구여, 당신의 선택은 무엇입니까? 그리스도입니까? 혹은 바라바입니까? 죄인입니까, 혹은 구원입니까? 생명입니까, 아니면 사망입니까? 천국입니까? 혹은 지옥입니까? 그리스도라 불리는 예수님을 당신은 어떻게 하시렵니까?

제
34
장

—

한 사람이 나를 위하여 죽으셨다

—

"[17] 그들이 예수를 맡으매 예수께서 자기의 십자가를 지시고 해골(히브리 말로 골고다)이라 하는 곳에 나가시니 [18] 그들이 거기서 예수를 십자가에 못 박을새 다른 두 사람도 그와 함께 좌우편에 못 박으니 예수는 가운데 있더라 [19] 빌라도가 패를 써서 십자가 위에 붙이니 나사렛 예수 유대인의 왕이라 기록되었더라 [20] 예수께서 못 박히신 곳이 성에서 가까운 고로 많은 유대인이 이 패를 읽는데 히브리와 로마와 헬라 말로 기록되었더라 [21]유대인의 대제사장들이 빌라도에게 이르되 유대인의 왕이라 쓰지 말고 자칭 유대인의 왕이라 쓰라 하니 [22]빌라도가 대답하되 내가 쓸 것을 썼다 하니라 [23] 군인들이 예수를 십자가에 못 박고 그의 옷을 취하여 네 깃에 나눠 각각 한 깃씩 얻고 속옷도 취하니 이 속옷은 호지 아니하고 위에서부터 통으로 짠 것이라 [24] 군인들이 서로 말하되 이것을 찢지 말고 누가 얻나 제비 뽑자 하니 이는 성경에 그들이 내 옷을 나누고 내 옷을 제비 뽑나이다 한 것을 응하게 하려 함이러라 군인들은 이런 일을 하고." — 요 19:17-24

"주 달려 죽은 십자가
우리가 생각할 때에
세상에 붙은 욕심을
헛된 줄 알고 버리네

머리와 수족 보오니
큰 자비 나타나셨네

가시로 만든 면류관
우리를 위해 쓰셨네

온 세상 만물 가져도
주 은혜 못 다 갚겠네
특별한 사랑 받은 나
몸으로 제물 삼겠네."

오늘은 우리가 그리스도의 놀라운 십자가를 관찰하게 됩니다. 그분께서 우리의 죄로 십자가 위에서 죽으시는 것을 지켜보게 됩니다. 이것은 그분을 위한 하나님의 목적이었습니다. 이 목적을 위하여 그분께서 세상에 오셨습니다. 베들레헴에 태어나신 시간부터 이 시간까지 주님께서는 줄곧 십자가를 향하여 걸어오셨습니다. 그분의 일생은 사람의 생애를 채울 수 있는 가장 고귀한 것들로 채워졌습니다. 그분의 일생은 절대적으로 죄 없는 생애였습니다. 그것은 다른 사람들을 위하여 산 삶이었습니다. 봉사의 생활이었습니다. 그것은 가장 능력 있는 기적들을 베푼 생애였습니다. 그것은 사람이 들은 가장 구령적(救灵的)인 설교들을 한 생애였습니다. 그러나 이 모든 것은 부수적이고 2차적인 것들이었습니다. 그분은 죽으시려고 태어나셨습니다. 이제 그때가 왔습니다. 오늘 우리가 곁에 서서 주님께서 잃은 죄인들을 위하여 자기의 목숨을 내어주시는 것을 지켜봅니다.

여러분과 제가 우리의 길 잃고 죄 많은 상태를 깨달을 때에, 도울 자 없이 절망적으로 우리가 정죄되어 있음을 깨달을 때에, 주님께서 우리를 얼마나 사랑하셨는지를 깨달을 때에, 그분께서 저 십자가 위에서 육체적으로, 정신적으로, 영적으로 얼마나 많이 고난을 당하시고 계시는가를 깨달을 때에, 그분께서 죽으시는 것을 우리가 지켜볼 때에, 피가 땅바닥에 방울져 떨어지는 것을 볼 때에, 우리는 가슴을 치며 "그것은 나 때문이다. 나를 위해서다!"라고 부르짖지 않을 수 없을 것입니다.

그러므로 오늘 우리가 십자가로 가까이 접근하면서 — 요한복음 19장의 본 몇 구절을 살피면서 발걸음도 조용히 걸읍시다. 여기에서 다음의 세 가지 사항을 살필 것입니다.

1. 십자가에 못 박힘
2. 범죄
3. 제비 뽑음

1. 십자가에 못 박힘

폭도들이 압도하여 빌라도는 예수님을 십자가에 못 박도록 내어줍니다. 십자가의 처형은 로마의 제도였습니다. 먼저, 무거운 나무십자가를 십자가에 못 박힐 사람의 등에 짊어지웠습니다. 그러면 그는 조소하고 욕하는 구경꾼들의 열 사이로 시가지 밖에 있는 처형의 장소로 그 십자가를 옮겨야 했습니다. 오늘날은 다릅니다. 국가가 어떤 사람을 전기의자나 다른 방법으로 사형을 집행하면 몇 사람만이 그 집행실에 들어가도록 허용됩니다. 그러나 그 시대에는 죄인들을 구경거리로 만들었습니다. 그런데, 예수님은 죄인이 아니셨습니다. 그분께는 죄가 전혀 없었으니까요. 그런데도 그분은 죄인 중에서도 가장 흉악한 죄인으로 취급받으셨습니다. 그분께서 억울하다 항의하셨습니까? 큰 소리로 저항하셨습니까? 아닙니다. 그저 그분은 여러분과 저를 사랑하셔서 그 모든 것을 우리를 위하여 참으시면서 앞으로 나아가셨습니다.

물론, 아름다운 도시, 예루살렘이 피로 더럽혀져서는 안 되었습니다. 그래서 행렬은 거리를 따라 누비면서 성문을 빠져 나가 갈보리라는 곳으로 향합니다. 여러분, 상상해 보셨습니까? 거만한 군인들이 선두에서 행렬을 이끌고 있습니다. 중간쯤에서 예수님께서 십자가의 내리누르는 힘과 싸우시며 발걸음을 옮기시고, 다른 군인들이 행렬의 후미를 이루고 따라옵니다. 길 양편에는 그곳 주민들이 늘어서 있고 그들 중에는 하나님의 아들께 야유를 퍼붓는 사람들도 있습니다. 주님께서 더 이상 도저히 가실 수 없을 만큼 약해지시어 있는 것을 군인들이 보고 어떤 어깨가 벌어진 사람을 불러 그분의 십자가를 그에게 지웁니다. 이 사람이 구레네의 시몬입니다. 시몬, 고마워요. 당신의 강한 어깨를 나의 구주님께 빌려 주어서 고마워요. 후일에 천국에서 당신을 만나면 당신에게 고마움을 몇 번이고 표하고 싶습니다.

그들이 그분을 죽이려고 성 밖으로 끌고 가는 사실을 우리가 주목해야 합니다. 유대 역사를 돌이켜 보면 속죄일에 제사장이 속죄염소의 머리에 손을 얹고 자기의 죄와 백성들의 죄를 고백하던 사실을 발견할 것입니다. 그런 후에 그 염소는 진영 밖으로 끌려가 죽었습니다. 이제, 예수님께서 성 밖으로 죽으시러 끌려가실 때에 폭도들이 이제껏 예비된 것 중에서 가장 강력한 속죄제를, 의식하지 못한 채, 완성하고 있음을 우리가 봅니다. 히브리서 13:12 — "그러므로 예수도 자기 피로써 백성을 거룩하게 하려고 성문 밖에서 고난을 받으셨느니라."

오늘날도 그리스도인은 예수님을 위하여 그리고 예수님과 함께 영문 밖으로 나가 달게 고난을 받아야 한다고 저는 느낍니다. 우리는 자신들을 세상으로부터 구별해 낼 필요가 있습니다. 우리의 확신을 위하여 기꺼이 외롭게 설 필요가 있습니다. 그리스도인이 자기의 확신 때문에 때때로 핍박을 받지 않는다면 그것은 그가 그 확신을 따라 서지 않기 때문입니다. 우리가 살다가 "난 그리스도인이니까 하지 않을 특정한 일들과 가지 않을 장소들이 있다"라고 말하는 시점에 이르게 되면 그때엔 세상의 조소를 느끼게 될 것입니다. 그러나 예수님께서 영문 밖으로 나가셔서 우리들을 위하여 기쁘게 죽으셨다면, 우리는 마땅히 세속적인 집단 밖으로 기꺼이 나와 그분을 위하여 살아야 합니다.

이제 그 행렬은 곧 갈보리에 이릅니다. 히브리말로는 "해골의 곳"을 의미하는 골고다라고 불립니다. 골고다는 지형이 해골 모양으로 생겼기에 이런 이름이 생긴 것 같습니다. 저는 성지에는 가보지 않았습니다만 예루살렘 시 바로 밖에 해골처럼 생긴 낮은 산 하나가 있다는 말을 들었습니다. 이곳이 예수님께서 죽으신 장소로 여겨지고 있습니다. 그러나 그것은 중요하지 않습니다. 중요한 것은 이것입니다. 우리를 하나님께로 다시 데려 가시려고 그분께서, 의로우신 분께서 불의한 자들을 위하여, 죄 없으신 분께서 죄 많은 자들을 위하여 죽으셨습니다.

군중이 갈보리에 도착하고 군인들은 그리스도를 십자가에 못 박기 시작합니다. 그들의 언행의 하나하나가 전혀 신사답지 않습니다. 될 수 있는 대로 빨리 일을 끝내고 싶어 합니다. 그들은 그분의 옷 전부는 아닐지라도 일부를 벗깁니다. 그들은 그분의 팔을 내뻗쳐 그분의 손을 십자가의 가로대에 못 박습니다. 그분의 발을 엇갈리게 한 후 세로대 위의 그 발에 못질을 합니다. 그들이 십자가를 올려 세워 미리 파놓은 구덩이에 박아 둡니다. 주님은 지연되고 고통스런 죽음을 겪으시며 그곳에 매달려 계십니다.

나의 친구들이여, 그분이 그곳에 계십니다. 그분은 하나님의 독생자이십니다. 하늘 영광을 버리시고 우리를 위하여 죽으시러 이 세상에 내려오실 만큼 우리를 사랑하신 분이십니다. 그분은 지금도 우리를 사랑하셔서 우리를 구원하시기를 원하시는 분이십니다. 그분은 그곳에서 당신을 위하여 죽으셨습니다. 그분의 모든 고난은 당신을 위한 것이었습니다. 그분께서는 우리로 하여금 영원히 살게 하시려고 고난을 당하셨으며 죽으셨습니다. 어떤 사람인들 저 광경을 보고 어떻게 "나의 주, 나의 하나님"라고 울부짖지 않을 수 있는지 말 좀 해보세요.

어떤 사람이 성지에 가서 가시나무들을 모아 그것들로 가시관을 엮었습니다. 그는 집으로 돌아와 어느 주일 아침에 주일학교에서 이야기를 하였습니다. 가시관을 소년 소녀들에게 보이면서 그들에게 그리스도의 고난에 대하여 이야기하였습니다. 나중에 어린 소년이 가까이 와서 가시관의 가시들을 만져 보았습니다. 가시들이 날카로운 것을 발견하고 그 사람에게 "선생님, 틀림없이 예수님은 꽤 지독하게 아팠겠어요"라고 말했습니다. 정말로 그분은 아프셨습니다. 가시관이 그분을 상하게 하였습니다. 채찍질이 그분을 상하게 하였습니다. 못이 상하게 하였습니다. 십자가가 상하게 하였습니다. 굴욕이 그분을 상하게 하였습니다. 그러나 무엇보다도 하나님으로부터의 분리가 그분을 상하게 하였습니다. 그분은 하나님과 분리된 적이 없었습니다. 이제 그분께서 십자가상에서 그분의 죄가 아니라 우리의 죄를 짊어지시고 계셨습니다. 우리의 죄로 인해 하나님으로부터 분리되어 계셨습니다. "나의 하나님, 나의 하나님, 어찌하여 나를 버리셨나이까?"라고 그분께서 부르짖으신 것은 조금도 이상할 것이 없습니다.

그런데 그날 그분과 함께 다른 두 사람도 십자가에 처형되었다고 성경의 기록이 전해 줍니다. 원 저런, 허기진 듯 스릴을 찾는 폭도들에겐 그날은 굉장한 잔치였으리라! 그들은 세 사람이 세 십자가에서 죽어가는 것을 구경할 수 있었습니다. 이 다른 두 사람의 이야기를 우리가 압니다. 한 사람은 예수님께 대해 이를 갈고, 자기 죄를 붙들고 늘어지며 지옥으로 내려갔습니다. 다른 사람은 믿음으로 그리스도를 우러러보며 "주여, 주의 나라에 들어가실 때에 저를 기억하옵소서"라고 부르짖었습니다. 그때에 예수님께서 "그것보다 더한 것을 해 주겠다 ─ 오늘 네가 나와 함께 낙원에 있으리라"라고 그에게 말씀하셨습니다.

갈보리 산 위의 이 장면은 오늘날 세상의 한 모습을 그려 줍니다. 그리스도께서는 우리를 죄에서 구하시려고 죽으셨습니다. 한 편에는 그분을 배척하는 사람들이 있습니다. 다른 한 편에는 그분을 신뢰하는 사람들이 있습니다. 하나님께서 보시기에는, 세상이 부자들과 빈자들로, 대인군자들과 소인배로, 유식한 사람들과 무식한 사람들로 나뉘어 있지 않습니다. 하나님의 아들을 구주로서 영접한 사람들과 그분을 배척한 사람들 — 다만 이 두 집단으로 나뉘어 있습니다. 당신은 어느 집단에 속해 있습니까?

한 소녀가 어느 날 밤 부흥집회에 참석하여 영광스럽게 구원을 받았습니다. 그 소녀는 얼굴이 빛나는 행복한 그리스도인이 되었으며 정말 그리스도를 위하여 살기를 원한다고 선언하였습니다. 어느 날 저녁 그녀는 남자 친구를 교회로 데려 왔습니다. 초청시간이 되자 그녀는 그의 팔을 붙잡고 "빌, 내 마음엔 예수님이 계셔. 내 평생에 이렇게 기쁜 적이 없었어. 넌 그분을 믿지 않을꺼야? 앞으로 나가 그분을 신앙고백하란 말야"라고 말했습니다. 그는 그녀를 비웃으며 괴롭히기 시작했습니다. "빌 진정이야? 넌 하나님을 존경하지도 않는 거야?"라고 그녀가 물었습니다. 그가 다시 그녀를 비웃기 시작하자 "좋아, 빌, 나와 함께 천국에 가지 않겠다면 나도 너와 함께 지옥으로 가지 않겠어"라고 그녀가 말했습니다. 그 후 다시는 그녀가 그와 상종하지 않았습니다. 그곳에서 갈보리가 재연된 것이었습니다. 한 사람은 그리스도와 영원한 생명을 선택하고 다른 한 사람은 죄와 영원한 사망을 택하였습니다.

한 훌륭한 그리스도인이 자기가 불치의 병에 걸려 그리 오래 살지 못할 것이라는 진단을 의사로부터 받았습니다. 그날 밤 그 사람은 외로이 강가를 걸었습니다. 멀리에서 산들이 아련하고 별들은 머리 위에서 깜박거리고 있었습니다. 그는 강물을 바라보며 "오, 강이여, 너를 보지 못할 날이 가까운지도 모르겠구나. 그러나 네가 바다를 향하여 달리기를 그쳤을 때에도 나는 살아 있을 것이다"라고 말했습니다. 산들을 보며 "오, 산들아, 너희들이 평원에 내려앉았을 때에도 나는 살아 있을 거야"라고 말했습니다. 또 별들을 쳐다보며 "오, 별들아, 너희들이 하늘에서 떨어졌을 때에도 나는 예수님과 함께 살고 있을 것이다"라고 말했습니다. 예수님께 대한 믿음 때문에 그는 이 모든 말들을 할 수 있었습니다. 십자가에 달린 강도는 그리스도를 신뢰하더니 영광 중에 이 모든 세월을 그리스도와 함께 살고 있습니다.

그 강도는 교회에 나가지도 않았습니다. 그것은 어느 교회의 명목상의 교인이 된다는 것으로는 우리가 구원받을 수 없음을 보여 주는 사례입니다. 그는 세례도 받지 않았으니 그것은 세례로 구원받는 것이 아님을 보여 줍니다. 그는 나가 선행을 할 시간이 없었던 것을 보아 사람이 선행으로 구원받는 것이 아님을 알 수 있습니다. 우리가 구원받는 것은 예수 그리스도께 대한 단순한 믿음에 의합니다. 그러나 저는 이것을 믿습니다. 이 강도가 더 살 기회가 있었다면 세례를 받고, 교인이 되고 선한 일들을 행하였을 것입니다. 그러나 그에게는 그렇게 할 시간이 없었습니다. 그는 단지 하나님의 아들을 믿음으로 구원을 받았습니다. 그와 같이 오늘날도 우리가 오직 믿음으로만 구원을 받습니다. 그러나 우리가 구원을 받았다면 분명히 세례를 받기 원할 것이며 교인이 되고 열심히 주를 위하여 살고자 할 것입니다. 이러한 일들은 구원받았음을 드러내 줍니다.

예수님께서 십자가에 달리시고 그분의 피는 모든 사람들의 모든 죄는 덮을 수 있습니다. 그러나 갈보리는 모든 인류를 갈라놓습니다. 그분을 신뢰하는 사람들이 있습니다. 그들의 죄는 깨끗이 씻기어지며 그들은 구원을 받습니다. 그분을 배척하는 사람들이 있는데 그들은 자기들의 죄 속에서 죽으며 영원히 잃어버림을 당합니다.

2. 범죄

사람을 사형에 처할 때에 그의 머리 위에 죄명을 써 두는 것이 당시의 관습이었습니다. 모든 구경꾼들은 그것을 보고 저 범인이 왜 죽고 있나를 알았을 것입니다. 그래서 빌라도는 예수님의 머리 위에 "유대인의 왕, 나사렛 예수"라는 명패를 붙였습니다. 그는 그분께 대해 그렇게 밖에는 쓸 것이 없었습니다. 살인자나 강도나 간음자라고 말할 수 없었습니다. 빌라도는 그분에게서 아무런 잘못도 찾아낼 수 없었습니다. 그분께서 왕이요 구주며 하나님의 아들이라고 주장하셨다는 이유로 십자가에 못 박히셨습니다. 빌라도는 그 명패를 히브리어와 헬라어 및 라틴어로 기록했습니다. 그래서 모든 사람이 그 명패를 읽을 수 있었습니다. 그분이 누구신지, 그분이 어떤 분이신지를 모든 사람들이 알 수 있었습니다.

물론 유대지도자들은 고함치기 시작했습니다. 그들은 "유대인의 왕이라고 쓰지 말고 자칭 유대인의 왕이라 쓰시오"라고 빌라도에게 항의했습니다. 그러자 빌라도는 한 순간이나마 용기를 나타냈습니다. "내가 쓸 것을 썼소"라고 이 유대인들에게 말했습니다. 아, 그러나 예수님은 왕이셨습니다! 그분께서 태어나시기 전에 천사 가브리엘이 동정녀 마리아에게 "주 하나님께서 그 조상 다윗의 위를 그에게 주리니 영원히 야곱의 집에서 왕 노릇 하실 것이며 그 나라가 무궁하리라"라고 말했습니다. 그분께서 태어나시자마자 동방 박사들이 와서 "유대인의 왕으로 나신 이가 어디 계십니까?'라고 말했습니다. 십자가에 못 박히시기 전 주간에 군중들이 그분의 승리의 입성에 기뻐 환호하며 "찬송하리로다. 주의 이름으로 오시는 이, 곧 이스라엘의 왕이시여"라고 외쳤습니다. 바로 전날 예수님은 자기의 나라는 이 세상에 속하지 않는다고 빌라도에게 말씀하셨습니다.

그분께서 이마에 가시관을 내려씌우고 피와 땀으로 범벅이 된 얼굴로 십자가에 달려 계시니 왕 같지가 않으십니다. 그러나 왕이십니다! 왕이십니다! 언젠가는 하나님께서 그분을 세상에 다시 보내실 것입니다. 모든 세상의 통치자들이 엎드리고 이 세상의 모든 나라들이 우리 주의 나라가 되어 그분께서 만만세세 영원히 다스릴 것입니다. 저는 "할렐루야 합창"을 들을 때에, 성가대가 "그가 영원히 다스리이다"라고 확연히 노래하는 것을 들을 때에 저의 가슴은 큰 기쁨의 전율로 뛰며 어느 날엔 굴욕 가운데서 십자가에 달리셨던 나의 구주께서 후일 언젠가는 영광 중에 다시 오실 것을 기억합니다.

우리 잠시 빌라도가 한 말, "내가 쓸 것을 썼다"라는 말로 돌아가 봅시다. 하나님께서도 기록하시는 것을 우리가 상기해 봅니다. 그러나 그 기록은 더 강력합니다. 자기의 아들께서 세상에 오시리라고 하나님께서 기록하시더니 그분이 오셨습니다. 아들께서 사람들의 죄를 위하여 죽으실 것을 기록하셨는데 그분이 그렇게 죽으셨습니다. 그분이 다시 사실 것을 기록하셨고 그분이 그대로 사셨습니다. 또 하나님께서 우리를 생각하시고 믿음으로 그분께 오는 모든 사람을 받아 주실 것을 기록하시더니 그분이 그대로 하십니다. 우리가 한번 그분께로 오면 아무도 그분의 손에서 빼앗을 수 없으리라고 기록하셨습니다. 우리가 그리스도를 신뢰하면 하나님께서 생명책에 우리들의 이름을 기록하실 것이며 아무도 그 이름들을 지울 수 없으리라고 기록하셨습니다. 이 모든 것은 참됩니다. 하나님의 말씀은 영원합니다. 그리스도를 통하여 하나님을 신뢰하세요. 그러면 절대로 멸망하지 않을 것입니다.

3. 제비 뽑음

예수님은 남길 돈 한 푼 없으셨습니다. 갖고 계신 것이라곤 입고 계신 옷뿐이었습니다. 하늘의 부가 그분 것이었으나 우리를 위하여 가난하게 뇌셨습니다. 그런데, 그분의 옷이 어떻게 될까요? 십자가 발치에서 4명의 군인들이 명령을 수행하고 있었던 것 같습니다. 그들은 예수님을 옷 벗기고 십자가에 못 박았습니다. 그러나 몇 가지 되지 않는 옷은 땅바닥에 그대로 놓여 있었습니다. 그래서 그들은 그 옷들을 서로 나눠 가졌습니다. 그런데 통째로 짠 옷이 하나 있었습니다. 그 옷을 네 조각으로 찢어 나눈다면 그 가치가 없어질 것이므로 그들은 그 옷을 놓고 제비를 뽑았습니다. 그 옷으로 도박을 하고 한 군인이 따내어 그 옷을 가져갔습니다.

그 군인은 알지 못하였으나 당시로부터 천 년 전에 하나님께서는 이 군인들이 그리스도의 옷을 놓고 제비를 뽑을 것이라고 다윗을 통하여 기록하셨습니다. 십자가에서 일어난 이 모든 것은 오래 전에 선지자들에 의하여 예언되었습니다. 그러므로 우리는 성경이 하나님의 말씀인 것을 확신할 수 있습니다. 하나님 자신 외에는 아무도 그 유장한 세월을 내려다보고 수천 년 후에 일어날 일들을 정확하게 기록할 수 없었습니다.

이 옷은 예수 그리스도의 몸을 감쌌었습니다. 그러나 저는 다른 하나의 옷, 곧 그분의 의의 옷을 생각해 보고 있습니다. 여러분과 저는 죄인들입니다. 우리는 우리 자신들의 의와 선을 갖고 있지 않습니다. 그러나 우리가 그리스도께로 오면 그 옷은 우리를 덮어 줍니다. 우리의 모든 죄는 덮이고 우리는 오직 그분의 의로만 옷 입게 됩니다.

> "주께서 나팔소리와 함께 오실 때에
> 오, 원하네. 그때 나 주님 안에
> 오직 주님의 의를 입고
> 흠 없이 보좌 앞에 서기 원하네."

에, 한 사람이 여러분과 저를 위하여 죽었습니다. 그러나 그는 사람 이상이셨습니다. 그분은 하늘에서 오신 하나님이셨습니다. 그분께서는 예언을 이루시려고 죽으셨습니다. 성경에 따라 죽으셨습니다. 죄 많은 사람들의 손에 죽으셨습니다. 그러나 그 모든 것보다 더한 것은 그분께서 우리를 사랑하셨기 때문에 죽으셨다는 사실입니다. 우리를 죄에서 구원하셔서 천국으로 데려 가시려고 죽으셨습니다. 오래 전에 그분을 저의 구주로서 신뢰하게 되었습니다. 그분은 저의 많고 많은 죄들을 용서하셨으며 하늘나라의 가족으로 저를 받아 주셨습니다. 그때 이래 저는 그분을 여러 번 실망시켜 드렸습니다만 그분은 저를 한 번도 실망시키지 않으셨습니다. 제가 죄를 자주 범하였습니다만 그분께서는 한 번도 저에게 등을 돌리지 않으셨습니다. 제가 슬퍼할 땐 위로해 주셨습니다. 문젯거리를 안고 있을 땐 그분께서 해결해 주셨습니다. 아플 땐 치료해 주셨습니다. 기도할 땐 응답해 주셨습니다. 제가 우울할 땐 그분께서 유쾌하게 해주셨습니다. 그러나 무엇보다도 언젠가 그분께서 이 괴로운 세상에서 저를 데리고 가셔서 하늘나라에서 저에게 영원한 집을 주실 것입니다. 그러면, 그땐 저의 아버지 집에서는 모든 것이 완전할 것입니다.

어느 전도자가 서부 텍사스의 거친 지역에서 길을 잃었습니다. 그는 한 농가에 가서 문을 두드렸습니다. 주근깨투성이의 청년이 나오자 그 사람은 자기가 가고자 하는 어떤 목적지에 어떻게 도달할 수 있는가를 물었습니다. 청년이 말했습니다. "선생님, 이 길을 따라 곧 2마일을 가세요. 길이 꽤 험하고 모랫길입니다. 그러나 별로 큰 문제는 없을 것입니다. 그러면 공동묘지가 나올 것입니다. 그 공동묘지를 계속 통과하여 가면 다른 편으로 포장된 좋은 길이 보일 것입니다. 그 도로를 따라가면 선생님의 목적지에 닿습니다. 여기와 공동묘지 사이의 길이 꽤 험하지만 공동묘지에만 이르면 문제가 전혀 없습니다."

친구들이여, 우리 앞에 놓인 길이 험하고 어렵게 보일지 모릅니다만 인생의 여로가 끝날 때 우리의 모든 괴로움이 끝납니다. 하나님의 집이 묘지의 맞은편에 있으니까요. 그리고 우리를 위하여 죽으신 그분 때문에 그것은 영원히 여러분의 집과 저의 집이 될 수 있습니다.

제
35
장

—

예수 그리스도의 장례

—

"[25] 예수의 십자가 곁에는 그 어머니와 이모와 글로바의 아내 마리아와 막달라 마리아가 섰는지라 [26] 예수께서 자기의 어머니와 사랑하시는 제자가 곁에 서 있는 것을 보시고 자기 어머니께 말씀하시되 여자여 보소서 아들이니이다 하시고 [27] 또 그 제자에게 이르시되 보라 네 어머니라 하신대 그 때부터 그 제자가 자기 집에 모시니라 [28] 그 후에 예수께서 모든 일이 이미 이루어진 줄 아시고 성경을 응하게 하려 하사 이르시되 내가 목마르다 하시니 [29] 거기 신 포도주가 가득히 담긴 그릇이 있는지라 사람들이 신 포도주를 적신 해면을 우슬초에 매어 예수의 입에 대니 [30] 예수께서 신 포도주를 받으신 후에 이르시되 다 이루었다 하시고 머리를 숙이니 영혼이 떠나가시니라 [31] 이 날은 준비일이라 유대인들은 그 안식일이 큰 날이므로 그 안식일에 시체들을 십자가에 두지 아니하려 하여 빌라도에게 그들의 다리를 꺾어 시체를 치워 달라 하니 [32] 군인들이 가서 예수와 함께 못 박힌 첫째 사람과 또 그 다른 사람의 다리를 꺾고 [33] 예수께 이르러서는 이미 죽으신 것을 보고 다리를 꺾지 아니하고 [34] 그 중 한 군인이 창으로 옆구리를 찌르니 곧 피와 물이 나오더라 [35] 이를 본 자가 증언하였으니 그 증언이 참이라 그가 자기의 말하는 것이 참인 줄 알고 너희로 믿게 하려 함이니라 [36] 이 일이 일어난 것은 그 뼈가 하나도 꺾이지 아니하리라 한 성경을 응하게 하려 함이라 [37] 또 다른 성경에 그들이 그 찌른 자를 보리라 하였느니라 [38] 아리마대 사람 요셉은 예수의 제자이나 유대인이 두려워 그것을 숨기더니 이 일 후에 빌라도에게 예수의 시체를 가져가기를 구하매 빌라도가 허락하는지라 이에 가서 예수의 시체를 가져가니라 [39] 일찍이 예수께 밤에 찾아왔던 니고데모도 몰약과 침향 섞은 것을 백 리트라쯤 가지고 온지라 [40] 이에 예수의 시체를 가져다가 유대인의 장례 법대로 그 향품과 함께 세마포로 쌌더라

[41]예수께서 십자가에 못 박히신 곳에 동산이 있고 동산 안에 아직 사람을 장사한 일이 없는 새 무덤이 있는지라 [42]이 날은 유대인의 준비일이요 또 무덤이 가까운 고로 예수를 거기 두니라." — 요 19:25-42

저는 그동안 많은 장례를 치러 왔습니다. 최초로 치른 것은 74세의 어느 할머니의 장례였습니다. 그 노파는 그리스도께 대한 신앙고백을 한 적이 없었습니다. 저는 무슨 말을 할까 얼마나 난처했는지 모릅니다. 그저 예수님께 대해서 이야기하고 그분을 신뢰하는 사람들을 위하여 그분께서 무슨 일을 하실 수 있는지를 말하였지요. 어린애들의 장례도 치렀습니다. 몇 년 전에는 103세 할머니의 장례를 치렀습니다. 자살자들과 피살자들의 장례도 치러 왔습니다. 돈이 많이 소용된 관을 내려다보며 부한 사람들의 장례를 집행하는가 하면 시체가 간단한 소나무 관에 담긴 가난한 사람들의 장례도 맡았습니다. 악하게 산 사람들의 장례와 그들의 성도다운 생활로 예수 그리스도의 변화시키는 능력을 증거한 사람들의 장례도 집례했습니다.

그러나 오늘은 우리가 주 예수님의 장례를 생각해 보게 되었습니다. 그분은 단순한 사람 이상이신 것을 우리가 압니다. 그분께서는 하나님의 거룩하신 아들이셨습니다. 그런데도 연약한 유아로 세상에 오셨으며 보통의 소년으로서 자라나셨으며 사람들 중의 한 사람으로 사셨습니다. 그분은 한 사람으로서 죽으셨고 한 사람으로서 장사되셨습니다.

고린도전서 15장에서 바울은 자기가 전한 복음에 대하여 말하고 있습니다. 그는 그 복음을 하나님으로부터 받았다고 말했습니다. 그 복음에는 3가지 요점이 있었는데 그리스도의 죽으심과 장사와 부활이 그것들입니다. 우리들도 그분의 장사를 흘려버려서는 안 됩니다. 그러므로 우리가 요한복음 19장의 마지막 구절들을 공부할 때에 다음의 세 가지 사항을 살피게 될 것입니다.

1. 유증
2. 뼈
3. 장사

1. 유증

저는 여기에서 그리스도께서 자기의 어머니를 사랑하는 제자 요한에게 맡기시는 사실을 말합니다. 누구의 마음도 감동시킬 한 장면이 여기에 있습니다. 예수님께서 십자가상에서 죽어 가시고 계십니다. 곧 그분께서 "다 이루어졌다. 아버지, 내 영혼을 아버지 손에 맡기옵니다"라고 말씀하시는 것을 우리가 듣게 될 것입니다. 그분의 어머니 마리아와 요한과 아마 다른 사람들이 눈엔 눈물이 가득하고 비통으로 가슴이 미어지며 십자가 밑에 서 있었습니다. 그러나 예수님께서는 자기가 겪으시고 계시는 모든 고통에도 불구하고 자기를 나은 사람을 잊지 않으셨습니다. 그분의 아버지는 하나님이셨습니다만 하나님께서 마리아를 이용하셔서 자기의 아들을 세상에 보내셨습니다. 그분께서 자기의 아들을 성령을 통하여 마리아의 태속에 말씀으로 넣으셨습니다.

지금 예수님께서는 마리아가 단순히 한 인간임을 기억하십니다. 자기의 죽음이 그녀에게 미칠 파괴적 영향을 아십니다. 온 세상에 어느 어머니가 자기 아들이 참담한 고통 속에서 죽는 것을 가슴이 오만 갈래로 찢기지 아니한 채 지켜볼 수 있겠습니까? 마리아의 남편 요셉은 이미 죽고 없음이 분명합니다. 마태복음 13장에도 언급되어 있지만, 그녀의 다른 자녀들은 예수님의 사명에 아마 동조하지 않고 있었을 것입니다. 그래서 예수님께서 자기 어머니의 절박한 처지를 아시고 요한을 보시며 "요한아, 이분이 너의 어머니시다. 모셔 보살펴라"라고 말씀하십니다. 그리고는 마리아에게로 돌리시며 주님은 "보십시오. 당신의 아들입니다. 그와 함께 가세요"라고 말씀하십니다. 그때부터 요한이 마리아를 자기 집에 모셨다고 성경이 기록하고 있습니다.

그런데 어느 거대한 종교집단에서는 마리아를 거룩한 존재로서 높여야 하고 죄인들의 친구로서 기도를 올리며 경배해야 한다고 가르치고 있습니다. 그러나 일반적 분별력으로 생각해 보아도 다른 사람의 보살핌과 보호를 필요로 했던 그녀가 전혀 남을 도와 천국에 이르도록 해 줄 수 있을 것 같지가 않습니다. 가톨릭교의 모든 고안물 중에서 마리아숭배 교리만큼 성경적으로나 합리적으로 전혀 근거가 없는 것은 결코 없습니다. 신약성경을 더 깊이 읽어 가면 교회에 대하여 교리와 활동과 예배 등 여러 가지를 발견하게 됩니다. 그러나 마리아의 숭배에 대하여 한마디의 언급이라도 발견할 수 있습니까? 베드로나 바울이나 그 밖에 어떤 종이라도 그녀에게 기도하는 것을 볼 수 있습니까? 물론 없습니다. 신약성경에서 꼭 한 번 더 마리아가 나옵니다. 오순절 전의 기도모임에 그녀가 같이 자리를 했다고 기록되어 있습니다. 그녀에게 무슨 일이 일어났었는지, 그녀가 어떻게 죽었는지, 어디에 묻히었는지 아무도 모릅니다.

수년 전에 가톨릭은 그녀가 인생을 마칠 때에 죽지 아니하고 기적적으로 하늘로 올리어 갔다고 선언했습니다. 세계가 그동안 그 문제에 대하여 침묵하고 있었는데, 가톨릭교가 2천년 만에야 그것을 발견했다고 주장하는 것이 이상스럽기만 합니다. 그 문제의 진실을 말한다면, 마리아는 우리들과 같이 단순한 인간에 불과하였습니다. 그녀는 하나님께 축복받고 쓰임을 받은 경건한 여인이었습니다만 그럼에도 불구하고 결국 하나의 여인이었을 뿐입니다. 그녀에게는 아무런 신성도 없었습니다.

제가 가톨릭 친구에게 왜 마리아에게 기도하느냐고 물었더니 그가 이렇게 대답했습니다. "알다시피 어머니는 아들에게 누구보다도 더 가깝지요. 그러니까 우리가 예수의 어머니의 귀를 얻을 수 있으면 그녀가 자기 아들에게 말할 때에 우리를 위해 중재하여 줄 거예요." 그러나 성경에서 그런 가르침을 발견할 수 없습니다. 성경은 예수님의 이름으로 기도하라고 반복적으로 들려주고 있습니다. 마리아는 기도에 관련되어 언급도 되어 있지 않습니다. 여러분과 저는 하나님께서 우리의 기도를 들어 주시기를 바랄 때에 예수 그리스도를 통하여 하나님께 갑니다. 마리아에 대해서 생각할 필요도 전혀 없습니다. 그것이 기도에 대한 성경의 가르침이며 마리아에 대한 성경의 교훈입니다. 그녀는 주님의 비천한 종이었으며 조금도 그 이상이 아니었습니다.

한 침례교 목사가 어느 모임에서 마리아의 신성을 반박하는 발언을 했습니다. 전통적인 가톨릭 신도인 한 젊은 부인이 그의 발언에 이의를 제기했습니다. 그 목사는 자기의 성경을 펴서 디모데전서 2장 5절의 "하나님은 한 분이시요 또 하나님과 사람 사이에 중보자도 한 분이시니 곧 사람이신 그리스도 예수라"고 하는 말씀을 그녀에게 읽어 주었습니다. "그 말씀이 내 성경에도 있습니까?"라고 그 젊은 부인이 물었습니다. "예, 가톨릭 성경에도 있고 모든 성경에 있습니다"라고 목사가 대답했습니다. "그러면 우리 교회의 전체계가 무너집니다"라고 그녀가 말했습니다. 사실 그녀의 말이 옳았습니다. 우리와 하나님 사이에는 오직 한 분만이 서 계십니다. 그런데 그분의 이름이 마리아가 아니라 예수 그리스도입니다. 우리는 그분을 통하여 곧바로 하나님께로 갈 수 있습니다.

여기에서 우리는 예수님의 비할 바 없는 동정심을 봅니다. 우리는 특히 어려움을 겪고 있을 때 자신만을 생각하기 쉽습니다. 그러나 예수님은 참기 어려운 고통 중에 죽으시면서도 자신을 생각하시는 것이 아니라 자기 어머니와 다른 사람들의 안녕을 생각하십니다. 십자가상에서 마리아를 동정한 그 마음은 결코 변하지 않는 마음입니다. 그분은 자기를 사랑하는 사람들을 결코 잊지 아니하십니다.

어린 조니에게 선생이 이런 문제를 냈습니다. "너의 엄마가 사과파이를 만드시는데, 먹을 사람이 엄마, 아빠, 그리고 6명의 애들, 이렇게 8명이 있다고 하자, 그러면 각 사람은 그 파이의 얼마 정도를 먹게 되지?" 조니는 "7분의 1"라고 대답했습니다. "아니야, 조니, 그건 맞지 않아. 자, 잘 들어봐"라고 선생이 말했습니다. 선생은 다시 "식탁에 8명이 앉아 있는데 파이를 똑 같은 조각으로 나누면 각 사람은 얼마만큼을 먹게 되니?"라고 문제를 반복했습니다. 그래도 조니는 "7분의 1"라고 대답했습니다. 그러자 선생은 "조니야, 넌 얼마만큼 차지하게 될지도 모르는가 보구나"라고 말했습니다. "아니에요, 선생님. 제 몫을 알아요. 그러나 우리 엄마도 알고 있어요. 엄마는 먹고 싶지 않다고 하고 들지 않거든요. 그래서 우린 더 크게 나누어서 먹어요"라고 조니가 대답했습니다. 그러나 제가 말씀드리고 싶은 것은 예수 그리스도, 곧 우리 구주께서는 어떤 어머니보다도 더 사려가 깊으시고 친절하시며 자애로우시다는 사실입니다. 그분의 마음은 십자가 곁에 서 있는 마리아에게 향하였습니다. 그분의 마음은 지금도 여러분과 저에게 애착을 갖고 있습니다.

예수님은 경이롭게도 십자가에서 잠잠히 계셨습니다만 고통스럽지 않으셔서 그러하신 것은 아니었습니다. 갈증으로 온 몸이 타는 듯하셔서 "내가 목마르다!"라고 외치셨습니다. 십자가상의 죽음은 찌는 동방의 뜨거운 햇볕과 유혈로 갈증의 무서운 고통을 가져 오기 마련이었습니다. 지옥에 있는 사람이 너무도 목이 말라 한 방울의 물을 떨어뜨려 자기의 말라붙은 혀를 서늘하게 해 달라고 간청한 일이 기억납니다. 심한 갈증으로 그리스도의 고난은 더 고조되었습니다만 그 모든 것을 우리를 위하여 기꺼이 참으셨습니다. 여러분과 제가 생명수를 마시고 다시는 목마르지 않게 하시려고 그분께서 목마름의 고난을 당하셨습니다. 군인들은 해면을 신 포도주 아니면 식초에 담뿍 적시어 막대기에 꿰어 예수님의 입술에 갖다 대었습니다. 그 해면에서 약간의 물기를 머금으시고 갈증을 조금 누그러뜨리실 수 있었습니다. 식초를 받으신 후에 주님께서는 "다 이루었다"고 말씀하셨습니다.

예수님께서 "다 이루었다"고 말씀하실 때에 그분은 무엇을 의미하셨습니까? 여러 가지를 의미하셨다고 저는 믿습니다. 자기의 육체적 고통이 끝났으며 이제 우리를 위하여 목숨이 끊길 순간에 이르셨음을 의미하셨습니다. 그분은 구약의 모든 예언들을 자기가 이루셨음을 의미하셨습니다. 의식적인 율법이 폐기되었음을 의미하셨습니다. 사람이 더 이상 하나님께 짐승을 바쳐 제사드릴 필요가 없게 되었습니다. 지금 최고의 제사가 드려졌기 때문입니다. 그분께서 의미하신 것은 대속이라는 대과업이 완성되었다는 사실이었습니다. 지금부터 영원까지 사람들은 한 구주를 갖게 될 것입니다. 그 구주께서 그들을 위하여 구원을 사셨은즉 이제 그들이 해야 하는 것은 자기들이 회개하고 믿음으로 그 구원을 받아들이는 것뿐입니다. 그 말씀을 하신 후에 예수님은 "머리를 떨어뜨리시고 숨을 거두셨습니다." 목숨이 그분에게서 나갔습니다. 머리가 더 이상 목 위에 꼿꼿이 서 있질 못했습니다. 가슴 위에 떨어뜨려졌습니다. 그분께서 자기의 영혼은 아버지께 의탁하셨습니다. 그분께서 죽으신 것이었습니다.

기뻐하라, 너희 그분의 원수들이여! 그분께서 죽으셨다! 아, 그러나 너희의 기쁨은 오래가지 못하리라. 그분께서 죽으셨습니다. 그러나 다시 일어나실 것입니다. 사망이 하나님의 아들을 붙잡아 둘 수 없습니다. 그분은 사망을 지배하시는 주님이시니까요. 곧 그분께서 다시 오셔서 한 사람으로서 지상을 걸어 다니셨을 때에 행하신 것보다 더 능력 있는 일을 오고 오는 세기들을 통하여 행하실 것입니다.

2. 뼈

예수님께서 죽으신 그 이튿날은 유대인들이 중히 여기는 안식일이었습니다. 그날은 일몰로 시작되었습니다. 그리스도의 시체를 안식일의 어느 시간에라도 십자가에 매달아 두는 것은 유대인들에게 있어 온당하지 못하였습니다. 이것은 율법의 위반을 의미했으니 말입니다. 그래서 그분의 시체를 해가 지기 전에 옮겨야 했습니다. 오, 그때나 지금이나 사람들의 자가당착이란! 율법의 가장 미세한 부분을 어기는 것은 잘못으로 보았습니다만 하나님의 아들을 죽이는 것은 온당한 것으로 보았습니다! 오늘날도 여전히 "하루살이는 걸러내고 약대는 삼키는" 사람들이 있습니다.

유대인들이 급한 걸음으로 빌라도에게 와서 더 빨리 그 일을 끝마치기 위하여 그 세 수형자들의 발을 부러뜨려 달라고 재촉하였습니다. 빌라도의 명령을 내리고 군인들이 먼저 한 강도, 다음으로 다른 강도의 발을 부러뜨렸습니다. 그러나 그들이 예수님께로 와서 보니 그분은 이미 돌아가셨으므로 그분의 발은 꺾을 필요가 없었습니다. 그들 스스로는 깨닫지 못한 것이었습니다만 그들은 예언을 성취하고 있었습니다. 구약성경은 그분의 뼈들 중의 하나도 부러지지 않을 것이라고 말하고 있습니다. 그러면 군인들이 어떻게 하였습니까? 한 군인이 창을 들고 예수님의 옆구리를 찔렀습니다. 피와 물이 쏟아져 나왔습니다. 이렇게 그들은 예수님께서 아주 죽으신 것을 확인했습니다. 군인이 창으로 찔러 죽음을 확실하게 했던 것입니다. 스가랴서에 우리의 죄를 씻는 한 샘이 열릴 것이라고 기록되어 있습니다. 예, 그 샘이 여기에 있습니다. 여기에 모든 죄에서 깨끗하게 하는 피가 있습니다!

> "샘물과 같은 보혈은 임마누엘 피로다.
> 이 샘에 죄를 씻으면 정하게 되겠네.
> 정하게 되겠네 정하게 되겠네
> 이 샘에 죄를 씻으면 정하게 되겠네."

3. 장사

이제 저명한 두 사람이 그 장면에 나타났습니다. 한 사람은 아리마대의 요셉이었습니다. 그는 부자이며 예수님을 사랑하는 사람이었습니다. 이것이 그에 대한 성경의 처음이자 마지막 기록입니다. 또한 사람은 니고데모였습니다. 여러분이 그를 기억하고 계실 줄 압니다만 그는 산헤드린회의 의원으로서 저명한 유대지도자였습니다. 마음의 평화와 영혼의 구원을 찾으려고, 야음을 타고 밤에 예수님께 왔었지요. 예수님께서는, 모든 사람들에게 말씀하시는 바 그대로, 니고데모에게 "네가 하나님 나라에 들어가려거든 거듭나야 한다"라고 말씀하신 것을 우리가 기억합니다. 이 두 사람이 빌라도에게 가서 예수님의 시체를 가져다가 장사하도록 허락해 줄 것을 요청했습니다. 빌라도는 기꺼이 그렇게 허락해 주고 그 사건을 종결하였습니다.

요셉을 한번 봅시다. 그는 은밀히 예수님을 믿었으나 유대인들이 무서워 그분을 믿는다고 공적으로 신앙고백하지 않은 것 같습니다. 그가 한 제자인 것을 유대인들이 안다면 그들이 그의 재산을 몰수해 갈까봐 두려워했을 것입니다. 그러나 지금은 그가 자기 자신의 모든 이해득실에서 떠나 감연히 예수님 곁으로 나왔습니다. 이런 공적 태도를 취한 후에 그의 양심은 평안하고 마음은 더 행복했음이 분명합니다. 우리가 그리스도를 은밀히 믿을 수 있습니다만 그분께서는 우리가 공공연하게 그분을 위하여 나오기를 바라십니다. 바울은 로마 사람들에게 "사람이 마음으로 믿어 의에 이르고 입으로 시인하여 구원에 이르느니라"고 썼습니다. 그리고 예수님께서 "너희가 내 증인이 되리라"고 말씀하셨습니다. 그분께 대한 믿음을 숨겨두고서는 그분의 증인이 될 수 없습니다.

한 안과의사가 런던에서 개업하였으나 환자들이 찾아오질 않았습니다. 그는 매우 낙심하였습니다. 그러던 어느 날 맹인 한 사람을 만났습니다. 그는 그 맹인의 눈을 들여다보고서 "당신의 시력을 되찾게 할 수 있다고 믿습니다. 오전에 내 병원으로 오세요"라고 말했습니다. 맹인이 그 의사에게 출두하였습니다. 수술을 했는데, 완전히 성공적이었습니다. 그러나 맹인은 "전 돈 한 푼 없는 몸입니다. 지불할게 아무것도 없어요"라고 말했습니다. 그러자 의사가 말했습니다. "오, 예. 당신이 보답할 길이 있어요. 당신이 그렇게 하리라고 봐요. 모든 사람에게 당신 이야기를 하세요. 당신이 만나는 맹인마다 그에게 당신도 전에는 맹인이었다고 말하고 당신을 고쳐 준 사람의 이름을 소개하세요." 예수님께서 우리가 하기를 바라시는 것이 바로 그런 것입니다. 아리마대 요셉이 한 것처럼 어떤 굉장한 일이 벌어질 때까지 기다리지 맙시다. 그분 곁으로 나와서 그분께서 우리를 위하여 하신 것을 그들을 위해서도 하실 수 있음을 세상에 알립시다.

이제, 잠깐 니고데모를 살피면서 그가 은혜 가운데서 얼마나 많이 자랐는지 알아봅시다. 그는 어느 날 밤 남이 볼까 싶어 두려워하며 예수님께 찾아와서 내심으로 그분을 믿게 되었습니다. 나중에 그는 공회에서 앞으로 나와 예수님을 두둔하여 잠깐 발언하였습니다. 지금 그가 누가 어떻게 생각하든 개의치 않고 세상 앞에 나오는 것을 우리가 봅니다. 구주의 몸에 바를 향유를 갖고 왔습니다. … 우리들 모두는 꼭 같은 방법으로, 즉 그리스도를 믿는 믿음으로 구원을 받았습니다. 그런데 그때로부터 조금도 전혀 자라지 않는 사람들이 있습니다. 그들은 여생을 그리스도에서 젖먹이로 보냅니다.

더욱 진지하게 그리스도를 받아들이는 사람들이 있습니다. 그들은 자라기 시작합니다. 기도하고, 하나님의 말씀을 공부하고, 교회에 성실히 출석하고, 십일조 생활을 하고, 활동하고, 증거합니다. 그들은 그리스도의 대의와 그분의 교회가 계속 앞으로 전진 하도록 하는 사람들입니다. 오, 하나님을 위하여 아무것도 하지 않으며 마침내 텅 빈 손으로 종말을 맞을, 이름뿐인 그리스도인인 것으로 만족하는 사람들을 하나님께서 불쌍히 여기시기를 빕니다.

우리의 사랑하는 사람이 죽을 땐 그 시체에 방부제를 바르고 가장 좋은 옷을 입히며 더 자연스럽게 보이도록 장의 전문인에게 그 시체의 얼굴을 만져 달라고 부탁합니다. 시체를 관에 안치해 둡니다. 또 표지를 써 붙여 모든 친구들이 와서 조의를 표하도록 합니다. 그런 후에 조용하고 정든 교회에서 감동적 장례예배를 드립니다. 감격적으로 찬송을 부르고, 가장 위로가 되는 말씀을 읽고, 목사는 간절한 기도를 드리고 가장 위안을 주는 설교를 합니다. 우리는 관을 훌륭한 영구차에 실고 묘지로 가서 그 몸을 땅 속에 묻어놓고, 무덤을 꽃으로 덮습니다.

예수님은 그와 같은 장례를 갖지 못하셨습니다. 그분의 몸은 세마포에 싸였으며 이 세마포에 향유를 발랐습니다. 그분은 죽으신 날 바로 장사지내졌습니다. 매우 작은 무리가 그 행사에 참여했는데, 요셉, 니고데모, 막달라 마리아, 야고보와 요셉의 어머니 마리아, 요한, 이렇게 아마 5명뿐이었을 것입니다. 그 장례는 교회에서가 아니라 산에서 치러졌습니다. 아무도 노래 한 곡 부르지 않았습니다. 목사가 그분의 모범적 생애를 추모하는 절차도 없었습니다. 어둠이 짙어왔을 때, 그분의 고귀한 몸은 무덤에 안장되었고 그분의 사랑하는 사람들은 밑 모르는 슬픔, 중상을 입은 마음을 붙들고 그곳을 떠나갔습니다.

그날 밤은 그분의 제자들과 어머니와 그분을 사랑한 모든 사람들에게 얼마나 비통한 밤이었으리오! 장례를 치른 후의 첫 밤이 얼마나 슬픈지 우리는 잘 압니다. 우리는 빈 의자를 눈여겨봅니다. 다시는 듣지 못할 목소리를 더듬어 봅니다. 사랑하는 사람이 입었던 옷이나 간직하여 온 장신구를 만져 봅니다. 이런 물건들로 생각이 번져가며 가슴이 미어지게 아파옵니다. 그러나 여기에 기독교의 힘과 능력이 있으니, "슬피 울며 밤을 지새울지 모르나 아침에는 기쁨을 맞습니다." 비록 그때에는 아무도 깨닫지 못하였을지라도 예수님께서 제3일에 다시 오셨습니다. 그분은 그들이 슬픔을 노래로 바꾸어 놓으셨습니다. 그들의 입술에 위대한 구원의 복음을 붙여 그들을 내보내셨습니다.

그리스도인이 아닌 어떤 사람에게 그리스도를 정성스럽게 따르는 어린 딸애가 하나 있었습니다. 그 어린 소녀가 죽었습니다. 그래서 그 사람은 슬픈 마음으로 나날을 살아갔습니다. 하룻밤의 꿈에 그는 자기의 어린 딸애가 자기에게로 오고 있는 것을 보았습니다. 딸애가 팔을 뻗치며 "아빠, 이리로 오세요. 이리로 와서 하늘나라에서 나와 함께 살아요"라고 외쳤습니다. 그 사람은 잠이 깨어 하나님께서 왜 자기의 어린 딸을 데려 가셨는지 깨달았습니다. 그것은 그를 부르시는 하나님의 부름이었습니다. 그는 그리스도를 영접하고 하늘나라와 그리스도와 "주 안에서 죽는" 우리의 사랑하는 사람들에게 가는 길을 걷기 시작했습니다.

아, 우리는 하늘에 구주가 있습니다! 그분은 죽어 있는 존재가 아니십니다. 무덤 속에 누워 계시지 않습니다. 그분은 영원히 살아 계십니다! 구원을 위하여 그분께로 오라고 우리를 초청하십니다. 그분의 영광을 위하여 살라고 우리를 촉구하십니다. 인생의 수고로운 여로가 끝났을 때 그분께서 오서서 우리를 본향으로 데려 가실 것입니다. 제가 감히 당신에게 충고해 드립니다. 오늘 당신이 해야 할 최선의 것은 당신의 영혼 뿐 아니라 당신의 생활도 그분께 바치는 것입니다.

제
36
장

—

역사상 가장 영광스러운 날

—

"¹안식 후 첫날 일찍이 아직 어두울 때에 막달라 마리아가 무덤에 와서 돌이 무덤에서 옮겨진 것을 보고 ²시몬 베드로와 예수께서 사랑하시던 그 다른 제자에게 달려가서 말하되 사람들이 주님을 무덤에서 가져다가 어디 두었는지 우리가 알지 못하겠다 하니 ³ 베드로와 그 다른 제자가 나가서 무덤으로 갈새 ⁴ 둘이 같이 달음질하더니 그 다른 제자가 베드로보다 더 빨리 달려가서 먼저 무덤에 이르러 ⁵ 구부려 세마포 놓인 것을 보았으나 들어가지는 아니하였더니 ⁶ 시몬 베드로는 따라와서 무덤에 들어가 보니 세마포가 놓였고 ⁷ 또 머리를 쌌던 수건은 세마포와 함께 놓이지 않고 딴 곳에 쌌던 대로 놓여 있더라 ⁸ 그때에야 무덤에 먼저 갔던 그 다른 제자도 들어가 보고 믿더라 ⁹ (그들은 성경에 그가 죽은 자 가운데서 다시 살아나야 하리라 하신 말씀을 아직 알지 못하더라) ¹⁰ 이에 두 제자가 자기들의 집으로 돌아가니라 ¹¹마리아는 무덤 밖에 서서 울고 있더니 울면서 구부려 무덤 안을 들여다보니 ¹²흰 옷 입은 두 천사가 예수의 시체 뉘었던 곳에 하나는 머리 편에, 하나는 발 편에 앉았더라 ¹³ 천사들이 이르되 여자여 어찌하여 우느냐 이르되 사람들이 내 주님을 옮겨다가 어디 두었는지 내가 알지 못함이니이다 ¹⁴ 이 말을 하고 뒤로 돌이켜 예수께서 서 계신 것을 보았으나 예수이신 줄은 알지 못하더라 ¹⁵ 예수께서 이르시되 여자여 어찌하여 울며 누구를 찾느냐 하시니 마리아는 그가 동산지기인 줄 알고 이르되 주여 당신이 옮겼거든 어디 두었는지 내게 이르소서 그리하면 내가 가져가리이다 ¹⁶ 예수께서 마리아야 하시거늘 마리아가 돌이켜 히브리 말로 랍오니 하니 (이는 선생님이라는 말이라) ¹⁷ 예수께서 이르시되 나를 붙들지 말라 내가 아직 아버지께로 올라가지 아니하였노라 너는 내 형제들에게 가서 이르되 내가 내 아버지 곧 너희 아버지, 내 하나님 곧 너희 하나님께로 올라간

다 하라 하시니 [18] 막달라 마리아가 가서 제자들에게 내가 주를 보았다 하고 또 주
께서 자기에게 이렇게 말씀하셨다 이르니라.” — 요 20:1-18

이 오랜 세상은 놀랍고 영광스러운 날들을 몇 번 경험해 왔습니다. 시간이
없어서 그날들을 지금 자세히 설명할 수 없습니다만 가장 영광스러운 유일한 날
은 예수님께서 죽은 자들 가운데서 살아나신 날이었음을 저는 믿습니다. 어떤
역사가가 전에 예수님의 생애에 대한 이야기를 썼습니다. 그가 책을 완성할 때
에 예수님을 십자가에 달려 계신 채로 남겨 두었습니다. 그는 그저 “그것이 그의
마지막이었다. 그것은 한 꿈의 종결이었다”라고 말할 뿐이었습니다. 그러나 그
것은 끝이 아니었습니다. 사망이 하나님의 아들을 붙잡아 둘 수 없었습니다. 우
리는 모두 예수님께서 그 십자가에서 참으로 죽으신 것을 인정합니다. 군인들이
그날 오후 늦게 십자가에 다가갔을 때 그분께서 죽으신 것을 발견하였습니다.
그 전에 그분은 “다 이루어졌다. 아버지, 내 영혼을 아버지 손에 맡기옵니다”라
고 말씀했었습니다. 군인들 중의 하나가 더욱 확실히 하려고 창을 그분의 옆구
리에 찔러 깊은 상처를 가했습니다. 그러나 예수님은 꿈틀하는 미동도 없으셨습
니다. 완전히 죽으신 것이었습니다. 친절한 두 친구가 조심스럽게 그분의 몸을
내려서 새 무덤에 장사했습니다. 그곳에 예수님은 한 동안 안치되셨으나 주간의
첫날 이른 새벽에 살아나셔서 세상으로 걸어 나오셨습니다.

그분의 부활은 많은 것을 입증했습니다. 그것은 그분께서 하나님의 아들이
심을 입증했습니다. 그분께서 이제껏 발언하신 모든 주장이 사실임을 입증했습
니다. 그분은 하늘과 땅의 모든 권능을 소유하심을 입증했습니다. 사망과 무덤
의 결박을 부술 능력이 있으셨다면 그분은 우리를 구원하실 능력이 있으십니다.
그분의 부활은 또한 우리들의 부활도 있다는 것을 입증했습니다. 그분만이 하늘
로 올라가시고 우리들은 영원히 무덤에 남겨 두시지 않으실 것입니다.

그분께서 만약 그 무덤에 머물러 계셨다면 여러분과 저는 구주가 없었을 것
입니다. 그분은 거짓 메시야였을 것입니다. 그분의 모든 주장과 약속들도 빈말
이었을 것입니다. 그분께서는 자기가 다시 살아나셔서 영원히 다스릴 것이리고
말씀하셨습니다. 그러므로 그분이 그 무덤 속에서 시간만 흘려보내고 있었다면
우리는 그분을 믿을 수 없었을 것입니다. 그러나 감사하게도 그분께서 자기가

하리라고 말씀하신 모든 것을 행하셨습니다. 전에 다른 사람이 아무도 그렇게 한 적이 없었을 지라도 다시 살아나시겠다고 그분이 말씀하셨습니다. 모든 능력과 영광으로 그분은 다시 살아나셨습니다. 그래서 오늘날 우리에게 살아계신 구주가 있는 것입니다. 우리가 잃어졌을 때에 우리를 구원하며, 우리가 슬퍼할 때에 우리를 위로하며, 우리가 연약할 때에 강하게 해 주며, 죽을 때에 천국으로 데려 가는 데에는 반드시 살아계신 구주가 필요합니다. 그런데 우리에게 그분이 계신 것입니다! 그분이 계셔요! 하나님께 우리 감사합시다.

저는 가톨릭계 병원들의 벽에서 십자가에 죽으신 채 달려 있는 그리스도의 상을 많이 보아왔습니다. 멕시코에 있는 어느 가톨릭교회에서 유리로 된 관속에 안치되거나 고개를 떨구고 비참히 십자가에 달려 있는 죽으신 그리스도의 상을 제단 위로 본 적이 있습니다. 정말로, 이것은 그리스도의 참된 상이 아닙니다. 그분은 살아나셨습니다! 그분은 살아 계십니다! 그분은 하늘과 땅의 모든 권세를 가지셨습니다! 그분은 영원히 사시며 통치하실 것입니다!

본 구절에서는 우리가 다음의 세 가지 사항을 만나게 됩니다.

1. 무덤
2. 눈물
3. 손댐

1. 무덤

그리스도께서 십자가에 달리신 곳 근처에 한 동산이 있었습니다. 그 동산에 바위를 깎아서 판 새 무덤이 있었습니다. 그 무덤은 오늘날 우리들이 보는, 땅을 판 그런 무덤이 아니었습니다. 그러나 당시에, 바위벽을 깎아 만든 조그만 공간이 있었습니다. 거기에 예수님이 장사되었습니다. 입구 밖에는 큰 돌이 들어갈 수 있게끔 홈이 파져 있었는데, 홈에 맞춘 큰 돌을 굴리어 입구를 덮는 제자리에 들어서게 할 수 있었습니다. 그 무덤은 부자 아리마대 요셉이 소유한 것이었습니다. 그와 니고데모는 예수님의 시체를 장사할 준비를 하였습니다. 그 당시의 풍습대로 준비하였습니다. 긴 세마포에 향료를 발라 그 세마포로 예수님의 시체를 정성스럽게 싸고 또 쌌습니다.

예수님께서 죽으실 때에 무덤을 부자와 함께 하실 것이라고 예언되었습니다. 여기에서 우리는 다시 한 번 예언이 세세하게 성취된 것을 봅니다. 그리고 그

것은 출생에 비하여 얼마나 대조적입니까. 가난하게 구유에서, 어둑한 곳에서
태어나시더니 이제 그분이 부하며 이름 있는 사람의 바위무덤에 장사되셨습니
다. 그분의 출생을 잇는 모든 것은 굴욕으로 점철되어 있었습니다. 그분의 장사
를 잇는 모든 것은 영광과 능력으로 가득 차 있었습니다.

그런데, 시간이 더디 지나갔습니다. 예수님의 몸은 무덤에 뉜 채로 있었습
니다. 그분의 친구들과 제자들은 절망으로 축 처져 있었습니다. 그들에게 있어
서 모든 빛이 하늘에서 사라졌습니다. 그들의 가슴 속에서 모든 소망의 불이 꺼
져 있었습니다. 예수님은 죽으시고, 그들의 모든 꿈은 티끌로 무너져 내리고 말
았습니다. 그럴 때에 그 주간의 첫날이 왔습니다. 얼마나 놀라운 날이 될 것입니
까! 예수님께서 살아나실 것입니다. 제자들이 변화될 것입니다. 태양은 다시 빛
날 것입니다. 그들의 소망과 꿈이 소생하게 될 것입니다.

아직 어두운데, 막달라 마리아와 다른 두 여자들이 무덤으로 향했습니다.
그들은 아마 잠을 잘 수 없었을 것입니다. 날 새기를 기다릴 수 없었습니다. 그들
은 예수님을 장사할 때에 자기들이 놓친 한 특권을 행사할, 그분의 시체에 더 바
를 좋은 향료를 갖고 갔습니다. 누가 돌을 굴려 주었으면 하고 바라면서 발길을
옮겼습니다만 정말 놀랍게도, 도착하여 보니 이미 돌문이 굴려져 무덤이 열려
있었습니다. 막달라 마리아가 그것을 제일 먼저 본 사람이었습니다. 그녀는 너
무도 놀랐습니다. 다른 두 여자를 남겨 두고 달려가 베드로와 요한을 만났습니
다. 헐떡이며 숨 막힐 듯이 그녀는 그들에게 그 소식을 쏟았습니다. "그들이 무
덤에서 주님을 가져갔어요. 어디다 두었는지 모릅니다." 예수님께서 자기 자신
의 능력으로 살아나신 것을 그들은 꿈도 꾸지 못했습니다. 그렇게 하시겠다는그
분의 약속을 이해하지 못했습니다. 원수들이 주님의 시체를 가져 간 줄로 생각
했습니다.

여러분, 그들의 감정을 상상할 수 있습니까? 우리가 가장 사랑하는 사람을
묻었는데 그 다음 날 아침 누가 무덤에서 그 시체를 가져간 것을 알게 되었다고
가정해 봅시다. 자연히 우리는 크게 곤혹을 당하게 될 것입니다. 그러나 잠깐 그
무덤으로 돌아갑시다. 마리아는 속으로 들어가 보지 않았습니다. 돌문이 굴려져
있는 것을 보고 그녀는 안으로 들어가 보지도 않고 제자들에게 알리려고 전 속
력으로 달려갔습니다. 그러나 다른 여자들이 무덤 안으로 걸어 들어가 그곳에
두 천사를 발견하였습니다. 그들은 매우 두려워하였습니다. 그때 천사가 말하였

습니다. "두려워 말라. 너희가 예수님을 찾고 있는 줄 알고 있다. 그러나 그분이 여기에 계시지 않다. 말씀하신 대로 살아나셨다. 가서 제자들에게 그렇게 알려라." 그래서 그들은 그 영광스러운 소식을 다른 친구들에게 알리려고 빨리 무덤에서 떠나갔습니다.

지금 베드로와 요한은 시체가 도둑맞았다는 마리아의 말을 듣고 어찌할 바를 몰랐습니다. 그들은 무덤을 향하여 달렸습니다. 요한이 더 젊었으므로 먼저 그곳에 도착했습니다. 그는 안을 들여다보고서는 들어가지는 않았습니다. 베드로가 도착하기를 기다렸습니다. 베드로가 곧 따라왔습니다. 그는 언제나 충동적이었습니다. 1초도 지체하지 않고 무덤 속으로 급히 들어가 시체를 쌌던 세마포가 개어진 체 놓여 있는 것을 발견하였습니다.

여기에서 우리가 베드로와 요한의 개성적 차이를 보면서 오늘을 위한 한 교훈을 얻게 됩니다. 그들은 정반대의 기질을 소유한 사람들이었습니다만 그런데도 그 두 사람은 모두 예수님을 전심으로 사랑하였습니다. 오늘날도 우리가 알고 있는 다른 어떤 사람이 사물을 우리와 꼭 같이 보지 않을지도 모릅니다만 그런데도 그가 여전히 우리와 꼭 같이 진실한 그리스도인일 수 있습니다. 하나님의 동산에 있는 꽃들은 색깔이 다양합니다. 그런데도 그것들은 모두 같은 성령에 의하여 심깁니다. 우리는 외면적인 것들로 판단할 권리가 없습니다. 교회에서 어떤 사람들은 베드로와 같으며 또 어떤 사람들은 요한과 같습니다만 모든 사람에게 자리가 있습니다. 모든 사람에게 할 일이 있습니다. 그러므로 우리 모두 그리스도를 신실하게 사랑하며 그분을 사랑하는 모든 사람들로 해서 하나님께 감사합시다. 필요한 것은 우리가 모두 예수님을 사랑하는 것입니다.

요한은 무덤 속으로 베드로를 따라 들어갔습니다. 그런데 그들이 무엇을 발견했겠습니까? 시신을 싸맨 천만이 그곳에 놓여 있고 예수님의 시신이 없어진 것을 알았습니다. 그런데, 세마포 수건으로 시체의 머리를 싸는 것이 당시의 풍습이었습니다. 예수님의 경우에도 이렇게 했습니다. 베드로와 요한이 둘러보니 그 수건이 단정하게 포개어진 채로 따로 놓여 있었습니다. 그것은 무엇을 입증하는 것이었습니까? 그것은 그 무덤에 서두름, 황급함, 공포 같은 소란이 전혀 없었음을 의미했습니다. 예수님께서 고스란히 수의를 제쳐 놓으시고 부활의 옷을 입으신 후에 조용히 무덤을 떠나셨던 것입니다.

별안간 굉장한 진리가 그들에게 섬광처럼 번쩍였습니다. 예수님의 시신이 도둑맞은 것이 아니다. 그분이 죽은 자들 가운데서 살아나셨다. 세상 어딘가에 나오셔서, 살아 계시며 우리를 만나고자 간절히 기다리고 계신다. 이제 그들은 무덤을 떠나 집으로 갑니다. 이번에는 달리지 않습니다. 걸으며 일어난 이 영광스러운 일에 대하여 이야기를 주고받습니다. 이제 그들은 그분께서 살아 계신다고 예수님의 어머니에게 가서 말할 수 있습니다. 이제 그들은 다른 제자들을 만나 기쁜 소식을 말할 수 있습니다. 이제 그들은 무덤이 도저히 하나님의 아들을 붙들 수 없다고 온 세상에 말할 수 있습니다. 이제 그들은 그분을 얼굴과 얼굴을 맞대고 만날 시간을 기다릴 수 있습니다. 그분께서 그들을 실망시키지 않으실 것은 확실하기 때문입니다. 이제 그들의 가슴에 기쁜 노래가 울립니다. "할렐루야, 주님이 사셨네! 주님이 사셨네!"

세상은 살아나신 구주가 필요합니다. 오직 살아 계신 주만이 사람들을 구원하실 수 있습니다. 오직 살아 계신 주만이 그분이 하신 것처럼 세상에 영향을 주실 수 있습니다. 오직 살아 계신 주만이 그분께서 하신 것처럼 인류 역사의 흐름을 변경하실 수 있습니다. 그리고 후일에 그분께서 십자가에 달리시기 위하여가 아니라 만왕의 왕, 만주의 주로서 세세무궁토록 다스리시기 위하여 다시 오실 것입니다.

H. G. 스패포드(Spafford)는 시카고의 한 사업가였습니다. 그는 진실한 그리스도인이었습니다. 심각한 도산이 몇 번 있었으므로 재정비 하는 동안 그는 자기의 가정을 잃었습니다. 아내와 네 딸을 형편이 개선될 때까지 몇 명의 친구들과 함께 살도록 프랑스로 보냈습니다. 대양 한 가운데서 그 프랑스 기선은 다른 기선과 충돌하여 12분 후에 가라앉고 말아 230명의 승객이 목숨을 잃었습니다. 그 네 딸들도 익사하였으나 스패포드 부인은 구조되었습니다. 그녀는 프랑스에서 남편에게 "혼자만 구조됨. 난 어떻게 할까요?"라는 전보를 쳤습니다. 스패포드 씨는 슬픔으로 거의 쓰러질 지경이었습니다. 재산을 잃고, 귀여운 네 딸은 바다의 어두운 물결 밑에 수장되고 아내는 지구 저편에서 슬픔으로 몸져 누워 있었습니다. 그러나 그는 모든 신뢰를 하나님께 두었으며 그 이후로 수많은 사람들에게 위안을 준 한 노래를 지었습니다.

"내 평생에 가는 길 순탄하여
늘 잔잔한 강 같든지

큰 풍파로 무섭고 어렵든지
나의 영혼은 늘 편하다
내 영혼 평안해
내 영혼 평안해."

오, 정말이지, 그와 같이 이겨내도록 사람들을 돕는 데에는 살아 계신 구주가 필요합니다. 오늘날과 같은 긴장의 시대에 살고 있는 우리는 사람들이 자기들의 마음속에 가득히 자리 잡고 있는 공포에 대해 토로하는 것을 듣습니다. 어떤 비극이 언제 강타하여 올지 모르는 현실의 상황을 사람들이 의식하고 있습니다. 우리의 적들이 수초 내에 지상에서 우리를 쓸어버릴 수 있는 폭탄을 갖고 있습니다. 그러나 그리스도인은 이 모든 것을 염려할 필요가 없습니다. 그에게는 살아 계신 구주가 계셔서 이 세상에서와 그리고 영원한 세계에서 그의 영혼이 안전하기 때문입니다.

2. 눈물

이제 베드로와 요한은 무덤을 떠났는데, 그러나 막달라 마리아는 아직도 그곳에 머물러 있었습니다. 여자들은 종종 남자들보다 더 깊이 사랑하니까요. 그녀의 사랑이 예수님께서 누이신 곳을 그녀로 하여금 떠나지 못하게 했습니다. 그래서 그녀는 뒤에 남아 눈물을 흘리고 있었습니다. 그런데 그 사랑은 보상을 받았습니다. 그녀는 살아나신 구주를 제일 먼저 뵙고 이야기를 나눈 사람이 되었습니다. 여기에 우리가 배워야 할 교훈이 있습니다. 그리스도를 가장 열렬하게 사랑하는 사람들, 가장 친밀하게 그분과 동행하는 사람들은 항상 가장 행복한 교제를 그분과 나누게 됩니다. 그들의 마음속에 성령의 증거를 가장 민감하게 느끼게 됩니다.

전에 통로를 걸어 나와 그리스도께 마음을 바친 한 사람이 여기 있다 합시다. 세례도 받고 교회의 사귐에 동참했습니다. 한 동안은 매일 기도하고, 규칙적으로 성경을 읽고, 예배시간마다 빠지지 않고 참여하였습니다. 그러다가 어느 때부턴가 점차 이런 일들을 버렸습니다. 기도하는 것, 성경을 읽는 것, 교회에 출석하는 것을 그만두었습니다. 그가 세상으로 돌아갔습니다. 그리스도께서 그에게 살아 있는 현실이 되시겠습니까? 물론, 그럴 수 없습니다. 오, 불쌍한 타락자여, 당신은 세상에서 최대의 기쁨과 가장 행복한 사귐을 잃고 있습니다. 주님을 처음 알았을 때 당신이 느꼈던 그 기쁨이 어디에 있습니까? 그곳을 내가 말해 드리겠습니다. 그 기쁨은 저기 뒤, 당신이 그것을 잃어버린 곳에 있습니다. 그것은 저기 뒤, 당신의 사랑이 차갑게 식어버린 곳, 마땅히 걸어야 할 길에서 떠나간 곳에 있습니다. 그것은 저기 뒤, 예수님께서 당신을 용서하시고 축복하시려고 기다리고 계신 곳에 있습니다. 그분의 얼굴을 가리는 것들에 등을 돌리고 그 첫사랑으로 돌아오세요.

마리아가 무덤 안을 들여다보았을 때 두 천사가 그곳에, 한 천사는 예수님께서 누이신 자리의 머리맡에, 또 한 천사는 발치에 앉아 있는 것이 눈에 띄었습니다. 천사들의 옷은, 하늘나라의 색깔, 청결의 색깔, 속죄함을 받은 사람들의 옷 색깔로, 희었습니다. 베드로와 요한은 무덤 속에 들어갔을 때 이 천사들을 왜 보지 못하였습니까? 성경에서 보면, 천사들은 나타나고 사라지는 것이 자유자재인 것을 알 수 있습니다. 어떤 이유에서 하나님께서 천사들 보는 것을 마리아에게는 허용하시고 그 사람들에게는 허락하지 않으셨습니다. 이것은 아마 하나님께서 그녀의 사랑에 상급을 주시는 다른 하나의 방법이었을 것입니다. 천사들이 그녀에게 "왜 울고 있느냐?"라고 물었습니다. 이것은 천사들이 그녀를 부드럽게 꾸짖고 있는 것이 아니었습니까? "왜 울어야 하느냐? 이 빈 무덤을 보고 마땅히 기뻐해야 한다"라고 말하고 있는 것이 아니었습니까? "누가 저의 주님을 가져갔습니다. 어디 두었는지 모르겠습니다"라고 그녀가 대답했습니다. 슬픔에 잠긴 애처로운 마리아, 당신의 사랑은 정말 아름답습니다. 그 사랑은 반드시 상급을 받을 것입니다.

그때 천사들이 일어나서 마리아 너머로 주님을 보았을 것입니다. 그녀는 돌이켜서 영화된 몸을 입으시고 거기에 서 계신 예수님을 보았습니다. 그러나 그녀는 그분을 알아차리지 못했습니다. 새벽빛이 너무 어두워 그녀가 명백하게 볼 수 없었을 것입니다. 그녀의 눈에는 눈물이 가득 고여 있었을 것입니다. 아마 그분의 몸이 지금 아주 달라졌을 것입니다. 엠마오로 가고 있던 두 사람의 경우처럼 어떤 초자연적인 가리개가 그녀의 눈을 흐리게 하였는지 모릅니다. 그때 예수님께서 "여인아 왜 울고 있느냐?"라고 똑같은 질문을 하셨습니다. 그녀는 그분이 동산지기인 줄 알고 "여보세요, 당신이 그분을 옮겨갔거든 어디다 두셨는지 말해 주세요. 내가 그분을 모셔 가겠습니다"라고 대답했습니다.

여기 마리아는 마음의 모든 소원이 되시는 분이 바로 그녀 곁에 계시는데도 마음을 쏟아 울고 있습니다. 그렇게 울고 걱정할 필요가 없었습니다. 오늘날 우리들도 마찬가지입니다. 걱정할 하등의 이유가 없는 때에 우리는 눈물을 짭니다. 우리는 멀리까지 손을 내밀어 내일로부터 염려를 빌려옵니다. 우리가 살아가는 중에 두려워하는 것들의 3분의 2는 결코 일어나지 않습니다. 염려는 하나님께 대한 믿음의 결여를 보여줍니다. 오, 우리가 더 많은 믿음을 갖고 있다면 그리스도께서 항상 가까이에 계시는 것을 우리가 깨달을 것입니다. 그분은 우리가 감당할 수 있는 것보다 더 많은 것을 우리에게 짐 지우지 않으십니다. 그분께서는 모든 일이 합력하여 선을 이루도록 하십니다. 야곱은 한때, 요셉이 죽었다고 생각하였을 때에, 자기 믿음을 잊은 적이 있습니다. "이 모든 것이 나를 대적한다"고 그는 부르짖었습니다. 그렇지만 그는 요셉이 잘되고 번영한 것을 보고 그때껏 일어났던 모든 것을 하나님께 감사하면서 살았습니다. 오, 그리스도인이여, 당신의 공포와 염려와 걱정에서 눈을 떼세요. 예수님을 보세요. 그분께서 마리아에게 가까이 계셨던 것과 같이 당신 곁에 계십니다.

예수님은 꼭 한마디, "마리아야"라고 말씀하셨습니다. 그분께서 사용하신 그 어조로 그 밖에 아무도 말할 수 없었을 것입니다. 그리고 그 한마디로써 충분하였습니다. 그녀의 눈이 뜨였습니다. 과연 예수님이셨습니다. 그녀의 구주께서 죽어 있지 않으셨습니다. 다시 살아 계셨습니다. 무덤이 그분을 도저히 붙잡을 수 없었습니다. 여기 그분이 그녀 앞에 계십니다. 그녀는 그분의 발 앞에 엎드려 "주여!"라고 외쳤습니다. 이제 그녀의 마음은 행복했습니다. 기쁨이 넘치고, 눈물은 씻겨 사라졌습니다. 그 밖에 아무도 예수님처럼 완전히 인생을 변화시킬 수 없습니다.

3. 손댐

마리아는 기쁨으로 벅찼습니다. 그러나 예수님은 물러서시며 "지금 나를 만지지 말라. 내가 아직 아버지께로 올라가지 않았다"라고 말씀하셨습니다. 좀 더 뒤, 낮에 다른 여자들이 그분의 발을 껴안는 것을 그분께서 허락하셨습니다. 왜 마리아에게는 그 특권을 거절하셨을까요? 이제 그녀는 그분의 인간성을 잊고 오직 그분의 신성만을 인정해야 했습니다.

예수님은 아마 그렇게 말씀하시고 계셨을 것입니다. "내가 아직 아버지께로 올라가지 않았다. 40일 동안 올라가지 않겠다. 나중에 나를 보고, 만지고, 나와 함께 대화할 시간이 많이 있다. 지금 귀중한 시간을 조금도 낭비하지 말라. 해야 할 다른 일이 있으니 말이다. 가서 내 제자들에게 내가 살아 있다고 말하라. 내가 머지않아 내 아버지께로 올라갈 것이나 그 전에 그들에게 말할 것이 많다."

마리아가 얼마나 반가운 소식을 전하게 되었습니까. 3일 전에 이 제자들이 그분을 저버리었습니다. 그런데 지금 그분은 그들이 한 모든 것이 용서되고 그분께서 그들을 다시 보고 싶어하신다는 것을 그들이 알게 되기를 바라십니다. 지금도 우리가 이러한 구주를 갖게 된 것이 놀라운 일이 아닙니까? 우리는 죄를 짓습니다. 그러나 그분께서는 용서하십니다. "아비가 자식을 불쌍히 여김 같이 여호와께서 자기를 경외하는 자를 불쌍히 여기시나니 이는 저가 우리의 체질을 아시며 우리가 진토임을 기억하심이로다." 주님은 우리의 연약을 기억하시며 아낌없이 우리를 용서하십니다. 그리해서 지금 우리는 마리아가 기쁨으로 빛나는 얼굴을 하고, 뛰는 듯한 행복한 발걸음으로 제자들에게 그리스도의 말씀을 전하려고 가는 것을 봅니다.

예수님은 결코 변하지 아니하십니다. 그분은 "어제나 오늘이나 영원토록 동일하십니다." 죄인에게 그분은 "내게 오는 자를 내가 결코 내쫓지 아니하리라"라고 말씀하십니다. 타락자에게 "내게로 돌아오라. 그러면 나도 너에게로 돌아가겠다"고 말씀하십니다. 잘못한 제자들을 대해 주셨던 것과 같이 그분께서 우리도 그렇게 대해 주실 것입니다. 우리가 범죄할 때에 우릴 용서해 주실 것입니다. 넘어질 땐 우리를 일으켜 주실 것입니다. 그리고 정말 우리가 천국에 이르러서 우리 모두는 이 한 노래를 부를 수 있을 것입니다. "우리의 죄를 따라 처치하지 아니하시며 우리의 죄악을 따라 갚지 아니하셨도다."

이안 맥라런(Ian MacLaren)이 집에서 달아나 도회지로 가서 죄악에 빠졌던 스코틀랜드의 한 소녀의 이야기를 합니다. 그녀의 아버지는 완고하고 용서할 줄 모르는 사람이었습니다. 어머니는 죽고 없었습니다. 아버지는 자기 딸의 이름을 교회명부에서 제해버리게 했습니다. 마침내 그녀가 자기의 저지른 일을 후회하고 집으로 돌아오고 싶어한다는 기별이 왔습니다. 그러나 그녀의 아버지는 아직도 노한 마음을 풀지 않고 그녀를 다시 받아 주지 않겠다고 강경히 잘라 말했습니다. 그 후 어떤 영향이 그의 생애 미쳐 와서 마음을 누그러뜨렸습니다. 그는 드디어 자기의 딸이 집으로 돌아와도 좋다고 동의 했습니다. 그녀는 어느 날 오후 늦게 돌아와서 그날 밤 그와 함께 저녁밥을 먹고 자기의 옛 방에서 잠을 잤습니다. 그 다음날 어떤 사람이 아버지가 어떻게 그녀를 맞아 들였는지 그녀에게 물었습니다. "게일릭 말에는 '가장 사랑하는 사람'을 뜻하는 말이 50가지나 돼요. 지난밤에 아버지는 나에게 이야기하면서 그 50가지 전부를 사용하셨어요"라고 그녀가 대답했습니다.

오, 저는 당신에게 그리스도는 그 사랑에 있어 어떤 아버지보다도 더 크심을 말하고 싶습니다. 주님은 죄인이 그분께 오기를, 타락자가 돌아오기를 기다리십니다. 그들을 껴안으시고 사랑하시며 용서하실 수 있게 말입니다. 당신이 그분의 발 앞에 엎드려 당신의 마음과 삶을 그분께 바치기만 한다면 마리아에게 찾아왔던 그 기쁨이 오늘 당신 것이 될 수 있습니다.

제
37
장

—

"아침에는 기쁨이 오리로다"

—

"[19] 이 날 곧 안식 후 첫날 저녁 때에 제자들이 유대인들을 두려워하여 모인 곳의 문들을 닫았더니 예수께서 오사 가운데 서서 이르시되 너희에게 평강이 있을지어다 [20] 이 말씀을 하시고 손과 옆구리를 보이시니 제자들이 주를 보고 기뻐하더라 [21]예수께서 또 이르시되 너희에게 평강이 있을지어다 아버지께서 나를 보내신 것 같이 나도 너희를 보내노라 [22]이 말씀을 하시고 그들을 향하사 숨을 내쉬며 이르시되 성령을 받으라 [23] 너희가 누구의 죄든지 사하면 사하여질 것이요 누구의 죄든지 그대로 두면 그대로 있으리라 하시니라 [24] 열두 제자 중의 하나로서 디두모라 불리는 도마는 예수께서 오셨을 때에 함께 있지 아니한지라 [25] 다른 제자들이 그에게 이르되 우리가 주를 보았노라 하니 도마가 이르되 내가 그의 손의 못 자국을 보며 내 손가락을 그 못 자국에 넣으며 내 손을 그 옆구리에 넣어 보지 않고는 믿지 아니하겠노라 하니라 [26] 여드레를 지나서 제자들이 다시 집 안에 있을 때에 도마도 함께 있고 문들이 닫혔는데 예수께서 오사 가운데 서서 이르시되 너희에게 평강이 있을지어다 하시고 [27] 도마에게 이르시되 네 손가락을 이리 내밀어 내 손을 보고 네 손을 내밀어 내 옆구리에 넣어 보라 그리하여 믿음 없는 자가 되지 말고 믿는 자가 되라 [28] 도마가 대답하여 이르되 나의 주님이시요 나의 하나님이시니이다 [29] 예수께서 이르시되 너는 나를 본 고로 믿느냐 보지 못하고 믿는 자들은 복되도다 하시니라 [30] 예수께서 제자들 앞에서 이 책에 기록되지 아니한 다른 표적도 많이 행하셨으나 [31]오직 이것을 기록함은 너희로 예수께서 하나님의 아들 그리스도이심을 믿게 하려 함이요 또 너희로 믿고 그 이름을 힘입어 생명을 얻게 하려 함이니라." — 요 20:19-31

제자들은 침통과 슬픔으로 이틀 밤을 지냈습니다. 자기들의 구주께서 강제로 끌려가시는 것을 보았습니다. 그분께서 잔혹한 십자가에 못 박히시는 것을 보고 그들은 깨어지는 심정으로 돌아섰었습니다. 그들은 이렇게 말하면서 시간을 보냈습니다. "오, 왜 이 일이 꼭 일어나 했을까? 주님은 젊으시며, 선하시며, 수많은 사람을 도우셨다. 왜 이 일이 일어나야만 했는가?" 그분께서 맹인을 보게 해 주시는 것을 그들이 목격했었습니다. 앉은뱅이를 걷게 하시고, 3명의 죽은 사람들을 다시 살리시는 것을 보았었습니다. 그들은 분명히 이렇게 말했을 것입니다. "그분께서는 왜 자기 자신이 죽으시는 것을 허락하셨을까? 우리는 그분이 얼마나 많이 필요한가. 그런데도 왜 죽으셔야 했을까?" 그와 같이 그들은 의혹과 눈물로 긴 시간을 보냈습니다. 그들 중의 몇 사람은 빈 무덤에 가보았고 또 천사들이 "그분은 여기에 계시지 않는다. 살아나셨다"고 말하는 것은 사실이었습니다. 그러나 이것은 너무 좋아서 믿을 수 없었습니다. 그리하여 그들의 어려움이 여기에 있었습니다. 그들이 빈 무덤도 보았고, 기쁜 소식도 들었습니다. 그러나 예수님 자신을 직접 보지 못하였습니다.

오, 나의 친구들이여, 당신들은 기독교의 증거를 모든 면에서 보고 있는지 모르겠습니다. 사람들이 그리스도께 대하여 말하는 것을 당신들이 듣는지 모릅니다. 그러나 그 이상의 것이 필요합니다. 당신들 스스로 예수님을 봐야 합니다. 한 위대한 경험이 제자들을 기다리고 있습니다. 그들의 침울이 영광으로 변화될 것이며 떠오르는 태양이 그들의 슬픔을 지워버릴 것입니다. 그들이 예수님을 볼 것입니다! 오, 얼마나 복된 순간이 그들을 기다리고 있습니까!

이 장면을 우리가 지켜볼 때에 다음 세 가지 사항이 눈에 띕니다.

1. 출현
2. 부재
3. 확신

1. 출현

예수님께서 죽으신 후의 첫 주일은 제자들에게 당황과 혼동의 하루였습니다. 그들은 예수님께서 영원히 살아나셨다는 확신을 아직 얻지 못하고 있었습니다. 그날 예수님은 어떤 개인들에게 가기 다른 4번의 경우에 걸쳐 나타나셨습니다. 그러나 주님은 전체가 모인 자리에 나타나실 저녁이 오기를 기다리셨습니다. 그날은 정말 영광스러운 날이었습니다. 그때로부터 그리스도인들이 일요일을 특별한 날로, 기억하여 지켜야 할 성일로 구별한 것은 당연하였습니다.

해가 서녘으로 가라앉으면서 어둠이 내려왔습니다. 제자들은, 마음으론 마냥 소망을 향해 발돋움하고 확신을 찾으면서 잠긴 문 뒤편에 있는 다락방에 모였습니다. 그들의 주님께 행해진 일들을 목격했던지라 지금 그들은 자기들의 안전에 대해 전전긍긍하고 있었습니다. 그들이 무슨 이야기를 하고 있었을까요? 상상으로 그들의 이야기를 들어봅니다. 그들 중의 한 사람이 "그것이 사실이길 바랍니다. 그러나 어떻게 그럴 수 있는지 통 이해할 수가 없어요. 주님은 죽으시고 장사되지 않았습니까? 그런데 지금 그분이 어떻게 살아 계실 수 있겠습니까?"라고 말합니다. 그러나 다른 한 사람이 "그러나 마리아가 주님을 보았어요. 다른 몇 사람도 보았고요. 그들은 분명하게 그분을 알아보았습니다. 주님이 지금 살아 계심에 틀림없습니다"라고 말합니다. 이렇게 그들이 이야기 하면서 소망을 가졌다가 낙망했다가 하는 도중에 놀라운 기적이 일어났습니다. 예수님께서 오셔서 방 한 가운데 서 게셨습니다. 그분은 문을 열 필요도 없었습니다. 영화된 몸으로써 그분은 잠긴 문을 통하여 그들 앞에 서셨던 것입니다. 이 얼마나 놀라움과 기쁨이 전율하는 순간이었겠습니까! 어떤 사람은 소리 지르고 어떤 사람은 울고 하였음에 틀림없습니다. 그들 모두는 주위에 모여 "주여, 정말 주님이십니까? 주님께서 사망을 정복하셨습니까? 주님은 참으로 살아 계십니까?"라고 말했을 것입니다. 그때 예수님께서 말씀하셨습니다. 그들의 저버림과 의심을 꾸짖지 아니하시고 "너희에게 평안이 있으라"라고 그들에게 말씀하셨습니다. 모든 과거는 용서되었습니다. 그들에게 필요한 한 가지는 평안이었습니다. 그들의 마음은 불안하고 머리는 혼돈스러웠기 때문입니다. 주님께서 말씀하실 때에 마음이 안정되며 의심이 사라졌습니다. 다시 한 번 그들의 영혼이 기쁨으로 노래했습니다.

예수님께서는 사람들에게 평안을 주시려고 세상에 오셨습니다. 죄인은 평안이 없습니다. 그러나 그리스도께서는 그에게 "모든 지각에 뛰어난 평안"을 주실 수 있습니다. 그분께서 십자가상에서 자신의 피로써 사신 것이 평안이었습니다. 그리고 이것이 교회의 가르침입니다. 우리는 온 세상 속으로 들어가야 합니다. 구주와 마음의 평안을 모르는 사람들을 찾아야 합니다. 모든 사람들에게 평안이 오게 하시려고 죽으신 분에 대하여 그들에게 말해야 합니다.

마음속에 평안을 갖는다는 것 — 이것이 모든 사람들에게 꼭 필요한 것입니다. 저는 오늘 아마 죄짓는 생활을 계속해 온 누군가에게 말하고 있을 것입니다. 아시다시피 당신은 하나님과의 관계가 바로 되어 있지 않습니다. 당신과 그분 사이에는 캄캄한 어둠이 가로놓여 있는데 그 어둠은 당신의 죄입니다. 당신은 평안이 필요합니다. … 저는 아마 지금 자기의 사업을 유지 발전시켜 가며 동시에 그리스도인답게 살려고 투쟁하고 있는 어느 실업가에 대해 말하려고 합니다. 당신은 평안이 필요합니다. … 저는 아마 지금 다난한 가정사로 비참하게 고생하고 있는 주부에게 말합니다. 당신은 평안이 필요합니다. … 저는 아마 지금 피끓는 정열로 격심한 유혹에 직면하고 있는 어떤 젊은이에게 말하고 있는 것입니다. 당신은 평안이 필요합니다. … 예수님께서 "평안을 너희에게 끼치노니 곧 나의 평안을 너희에게 주노라"고 말씀하셨을 때에 우리 각 사람을 생각하시고 계셨습니다. 그분은 당신이 그분께로 와서 그 평안을 얻기를 원하십니다. 그분은 당신이 세상으로부터 돌아서서 그분의 편으로 넘어오기를 바라십니다. 당시의 짐을 그분께로 가져오기를 바라십니다. 그분께서는 당신에게 평안을 주기 바라십니다. 그분께서 십자가에서 죽으실 때에 당신을 생각하셨으며, 당신을 구원하고 당신의 마음에 평안을 가져오기에 필요한 모든 일을 하셨습니다.

심장병으로 고생하는 한 사람이 저명한 의사에게 찾아갔습니다. 의사는 그에게 심전계 검사를 실시하였으며 엑스레이 검진도 실시되었습니다. 그는 환자에게 모든 일에서 손을 떼고 안정된 생활을 하라고 권고했습니다. 이것은 낙망적인 소식이었습니다. 병상 생활과 다를 바 없는 것이 그의 앞에 놓여 있었기 때문입니다. 1년 후에 의사는 그 사람이 다시 일을 하려고 한다는 말을 들었습니다. 그를 불러들여 다시 모든 검사를 했습니다. 그런 후 의사는 그에게 "전의 병의 증상을 조금도 발견할 수 없습니다. 지난 12달 동안 무엇을 하였습니까?"라고 말하였습니다. 그 사람이 이렇게 대답했습니다. "뭐 할 것이 있어야죠. 그래서 성경을 읽기 시작했습니다. 그리스도를 내 구주로 발견하였으며 하나님의 평안과 평정이 내 삶 속으로 찾아들었습니다. 조금씩 내 건강이 좋아지더니 지금은 아주 좋습니다." 예, 예수님은 병든 마음의 치료가 되십니다. 그리고 그분이 오실 때에는 모든 지식을 초월한 하나님의 평안을 가져옵니다.

제자들 중의 몇 사람은 아직도 완전히 확신할 수 없었던 것 같습니다. 그래서 예수님께서 이렇게 말씀하셨습니다. "내 손의 이 못 자국을 보아라. 내 옆구리의 창자국도 보아라. 그러면 내가 죽었다가 다시 살아난 자임을 너희가 알 것이다." 우리가 천국에 이르러서 그분의 못 자국을 보아 그분을 알아보리라는 오랜 노래가 있습니다. 저는 그게 사실이라고 믿습니다. 천국에서도 그분은 십자가 고난의 형적을 지니고 계실 것입니다. 요한계시록은 주님께서 "죽임을 당하신 어린양"으로서 나타나실 것이라고 우리에게 들려줍니다. 천국에서 우리가 이 상처들을 볼 때에 우린 그분 앞에서 얼굴을 바닥에 대고 엎드려 우리를 위하여 죽으시고 구원해 주셨음을 그분께 감사드리고 싶어 할 것이 분명합니다. 그때는 그렇게 하면 될 것입니다만 그러나 우리는 지금도 그분께 감사를 드려야 합니다. 고마움을 보이는 가장 좋은 방법은 진정한 그리스도인의 삶을 살며 충성스럽게 그분을 섬기는 것입니다.

제자들은 주님을 뵙고 기뻐했음을 성경에서 읽습니다. 지금 그들은 완전히 확신했습니다. 그들의 마음이 기쁨으로 충만했던 것은 물론입니다. 그런데, 사람이 구원과 확신 속에서 주님을 뵈었을 때 무엇을 하여야 합니까? 예수님은 "아버지께서 나를 보내신 것 같이 나도 너희를 보낸다"고 해야 할 일을 말씀하십니다. 하나님께서는 자기를 계시하여 보이시며 세상의 속량을 위한 자기의 계획을 실현하시도록 예수님을 세상으로 내려 보내셨습니다. 또한 그것이 그리스도인 개개인이 해야 할 일입니다. 그는 자기에게서 다른 사람들이 예수님을 볼 수 있도록 살아야 하며 세계를 위한 하나님의 원대한 구속사업에서 반드시 한 부분을 맡아야 합니다. 바꾸어 말하면, 그리스도처럼 살아야 하며 그리스도처럼 봉사해야 합니다. 이것이 각 그리스도인의 의무입니다.

그러나 이 미천하고 무식한 사람들이 스스로 무엇을 할 수 있었겠습니까? 그들은 아무것도 할 수 없었습니다. 그래서 예수님은 그들에게 숨을 내쉬며 "성령을 받으라"고 말씀하셨습니다. 그분이 안 계셨다면 그들이 하나님을 위하여 아무 일도 할 능력이 없었을 것입니다. 우리 위에 성령의 능력이 임하지 않는다면 우리도 하나님을 위하여 아무 일도 이룰 수 없습니다. 우리 자신들의 힘으로 나가서 주님을 섬기려고 애쓰지 맙시다. 그분의 능력이 우리 위에 임하도록 항상 간절히 간구합니다.

찰스 H. 스펄전은 어느 주일에 자기 생각으로 가장 졸작인 설교를 하였습니다. 그는 의기가 꺾여 집으로 돌아가서는 무릎을 꿇고 "주여, 주께서는 무에서 무엇을 만들어 낼 수 있으십니다. 그 형편없는 설교를 축복하여 주옵소서"라고 부르짖었습니다. 그리고 그는 다음 주일에는 훌륭한 설교를 해야겠다고 마음먹고 정성을 들여 준비했습니다. 그 주일 아침, 그가 생각해 보아도 설교는 멋지게 나갔습니다. 사람들이 그를 둘러싸고 찬사를 선사했습니다. 그는 결과를 찾아 지켜보았습니다. 조만간 그 형편없던 설교로부터는 41명의 결신자를 계수할 수 있었는데 그 다른 설교로부터는 한 명도 없었습니다. 오, 중요한 것은 우리의 총명이나 재능이나 개성이 아닙니다. 하나님의 사업에서 중요한 것은 우리 위에 임하는 성령의 능력입니다.

이제 성경에서 가장 난해한 구절들 중의 하나를 우리가 만나게 되었습니다. 요한복음 20:23 — "너희가 누구의 죄든지 사하면 사하여질 것이요 누구의 죄든지 그대로 두면 그대로 있으리라." 가톨릭은 이 구절이 그들의 사제들에게 죄를 사할 권능을 준다고 말합니다. 그러나 성경은 오직 하나님만이 죄를 사하실 수 있음을 명백하게 말합니다. 신약성경 전체를 통하여 사도들을 따라가 보십시오. 우리는 그들이 그리스도를 전파하며 하나님께서 죄를 용서하실 수 있음을 사람들에게 가르치는 것을 듣습니다만 그들이 누구에게든 "당신의 죄를 사하는 것을 내가 맡겠소"라고 결코 말하지 않습니다. 오직 하나님만이 그 일을 하실 수 있습니다. 가톨릭 사제가 죄인에게 "내가 당신을 사면합니다"라고 말해도 좋습니다만 그러나 그렇게 함으로써 그는 자신을 사도들보다 앞에 세워 두고 있습니다. 어느 한 사도가 누구의 죄를 사해 준 사례가 성경에 하나도 없습니다.

그러면 이 구절은 무엇을 의미합니까? 예수님께서는 단순히 이런 뜻으로 말씀하시고 계셨습니다. "가서 복음을 전파하라. 죄를 고백하며 내게로 돌아서는 사람들은 그 죄의 사함을 받을 것이라고 선포할 권위를 내가 너희에게 준다. 그러나 내게로 오기를 거절하는 사람들은 그들의 죄를 용서받지 못할 것임을 선언할 권위를 또한 너희에게 준다." 우리가 성경상에 이 사람들이 하는 일을 살펴보면 이것이 바른 해석인 것을 알게 될 것입니다. 그들은 전파해야 했으며 하나님께서 사람들의 죄를 용서하실 것이었습니다. 그때에 전파자는 그들의 죄가 사함을 받았다고 선언할 수 있었습니다. 우리는 성직자의 직책에 그리스도께서 그에게 주신 것 이상의 권능을 덮어 씌워서는 안 됩니다. 성직자와 사제들을 그들의 온당한 자리에서 끌어냄으로써 가톨릭교회에 끝없는 미신과 부패가 야기되었던 것입니다.

말할 것도 없이 성직자들은 단순히 인간들입니다. 그들에게 죄를 사할 수 있는 권능이 주어져 있다고 가정해 보세요. 그들에게 하늘나라의 문을 어떤 사람들에게는 열고 다른 사람들에게는 닫을 수 있는 권능이 주어져 있다고 가정해 보세요. 어떤 사태가 빚어질지 알 수 있습니다. 사제가 어떤 사람에게 화가 날 경우 그의 개인적 감정이 개입될 수 있을 것입니다. "좋아, 난 자네를 싫어하거든. 그래서 자네를 천국으로 들여보내지 않아야겠어"라고 그가 말할 수 있을 것입니다. 또 그가 좋아하는 어떤 사람에겐 "당신이 무슨 일을 했든 그것은 중요하지 않아. 당신에게는 천국의 문을 열어 주겠다"고 말할 수 있을 것입니다. 아닙니다. 그리스도께서 그런 권능을 아무에게도 주지 않으셨음을 우리가 확신할 수 있습니다. 그분은 단순히 전도자에게 이렇게 말씀하십니다. "사람들에게 복음을 선포하라. 생명과 사망을 그들 앞에 놓아라. 내 말의 권위로, 내게 오면 그들이 구원을 받을 것이나 내게 오는 것을 거절하면 그들이 멸망을 받을 것이라고 너희가 선언할 수 있다."

2. 부재

우리는 다시 다락방의 그리스도와 제자들을 들여다봅니다. 몇 명인지 세어 봅니다. 열 명 밖에 볼 수 없습니다. 애초에는 열두 명의 제자가 있었으나 유다가 주님을 배반한 후에 자살하였습니다. 그런고로 그가 거기에 있을 것으로 기대하지 않지요. 그러면 누가 없습니까? 기록에 의하면 도마가 거기에 없었습니다. 그때 그가 어디에 있었는지 모릅니다. 우리는 그저 예수님께서 그들에게 축복과 확신을 갖고 오셨을 때에 그가 거기에 없었다는 것만 알 뿐입니다. 오, 이 불참한 도마는 오늘날 수많은 추종자들을 갖고 있습니다. 그들은 가장 사소한 구실로도 하나님의 집에서 자리를 비웁니다. 예수님은 지금도 자기의 사람들과 만나십니다. 지금도 역시 축복을 갖고 오십니다. 그런데도 어떤 특별한 축복이 필요한 사람들이 그곳에 많이 없습니다.

여러분, 행복하고 성장하는 그리스도인이 되시고 싶습니까? 그러면 하나님의 집에서의 예배에 빠져서는 안 됩니다. 우리의 육체적 건강이 규칙적 물질적 음식에 달려 있듯이 영적 건강은 영적 음식에 달려 있습니다. 그러나 이렇게 말하는 사람들도 있습니다. "교회에 갈 필요가 없다. 어느 곳에서나 하나님을 예배할 수 있으니까. 집에 머물러서 신문을 읽거나 텔레비전을 보면서도 나는 예배할 수 있다. 골프장에서나 혹은 유람하는 차 속에서도 예배할 수 있거든." 예, 그런 밖에서도 하나님을 예배할 수 있습니다만 당신은 그렇게 하지 않습니다. 당신의 마음은 완전히 다른 것들에 빼앗겨 있어요. 당신의 마음이 하나님께 있다면 당신은 그분의 교회에 와 있을 것입니다. 가장 참된 예배는 예배를 위하여 특별히 마련된 성전에서와 모든 것이 그리스도께 집중된 예배시간에 발견됩니다.

그런데, 그날 밤 늦게 제자들이 도마를 어떤 곳에서 만났습니다. 저는 그들이 "도마, 도마, 예수님이 사셨어! 우리가 그분을 뵈었어요! 우리들이 있는 방으로 주님께서 들어오셨어. 자네도 거기에 있었다면 주님을 보았을 텐데"라고 큰 소리로 외치듯이 말하는 것을 들을 수 있습니다. 도마는 기뻐하며 "하나님 감사합니다! 좋을시고! 놀랍도다!"라고 말했습니까? 아닙니다. 그는 그저 머리를 떨구더니 "나는 그걸 믿지 않아요. 주님의 상처 난 손을 보고 그 못 자국과 옆구리에 내 손을 직접 넣어보지 않고는 그걸 믿지 않겠어"라고 말했습니다. 열 명의 진실한 사람들이 목격담을 이야기하는데도 그는 그들의 말을 믿지 않았습니다. 그러기에 우리는 그를 "의심 많은 도마"라고 부릅니다.

오늘날도 도마와 같은 사람들이 있습니다. 그들은 자기들이 볼 수 없는 것 스스로 계산할 수 없는 것은 어떤 것도 믿지 않습니다. 그러나 우리는 하나님의 존재, 그리스도의 신성, 예수님의 부활 등을 실험실에서 증명할 수 없습니다. 어떤 것들은 믿음으로 받아들여야만 합니다. 영적 진리에 대한 셀 수 없이 많은 증거들이 우리의 주위 사방에 가득 차 있습니다. 우리가 그것들을 왜 받아들이지 않습니까? 다른 것들은 믿음으로 받아들이면서 말입니다. 사람이 위성을 만들 수 있다는 것, 그리고 그것을 대기권 밖으로 쏘아 올려 시속 1만 8천 마일로 지구 주위를 회전시킬 수 있다는 사실은 믿을 수 없는 것입니다. 그러나 유력한 증인들이 우리들에게 말해 주었기 때문에 그런 일이 실제로 있었다는 것을 우리가 압니다. 그와 같이 여러분과 저는 오랜 세월의 음성을 들어야 합니다. 그것은 하나님께서 우리를 사랑하시며, 그리스도께서 죽으셨다가 다시 살아나셨으며, 믿음으로 그분께로 오는 모든 사람들을 그분께서 구원하신다고 말합니다.

3. 확신

도마는 의심쟁이였습니다. 하지만 정직하게 진리를 찾은 의심쟁이였습니다. 예수님께서 살아나셨다면 그 사실을 그는 알고 싶었습니다. 그래서 제자들이 함께 모인 그 다음 일요일엔 그도 고기 잡으러 가지 않았습니다. 그도 함께 자리했습니다. 주님께서 다시 나타나신다면 그는 주님을 뵙고 싶었습니다. 전과 똑같이 그들은 문을 꽉 닫고 있었습니다. 그런데, 감사하게도 그 일이 다시 일어났습니다! 예수님께서 오셔서 그들 가운데 서시면서 "너희에게 평안이 있으라"라고 말씀하셨습니다. 그러신 후 예수님은 곧바로 도마에게로 가셨습니다. 그를 꾸짖지 않으셨습니다. 믿음이 없다고 그에게 호통치지 않으셨습니다. 그분께서는 정말 부드럽고 따뜻하게 그를 대하셨습니다. "도마야"라고 그분이 말씀하셨습니다. "내가 살아난 것을 네가 믿지 않았지? 자, 내 손의 이 못 자국에 네 손가락을 넣어보라. 내 옆구리의 상처자국에도 너의 손을 넣어보라. 그리하고 도마야, 더 이상 의심하지 마라. 온 마음을 다해 믿으라." 그러면 도마가 어떻게 하였습니까? 그가 예수님을 만져보았는지 않았는지 기록이 없습니다. 그는 그분을 얼굴로 맞대고 보았습니다. 손을 상처자국에 넣을 필요가 없었습니다. 그는 그저 "나의 주, 나의 하나님"라고 소리칠 뿐이었습니다. 그는 즉각적으로 사망과 무덤을 정복하신 이분이 사람일 뿐만 아니라 하나님 자신이심을 깨달았던 것입니다. 이 한 문장으로 그는 놀라움과 기쁨과 회개와 믿음을 표현했습니다.

당신은 그리스도를 당신의 구주로서 고백하셨습니까? 어떤 영국의 저술가가 영혼의 문제로 번민하고 있었습니다. 그는 그 문제로 한 감독을 찾아 갔습니다. 감독은 그에게 "종이 두 장을 선생님께 드리겠습니다. 한 장은 하얀 종이이고 다른 것은 가장자리에 검은 테가 둘러져 있습니다. 집에 가서서 이때까지 선생님께서 행한 일중에서 악의 때가 전혀 묻지 않은 선한 일들을 모두 하얀 종이에 적으세요. 검은 테가 있는 종이에 당신 생애에서 죄가 되고 사악한 것들을 모두 적으십시오"라고 말했습니다. 며칠 후에 그 저술가가 감독에게 돌아 와서 이렇게 말했습니다. "검은 테의 종이는 앞뒤로 가득 채워졌는데, 12장도 더 채울 수 있었습니다. 흰 종이에는 선한 것 꼭 한 가지를 써 놓았어요. 어머니에 대한 저의 사랑이었습니다. 그러나 다시 생각한 후에 그것을 지워버렸습니다. 그 사랑도 자주 이기심으로 망가졌었기 때문입니다." 그러자 감독은 "그래서 선생님은 어떻게 하셨습니까?"라고 물었습니다. 그 사람이 이렇게 대답했습니다. "무릎을 꿇고 '하나님이여 이 죄인을 불쌍히 여기옵소서' 하고 부르짖었지요." 오, 우리들 모두 안에 이 저술가처럼 긍휼을 구하여 하나님께 부르짖어야 할 만큼 그렇게 많은 악이 들어차 있습니다.

예수님은 그때에 도마에게 이렇게 말씀하셨습니다. "너는 나를 이렇게 보고서 믿었다. 나를 보지 않고서도 믿는 사람은 복이 있다." 주님은 아브라함과 모세와 다윗과 그리고 믿음으로 그분의 오심을 간절히 기다린 모든 사람들을 생각하고 계셨음에 틀림없습니다. 또한 예수님을 보지 않았을지라도 그분을 신뢰하며 따를, 수세기에 걸쳐 내려온 모든 사람들과 오늘에 살고 있는 모든 사람들을 포함시키셨음이 분명합니다. 도마는 육안으로 보고 믿었습니다. 그러나 우리는 믿음의 눈으로 그분을 보고 믿습니다.

이때로부터 제자들은 다른 사람들이 되었습니다. 부활하신 그리스도를 봄으로써 새로운 생명력이 그들 속으로 들어왔습니다. 그때부터 그들은 죽기까지 충성하게 됩니다.

영국의 유명한 그리스도인인 리처드 세실이 하루는 어린 딸을 데리고 런던의 번화가로 갔습니다. 그 애를 공원의 의자에 남겨 두면서 그가 물건을 사는 동안 그곳에 머물러 있으라고 일렀습니다. 물건을 다 산 후에 그는 전차를 타고 집으로 갔습니다. 그의 아내가 "메리는 어디 있어요?"라고 물었습니다. "오, 내가 그 애를 잊고 공원에 그대로 두었군." 그는 허겁지겁 공원으로 가서 보니 그 애는 그곳 의자에 움츠리고 앉아 추위에 떨고 있었습니다. "귀여운 애"라고 그가 말했습니다. "왜 택시를 타고 집으로 오지 않았니?" 그러나 어린 소녀는 이렇게 대답했습니다. "아빠, 아빠가 날 데리러 오실 때까지 여기에 있으라고 말했으니까요."

19세기 전에 예수님께서 "내가 올 때까지 머물러 있으라"라고 말씀하셨습니다. 하나님께서, 우리가 우리의 자리를 지키면 그분께서 데리러 오시는 그날까지 그분께 충성하도록 우리를 도우십니다.

제
38
장

—

자기의 백성을 섬기시는 하나님

—

"¹그 후에 예수께서 디베랴 호수에서 또 제자들에게 자기를 나타내셨으니 나타내신 일은 이러하니라 ²시몬 베드로와 디두모라 하는 도마와 갈릴리 가나 사람 나다나엘과 세베대의 아들들과 또 다른 제자 둘이 함께 있더니 ³ 시몬 베드로가 나는 물고기 잡으러 가노라 하니 그들이 우리도 함께 가겠다 하고 나가서 배에 올랐으나 그 날 밤에 아무 것도 잡지 못하였더니 ⁴ 날이 새어갈 때에 예수께서 바닷가에 서셨으나 제자들이 예수이신 줄 알지 못하는지라 ⁵ 예수께서 이르시되 얘들아 너희에게 고기가 있느냐 대답하되 없나이다 ⁶ 이르시되 그물을 배 오른편에 던지라 그리하면 잡으리라 하시니 이에 던졌더니 물고기가 많아 그물을 들 수 없더라 ⁷ 예수께서 사랑하시는 그 제자가 베드로에게 이르되 주님이시라 하니 시몬 베드로가 벗고 있다가 주님이라 하는 말을 듣고 겉옷을 두른 후에 바다로 뛰어 내리더라 ⁸ 다른 제자들은 육지에서 거리가 불과 한 오십 칸쯤 되므로 작은 배를 타고 물고기 든 그물을 끌고 와서 ⁹ 육지에 올라보니 숯불이 있는데 그 위에 생선이 놓였고 떡도 있더라 ¹⁰ 예수께서 이르시되 지금 잡은 생선을 좀 가져오라 하시니 ¹¹ 시몬 베드로가 올라가서 그물을 육지에 끌어 올리니 가득히 찬 큰 물고기가 백쉰세 마리라 이같이 많으나 그물이 찢어지지 아니하였더라 ¹²예수께서 이르시되 와서 조반을 먹으라 하시니 제자들이 주님이신 줄 아는 고로 당신이 누구냐 감히 묻는 자가 없더라 ¹³ 예수께서 가셔서 떡을 가져다가 그들에게 주시고 생선도 그와 같이 하시니라 ¹⁴ 이것은 예수께서 죽은 자 가운데서 살아나신 후에 세 번째로 제자들에게 나타나신 것이라." — 요 21:1-14

하나님의 생각은 우리들의 생각보다 훨씬 높으며 하나님의 지혜는 우리들의 지혜와 아주 다릅니다. 요한복음 1장에서 우리는 하나님께서 사람이 되신 것을 보았습니다. 그분은 구유에서 태어나셨습니다. 하나님께서 그분을 세상 안에 보내시기 위하여 사용한 여인은 순진한 시골 처녀였습니다. 그분은 한 목공소에서 성장하셨습니다. 그분이 사역을 시작하셨을 때 그분은 미천한 사람들로 둘러싸이셨습니다. 집이 없으셨습니다. 거대한 조직도 없으셨습니다. 그분은 "여우도 굴이 있고 공중의 새도 집이 있으되 인자는 머리 둘 곳이 없도다"라고 말씀하셨습니다. 그리고 멸시와 수치의 죽음을 죽으셨습니다. 요람에서 무덤까지 그분의 온 생애는 굴욕과 가난과 슬픔의 그것이었습니다. 그분은 실로 "간고를 많이 겪었으며 질고를 아는 자"이었습니다.

그러나 그것이 그 일을 이루시는 하나님의 방법이었습니다. 우리 같으면 다르게 그 일을 처리하였을 것입니다. 우리가 하나님을 지상으로 내려 보내게 되었다 가정한다면 굉장한 능력과 영광으로 싸서 내려 보냈을 것입니다. 그분의 머리에 다이아몬드로 관을 씌우고 황금빛 옷을 입히었을 것입니다. 천사들과 그룹들과 스랍들을 옹위시켜 그분을 내려 보냈을 것입니다. 우리라면 그분을 울려 퍼지는 나팔소리와 광휘로운 축포와 대성가대의 우렁찬 합창 가운데 내려 보냈을 것입니다. 온 지상 위에 우뚝 솟은 옥좌에 그분을 내려놓았을 것입니다. 우리라면 모든 사람으로 그분께 고개를 조아리며 경배하게 하셨을 것입니다.

이렇듯 하나님의 방법은 우리들의 방법과 다릅니다. 우리가 요한복음의 마지막 장에 들어서면 또 그러한 차이를 보게 됩니다. 그리스도께서는 무덤에서 부활하셨습니다. 그분은 지금 막 최대의 승리를 얻으셨습니다. 지금 그분은 부활된 몸으로 살고 계시며 곧 하늘로 다시 가셔서 하나님 아버지의 우편에 앉게 되실 것입니다. 천사들이 환영하며, 하나님께서 영접하며, 옛 성도들이 그분의 귀환으로 호산나를 외칠 것입니다. … 그러나 우리는 그분께서 지금 여기 이 지상에서 무엇을 하고 계시는 것을 봅니까? 우리는 그분께서 한 웨이터의 역할을 담당하시고 그분의 가장 가까운 일단의 친구들을 위하여 아침을 장만하시며 대접하시는 것을 봅니다.

그것이 만만 세세에 예수 그리스도의 모습입니다. 그분은 자기 백성들을 시중드시는 주님이십니다. 그분은 항상 우리들 곁에 계시며, 우리의 필요에 대기하시며, 그 필요를 채우실 수 있습니다. 우리의 영혼을 먹이시고, 우리의 몸을 고치시고, 우리의 죄를 사하여 주실 수 있습니다. 예, 그분은 자기의 백성들을 섬기시느라 항상 바쁘십니다. 본 구절에서는 우리가 다음의 세 가지 사항을 봅니다.

1. 제자
2. 실망
3. 식사

1. 제자

우리는 지금 제자들을 다시 갈릴리에서 발견합니다. 그들 중의 몇은 그들이 예수님을 따르기 시작하기 전에 그곳에 살았었으며 고기를 잡는 것이 그들의 생업이었습니다. 어떤 날 7명의 제자들이 이곳에 모였습니다. 별안간 베드로가 "난 고기 잡으러 가겠소"라고 말했습니다. 다른 제자들도 모두 그것에 찬동했습니다. 그래서 그들은 배를 타고 바다로 나가 밤새껏 고기를 낚았습니다. 어떤 사람들은 그들이 고기 잡으러 나갔다고 나무랄 것입니다. 이 사람들이 다시 세상으로 돌아갔다고 말입니다. 그러나 우리가 기억해야 할 것은 그들이 자기들이 알고 있는 유일한 직업으로 돌아간 것은 자연스러울 뿐이라는 점입니다. 복음을 전파하는 위대한 사업은 아직 그들에게 시작되지 않았습니다. 성령께서 아직 그들 위에 임하시지 않았으므로 그들이 빈둥거리며 소일하는 것보단 정직한 직업에 종사하는 것이 더 합당하였습니다.

오늘날 우리는 성스러운 것과 세속적인 것을 지나치게 구별합니다. 목사의 일은 성스럽고 다른 일은 세속적이라고 우린 말합니다. 그러나 제가 믿기로는 하나님께서는 우리가 모든 일을 성스러운 것으로 보며 모든 직업을 그리스도를 증거할 장소로 여기는 것을 기뻐하십니다. 여기에 그리스도를 믿는 한 의사가 있다 합시다. 그는 자기의 환자들을 돌보면서 참으로 그리스도를 전할 수 있습니다. 여기에 그리스도를 믿는 변호사가 있다 합시다. 그는 자기의 변호 의뢰인들을 상대하면서 참으로 그리스도를 전할 수 있습니다. 여기에 그리스도를 믿는 한 상인이 있다 합시다. 그는 자기의 모든 거래에서 그리스도께서 자기에게 무엇을 의미하시는지를 보일 수 있습니다. 예, 우리의 직업이 무엇이든지 그 직업으로 우리는 그리스도를 위하여 살며 그분을 위하여 영향을 끼칠 수 있습니다.

바로 이 점에 있어 오늘날 매우 많은 그리스도인들에게 문제가 있음을 발견할 수 있습니다. 그들은 "나는 목사나 선교사로 부름을 입지 않았다. 그래서 내겐 할 일이 없다"라고 말합니다. 그것은 잘못입니다. 그리스도를 위한 평신도의 영향이 목사의 영향보다 더 효과적일 때가 많습니다. 어느 날 오전, 한 큰 은행의 은행장이 스카보로우 박사가 전도에 대하여 설교하고 있는 교회에 참석했습니다. 예배가 끝난 후에 그 은행장이 앞으로 나와서 "스카보로우 박사님, 저희 은행의 지배인은 그리스도인이 아닙니다. 박사님께서 가서서 그에게 구원문제를 좀 이야기해 주셨으면 합니다"라고 말했습니다. 그러자 스카보로우 박사는 이렇게 말했습니다. "선생님이 그에게 말씀하시는 것이 더 좋을 것입니다. 제가 찾아가면 그는 그것을 하나의 직업적 행동으로 여길 것입니다만 선생님이 말하면 그는 자기의 구원문제에 대한 선생님의 개인적 관심 때문에 그렇게 한다고 생각할 것입니다. 그에게 하는 선생님의 증거가 저의 증거보다 더 효과적일 것입니다." 그 은행장은 "좋습니다. 박사님께서 저와 함께 가주시면 제가 가보겠는데요"라고 말했습니다. 스카보로우 박사는 그 은행에 가서 은행장과 함께 그의 호화로운 집무실에 앉았습니다. 은행장이 버튼을 누르자 지배인이 들어왔습니다. 그를 목사에게 소개한 후에 은행장은 "나 당신에게 세상에서 가장 중요한 일에 대해 말하고 싶은데, 그리스도께 대한 당신의 관계와 당신의 구원에 관한 일입니다"라고 말했습니다. 그 지배인은 놀란 기색으로 "이 일이 우리의 모든 은행업무보다 더 중요하다는 말씀이십니까? 우리의 저축과 대부와 그리고 여기 은행에서 하고 있는 모든 일보다 그것이 중요한가요?"라고 물었습니다. 그러자 은행장이 "그렇소, 이 모든 것들보다 더 중요하오"라고 대답했습니다. "그러면" 하고 지배인이 말했습니다. "전에 저에게 왜 한 번도 말씀하시지 않았었습니까? 은행장님과 함께 여기에서 12년 동안 일해 왔습니다. 이 시간 전에는 왜 이 일을 언급하시지 않았습니까?"

오늘날 우리에게 문제가 있습니다. 세상 사람들은 자기들의 사업은 중요하다고 생각합니다만 그리스도의 사업은 중요한 것으로 여기지 않습니다. 영혼을 구하는 것은 모든 그리스도인의 의무며 책임입니다. 각 사람이 자기의 직업을 성스럽게 여기고 그리스도를 증거할 수 있는 기회를 이용한다면, 그가 많은 영혼을 그리스도께로 이끌 뿐 아니라 스스로를 위해서도 이 세상에서 가장 고귀한 행복을 발견할 것입니다.

2. 실망

우리 주의 제자들은 밤새껏 고기잡이를 하였으나 아무것도 잡지 못했습니다. 어부라면 누구나 그들의 기분을 이해할 수 있을 것입니다. 그들은 힘을 허비했습니다. 미끼를 허비했습니다. 시간을 허비했습니다. 얻은 것은 아무것도 없었습니다. 그들은 분명 실망에 빠진 무리였습니다.

저는 인생이 많은 사람들에게 있어 그와 같이 될 것이라고 생각합니다. 그들이 이 세상의 것들을 쫓아가느라 시간과 정력을 소비합니다만 그러나 인생의 종국에 이르러 발견하는 것은 그들이 아무것도 얻은 것이 없다는 점일 것입니다. 일생 동안 무엇을 수확하였는지 내보일 것이 아무것도 없을 것입니다. 오, 낭비된 생의 비극이여! 오늘날 유흥과 환락과 스포츠계에서 높은 자리를 들고 있는 수많은 사람들을 생각해 봅니다. 우리는 그들을 텔레비전 화면에서 보거나 신문에서 그들에 관하여 읽습니다. 그들은 많은 돈을 벌고 인기를 모았습니다. 그러나 그들 중에서 매우 많은 사람들이 그들의 종국에 이르러서는 아무것도 내보일 것이 없을 것입니다. 음산한 무덤과 타오르는 지옥 외에는 그들을 기다리고 있는 것이 아무것도 없을 것입니다.

우리는 최근에 어느 여배우에 대한 기사를 읽었습니다. 그녀는 네 번이나 결혼한 경력이 있었는데 자기 남편도 아닌 어느 건달과 함께 온 세계를 싸다녔습니다. 결국 그 건달이 그녀를 협박할 때 그녀의 16세 난 딸이 그 무익한 자를 죽이고 말았습니다. 지금 이 어머니는 모든 것에 대해 내보일 만한 것이 무엇이 있습니까? 조각난 심정과 악몽 같은 기억, 그리고 견딜 수 없이 부끄러운 소문 외에 아무것도 없습니다.

한 흑인과 아내가 하루는 순회오락장에 갔습니다. 그들은 여러 가지 놀이에 쓸 만한 돈이 없었습니다. 꼭 10쎈트 씩 갖고 있었습니다. 그래서 그들은 그저 걸어 다니면서 다른 사람들이 즐기는 것을 구경하였습니다. 마침내, 집으로 돌아갈 시간이 되었을 때 남편이 자기 아내에게로 얼굴을 돌리며 "나도 한 다임(dime)이 있고 당신도 한 다임이 있는데, 우리 집에 가기 전에 회전목마나 타봅시다"라고 말했습니다. "아니에요"라고 아내가 말을 받았습니다. "난 적은 돈이지만 어리석게 쓰지 않겠어요. 쓰고 싶거든 당신이나 가서 쓰세요. 기다리고 있겠어요." 그는 메리고우라운드를 탔습니다. 음악이 틀어지고, 바퀴가 돌기 시작했습니다. 몇 분 후에 메리고우라운드가 멈추고 그 사람은 내렸습니다. 그때에 아내가 그에게 말했습니다. "자, 이 보세요. 당신 돈을 쓰고도 탔던 곳에서 내렸어요. 조금 더 나아간 곳이 없어요." 바로 그것이 너무도 많은 사람들에게 있는 문제입니다. 그들은 인생의 회전목마를 타고 이 세상의 것들을 추구하며 그들의 세월을 보냅니다. 인생의 종국에 가서 그들은 이렇게 살았노라고 내보일 것이 아무것도 없습니다.

허비 인생을 피할 수 있는 꼭 한 가지 방법이 있습니다. 그 생을 예수님께 바치는 것입니다. 그분께 인계하십시오. 그분과의 교제 속에서 나날을 보내세요. 당신 생애의 최고의 봉사를 그분께 드리십시오. 그러면 결국에 가서 무엇인가 내보일 것이 있을 것입니다.

그렇습니다. 제자들은 낙망했습니다. 그러나 하나님께서는 우리의 절망을 기쁨으로 바꿀 수 있는 놀라운 방법을 갖고 계십니다. 피터 마샬은 가정에서 행복하지 못했습니다. 그는 바다 생활로 도망가고 싶은 욕망이 불길 같았습니다. 그때에 영국 해군은 15년 9개월의 연령부터 청년들을 모집했습니다. 피터는 14세에 불과했으나 하룻밤에 나이를 부쩍 먹어야겠다고 결정했습니다. 얼마 동안 그는 필요한 치수까지 자기의 신장을 늘이는 운동을 하였습니다. 그리하여 친구들에게 작별을 고하고 자기 나이를 속여 해군에 입대했습니다. 이틀 후에 해군 당국은 그의 진짜 나이를 알아내고 그를 귀가시켰습니다. 그날 밤 그는 너무 낙망하여 혼자 실컷 울다가 잠이 들었습니다. 그러나 "하나님을 사랑하는 자들에게는 모든 것이 합력하여 선을 이룹니다." 그가 만약 해군에 입대되었더라면 그리스도를 위하여 거의 아무것도 하지 못했을 것입니다. 대신에 하나님께서는 그를 미국으로 이끄셨습니다. 그는 풍성한 삶을 살았습니다. 행복한 결혼을 하고 놀라운 전도자가 되었습니다. 그가 한 일은 지금도 살아 있습니다. 하나님께서는 그의 절망을 기쁨으로 바꾸셨던 것입니다.

이제 우리는 제자들의 낙망이 어떻게 큰 기쁨으로 바꾸어지는지 보게 됩니다. 그들은 예수님을 만나게 될 것이며 그분은 그들에게 그들의 모든 필요한 것을 주실 것입니다. 그리스도인이여, 당신에게 있어서도 마찬가지입니다. 세상이 당신에게 많은 것을 줄지 모릅니다. 그러나 결국 그것은 실망시키는 세상일 뿐입니다.

"그대가 한숨 뿜는 그 행복을

이 세상이 전혀 줄 수 없어요
이 세상은 우리가 살 생의 전부도 아니고요
죽을 죽음의 모두가 아니랍니다.”

아, 하나님은 그분을 사랑하는 자들을 위하여 더 좋은 것들을 예비하여 두셨습니다. 인생의 싸움이 끝났을 때, 인생의 맨 마지막 절망이 우리를 슬프게 하였을 때 우리는 모든 영광과 아름다움 속에 계신 만왕의 왕을 뵈올 것입니다. 그분께서는 우리로 모든 실망을 잊게 하여 주실 것입니다. 그렇습니다. 우리들이 예수님을 뵈올 때에 그것은 영광, 영광, 영광일 것입니다.

3. 식사

동이 텄습니다. 제자들은 해변으로 돌아오고 있었습니다. 춥고 배고프고 맥이 빠졌습니다. 그들은 자기들에게 새로운 생명력을 불어넣어 줄 무언가가, 누군가가 필요했습니다. 그런데, 무슨 일이 일어났습니까? 그들은 눈을 들어 해변을 바라보았습니다. 예수님이 계셨습니다. 예, 우리가 가장 그분을 필요로 할 바로 그때에 그분은 항상 거기에 계십니다. 주님께서는 그들이 어디에 있는지 아셨습니다. 그들이 어떤 심경에 처해 있는지 아셨습니다. 무슨 일이 일어났는지 아셨습니다. 그분께서 그들의 실망을 아시고 그들에게 축복과 기쁨을 주시려고 오셨습니다. 저는 그분께서 저에 대하여 모든 것을 알고 계시므로 기뻐합니다. 제 마음이 상하고 눈물이 흐르고 있을 때 그분께서 항상 아시고 도우시러 오십니다. 오, 정말 그분은 얼마나 위로를 주시는 구주이십니까.

그런데 제자들은 예수님을 알아보지 못했습니다. 그러나 그 순간에 주님께서 파도소리 너머로 말씀하셨습니다. “애들아, 무얼 좀 잡았느냐?” 그러자 간밤의 모든 실의가 그들의 대답으로 응결되어 나왔습니다. 그들은 “아닙니다”라고 한 마디만을 말했습니다. 그때에 예수님께서 “그물을 배 오른편에 던지라. 그리하면 잡힐 것이다”라고 말씀하셨습니다. 그들은 재빨리 순종하였습니다. 곧 그물이 너무 가득차서 끌어당길 수 없을 정도였습니다. 예수님께서 또 하나의 기적을 베푸셨고, 제자들은 기뻐 소리쳤을 것임에 틀림없습니다. 이제 그들은 해변에 서 계신 분이 어떤 낯선 사람이 아니시라는 것을 알았습니다. 요한이 베드로에게 “주님이시다”고 말했습니다.

즉시로 베드로는 그에게서 흔히 볼 수 있는 충동적인 행동으로 나왔습니다. 그는 고기를 신고 배로 가기까지 기다릴 수 없었습니다. 어부의 겉옷을 몸에 걸치고 물에 뛰어내려 급히 예수님께로 향하였습니다. 우리는 베드로를 존경하지 않을 수 없습니다. 그는 전에 예수님을 부인했었으나 참으로 마음을 다하여 그분을 사랑하였으며 할 수 있는 대로 그분께 가까워지기를 원했습니다. 우리가 범죄 하였을 때에, 주님을 부인하였을 때에, 오, 여러분과 저도 그렇게 주님 곁으로 다시 가기를 갈망한다면 얼마나 좋으리오.

이제 다른 제자들이 고기로 찢어질듯한 그물을 끌고 왔습니다. 베드로는 잠깐 예수님 곁을 떠나 다른 사람들을 도와서 그물을 끌어들였습니다. 세어보니 고기가 153마리였습니다. 정말 큰 어획이었습니다. 우리는 바로 여기에서 한 교훈을 얻습니다. 베드로는 예수님과 교제를 나누고 있었는데도 필요한 일을 위해 옆으로 돌아섰습니다. … 전국 각처에 "설교 시식자(試食者)들"과 "성경 집회 기독교인들"인 사람들이 널리 깔려 있습니다. 그들은 새로운 사람의 설교를 들어보려고 바삐 돌아다닙니다. 성경을 끼고 다니며 성경에 대해 가능한 모든 새로운 것을 알아내려고 애씁니다. 그런데도 그들은 주님을 위하여 아무것도 하지 않습니다. 항상 받아들이기만 하고 내보내지는 아니합니다. 오, 예수님의 발 곁에 앉아 있는 것은 정말 행복합니다. 그러나 그것이 다가 아닙니다. 세상은 죄로 잃어져 있습니다. 사방에 해야 할 일이 널려 있습니다. 주님께서는 우리가 그분을 위하여 바쁘기를 원하십니다.

모든 제자들이 해변에 이르러 보니 예수님께서 이미 불을 지피셔서 고기를 구으시고 먹을 수 있도록 준비해 두셨습니다. 그분은 그들이 고기를 가져오기까지 기다릴 필요가 없으셨습니다. 또 하나의 기적을 베푸신 것이었습니다. 그때에 주님께서 "와서 식사를 하라"라고 은혜로운 초대를 하셨습니다. 주님께서 이렇게 하신 의미가 무엇일까요? 먼저, 그분께서 그들에 대한 자애로운 동정을 나타내시며, 항상 그들의 필요를 채우실 것을 보여 주시고 계셨습니다. 다음으로 또한, 그분께서 무덤에서 부활하시고 지금 영화된 몸을 갖고 계신다고 할지라도 전과 똑같이 친절과 친밀의 사랑하는 관계에 항상 계실 것임을 그들에게 보여 주시고자 하셨습니다. 예, 우리의 구주는 그러하신 분이십니다. 그분은 냉정하고 멀리 떨어져 있는 하나님이 아니십니다. 사랑이 깊은 친구이십니다.

주님은 지금도 우리들에게 "와서 먹으라"라고 말씀하십니다. 죄로 잃어진 사람에게 그분은 "와서 나의 은혜와 용서를 받으라. 와서 구원을 받으라. 하나님의 선물은 영생이다"라고 말씀하십니다. 슬퍼하는 사람에게 "와서 나만이 줄 수 있는 위로와 평안을 받으라"라고 말씀하십니다. 궁핍한 자에게 "와서 내가 너에게 주려고 서서 기다리는 부요를 먹으라. 너희는 먼저 하나님의 나라와 의를 구하라. 그리하면 이 모든 것이 너희에게 더하여 지리라"라고 말씀하십니다. 불행하여 만족이 없는 사람들에게 그분께서 말씀하십니다. "와서 내가 줄 수 있는 좋은 것을 먹으라. 모든 세상이 실패할 때에 기쁨과 평안으로 너희 마음을 채우려고 내가 기다리고 있을 것이다."

그리하여 제자들은 예수님과 함께 식사를 하였습니다. 음식이 만족스러웠습니다만 사랑하는 주님과 갖는 교제가 훨씬 더 감미로웠습니다. 그분께서 우리를 사랑하시니 저는 참 기쁩니다. 그분께서 우리를 위하여 죽으셨으니 매우 기쁩니다. 그러나 저는 모든 것 중에서 주님께서 부활하신 것과 그리고 오늘날 우리가 자신에게 속한 사람들을 사랑하시고 돌보시는 살아계신 구주를 갖고 있는 것을 가장 기뻐합니다.

워털루 전투가 끝났을 즈음에 모든 영국 사람들은 그 결과를 조마조마하게 기다렸습니다. 웰링턴이 패배했을까? 나폴레옹이 영국에 침입해 올 것인가? 소식을 전해 줄 전보도, 전화도, 라디오도 없었습니다. 그 결과가 수기신호(手旗信號)로써 전달되었습니다. 높은 탑 위에서 파수병이 신호로써 글자를 썼습니다. 즉시 "웰링턴이 참패"라는 글자가 전달되었습니다. 바로 그때 짙은 안개가 사이에 깔려와 수기를 더 이상 볼 수 없었습니다. 그 슬프고 충격적인 소식이 온 시를 때렸습니다. 얼마 후에 안개가 걷혀 수기의 신호를 볼 수 있게 되었습니다. 전체의 글자들이 전달되었습니다. "웰링턴이 참패시켜 승리하였다." 이제 온 시는 기쁨이 터지고 모든 사람들은 승리를 하나님께 감사하였습니다.

예수님께서 십자가에서 죽으셨을 때 갈보리는 단지 한 가지 "예수 참패"만을 의미하는 것 같았습니다. 그분을 사랑하는 사람들의 마음은 슬픔으로 무너져 내렸습니다. 그러나 주일 아침에 빛나고 영광스러운 소식이 울려 퍼졌습니다. "예수 참패시키셨도다. 죽음을" 그렇습니다. 그분은 살아 계십니다! 그분은 살아 계셔서 자기의 백성들을 구원하시고 죽복하시며 섬기십니다.

제
39
장

—

"네가 이 사람들보다
나를 더 사랑하느냐?"

—

"[15] 그들이 조반 먹은 후에 예수께서 시몬 베드로에게 이르시되 요한의 아들 시몬아 네가 이 사람들보다 나를 더 사랑하느냐 하시니 이르되 주님 그러하나이다 내가 주님을 사랑하는 줄 주님께서 아시나이다 이르시되 내 어린양을 먹이라 하시고 [16] 또 두 번째 이르시되 요한의 아들 시몬아 네가 나를 사랑하느냐 하시니 이르되 주님 그러하나이다 내가 주님을 사랑하는 줄 주님께서 아시나이다 이르시되 내 양을 치라 하시고 [17] 세 번째 이르시되 요한의 아들 시몬아 네가 나를 사랑하느냐 하시니 주께서 세 번째 네가 나를 사랑하느냐 하시므로 베드로가 근심하여 이르되 주님 모든 것을 아시오매 내가 주님을 사랑하는 줄을 주님께서 아시나이다 예수께서 이르시되 내 양을 먹이라 [18] 내가 진실로 진실로 네게 이르노니 네가 젊어서는 스스로 띠 띠고 원하는 곳으로 다녔거니와 늙어서는 네 팔을 벌리리니 남이 네게 띠 띠우고 원하지 아니하는 곳으로 데려가리라 [19] 이 말씀을 하심은 베드로가 어떠한 죽음으로 하나님께 영광을 돌릴 것을 가리키심이러라 이 말씀을 하시고 베드로에게 이르시되 나를 따르라 하시니 [20] 베드로가 돌이켜 예수께서 사랑하시는 그 제자가 따르는 것을 보니 그는 만찬석에서 예수의 품에 의지하여 주님 주님을 파는 자가 누구오니이까 묻던 자더라 [21] 이에 베드로가 그를 보고 예수께 여짜오되 주님 이 사람은 어떻게 되겠사옵나이까 [22] 예수께서 이르시되 내가 올 때까지 그를 머물게 하고자 할지라도 네게 무슨 상관이냐 너는 나를 따르라 하시더라 [23] 이 말씀이 형제들에게 나가서 그 제자는 죽지 아니하겠다 하였으나 예수의 말씀은 그가 죽지 않겠다 하신 것이 아니라 내가 올 때까지 그를 머물게 하고자 할지라도 네게 무슨 상관이냐 하신 것이러라 [24] 이 일들을 증언하고 이 일들을 기록한 제자가 이 사람이라 우리는 그의 증언이 참된 줄 아노라 [25] 예수께서 행하신 일이 이 외에도 많으니 만일 낱낱이 기록된다면 이 세상이라도 이 기록된 책을 두기에 부족할 줄 아노라." ― 요 21:15-25

요한복음을 본문으로 한 연속 설교에서 우리는 지금 마지막 설교에 도달하였습니다. 요한은 이 복음서를 기록하였습니다만 그가 이 책의 중심인물이 아닙니다. 시몬 베드로가 자주 언급됩니다만 그도 단지 거들어 주는 역할을 할 뿐입니다. 다른 제자들, 여인들, 니고데모, 요셉 등 다른 사람들도 나타납니다만 그들 모두 조연에 불과합니다. 예수 그리스도께서 요한복음서의 중심인물이십니다. 온 성경을 통하여 그분께서 중심이 되시는 것과 같이 말입니다. 그 동안의 공부에서 우리는 그분께서 왕의 제복을 벗으시고 가난한 자 중의 가난한 자로서 이 세상에 오시는 것을 보았습니다. 우리는 그분의 놀라운 기적들을 보았고, 감동적 설교를 들었고, 죄 없는 생을 지켜보았습니다. 그분께서 겟세마네에서와 원수들의 손에서 고난당하시는 것을 보았습니다. 우리는 그분께서 죽음의 결박을 깨뜨리시고 다시 살아나시는 것을 보았습니다. 제자들에게 여러 번 나타나시는 것도 보았습니다.

이제 그분께서 하나님 아버지께로 돌아가실 시간이 되었습니다. 그분의 일이 다 이루어졌습니다. 그분이 가시면 다시 세상에 오시기로 예정된 시간까지 기다리시고 계실 것입니다. 지난 설교에서 우리는 주님께서 아침 일찍 해변에서 제자들과 함께 음식을 잡수시면서 그들과 교제를 나누시고 계시는 것을 보았습니다. 이 장면에 우리가 다시 돌아오면, 그분께서 수제자 시몬 베드로를 다루시며 그의 끝날까지 그분을 섬기도록 내보내시고 계신 것을 보게 됩니다. 그러나 주님께서는 베드로에게만 말씀하시고 계신 것이 아니라 그리스도인들 각 사람에게 말씀하시고 계십니다. 여러분과 저에게도 말씀하시고 계십니다. 본 구절에서는 다음의 세 가지 사항을 볼 수 있습니다.

1. 대화

2. 죽음

3. 의무

1. 대화

여기에서 저는 예수님과 베드로 사이의 대화를 말하고 있습니다. 식사를 마친 후에 예수님께서는 베드로와 대화를 시작하셨다고 성경에 기록되어 있습니다. 식사 직후 — 그것은 이야기하기에 가장 좋은 시간이지요. 사도들은 편안한 가운데 예수님께서 말씀하시는 어떤 것에도 주의를 기울일 준비가 되어 있었습니다. 예수님은 "요한의 아들 시몬아 네가 이 사람들보다 나를 더 사랑하느냐?"라고 베드로의 가슴에 직설적으로 물음을 던지십니다. 예수님께서 베드로가 그분을 사랑하는지 않는지를 모르셨겠습니까? 물론, 아셨습니다. 그분은 각 사람의 마음 속 깊은 곳까지 다 아시니까요. 그러나 그들의 기본적 마음의 태도가 완전하게 밖으로 드러내질 필요가 있었습니다. 주님은 베드로에게 장래의 의무에 대하여 다짐하여 말할 기회가 필요했습니다. 예수님은 우리의 구주이심은 물론 위대한 심리학자이시기도 합니다. 그분은 또 지혜로운 일을 하셨습니다. 베드로에게 필생의 사업을 공적으로 부여하실 수 있도록, 그로 하여금 사람을 공적으로 선언하도록 도우셨습니다.

예수님께서 "네가 이것들보다 나를 더 사랑하느냐?"라고 물으셨을 때의 '이것들보다'가 무슨 뜻이었겠습니까? 이런 뜻이었을지 모릅니다. "네가 너의 이 친구들을 사랑하는 것보다 나를 더 사랑하느냐? 그들을 떠나 기꺼이 홀로 나를 따르겠느냐?" 혹은 이런 뜻이었을지 모릅니다. "네가 이 배들과 고기 잡는 일과 대부분의 생을 보낸 이 고장보다 나를 더 사랑하느냐? 네가 이 모든 것을 버리고 기꺼이 네 생명을 바쳐 복음을 전하겠느냐?" 혹은 이런 뜻이었을지도 모릅니다. "이 사람들이 나를 사랑하는 것보다 네가 더 나를 사랑하느냐?" 베드로가 어느 날 "모든 사람이 주님을 버릴지라도 저는 주님을 버리지 않겠습니다"라고 말한 적이 있었습니다. 그때는 그가 매우 자신만만해하였으나 후에 여러 사람 앞에서 그리스도를 부인하였습니다. 그러므로 예수님께서 "지금까지 일어났던 모든 것 후에도 너의 마음이 다른 사람들의 마음보다 더 낫다고 생각하느냐?" 하는 뜻으로 말씀하시고 계셨을 것입니다.

저는 그리스도께서 이 마지막 견해를 의미하셨다고 믿습니다. 베드로는 자기의 완고와 교만이 죄가 된다는 것을 알아야 했습니다. 그는 자기가 결국 가련하고 연약한 죄인에 불과한 것을 절실히 느껴야 했습니다. 앞으로 그가 충성스럽고 열매 맺는 종이 되려면 더 겸손해져야 했습니다. 우리들도 모두 겸손의 교훈을 배워야 하지 않을까요? 하나님의 위대한 사람들의 성공의 비결이 바로 여기에 있었습니다. 그들은 자기들이 한 모든 것에 대한 공적과 영광을 기쁘게 하나님께 바치고 다른 사람들에게 돌렸던 것입니다.

하루는 한 여자가 뉴욕의 거리를 가로 건너고 있었습니다. 그녀는 잠깐 혼동을 하여 달려오는 전차 앞으로 걸었습니다. 보도 위의 사람들은 경악하였습니다. 모두들 그녀가 틀림없이 차에 치였다고 느꼈습니다. 그러나 한 힘센 남자가 뛰어들어 그녀를 안전하게 구조해 내었습니다. 달려온 경찰이 그 사람에게 "이 사건을 보도해야겠습니다. 용감한 선생님의 이름을 밝혔으면 하는데요"라고 말했습니다. "그러실 필요 없습니다"라고 그 사람이 대답했습니다. "그러나" 하고 경찰이 말했습니다. "누구인가를 알려야 합니다." 그러자 그 사람이 "그러면 그저 한 남자가 그렇게 했다고 쓰십시오"라고 말했습니다. 얼마나 겸손합니까! 얼마나 겸비합니까! 그런데 그 사람이 투스케지(Tuskegee) 대학의 학장인 로버트 모튼(Robert R. Moton) 박사였습니다.

예수님의 질문은 매우 간단한 것이었습니다. "네가 나를 사랑하느냐?" 그러나 그 질문은 시금석과 같은 것이었습니다. 모든 진실한 봉사의 비결은 바로 여기에 있습니다. 우리는 많이 알고 많은 일을 할지 모릅니다. 많은 말을 하고 크게 활동할지 모릅니다. 우리는 많은 헌금을 하여 신앙을 과시할지도 모릅니다. 그렇지만 우리가 만일 그리스도를 사랑하지 않는다면 우리의 신앙은 죽은 것에 불과합니다. 당신은 그리스도를 사랑합니까? 그것은 중대한 질문입니다. 설교자나 교회나 성가 부르는 것을 사랑하는 것이 아니라 진정으로 그리스도라는 분을 사랑합니까? 사랑이 없으면 우리의 신앙은 울리는 징과 요란한 꽹과리에 불과합니다. 사랑이 없는 곳엔 생명이 없습니다. 교회에서 매우 열심히 활동하나 사랑의 의미조차 모르고 있는 것 같은 사람들이 있습니다.

베드로의 대답을 들어보세요. "주님, 그렇습니다. 제가 주님을 사랑하는 줄을 주님께서 아십니다." 그때 예수님께서 "베드로야, 좋다. 나를 사랑한다면 내 어린양을 먹이라"라고 말씀하셨습니다. 베드로가 어떻게 그리스도의 어린양들을 먹일 수 있었습니까? 오직 하나님의 말씀인 귀중한 음식을 그들에게 줌으로써 였습니다. 다시 말하면, 그는 굶주린 영혼들에게 실로 생명의 떡이 되는 그리스도의 순수한 복음을 전해야 했습니다. 주님께서는 "어린양들"이라는 말씀으로써 무리 중에서 가장 작고 연약한 자들을 의미하셨음이 분명합니다. 목회자는 그들을 먹여야 하는데 그들이 이해할 수 없도록 복음을 전해서는 그들을 먹일 수 없습니다. 그들이 말씀의 고기를 소화할 수 있기 전에 말씀의 젖을 먹어야 합니다.

다시 예수님은 동일한 질문으로 돌아오셨습니다. "네가 나를 사랑하느냐?" 그러자 베드로가 다시 "주님, 그렇습니다. 제가 주님을 사랑하는 줄을 주님께서 아십니다"고 말했습니다. 이번에는 예수님께서 "내 양을 치라"고 말씀하십니다. 여기에서의 "사랑"에 해당하는 원어의 낱말은 전에 사용된 말보다 더 강한 의미를 갖고 있습니다. 그리고 '먹인다'에 대한 말은 글자 뜻 그대로 하면 "내 양을 치라"를 의미합니다. 먼저, 베드로는 하나님의 말씀으로 양들을 먹여야 했습니다. 다음으로 그들을 발육시키고 훈련시키며 발달시켜야 했습니다. 양들은 어린양들보다 이 모든 것을 더 잘 받아들일 수 있습니다. 그와 같이 교회에서 새로운 결신자와 연약한 신자에게 젖을 먹여야 합니다. 그런 후에 그들이 성장함에 따라 더 단단한 음식을 먹고 더 강력하게 그리스도인의 인격을 함양해야 합니다.

세 번째로 예수님께서 "네가 나를 사랑하느냐"고 물으셨습니다. 이번에는 그분이 "베드로야, 네가 정말 전적으로 나를 사랑하느냐?"를 의미하셨습니다. 베드로가 세 번 그리스도를 부인하였었는데, 이제 세 번 그리스도께 대한 그의 사랑을 고백하게 되었습니다. 예수님께서 이 질문을 세 번째 하시니까 베드로가 근심하였다고 성경이 말합니다. 그는 아픈 곳에 건드려졌습니다. 지금 그는 자기가 그리스도를 부인하던 때가 상기되어 심히 슬퍼졌습니다. 그의 말이 그의 깊은 참회를 보여 줍니다. "주님, 주님께서는 모든 것을 아십니다. 그러므로 제가 주님을 사랑하는 줄을 주님께서 아십니다." 그의 말은 이런 뜻이었습니다. "주님, 제가 주님께 잘못한 것을 기억하고 진정으로 뉘우칩니다. 다시는 어떻게든 결코 주님을 부인하지 않겠습니다. 주님께서는 저의 마음을 들여다보실 수 있습니다. 제 마음이 주님께 대한 사랑으로 넘쳐 있는 것을 주님께서 아십니다. 주님께서 저를 용서하여 주시고 제가 주님을 사랑하고 섬기는 것을 주님께서 바라시니 하나님께 감사합니다."

다시 예수님은 "내 양을 먹이라"라고 분부하셨습니다. 베드로가 이제 완전히 용서함을 받고 유용한 위치로 복귀되었음을 우리가 알 수 있습니다. 그리고 그리스도는 지상에서 자기가 가장 귀히 여기시는 것, 곧 자기의 양떼, 자기의 백성을 그에게 맡기셨습니다.

저도 당신에게 같은 질문을 하고 싶습니다. "당신은 예수님을 사랑하십니까?" 그러면 당신께서는 "오, 에. 나는 주님을 사랑합니다"라고 분명 대답하실 것입니다. 좋습니다. 그것에 대하여 무엇인가를 하십시오. 우리는 어떤 사람을 사랑하면 반드시 그를 위하여 무엇인가를 하고 싶은 법입니다. … 당신은 예수님을 사랑하십니까? 그러면 그분의 교회에 충실하세요. 그분을 위하여 당신이 하실 수 있는 가장 작은 일은 교회에 출석하는 것입니다. 주일 밤에 교회에 가는 것보다 차라리 집에 앉아 있거나 텔레비전을 시청하신다면 예수님을 사랑한다고 말하지 마십시오. 당신은 예수님을 사랑하십니까? 그러면 왜 그분을 세상에 전하는 데에 사용될 십일조와 헌금 등을 바치지 아니하십니까? 왜 그분께 속한 것을 당신 자신을 위하여 써버리십니까? … 당신은 예수님을 사랑하십니까? 그러면 왜 당신은 당신의 시간과 재능을 그분의 영광을 위하여 매우 놀랍게 사용할 수 있는데도 세상에 그것들을 주어버리십니까? … 당신은 예수님을 사랑하십니까? 그러면 왜 그분을 모시고 다니지 아니하십니까? 왜 다른 사람들이 당신에게서 예수님을 볼 수 있도록 살지 아니하십니까? 그분께서 하신 것처럼 왜 다른 사람들을 사랑하지 아니하십니까? 왜 누군가를 그분께로 이끌지 아니하십니까? 오, 정말입니다. 이 교회의 모든 교인들이 예수님을 사랑한다면 얼마나 놀라운 변화를 보일 것입니까! 세계의 도처에서 사람들이 여기 우리의 모습을 보기 위하여 찾아 올 것입니다.

우리는 그분을 사랑해야만 하지요? 그분께서 우리를 위하여 하신 모든 것을 생각할 때에, 우리가 어떤 것들로부터 구원을 받았는지를 생각할 때에, 그분께서 지금 하시고 계시며 또 하실 모든 것을 생각할 때에 우리는 하늘과 땅의 그 무엇보다도 그분을 사랑해야 합니다.

2. 죽음

예수님께서는 방금 베드로에게 복음을 전파하는 사명을 분부하셨습니다. 이제 그분께서 그에게 그의 생애가 장미꽃밭이 아닐 것임을 말씀하십니다. 고난이 사면에서 그를 에워쌀 것이며 마침내 포악한 죽음을 맞을 것입니다. 목사나 선교사나 전도자의 생활이 안락한 것일 거라고 기대하는 젊은이가 있다면 저는 그의 오해가 이만저만이 아니라는 점을 지적하지 않을 수 없습니다. 그리스도의 종들은 결코 안락한 생활을 갖지 않습니다. 그들의 생애는 다른 사람들이 짊어지려 하지 않으나 내버려 둘 수 없는 짐과 책임들로 듬뿍 충전되어 있을 뿐 아니라 그들은 또한 비평과 핍박과 거짓 비방을 겪어야 합니다.

그러나 이것을 기대할 수 있습니다. 예수님의 말씀 — "세상에서는 너희가 환난을 당하나 담대하라 내가 세상을 이기었노라." 그분께서 또 말씀하셨습니다. "나로 말미암아 너희를 욕하고 박해하고 거짓으로 너희를 거슬러 모든 악한 말을 할 때에는 너희에게 복이 있나니 기뻐하고 즐거워하라 하늘에서 너희의 상이 큼이라"(마 5:11-12). 그리고 시편 34장 19절은 이렇게 말합니다. "의인은 고난이 많으나 여호와께서 그의 모든 고난에서 건지시는도다."

베드로는 한 때 자기가 순교자의 죽음을 죽겠다고 맹세했었습니다. 지금 예수님께서 그에게 그 죽음이 바로 그가 앞으로 맞게 될 것이라고 말씀하십니다. 그분께서 이렇게 말씀하셨습니다. "네가 젊어서는 스스로 띠 띠고 원하는 곳으로 다녔거니와 늙어서는 네 팔을 벌리리니 남이 네게 띠 띠우고 원하지 아니하는 곳으로 데려가리라." 예수님께서 베드로가, 아마 십자가형에 의하여 죽을 방식에 대하여 말씀하시고 계셨다고 요한이 우리에게 말합니다. 베드로는 지금 여러분과 제가 알고 있는 것을 알 수 있습니다. 우리는 하나님의 손 안에서 안전합니다. 우리의 시간이 올 때까지는 죽음이 우리를 손대지 못합니다. 다윗은 "내 시대가 주의 손에 있사오니"라고 말했습니다. 그러므로 우리가 갑작스럽게 혹은 다른 어떤 방식으로 죽음을 맞게 되더라도 우리가 그리스도에게 속해 있으면 모든 것이 좋게 된다는 것을 알 수 있습니다. 이것은 다만 우리들을 더 나은 땅, 더 좋은 삶으로 데려 가시는 하나님의 방법이기 때문입니다.

우리가 살아생전에 하나님을 영화롭게 할 수 있는 것과 마찬가지로 죽음으로 그분께 영광을 돌릴 수 있습니다. 삼손은 그의 생전에 보다 죽을 때에 하나님을 위하여 더 많은 일을 하였습니다. 우리가 죽음을 맞는 태도로써 하나님을 영화롭게 할 수 있습니다. 짐을 챙겨 놓고 여행길을 떠날 준비가 된 나그네처럼, 우리가 죽음을 기꺼이 맞이할 준비를 함으로써 그분께 영광을 드릴 수 있습니다. 하나님께서 우리에게 주시고 계시는 위안과 은혜를 다른 사람들에게 증거함으로써, 다윗과 함께 "내가 사망의 음침한 골짜기로 다닐지라도 해를 두려워하지 않을 것은 주께서 나와 함께 하심이라"라고 말함으로써 하나님을 영화롭게 할 수 있습니다. 베드로는 잔인한 죽음이 자기를 기다리고 있음을 알면서도 하나님을 충성스럽게 섬기면서 생의 길을 꾸준히 헤쳐 가야 합니다. 그러나 그는 죽음을 두려워할 필요가 없습니다. 그 죽음은 단지 그가 사랑하는 구주를 얼굴을 맞대고 다시 뵈올 수 있도록 봉사하는 것에 지나지 않을 것이기 때문입니다.

3. 의무

이제 예수님은 베드로에게 "나를 따르라"라고 말씀하십니다. 그분의 말씀은 이런 뜻이었습니다. "너의 어부 생활을 끝났다. 더 큰 일이 너에게 주어졌다. 너는 나의 길을 걸어야 한다. 나를 섬겨야 하며 복음을 전파해야 한다. 감옥과 죽음으로 일지라도 내가 이끄는 대로 너는 나를 따라야 한다." 이것은 우리들 각 사람에 대한 그분의 부르심입니다. 우리는 충성스럽고 적극적인 봉사로써, 또 헌신적인 그리스도인의 삶으로써 그분을 따라야 합니다.

한 구세군 사관이 공원에서 복음을 전파하고 있었습니다. 군중 속에서 어떤 사람이 그의 말을 막으며 이렇게 말했습니다. "당신들의 그리스도에 대하여는 우리가 비난할 것이 하나도 없소. 그러나 그리스도인들이라는 당신들에 대해서는 할 말이 있어요. 당신들은 그분 같지 않거든요." 그것은 심한 고발입니다만 너무도 많은 경우에 합당합니다. 오, 우리들 모두가 마땅히 해야 하는 대로 예수님을 따랐으면 얼마나 놀라울 것입니까!

베드로는 그가 여전히 인간적임을 드러냈습니다. 그는 "좋습니다. 주님, 그러나 요한은 어떻습니까? 그는 무엇을 하게 될 것입니까?"라고 말했습니다. 아마 베드로는 그저 자기 친구의 장래에 관하여 관심을 갖고 있었을 것입니다. 그러나 예수님의 대답으로 미루어 보건대 그의 질문에 무언가 잘못된 것이 끼어 있었던 것 같습니다. "그게 네게 무슨 상관이냐. 너는 나를 따르라." 예수님을 따르며 다른 사람들의 장래는 하나님의 손에 맡기는 것이 베드로의 할 일이었습니다. 다른 사람들이 무엇을 하느냐는 문제가 아닙니다. 예수님을 따르며 섬기는 것이 우리의 일입니다.

어떤 사람이 제가 담임하고 있는 교회에 나오게 되었습니다. 그 다음 주간에 그가 저에게 전화를 해왔습니다. 자기의 봉급이 1년에 1만 5천 달러라고 말하더니 "보통 교인이 교회에 얼마를 바칩니까? 저도 그 금액을 바치고 싶습니다"라고 그가 저에게 말했습니다. 그래서 저는 헌금 중의 십일조에 대한 성경의 가르침에 대하여 그리고 헌금은 하나님의 지시에 따라 바치는 것이지 사람의 평균에 따라 하는 것이 아니라는 점을 그에게 설명하려고 애썼습니다. 그는 결국 아무

것도 바치지 않았습니다. 다른 동료들에 대한 것은 문제가 되지 않습니다. 문제는 우리 각자와 하나님 사이에 있습니다. 성경은 각 사람이 자기 자신에 관하여 하나님께 직고해야 한다고 말하지 다른 어떤 사람에 관하여서 말해야 한다고 말하지 않습니다. 우리는 하나님 앞에 서서 "주여, 다른 어떤 사람이 않기 때문에 저도 내 직책을 행하지 않았습니다"라고 말할 수 없습니다. 그분은 지금 우리들에게 "다른 사람들이 무엇을 하든 그것은 너에게 변명의 구실을 주지 않는다. 너는 나를 따르라"라고 말씀하십니다.

우리가 요한복음을 끝마치면서 부활하신 구주께서 속죄함을 받은 사람에게 그분을 따르라는 분부를 내리시고 계시는 것을 봅니다. 성경의 그 다음 책은 베드로가 얼마나 충성스럽게 그리스도를 따랐는지를 우리에게 증언합니다. 그는 오순절의 설교자, 초대교회의 지도자, 한 번도 변절하지 않은 사람, 구주를 끝까지 사랑하고 섬긴 사람이 되었습니다. 그 후에 예수님의 예언이 성취되는 날이 왔습니다. 베드로는 그리스도의 적에게 묶이고 잔인하게 죽임을 당하였습니다.

그러나 그가 마지막 몸부림치는 고통을 겪을 때에, 마지막 핏방울을 흘린 때에, 마지막 숨을 내쉰 때에, 그것은 죽음이었습니까? 아닙니다. 그것은 영원한 생명, 영광스러운 생명, 예수님과 함께 영원히 하늘나라에 있는 생명이었습니다. 더 이상 수고와 고통이 없었습니다. 더 이상 땀과 눈물이 없었습니다. 더 이상 감옥의 쇠사슬이 없었습니다. 더 이상 슬픔이 없었습니다. 더 이상 실망이 없었습니다. 대신에 예수님의 얼굴이 있었습니다. 그 두 분이 만나셨을 때에 예수님께서 무엇이라고 말씀하셨을까 궁금합니다. 베드로가 무슨 말을 하였을까 궁금합니다. 저는 예수님의 말씀을 상상해 볼 수 있습니다. "베드로야, 이제 모두 끝났다. 너는 네 사명에 따라 충성하였다. 잘 하였도다. 이제 집에 와 있다. 그저 안식을 누리며 이 모든 것을 즐기라." 또 베드로의 말을 상상할 수 있습니다. "주여, 주님을 다시 뵈옵고 주님의 음성을 듣기 위해서라면 모든 고난과 핍박이 빛을 잃습니다. 저를 구원하여 주시고 저의 모든 죄에도 불구하고 저를 용서하셔서 여기 천국에까지 이끌어 주셔서 감사합니다. 주님께서 저를 위하여 해 주신 것을 감사하면서 영원을 살겠습니다."

베드로는 평생을 그리스도를 위하여 살다가 자기 목숨을 그분을 위하여 바쳤습니다. 그가 마침내 천국의 본향에 당도하였을 때에 주님의 발 앞에서 수많은 상급이 기다리고 있었습니다. 여러분과 제가 이 세상의 굴레에서 풀려났을 때 우리도 주님의 발 앞에 상금을 갖게 되기를 바랍니다.

폴 벨(Paul Bell)은 텍사스 주, 배스트롭에 사는 맥시코인들의 선교사였습니다. 어느 토요일 오후 그는 그때 시내에 나온 사람들 속에 섞이었습니다. 그는 60대의 어떤 사람과 접촉하게 되어 그 사람이 예수님과 그분의 사랑에 대한 기막힌 이야기를 들을 준비가 되어 있는 것을 알아냈습니다. 후에 이 사람이 영광스럽게 회심하였습니다. 그 사람이 "나는 쓰거나 읽을 수 없어요. 그러니 당신이 요한복음 3장 16절을 나에게 가르쳐 주기 바랍니다. 그리고 우리 민족은 노래하는 것을 좋아하기 때문에 나에게 복음송을 가르쳐 주기 바랍니다"고 말했습니다. 노력 끝에 벨 형제는 그에게 요한복음 3장 16절과 "죄짐 맡은 우리 구주 어찌 좋은 친군지"의 찬송 한 절을 가르쳐 주었습니다. 그 사람은 또한 교회에 나오고 세례를 받겠다고 약속을 했습니다. 3주간이 지났는데도 그 사람이 나타나지 않았습니다. 네 번째 주일에 그가 왔는데 다른 멕시코 사람 5명까지 데리고 왔습니다. 그가 그들과 함께 통로를 걸어 나와서는 "우리는 모두 세례를 받으려고 이렇게 나왔습니다"고 말했습니다. 이렇게 짧은 시간 동안에, 조그만 지식을 가지고 그는 다섯 사람을 그리스도께 인도했던 것입니다. 그는 2년을 더 살았습니다. 그는 거듭거듭 자기가 그리스도를 받아들이게 한 사람을 데리고 들어오곤 하였습니다. 그 총수는 약 50명에 이르렀습니다. 그 후 어느 날 어떤 사람이 벨 형제에게 와서 "나무꾼인 한 멕시코 노인이 죽어가면서 당신을 찾고 있습니다"고 말했습니다. 벨 형제가 가서 그 사람을 찾았습니다. "선생님을 보게 되어 기쁩니다. 나를 위해 내 성구를 외워 주시겠어요?"라고 그 나무꾼이 말했습니다. 벨 형제가 그렇게 하자 그 사람이 "이제 나를 위해 내 노래를 불러 주시겠어요?"라고 말했습니다. 벨 형제는 음성을 높여 그 찬송을 불렀습니다. 그는 노인의 입술이 잠시 움직이는 것을 보았는데 그 후 멈췄습니다. 찬송이 끝났을 때 그는 이 사랑하는 늙은 그리스도인의 영혼이 그의 하나님과 함께 살기 위하여 빠져 나간 것을 알았습니다. 그러나 2년 동안에 그는 성경 한 구절과 찬송가 한 절로 50명의 영혼을 얻었던 것입니다.

하나님께서 우리가 "예, 예수님, 저는 주님을 사랑합니다"고 말할 수 있도록 우리를 도우십니다. 우리가 주님을 정성을 다해 섬겨, 새 날을 맞이할 때에 주님의 발 앞에 면류관을 드리게 되기를 빕니다.